하나님 나라
The Coming of the Kingdom

개정판
하나님 나라

2022년 5월 31일 초판 3쇄 발행

지은이 | 헤르만 리델보스
옮긴이 | 오광만
펴낸이 | 박영호
펴낸곳 | 도서출판 솔로몬

주소 | 서울시 동작구 사당로 170
전화 | 599-1482
팩스 | 592-2104
직영서점 | 596-5225

등록일 | 1990년 7월 31일
등록번호 | 제 16-24호

ISBN 978-89-8255-443-8 03230

De Komst Van het Koninkrijk by H. N. Ridderbos
Korean Copyright ⓒ 2009
by Solomon Publishing Co., Seoul, Korea

본서의 한국어판 저작권은 알맹2 에이전시를 통하여
VBK Media B.V와 독점 계약한 도서출판 솔로몬에 있습니다.
저작권법에 의하여 한국 내에서 보호를 받는 저작물이므로 무단전재와 복제를 금합니다.

헤르만 리델보스
오광만 옮김

The Coming of the Kingdom
하나님 나라

개 정 판

솔로몬

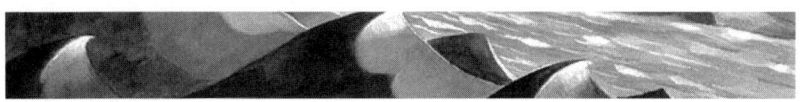

추천사

성경을 깨닫도록 도와주는 학문을 성경 신학이라고 할 수 있다. 이 점에 있어서 네덜란드의 신약 학자 헤르만 리델보스(H. Ridderbos)의 저서들을 우리는 잊을 수 없다. 그의 대표적인 저서는 『예수님의 자기 계시와 자기 은닉』(Zelfopenbaring En Zelfverberging), 『바울과 예수』(Paulus En Jesus), 『바울』(Paul), 『하나님 나라』(De Komst Van Het Koninkrijk) 등이다. 그 중에도 역작(力作)이 『하나님 나라』인데, 리델보스 박사는 이 저서에서 공관복음의 '천국'에 대하여 깊이 다루었다. 예수님의 천국 사상을 세 단계로 나눈 그의 통찰력을 우리는 높이 평가한다. 세 단계의 천국은 현림 천국(예수님의 초림으로 실현된 천국), 과도적 천국(참된 교회로 실현되어 가는 천국), 미래 천국(예수님의 재림으로 실현될 영광의 나라)이다.

이 귀한 책이 오광만 교수의 많은 수고로 번역되어 우리 교계에 소개되는 것을 기쁘게 생각하며, 한국 교계에 널리 사용되어 큰 영적 유익이 있기를 바라는 바이다.

박윤선 목사

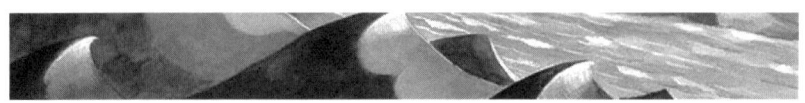

역자 서문

이 책은 헤르만 리델보스(Hermann Ridderbos) 박사의 *De Komst van het Koninkrijk*(1950)의 1962년 영어 번역판인 『*The Coming of the Kingdom*』을 완역한 것이다.

저자는 네덜란드의 대표적인 개혁파 신약 학자 중의 한 분이시다. 그는 캄펜 대학에서 학부를 마치고 암스테르담의 자유 대학(Free University)에서 박사 학위를 받은 후(1936), 1942년부터 계속해서 캄펜신학교에서 신약 교수로 재직해 오셨다. 과거에 그는 *Gereformeerd Weekblad*의 편집장으로 수고하셨으며, 본서 외에도 수많은 화란어로 된 신학 서적과 주석들을 저술한 작가다.

그 가운데 몇 권이 우리말로 옮겨져 한국 독자들에게도 이미 익숙해 있다. 이 책과 쌍벽을 이루는 『*Paul. An Outline of His Theology*』(『바울 신학』. 개혁주의신행협회)는 바울 신학의 전 체계를 구속사적으로 조망한 책이며, 『*When the Time Had Fully Come*』(『하나님 나라』. 생명의말씀사)은 공관복음, 바울의 설교 및 신약성경의 구조를 신약신학적으로 분석한 책이다. 바울과 예수님의 연속성 문제를 다룬 『*Paul and Jesus*』(『바울과 예수』. 한국로고스연구원)와 그밖에 소책자 『*Matthew's Witness to Jesus Christ*』(『마태복음 강해』. 성서유니온)와 『*Matthew*』(『마태복음 주석』. 여수룬)은 저자의 주해의 통찰을 알 수 있는 대표적인 저서들이다.

이 책은 그간의 하나님 나라 연구사에서 하나님 나라의 도덕성, 미래성 또는 현재성 등 한편만 강조하여 극단에 치우친 하나님 나라의 제반 견해들을 불식시키고, 구속사적 관점으로 하나님 나라를 조망하고 있다는 점에서 하나님 나라 연구뿐만 아니라 공관복음 연구에 길이 남을 기념비적 작품이라고 할 수 있다. 저자는 여기서 성경적 하나님 나라관(觀)을 명쾌하게 제시한다. 특히, 본서에서 특징적으로 발견되는 그 나라의 성격들은 하나님의 통치의 하나님 중심성, 역동성, 메시아성, 미래성 그리고 현재성 등으로서, 여기서 우리는 하나님 나라에 대한 균형 있는 가르침을 배울 수 있다.

이 책은 주로 공관복음서에 나타난 예수님의 교훈들과 사역들을 하나님 나라의 관점에서 서술하고 있다. 저자는 구약 예언들과 관련하여 성취적 관점(때의 성취)에서 하나님 나라를 조망하였다. 때의 성취자이신 예수님은 바로 하나님 나라의 중심인물이요 하나님 나라 그 자체(self-basileia)이시다. 이것을 논술함에 있어 저자는 구약성경에 자주 호소함으로써 우리에게 두 성경(신, 구약성경)이 별개의 책이 아니라 통일된 주제를 담고 있는 하나의 책임을 상기시켜준다.

하나님 나라에 관한 저자의 가르침 이외에 특별히 우리의 주목을 끄는 것은 하나님 나라와 교회의 관계에 대한 저자의 주장이다(본서 제8장). 저자는 여기서, "하나님 나라는 그리스도의 성취와 완성 안에 표출된 구원의 거대한 신적 사역이며, 교회는 하나님에 의하여 선택되고 부름을 받아 하나님 나라의 복을 향유하는 그 백성들을 의미한다"고 함으로써 그 나라와 교회가 얼마나 밀접히 연관되어 있는지를 밝힌다.

이 책을 읽어 가면서 우리는 저자의 학식과 변증가로서의 그의 분별력에 감탄하게 된다. 수많은 학자와 학파들의 논리의 허구성과 허점들을 성경적으로 명쾌히 답하면서도 그의 논리와 사상이 하나도 흐트러짐 없이 하나님 나라에 대한 성경적 가르침을 균형 있게 제시한다. 적어도 역자의 구속사적 성경 해석 방법과 계시 의존 사색은 리델보스 박사에 힘입은 바가 크다고 감히 말할 수 있다.

번역은 주로 원문에 충실하려고 애썼다. 하지만 종종 의역과 아울러 의미가 모호하거나 좀더 분명히 밝혀야 할 필요가 있다고 생각되는 곳에서는 역자 주를 괄호로 묶어 첨가하기도 하였다. 특히 용어에 있어 자주 등장하는 'the kingdom'은 어떤 곳에서는 '천국'으로 또 다른 곳에서는 '하나님 나라' 또는 단순히 '그 나라'로 번갈아 가면서 번역하였다. 그러나 이 세 용어 사이의 차이는 전혀 고려하지 않았고 또한 실질적인 개념상의 차이가 없음을 인지하기 바란다(본서 제1장과 제2장의 '후기 유대교' 부분을 참고하라).

이 책은 처음에 도서출판 엠마오에서 출간되었다가(1987-1999), 이번에 도서출판 솔로몬에서 개정 번역 하여 새롭게 출판하게 된 것이다. 20년 만에 개정 번역판을 출판하는 셈이다. 개정 번역을 내면서 감사해야 할 분이 많다. 초판을 출판할 때 도움을 주신 영역 편집자 Raymond O. Zorn 목사님(Zorn 목사님은 역자에게 격려뿐만 아니라 본서와 관련된 자신의 저서인 『Church and Kingdom』까지 보내주셨다)과 역자가 저자 리델보스 박사와의 교류할 수 있도록 교량 역할을 해주신 K. Runia 박사, 그리고 네덜란드의 Uitgeversmaatschappij J. H. Kok 출판사의 Wim E. Steunenberg 사장님과 개정 번역을 감행하신 도서출판 솔로몬의 박영호 사장님 이하 모든 분들께 고마움을 표한다. 그리고 새롭게 번역한 원고를 컴퓨터에 입력해준 아들 승빈이, 성민교회 정덕찬 군과 정은지 양의 노고에 감사한다.

주께서 이 귀한 책을 통하여 그의 백성들이 주를 더욱 깊이 알아가게 하시고 그들로 그리스도의 장성한 분량에까지 자라가게 하시기를 바란다.

2009년 1월
석수동 연구실에서

차례

- 추천사
- 역자 서문

- 서론 | 13

1장_ 하나님 나라의 일반적 성격(배경) | 41

    1. 구약성경 | 42
    2. 후기 유대교 | 48
    3. 비종말론적 전제 | 54

2장_ 하나님 나라의 일반적 성격(세례 요한과 예수님) | 57

    4. 하나님 중심성 | 58
    5. 역동성 | 64
    6. 메시아성 | 69
    7. 미래성 | 80
    8. 현재성 | 94

3장_ 하나님 나라가 임하였느니라(성취) | 107

    9. 악한 자가 정복됨 | 103
    10. 이적을 행하시는 예수님의 권세 | 113
    11. 복음의 전파 | 122
    12. 구원을 소유함 | 130
    13. 예수님은 그리스도이시다 | 137

4장_ 하나님 나라가 임하였느니라(임시적인 성격) | 159

    14. 현재성과 미래성 | 160
    15. 악한 자의 때 | 163
    16. 표적으로서 이적 | 175
    17. 비유로 말씀하심 | 183
    18. 씨 뿌리는 자 비유 | 193
    19. 심판의 연기 | 203
    20. 말씀의 효과 | 212
    21. 잃어버린 것을 찾음 | 221
    22. 여호와의 종 | 231
    23. 하나님 나라와 십자가 | 248

5장_ 하나님 나라의 복음 I (기본적인 주제) | 257

    24. 가난한 자의 복음 | 258
    25. 새 언약 | 266
    26. 주의 기쁘신 뜻 | 280

6장_ 하나님 나라의 복음 II (구원) | 289

    27. 죄 용서 | 290
    28. 하나님의 부성(父性) | 316
    29. 성부의 뜻의 성취 | 328
    30. 하나님의 부성과 금생(今生) | 351
    31. 하나님의 부성과 영생(永生) | 364

7장_ 하나님 나라의 복음 III (계명들) | 375

    32. 하나님 나라와 의 | 376
    33. 율법의 완성 | 384
    34. 사랑의 요구의 적용 | 421

8장_ 하나님 나라의 도래와 교회 | 431

35. 일반적인 견해들 | 432
36. 바실레이아와 에클레시아 | 443
37. 기초와 권위 | 461
38. 사도직과 세례 | 479

9장_ 하나님 나라의 도래와 성만찬 | 503

39. 성만찬의 이중적 주제 | 504
40. 성만찬의 구속사적 의미 | 515
41. 최후의 만찬 시 예수님께서 보이신 행동의 성격 | 528
42. 상징과 실체 | 547

10장_ 하나님 나라의 미래 | 557

43. 천국의 임박성 기대 문제 | 558
44. 부활과 파루시아(재림) | 573
45. 지향점으로서 대미래 | 587
46. 시대를 분별힘 | 592
47. 마가복음 13장의 종말론적 설교 | 599
48. 시간을 제한하는 듯한 선언들 | 626
49. 파루시아 비유들의 의미 | 644
50. 성취와 완성 | 652
51. 예언과 역사 | 660

서론
Introduction

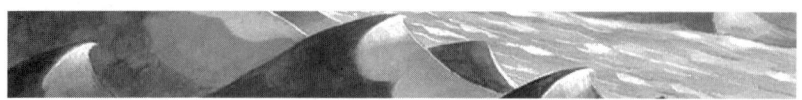

서론

　공관복음서가 우리에게 전해주고 있는 것처럼 예수님 메시지의 핵심 주제는 '하나님 나라의 임함' 또는 주로 마태복음에 표현되고 있는 '천국의 임함'이다. 이것은 첫 세 복음서들 속에서 자주 등장하는 형식과 표현방식에 있어 요한의 전통(공관복음의 '하나님 나라'라는 용어 대신 '영생'으로 표현한 요한의 전통. 옮긴이)과 구별된다는 사실 뿐만 아니라, 복음서의 여러 본문에 명시되어 있는 예수님의 설교의 반복적인 특징을 보더라도 잘 알 수 있다.

　예수님은 하나님의 복음을 선포하는 것으로써 자신의 사역을 시작하면서 "때가 찼고 하나님 나라가 가까이 왔으니 회개하고 복음으로 믿으라"고 말씀하셨다. 마가복음 1장 14절과 15절은 동일하게 예수님께서 갈릴리에 오셔서 수행하신 활동을 소개하고 있다. 마태와 누가는 마가의 것과 다른 용어를 사용해 동일한 메시지를 표현한다(마 4:14, 23; 9:35; 눅 9:11). 우리는 누가복음 4장 43절에 언급된 예수님의 말씀에서 그분의 사역의 목적이 하나님 나라를 전파하는 것이었다고 읽고 있다. 그러므로 그분이 전파하신 하나님의 말씀(눅 8:11)은 역시 '그 나라의 말씀'(마 13:19)이라고 불릴 수 있다. 그리고 신약성경의 전

케리그마(Kerygma)로 요약되는 복음과 그 내용은(눅 4:43; 8:1; 16:16) 하나님 나라와 하나님의 도래이다. 이처럼 예수 그리스도와 사도들의 설교 전체가 하나님 나라에 관한 것이었으며,[1] 그 나라에 대한 예수 그리스도의 선포 속에서 우리가 하나님의 전체 계시의 구체적인 표현 양식을 접하게 된다고 말하는 것[2] 또한 지극히 정당하다. 이러한 예비적인 관찰에 나타난 것은 하나님에 대한 신약적 계시의 의미와 특성을 고찰함에 있어, 하나님 나라에 대한 계시만큼 중요한 다른 어떤 주제를 언급한다는 것이 거의 불가능 하다는 사실이다.

또한 우리가 여기에 첨가해야 할 사실은 신약 연구의 전 영역에서 이보다 더 다양한 이론들을 유발시키거나 더욱 격렬한 논쟁을 야기한 주제가 없었다는 것이다. 특히 지난 50년 동안 하나님 나라에 대한 논의는 가장 활발히 진행되었다. 여러 의견들의 불일치를 연구해보면, 사람들이 예수님의 가르침의 진정한 취지를 올바르게 이해하지 못하고, 오히려 현대 사상계가 복음 속에 이입시킨 듯이 보이는 온갖 종류의 문제들에 연루(連累)되었다는 것을 알 수 있다. 생각이 깊은 독자들에게 이러한 논쟁은 한편으로는 풍부한 교훈의 자료가 될 것이다. 그러나 이 논쟁으로 말미암아 천국 복음 속에 탁월하고도 다채롭게 표현된 하나님의 신리의 능력이 인간의 모든 한계와 갇혀진 사고를 초월하고 있음이 거듭 확증되고 있다.

하나님 나라 주제 연구의 적합한 서론을 시작하면서 필자는 독자들이 예수님께서 선포하신 하나님 나라의 일반적인 성격과 관련한, 복음서에 관해 최근까지 채택되어온 가지각색의 해석가들과 그들의 주요한 관점들에 익숙해지길 바란다.

거의 50여 년 간 천국의 일반적인 요지에 대한 연구는 소위 종말론 학파에 의해 제기된 문제들이 지배해 왔다.[3] 요하네스 바이스(Johannes Weiss)는 이 운

---

1) K. L. Schmidt, in. G. Kittel, *Theologisches Wörterbuch zum Neuen Testament* (이후부터는 T. W. B. 로 표시함), I. p. 584, 'βασιλεια' 항목.
2) H. D. Wendland, *Die Eschatologiedes Reiches Gottes bei Jesus*, 1931, pp. 15, 19.

동의 비조(鼻祖)라고 명명될 수 있다. 그는 1892년 현재까지 그 의의를 보유해 온 『하나님 나라에 관한 예수님의 설교』(Die Predigt Jesu Vom Reiche Gottes)를 출판하였다. 이 책에서 바이스(Weiss)는 유력한 신학자 알브레이트 리츨(Albrecht Ritschl)이 제시한 기존의 하나님 나라 개념을 공격하였다.

리츨은 자신의 이해를 지지하면서 예수님의 설교에 호소하였다. 그는 하나님 나라를, 예수님께서 창건하셨고 복음적인 사랑의 법을 실행하기를 원하는 모든 사람들로 구성되는 윤리 · 종교적 공동체(ethical-religious community)로 이해하였다. 교회가 진척시켜야 할 것이 바로 이러한 공동체라고 주장하면서 말이다. 이러한 하나님 나라는 이 세상에 속해 있으며 발전과 인간의 활동이라는 개념에 의해 강하게 결정되는 까닭에, 그 나라는 전적으로 내재적인 특성을 지닌 것으로 이해되었다. 리츨에 따르면 하나님 나라의 기본적인 법은 예수님의 계명들에서 발견된다. 하나님 나라의 현저한 윤리적 특성도 그 나라의 도래와 그 나라 계시의 전 과정에서 찾아야 한다.[4]

그러나 바이스에 의하면 리츨의 하나님 나라에 대한 개념은 결코 복음서가 가르친 하나님 나라 개념이라고 할 수 없다. 리츨의 하나님 나라 개념의 근원은 오히려 칸트의 도덕 왕국에 대한 견해와 계몽주의 신학에서 유래한 것임이 판명되었다.

종교사학파의 대표자인 바이스는 하나님 나라에 관한 예수님의 설교가 오직 예수님 당대의 사상계, 특히 후기 유대 묵시 문학의 배경에 비추어야만 이해될 수 있다고 주장하였다. 이 견해에 따르면 윤리적 이상이라든지, 발전도상에 있는 내재적 공동체로서 하나님 나라에 대한 여러 개념들은 궁극적으로 거부되어야 한다. 하나님 나라는 이 세상의 종말을 전제하는 것으로, 순전히

---

3) Matter의 견해와 비교하라. H. M. Matter, *Nieuwere Opvattingen omtrent het Koninkrijk Gods in Jezus' prediking naar de Synoptici*, 1942.
4) 참고. F. Holmström, *Das Eschatologische Denken der Gegenwart*, 1936, pp. 6ff; E. Masselink, *Eschatologische motieven in de nieuwe theologie*, 1946, pp. 19ff.

미래적이며 종말론적인 사건임이 분명하기 때문이다. 이런 의미에서 하나님 나라 자체는 결코 이 세상에 이미 계시된 실체일 수 없다. 그래서 예수님께서 하나님 나라가 가까이 왔다고 선포하셨을 때 그 나라는 오직 묵시 문학에서 대망하여 온 새로운 세상의 시작에 불과하며, 하나님 나라 자체는 현시대의 대파국 이후에 계시되는 것을 의미한다.

그러나 복음서에 하나님 나라가 이미 임하였으며 현존하고 있다고 제시하는 여러 본문이 등장한다는 것 역시 명백한 사실이다. 바이스에 의하면 우리 관심의 첫 단계는 그 본문들과 본문의 진정성이 과연 얼마만큼 하나님 나라를 후대에 영적으로 이해하게 했는지를 검토하는 데 두어야 한다. 바이스는 이러한 이해가 요한복음에서 발견되는 하나님 나라 설교에서 비롯되었다고 생각한다. 바이스에 따르면 요한복음에는 종말적인 관점이 거의 나타나지 않는다. 또한 공관복음서의 마태복음 12장 28절과 다른 구절들에 나타나 있는 소위 현재적 언급들(Gegenwartstellen)에서도 예수님께서 그 나라를 현존하는 것으로 말씀하고 계신 것을 발견할 수 있다.

그러나 바이스에 따르면 예수님께서 일종의 영적인 황홀경에 빠져서 획기적인 기점의 초기 단계를 보시고 예기적인 의미에서 하나님 나라의 도래를 말씀하셨다는 것이다. 하지만 실상 예수님께서는 항상 이러한 고도의 긴장 속에서 살지는 않으셨다고 한다. 예수님께서는 당신이 돌아가시기 전에 그 나라가 임할 것을 기대하셨고, 나중에 실망적인 경험의 충격 때문에 그 나라의 도래의 때를 연기하셨다는 것이다.

그러나 점진적인 계시와 그 나라의 도래의 발전이 있다는 점은 의심의 여지가 없다. 그 나라는 하나님의 당연한 개입으로 말미암아 갑자기 임할 것이며, 그때 현 세대는 종말에 이를 것이다.

바이스는 이러한 종말론적인 기조가 특별히 예수님의 계명들에서 반향된다고 보고 있다. 예수님의 계명들은 이 세상에서 발전 단계에 있는 하나님 나라의 표준을 의미하는 것이 아니다. 미래의 그 나라에 들어가기 위한 조건들로서 의도된 것이다. 계명들은 조건들로서 기능할 뿐만 아니라 철저히 종말론적인 특성을 지닌다. 예수님의 윤리가 급진적이라는 뜻은 원리상 종말이 왔다는 것을 알고 지상에 속한 모든 소유와 관심들을 떨쳐 버리는 사람들이 취하는 급진성을 의미한다.

세상의 종말이 언젠가는 반드시 오리라는 것에는 옳고 그름의 논의의 여지가 없다. 바로 이 위기의식이 예수님의 계명을 탄생케 했다. 이 계명들은 모든 세대에 주어져서 어느 시기에든지 용인될 수 있는 행동 규율로 이해될 성질의 것이 아니다. 일종의 '예외적인 법령'이다. 전쟁 시에 사물들의 정상적인 질서가 잠시 멈추고 모든 것이 궁극적인 원인에 귀속되는 것처럼 예수님의 급진적인 계명들은 오로지 장차 올 하나님 나라의 종말론적 대망의 관점에서만 이해되어야 한다.[5]

복음서에 대한 이러한 새로운 해석으로 종말론적 이해의 가장 전형적인 주창자로 불리게 된 사람이 알버트 슈바이처(Albert Schweitzer)이다. 바이스의 저서들이 특별히 예수님의 설교에만 집중되어 있는데 반해 슈바이처는 한 걸음 더 나아가 바이스의 고찰이 예수님의 생애를 이해하는 데 관건이 될 만한 오랜 연구의 결정체임을 증명하려 하였다.

슈바이처는 '철저 종말론'(Consistent Eschatology)을 말한다. 예수님이 종말이 가까이 왔다는 대망 속에서 사셨다면 그의 생애의 역사는 그와 같은 대망으로 점철되었을 것임에 틀림없다. 이러한 논지에 의거하여 슈바이처는 예수님의 생애를 전혀 새롭게, 부분적으로는 환상적으로 묘사하기에 이른다. 저서 『메시아직과 고난의 비밀』(Das Messianitäts-und Leidensgeheimnis)[6]과 특별히 그의 대작 『라이마루스로부터 브레데까지』(Von Reimarus zu Wrede)[7]에서 슈바이처는 예수님의 생애에 대한 일관된 견해에 도달하려고 계몽주의 이래로 신학이 이

---

5) 참고. 또한 필자의 *De strekking van de bergrede naar Mattheüs*, 1936, pp. 76ff 를 보라.
6) 1901, 2nd edition, 1929.
7) 1906.

룩해 놓은 여러 업적을 매우 뛰어나게 개괄하였다. 이 책은 후에 『예수님의 생애 연구사』(Die Geschichte der Leben-Jesu Forschung)8)라는 제목으로 출판되었다.

슈바이처는 전(全) 주경역사가 역사적 객관성에 의해 결정된 것이 아니라 오히려 주관적인 신학적 편견에 의해 결정되어 왔음을 분명히 보여준다. 그는 특히 수많은 현대 학파의 신학자들이 오랫동안 채택해 온 예수님에 대한 자유주의적 묘사를 비판했다. 슈바이처의 스승이요 자유주의 학파의 대표자인 홀쯔만(H. J. Holtzmann)은 이러한 자유주의적 초상화를 그린 작가들 가운데 한 사람이었다. 슈바이처는 라이마루스(Reimarus), 스트라우스(Strauss) 및 브루노 바우어(Bruno Bauer) 등과 같은 학자들이 모든 교의학적 전제들로부터 탈피하여 예수님의 생애를 묘사한 것이야말로 신약 연구사에 있어서 획기적인 것으로 인지하면서 이들의 입장에 동조한다. 슈바이처는, 바이스의 하나님 나라에 관한 예수님의 설교를 다룬 그의 책에서, 예수님이 의도한 종말론적인 긴장 속에서 살았음을 간파한 이들이 바로 이러한 급진주의자들이라는 사실을 밝혔다. 슈바이처는 이러한 선구자들의 전통에 따라 예수님의 생애가 전적으로 종말론적인 도그마(eschatological dogma)에 의해 점철된 삶이었음을 묘사하려 하였다.9)

예수님의 생애를 철저하게 종말론적으로 재구성하려 한 슈바이처의 시도는 후대에 별반 지지를 받지 못하였다. 그렇지만 이 견해는 지금까지 종말론적인 사조들이 취한 보편적인 신학적 입장들을 잘 특징지은 것으로 평가되어 왔다. 한편으로 이 철저 종말론은 복음을 인본화 하고 윤리화시켜, 결과적으로 복음서에서 발견되는 예수님상(像)을 왜곡시키려는 일체의 그릇된 동향들에 반기를 들려 한 것이었다. 다른 한편으로 이 운동은 자신들이 순전히 **역사**

---

8) 1913, 그 후 이 책은 수정 없이 두 판이 더 나왔다(1926, 1933). 이 책은 허혁 교수에 의해 우리 말로 번역되었다. 『예수님의 생애 연구사』(서울. 대한기독교서회, 1995).

9) 참고. 그의 *Gesch. d. L. -J. -F.* 4, 1933, pp. 268ff. 개괄을 위해서는 필자의 *Zelfopenbaring en Zelfverberging*, 1946, pp. 8ff를 참조하라.

적인 수정이라 간주하였던 것을 옹호하기 위해 투쟁하였다.

이 부류에 속한 저자들은 복음에 언급된 하나님 나라의 도래를 철저하게 거대한 종말론적 파국의 시작으로서만 개관했기에 필연적으로 그 나라의 임박성에 대한 예수 그리스도의 설교는 기만을 낳았다고 주장할 수밖에 없었던 것이다. 그래서 그들은 이 종말론적인 대망과는 상이한 어떤 것에 준하여 예수님의 윤리 모방에 대한 기초를 만들 수밖에 없었는데, 이를 가리켜 슈바이처가 "생명을 버리는 영웅적인 행위"라고 한 것은 참으로 흥미롭다. 이러한 연유로 슈바이처와 바이스는 그들 자신의 신학과 세계관을 위해 현대의 이상적인 견해를 채용했던 것이다.10) 그래서 그들의 저작은 복음서에 기초를 둔 새로운 신학을 창출해내지 못했다. 오히려 복음서와 당대의 신학적 개념 사이의 연계를 확립하려고 한 이전의 여러 노력들을 무산시켰을 뿐이다.

이러한 실패가 바로 종말론적인 해석을 수립해 낸 초기의 가장 뛰어난 대표자들이 맨 처음에 아무런 영향력도 발휘하지 못하게 된 이유들 가운데 하나이다. 이들은 자신들이 재발견했던 예수님의 설교의 종말론적 특성에 신학적인 표현을 부여할 수 없었다. 그들의 연구 결과는 얼마간 예수님께서 선포하신 하나님 나라의 종말론적인 특성들을 인식하게 하는 데 그쳤다. 그러나 이러한 특성은 사람들이 예수 그리스도의 계명을 듣고 삶을 그 계명들에 준거하여 정립할 때, 인간과 세상 속에서 발생하게 될 영적 변화에 대한 신비적이거나 현대적인 표현에 지나지 않는 것으로 간주되었다.

예를 들어, 이러한(종말론적인) 형태에(영적, 도덕적인) 내용이 담겨있다는 구조의 특징은 종교사학파의 널리 알려진 또 다른 대표자 부세(W. Bousset)가 바이스의 저서를 논박하기 위해 인용한 것에 잘 나타나 있다. 부세는 예수님의 설교가 전적으로 종말론적인 개념에 기초하고 있음을 인정하였다. 그러나 그는 예수님의 인격과 메시지에서 '현상적인' 특질과 '지적인' 특질 간에는 명백

---

10) 참고. 또한 Holmström, *op. cit.*, pp. 89ff.

한 구별이 설정되어야 한다고 생각했다. 예수님의 설교에 있어 묵시적 요소와 하나님 나라에 대한 예수님의 기대, '인자'라는 용어에 대한 예수님의 말씀 등은 오직 형이상학적인 확신의 형식으로만 이해되어야 한다. 이것은 우리의 이 작은 세계를 둘러싸고 있는 보다 고도화 된 질서에 속하는, 영원하며 비가시적인 세계이다. "이러한 이원론은 엄청난 도덕적인 심각성과 복음의 종교적 깊이를 꾸며주는 껍데기(husk)였다. 하지만 그 핵심(kernel)은 이 껍데기를 벗겨내는 곳 어디에나 존재한다"[11]는 것이다.

결국 부세가 도출해 낸 결론은 예수님이 결코 위기의식 속에서 살지 않았을 뿐더러 더 이상 그 어떤 미래도 기대할 수 없었던 그의 제자들에게 여타의 예외적인 계명들을 수여했을 리가 없다는 것이다. 부세에 따르면 바이스가 말한 것과는 반대로, 예수님께서는 이 세상에서 인정받을만한 일종의 적극적인 윤리를 선포하셨으며, 성부 하나님에 대한 믿음을 통해 자기 자신을 종말론적인 사고로부터 실제로 해방시켰다. 부세는 종교사학파에 속한 학자로서 예수님의 설교에 대한 역사적 관점을 이런 식으로 정당하게 평가하고 자유주의의 리출 신학이 생각했던 이상적인 예수님에 대한 여지를 남기려 하였다.

또 다른 구(자유주의)학파의 영향력 있는 대표자들로서 하르낙(Harnack)과 벨하우젠(Wellhausen)이 있다. 그들은 자유주의적 신학의 정당성을 입증하려고 복음서에 호소하고 예수님의 설교에서 종말론적인 긴장이라는 가설을 제거하기 위하여 형식과 내용 구조(form-content schema)를 사용했다. 이들이 종말론적 긴장을 제거한 이유는 이러한 종말론적 긴장이 하나님 나라에 대한 그들의 윤리 진화론적인 개념과 전혀 맞지 않기 때문이었다.

그러한 이유로 하르낙은 그의 저서 『기독교의 본질』(Das Wesen des Christentums)

---

11) Der Dualismus war die Hülle für den gewaltigen sittlichen Ernst und die religiös Tiefe des Evangeliums. Aber der Keim hat überall die Hülle gesprengt. W. Bousset, *Die Jüdische Apokalyptik, ihre religionsgeschichtliche Herkunft und ihre Bedeutung für das N. T.*, 1903, p. 62를 참고하라. 또한 *Schweitzer on Bousset, Gesch. d. L. -J. -F.*, pp. 236ff. Holmström, *op. cit.*, p. 42.

에서 예수님의 설교의 종말론적인 측면을 전적으로 배경에 해당하는 것으로 취급해 버렸다. 사실 그는 예수님께서 선포하신 천국이 미래적이요 외적인 통치로서 장차 새 땅에 그 모습을 드러낼 나라로 이해해야 한다는 사실을 인정하였다. 그러나 하르낙은 예수님의 설교의 이러한 구조가 반드시 예수님께서 사셨던 당시의 시대 상황들과 관련하여 해석되고 설명되어야 한다고 주장하였다.

그러나 예수님의 관심은 메시지의 제반 요소들에 있지 않았다. 우리는 하나님 나라를 (예수님의 영적 소유물로서) 인간 영혼에 현존하는 하나님의 내적인 나라로 인식해야 한다. 그러므로 우리는 당대의 준거틀(framework)로부터 이러한 '본질적' 인 요소들을 부각시키고 하나님 나라는 '보좌들이나 정사들, 또는 마귀들이나 천사들과 연관된 것이 아니라 오직 하나님과 영혼, 영혼과 그 영혼의 하나님' 에 관여하는 것임을 명심해야 한다.[12]

동일한 방식으로 하르낙은 예수님의 설교에 나타난 종말론적인 특성들을 재구성하였고, 계속해서 복음서를 그의 합리주의적 도덕 신학에 접목시키려 하였다. 비록 하르낙이 하나님 나라에 관한 이해에 있어 리츨 식으로 사회적인 요소에 뚜렷한 강세를 두지는 않았다고 하더라도, 예수님의 설교에서 두드러진 요소가 개개의 인간 영혼에 대한 가치 부여라고 인지했다는 점은 괄목할만하다.

이와 유사한 방법으로 제1차 세계대전 이전의 자유주의 신학은 예수님의 설교에서 영적인 취지로 간주되어야 할 적절하고 영속적인 요소를 유지하려 하였다. 그러면서도 '복음서의 종말론' 에 대해서는 역사적인 것으로 인정하였다. 동시에 자유주의 신학은 복음의 우주적이고 종말론적인(또는 종말사적인) 특징들을 가능한 한 비본질적인 것으로 제쳐 놓았다.[13] 자유주의 신학은 특

---

12) *Das Wesen des Christentums*, 1905, pp. 34-36.
13) 필자는 여기서 E. von Dob Schütz가 그의 *The Eschatology of the Gospels, the Expositor*, 1910에서 제시한 널리 알려진 해석들을 염두에 두고 있다. 특히, H. J. Holtzmann. *Lehrbuch*

히 예수님의 계명들에 대한 종말론적인 해석에 매우 강경한 자세를 취하였다.

그리하여 하나님 나라에 대한 종말론적 해석에 신랄한 비평이 가해지자 심지어 바이스조차 그의 책 제2판에서, "예수님의 설교가 다 그의 종말론적 대망에 의해 규정된 것은 아니었으며 예수님의 계명들 전부가 '위기의 계명들'로 해석될 수 있는 것이 아니다"라고 수정해야만 했다. 예를 들면 바이스는 사랑에 대한 이중적인 계명들이 하나님 나라가 도래하기 이전의 예외적인 시기에 적용되어야 할 계명일 뿐만 아니라 모든 시대를 막론하고 유효한 것으로서, 애초에 그렇게 의도된 것이었음을 인정하였다.

바이스는 예수님의 종교적, 윤리적 설교 가운데서 상당한 부분을 하나님 나라의 개념으로부터 분리시켰으며 동시에 설명하기에 난해한 복음서의 내용들에 대해서는 이원론을 도입시키고 말았다. 한편으로는 복음서가 하나님 나라에 대한 가르침, 즉 위기의 설교를 포함하고 있지만, 다른 한편으로는 복음서 속에는 하나님 나라 설교와는 전혀 무관한, 전적으로 비종말론적인 신앙이 내포되어 있다고 상정했던 것이다.

이러한 복음에 대한 이원론적인 견해는14) 철저 종말론 해석을 옹호하는 유파(流波)에 의하여 완강히 거부되었으니15) 그렇다고 이러한 견해를 지지하는 사람들마저 없었던 것은 아니다. 예컨대 빈디쉬(H. Windisch)의 산상설교에 관한 유명한 저작물들 속에서 이원론적인 견해가 지지되고 있다. 빈디쉬는 공관복음서에서 예수님의 설교에 흐르는 두 주요 맥락들을 대별해 냈다. 구원과 심판에 대한 선지자적·종말론적 선포가 그 하나이고, 또 다른 하나는 정선되고 급진적인 지혜 교훈이다.16)

이러한 모든 견해들은 예수님의 설교에 대한 종말론적인 해석의 권위를 약

---

der neutestamentlichen Theologe I² 1911(A. Jülicher와 W. Bauer에 의하여 출판되었음), pp. 248ff를 참조하라.
14) Weiss의 이원론적 구조에 대해서는 H. M. Matter op. cit., pp. 70ff를 참조하라.
15) 참고. 필자의 De Strekking der Bergrede, p. 78.
16) H. Windisch, Der Sinn der Bergpredigt, 1929, p. 20.

화시키는 데 기여해 왔을 뿐만 아니라 소위 위기적인 동기(crisis-motive)가 원시 복음의 취지를 올바로 이해하도록 돕는 유력한 관점이 될 수 없다는 것을 더욱 분명하게 해주었다. 예수님의 계명들은 특히 천국 설교에 대한 철저 종말론적 해석에 있어 극복할 수 없는 장애 요인이 된다는 것 또한 더욱 명백해졌다.

이와는 반대로, 만약 천국이 우선적으로 종말론적인 의미를 함유하고 있다면 종말론적 의미가 복음서에 대한 자유주의적 윤리 이해를 위한 '준거틀' 또는 '껍질'(shell)로서의 역할을 담당할 수 없다는 사실이 더욱 더 밝히 드러나야 한다는 것이다. 어떻게 해서 이러한 진리가 급작스럽게 광범위한 부류의 사람들 사이에 편만해지기 시작하였으며, '하나님 나라의 종말론'이 과연 어떻게 해서 관심의 초점이 되었는가 하는 것 또한 주목할 만한 현상이다.

이번에는 이 진리가 역사적, 주해적 관점에서 뿐만 아니라 철저히 신학적인 의미에서도 의도적으로 마주해야 할 실체로서 논의되었다.17) 그럴 때에만 자유주의 신학은 돌연 붕괴될 수 있었다. 역사적, 주해적 연구를 주창하는 모든 옹호자들의 노력에도 아랑곳하지 않고 자유주의 신학은 하나님 나라에 대한 낙관적이고 윤리적인 개념을 유지해 올 수 있었다. 그러나 자유주의 신학은 외관상 복음서에서 직접 출발한 듯이 보이는 위기 신학에 그 자리를 양보하지 않으면 안 되게 되었다. 결국 하나님 나라에 대한 예수님의 설교 속에서, 모든 인간적인 자료들이 눈앞에 가까이 온 하나님의 개입으로 인해 철저한 심판에 회부되었음이 역사적 연구에 의해 공고히 확증되지 않았던가?

그러나 종말론 사상에 나타난 새로운 발전도 복음서에 가로놓여 있는 막중한 장애물을 외면할 수는 없었다. 왜냐하면 바이스와 슈바이처는 예수님의 모든 설교가 최종적으로 파국에 근접하고 있다는 확신에 기초하고 있고, 이로부터 근본적인 위기의식이 파생된다고 보여주려고 애썼기 때문이다. 그러나 자기의 신학을 하나님 나라에 대한 이해에 맞추려고 하는 사람이라면 누

---

17) 참고. 또한 G. C. Berkouwer, *Wereldoorlog en Theologie*, 1945, pp. 11ff.

구나 슈바이처가 '재림의 지연'이라고 누누이 일컫던 것을 냉혹하게 설명해야 하는 불가피한 과제에 직면하게 된다. 그리하여 종말론적인 해석에 있어서 단순히 역사적 원리로서 풀이했던 바이스나 슈바이처와는 달리 신학적 원칙으로서 이 입장을 고수하기 위해 종말론 운동의 비조들과는 다른 종말론적 이해의 출현이 필요하다는 것은 전혀 놀랄 만한 일이 못 된다.[18]

이런 맥락에서 소위 최종적인 역사적인(endgeschichtliche) 종말론에서 초역사적인(übergeschichtliche) 종말론이라 불리는 것으로 전이가 발생하게 되었다. 이것은 종말론이 더 이상 역사의 지평선상의 끝, 곧 최종적인 역사에 놓여 있다는 견지와는 무관하며 오히려 매순간 세상과 인간의 전 존재를 결정하는 초시간적이고 신적인 것과 관련된 것임을 의미한다. 초역사적인 종말론적 묘사에서는 시간의 범주가 제거되었다. "천국이 가까이 왔다"는 선포는 더 이상 세상의 종말이 다가왔다든가 또는 천국의 도래 시기가 정체되어 있다는 등의 의미로 이해되어서는 안 될 것이다. 도리어 이러한 메시지는 매순간이 영원과 직접적인 관계가 있음을 의미하는 것으로 이해해야 한다.

이러므로 '마지막에 일어날 일들'은 다른 의미를 갖는다. '후'(後, post)라는 시간적인 시시어는 '초'(超, trans)라는 시시어로 내체된다. 시간적인 의미에서 (그 나라가) 근접하고 있는 것에는 의문의 여지가 없다. 매순간이 종말이 될 수 있으며 매시간 "하나님 나라가 가까이 왔다"고 외쳐도 무방하다.

예수님의 설교의 종말론적 성격에 대한 이러한 식의 새로운 해석은 명백히 교의학적 전제들에 근거한 것으로 자유주의 신학 이념만큼이나 신약학에 영향을 끼쳤다. 하나님 나라의 구 윤리적, 내면적 개념으로부터 새로운 실존적 종말론 해석에로 옮겨간 전형적인 전이는 디벨리우스(M. Dibelius)의 『복음과 세계』(*Evangelium und Welt*)에서 발견된다.[19]

---

18) 참고. 이에 대해서는 F. Buri, *Die Bedeutung der neutestamentlichen Eschatologie für die neuere protestantische Theologie*, 1934을 참조하라.

이 책에서 디벨리우스는 예수님의 설교의 기초로 여겨지는 세상의 종말이 다가오고 있다는 신념을 기독교에서 초역사적이고 영구적인 것에다가 역사의 옷을 입힌 것이라고 명명한다. 왜냐하면 종말론적 이해와 관련하여 예수님이 사용한 용어들이 실제로 많이 있고 이러한 종말론에는 필연적인 심각성이 주어질 뿐만 아니라, 이러한 종말론적 관점이 예수님의 설교에 더 이상의 역사적 정황이나 형세에의 의존함이 없이 무조건적인 절대성을 부여하고 있기 때문이다.20) 이 모든 것이 인간에게 생명의 새로운 터전을 마련해주어 21) 여하한 시간적 우발성을 초탈하게 했으며 사람들로 하여금 예수님께서 하나님 나라라고 부르신 영원하고 쇠하지 않는 것과 사귐을 갖도록 해준다는 것이다.

그러나 초역사적인 견해에 있어서도 신약성경에 나타난 종말론을 신중히 다루지는 못했다. 왜냐하면 비록 이 견해가 역사적인 한정으로부터 자유로워지긴 했다고 하더라도, 여전히 하나님 나라에 대한 개념을 내면적인 것으로 취급하고 있기 때문이다. 이러한 점에서 디벨리우스는 하르낙과 자유주의 신학을 추종하고 있는 셈이다.

결국 디벨리우스가 아닌 불트만(Bultmann)이 복음에 대한 새로운 종말론적 견해의 전형적인 대표자로 꼽힌다. 여기서 말하는 새로운 종말론은 '철저한' 것에 대한 대안으로서의 새로운 것을 의미한다. 불트만 역시 복음에서 계시적인 내용과 이 본질적인 내용을 표현하고 있는 '당대의 신화'를 구별해야만 한다는 의견을 피력한다. 불트만에 의하면, 세상의 종말이 임박했다는 설교도 이 신화에 속한다. 절대적인 종말로 향하는 이러한 방향은 천국 개념에 대

---

19) 1929, 이것은 1925년에 출판되었던 작품의 재판이다. *Geschichtliche und uebergeschichtliche Religion im Christentum*를 참조하라. 필자의 *De Strekking der Bergrede*, pp. 81ff, 그리고 특별히 N. B. Stonehouse, 'Martin Dibelius and the Relation of History and Faith,' in *The Westminster Theological Journal*, 1940, pp. 105-139를 보라.
20) *Op. cit.*, p. 41.
21) *Op. cit.*, p. 60.

한 영구적이고 본질적인 요소를 추구한다.

"하나님의 통치는 기적적인 어떤 것, 즉 지금 여기에 있는 모든 것에 반대되는 절대적으로 상이한 어떤 것이란 점에서 기적적인 것이다."22)

따라서 그 나라(basileia)에 대해 선포한다는 것은 곧 '지금' (현재)이라는 순간에서조차 인간은 결정(결단)의 필요에 직면해 있음을 의미한다. 바로 '지금'이 그에게는 마지막 시간이기도 하기 때문이다라는 확신을 촉진시키는 셈이 된다.23) 그러므로 그 나라는 지상에서 실현되는 (어떤)상태 또는 실체가 아니라는 것이다. 예수님에게 그 나라는 종말론적인 상태로서가 아니라, 이것이냐 저것이냐를 선택하고 인간들로 하여금 어떠한 결정에 이르도록 회유하는 '기적적인 사건'으로서 관심의 대상이 되었다.24) 하나님의 통치는 세상 속으로 들어오지 않고, 그 대신 인간들로 하여금 세상에 대항하여 어떠한 선택을 결정하도록 요청한다.

슈미트(K. L. Schmidt)도 키텔(Kittel)의 『신약 사전』(Wörterbuch zum N. T.)에서 새로운 종말론적 견해를 피력한다.25) 슈미트에 따르면 예수님의 설교에서 하나님 나라는 순전히 미래적인 것이다. 소극적인 면에서 이 말은 현세적이니 지상적인 모든 것과 지금 여기(here and now)에 있는 모든 것에 반대된다는 의미인데, 이 점에서 슈미트는 불트만과 오토(R. Otto)의 형식을 그대로 좇고 있다. 적극적인 면에서 이러한 하나님 나라는 유대 묵시 문학에 종말론적 드라마로 묘사되고 있는 어떤 사건들로 실현되는 파국이다.

그러나 예수님께서 그와 동시대인들의 (하나님 나라) 개념들을 그대로 답습했다는 말은 확언할 성질의 것이 아니다. 중요한 것은 예수님이 의식적으로 동

---

22) R. Bultmann, *Jesus*, 1929, p. 36.
23) *Op. cit.*, p. 53.
24) *Op. cit.*, p. 40.
25) 참고. 'βασιλεια', I, p. 573.

시대인들이 한 것만큼 묵시 문학적 개념을 답습하지는 않으셨다는 사실이다. 그분은 종말론적인 상태를 묘사하거나 그 표적들을 계산하려 들지 않는다. 오히려 예수님은 유대교와는 대조적으로 하나님 나라의 임함은 계산하거나 그 누구도 그 임함에 대해 어떠한 방법으로든 형세를 정할 수 없으며, 그 나라의 임함은 전적으로 하나님의 소관에 달려 있음을 강조셨다.

하나님 나라가 이적에 불과하다는 소극적 진술은 엄격히 고수되어야만 한다. 하나님 나라는 전적으로 특별한 어떤 것인 동시에, 절대적으로 '초우주적이고 반(反)우주적'인 것이라는 이 소극적인 진리는 적어도 그 나라에 관하여 말할 수 있는 가장 적극적인 표현이다. 결국

"하나님의 통치의 실현은 미래에 속하며, 이 미래가 바로 인간의 현재를 결정한다."[26]

예수님의 설교에 대한 신 종말론적 해석 역시 결국 심각한 반대에 부닥치게 되었음은 말할 나위도 없다. 성경적인 미래를 시간과 영원 사이의 계속되는 긴장으로 해석하거나 인간이 매순간 하나님 앞에 서 있는 자신의 존재를 발견하는 '결단의 실존적 상황'이라는 견지에서 하나님 나라의 도래가 임박했음을 해석하는 이 모든 것들은 명백히 복음에 대한 철학적 재해석인 것으로 낙인찍히게 되었다. 이러한 해석은 복음을 정당하게 주해한 것이라기보다는 풍유적으로 명명한 것이라고 말하는 편이 더 옳을 것이다.

신약성경과 초역사적 종말론을 동일시하려는 시도가 활발히 진행되어 온 것은 사실이다. 예를 들면, 칼 바르트(Karl Barth)는 한동안 자신이야말로 신약성경의 진정한 옹호자이기에 이러한 개념에 배치되는 온갖 이견들을 종식시킬 수 있다고 생각하였다.

"신약성경에서 종말이란 시간적인 사건이나 세상의 터무니없는 몰락이 아니기에 어떤 역사적, 지역적, 우주적인 파국과는 전혀 무관한 실제적인 종말

---

[26] Op. cit., p. 588.

을 의미하고 있는 까닭이다. 그래서 교회의 역사 1900년은 종말이 가까이 왔다든가 아직 멀었다는 의미로는 거의 이해되지 않은 기간이었을 뿐더러 그 문제와 전혀 관계가 없는 것이었다."27)

그러나 이와 같이 시간의 범주를 배제하고 신약성경의 실체적이고 우주적인 견해를 순전히 최근의 실존론적인 종말론 개념으로 바꾸려는 시도는 근본적으로 신약성경에 나타난 미래 대망을 폐기시키는 결과를 낳았음이 점점 더 명백해졌다.28) 비록 새로운 종말론이 제 아무리 하나님 나라에 대한 신약성경의 메시지의 본질적인 요소를 신학의 탁월한 관점이 되게 하는 데 전력투구하고 있다고 하더라도, 이 새로운 종말론이 비난을 받는 위치에 서게 된 이유가 바로 여기 있다.

이러한 경향은 예수님의 설교에 있어 '현상적인 요소'와 '이해하기 쉬운 요소'를 '형식'과 '본질'로 구별시키려 한 구(자유주의)학파와 동일한 비평에의 문을 열어 놓았다.29) 이에 반대하여 어떤 사람들은 그와 같은 모든 생각들 근저에 진리(계시)와 역사에 대한 이상적인 추상주의가 도사리고 있다고 주장하였다.30)

신약의 종말론에 내포된 시간적 특성은 상당한 비중을 갖고 철저히 고수되었다. 가령 벤트란트(Wendland)는 철저 종말론에 반대하는 로버트 빈클러(Robert Winkler)31)에 동조하면서 종말론 사상에서 시말적(endzeitlich)이고 미래적인 요소를 제거해 버리는 모든 신학은 그것 자체가 신약성경의 믿음을 바르게 이해하지 못한 것이라고 주장한다.32) 후기에 와서 벤트란트의 고찰은 큄

---

27) K. Barth, *Der Römerbrief*, 1926, p. 484.
28) 또한 Barth, *Kirchliche Dogmatik*, II, 1, pp. 715, 716.
29) 참고. 또한 Holmström, *op. cit.*, p. 21. F. Buri, "Das Problem der ausgebliebenen Parusie," in *Vox Theologica*, April, 1948, pp. 111-115. E. Masselink, *op. cit.*, pp. 105ff.
30) 예를 들어, Ph. Bachmann은 종말론에 대한 자유주의적 해석과 '초역사적' 해석의 공통적인 뿌리를 '시간과 영원에의 이상주의적인 분리'라고 부른다. 참고. Holmström, *op. cit.*, p. 373.
31) R. Winkler, "Eschatologie und Mystik," *Zeitschr. für Theologie und Kirche*, 1931, pp. 147ff.

멜(Kümmel)에 의하여 좀 더 명료하게 표명되었다. 큄멜은 종말론적 극치가 미래에 발생할 것이라는 예견이 예수님에게는 실제로 대망적 의미를 지닌 것이었다는 불변하는 사실이 존재했다고 선언한다.33)

특히 쿨만(Cullmann)은 그의 저서 『그리스도와 시간』(Christus und die Zeit)에서 시간의 선적인 개념이 성경적 종말론과 구원론의 특징임을 보여주었다. 구원의 역사는 신약 케리그마의 핵심이기에 이것 외에 생각의 방향을 좌우할 아르키메데스 점을 찾으려는 사람은 자신이 기독교 메시지에 반대하고 있다는 사실을 알아야만 한다. 이것이 바로 쿨만이 역사적으로 말해, 슈바이처와 추종자들이 기만이라고 주장하였던 다가오는 종말에 대한 대망을 묵살하고 복음에 대한 '신학적' 해석에 이르고자 했던 그들의 시도를 거부했던 이유이다.

또한 쿨만은 불트만에 대해서, 이 시대의 종말에 대한 이러한 "신화적" 개념을 복음의 핵심적인 내용을 전달하기 위한 형식으로 간주할 수는 없는 것이라고 지적하고 있다. 반대로 쿨만은 복음서에 선포된 구원이 과거, 현재, 미래를 총망라하는 시간의 진보적인 과정과 관련되어 있다는 사실을 보여준다. 헬라인들의 순환적인 시간 개념과는 반대로 신약성경에서는 엄밀한 직선적 시간 개념이 유지되고 있다.34)

예수님의 설교에 나타난 시간 범주의 진정한 의미를 인식한다면 복음서의 종말사적인 부분들에 묘사된 역사 드라마의 마지막 장을 더 이상 도외시할 수는 없을 것이다. 또한 우리의 목적이 복음서들을 진정 신학적으로 해석하는데 있다고 한다면 역사의 의미와 천국의 우주적인 의미를 더 이상 묵과할 수 없다. 같은 맥락에서 분명한 것은 새로이 부상된 현실성과 새로운 (이제는 **신학적**) 중요성이 종말이 역사적으로 가까웠다는 사실과 연관된 질문들에 붙여질 것이다.

---

32) H. D. Wendland, *Die Eschatologie des Reiches Gottes bei Jesus*, 1931, p. 253.
33) *Verheissung und Erfüllung*, 1945, p. 88.
34) *Christus und die Zeit*, 1946, pp. 25ff. 또한 그의 *Le Retour du Christ*, 1945, pp. 14, 15.

이것은 일반적으로 임박한 도래(Naherwartung)와 관련된 것으로 바이스와 슈바이처가 역설적으로 단언하였던 문제이다. 종말론적 해석에 대한 초역사적인 국면이 사양길에 접어들었다는 것이 우연이 아닌 것과 마찬가지로 자신의 입장을 바이스와 슈바이처가 단언하였던 원래의 명제, 특히 임박한 도래에 관한 명제에 반대하여 변호할 필요가 있다. 더욱이 부리와 베르너와 같은 사람들은 원복음사(the original evangelical history)에 대한 슈바이처의 역사적인 재구성이 논박될 수 없는 것임을 공고히 하기 위해 신선하고도 정력적인 노력을 기울이고 있다. 우리는 하나님 나라에 관한 예수님의 설교에서 미래적인 관점을 확립시키기 위해 이러한 것들로 되돌아가야 할 것이다.35)

이러한 와중에 예수님의 설교의 요지에 관한 논쟁이 복음적인 종말론의 의미뿐만 아니라 그 한계에도 집중되어 왔다. 우리는 이미 예수님의 설교 전체, 특히 그의 계명들을 종말의 대망이라는 관점에서 설명하기가 불가능하다는 사실을 언급하였다. 바이스도 이것이 불가능하다는 점을 인정한다. 불트만이 예수님의 계명들을 단순히 결단을 내리라는 권고, 즉 순전히 종말론적인 메시지로 이해함으로써 예수님의 종말론적이고 윤리적인 메시지의 통일성을 유지할 수 있다고 생각한 것은 사실이나.36)

그러나 이러한 노력으로 입증된 종말론에 대한 신약적 이해가 그 특성이 바뀌었다는 것은 그만 두고라도, 그러한 개념은 오직 공관복음서 케리그마의 통일성이 양식 비평의 해석 방법으로써 해결될 경우에만 가능해지는 것이다. 양식 비평 방법에 의하여 케리그마는 그것을 구성하고 있는 매우 작은 단위의 수많은 전승들로 갈기갈기 분해되었으며, 단락마다 그것의 원형의 진정성 여부에 대한 조사 대상이 되고 말았다.

양식 비평은 이러한 방법을 예수님의 계명들뿐만 아니라, 우리에게 전수되어 온 천국에 설교 전체에도 적용하고 있다. 만약 예수님의 설교가 종말이 가

---

35) 참고. 제43항과 거기에 언급된 자료들.
36) 참고. 아래의 제32항.

까워 온다든가 '결단'의 사상이라는 위기의 관점에서 고려되어야 한다면 복음에 속하는 대단히 중요한 수많은 말씀들과 복음의 요소들이 예수님과 상관없는 것으로 제거되어야 할 것이라는 사실이 더욱 명확해진다. 왜냐하면 천국에 대한 공관복음서의 설교가 장차 임할 미래의 나라나 그 나라의 대망과 전혀 관련이 없을뿐더러, 그 나라의 윤리적인 요소들이나 구원사에 관한 진술들에도 주의를 기울이지 않고 있다는 것을 그 이유로 제시한다. 그러나 여러 면에서 복음서의 메시지는 성취의 특성을 지니고 있다. 이러한 주장의 진실성을 뚜렷한 근거 하에 증명하기 위하여, 소위 '현재적인 발언들'(예를 들면, 하나님 나라가 현존한다고 명백히 서술하고 있는 본문들)에 있는 구절들만을 그 근거로 제시한다.

 이것은 지극히 부당한 일이다. 여기저기 산발적으로 흩어져 있는 몇몇 발언들의 문제가 아니라 성취의 복음으로서 전체 복음의 특성에 해당되는 문제이며, 이러한 경우 모든 것이 **예수님의 인격**에 대한 이해에 달려 있음이 점점 더 명백하게 드러났다. 다시 말해서 예수님의 설교에 표현된 하나님 나라의 의미에 관한 문제는 근본적으로 복음의 기독론적 특질에 관한 문제이다.

 슈바이처는 이 사실의 중요성과 함께 그리스도가 계신 그곳에 하나님 나라가 있음을 늘 인식하였다. 그 나라에 대한 계시는 곧 그리스도에 대한 계시이며 하나님 나라와 메시아는 상관관계에 있다. 그러나 슈바이처는 그의 철저 종말론 이해와 완벽히 부합하게, 예수님의 메시아 직분은 아직 발효되지 않고 단지 미래에 수여될 단순한 영예에 불과한 어떤 것이라고 주장하였다. 예수님은 메시아가 아니라 메시아로 지명된 자(Messiah-designate)라는 것이다. 여기서도 비평가들이 급진적으로 예수님의 설교의 요지를 그분의 인격으로부터 분리해내려 하였다는 것은 의심할 여지가 없다. 하르낙이 주장하였듯이 이미 이루어진 것처럼 하나님 나라를 선포하는 것이 순전히 윤리적인 메시지로 이해되는 한, 그와 같은 분리는 순전히 사실적 입장에서 볼 때, 즉 역사적 해석을 전혀 고려하지 않는 한 거의 반박될 수 없다.

이와 동일한 방법으로 불트만의 주장대로 '다가오는 종말' 이란 견지에서 하나님 나라 설교가 단지 '결단'(Entscheidung)을 촉구하는 것으로만 이해된다면, 예수님께서 정말 자기 자신을 실제로 오실 메시아로 여기셨는지를 묻는 질문은 한갓 부차적인 중요성을 띤 것으로 판명될 것이다.37) 그러나 열린 마음을 갖고, 복음을 살펴보고 복음서에 예수님이 그리스도로 명명된 그 핵심적인 입장을 고려하는 순간, 천국에 대해 순전히 미래적인 의미만을 부여하는 것임을 알 수 있을 것이다. 그러므로 하나님 나라 복음이 지닌 종말론적 의미의 한계들을 많은 사람들에게 널리 계시하고 자유주의 신학의 가설들에 다시 빠지지 않도록 하는 길은 공관복음서 케리그마가 담고 있는 기독론적 내용을 강하게 인식하는 것뿐이다. 제1차 세계대전 이후 일방적인 종말론적 개념에 대한 반동을 가한 대표적인 저서는 G. 글뢰게(G. Gloege)의 『신약성경에 나타난 하나님 나라와 교회』(Reich Gottes und Kirche im N. T.)38)와 H. D. 벤트란트의 『예수님이 전한 하나님 나라의 종말론』(Die Eschatologie des Reiches Gottes bei Jesus) 등이다.39)

모두 복음에 대한 새로운 해석을 시도한 전형적인 저서들이다. 이 두 저서는 하나님 나라에 대한 종말론적 입장에서 출발한다. 저자들은 한편으로는 하나님 나라가 내재적인 실체로서 이 세상에서 발전하고 있다는 개념을 거부하며, 다른 한편으로는 과격한 종말론의 기본 논지, 즉 하나님 나라를 단순히 미래적인 특징을 지닌 것으로 추정하는 것을 거부한다.

이러한 까닭에 글뢰게는 '하나님 나라' 개념에서 역동적인 의미를 상당히 강조한다. 그리고 하나님 나라를 하나님의 종말론적 **행위**와 구속적인 **행위**와 심판 **행위**(activity)로 이해한다. 글뢰게는 이러한 왕적 행위가 단순히 미래

---

37) 복음서들의 현대 비평에 있어서 기독론에 관한 논쟁들에 대해서는 필자의 *Zelfopenbaring en Zelfverbering*, pp. 5-20를 참조하라.
38) 1929.
39) 1931.

에만 국한될 수 없다고 말한다. 메시아이신 예수님의 행위 속에서 하나님의 통치(이것은 예수님 자신의 통치이다)가 실제로 시작되었다고 본다.[40] 현재와 미래는 예수님의 메시아적 행위 속에서 살아 있는 유기적 통일체로 수렴되어 왔으며, 예수님을 메시아로서 하나님 나라를 현재에 작용케 하는 세력으로 소개한다.

그러나 글뢰게는 하나님 나라가 어떤 영원한 실체라는 사실도, 심지어는 하나님 나라가 예수님의 인격 속에 나타났다는 사실조차 인정하려 들지 않는다. 그는 단지 예수님의 행동, 즉 그리스도이신 예수님의 행동에 나타난 하나님 나라에 대해서만 인정할 뿐이다.[41]

이와 동등하게 비중 있는 영향력을 끼친 것이 벤트란트의 해석들이다. 벤트란트는 일찍이 내재적이고 현재적인 실체로서 하나님 나라 개념을 반대하면서 급진적인 종말론 운동의 장점을 인정한다. 그는 "종말론적 이해를 넘어 우리가 돌아갈 곳은 어디에도 없다"고 주장한다.[42] 이것은 '종말론적'이란 말이 '미래적'이란 말과 합착(合着)되어 있다는 뜻은 아니다. 하나님 나라는 시간의 끝뿐만 아니라 초시간성과 선재성 그리고 영원성과도 관계되어 있다. 그렇다고 영원성을 무시간적인 것으로 이해해서는 안 된다. 영원한 나라는 시간 속에 나타나게 되었으며 바로 그리스도 안에서 현시된다. 하나님 나라의 현존성을 알리는 선언들은 바이스가 믿은대로 심리적인 대망이라는 단순히 주관적인 의미로만 이해되어서는 안 된다. 초월적인 하나님 나라가 인간으로 하여금 매순간 어떤 결단의 상황에 처하게 만든다는 불트만 식의 입장 또한 용납될 수 없다.

그 나라는 그리스도가 행하신 신적 이적을 통하여 이 세상에 임한다. 그러나 이 현재성이 글뢰게가 이해하듯이 전적으로 역동적인 의미로서만 이해되

---

40) *Op. cit.*, p. 110.
41) *Op. cit.*, p. 112.
42) *Op. cit.*, p. 29.

어서도 안 된다. 그 나라의 현재성이란 하나님의 선물과 새 생명의 창조와 하나님의 아들로 인정된 분이신 그리스도로 이루어져 있다는 의미이다. 하나님 나라와 세상의 이러한 모든 관계 속에서 이와 같은 하나님 나라의 현재성은 그 나라의 메신저의 인격과 연루되어 있다.

"하나님의 통치의 현존성에 관한 질문에 궁극적인 해답을 줄 수 있는 것은 항상 기독론적인 특성에서만 찾을 수 있다. 하나님 나라를 도래케 하는 자(the Bearer)속에 나타난 그 나라의 인격화를 부인하는 사람은 결국 하나님 나라의 현존적 실체에서 그 능력을 빼앗는 것과 다름없다." 43)

하나님 나라의 현재성과 복음의 성취적 특성을 공고히 하는 이 기독론적 기초는 최근의 저작들 속에서 온갖 방법들로 표출되었다. 키텔의 『신학 사전』에 실린 공관복음서의 '신학적' 내용을 논하는 대다수의 논문들이 기독론적인 기반을 두고 있다. 또한 이 논문들은 이러한 내용을 인식하는 데 크나큰 공헌을 하고 있다고 말해도 좋을 것이다. 예수님의 설교의 여러 분야들(예를 들면 비유들, 교회, 최후의 만찬, 구속, 재림 등)과 관련된 온갖 종류의 논문들은 이러한 사상에 기초하고 있는데, 결과적으로 이 논문들은 상당히 상이한 결론들에 도달한다. 44) 이제부터 우리는 이 논문들에 나타난 온갖 종류의 방법들로 표출된 입장들을 직면하게 될 것이다.

이미 지적한 것처럼, 전적으로 기독론적 관점에서 공관복음서의 천국 설교를 이해하는 작업은 최근의 작품들 속에서 하나님 나라 도래의 구속사적인 의의에 결정적인 강세를 두고 나타난다. 즉 예수님이 선포한 것은 무시간적인 진리가 아니며, 그가 가져온 것은 새로운 경향인 새로운 영성(靈性)에 불과한 것이 아니라는 말이다. 그것은 (사회 복음적 의미에서) 사회의 새로운 형태, 또는 인간에 의하여 수행되어 점차로 극치를 향해 발전해 나가는 그러한 유의

---

43) *Op. cit.*, pp. 50-53.
44) 이것은 특별히 교회관에 적용된다. 참고. 아래의 제35항.

행동도 아니다.

하나님 나라가 임함은 확실히 구약성경과 유대 묵시 문학적 견지에서 구속사적 대드라마의 실현으로 간주될 수 있다. 그렇지만 이 실현은 단순히 미래의 문제만은 아니다. 그 나라는 이미 실현되기 시작하였다. 시대들(aeons)의 대변화가 발생했다. 역사의 중심은 실로 그리스도의 오심과 귀신들을 물리친 그분의 승리, 그분의 죽으심과 부활 사건에 놓여있다.

이러한 점에서, 예레미야스,[45] 스타우퍼,[46] 마터,[47] 쿨만,[48] 큄멜[49]과 같은 저자 및 또 다른 이들은 그 나라의 종말론적 성격과 현재적 성격을 모두 공정하게 다루려고 노력한다. 예컨대 스타우퍼는 오늘날 신학이 여전히 칸트식으로 시간을 직관에 대한 인간적 형태로 간주하고 있다고 주장한다. 아울러 그는 신약성경에는 시간이 신적 행위의 형태로 표현되어 있음을 역설한다.[50] 이러한 출발점 때문에 스타우퍼는 하나님 나라의 현재성을 옹호할 수 있게 되었다. 하나님 나라는 인자와 더불어 임했다. 스타우퍼는 이러한 하나님 나라의 도래를 특히 마귀의 세력들에 대한 그리스도의 공격으로 논의한다. 예수님의 말씀에 나타난 하나님 나라 개념은 현저히 논쟁적인 강세를 띠고 있다. 예수님은 천상 세계로부터 힘센 자(즉, 사탄)가 지배하는 지상 왕국으로 침투해 들어오신다. 숙적의 세력은 습격을 당한다. 하나님의 도성(Civitas Dei)은 이미 도래했고 언젠가는 승리를 쟁취하게 될 것이다.[51]

마터가 묘사한 그림은 이와는 약간 다르다. 그 역시 이 세상의 제한된 영역 내에서 하나님 나라가 실현되었다는 사상에 매우 비평적인 태도를 취한다. 특히 그는 하나님 나라를 '건설하고' '확장시켜' 나가는 데 있어서 인간의

---

45) *Jesus, der Weltvollender im N. T.*, 1929.
46) *Die Theologie des N. T.*, 1941과 그 이후에 나온 서적들.
47) *Niewere opvattingen omtrent het Koninkrijk Gods*, 1942.
48) *Christus und die Zeit*, 1946과 다른 영역본들.
49) *Verheissung und Erfülung*, 1945.
50) *Op. cit.*, p. 59.
51) *Op. cit.*, pp. 103-106.

참여를 언급하는 문제에 대해 신랄하게 비난한다. 그러나 마터는 글뢰게나 다른 학자들의 견해처럼 하나님 나라의 현재적, 역동적 이해에 동조하려 들지는 않는다. 마터는 오히려 하나님 나라를 하나님의 영원하고 정지 상태에 있는 전능으로 이해한다. 그리스도의 신성(神性) 때문에 그리스도는 이 세력에 참여하며, 그 세력은 이 세상 가운데 간헐적으로 계시된다. 그러므로 마터에 의하면 하나님 나라가 임한다는 말은 수평선적인 의미가 아니라 항상 수직적인 의미로 이해되어야 한다. '가까왔다'는 말은 시간적인 의미가 아니라 공간적인 의미를 지닌다. 예수님의 초림과 재림 사이의 관계들은 우선적으로 종교적인 성격과 도덕적인 성격을 지닌 것이 아니다.

"이 관계들은 우주적이다. 이 세상은 일찍이 **하나님의 능력이 계시**된 현장이었으며, 언젠가 이 세상은 예수 그리스도의 '미래'에 다시 계시될 것이다. 그러므로 그 중간 시기도 '바실레이아'(basileia)로 불릴 수 있다. 현재 예수 그리스도는 만물을 주관하고 계시다. 예수님은 이 세상의 흥망성쇠의 모든 부분에서 그의 능력을 드러내신다."

이런 관계의 특질을 설명하기 위해 마터는 요한계시록을 인용한다.[52] 마터에 따르면, 요한계시록의 주요 주제는 초림과 재림 사이에 존재하는 비 실레이아이다.

스타우퍼, 마터와 그 밖의 여러 사람들에 의하여 진전된 견해들은 인간 개개인의 영혼의 무한한 가치, 또는 인간 사회의 영화(靈化) 속에서 예수님의 메시지의 핵심(또는 알맹이)을 찾고자 했던 구(舊) 내재주의 신학과 정반대되는 견해이다. 이 옛 경향은 당대의 사상적 배경이었던 천사들, 귀신들, 보좌들, 그리고 권세들에 관한 모든 교리를 생략하였다. 그러나 이 종말론적 이해의 독특한 점은 그러한 개진을 통해 그 나라의 현재성이 주저 없이 가르쳐지고 있다는 데에 있다. 그 나라의 초인간적, 우주적인 성격이 또 다시 중심을 차지

---

52) H. M. Matter, *Nieuwere opvantingen omtrent het Koninkrijk Gods*, 1942, pp. 180ff.

하게 되었다. 특히 스타우퍼에게 있어서는 드라마틱한 구원사가 전면에 나타난 그리스도의 오심은 하나님 나라와 마귀의 나라 사이의 대투쟁 속에서 수행된 결정적인 행위이다.

쿨만에게 있어서도 구속사의 이 위대한 극치의 순간은 그리스도에 의해 선포된 하나님 나라 도래의 정수로 이해되었다. 그리스도께서 활동하고 역사하시는 곳에 미래는 이미 결정되어 있다. 예수님의 초림 이후부터 그분의 재림 이전까지의 기간은 결정적인 전투(D-Day)와 '승리의 날'(Victory Day)사이의 기간이다.53) 현재와 미래 사이의 시간적인 긴장은 예수님의 인격 속에서 이미 그 미래가 성취되었으면서도 여전히 대망의 대상이라는 견지에서 이미 존재한다.54) 쿨만이 하나님 나라를 이와 같이 현재와 미래로 이해한 것은 1946년에 출판된 큄멜의 저서 『약속과 성취』(Verheissung und Erfüllung)에 힙 입은 바가 크다.

이 책에서 큄멜은 하나님 나라의 현재와 미래에 대한 전체 질문들을 재검토하였다. 큄멜도 원칙상 약속들의 성취와 아울러 하나님 나라의 현재성이 구속사의 큰 사실인 예수 그리스도의 오심에서 이루어진 것이라는 견해를 갖고 있다. 큄멜이 이러한 입장을 주장하려고 복음서에서 '예수님이 말씀하지 않은 것으로 보이는' 온갖 종류의 발언들과 주제들을 용의주도하게 제거한 것이 사실이다.

그러나 필자(리델보스 박사) 역시 성취를 암시하는 주요한 요소를 부인하지 않으면서 하나님 나라 복음을 종말론적으로 해석한다는 것이 얼마나 중요한지를 인식하고 있다. 그렇다고 해서 하나님 나라의 현재성을 땅 위에서와 인간의 마음속에서 발전하고 있는 실체로 이해해서는 안 된다. 이 현재성은 오로지 그리스도의 인격, 그의 설교, 그의 행위만으로 이루어져 있기 때문이다. 이러한 모든 것들 속에서 하나님의 임하시는 나라가 가시적이 되며 현재적이

---

53) *Christus und die Zeit*, p. 127.
54) *Op. cit.*, p. 62.

된다.55)

　마지막으로, 철저 종말론뿐만 아니라 하나님 나라의 현재성만을 고집하는 견해는 능력 있고 유능한 옹호자들이 여전히 발견하고 있다는 사실이다. 우리는 이미 철저 종말론적 견해의 지지자들로 F. 부리와 M. 베르너를 언급했었다. 예수님이 하나님 나라를 자신의 초림과 더불어 확실하게 도착한 것으로 생각하였다는 견해는 후에 C. H. 다드(C. H. Dodd)의 영향력 있는 저서 『하나님 나라 비유』(The Parables of the Kindom)에서 주창됐다.

　다드의 입장은 소위 **실현된 종말론**(realized eschatology)으로 알려져 있다. 하나님 나라의 현재성에 대한 예수님의 발언들은 흠잡을 데가 없다. 그러나 이것은 또한 전(全) 종말론적 구조가 필연적으로 파괴되는 발상이다. 종말(the eschaton)은 미래 대신 현재로 되었고, 기대의 영역으로부터 경험의 영역으로 내려왔다. 하나님 나라가 가지고 있던 묵시적인 의미들은 한갓 '환상의 용어들로써' 표현될 수 있는 것에 불과해졌다. 실현된 종말론의 입장에서 보면 예수님은 하나님 나라를 마치 경험의 대상인 것처럼 말씀하셨다고 한다.56) 비록 현재의 복음서에 미래에 관한 온갖 종류의 발언들이 포함되어 있다고 하더라도 다드는 **하나님 나라**의 미래에 관한 문제는 어느 곳에도 없다고 생각한다. 이러한 견해는 예수님이 바실레이아라는 용어를 사용하여 의미했던 것에 대한 다드의 특별한 이해와 밀접한 연관이 있다.

　다드의 생각에 바실레이아는 전적으로 영적인 영역에 속한다. 다드는 (특히 비유들에 표현된) 구속사적인 관점에서 복음에 접근하고 있으나, 그는 이 전(全) 종말론적인 대망이 예수님이 증언하셨던 영적 세상에서 성취되었다고 생각한다. 그리하여 그는 하나님 나라에 관한 모든 비유들을 이처럼 철저하게 현재적인 견해에 근거하여 설명한다.

---

55) 참고. Kümmel, *Die Eschatologie der Evangelien, Ihre Geschichte und Ihr Sinn*, 1935, pp. 12, 17.
56) *Op. cit.*, p. 50.

앵글로 색슨계에서 호의적인 반응을 받고 있는**57)** 다드의 해석은 현대 학문적인 의미에서 보자면 그 근저에 하나님 나라에 대한 구 자유주의적인 개념으로 되돌아간 것이다. 이것은 신학에 있어서조차 해 아래 새 것이 없다는 사실을 증명한 셈이 된다. 이러한 사실로 인해 우리들은 가능한 한 하나님 나라에 관한 이념론적 제재들로부터 멀리 벗어나 **복음서의 본문**이 예수님의 천국 설교에 대해 우리에게 가르치는 바가 무엇인지를 연구하는 데 주력할 필요성을 느낀다.

---

57) 참고. 예를 들면, A. T. Cadoux, *The Theology of Jesus*, 1940. F. C. Grant, *The Gospel of the Kindom*, 1940. Grant는 비록 약간의 비평을 가하기는 하지만 Dodd의 견해와 유사한 결론에 도달한다. pp. 145, 146ff. 그는 또한 '사회 복음적인' 의미에서 현재 시간에 대한 예수님의 설교의 요지를 이해할 수 있다고 한다. "우리가 살고 있는 시기에 예수님의 교훈의 원리들은 오직 사회 복음이란 용어로써만 적용될 수 있다." p. 134.

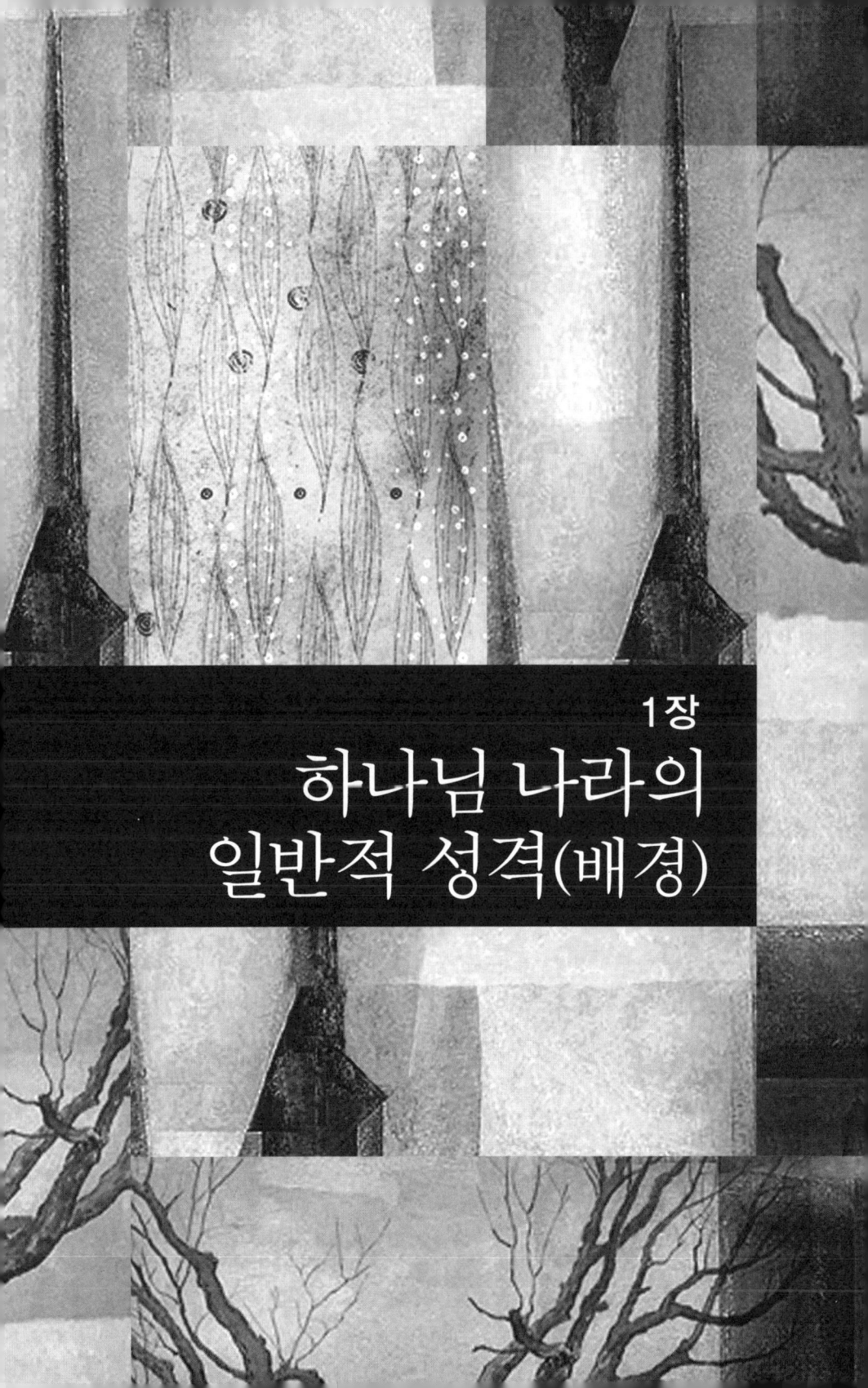

1장
하나님 나라의 일반적 성격(배경)

1. 구약성경

　세례 요한이 전한 메시지에 준하여 예수님께서 이스라엘에 "회개하라 천국이 가까웠느니라"(마 4:17; 참고. 3:2)라고 선포하셨을 때, 적어도 우리에게 전래된 전통에 의하면 그분은 다가올 사건에 대해 이것 외에 더 많은 설명이나 묘사를 하지 않으셨다. 이는 곧 천국이 이 메시지를 들은 사람들에게 전혀 낯선 것이 아니었으며 그들에게 즉각적인 반응을 불러일으켰음을 지적해 준다. 세례 요한과 예수님께서 흥미를 끌 만한 예외적인 일을 한 것은 그들이 천국에 대하여 말한 데에 있지 않고, 이스라엘 사람들에게 하나님 나라가 가까이 왔다고 선언한 데에 있다.

　우리는 예수님과 세례 요한이 그처럼 강조하면서 사용했던 천국이란 표현의 기원과 배경을 탐구할 필요를 느낀다. 사람들은 회개하라는 설교를 들었을 때 어떤 생각을 했을까? 이 질문에 대한 해답을 찾으려고 단순히 구약만을 언급할 수는 없다. 구약성경에는 천국이란 표현이 등장하지 않기 때문이다. 오로지 후기 유대인들의 작품들 안에서만 천국이란 표현이 발견된다. 이처럼 후기(기독교 이전) 시대에 와서야 비로소 천국이란 표현이 표준적인 어구가 되었으며 이 사실에 근거하여 예수님과 세례 요한이 그들의 교훈을 시작할 수 있었다는 점은 어느 정도 확실하다.

　하지만 이 언어적인 사용례의 뿌리, 특히 천국이란 단어가 함의하고 있는 사상의 뿌리는 구약성경이라는 하나님의 계시와 신앙의 대망 속에 깊이 감추어져 있다. 이 구약적 배경이 없이는 후기 유대인들의 천국에 대한 신앙이나 신약성경의 선포를 이해할 수가 없다. 우리가 하나님 나라의 배경을 먼저 고찰해야 하는 이유가 바로 여기에 있다.

　앞에서 언급한 것처럼 구약성경에는 '천국'이란 어구가 등장하지 않는다. 하나님 나라라는 문구가 구약에서는 신약에서 만큼 표준적인 표현은 아니었다. 오직 하나님의 왕 되심 또는 하나님의 통치와 통치령(dominion)을 의미하는, 바실레이아(basileia)에 상응하는 용어가 사용된 몇몇 구절들이 있을 뿐이다.1) 실제로 여호와(YHWH)는, 특히 시편과 선지서들에서2) 종종 사적으로 왕으로 지칭되었으며, 주 여호와는 왕이시라고 언급되었다.3) 여호와가 왕이시라는 사상이 구약성경의 오래된 본문들에서도 발견되기 때문에4) 여호와가 왕이시라는 사상이 소위 제2 이사야서를 본딴 포로기 이후에 형성된 것일 따름이라는 주장은 거부되어야 한다.5) 이러한 사상을 좀 더 깊이 들어가 보기만 해도 이 점이 더욱 명백해진다는 것을 알 수 있다.

두 가지로 구별하여 설명할 수가 있다. 먼저 구약성경은 주 여호와의 왕 되심에 대하여 일반적인 왕직과 특별한 왕직에 대하여 말한다. 전자의 경우는 전 세계와 모든 국가들 위에 임하시는 하나님의 보편적인 능력과 통치와 관련되어 있으며, 이것은 그분이 하늘과 땅을 창조하셨다는 사실에 기초한다.6) 후자의 경우는 여호와와 이스라엘 사이의 특별한 관계를 의미한다.7) 이것은 나중에 이스라엘이 특별한 의미에서 **신정왕국**(theocracy)이라 불린 것과 구약성경에 나타난 하나님의 언약과 여러 면에서 일치한다.

이에 더하여, 여호와의 왕 되심에 대해 과거와 미래를 동일하게 망리하고

---

1) 시편 103:19; 145:11, 13; 다니엘 4:3. 이 네 본문들은 여호와의 통치(또는 나라, malkuth), 그리고 지극히 높은 자의 통치에 대하여 말하고 있다. 시편 22장 29절과 오바댜 21절에도 동일한 통치가 말루카(malukah)로 표시되어 있다. 반면에 대상 29장 11절에는 여호와의 주권(mimlekah)에 대한 문제가 나오는데 이 또한 왕적 능력과 엄위의 의미로 사용되고 있다. 이 일곱 개의 본문들을 제외하고는 구약성경에서는 추상적인 '왕적 통치'를 여호와에게 적용하지 않고 있다.
2) 시 10:16; 24:7-10; 44:5; 47:3; 사 6:5; 33:22; 43:15; 렘 10:7.
3) 삼상 8:7; 시 93:1; 96:10; 97:1; 사 24:23.
4) 출 15:18; 신 33:5; 민 23:21; 왕상 22:19.
5) A. Freiherr Von Gall. *Basileia tou theou*, , 1926. Freiherr에 따르면, 이러한 전체 사상이 바리새주의에서 기인한 것으로서 이는 제2이사야 이래로 전수되어 온 사상이라는 것이다. 그러나 다음 사람은 이에 동의하지 않는다. 즉 G. Gloege, *Reiches Gottes und Kirche im N. T.*, 1929, pp. 5ff.
6) 참고. 출 15:18(참고. 11, 14절); 왕상 22:19; 사 6:5(참고. 3절); 시 47:3; 103:19.
7) 참고. 민 23:21; 삿 8:23; 삼상 8:7; 12:12; 시 48:3; 사 41:21; 렘 8:19; 미 2:13. 참고. 출 19:6.

폰 라트(Von Rad)가 표현한 "여호와의 왕 되심의 거의 무시간적인 성격을 강조하는"[8] 구절들과 여호와께서 자신을 충만한 영광에 가득 찬 왕으로 친히 계시하고 천명하는, 즉 하나님 나라의 두드러지는 요소로서 대망을 알려주는 본문들을 구별해야 한다.

하나님께서 장차 왕이 되신다는 후자의 생각은 특히 구약성경의 후기의 책들(특히 선지서자들의 글)에서 발견된다. 그 사상의 기원은 이스라엘의 국가적 삶과 매우 긴밀하게 연결되어 있다. 이스라엘의 국가적인 존립이 점점 사양길에 접어들고 세상의 세력들이 이스라엘을 분쇄하려고 위협하고 있는 기간에, 이스라엘에게 계시된 하나님의 왕 되심(즉, 온 세상에 대한 하나님의 능력과 그분이 왕으로 계신 이스라엘과 하나님의 특별한 관계)과 역사의 실제적인 발전 사이에 강한 긴장이 발생했다. 이러한 긴장은 선지자들이 하나님께서 장차 왕이 되실 것이라고 계시하는 것으로 경감되었다. 미래에 대한 이러한 대망은 전 구약성경의 구원 약속의 핵심이라고 할 수 있는 선지자들의 신적 계시의 범위 내에서 매우 중요한 위치를 차지하였다.[9]

이들 중 가장 탁월한 예언은 이사야 40~55장 특히 40장 9절부터 11절, 52장 7절에서 발견할 수 있다. 이사야 24~27장도 귀중한 본문이다. 또한 다른 선지서들 가운데서도 장차 올 하나님 나라에 대한 예언은 본질적인 요소를 차지한다. 예를 들어 오바댜 21절, 미가 4장 3절, 스바냐 3장 15절, 스가랴 14장 16, 17절 등이 이런 내용을 알려준다.

구원의 대망에 담겨 있는 내용에는 여러 측면이 있다. 그 예언의 본질적인 특성은 장차 올 하나님 나라를 이스라엘 나라의 형태로 묘사하고 있다. 이스라엘은 하나의 국가로 회복될 것이고, 주께서 예루살렘에 자신의 보좌를 세

---

8) *TWB*, I, p. 567, 'βασιλευς.' 참고. 예를 들면, 시 103:19; 145:11-13ff.
9) 참고. J. Ridderbos. *Het Godswoord der Profeten*, I, 1930, p. 84. 참고. 또한 pp. 76ff, 252, II, 1932, pp. 331ff, 352, III, 1938, p. 41. IV, 1941, p. 193, 293. 그리고 Th. C. Vriezen, *Hoofdlijnen van de Theologie van het Oude Thetament*, 1949, pp. 139, 173, 174, 176, 291ff.

우실 것이며, 이스라엘의 원수들은 이스라엘에 굴복될 것이라는 내용이다. 그러나 이러한 사상들은 계속해서 보다 높고 영적이며 쇠하지 않는 실체를 언급하면서 나타난다. 장차 올 하나님 나라는 여호와의 큰 날에 시작될 것이다. 그날은 일반적으로 열국들뿐만 아니라 배역하는 이스라엘을 심판하는 날이다. 동시에 여호와의 압제를 받는 백성들에게는 구원과 해방의 날이다.

심판과 구원을 묘사하는 본문에서 우리는 시간적인 실체를 파괴하면서[10] 전적으로 새로운 세대를 언급하는 특성들을 발견한다. 하나님 나라의 도래는 최후의 심판을 언급하기도 하고(호 4:3; 사 2:10 이하 및 이에 관련된 다른 성구들), 장차 올 구원을 언급하기도 한다(호 2:17; 미 4:1 이하; 사 9:1-6; 11:1-10 이하). 장차 올 구원은 망하지 않으며(사 51:6), 현세를 초월한 실체가 시작될 것이다(사 60:1 이하). 새 하늘과 새 땅이 임하고(사 60:19; 65:17; 66:22), 죽음이 없어지고(사 25:7 이하), 죽은 사람들이 다시 살아날 것이다(사 26:19). 악한 사람들이 영원한 화를 입는 반면에, 구속받은 사람들에게는 영원한 복이 임할 것이다(사 66:24). 예언들이 정점에 도달할 그때에는 이 복된 미래로 인해 하나님 나라의 우주적 특성이 계시될 것이다. 근본적으로 이 미래에는 세상의 세력이 파괴되고 몰락할 것이며(시 26:21; 27:1), 이방인들이 이스라엘이 소유한 복에 참여하게 되고(사 25:6; 45:22; 51:4-6), 주께서 그 날에 전 세계의 왕이 되실 것이다(미 4:1 이하).

앞에서도 언급한 것처럼, 시간적이며 지상적인 세대(dispensation)의 모든 경계들에 진입해 들어오는 하나님 나라의 초자연적인 실체를 묘사하는 이러한 그림은 예언들의 일반적인 특성은 아니다. 대개 이러한 묘사는 지상적인 삶의 영역 안에 머무른다. 그러나 근본적으로 이 전체 예언은 영원하고 파멸되지 아니하는 구원에 초점을 맞추고 있다.

---

[10] R. Otto에 의해 주장된 것으로서, 그의 책 *Reich Gottes und Menschensohn*, 1934, p. 28에는 "여호와의 날과 구원과 평화의 때를 묘사할 때 이스라엘의 선지자들은 이미 그 날이 결정적인 종말론의 상태인 것을 인식하였으며, 동시에 그들은 그것을 이적적으로 이루어지는 낙원의 특성으로 돌렸다"고 기록되어 있다. 참고. Vriezen, *op. cit.*, p. 173.

"선지자들이 선포한 역사 안에서 이루어진 모든 심판들은 세상에 대한 큰 심판의 유형들(types)이며, 그들이 예언한 모든 종류의 축복은 거대한 미래의 완전한 행복을 가리킨다."11)

구약의 하나님 나라 사상과 구원과 관련한 메시아 대망 사이의 관계에 대해서는 이 둘이 서로 엄밀하게 구별되어야 한다고 강하게 주장되어 왔다. 그리고 의심할 바 없이 여호와가 자신의 왕 되심을 충분히 표현할 복의 상태가 장차 임할 것이라는 사상이 메시아-왕(Messiah-King)이라는 언급을 동반하지 않는 경우도 있다는 것은 맞는 말이다.

그러나 어느 하나도 다른 것과 분리할 수 없는 것이, 장차 임할 하나님의 왕권에 대한 언급은 바로 메시아의 평강의 나라와 관련된 예언들과 연루되어 있기 때문이다(예를 들면 사 9:11; 32장). 메시아는 장차 오실 세상의 통치자이시며(사 11:9, 10), 적어도 몇몇 예언들에 따르면 하나님의 왕 되심 역시 초자연적인 성격을 지니고 있다(예를 들어 미 5:1). 한 마디로 말해서 장차 하나님께서 왕으로 나타나실 것이라는 사실을 언급하는 모든 구절들은 메시아-왕의 통치도 언급한다.

이스라엘에 행사하는 하나님의 통치가 다시금 천명되고, 오실 메시아-왕으로 말미암아 온 세상에 대하여 자신의 왕 되심을 주창하실 분은 바로 주 여호와이시다. 역으로, 하나님이 장차 왕으로 나타나실 것이라는 사실만 언급된 곳에서도 그러한 사실이 다윗의 집에 속한 구원주-왕(Redeemer-King)의 약속과 연결되어야 한다.

다니엘의 예언들은 하나님 나라에 관한 예수님의 설교의 배경을 이해하는 데 특별히 중요하다. 그 예언들은 세상에 속한 제국으로 자세히 설명될 수 있는 실체와 하나님 나라 사이의 반제를 명확히 해준다. 하나님의 왕권을 찬탈

---

11) J. Ridderbos, *op. cit.*, III, p. 21. 참고. 또한 A. H. Edelkoort, *De Christusverwachting in het Oude Testament*, 1941, p. 157; p. A. Verhoef, *Die vraagstuk van die onvervulde voorsegginge in verband met Jesaja* 1-39, 1950, p. 305.

한 느부갓네살의 권세에 대적하여 하나님 나라(malkuth)는 영원하고 무궁하며 (단 4:3), 그분은 누구든지 자신이 주고 싶어 하면 왕적 통치권을 마음대로 주는 분이시라는 사실이 맨 먼저 주장된다. 그러나 이런 일반적인 사상도 나중에는 하나님께서 결국 세속 제국들로부터 그들의 통치권을 실제로 빼앗을 것이며, 이 통치권을 선지자가 밤 이상 가운데서 본 인자(a Son of Man)의 형상을 한 인물에게 부여할 것이라고 좀 더 구체적으로 설명되고 있다.

"그에게 정사와 영광과 나라가 있고 모든 백성과 나라들과 방언들이 그를 섬길 것이며 그의 통치는 영원한 통치이며 쇠하지 아니할 것이요 그의 나라는 멸망되지 아니하리라".

이 말을 인자와 성도들이 동일하다는 의미로 이해해서는 안 된다. 왜냐하면 인자는 성도들의 대표자로서 행동할 것이기 때문이다. "지극히 높으신 자의 성도들"이란 표현 속에는 인자가 누구인지 좀 더 분명하게 설명되고 있다. 그러나 인자의 형상을 한 분은 지극히 높으신 이의 성도들이 언젠가는 그분의 통치에 동참할 인물이다. 여기에서도 미래의 하나님 나라를 인자의 형상을 한 이가 그분의 백성들을 하나님의 통치의 복에 참여하게 하는 것으로 언급하고 있다.[12] 다윗의 집에 속한 메시아-왕이 언급되지 않고 일반적으로 땅에 속한 국가적인 인물들이 초월적인 묵시적인 특성들로 대치되긴 했지만, 영광스러운 미래에 나타날 인자의 형태를 한 분이 하나님의 손에서 세상의 통치권을 받아 대 미래의 복을 이룩할 것임이 분명히 나타난다.

마지막으로, 좁은 의미의 예언서들에서 눈을 돌려 소위 '보좌에 나아갈 때 부르는 시편'(대관식 시편)이라 불리는 시편들을 언급해야 하겠다. 이 시편들은 장차 올 하나님의 통치에 대한 구약의 증거가 되는 시편들이다(시 47; 93; 96; 97; 99편 등). 이 시편들도 하나님이 장차 왕이 되실 것이며, 열국들에게 그분의 권세를 계시하신다는 사실을 언급한다. 시편 47편은 특정 역사적인 사건을 언급하고 있는 것으로 설명해야 하겠지만(예를 들어, 법궤를 가지고 올라가는 것 등), 근

---

12) 예컨대, G. Ch. Aalders, *Daniel*, (K. V.), 1928, p. 18.

본적으로는 여호와의 왕 되심과 관련한 최종적이고 결정적인 계시에 대한 대망을 표현하고 있다. 구원역사에서 하나님의 권세가 나타났다고 한다면 그것은 이미 이 시편들에서 나타나기 시작했다. 모빙켈(Mowinckel)이 본문의 대관식 시편이 오직 제의적인 의미로만 해석된다고(예를 들어, 제의 때 엄숙한 진행으로 기념하는 여호와가 매년 보좌에 등극하는 행위) 주장한 것13)은 이교 세상에서 발견되는 비슷한 상황에 근거한 것이다. 이스라엘에서는 신년 축제와 같은 것에 대해 알려진 바가 없다.

우리가 발견한 내용을 요약하자면, 구약성경에는 하나님 나라라는 표현이 신약성경에서와 같이 동일하고 불변한 의미로는 아직 사용되지 않았다고 말할 수 있다. 그러나 온 세상을 향한 우주적인 하나님의 왕직과 그분의 백성에게 유익을 주고 그분의 통치를 거부하는 세력을 파괴하려고 장차 임하신다는 하나님 나라 사상은 옛날부터 이스라엘 백성이 구원을 대망하던 핵심적인 주제들 가운데 하나가 되어 왔다. 하나님이 왕이시라는 고백(현재적 왕직)에 근거하여, 그분이 좀더 강하고 종말론적인 의미에서 왕이 되실 것이라는 대망(미래적 왕직)이 일어났다.

2. 후기 유대교

구약성경에 등장하는 여호와의 왕직에 대한 언어적, 개인적인 발언들과는 대조적으로 후기 유대 문학에서는 거의 일정하게 '말쿳 샤마임'(malkuth shamaim, 하늘들의 나라)이라는 추상적인 표현이 발견된다. 신약성경에 등장하는 '하늘들의 나라' 또는 '하늘들의 왕직'(basileia ton ouranon)은 이 표현("말쿳 샤마임")을 문자적으로 번역한 것이다.14) 유대인들은 하나님의 이름의 사용을 가

---
13) 참고. Von Rad, *op. cit.*, p. 567.
14) 이런 이유로 복수형(Twr oupavwv)이 사용됨.

능한 한 피하려고 하는 경향을 갖고 있었기 때문에 샤마임(하늘들)이란 단어는 단순히 하나님이란 단어의 완곡어로서 간주될 수 있다. 이 점이 바로 이 단어 군에서 관사 없이 계속해서 사용되고 있는 이유이다.15) 비록 랍비들에게 말 쿳 샤마임이 표준적인 표현이라고는 하지만 하나님의 완곡어로서의 '하늘' 은 복음서에서 그 단어의 언어학적 사용례와 비교해 볼 때16) 아주 드물게 사용되었으며, 그 단어가 복음서에 등장하는 바실레이아 톤 우라논(basileia ton ouranon, 천국) 또는 바실레이아 투 떼우(basileia tou theou, 하나님 나라)와 같이 핵심적인 의의를 지녔다고는 할 수 없다. 또한 이것은 복음서들에서 사용된 것처럼 바실레이아(왕국)가 말쿳(왕국)처럼 위경과 랍비 문학에서 독자적으로 말쿳 샤마임의 의미로 사용된 예가 없다는 사실에서도 분명히 나타난다. 말쿳이 유대 문학에서 독립적으로 사용된 경우에는 항상 지상적이고 이교적인(로마의) 통치를 의미했다.17) 말쿳 샤마임이란 표현은 후기 유대 문학에서 이중적인 의미를 지닌다.

첫째, 말쿳 샤마임은 모든 인간들 위에 임한 하나님의 도덕적 통치를 의미한다. 이 통치는 온 인류가 거부하였던, 인간이 하나님으로 말미암아 지음 받은 피조물이란 사실에 암시되어 있다. 아브라함의 자손에 의해 다시 인정되고, 이스라엘과 그중에서도 특히 토라(율법)에서 다시 유지된 통치이다.

이러한 통치의 성격은 특별히 "말쿳 샤마임의 멍에를 지고 또 벗어버리자"라는 표현 속에 잘 나타난다. 이 '멍에' 18)로서 유일신을 믿는 신앙고백과 토라에 순종을 이해할 수 있다. 유대교로 개종한 사람들처럼 백성들이 유대 종

---

15) 참고. G. Dalman, *Die Worte Jesu*, I², 1930, pp. 75, 76.
16) Dalman, *op. cit.*, p. 77; Strack-Billerbeck, *Kommentar zum Neuen Testament aus Talmud und Midrasch*, I, 1922, p. 172; K. G Kuhn, TWB, I, p. 570.
17) Strack-Billerbeck, *op. cit.*, I, p. 183; Kuhn, *op. cit.*, I, pp. 570, 571.
18) 참고. 마 11:30.
19) Gamaliel 2세I(c. 110 A. D.)는 혼례식 초야에 자기에게 셰마(Shema) 낭송을 하지 않아도 좋다고 허락해준 사람들에게 다음과 같이 대답하였다. "나는 이 문제에 있어서 당신의 말을 듣지 않겠소. 나는 심지어 한 시간 동안이라도 말쿳 샤마임을 벗어 버리지 않을 것이오."

교에 귀의하게 될 경우에는 이 멍에를 어깨에 짊어지게 된다. 그들이 이 토라의 계명들에 복종하고 유일신 교리와 토라의 대강령들을 실천할 때, 그리고 소위 셰마(신 6:4-8)를 매일 읽고 암송할 때[19] 이 멍에를 짊어진다.

이처럼 구체적인 표현으로서 "말쿳 샤마임의 멍에를 메다"라는 표현은 소위 셰마라고 불리는 신명기 6장 4절부터 8절을 암송한다는 전문적인 표현으로 둔갑해 버렸다. 그러나 일반적으로 말쿳 샤마임은 이러한 의미에서는 영적인 의미를 지니고 있다.

이와 아울러 두 번째로 생각할 것은 말쿳 샤마임이 좀 더 광범위하게 적용된다는 점이다. 즉 말쿳 샤마임은 이스라엘을 이교의 세력에서 해방시키고 세상의 모든 나라들을 하나님께로 복종시키는, 세상을 다스리는 장차 올 하나님의 통치를 가리킨다. 이런 점에서 말쿳 샤마임은 '온 세상이 하나님의 왕 되심을 인정함으로 인해 모든 인류에게 충만히 실현될 하나님의 왕직'을 의미한다.[20]

말쿳 샤마임의 출현은 유대인의 여러 기도문에 계속해서 언급되고 있다. 카디쉬(Qaddisch-유대인의 회당에서 낭송되는 유대인의 기도문 가운데 하나-옮긴이)는 다음과 같은 말로 시작한다.

"그분의 기쁘신 뜻을 따라 그분께서 창조하신 세상에서 그분의 위대하신 이름이 영광을 받으시고 거룩히 여김을 받으시기를 빕니다. 그분의 왕적 통치를 확립하시고 그분의 백성들을 구원하기 시작하시기를 원하며, 그분의 메시아를 보내사 너희들(청중들)이 살아 있는 때에, 이스라엘 온 집의 생명의 때

---

19) 참고. Dalman, *op. cit.*, p. 80.
20) 참고. Strack-Billerbeck-Billerbeck, *op. cit.*, I, p. 178.
21) 다음 책들을 참조하라. E. Schürer, *Geschichte des Jüdischen Volkes*, II⁴, 1907, pp. 579ff; R. H. Charles, *A Critical History of the Doctrine of a Future Life in Israel, in Judaism, and in Christianity*², 1913, pp. 167ff; Strack-Billerbeck, *op. cit.*, IV, 2, 1928, pp. 799ff; W. O. E. Oesterley, *The Doctrine of the Last Things, Jewish and Christian*, 1908, pp. 65ff. 우리가 언급한 본문들에 대해서는 가령 E. Kautzsch, *Die Apokryphen und Pseudepigraphen des Alten Testaments*, 1921.

에 신속히 그리고 조만간에 구원하시기를 빕니다. 너희들은 아멘 할지어다."

이와 같이 표시된 미래 대망의 내용들에는 매우 다양한 개념들이 들어 있다.21) 예수 그리스도께서 탄생하시기 전과 그분이 탄생하실 무렵에 사람들이 실제로 신봉하였던 것이 무엇인지를 알기 위해서는 그 시대의 위경들과 묵시 문학들이 특히 중요하다. 그러나 이 문학 작품들 내에서도 종말론적 조망에 일치를 보이는 것은 거의 없다. 이러한 이유 때문에 기독교 초기 시대에 살았던 유대인들의 미래관이 실제로 무엇이었는지를 정확하게 서술하는 것은 매우 어렵다. 이스라엘 백성을 회복하고 다윗의 집을 일으킬 것이라는 예언들로부터 출발하는 문헌이 있는 반면에, 구원의 때의 초자연적이고 초월적인 특성을 더 강조하는 문헌들도 있다.

이스라엘 백성의 회복과 다윗의 집을 일으킨다는 내용을 특징적으로 다룬 곳은 위경 문학 가운데 하나인 『솔로몬의 시편』이다. 여기에서 미래의 대망들이 지상적이고 국가적인 성격들을 지닌 것으로 나타난다. 미래의(메시아) 왕국은 지상 생활의 영역 안에 한정되어 표현된다. 다른 초자연적인 세대와 미래의 세계에 대한 언급은 어디에서도 찾아볼 수 없다. 『솔로몬의 시편』에서의 모든 강조점은 이스라엘을 그 원수들로부터 구원(또는 해방)할 것과, 그 결과 행복의 상태가 오리라는 것에 집중되어 있다.

그러나 『열두 족장들의 유언』과 같은 작품에서는 국가의 미래와 관련된 대망이 초자연적인 성격을 분명히 지니고 있는 어떤 요소들을 동반하여 나타난다. 장차 올 메시아 왕국은 전 우주의 구원과 죽은 사람들의 부활과 온 세상에 내리는 보편적인 심판, 그리고 하나님의 낙원에서 누릴 영원한 생명 등을 두루 포함하고 있다.

『에녹서』의 일부와 『모세의 승천기』와 같은 작품은 좀 더 이러한 방향으로 진행되고 있다. 이 책들에서는 지상에서 수행되는 메시아 통치에 대해서는 전혀 논의되지 않는다. 그 대신 장차 올 천상 세계에서 세워질 미래의 왕국이 다뤄진다. 그리고 적어도 『에녹서』에서는 메시아가 인자의 모습을 한 초자연적인 인물(아마도 다니엘 7장에서 유추한 것으로 추측이 되는데)로 등장한다. 여기서는 장차 올 세상이 현세상과 이원론적으로 관계되어 있다. 하나님 나라가 계시될 영역은 지상이 아니라 하늘이다.

시리아어로 된 『바룩의 묵시록』, 『제4 에스드라서』 같은 책에서는 두 개념이 혼합되어 있다. 죽은 사람들이 부활하고 세상의 심판이 이루어진 이후에 마지막 세대에 세워질 지상 메시아 통치 뒤에 메시아가 나타나는 천상 세계가 뒤따를 것이다. 이것은 천상에서 이루어지는 영원한 통치이다. 민족적인 종말론의 모습이 여기서는 단순히 초월적이고 천상적인 종말론으로 바뀌었다. 그러나 『제4 에스드라서』에서는 이 땅이 새롭게 되고 다시 창조되어 심판 이후에 다시 이 세상의 새로운 시대의 장소가 될 것이다.

랍비 문학에서 발견할 수 있는 개념들에 대해서는 가장 오래된 랍비시대(주후 70년 이전 시대)에서 얻을 수 있는 자료라고는 거의 없다. 이 시기의 랍비들의 자료는 아예 하나도 없다. 하지만 주후 70년 이후에 속하는 자료는 풍부하게 얻을 수 있다. 이 후기 시대의 자료에서 얻을 수 있는 결론은 일반적으로 말해 랍비 학자들이 우리가 『제4 에스드라서』에서 발견했던 견해들을 고수하고 있었다는 것이다. 이 세상의 비참한 상태가 지나가 버리면 메시아의 날이 시작될 것이며, 그때에는 말쿳 샤마임(하늘들의 통치 또는 단순히 천국-옮긴이)이 땅위에 확립됨으로써 그 절정에 달할 것이다. 이것이 부활과 심판 날 이후에 시작될 미래의 세상이다.

이 같은 자료들에는 말쿳 샤마임의 미래적인 복된 상태에 대한 고정적인 개념들이 없다. 존재하고 있는 자료들은 점차 고정된 형태를 취해가고 있는 것처럼 보인다. 또한 여기서는 메시아가 미래 대망의 대상이라는 입장이 견지되고 있다. 우리가 확신 있게 말할 수 있는 것은 기독교 이전의 유대작품들과 후기 랍비 문학은 이 주제를 일부러 취급하고 있지는 않다는 점이다. 쿤(Kuhn)은 어느 곳에서도 메시아 왕국이 말쿳 샤마임(천국)이라든가 메시아가 그분의 사역을 통하여 말쿳 샤마임을 가져올 것이라는 사상이 발견되지 않는

다고 주장한다.[22]

그러나 유대 종말론의 광범위한 문맥에서 오실 메시아-왕에 대한 대망과 말쿳 샤마임의 계시에 대한 대망 사이에는 밀접한 연관이 있다. 그렇기 때문에 종종 다양한 사상들을 분명하게 묘사하는 것이 결여되어 있고, 수많은 작품들에서 온갖 종류의 개념들이 혼합되어 있으며, 수정이 이루어지고 있다는 사실을 고려해야만 할 것이다.

『솔로몬의 시편』, 『열두 족장들의 유언』과 같이 상당히 오래된 기독교 이전 시대의 위경들에서는 미래의 복을 대망하는 것이 국가적인 의미로든지(『솔로몬의 시편』에서 처럼) 또는 이원론적인 세계관의 구조로든지(『열두 족장들의 유언』에서 처럼) 메시아 왕국과 동일시되었다. 구약성경에 전적으로 근거하고 있는 이러한 사상의 추세로 보아, 메시아 통치의 절대적인 의미가 관계되고 있는 한 하나님이 왕으로서 다스리신다는 종말론 통치에 대한 대망은 메시아가 오심으로써 성취된다. 메시아는 메시아 왕국의 영원한 영광 속에서 하나님의 왕적 대권이 다시금 인정받게 하실 것이다. 메시아의 나라는 말쿳 샤마임과 동일하다.

후기 기독교 이전의 외경과, 특히 초기 기독교 시대 이후의 작품들에서는 메시아의 오심이 구원의 시대와 동일하지 않다는 사상이 갑자기 나타난다. 구원의 시대는 현세상(olam hazeh)이 끝날 때에 그러나 미래의 세상(olam habah)이 오기 전에 임하게 될 것이다. 구원의 시대는 죽은 사람들이 부활하기 전에 일어나며 오직 이스라엘의 국부적인 구원만을 가져오게 될 것이다.

이 견해에 의하면 말쿳 샤마임은 메시아 왕국과 동일하지 않다. 그러면서도 상당히 많은 것들을 망라하고 있다는 점이 분명하다. 메시아 왕국의 최고 정점은 새 땅에서 이룩될 정의와 평화의 영역에서만 이뤄진다. 이러한 이해에 따르면, 메시아 왕국의 정점은 단지 메시아의 통치의 전환점에 지나지 않는다.

---
22) *Op. cit.*, I, p. 573.

요약하자면, 유대 종말론 문학에서는 말쿳 샤마임이 메시아의 출현과 긴밀하게 연결되어 있는 하나님의 왕직의 우주적인 계시로 이해되고 있다고 말할 수 있다. 말쿳 샤마임이란 표현에는 매우 일반적인 의미가 있기 때문에 그 의미를 현세상(olam hazeh)이나 미래의 세상(olam habah)의 관점에 한정지을 수만은 없다. 천국이란 표현은 영원한 평화의 나라에서 하나님이 왕으로 재천명 되는 것뿐만 아니라 배교하는 세상에 대응하여 마지막 시대에 계시되는 하나님의 자기 계시(self-vindication)를 포함하고 있다.

3. 비종말론적 전제

구약의 예언들과 소위 후기 유대교의 미래 대망 예언들을 간략히 요약한 내용에 비추어 세례 요한과 그 후 예수님께서 선포하신 "회개하라 천국이 가까웠느니라"는 내용의 의미가 분명해졌다. "천국이 가까웠느니라"는 선언은 구속사에 있어서 모든 것들을 다 포괄하는 실체에 대한 선언이었다. 예수님께서 출현하시기 이전의 역사 과정 속에서 당시 이스라엘에 알려졌던 여호와의 왕 되심이 미래에 나타날 것임을 묘사하는 내용은 매우 다양하였다. 하지만 한 가지는 분명하다. 이 말들이 구약 예언과 옛날부터 이스라엘이 미래를 대망해 왔던 그 대상을 요약해 주고 있다는 사실이다. 이것은 단순히 세례 요한에게 나아왔던 첫 구경꾼들이나 나중에 유대와 예루살렘, 심지어 이 선포의 소문을 듣고 온 유대 지방으로부터 예수님에게 찾아온 사람들의 주관적인 의견만은 아니었다. 이것은 이 엄청나고 선풍적인 인기를 끄는 메시지를 전파했던 설교자들 자신들이 의도한 것이기도 했다.

이것은 신약의 케리그마(설교)의 시초에 마가가 첨가한 '때가 찼다'(the time is fulfilled)는 말로써도 매우 명백하게 표현된다. 여기서 '때'란 하나님께서 친히 자신의 왕적 영광을 충분히 계시하겠다고 약속하셨던 역사의 대전환점을 의미하며, 그분의 백성을 구원하고 그분의 원수들을 심판할 때를 의미한다. 이것은 정점에 도달하게 하는 '충만함'에 이르게 되는 때이다.23) 그러므로 하나님 나라에 관한 예수님의 설교의 일반적인 성격은 처음부터 그 단어(하나님 나라)가 지니고 있는 예언적, 구속사적 의미에서 성취의 선포로 특징지어진다. 이 설교를 해석하는 모든 해석은 선포된 성취의 의미를 가능한 한 분명하게 밝히는 작업이 되어야 한다.

사실이 이렇다고 해서 예수님의 설교의 핵심 주제의 의미를 탐구하는 의무(이것은 우리가 지금 주의를 집중해야 할 두 번째 요지이다)가 면제되는 것은 아니다. 이 주제는 예수님께서 반복적으로 언급하셨던 하나님 나라(천국) 사상이다. 예수님께서 친히 선포하신 설교의 범위 내에서 우리는 이 사상을 좀 더 상세히 연구할 것이다.

'하나님 나라' 개념을 역사적 배경으로부터 떼어 내는 것은 매우 비역사적이며, 비현실적인 과정이 될 수 있다. 그러나 앞에서 기술한 간략한 역사적인 설명을 통하여 우리는 이 개념이 매우 복잡 미묘하다는 사실을 배울 수 있다. 수세기를 지내 오는 동안 이 개념은 온갖 종류의 다양한 주제들과 뒤얽혀 왔다. 이러한 점들에 직면해 볼 때, 종종 오류를 범하였던 것처럼 예수님의 하나님 나라 설교를 후기 유대 묵시 문학적 관점에서 상고할 수는 없다.

기독교 초기 시대에 유대인들의 미래 대망 사상은 두 개의 큰 주류로 구별된다. 그것은 민족주의적 메시아 대망과 예수님의 사상 세계의 배경을 형성하게 해주었다고 여겨지는 예언적, 묵시적인 경향이다. 그러나 이미 우리가 간략히 개괄해 보았다시피, 그와 같은 구별을 이처럼 쉽게 도식화할 수 있는지는 의심의 여지가 많이 있다. 또한 우리가 고찰한 바와 같이 미래에 대한 묵시적 대망이 매우 다양한 형태들로 등장하는 까닭에 후기 유대교를 가리켜 단순히 '종말론적인 도그마'라고 부를 수는 없다. 이외에도 우리는 예수님께

---

23) 참고. 예를 들어서 Delling, *TWB*, III, p. 461, 'καιρος' 항목.

서 동시대 사람들을 다룸에 있어서 이러한 유대 묵시 문학에 호소한 곳이 한 군데도 없고, 항상 구약성경 전체를 언급하셨다는 사실을 명심해야 한다.

결론적으로 말해서, 하나님 나라가 온다는 말을 통하여 예수님이 의미하려는 것이 무엇인지 또는 의미할 수 없는 것이 무엇인지를 알려는 질문은 바이스나 그의 추종자들이 대답한 것처럼 미래에 대한 후기 유대교적 대망이라는 묵시 문학 분야에서는 그 해답을 얻을 수 없다는 것이 확실하다. 그 해답은 오직 끊임없이 구약성경의 기록들에 문의하면서 공관복음 케리그마 자체에 비추어 이해할 때에만 얻을 수 있다. 이 모든 내용들을 고려한다면 예수님의 설교에 관한 공관복음의 전승의 역사적 신빙성을 판단하기 위하여 어떤 종말론적인 전제에서 출발해서는 안 될 것이다. 마치 이 전제가 예수님께서 이점에 대해 '말할 수' 있거나 '말할 수 없는' 것을 판단하는 적절한 표준인 것처럼 말이다.

이와는 반대로, 우리는 예수님의 설교를 알 수 있는 유일한 근원으로서 독자적 자료인 복음서의 전승을 탐구해야만 한다.[24] 이렇게 함으로써만 우리는 '역사'의 대로를 여행할 수 있다. 예수님의 설교와 그 설교로 시작된 기독교의 전 과정이 어떤 무시간적인 현상으로 이해되는 것이 아니다. 오직 여러 종류의 역사적인 '자료들'에 비추어서만 이해될 수 있다.

또한 천국 설교에 암시된 비밀과 이적은 무시간적인 현상이 아닌, 이러한 설교가 행해진 **전혀 새로운 방법**과 관련이 있다. 이러한 이유로 이 비밀을 설명하고 이적에 접근하려는 모든 시도는 예수님의 하나님 나라 설교의 독특하고 특징적인 성격에 집중되어야 할 것이다.

---

[24] 이에 대해서는 F. Busch, *Zum Verständnis der synoptischen Eschatologie*, 1938, pp. 29-37를 참조하라.

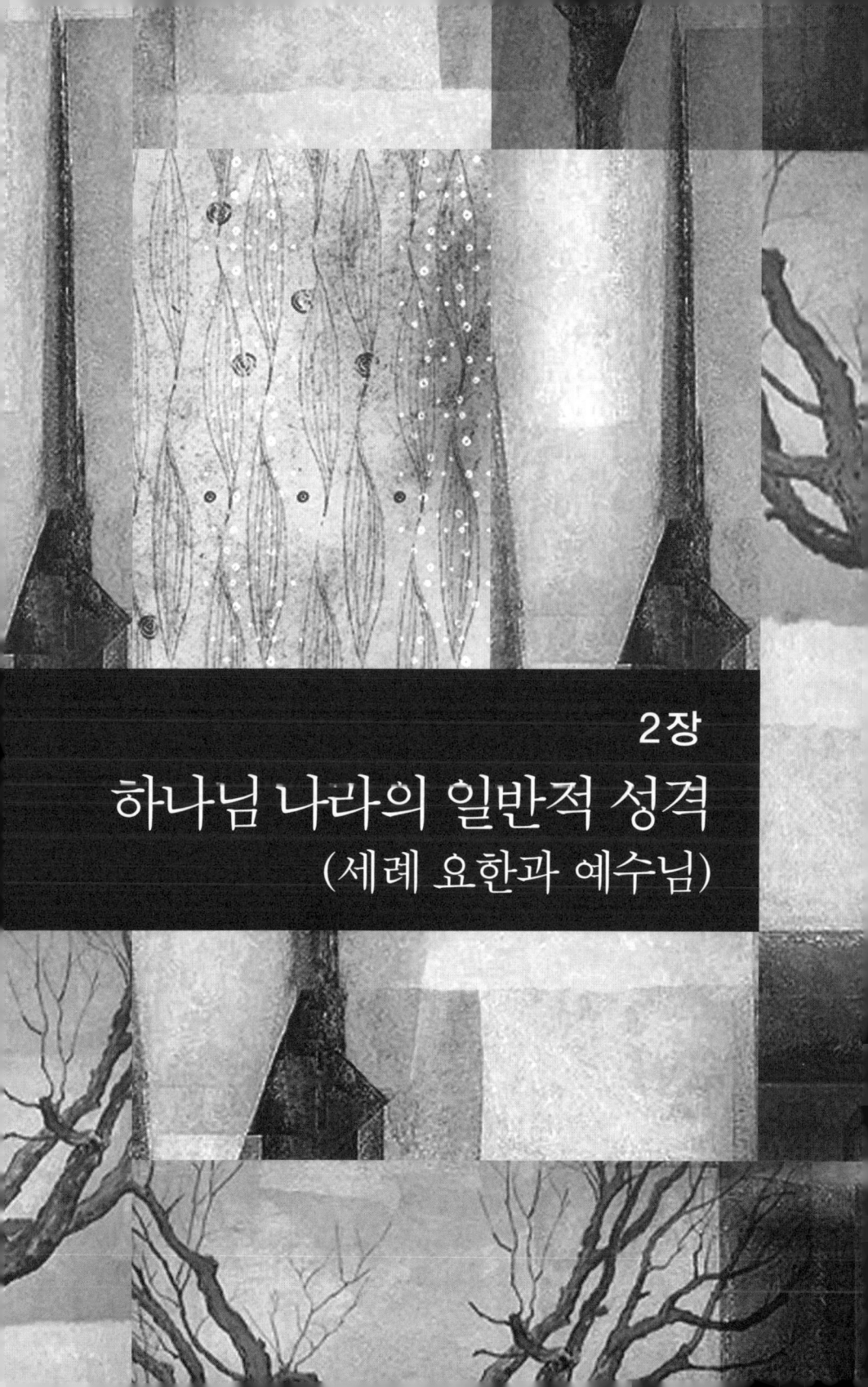

2장
하나님 나라의 일반적 성격
(세례 요한과 예수님)

4. 하나님 중심성

구속사의 최고 절정에 이르는 선포인 예수님의 설교의 내용을 논하기 전에 일반적인 사상을 좀더 자세히 연구하는 것이 중요하다. 앞장에서 고찰한 배경에 비추어 하나님 나라, 또는 천국 개념의 기조가 되는 일반적인 **사상**을 먼저 언급하는 것이 좋을 것 같다.

하나님 나라라는 표현이 어떤 의미에서 표준적인 문구가 되었다는 것은 사실이다. 후기 유대교에서는 하나님 나라라는 표현이 장차 올 구원의 기간에 대한 대망을 의미하는 데 사용되었다. 그러나 이러한 사실이 그 표현 자체가 전문적인 용어로서 관심의 대상이 되었음을 암시하는 것은 아니다. 도리어 예수님의 설교의 일반적인 성격을 이해하는 데 매우 중요한 사상을 시사하였다.

하나님 나라 개념이 예수님의 설교에서 중심적인 위치를 차지하기에 이러한 주장은 훨씬 더 강조되고 있다. 그 결과 하나님 나라 개념은 예수님의 설교에 매우 복잡한 내용으로 표현되었다.[1] 이제 살펴보겠지만 그 내용들은 모든 곳에서 동일한 방법으로 설명될 수 없다. 그렇다고 해서 이 포괄적인 실체가 '하나님 나라의 도래'로 정확히 묘사될 수 있다는 사실을 훼손하지는 않는다. 이 개념의 근저에 있는 사상은 예수님의 전체 설교를 이해하기 위한 전제 조건으로 불릴 수 있다.

첫 번째 과제는 하나님 나라(the kingdom of God)와 천국(the kingdom of heaven) 사이에는 어떠한 물리적인 차이도 없다는 사실을 확정하는 일이다. 마가는 하나님 나라라는 용어만을 사용했다. 누가는 거의 일관되게 하나님 나라란 용어를 사용하였는데, 그가 그 나라라고만 썼을 때에도 하나님 나라를 의미했다(12:32; 22:29). 이와는 반대로 마태는 하나님 나라라는 용어를 서너 번만 사

---

[1] 이 사실은 R. Otto의 *Reich Gottes und Menschensohn*, 1934, pp. 34ff에서 강력히 지적되었다.

용했다.(12:28; 19:24; 21:31, 43), 거의 모든 경우에 천국이라는 용어를 사용했다 (Feine에 의하면 모두 32번이 사용되었다고 함).[2] 그렇다고 해서 이 두 용어에서 각기 다른 의미를 추출해 낼 이유는 없다. '천국'이란 용어는 히브리어 말쿳 샤마임(malkuth shamaim)을 글자 그대로 번역한 것이다. 마태가 일관성 있게 천국이란 용어를 사용한 것은 하나님의 이름을 직접 사용하기를 피하는 고정된 유대식 언어 사용과 관련이 있다. 아마도 예수님은(세례 요한과 똑같이) 당대에 널리 사용되던 이 용어를 그대로 채택하셨을 것이다. 원래 이교도들이었던 그리스도인들에게 편지를 쓴 마가와 누가가 특별한 유대적인 표현을 피하고 하나님 나라라고 직접적으로 언급했다는 것은 납득할 만하다.

그러므로 하나님 나라라는 용어는 천국이란 용어에 비해 부차적인 표현이라고 생각할 수 있다.[3] 동시에 지금까지 고찰한 내용에 의하면 하나님 나라와 천국이라는 이중적인 표현에 나타난 신학적인 차이점을 추적하려는 계속되는 노력들은 오해 때문에 발생했을 가능성이 높다고 추론할 수 있다. 이 이중적인 표현은, 이 표현이 동일하다는 인식이 점차 늘어나고 있듯이 그 의미에 있어서도 동일한 것으로 이해해야 한다.[4]

이 견해를 확실한 것으로 받아들인다면, 예수님께서 선포하신 대미제는 전적으로 하나님의 왕 되심의 관점에서 고려해야 한다는 사실이 명백해진다. 그럴 경우 하나님의 왕 되심은 하나님의 권능과 통치에 관한 무시간적인 진술의 문제가 아닌, 특별히 어느 때엔가 증거될 구속사적인 실현의 문제가 된다. 하나님 나라의 도래 사상을, 하나님께서 자신을 왕으로 주장하시고 그분의 왕적 위엄, 권능, 권세 등을 계시하기 위하여 이 세상에 오신다는 사상이라고 하는 이유가 여기 있다.

---

2) P. Feine, *Theologie des Neuen Testaments*, 1936, p. 73.
3) 또한 G. Dahlman, *Die Worte Jesu*, I^2, 1930, pp. 76, 77를 비교해 보라.
4) G. Gloege, *Reich Gottes und Kirche im Neuen Testament*, 1929, pp. 40, 50과 H. D. Wendland, *op. cit.*, p. 15를 비교하라. 더불어 이에 반대되는 견해로서 T. Zahn, *Grundriss der neutestamentlichen Theologie*, 1928, pp. 6, 7을 참조하라.

우리가 예수님의 설교의 일반적인 요지를 정확하게 통찰하기를 원한다면 천국에 대한 이 절대적인 하나님 중심 사상을 늘 명심해야 한다. 하나님 나라의 하나님 중심 사상은 예수님의 모든 설교의 기본적인 주제이다. 처음부터 때가 찼다는 예수님과 세례 요한의 선포에 구원과 심판이라는 두 가지 내용이 포함된 이유가 바로 여기 있다.

구원과 심판은 하나님의 계획의 직접적인 결과이다. 하나님 나라는 구원을 의미한다. 하나님께서 자기 백성으로서 그분에게 의뢰하는 모든 사람들에게 그분의 왕적 공의를 실행하시기 때문이다. 또한 하나님 나라는 심판을 의미한다. 하나님께서 그분의 뜻에 대항하는 모든 사람들을 대적하여 왕으로서 하나님의 뜻을 실행하시기 때문이다. 이것은 어떠한 민족주의적인 요소도 배제한다. 회개하라는 요청을 첫 번째로 받은 사람은 이방인이 아니라 이스라엘이었다. 하나님 나라 설교가 시작되었을 때와 그 설교가 진행되는 동안 중심을 차지한 것은 그 백성의 탁월함이 아니라 하나님의 영광이었다.

세례 요한의 설교에서 이 점이 매우 분명하게 나타난다. 요한의 설교에서는 심판의 선언이 더욱 두드러진다. 이것은 전적으로 윤리적인 성격을 지닌다. 하나님의 오심에 우선적으로 요구되는 것은 회개이다. 하나님이 오실 때 자신이 아브라함의 자손이라고 하는 것은 아무런 유익이 없다. 하나님께서 아브라함에게 하신 약속을 성취하신다는 것은 분명하다. 하지만 하나님의 심판을 피하기를 원하는 사람은 누구든지 회개에 합당한 열매를 맺어야 한다. 하나님 나라 선포의 내용은 모두가 하나님 자신의 영광, 그분의 자기 의, 그리고 그분의 왕권에 반대하는 모든 사람들을 향한 하나님의 자기 주장에 집중되어 있다.

이러한 하나님 중심적인 관점은 예수님의 하나님 나라 설교에서도 결정적으로 나타난다. 예를 들면 주기도문의 처음 세 가지의 간구에서 더욱 두드러진다. 하나님 나라가 임하기를 간구하는 기도는 다른 두 간구(하나님의 이름이 거룩히 여김을 받으실 것과 그분의 뜻에 순종하기를 간구하는 기도, 마 6:9, 10) 사이에 위치하고 있다. 첫 번째 간구에서는 하나님 나라의 임함의 의미가 하나님의 덕성들에 인간들이 경의를 표해야 한다는 요구로("아버지의 이름이 거룩히 여김을 받으시오며") 묘사되었다. 하나님 나라의 임함과 관련된 것이 하나님의 계시된 뜻이 하늘에서 지금 이루어진 것처럼 땅에서도 시행되는 것이다. 하나님 나라가 임한다는 사실은 무엇보다도 먼저 하나님의 영광이 나타나, 이 땅 위에서 하나님의 권능이 아주 충만하게 재천명되며 유지되는 것을 의미한다. 이러한 이유로 예수님의 설교에 대한 어떠한 인본주의적, 인간 중심적 해석을(이것은 구자유주의 신학에서 중요한 일익을 담당했던 것인데) 거부해야 한다.

20세기 초 영향력을 미치며 자유주의적 해석의 전형을 보여준 책이 하르낙의 『기독교의 본질』(Das Wesen des Christentums)이다. 이 책에서 하르낙은 예수님의 설교의 핵심(kernel)과 설교의 탁월한 주제를 인간이 하나님의 자녀가 된다는 것과 인간 한 사람 한 사람의 무한한 가치를 기본적으로 인식하는 것에서 찾는다.[5] 인간의 쇠하지 않는 숭고함을 인정한 이런 사상과 영혼이 하나님과 본질적으로 유사하다는 사상이 구원을 강조하는 기독교 밖의 모든 종교들의 기초가 된다는 것을 자유주의 신학 진영에서 바르게 관찰한 것은 사실이다. 하지만 예수님의 하나님 나라 선포의 근본적인 성격을 그 같은 명제에서 찾으려는 것은 예수님의 설교를 기만하는 행위가 될 것이다.[6]

오히려 예수님의 설교에는 인간이 그의 가치를 상실하였지만 하나님은 그를 기꺼이 용납하신다는 확신이 강조되고 있다. 벤트란트가 이것을 역설적으로 표현했다.

"인간으로 하여금 하나님과 관계 속으로 들어가게 하는 것은 인간의 가치가 아니라 하나님 보시기에 인간의 무가치이다"[7]

---

5) *Das Wesen des Christentums*, 1950, pp. 34-45.
6) 참고. K. Holl, *Urchristentum und Religionsgeschichte*², 1927, p. 19. 이 주제에 대해서 아래의 제7항을 참조하라.
7) *Die Eschatologie des Reiches Gottes bei Jesus*, 1931, p. 14.

이러한 이유로 벤트란트는 하나님께서 죄를 용서하시고 의인이 아니라 죄인들을 기꺼이 구원하신다는 사상에서 예수님의 하나님 이해의 핵심을 찾는다.8)

그러나 이 견해가 복음에 대한 인본주의적 해석들보다는 훨씬 더 심오하고 보다 '복음적'이기는 하더라도 '하나님 나라 사상의 정수'를 적절하게 표현하지는 못하고 있다. 빌러벡(Billerbeck) 같은 저자도 천국 사상의 특징을 부여하면서 이것을 핵심적으로 지적하고 있다. 그는 다음과 같이 구원론적인 견해를 기술한다.

"하나님 자신을 위하여 어떤 것을 성취하는 신적 통치가 아니라, 인간을 구원하는 그분의 목적에 강조점이 있다."9)

비록 이와 같은 묘사가 전형적인 정통 루터교의 복음 이해일는지 모르겠지만, 천국의 하나님 중심적인 기본 주제와는 부합하지 않는다. 구원, 죄 용서, 천국의 복과 같은 것들이 예수님의 설교에서 핵심적인 위치를 차지하고 있기는 하지만 하나님 중심적인 관점으로 접근할 때에야 비로소 바르게 이해될 수 있다. 이것들이 **하나님 나라**가 부여하는 복들인 까닭에 그렇다.

하나님 나라가 임하면 하나님께서는 가장 먼저 **자신을** 창조주와 왕으로 계시하신다. 그분은 이 세상을 멸망하도록 내버려두는 분이 아니시다. 하나님은 자기 백성들에게 구원자와 약속자가 되시는 창조주 왕이시다. 하나님은 자신의 백성들을 구원하겠다고 엄숙하게 맹세하셨다. 이 심오하고 지속적인 하나님 중심적인 비전이 구원의 근거가 된다. 또한 하나님의 주권을 가지고 심판하시며, 하나님 자신의 행동과 말씀을 유지하신다는 근거가 된다.

하나님 중심성은 구약성경에서 계속하여 나타나는 신적 계시의 기본 주제일 뿐만 아니라 하나님 나라 복음의 기초이다. 하나님 나라 복음은 예수님의 메시지에서 찾을 수 있다. 이 모든 것은 하나님 나라의 원래 사상에 암시되어

---

8) *Op. cit.*, p. 13.
9) *Op. cit.*, I, pp. 180, 181.

있을 뿐더러 예수님의 설교의 전 구조와 형식을 결정한다.

 본서에서는 예수님의 설교의 주제를 다루면서 이러한 내용들을 좀 더 개별적으로 자세히 다룰 계획이다.10)

 지금까지 필자는 하나님 나라 사상이 광범위하고 심지어 무한한 시야를 열어주었다는 사실을 밝혔다. 그 나라가 전적으로 하나님 중심적인 관점으로 점철되어 있기에 그렇다. 하나님 나라 사상은 하나님의 전 계시 안에서 극적인 구원사라는 특별한 개념을 제시한다. 성경의 다른 부분들에는 또 다른 통일된 원리들과 지배적인 개념들이 포함되어 있다. 그러므로 다른 개념을 무시한 채 한 개념만을 절대화시키는 오류를 범하지 말아야 한다. 그렇다고 해도 하나님 나라 사상이, 여러 곳에서(신명기, 로마서, 갈라디아서 등) 하나님의 구원 사역을 요약하고 확증하는 하나님의 언약, 죄인이 믿음으로 의롭다함을 얻는다는 사상들보다도 더 광범위하고 보편적인 개념이라는 사실임을 부인할 수 없다.

 언약 개념에서는 모든 것이 주님과 그분의 백성 사이의 특별한 관계(연결)와 그 언약 속에서 계시되고 있는 하나님의 덕성들에 초점이 맞춰져 있다. 죄인들이 믿음으로 말미암아 의롭게 된다는 사상 역시 바울이 그것을 묘사한 방법에서 나타나듯이 계시의 전체 역사에서 동일하게 중요한 관점이 된다. 이들 역시 하나님 나라의 도래와 대단히 밀접하게 연관되어 있다. 이는 그 나라가 임한다는 사실이 하나님의 약속이 그분의 백성들에게 효력을 발휘하는 것과 관련되어 있기 때문이다. 나중에 우리는 언약 사상과 하나님 나라 사상이 얼마나 밀접하게 연결되어 있는지, 인간의 죄와 불충성에도 불구하고 하나님께서 그분의 나라의 계시 속에서 얼마나 완벽하게 구원 계획을 수행하시는지를 보게 될 것이다.

---

10) 아래 제5장을 보라.

그러나 언약 사상이나 칭의 사상이(여기서는 이 두 개의 탁월한 개념들만을 소개했지만, 다른 것들도 마찬가지로) 하나님 나라의 전 사상을 대표한다고 할 수는 없다.[11] 적어도 이 주제들의 특별한 의미들을 고려하는 한에서 말이다. 하나님 나라 사상은 좀더 포괄적이다. 하나님의 백성들의 구원을 지향할 뿐만 아니라 하나님의 **모든** 사역들 속에서 하나님의 자기 주장과 관련되어 있기 때문이다. 하나님 나라 사상은 이스라엘만이 아니라 이방 나라들과 세상, 전 피조물까지 하나님의 모든 권세와 약속들의 실현이라는 광범위한 관점에서 설명한다.[12]

여기서도 시작, 즉 서곡으로서 장차 올 하나님 나라에 관한 예수님의 설교의 중요성이 발견된다. 이것은 이제 막 시작된 구속사의 결정적인 단계가 실현된 수준임을 지적한다. 그리고 시작에 관한 하나님 중심적인 선포는 나중에 신약성경에서 그 동일한 성취 과정의 모든 종류의 다양한 국면들이 크게 부상할 때에도 여전히 효력을 나타낸다. 그러므로 마지막에 가서도 우리는 모든 것이 처음으로 되돌아가는 것을 볼 것이다. 하나님의 사역의 가장 최종적인 단계를 묘사하고 있는 요한계시록은 서곡에서 탁월하게 나타났던 동일한 주제를 보다 웅대하게 표현하고 있다.

예수님의 설교에 나타난 하나님 중심적 특성은 그 나라의 임함이 전적으로 하나님 자신의 행동으로 이루어지며, 하나님 자신의 행위에 온전히 의지하고 있음을 시사한다. 하나님 나라는 특정 상태나 상황, 또는 인간이 창조하고 진척시켜서 이루어지는 사회('사회 복음주의'의 교리처럼)가 아니다. 그 나라는 땅에서 이루어지는 내적인 진보나 인간의 도덕적 행동을 통하여 임하지 않는다. 또한 그 나라는 인간이 하나님을 위하여 준비하는 것도 아니다. 이

---

11) 언약 사상에 대한 특별한 의미를 알려면 G. C. Berkouwer와 G. Toornvliet가 편집한 *Het Dogma der Kerk*, 1949, pp. 292ff를 참조하라.
12) 참고. 필자의 논문 *Gereformeerd Theologisch Tijdschrift*, 1943, pp. 97 이하에 있는 'Verbond end Koninkrijk Gods' 제목의 글을 보라.

러한 모든 사상들은 구원과 심판을 하러 왕으로 오시는 하나님의 강림의 충만과 최종성에 대한 거대한 사상을 절망적이라 할 만큼 피상적으로 해석한 것에 불과하다.

그러므로 인간적인 관점에서 볼 때 천국은 우선적으로 인내를 가지고 계속 기도하고 기다려야 할 어떤 것이다. 천국이 임한다는 것은 바로 하나님의 갑작스러운 개입, '하늘을 가르는 행위'(사 64:1), 하나님의 능력(dunamis)이 작용하기 시작하는 것(막 9:1)이다. 이런 의미에서 천국은 그 기원에 있어 절대적으로 초월적이며 하나님의 영광의 계시이다(마 16:27; 24:30; 막 8:38; 13:26 등). 이래서 많은 사본들에 반영된 주기도문의 마지막 송영("왜냐하면 그 나라는 **당신의** 것이기 때문입니다"-사역)이 비록 원래는 거기에 없던 것이라 할지라도 여전히 '하나님 나라의 기도'를 결론짓는 가장 적합한 형식으로 받아들여지고 있다.

하나님 나라는 하나님과 관계되는 것일 뿐만 아니라 하나님에게서 기원하는 나라. 그 나라의 임함은 하나님의 이적과 전능하신 행동에 기초해서만 이해될 수 있다.

5. 역동성

하나님 나라 사상에는 강한 역동성이 함의(含意)되어 있다는 사실은 앞의 주제와 밀접히 연관되어 있다. 우리는 구약성경이 종종 하나님 나라의 도래를 가리켜 어떤 인물이 오는 것으로 이야기하고 있다는 사실을 살펴보았다.

이와 동일한 사상이 예수님께서 사용한 바실레이아(basileia, 나라)라는 단어에서도 발견된다. 지금까지 이 단어를 나라(kingdom, 현대의 언어 사용례에 부합하여)라고 번역해 왔으나, 사실 헬라어로 이 말은 **왕직**(kingship), 왕이 다스리는 **통치 영역**(kingly dominion), **나라**(kingdom)를 의미한다.

전자의 의미, 특히 왕적 위엄의 실행으로서의 **통치(령) 개념**이라는 단어가

복음서에 사용된 천국에 관한 다양한 핵심적 선언들에서 가장 유력한 사용례라는 것은 틀림없는 사실이다. 그렇다면 하나님 나라의 공간적인 의미는 부차적인 것이 된다. 어떤 본문에 천국(basileia ton ouranon)이 "가까왔느니라"(마 3:2; 4:17 등), "가까우니라"(눅 21:31), "온다 또는 오고 있다"(눅 17:20; 막 11:10), "나타나야 하리라"(눅 19:11), 또는 "임하옵소서"(마 6:10)라는 어구가 등장하는 경우, 우리는 이것을 먼저 하늘로부터 내려오는 공간적인 또는 정적인 실체로 생각할 것이 아니라 실제로 그리고 효과적으로 시행되기 시작하는 하나님의 왕적 통치로 이해해야 한다.

여기서 우리는 왕으로서 행하시는 하나님의 행동(Divine action of the king)을 생각해야 한다. 잘 알려진 본문인 마태복음 11장 12절과 그 병행구들은 하나님 나라의 임함을 '힘이 있는 침입과 그 길을 밀고 나가는 것'으로 매우 특징 있게 언급하고 있으며,[13] 마가복음 9장 1절은 하나님 나라를 '능력으로 임하는 것'이라고 말하고 있다.

단어 '바실레이아'의 의미에 근거한, '천국'이란 표현 속에는 인격적인 암시가 있다는 말은 백번이고 옳다.[14] 천국의 나타남을 비인격적인 형이상학적 사건으로서 이해하는 것은 생각할 수도 없는 일이며, 반드시 왕으로서 하나님 자신의 오심으로 이해해야 한다. 이같은 개념은 하나님 나라에 관한 모든 비유에 동일하게 담겨 있다. 특정한 인물이 항상 비유의 한가운데에 서 있으며 그의 행동이 그 나라의 의미를 보여준다. 이 인물은 바로 그분의 이름과 교훈에 따라 행동하시는 하나님 또는 하나님의 아들이다.

예를 들어 밭에 좋은 씨를 뿌린 사람 비유에서(마 13:24 이하), 그의 종들과 회계하는 왕 비유에서(마 18:23 이하), 포도원에 일꾼을 고용한 사람 비유에서(마 20:1 이하), 포도원을 소유한 집 주인 비유에서(마 21:33 이하), 자기 아들을 위하여 잔치를 배설한 어떤 왕 비유에서(마 22:1 이하), 자기 종들을 불러 그들에게 자신

---

13) 이 본문과 해석 문제에 대해서는 제3장 10항에서 다루고 있는 내용을 참조하라.
14) 참고. Wendland, *op. cit.*, p. 17.

의 좋은 것을 맡기고는 먼 나라로 여행을 떠났다가 다시 돌아온 사람 비유에서(마 25:14 이하) 비유의 초점은 한 인물에 맞춰져 있다. 이 모든 비유들의 요지(즉, 비교점)는 각 비유에서 주인공이 행하고 결정하고 맡긴 일들에서 거듭 발견되는데, 하나님 나라가 임할 때에 하나님께서 이와 같이 **행하**실 것이라는 사실에 있다.

그러나 이와 같은 관점이 설령 천국에 대한 일반적인 사상을 이해하는데 매우 중요하고 본질적인 것이라고 하더라도 절대화해서는 안 된다. 어떤 저자들은 이러한 복합적 의미의 바실레이아라는 표현이 **통치/통치령**(dominion) 이외의 다른 것을 의미하는 것을 달갑게 여기지 않고 있다. 또한 바실레이아를 '그 나라'(kingdom)란 단어로 번역하는 것조차 거부하고 있는 것도 사실이다.[15]

우리의 견해로는 이러한 입장은 받아들일 수 없다. 효과적으로 통치가 시행되기 위해서는 그 통치가 시행될 수 있는 영역이 만들어지거나 그 영역이 유지되어야 하기 때문이다. 그래서 공간적인 하나님 나라 사상이 결여된 것은 매우 낯설다. 더욱이 세례 요한과 예수님의 설교에서는 장차 임할 하나님 나라의 불가항력적인 힘 개념 이외에도 여러 다른 면모들이 명확하게 등장한다.

또한 예수님은 절정에 도달한 그 나라의 문제를 다룰 때 그 나라를 평화와 행복의 **상태**로 묘사하면서, "아브라함과 이삭과 야곱과 함께 앉는 자"(마 8:11), "떡을 먹는 자"(눅 14:15), "포도나무 열매에서 난 것을 마시는 자"(마 26:29; 비교, 22:1 이하)가 복이 있다고 말씀하셨다. 하나님 나라는 "높은 자와 낮은 자"(마 5:11; 11:11; 18:1, 4)의 서열이 있는 **사물들의 질서**로 표현된다. 왕이 그의 보좌에 앉고 그의 종들이 좌, 우편에 앉아 있는 한 나라의 질서(마 20:21)

---

15) G. Gloege는 A. Schlatter를 추종하면서 이 견해를 매우 힘 있게 변호하고 있다. 특히 그의 책 *Reich Gottes und Kirche im Neuen Testament*, 1929에서 이 문제를 매우 상세하게 다루고 있다.

로, 의인들은 빛나고 악인들은 쫓겨날 그러한 곳(마 13:43)으로 묘사된다. 또 다른 본문에서는 그 개념이 어떤 사람에게는 내적으로 멀리 있고, 다른 사람에게는 그 곳에 합당한 어떤 **영적인 분위기**와 관계되는 것처럼 보인다(눅 9:62; 막 12:34).

하나님 나라는 때때로 그것이 암시하는 구원 때문에 '추구해야 할' 어떤 **선**으로 표현되기도 한다(마6:33; 참고. 7:7; 13:14). 어떤 사람들에게는 주어지지만(마 5:3, 10; 19:14) 다른 사람들로부터는 **빼앗아 버리는**(마 21:43) 하늘 아버지로부터 오는 **선물**(눅 12:32)로, 상속될 수 있고 소유할 수 있고 강제로 빼앗을 수 있는 선물(마 25:34; 11:12)로, 하나님께서 그분의 택한 백성들을 위하여 준비하고 있는 선물로 각각 묘사된다(마 20:23; 25:34 등).

예를 든 모든 본문들은 하나님 나라의 매우 다양한 개념들을 입증하고 있다. 하나님 나라의 의미를 논함에 있어 다른 개념들을 무시한 채 그 나라의 어떤 의미나 한 면모를 절대화시킴으로써 억지로 편협되게 해서는 안 된다는 사실을 보여주는 강력한 본문들이다.

이것은 세례 요한과 예수님이 선포한 천국이 우선적으로 역동성을 지닌 모든 과정이라는 사실을 약화시키지 않는다. 그 이유는 다음과 같다.

첫째, 하나님 나라가 구원과 심판 속에 계시된 신적 능력과 동떨어진 사상이 아니기 때문이다. 둘째, 세례 요한과 예수님의 설교에서 그 나라의 임함과 개입이 전경(前景)의 위치에 놓여 있지 충만한 때에 이루어진 사건들의 상태가 아니기 때문이다.

하나님의 오심의 이러한 엄청난 역동성 때문에 천사들의 세계가 활동하며(마 1장; 눅 2장), 사탄의 나라는 초비상 상태에 놓이게 되고(마 4:3 이하; 막 1:24; 마 12:29), 심지어 사탄이 하늘로부터 떨어지는 계기가 되었으며(눅 10:18), 그 나라는 접촉하는 모든 것과 모든 사람들 속에 깊숙이 스며들어 변화시킨다. 이는 하나님 나라의 도래가 종말의 역사라는 대드라마의 첫 단계에 속하기 때문이다. 그 나라가 임하면 사람들과 세계는 위기에 빠진다. 이러한 사실 때문에 위기가 닥쳤다고 말하고 "회개하라 천국이 가까웠느니라"라고 촉구하는 것이다.

특별히 세례 요한의 설교는 이러한 상황을 분명하게 표현한다. "도끼가 나무뿌리에 놓였으니……", "내 뒤에 오시는 이는…… 그의 손에 키를 들고……"(마 3:10-12)가 바로 그것이다. 이러한 이유 때문에 예수님은 자신이 세상에 평화를 주러 온 것이 아니라 검을 주러 왔다고 자신 있게 말씀하실 수 있었으며(마 10:34), 심지어 이 세상에 불을 주러 왔다고까지 말씀하셨다(눅 12:49 이하).

이러한 모든 본문과 본문의 배후에는 하나님 나라가 임할 때에 그 나라는 능력과 에너지로 충만할 것이라는 사상으로 가득 차 있다. 하나님 나라가 도래하면 인간은 그의 전 실존을 지배하는 매우 중대한 결단들을 내릴 필요에 직면한다. 하나님 나라가 임하면 모든 사람들은 그들의 거짓된 안식과 만족을 중시해야 한다.

6. 메시아 중심성

하나님께서 장차 왕으로 나타나실 것이라는 구약성경의 전통과 예수님 당시의 유대인들의 전통에 따르면, 장차 올 하나님 나라 사상과 일반적으로 메시아를 가리킨다고 할 수 있는 미래에 오실 한 인물이 밀접하게 연결되었다는 것이 입증되었다. 의심할 여지 없이 그 인물은 여러 가지 방식으로 선포되고 묘사되었다. '메시아'라는 분명한 이름으로는 거의 명명되지 않았다. 그렇지만 메시아 대망 사상은 천국 개념과 가장 본질적으로 관련이 있는 사상이라고 말할 수가 있다.

신약성경을 접하게 되는 순간 이 사상이 확실하다는 것을 알게 된다. 누가복음 서론에는 메시아-왕의 선포의 형식으로 표현된 하나님 나라 사상과 이스라엘의 회복이 포함되어 있다(눅 1:32, 33. 마리아에게 전한 천사의 소식). 또한 마리아의 찬송은 그에게 나타난 하나님의 은혜(즉, 메시아의 어머니가 된다는 특권)를 하나님의 백성을 향한 하나님의 긍휼(하나님 나라 사상)의 증거로 지적한다(눅 1:40 이하). 사가랴도 그의 백성들을 찾아와 구원하신 주님을 찬양한다(눅 1:68 이하). 하나님의 백성들은 다윗의 집(즉 메시아)에서 하나님의 백성들에게 구원의 뿔을 듦으로써 그들의 원수들로부터 구원(즉, 하나님 나라)을 받을 것이다.

메시아 사상과 하나님 나라 사상이 여기서 중첩되어 있다. 다윗의 성읍에 그리스도가 탄생하셨다는 천사들의 보고나 천사들의 노래(눅 2:9-14)는 분명히 이러한 문맥에서 결정된다. 물론 천사들의 노래에 하나님 나라가 도래할 것이라고 명확하게 언급되어 있지 않은 것은 사실이다. 그러나 "지극히 높은 곳에서는 하나님께 영광이요 땅에서는 하나님이 기뻐하신 사람들 중에 평화"가 임할 것이라는 선포는 다른 것이 아니라 하나님 나라가 임할 때 그리고 임함으로써 실현될 미래의 복을 요약하고 있다(참고. 눅 2:14).

이 모든 발언을 통해 하나님 나라 사상과 메시아에 대한 선언이 여러 면에서 **국가적인** 형태를 지니고 있다고 볼 수 있다. 그러나 야곱의 집 위에 임한 메시아의 왕적 통치는 영원할 것이며 그의 나라는 끝이 없을 것이다. 메시아는 성령으로 탄생하실 것이다(눅 1:33-35). 이러한 모든 특징과 크리스마스 전야에 일어난 사건들은 메시아와 그의 왕 되심의 초자연적인 특성을 나타내고 있다.

세례 요한의 설교는 하나님 나라와 메시아가 이와 같이 일치하고 있음을 확증하여 준다. 요한은 천국을 선포하면서 "내 뒤에 오시는 이는 나보다도 크시니 나는 그의 신들메를 들기도 감당치 못하겠노라"며 그 인물을 묘사한다. "내 뒤에 오시는 이"라는 선언 자체는 막연한 표현이다. 나중에 요한은 "오실 이"(the Coming One)에 대해 언급했다(마 11:3; 눅 7:19).

일반적으로 요한이 전에는 메시아에 대하여 분명하게 말했었다가 지금은 일반적인 지칭만으로도 충분하여 그렇게 말한 것이라고들 하지만[16] 필자가 생각하기에는 이 점이 훨씬 더 신빙성이 없는 제안으로 여겨진다. 우리는 이러한 막연한 지칭을 요한의 메시아 설교와 메시아 대망의 성격으로 간주해야 한다. 그것은 오실 그분의 인격, 사역의 초자연적이며 신적인 특성과 잘 부합한다. 그분이 어떤 분이시며 어떠한 일을 하실 분인지 상당히 고상하고 신비에 찬 것인 까닭에 일반적인 방법으로써 그분의 인격에 대해 이야기할 수 있었을 뿐이다.17) 요한이 그분에게서 메시아성을 발견하였다는 것은 의심할 바 없는 사실이다.18)

마찬가지로 요한이 메시아의 중요성을 묘사한 것이 민족주의적인 메시아 관념을 훨씬 초월해 있었고, 그것이 장차 오실 왕의 출현 때 동반될 초월적이고도 우주적인 심판 사상으로 철저하게 지배되어 있었다는 점도 의심할 여지가 없다. 요한은 이 심판을 가리켜 '임박한 진노' (마 3:7)라고 불렀다. 이것은 최후의 심판을 지칭한다.19) 동일한 사상이 "도끼가 나무뿌리에 놓였다" (마 3:10; 눅 3:9)는 말로도 표현되었다. 요한은 이러한 심판을 전하는 사자(使者)요 길을 준비하는 자였다. 심판자의 손에는 키가 있어서 그의 타작마당을 철저히 정결하게 하실 것이다. 그는 알곡을 거두어 곳간에 들이고 쭉정이는 꺼지지 않는 불에 던져 태우실 것이다(마 3:12; 눅 3:17). 이 모든 것은 오실 그분에게 맡겨진 최종적인 전 세계적인 심판을 가리킨다. 그 심판은 이방인들 뿐 아니라 모든 이스라엘에게도 해당된다.

메시아의 도래에 대한 요한의 이해는 메시아가 성령과 불로 세례를 주실 것이란 선언에서도 나타난다(마 3:11).20) 요한 뒤에 오시는 이는 요한이 물로

---

16) 참고. S. Greijdanus, *Het heilig Evangelie naar de beschrijving van Lukas*, I, 1940, p. 168.
17) 이것은 하나님과 메시아의 종말론적인 '오심'에 관하여 말하고 있는 구약성경의 본문들과 일치한다. '오다' (erchomai)라는 단어는 하나님의 뜻 현현을 나타내는 사상계에 속한다. Schneider, *TWB*, II, p. 664. 또한 Kümmel, *op. cit.*, p. 67; F. Hauck, *Das Evangelium des Lukas*, 1934, pp. 97, 98를 보라.
18) 아래의 제8항 '현재성' 에서 다루고 있는 문제들을 보라.
19) 참고. Strack-Billerbeck, *op. cit.*, I, p. 115, "미래의 진노는 게헨나의 심판을 의미한다."

세례를 베풀었던 것과 달리 성령과 불로 세례를 주실 것이다. 성령으로 죄인의 마음 속에 거룩하게 하는 불사름을 지시한다는 식으로 성령과 불로 세례를 준다는 표현이 동일한 것을 가리킨다고 이해해서는 안 된다.[21]

이 두 가지 비유적 표현에서 우리는 하나님 나라 임함의 이중적인 의미에 직면하게 된다. 구원을 받을 사람들에게는 측량할 수 없는 성령의 작용이 임하지만, 멸망 받을 사람들은 멸망케 하는 불로 버려짐을 당할 것이다(마 3:10, 12).[22] 구원과 멸망은 구약의 예언에 의하면 거대한 미래가 올 때 분리되는 두 단계이다. 첫째는 성령의 강림이고 그 다음은 심판의 날이다(참고. 욜 2:28-32; 겔 36:26 이하; 슥 12:9, 10).[23]

수정된 의미로써 이와 동일한 것이 기독교 이전의 위경에 속하는 묵시문학에서 발견되는데, 이 책들은 메시아의 오심을 이중적인 관점에서 명쾌하게 기술한다.[24] 첫째, 이 모든 것은 하나님 나라의 도래에 관한 세례 요한의 설교가 메시아 선포와 병행하고 있다는 증거이다. 둘째, 이 메시아 사상은 민족

---

20) 가장 신빙성 있는 번역에 의하면, 마가복음에만 "그가 성령으로 너희에게 세례를 줄 것이요"라는 구절이 있다.
21) 예를 들어 S. Greijdanus, *op. cit.*, I, pp. 170, 171이 있다.
22) 이러한 견해가 호감을 살만한 충분한 이유가 있는데, 그것은 이러한 경우에 구원과 심판이라는 이중적인 성격을 가지고 활동하는 주체자가 성령이 아니라 더 강한 자(the Stronger One)인 까닭이다. 또한 이것, 즉 "그의 손에 키를 가지고"라는 구절과 연관된 관계절은, 만약 그 절(clause)이 포함되어 있다고 한다면, 적어도 사상의 계속이 아니라 예상치 않게 사상의 대조를 알려 준다는 사실이다.
23) J. Ridderbos, *Het Godswoord der Profeten*, I, 1930, p. 93를 비교하라.
24) 예컨대, *The Testament of the Twelve Patriarchs* (열두 족장들의 유언)에는 다음과 같은 구절이 들어 있다. "그 날에 메시아가 나타날 것이며, 하늘 문이 열리며, 그에게 거룩하신 아버지의 영의 선물들이 부어질 것이다. 그분도 은혜의 영을 이스라엘 위에 부을 것이니, 모든 이들이 하나님의 자녀가 되며, 그의 계명 가운데서 행할 수 있게 된다. 이스라엘의 원수들은 멸망되며……악한 사람들의 종국은 영원한 불에 들어가는 것으로 끝날 것이다." 참고. Strack-Billerbeck, *op. cit.*, IV, p. 803. W. Michaelis가 그의 책 *Täufer, Jesus, Urgemeihe*, 1928, p. 36에서 제시한 세례 요한의 의의는, 그가 유대교의 미래 대망 사상을 가진 모든 사람들에게 성령을 부어준다는 내용을 다시 소개하고, 또한 이러한 대망 사상을 망각에서 구출해 냈다는 데에서 찾아야 한다는 사상을 제기하였는데, 필자는 이러한 이론이 요한의 의의를 정확하게 서술했다고 볼 수 없다고 믿는다.

주의적인 색채(누가복음의 앞부분에 표현된 것처럼)를 띤 것이 아니라 초월적이고 종말론적인 의미로 이해해야 한다.

이 말은 메시아 사상이 미래에 대한 전망을 이스라엘의 회복과 이스라엘을 원수들로부터 구원하는 것에 국한시킨 메시아 예언들과 메시아 대망을 지향한 것이 아니라, 보편적인 우주적 사건과 이 세상의 종말 및 미래 세상의 시작으로서 예언적, 묵시적 색채를 지닌 대미래를 묘사한 것으로 보아야 한다는 말이다. 요한이 묘사한 '오실 그분'이라는 표현을 이런 상황에 비추어 이해해야 하는 이유가 바로 여기에 있다.

더욱이 하나님 나라에 관한 예수님의 설교는 메시아에 관한 계시이다. 이와 같은 하나님 나라와 메시아 계시의 연결은 복음서에 등장한 예수님의 메시아적 자기 계시가 발견되는 경우에 완벽하게 확정될 수 있다. 그러나 이것을 증명해 보이는 것은 이 장의 범위를 벗어나는 문제다. 여기서는 요한과 예수님이 선포한 천국의 일반적인 성격만을 논하도록 하겠다. 우리의 관심을 예수님의 설교에서 메시아의 오심과 그 나라의 도래와 관련한 메시아의 의의와 관련된 선언에 국한할 것이다.

첫째, 공관복음서에서 예수님께서 친히 그리스도에 관하여 언급하신 내용이 산발적인 경우뿐이었다는 것은 특기할 만하다. 이와 관련하여 특히 중요한 구절은 마태복음 24장 5절(참고. 23절 이하; 막 13:21)이다. 여기서 예수님은 그의 제자들에게 사람들이 나타나서 자기를 그리스도라고 할 때 미혹되지 말라고 경고하신다. 예수님은 자신의 재림과 '이 세상의 끝'의 표적이 무엇인지 보여 달라는 질문에 대답하면서 그렇게 말씀하셨다. 여기서도 우리는 하나님 나라의 임함 사상과 그리스도의 출현 사상이 관계가 있다는 사실을 발견한다. 하지만 대부분의 경우에 있어서 예수님은 그리스도가 아니라 인자에 대해 말씀하셨다. 이러한 까닭에 예수님이 선포한 천국의 메시아적 성격은 그 나라의 임함에서 인자가 차지하는 핵심적인 위치에 의해 결정된다고 말할 수 있다.

맨 마지막에 언급한 진술을 증명할 증거를 끌어낼 필요는 없을 것이다. '하나님 나라'와 '인자'는 예수님의 설교에서 서로 관련이 있다. '인자의 오심'(마 10:23)은 '하나님 나라의 도래'와 동의어이다. 이 사실은 마태복음 16장 28절과 마가복음 9장 1절을 비교해 볼 때 분명히 드러난다. 이것은 '인자의 나라'를 말하고 있는 본문(마 13:41; 16:28), '세상이 새롭게 되어 인자가 자기 영광의 보좌에 앉을 것'(마 19:28), '재림'(마 24:27 이하), '그 날들'(눅 17:22), '그 날'(눅 17:24), '인자의 표적'(마 24:30), '인자가 그의 영광 중에 올 때'(마 25:31), 그리고 "이후에 인자가 권능의 우편에 앉은 것과 하늘 구름을 타고 오는 것"(마 26:64)을 언급하는 본문을 이해하는 데 유익하다. 인자의 영광은 아버지(성부)의 영광과 거룩한 천사들의 영광과 동일하다(눅 9:26). 여기에 실례로 든 것들은 하나님 나라의 도래와 인자의 오심이 하나의 사건이라는 것을 묘사한다. 하나님 나라를 도래케 하고 신적 심판을 수행할 이가 바로 이 인자이시다. 그러므로 그의 손에는 모든 권세가 들려져 있다.

천국 개념과 인자 개념 사이의 상호 관계는 특별히 천국의 일반적인 성격을 규명하는 데 특히 중요하다. 이 관계는 상당한 정도로 예수님의 설교가 다니엘 7장 13절 이하의 예언으로부터 영향을 받았음을 입증해 준다.[25] 이 예언에는 다음과 같은 인자의 형상이 등장한다.

"인자는 하늘 구름을 타고 와서 옛적부터 항상 계신 자에게 나아오고 그에게는 권세와 영광과 나라가 주어졌고 그의 권세는 영원한 권세며 그의 나라는 폐하지 아니하는 분이시다."

이 예언에서는 다니엘이 본 다른 환상들에서처럼 장차 올 하나님 나라의 우주적이고 초월적인 성격이 매우 탁월하게 표현되었다. 여기서 볼 수 있는 것처럼 인자는 단지 잠정적으로 지상적인 통치권을 소유한 범상한 인물에 불

---

25) 현재 상당히 일반적으로 인식되고 있는 이론이다. G. Sevenster, *De Christologie van het Nieuwe Testament*, 1946, pp. 78 이하를 보라.

과한 분이 아니시다. 그분은 대종말론의 드라마에서 무한한 신적 권위를 지닌 분이시며 하나님의 우주적인 왕권을 맡아가진 분이시다.

다니엘의 예언(제7장)에서만이 아니라 에녹서와 에스라의 묵시록에서도 인자의 형상이 이러한 의미로 등장한다. 하나님 나라가 실현될 미래에 속한 인물은 이스라엘의 민족적인 왕이나 다윗 가문에 속한 어떤 인물보다 훨씬 뛰어난 중요성을 지닌 분이시다. 그에게는 초자연적이고 신적인 위엄이 부여되었다. 예수님께서 산헤드린 법정에 서서 모인 사람들에게 인자의 오심을 경고하는 중에 언급한 것이 바로 이 위엄과 권위였다. 다니엘 7장과 유사한 용어로 묘사된 이 위엄은 예수님께서 부활하신 후에 말씀하신 위엄 바로 그것이었다.

"하늘과 땅에 있는 모든 권세를 내게 주셨으니"(마 28:18)

인자의 초자연적이고 우주적인 중요성은 예수님께서 설교하신 천국의 특성을 결정짓는데 다소간의 역할을 담당한다는 점이 분명하다. 또한 이 모든 것이 천국의 메시아적 특성 속에 시사되어 있다는 데에도 트집잡을만한 요소가 없다. 다른 말로 복음의 범위와 미래에 대한 유대인의 대망의 범위 안에서 '인자'가 바로 메시아라는 사실이 밝히 드러난다.

학자들 중에는 후기 유대교의 미래 대망 사상에서 라이벌 격인 두 인물을 (즉, 메시아와 인자) 구별하고 싶어 하는 사람들이 있다는 것이 사실이다. 메시아가 왕에 대한 예언적, 민족적인 이상을 대표한다고 생각하고, 인자는 세상에 대한 초월적이고 묵시적인 심판자의 이상을 대표하는 형상이라고 여긴다. 복음서 이전 시대로 거슬러 올라가면 어떤 학자들은 위에 언급한 구별을 세례 요한과 예수님의 설교에 적용시켰다.

폰 갈(Von Gall)에 따르면 예수님과 세례 요한은 선지자들의 메시아 대망을 거부하는 대신 다니엘과 에녹서에 묘사된 인자에 대한 묵시적인 형상을 믿는 믿음에 메말랐다고 한다. 예수님께서 죽임을 당하신 이후 그의 추종자들은 메시아의 위엄과 인자의 권위를 예수님에게 돌려야만 했다. 후기 교회의 산

물인 복음서들안에 두 명의 상이한 인물들(메시아와 인자)이 혼란스럽게 섞여 있다는 것이다.26)

이러한 전체 구조는 유대인들의 미래 대망 사상에 대한 상호 배타적이고 경쟁적인 두 인물에 대한 정당성이 결여된 가설에 근거하고 있다. 하지만 비록 상이한 두 인물들이 백성들 가운데 실제로 존재해 있었다고 하더라도, 세례 요한과 예수님이 상극적인 대립을 받아들였음을 시사해 주는 증거는 없다. 왜냐하면 평행선을 긋고 있거나 폰 갈이 말한 것처럼 서로 대립되어 있는 미래 대망의 두 유형은 후기 유대 문학 작품에서만 발견되는 것이 아니기 때문이다. 구약성경 자체에서도 그 배경을 찾을 수 있다.

구약성경에는 메시아, 왕, 다윗의 집에 속한 자, 인자 등의 인물이 나온다. 폰 갈의 가설을 인정한다면, 예수님과 세례 요한은 참으로 상당 부분의 구약성경의 예언적 미래 대망 사상을 거부한 것이 되고 만다. 예수님과 요한은 동시대인들과 논쟁에서 뿐만 아니라 하나님의 전체 역사적인 계시를 논의하는 중에서 과격한 영적 혁명가들이라고 판단을 받았음에 틀림없다.

이러한 구성은 복음서들(예수님의 생애에 대하여 알 수 있는 유일한 자료)에서 얻을 수 있는 모든 지식과 상반될 뿐더러, 전 기독교 역사를 이해하지 못하게 만든다. 예수님의 교훈과 미래 대망의 가장 특징적인 성격과는 반대로 예수님을 따르는 사람들은 예수님 자신이 거부한 메사아관(Messiah-ideal)을 예수님에게 적용시켰어야만 했다. 이것은 단지 국가적인 의미에서만 아니라 일반적인 **메시아관**에서도 동일하게 적용된다.

이와 대조적으로 하나님 나라에 대한 예수님의 설교가 메시아와 인자를 동일한 인물로 이해한 복음서들의 증거는 역사적으로 고려해보기만 하더라도 상당히 그럴듯한 주장이다. 나중에는 예수님의 자기 계시에 이 두 주제뿐만 아니라, 이사야 53장의 고난 받는 종에 대한 주제와 같은 다른 주제들이 포함

---

26) A. Freiherr von Gall, (βασιλεια του θεου), 1926, pp. 430ff.

되어 있음을 보게 될 것이다. 이러한 점에서도 그 나라에 관한 예수님의 설교는 성경의 완벽한 성취이다. 또한 하나님 나라에 관한 예수님의 설교에서 인자라는 용어의 탁월성을 살펴보는 것이 필요하다. 이것이 옛 '예언서의 메시아 사상'이 폐지되었음을 의미하는 것은 아니다. 오히려 초자연적이고 신적인 중요성을 전체 예언서에 비춰 약속한 다윗의 후손과 관련시켜야 할 것을 시사한다.

예수님이 자신의 설교를 단지 다니엘의 환상에만 기초한 것이 아니라, 구약성경 전체의 하나님의 말씀에 기반을 둔 것이라는 사실은 세 공관복음서(마 22:41-46; 막 12:35-37; 눅 20:41-44)가 전해 주는 예수님과 바리새인이 다윗의 자손에 관해 나눈 특기할만한 대화에 명백히 나타난다. 여기서 바리새인들은 예수님에게서 공식적이고도 공공연한 질문을 받는다.

"너희는 그리스도에 대해 어떻게 생각하고 있는가? 그가 누구의 자손인가?"(마 22:42)

바리새인들의 대답에 대한 답변으로 예수님은 성령의 영감을 받은 다윗이 메시아에 관하여 말한 내용을 인용하신다.

"주께서 내 주께 이르시되 내가 내 원수를 내 발 아래 둘 때까지 내 우편에 앉았으라."

그리고 예수님은 다음과 같은 질문으로 말씀을 마치셨다. "다윗이 그리스도를 주라 칭하였은즉 어찌 그의 자손이 되겠느냐?"

이 본문은 예수님께서(또는 후에 교회가) 메시아가 다윗의 후손임을 부인하고 싶었다는 사실을 증명하는 데에 종종 인용된다. 그러나 두 말할 나위 없이 잘못된 생각이다.[27] 예수님은 메시아가 다윗의 자손이라는 구약의 증거를 부인하지 않으신다. 예수님은 메시아가 다윗 혈통의 왕직에 올랐다는 의미를 구약 전체의 빛 아래서 제시하기를 원하셨다. 예수님은 메시아가 유대 민족

---

27) 필자의 *Zelfopenbaring en Zelfverberging*, 1946, pp. 36ff를 비교해 보라.

의 해방을 위하여 인간적이고 민족주의적인 왕직을 부여받았다는 의미에서 다윗의 자손이 되었다는 해석을 완강하게 반대하신다. 예수님은 메시아가 가지신 신적이며 전적으로 초인간적인 왕직에 대하여 다윗이 친히 예언자로서 증언하였다는 사실을 들어 이 견해를 반대하신다. 메시아는 신적 통치권을 받게 될 것이며, 초인간적인 존귀와 권세를 받을 것이다. 그래서 심지어 메시아의 조상인 다윗도 그를 가리켜 자신의 '주'라고 불렀다.

이 본문은 메시아가 다윗의 후손으로서 왕직을 가졌다는 사실의 논박을 다루고 있지 않다. 왕직의 중요성과 성격을 보여주려는 데에 주안점이 있다. 시편 110편 1절에서 이 문제를 다루면서 사용하고 있는 용어들을 보면 다니엘 7장의 인자가 가진 권위를 묘사하는 내용과 전적으로 부합한다는 사실이 명백해진다. 예수님께서 시편 110편 1절을 인용한 이유가 여기 있다. 이 말이 구약성경에서 다윗의 자손으로서 메시아가 언급된 모든 부분에서 신적, 초인간적, 그리고 우주적인 성격을 지닌 그의 왕직이 분명한 용어로 표현되었다는 것을 의미하는 것은 아니다. 오히려 예수님의 설교는 다윗 계열의 메시아-왕에 관한 예언들과 다니엘 7장의 인자에 관한 예언들이 서로 깊은 통일성 속에서 이해되도록 하는 데 그 의도가 있다.

그러므로 예수님이 민족주의적인 메시아 사상에 도전하셨다는 사실을 부인해서는 안 된다. 우리는 예수님의 메시아적 설교가 백성들과 그의 지도자들에게 낯선 것이었으며, 그리하여 그들과 마찰이 있게 되었음을 본다. 이러한 의미에서 "보라 그가 광야에 있다" "보라 그가 골방에 있다"(마 24:26; 참고. 눅 17:23) 등 메시아와 관련한 거짓 소문에 대해 예수님께서 경고하신 내용을 이해해야 할 것이다.

이와는 반대로, 예수님은 인자의 재림이 "번개가 하늘 이편에서 나와 저편으로 번쩍임 같을 것"이라고 언급하셨다. 이 말은 인자의 신적 영광을 계시해 주는 것으로서 누구든지 그를 볼 수 있을 것임을 가리킨다.[28] 여기서도 메시아 대망은 메시아의 영광이 대종말론적으로 나타날 것이라는 사실과 깊은 관계가 있음이 드러난다. 그러나 예수님은 계속해서 하나님께서 이스라엘에게 약속하신 메시아-왕에 관하여 말씀하신다. 즉, 이스라엘과 여기에 간략하게 소개된 미래에 나타날 인물 사이에는 특별한 결속이 항상 유지된다. 이 사실은 마태복음 19장 28절에 매우 명확하게 나타난다. 이 본문에서 예수님은 만물이 새롭게 되어(palinggenesia) 인자가 그의 영광의 보좌에 앉을 때 그의 제자들에게 그들도 보좌에 앉아 이스라엘의 열두 지파를 심판할 것이라고 약속하신다(참고. 눅 23:30). 여기에 만물이 새롭게 된다는 것과 인자가 그의 보좌에 앉는다는 표현들은 메시아 왕국의 우주적이고 초인간적인 성격을 표현한다. 반면에 "이스라엘 열두 지파를 심판하리라"는 표현으로 하나님과 이스라엘과의 결속(bond)이 유지되어 왔다는 사실이 드러난다.[29]

이것을 보면 소위 '예언적'(prophetic) 메시아 대망과 '묵시적'(apocalyptic) 메시아 대망 모두가 예수님의 설교에서 나란히 등장하고 있다는 점이 분명해진다. 인자는 바로 메시아요 다윗의 자손이시다.[30] 역으로 다윗의 자손은 신적 권위와 우주적 권세를 받으신 인자이시다. 이스라엘과 메시아 사이의 관계는 이러한 사실에 비추어 판단되고 이해해야 한다.

그러므로 예수님의 하나님 나라 설교는 동시에 메시아에 관한 설교였다고 결론지을 수 있다. 그리고 메시아직은 특별히 다니엘 7장에 따라 '인자'라는 용어로 정의될 수 있다. 우리는 반드시 이러한 사실에 비추어 예수님이 설교하신 천국의 일반적 성격을 이해해야 한다.

---

28) 이 본문들의 주해에 대해서는 본서 제46항을 보라.
29) 좀 더 상세한 연구를 원한다면 본서 제25항 이하를 참조하라.
30) 고대 회당에서 행해진 다니엘 7장 13절의 메시아 해석에 대해서는 Strack-Billerbeck, *op. cit.*, I, pp. 485, 957를 보라.

7. 미래성

예수님께서 선포하신 천국의 메시아적 성격에 관하여 앞장에서 논의하였던 내용에는 예수님의 설교가 종말론적으로 결정되었다는 사실이 명백히 나타난다. 용어의 사용상 이러한 표현을 달갑게 여기지 않는 사람이 있는 것도 사실이다. **종말론적**이라는 말이 본래 교의학에서 유래했고, 이러한 의미에서 '종말론적'이라는 용어가 교의와 상관이 없을 뿐더러 체계화 되지 않은 예수님의 설교에 적용될 수 없다고 생각하기 때문이다.

하지만 이 용어는 어떤 의미에서 예수님의 설교가 지닌 사실적인 내용들의 특징을 가리키는 데 널리 사용되고 있다. 종말론이란 말은 그것이 예수님이 선포하신 하나님 나라의 도래가 성취 면에 있어서 역사의 대**종말**의 시작을 의미하는 것이라면 얼마든지 사용될 수 있다. 이런 점에서 미래에 대한 예수님의 선언은 『솔로몬의 시편』같은 곳에서 발견할 수 있는 유대인들의 민족주의적인 대망의 주류에 서 있는 것이 아니란 게 확실하다. 예수님의 미래 선포는 오히려 구약성경의 예언들에 있는 초월적이고 묵시적인 미래 예견들의 지속과 구약성경에 기초를 둔 대망으로 이해해야만 한다.

이러한 관점에서 '임박한 진노'와 '오실 그분'의 출현의 의미에 대하여 지금까지 논의한 것 이외에 예수님께서 자신보다 앞선 세례 요한이 설교한 선포로부터 시작할 수밖에 없었다는 사실을 입증하기 위한 더 이상의 논증이 필요 할 것 같지 않다.

예수님 자신의 설교에는 이런 식으로 미래를 묘사한 것이 여러 군데에서 상세히 설명되어 있다. 예수님의 설교는 요한의 설교처럼 마지막 심판이나 인자의 재림에만 국한되어 있지 않다. 오히려 예수님의 설교는 하나님 나라의 시작의 결과로서 일어날 것들을 다양한 방법으로 언급하고 있다. 예를 들어 팔복에 나타난 미래 시제는 이러한 의미에서 이해해야 한다(마 5:3 이하). 팔복에서 예수님은 천국의 복을 새[31])땅을 상속하는 것, 하나님의 의로 충만해지는 것,[32]) 하나님을 보는 것,[33]) 하나님의 자녀라고 칭함을 받는 것으로 묘사한다. 모두 이 세상 질서 너머에 있는 미래의 세상에서 계시될 복과 완전의 상태를 가리킨다.[34]) 예수님이 선포하신 하나님 나라의 이러한(시간의 끝을 언급하는) 종말론적 특성은 그의 전 케리그마의 주요 전제들 가운데 하나이며 이에 대한 언급들은 복음의 전 직조물과 함께 엮인 황금실과도 같다.

이런 의미에 비추어 예수님께서 그분의 제자들에게 지금은 하늘에서만 발견되는 도덕적 완전 상태를 위하여 기도하라고 하신 것을 이해해야 한다(마 6:10). 예수님은 마태복음 7장 21절과 같은 문맥에서 천국에 들어가는 문제에 대하여 말씀하실 때 영광스러운 미래를 언급하신다.

비슷한 예로 아브라함과 이삭과 야곱과 함께 천국에 앉는다는 것(마 8:11; 참고. 눅 13:28, 29), 의인들이 아버지의 나라에서 해와 같이 빛나게 된다는 것(마 13:43), 인자가 그 왕권을 가지고 온다는 것(마 16:28), 하나님 나라가 능력으로 임한다는 것(막 9:1), 하나님의 나라에서 하나님의 오른편에 앉는다는 언급(마 20:21; 참고. 막 10:37), 심판 날에 하나님 나라를 상속받게 되는 우편에 있는 사람들(마 25:34), 그리스도가 그분의 아버지의 나라에서 새 포도주를 마신다는 것(마 26:29; 참고. 막 14:25; 눅 22:18) 등이 영광스러운 미래를 언급하는 것들이다.

이 구절들과 다른 많은 본문들이 또 다른 실체인 '종말론적' 실체를 논하고 있음을 부인하기 어렵다. 이 점은 예수님이 미래의 실체에 대하여 '이 세상의 끝'(sunteleia tou aionos, 마 13:49), '새롭게 함'(palinggenesia, 마 19:28), '영생'(zoe aionios, 마 19:29) 등으로 선언한 것에서 확증된다. 특히 영생에 대해서는 예수님이 그것

---

31) 참고. e. g., Strack-Billerbeck, *op. cit.*, I, p. 199.
32) 아래 제24항을 보라.
33) "얼굴과 얼굴을 맞대고"(face to face)를 종말론적인 모습으로 이해한 E. Klostermann, *Das Matthäusevangelium²*, 1927, p. 37; Strack-Billerbeck, *op. cit.*, I, p. 207를 참조하라.
34) 이 본문 전체에 대한 상세한 연구는 필자의 *De strekking der bergrede naar Mattheüs*, 1936, pp. 88ff를 보라.

이 '미래의 세계'(en to aioni to erchomeno)에서 주어질 것이라고 말씀하셨다.

동일하게 이 세상과 미래 세상의 대조가 예수님이 말씀하신 '이 세상의 아들들' 과 '부활의 아들들'(눅 20:36)에서 나타난다. 이렇게 말씀하신 이유는 하나님 나라에 들어가고 대미래에 성취될 구원을 상속 받는 것은 부활 후에 이루어질 것이기 때문이다.

이와 같은 언급들은 복음서 여기저기에 산재해 있다. 이 말씀들은 미래의 종말론적 비전이 단순히 예수님의 설교의 배경이나 틀을 형성하는 것이 아니라는 점을 보여준다. 그래서 종말론적 비전을 더 이상 공관복음서에 나타난 묵시적 언급들에만 국한시켜서는 안 된다(마 24:4-36; 막 13:5-37; 눅 21:8-36). 그것은 예수님의 천국 설교의 본질적인 요소이다.

이러한 관점에서 복음의 종말론적 해석은 그것이 윤리 신학과 자유주의 신학의 내재적인 사상에 대립하는 한 정당화될 수 있다는 점은 분명하다. 종말론적 해석은 예수님이 선포한 천국의 초월적이고 미래적인 성격을 강하게 변호한다.

예수님이 선포한 하나님 나라는, 할 수만 있다면 그 배경에서 성취적인 성격을 경감시키고 권세를 없애려는 시도가 여러 번 있어왔지만, 본질적으로 성취의 성격을 지닌다. 앞에서 살펴본 것처럼 구자유주의 신학은 이 목적을 위해 형식과 내용의 구조를 사용하였다. 예수님의 종말론적 선언들은 그분의 설교의 진정한 본질의 형식적인 배경으로 간주되어야 한다.

한 마디로 말해서, 천국은 종교 윤리적 실체이다. 종말론적 해석이 너무도 과장되어 있어서 이에 대한 반동으로 나온 것이 분명한 다드는 소위 **실현된 종말론**이라는 말로써 자유주의적 견해를 수정하였다. 실현된 종말론이란 예수님이 어느 곳에서도 천국의 미래성에 대하여 말한 것으로 간주해서는 안 되고, 하나님 나라의 전 종말론적 문제를 영적이고 현재적인 경험의 문제로

---

35) 참고. 위의 책 p. 23를 보라.

이해해야 한다는 말이다.35)

물론 다드는 복음서에 의거해서 예수님이 미래에 관하여 말씀하셨다는 점을 부인할 수는 없었다. 다드는 그와 같은 선포들이 부분적으로는 장차 올 **역사적인** 사건들을 예견한 것이라고 간주한다. 예수님의 수난과 죽음, 제자들이 받을 핍박, 유대 국가의 고난과 멸망 등이 그 예다. 이 예견들이(후대 교회의 예언이 아닌 사건 발생 후에 한 예언으로서) 진실로 예수님 자신에게 기인한 것이라고 할 수 있는 한 다드의 발언은 예수님께서 그 나라의 현재성만을 선포하였다는 기본적인 명제에 어긋날 것이 하나도 없다. 그 예견들은 구원의 획기적인 사건이 예수님께서 그분의 생명을 희생 제물로 드리고 유대 백성들이 심판을 받아야 한다는 위기의 방법으로만 발생할 수 있다는 증거로 작용할 뿐이다.

그러나 다드에 의하면, 모든 것은 실현된 하나님 나라 안에서 일어날 뿐이며 미래적인 하나님 나라와는 아무런 상관이 없다.36) 이러한 예언들에는 지상에서 이루어질 하나님 나라의 더 충만한 계시라는 의미의 '구원의 종말론'은 존재하지 않는다. 아울러 복음서에 등장하는 묵시적인 대망과 역사 외적인 미래가 발견된다. 다드는 이러한 미래를 하나님 나라의 도래와 관계되는 것으로 이해할 것이 아니라 미래의 묵시적 사건으로서 '인자의 날'에 이루어질 것과 관련 있다고 보아야 한다고 주장한다. 또한 이러한 예언들이 아주 극소량만 예수님의 설교에 기인한 것이고 나머지는 다른 여러 자료에서 파생된 것이라고 생각한다.

그렇지만 예수님은 때때로 그와 같은 묵시적인 사건들을 말씀하셨던 것처럼 보인다. 이와 같은 발언을 역사적인 지시어들과 연결시키는 데에는 난점이 많다. 예수님의 설교에는 종말적인 사건과 아무런 관계가 없는 윤리적인 경향과 종말론적 묵시적 경향 등 조화를 허용하지 않는 두 경향이 분명히 존재한다. 종말론적 묵시적 경향은 **상징적인** 발언들로 설명되어야 한다. 상징

---

36) *Op. cit.*, pp. 56-80.

적인 발언들이 다른 것들과 조화를 이루어야 한다면 말이다.

하나님 나라의 영원한 질서는 이미 왔고 미래의 나라는 더 이상 기대되지 않는다. 다만 그 의미가 너무나 절대적이어서 시간적인 경험을 가지고는 그것을 충분히 논할 수가 없다. 이러한 사상은 종말론적인 선포들로써 상징적인 방법으로 표현되었다.37)

위의 사실들을 살펴볼 때 종말론적 미래와 관련된 예수님의 말씀들에 행한 다드의 적용에는 한계가 있다. 하지만 복음에 대한 그의 비평적인 수용은 예수님의 설교에 있어서 그와 같은 발언들이 다소간 중요한 역할을 수행하고 있다는 사실을 논박할 수 없다. 필자의 의견으로는 다드가 전적으로 천국의 실현된 종말론만을 말했다고 예수님의 설화(說話)들을 구성하는 것은 이러한 상황에서 볼 때 터무니없다. '주의 날'과 '인자의 미래'에 관한 본문들을 '천국'에 관한 본문들로부터 분리시키는 것은 불가능하다. 비록 사람들이 다드가 복음서를 너무도 극단적으로 이해했다고 동의한다고 하더라도, 다드가 예수님의 묵시적인 선언들이라고 인지한 것을 **그 나라의** 도래에 관한 선언들로부터 분리해 낸 것은 여전히 사람들에게 인정을 받지 못하고 있다.38) 복음서에 언급된 모든 미래의 묵시적 사건들이 **그 나라의** 나타남이라는 틀 속에 있는 부대 상황에 지나지 않는다고 이해되었다는 것이 의심의 여지가 없기 때문이다.

그러나 이러한 극복할 수 없는 반대는 제쳐두고라도 복음서에는 그 나라의 미래성에 대한 언급은 없고 단지 현재성만이 있을 뿐이라는 다드의 주요 명제는 받아들일 수 없다. 이 사실을 증명하기 위해서는 분명하게 미래의 양상을 언급하고 있는 성경 구절들을 정확하게 보여주는 것이 중요하리라.

첫째, 수없이 인용해 왔던 "하나님 나라가 가까이 왔다"(enggiken)고 선언한

---

37) *Op. cit.*, pp. 81-110.
38) 이 본문들을 설명한 다드의 해석에 반대되는 유력한 논증인 W. Kümmel의 *Verheissung und Erfüllung*, 1945, pp. 19ff를 보라.

세례 요한과 예수님의 첫 번째 외침을 인용하는 것이 좋겠다. 다드는 여기서 "가까이 왔다"는 어구를 "(이미)왔다"(has come)로 번역해야 한다고 능숙하게 변호하였다. 그는 마가복음 1장 15절과 마태복음 4장 17절의 '엥기켄'(enggiken, 가까이 왔다)을 마태복음 12장 28절과 누가복음 11장 20절에 있는 '에프따센'(ephthasen, 임하였다)과 동일하게 번역하고 싶어한다.

그는 이 사실을 입증하기 위해 70인역을 인용하였다. 70인역은 종종 엥기제인(enggizein)을 히브리어 나가(naga)와 아람어 메타(meta)를 번역하고 있다. 두 단어 모두 '도달하다', '도착하다'는 의미를 지니고 있다. 하지만 이 두 동사는 '프따네인'(phthanein)으로도 번역된다. 이 사실에 근거해 다드는 마태복음 12장 28절에 있는 에프따센과 마가복음 1장 15절, 마태복음 4장 17절에 등장하는 엥기켄 사이에는 어떠한 의미상의 차이가 의도되지 않았다고 결론을 내린다.39)

그러나 보다 면밀히 조사해 보면 70인역의 사용례에서 엥기켄은 대부분 '근접하다'를 의미한다. '왔다'의 의미로는 사용되지 않는다. 보다 광범위한 의미로만 지금 그리고 그때에 '도착하다'를 의미한다는 증거를 얻을 수 있다. 세속 헬라어에는 이러한 예조차 없다. 동일한 복음서 서사가 먼저 하나의 동사를 사용하고, 후에 핵심적인 개념을 나타내기 위하여 다른 동사를 사용하고는 그다지 잘 사용되지 않는 엥기켄을 전면에 놓았다는 것은 상당히 이상하다.

마지막으로 세례 요한이 그의 최초 선포에서 이미(참고. 마 3:2) 하나님 나라의 현재성을 언급하였지만 이것은 요한이 생각하였던 하나님 나라에 대한 개념은 물론이거니와 그의 선포의 전 의도와도 상충된다는 사실을 명심해야 한

---

39) 아람어 기원설의 관점으로 볼 때는 이 둘을 다음과 같이 번역할 수 있다. "하나님 나라가 임하였다." *The Parables of the Kingdom*," p. 44. 참고. 또한 H. M. Matter, *Nieuwere opvattingen omtrent het Koninkrijk Gods in Jezus' prediking naar de Synoptici*, 1942, pp. 30ff를 비교해 보라. 또한 R. H. Lightfoot, J. Leipoldt 그리고 A. T. Cadoux와 Kümmel의 책 p. 12를 함께 참조하라.

다.⁴⁰⁾ 그렇다면 마태복음 4장 17절은 의심할 여지없이 마태복음 3장 2절의 '가까이 왔다'와 동일하게 번역되어야 한다. 두 군데 모두 하나님 나라의 임함은 미래적인 사건을 의미한다.

"내가 진실로 너희에게 이르노니 여기 섰는 사람 중에 죽기 전에 하나님 나라가 권능으로 임하는 것을 볼 사람들도 있느니라"

하나님 나라의 미래성을 보여주는 성경 구절 중에서 가장 잘 알려진 마가복음 9장 1절의 만큼 많이 알려지고 명쾌한 구절은 없을 것이다. 마가복음 본문과 병행구인 누가복음 9장 27절에는 단순히 "죽기 전에 하나님 나라를 볼 사람들도 있느니라"라고 기록되어 있다. 마태복음 16장 28절에는 "죽기 전에 인자가 그 왕권을 가지고 오는 것을 볼 사람들도 있느니라"라고 쓰여 있다. 마가복음 9장 1절이 지시하는 시간이 언제인지를 두고 몇몇 난제들이 있기는 하지만, 이 구절이 마태복음 16장 28절에 언급되어 있는 '능력으로' (en dunamai) 임할 그 나라를 기대해야 할 것을 의미한다는 점은 부인할 수 없다. 여기서 하나님 나라는 미래의 실체로 언급되었다.

그런데 이와 같은 결론을 피하기 위해 다드는 "그들이 하나님 나라가 능력으로 임한 것을 보게 되기 전에"라고 이 구절을 번역한다. 그리고 '볼 것이다'는 말은 하나님 나라가 임했다는 사실을 '깨닫게 되는' 것이라고 설명한다. 하지만 이 본문에서 '이데인' (idein, 보다)은 이미 온 어떤 것을 의미하기보다는 오히려 여전히 미래에 있어서 오게 될 것에 대한 인식을 의미하는 것으로 해석해야 한다는 점에는 논란의 여지가 없다. 이같은 사실은 현재 분사인 '에르코메논' (erchomenon, 올 것이다)을 사용한 마태복음을 볼 때 더욱 분명해진다.⁴¹⁾

---

40) Dodd는 마태복음 3장 2절에서 마태가 예수님께서 하신 말씀과 요한이 한 말을 어떻게 정확히 구별할지 몰랐다고 주장한다. 그러면서 다드는 다른 본문들에 관해서도 자신은 이 사실을 보여줄 수 있다고 생각한다. *op. cit.*, p. 48. 하지만 이러한 추측은 다드의 견해의 신빙성에 지대한 영향을 미치고 있음이 분명하다.

41) 참고. Kümmel, *op. cit.*, p. 14를 참조하라.

마가복음 9장 1절의 본문만 독립적으로 존재하는 것이 아니다. 다른 본문들에서도 천국은 전적으로 미래적인 실체로 언급되었다. 여기서는 다만 마태복음 8장 11절만을 언급하겠다.

"또 너희에게 이르노니 동서로부터 많은 사람이 이르러 아브라함과 이삭과 야곱과 함께 천국에 앉으리라."

동일한 사상이 마태복음 26장 29절(참고. 막 14:25; 눅 22:18)에도 적용될 수 있다. 예수님께서 "내가 포도나무에서 난 것을 이제부터 내 아버지의 나라에서 새 것으로 너희와 함께 마시는 날까지 마시지 아니하리라"라고 선포하신다. 누가복음(22:18)에는 약간 다르게 "이제부터 하나님 나라가 임할 때까지"라고 표현되었다.

다드는 이 본문들이(그가 부차적인 것이라고 생각했던 누가복음을 제외한) 예수님께서 사역을 하시는 동안 이미 발생한 것과 상관없이 그 나라의 먼 또는 가까운 '도래'를 기대했는지에 대한 대답으로 주어진 것이 아니라고 생각한다. 앞서 나열된 본문들이 "하나님 나라가 이 세상에 '임하는' 문제"를 언급하고 있지 않고 "시공을 벗어난 사물들의 초월적인 질서"의 도래를 말하고 있는 것이라고 생각해서는 안 된다고 보았다.[42]

하지만 하나님 나라가 장차 올 어떤 것을 지칭하는 좋은 구절은 누가복음 22장 18절이다. 이 구절은 하나님 나라의 초월적인 질서를 언급하고 있다. 이 본문이 부차적인 자료인지 아닌지는 문제가 되지 않는다. 복음서 저자의 해석은 어느 모로 보든지 현대과학이 해석한 것보다는 더욱 믿을 만한 것이기 때문이다. 또한 이 본문은 영원히 현존하는 천상의 상태를 의미한다고도 할 수 없다. 오히려 지상 위에 도래할 하나님 나라의 획기적인 임함을 정확히 예상하고 있다. 이러한 질서는 시간적이거나 지상적인 성격의 것이 아니다. 새 하늘과 새 땅에 속한 질서라고 말하는 것이 정확하다. 하지만 예수님의 '현

---

[42] *Op. cit.*, pp. 55. 56.

재적 선언들'을 근거로 하나님 나라가 이처럼 장차 나타나게 될 것이라는 사실을 그의 설교에서 제거할 수 없다. 이와는 반대로, 그 나라의 미래적 현현은 예수님의 전 설교의 대전제이자 지속적인 관점이다.

예수님의 설교 가운데에 대(大)미래적인 관점이 유지되어 왔다는 점은 의심의 여지가 없는 사실이다. 때문에 천국이 전적으로 종교적 윤리적인 선(善)이라거나 영적인 공동체, 또는 이 세상의 한계 안에 있는 사회 질서라는 등 여하한 이해는 명백하게 복음과 상충된다. 여기에 미래를 바라는 이러한 기대가 우주적이고 현실적인 성격을 지니고 있다는 것과, 이 기대가 어떤 면으로든지 '하나님 나라의 종말론'을 이상화 할 수 없다는 사실을 첨가해야 할 것이다. 예수님께서 선포한 하나님 나라의 종말론적인 성격을 크게 강조하기는 하지만 특별히 '신학적인 주해'로 말미암아 하나님 나라의 미래에 관한 선언들의 분명한 의미에서 그 능력을 제하여 버리는 사람들을 반대한다.

이러한 작업은 앞에서 언급한 바와 같이 하나님 나라가 가까이 왔다든가 하나님 나라가 미래에 속한다는 선적인 시간의 의미로서가 아니라 인간의 실존이 순간순간 하나님의 실체와 관계하고 있다는 사실의 표현으로 이해해야 한다고 주장한 해석자들[43])에 의해서 이루어졌다. 신약성경의 여러 개념들이 후기 유대 묵시 사상에서 유래되었으며 '신화론적' 성격을 띠고 있다고 보는 견해이다. 신약성경의 개념들이 우주의 대파국, 이 세상의 붕괴, 그리고 하나님과 사탄 사이의 투쟁 등을 언급하고 있는 한, 이들은 이원론적인 페르시아 종교의 영향에 크게 의지할 것이다. 그러나 현대인들에게 이러한 개념들은 오로지 특정 종교의 사상들을 표현하는 형태로서의 가치만을 지닐 뿐이다.

유사한 방식으로 종말론 운동의 비조라고 할 수 있는 바이스와 슈바이처는 복음의 종말론적 특성과 그들이 가지고 있던 근대적 세계관을 연관시키려고 노력하였다. 이같은 사실은 특별히 최근에 신약성경의 탈신화화(Entmythologi

---

43) 참고. pp. 13ff.

sierung)를 요구했던 불트만에게서 찾아볼 수 있다.**44)** 그래서 불트만은 예수님의 종말론적인 설교가 인간 실존을 결단의 위기 가운데 두고 있다는 점에 그 의의가 있다고 주장한다. 디벨리우스는 이를 가리켜 예수님의 종말론적인 대망의 신앙 아래 예수님의 언어들에 부여된 '무조건적인 것'의 '실현' (actualization)과 '고양'(elevation)이라는 말로 표현하였다. 오토는 '신성'이라는 사상을 종말론적 개념 형성에 나타낸 비밀스런 동력이라고 명명하였다.

이에 반대 하는 두 가지 사실을 지적해야겠다. 첫째, 시간 개념이 천국 개념에 아무런 손상을 주지 않으면서도 천국에 대한 종말론적 선포로부터 배제될 수 없다는 사실을 인지하여야만 한다.**45)** 하나님 나라의 도래는 역사의 절정이다. 역사의 자연적인 발전이 끝났다는 뜻이 아니다. 하나님께서 정하신 때가 성취되었다는 의미(막 1:15)에서, 그리고 그 정하신 때 이전에 **반드시** 일어나야 할 것이 성취되었다는 점에서 그렇다. 이 마지막 언급은 종말론 설교 (계 1:1)와 예수님의 설교(마 17:10; 24:6; 막 13:10; 눅 24:44)의 특징적인 표현이다. 장차 발생할 여러 사건들은 불가항력적인 운명 뿐만 아니라 하나님의 경륜에 따라 정해진 구속사의 여정으로**46)** 대표되는 것들이다. 이러한 사실은 하나님 나라의 도래가 공간적, 수직적으로 이해되어야 힐 뿐만 아니라(참고. 계 1:10) 시간적, 수평적인 의미로도 이해되어야 한다는 증거이다.

이러한 이유로 종말론적 역사 개념을 초역사 개념으로 대체한 종말론 개념을 이상화한 것은 역사에 하나님의 거대한 구원 사역이 포함되어 왔다는 핵심적인 사실을 왜곡한 것이라고 할 수 있다. 이같은 사실은 예수님의 설교에서 뿐만 아니라 성경적 종말론 전체에서도 분명히 드러난다. 복음서에서 이

---

44) Bultmann 자신은 '신화적인' 내용이 들어 있는 신약성경을 깔끔하게 설명하기 위해 자유주의 신학과 비교 종교 신학이 제시한 시도들과 결별하였음이 분명하다. 참고. 그의 *Neues Testament und Mythologie*, 1942.

45) 참고. p. 16.

46) 이 사실은 Delling도 인식한 내용이다. *Das Zeitverständnis des Neuen Testaments*, 1940, p. 99. 참고. 또한 Grundmann, *TWB*, II, pp. 21ff, 'δει' 항목 참조.

세상의 예정된 종말을 가르친 예수님의 설교를 배제하려는 어떠한 노력도 공관복음 전승에서 분명히 드러난 부인할 수 없는 증거들과 모순된다. 공관복음 전승은 **시간이 경과한 후에** 따라오는 미래에 대하여 다양하게 언급한다. 이 뿐만 아니라 위와 같은 노력은 예수님의 설교에 나타난 사실적인 예언적, 종말론적인 성격과도 모순이 된다. 하나님 나라의 미래성은 하나님의 실체 앞에 직면한 인간의 개인적인 '결단' 과 관련이 있을 뿐만 아니라 역사에 대해서는 물론이고 역사 내에서 활동하시는 하나님의 사역의 절정과도 관련이 있다.

이러한 까닭에 장차 올 하나님 나라 설교의 실천적, 실존론적 의미가 '회심', '결단'이라는 범주로써 표현되었을 뿐만 아니라 '끈기', '인내', '깨어 경성함' 그리고 '충성'이라는 말로써도 표현되었다. 이러한 사실은 우리가 나중에 논의할[47] 예수님의 비유들에 다양하게 나타난다.

지금까지 개괄한 모든 논의는 미래에 대한 종말론적 개념을 전무후무한 신적 실제와 연결된 인간의 즉각적인 관계를 가리키는 신화로 또는 상징적인 표식으로 생각한 불트만과 다드 그리고 다른 모든 사람들에 의하여 주창된 개념들에 반박한 내용들이었다.[48]

이 뿐만 아니라 앞에서 다룬 내용은 약간 개선된 내용의 델링(Delling)의 해석과도 반대된다. 델링의 해석에 의하면, 모든 **시간적인** 관점들은 그리스도의 오심으로써 가져온 절정으로 말미암아 상대화되었다. 이러한 문맥에서 델링은 종말론 의식[49]과 승리[50]의 '사후 효과' 뿐만 아니라 심지어 그리스도와 함께 시간의 범주로 스며들어온 영원에 의한 시간의 포기[51]라고 언급한다.

절정의 동기가 미래에 대한 기대와 예수님의 모든 설교에서 대단히 중요한

---

47) 참고. 본서 제49항을 보라.
48) 이에 대해서는 Kümmel의 *Verheissung und Erfüllung*, p. 88를 보라.
49) Delling, *Das Zeitverständnis des N. T.*, 1940, p. 118.
50) *Op. cit.*, p. 106.
51) *Op. cit.*, p. 119.

요소라는 것은 사실이다. 하지만 그리스도와 함께 온 성취(pleroma)는 어떠한 관점에서라도 예수님이 전파한 하나님 나라와 신자들이 기대하는 구원의 미래, 종말론적인 성격을 포기하는 것이라고 볼 수 없다. '그리스도 안에서 성취'라는 관점에서 보더라도 하나님 나라는 미래적인 실체로 이해되며, 그리스도인의 상태도 미래의 유업의 상속자라고 이해된다.

그러므로 시간 범주는 하나님의 구원 계획의 주요한 주제이며 이 계획을 이해하는 데 도움이 된다고 생각해야 한다. 하나님 나라는 시간을 없앤 승리자가 아니다. 그리스도와 더불어 시작된 성취(pleroma)의 열매인 시간 안에서 행하신 신적 사역의 절정에 반대하는 것들을 없앤 승리자이다. 그래서 쿨만이 다음과 같이 서술한 것은 옳다.

"달력은 그리스도 **이후**에도 구원사를 향해 계속하고 있다는 사실이 신약적인 (시간)개념의 특징이다. 그리스도와 함께 창조된 것은 '**새로운 시간**'이 아니라 '**시간의 새로운 구분**'이다." [52]

두 번째로 지적해야 할 사항은 하나님 나라의 '**시간상 미래적**' 특성 또는 '**보편적 우주적**' 중요성이 예수님께서 선포하신 천국의 핵심이나 천국 사상을 손상시키지 않고 있으며, 신화적인 요소로 여기고 보기할 수는 없다는 사실이다. 이것은 후기 유대 묵시 문학에서 발견된 미래의 우주적 대파국의 모습과 그것의 실제적인 특징들에 대한 문제는 아니다.

한 가지 사실에 있어서[53] 대미래를 가르치는 예수님의 설교와 유대 묵시 문학의 그것 사이에는 현저한 차이가 있다. 유대 묵시 문학에는 역사의 종말과 장차 임할 세상에 대한 환상적이고 희미한 장면들이 들어 있는 반면에, 복음서에는 이러한 것들이 전적으로 생략되어 있다. 복음서에는 이 세상의 붕

---

[52] *Christus und die Zeit*, p. 80. 한국어 역, 『그리스도와 시간』, 참조. 또한 Schniewind가 Bultmann에게 제기한 반론들을 참조하라. *Kerugma und Mythos*, Hans Werner Bartsch 편집, 1948, pp. 114, 116ff, 122ff.

[53] 본서 제47항을 참조하라.

괴와 절정, 사탄에 대한 승리, 몸의 부활 등을 묘사함에 있어서 매우 근엄하고 절제되어 있다.

그럼에도 하나님의 심판 행위, 재창조에 대한 예언적 묘사는 목격자의 서술 방식으로는 설명될 수 없다는 것이 건전한 해석 원리이다. 하나님의 심판, **재**창조 같은 것들은 인간의 경험이나 이해를 초월하는 것이기 때문이다.

그러나 이러한 상황이 천국 사상이 그 나라가 도래할 때 모든 피조물이 거기에 참여한다는 사실, 특히 그때에 진정한 의미에서 부활과 재창조가 일어난다는 사실을 암시한다는 점을 손상시키지 않는다. 인간의 전(全) 실존이 성경에서 '하나님 나라' 라고 부르는 실체에 의하여 결정되어지기 때문만은 아니다. 하나님 나라 설교는 시간에 의하여 인간의 상황이나 실존에 관한 성경의 가르침에 한정되는 어떤 틀이 아니다. 하나님 나라 설교는 신학적 인간론이 아닌 하나님에 관한 계시로 이루어져 있다. 하나님 나라 사상에 대한 이처럼 탁월하고도 하나님 중심적인 특성은 하나님 나라의 도래에 대한 보편적인 중요성과 매우 밀접하게 연결되어 있다.

구약성경과 예수님의 설교에 나타난 하나님과 관련한 모든 계시는 하나님께서 천지를 창조하셨다는 근본적인 사실에 근거하고 있다. 세상은 주님의 것이다. 성경에는 (페르시아 종교에서 발견되는) 하나님과 세상, 영과 물질 사이의 본질적인 이원론이 존재하지 않는다. 오히려 성경은 타락과 하나님께 반역하는 세력을 하나님께서 버리셨다고 언급한다. 이러한 이유로 하나님의 권리와 영광의 재천명으로서 하나님 나라의 도래는 영적인 의미와 물질적인 의미에서 구속과 생명의 회복으로 이루어졌다. 하나님은 하나님이시기 때문에, 즉 하나님은 계시의 하나님이요 천지의 창조자이시기 때문에, 또한 하나님은 그분의 약속과 언약을 통하여 이스라엘과 언약을 맺으신 거룩한 분이시기 때문에, 하나님 나라의 '규모' 는 우주적이다.

이 세상이 나아갈 목표에 대한 대답을 주지 아니하고 사망에 복종하여 있는 한, 하나님의 영광은 가리워 있을 것이다. 그의 이름은 거룩히 여김을 받지 아니하고, 그 나라의 도래를 기원하는 기도는 응답되지 않을 것이다.

일반화시켜 말한다면, 예언자들이나 예수님은 이러한 문제들에 대해 논의하지는 않는다. 그들은 단순히 하나님 나라의 보편성을 확신에 가득 차서 말하고 있다. 그것을 '과정의 문제'로만 언급할 뿐이다. 그들의 설교는 우주론적인 사색이 아닌 하나님에 관한 계시에 근거한다. 그래서 그들의 설교는 늘 그랬던 것처럼 하나님 나라 사상과 매우 긴밀하게 연결되어 있으며, 하나님 나라 사상과 관련하여 제시된다. 이것은 예수님께서 사두개인들에게 죽은 자의 부활에 대해 '증명'한 것에서 잘 나타난다고 생각된다. 하나님은 자신을 아브라함과 이삭과 야곱과 연결시키고 계시기 때문에 죽은 자의 부활도 존재한다.

"이는 하나님이 죽은 자의 하나님이 아니라 산 자의 하나님이신 까닭이라"(마 22:31, 32). **54)**

'계시의 내용'을 하나님 나라 설교에 대한 보편적인 '틀'로부터 분리할 수 없는 이유가 바로 여기에 있다. 하나님 나라의 하나님 중심성은 하나님의 특별 계시를 통하여 가르쳐진 것처럼 하나님 나라 사상에 보편적인 내용을 부여한다. 이것이 없이는 그 나라를 이해할 수조차 없다. 하나님 나라는 '우주론적'인 것으로 먼저 생각해서는 안 된다. 하나님 나라는 복음의 '신학적인' 내용(특히 창조, 타락, 역사라는 구체적인 실체와 관련된 내용)으로 이해해야 한다.

그러므로 복음적인 종말론을 '비신화화'하려는 시도는 그 근저에 복음에 대한 새로운 이상주의적인 환상이다. 비신화화하려는 시도는 '껍데기'만이 아니라 '알맹이'에도 영향을 끼친다. 비신화화하려는 시도는 하나님 나라 사상을 결정하는 매우 심오한 동기들과는 물과 기름의 관계처럼 화합될 수 없는 것일 뿐더러, 그 자체 해악한 것인 까닭이다. **55)**

---

54) 본서 제31항을 참조하라.
55) 그 나라의 임함에 대해 이러한 보편적인 의미를 알려면 Wendland의 앞의 책 pp. 21-27에 있는 귀중한 주해들을 살펴보라.

8. 현재성

예수님의 수많은 설교들에서 나타난 것처럼 천국이 미래에 절정에 달한다는 사실은 그분의 설교의 기본적인 사상과 전적으로 부합한다. 또한 그가 설교하고 있는 동안 예수님은 천국의 도래가 이미 성취되고 있으며 모든 만물의 종말론적 역사의 파국과 극치에 달하기 전에 이루어질 실체라고 말씀하신다. 이러한 사실은 신약의 구원 계시에서 눈에 띄는 주제이다.

우리는 예수님의 설교가 예수님 이전에 천국에 대하여 예언해 오고 그 나라를 대망해오던 것과는 근본적으로 다른 양상을 보여주고 있다고 지적할 수 있다. 예수님의 설교와 세례 요한의 설교 사이의 차이에서도 드러난다. 예수님께서 요한이 선포한 "천국이 가까이 왔느니라"라는 말을 되풀이하신 것은 사실이다. 앞에서 밝혔듯이, 요한이 이 말을 했을 때는 천국이 현존했음을 의미하지는 않았다. 하지만 예수님의 처음 외침에서 묘사된 천국은 **가까이 왔다**는 선포 그 이상의 것을 표현하고 있다. 그래서 요한의 설교에서 함의할 수 있었던 것보다 더 많은 내용을 시사한다.

먼저 마가가 묘사하고 있는 예수님의 처음 선포인 "때가 찼고 하나님 나라가 가까웠으니 회개하고 복음을 믿으라"(막 1:15)는 말씀으로부터 논의를 시작해야겠다.

특별히 서두에 나오는 "때가 찼고"라는 말은 완성에 달한 것, 현재 최종의 단계에 이른 어떤 것을 말한다. 헬라어의 카이로스(시간, kairos)는 하나님께서 그분의 경륜 가운데서 정하시고 선지자들이 선포한 거대한 미래가 시작되었다는 거대한 순간을 의미한다.**56)**

"가까이 왔다"는 말과 함께 "찼다"(is fulfilled)라는 말에 대해서도 이미 언급

---

56) 참고. G. Delling, *TWB*, III, p. 461; E. Lohmeyer, *Das Evangelium des Markus*, 1937, p. 30; E. Klostermann, *Das Markusevangelium³*, 1936, p. 12; O. Cullmann, *Christus und die Zeit*, 1946, p. 35.

했다. 이 두 표현은 서로 연관지어 이해해야 한다는 것이 분명하다. "가까이 왔느니라"는 표현에 들어 있는 '가까이'(at hand)라는 말은 요한의 설교의 의미에서 명확히 드러나는 것처럼 '이미 왔다'(has come), '현존한다'(is present) 는 것과 동일한 의미가 아니다. "때가 찼다"(the time is fulfilled)는 표현은 거대한 미래의 출발점에 도달하였으며, 그 문은 열렸고, 하나님의 사역의 절정이 실현되기 위한 전제 조건이 현존한다는 것을 나타내는 것으로 이해해야 한다.

그래서 지금이 하나님의 드라마가 시작될 채비가 완성된 상태이다. 천국이 가까이 왔다는 예수님의 첫 선포는 아직 성취의 시작을 언급하지 않았던 요한의 설교와 비교하여 시간의 관점상 더 진보된 것이라고 말할 수 있다.

예수님으로 대표되는 구속사의 순간과 세례 요한으로 대표되는 구속사의 순간 사이의 이러한 구별은 마가복음 1장 15절의 세밀한 주해보다는 복음서에 더 명확히 나타난 것에 근거하고 있다. 이것을 증명하기는 비교적 쉽다. 먼저 언급하고자 하는 것은 예수님께서 나사렛 회당에서 처음 말씀을 선포하셨던 장면을 묘사한 누가복음의 기록이다. 거기서 예수님은 잘 알려진 이사야 61장(눅 4:18, 19)의 구원 예언을 선포하셨고, 계속하여 이렇게 말씀하셨다. "오늘날 이 성경이 너희 귀에 응하였느니라." 이렇게 예수님은 다시 한 번 완료형을 사용하여 "응하였느니라"(has come to fulfillment)라고 선포하신다.

이 성취의 주체가 되는 것은 시간(또는 때, kairos)이 아니라 '성경'이다. 좀더 정확히 말하자면 '여호와의 받으실 만한 해'를 선포하고 있는 이사야 61장이 담긴 성경이다. 이 말은 그 나라 또는 메시아 시대[57]의 도래라고 명명되는 것으로서, 그 뒤에 이어지는 구절인 이사야 61장 2절에서는 '우리 하나님의 신원의 날'로 묘사되었다. 이 날은 구원의 계시 이전에 있을 '주의 날'을 의미한다.

예수님의 설교에 의하면, 이 본문은 그 나라의 오심을 이해하는 데 있어 매

---

57) E. Klostermann의 *Das Lukasevangelium²*, 1929, p. 63를 보라.

우 중요한 구절이다. 이 구절에서 거대한 성취의 때가 결정적으로 시작하고 있는 것으로 그려지고 있는 것이 분명하다. 이러한 사실은 "오늘날"(this day)이라는 강세형과 "너희 귀에"(또는 "너희 귓전에")라는 말 속에 나타난다. 예수님께서 그분의 설교를 시작할 때에 사용하신 "때가 찼고"라는 표현이 계속 반복되고 있는 것을 근거로, "그 나라의 도래"라는 표현 속에 요약된 구원은 미래에 올 어떤 것만이 아니라 현재에도 그 성취를 발견할 수 있는 것이라고 감히 주장할 수 있다.

이 사실에 비춰볼 때 예수님의 선포와 요한의 그것 사이에는 근본적인 구속사적인 차이가 존재한다. 요한이 미래에 속하는 어떤 것이라고 선포한 바로 그것을 예수님은 현존하고 실제적인 실체라고 가르치기 시작하셨다. 즉 요한이 바라보았던 미래에 속하는 한 거대한 사건을 이해하는 시각은 예수님의 설교와 다르다. 이 거대한 사건이 예수님의 설교 가운데에서는 이미 성취된 '현존'과 미래적 대망을 모두 다 묘사하고 있다는 점에서 그렇다.

이 모든 내용과 부합, 예수님의 설교와 행위의 일반적인 특성은 요한의 그것과 너무도 다르다. 그리고 예수님과 세례 요한 사이의 차이점에 관하여 예수님 자신이 제기한 분명하고도 매우 의미심장한 선언들은 복음서 여러 군데에서 발견된다.

그 중 첫 번째 것으로, 요한의 설교와 비교하여 예수님의 설교가 격심함이 훨씬 느즈러진 어떤 상황을 소개해주고 있다는 부인할 수 없는 사실을 지적하고자 한다. 예수님의 설교는 요한의 설교에서 나타나는 임박한 심판의 확실함이 부각되지 않고 도리어 구원의 선포로 특징된다.[58] 이 구원은

---

58) 가령 E. Klostermann은 마가복음 1장 14절을 다음과 같이 설명한다. "잘 알려진 요한의 우려와는 대조적으로, 이 요약된 말씀은 예수님의 설교에서 참신한 점에 대단한 탁월성을 부여해 준다." *Das Markusevangelium³*, 1936, p. 11. 그리고 F. Hauck도 "근본적으로 예수님은 세례자 요한의 방법론을 버리셨고, 또한 그분이 구원의 때가 지금 시작하도록 한 것은 하나님을 기쁘시게 한 것이었다고 말함으로써 화평의 소식을 공공연히, 또한 자유롭게 백성들에게 소개하셨다." *Das Evangelium des Markus*, 1931, p. 19.

즉각적이며 실제적인 의미를 띠고 있어서, 심판 이후에 또한 심판으로 말미암아 나타나는 우주적인 대파국 이후에야 비로소 그 영향력을 발휘하는 것이 아니다. 이러한 느즈러짐은 구원하러 임하는 천국 도래뿐만 아니라 '때'의 충만과 '성경'의 성취의 처음 단계에 근거하고 있다. 이러한 사실은 요한의 설교나 행동들과는 대조되는 예수님의 설교와 그의 모든 행위들을 특징짓는다. 요한은 자기 자신을 부인하여 어떠한 사치나 안녕, 생계를 멀리 하였다. 또한 광야에서 금욕주의자로 지내면서 회개를 외쳤던 설교가였다. 이와는 반대로, 예수님은 모든 일상생활을 수행하셨다. 그분은 여러 차례 결혼식이나 명절에 참석하셨다(마 9:10; 요 2:1 이하). 요한과는 대조적으로, 예수님은 세상에 오셔서 '먹고 마셨으며", 그의 원수들로부터 '먹기를 탐하는 자 또 술꾼' 이라고 불렸고(마 11:19; 눅 7:34), '세리와 죄인의 친구' 라는 핀잔을 받았다.[59]

널리 알려진 금식에 관한 대화에서도(마 9:14-17; 막 2:18-22; 눅 5:33-39) 천국과 관련하여 요한과 비교되는 예수님의 위치의 진정한 성격이 구별되어 나타난다. 예수님의 제자들이 예수께 와서 요한의 제자들은(바리새인들처럼) 금식을 하는네(눅 5:33), 왜 자기들은 금식을 하지 않는지를 물었다.[60] 예수님의 대답은 다음과 같았다. "신랑 곁에 있는 사람들이 신랑과 함께 있는 동안 슬퍼할 수 있겠는가?" 이 말씀은 예수님의 제자들이 세례 요한의 제자들과는 근본적으로 다른 위치에 있음을 말해 주는 구절이다. 특별히 중요한 것은 예수님께서 "신랑이 그들과 함께 있을 동안" 이라고 제시한 이유에 있다. 여기서 예수님은 비유적인 용어로 말씀하시긴 했지만, 그 선언의 의미는 오해될 여지가 없는 분명한 말이다. 커다란 변화가 발생한 것은 예수님 자신이 현존하고 있다

---

59) 참고. R. Otto의 *Reich Gottes und Menshensohn*, 1934, pp. 58-63을 비교해 보라.
60) 여기에 누가는, 카이 데에세이스 포이운타이(kai deeseis poiountai, "그리고 기도하시고")를 첨가시켰는데, 이는 아마도 기도의 날들을 지키고, 기도 모임을 견지할 것을 의미하였을 것이다. 참고. 누가복음 11:1을 비교하고, Hauck의 전게서 p. 76도 보라.

는 사실에 있다.

이에 덧붙여서 말할 수 있는 것은 이 인물이 단순한 선포자에 불과한 것이 아니라, 그분 자신의 오심으로 시작된 기쁨과 행복의 중심이요 원인이라는 사실 때문에 이 예가 선택되었다는 점이다. 동시에 이러한 상황은 전혀 방해를 받지 않고 중단되지 않은 채로 계속되지는 않을 것이 분명하다.

"그러나 신랑을 그들에게서 빼앗아갈 날이 올 것이라"(마 9:15)

이것은 예수님에게 닥칠 일을 분명히 언급하고 있다. 복음서의 전체 문맥에서 볼 때 이러한 선언이 암시하는 **메시아적 의미**가 부인되지 않는다고 하더라도, '신랑'이라는 용어가 이 문맥에서 명백하게 메시아 칭호라고 말할 수는 없을 것이다. 앞으로 우리가 계속하여 살펴볼 것이지만, 여기서 예수님은 자기 자신을 시적이며 베일에 가린 채 말씀하고 계시다.

한 가지 분명한 사실은 요한과 그의 제자들의 생활 방식(금식과 기도)은 여전히 그 나라의 도래를 준비하는 것(특히 심판을 준비함)으로 일관하고 있는 데 반해, 예수님의 제자들은 구원의 거대한 때가 도래했다는 희열에 넘친 확신 속에서 살고 있다. 그들은 **예수님께 속하였기 때문에** 그분처럼 행동할 수 있다는 것이다.[61] 만일 예수님의 제자들이 요한의 가르침을 따르려고 한다면 그들은 마치 "헌 옷에 새 헝겊을 갖다 붙이고, 헌 부대에 새 술을 붓는" 사람들과 같을 것이다. 예수님께서 요한의 행동들을 인정하지 않으신 것은 아니지만, 옛 생활 '양식'과 부합되지 않는 전혀 '새로운' 어떤 것이 이제 등장한 것만은 분명하다. 이러한 개념들은 성취의 요소에 의해 서로 구별되는 구원 세대의 두 단계를 표시한다.

심지어 구원 세대에 있어서조차 요한과 예수님이 말씀하시고 행동하신 구속사적인 순간들 사이의 구별이 각기 다르게 나타난다. 이 사실을 가장 분명

---

61) 참고. 또한 Kümmel의 저서 p. 43. "한편으론 이 단어가 신랑이 옴으로 종말론적으로 성취된 때를 가르치는 현재성을 언급하는 것이 분명하지만, 다른 한편에서는 이 단어가 예수님과 분리되어 있는 다소간의 기간을 묘사하는 것으로도 생각된다."

하게 그리고 뚜렷이 지시해 주는 성경 구절로 마태복음 11장 7절에서 19절 말씀과 누가복음 7장 24절에서 35절 말씀을 들 수 있다. 각 성경 구절은 요한이 그의 제자들 몇 명을 시켜 예수님에게 질문하는 말로 시작한다. "당신이 오실 그분이십니까? 아니면 우리가 다른 이를 기다릴까요?" 여기서도 구속사의 순간을 구별 짓는 시금석은 예수님의 인격의 중요성에 있다.[62]

세례 요한은 그 나라에 관하여 선포할 때에 '내 뒤에 오실 이'에 관하여 말했고, 그 나라를 시작하는 분이신 '오실 그분'을 대망했었다. 지금 요한은 '오실 그이'의 이름을 질문 형식으로 예수님에게 적용한다.[63] 요한의 질문은 그가 불확실과 혼돈 가운데 있음을 증명해 준다. 이러한 사실은 예수님의 대답과 연결해 보더라도 그렇다. 그는 처음에는 추호의 의심도 없이 예수님을 '오실 이'로 생각했었다(참고. 마 3:13-17). 그런데 예수님께서 나타내시는 모든 방식들이 요한 자신의 생각이나 그가 전파한 설교의 내용과 맞지 않았다.

예수님은 요한의 질문에 대답하시면서 예수님 자신의 인격의 중요함을 직접적으로 다루지 않으시면서, 그분의 행위가 절정에 달했다는 것과 그것으로 말미암아 그 나라의 도래가 이루어진다는 사실이 정당성을 매우 명쾌하게 입증하셨다. 예수님은 요한의 제자들에게 자신이 행한 이적들과 가난한 사람들에게 복음이 전파된다는 사실을 주목하게 하셨다. 예수님께서 그들에게 말씀하신 방식을 보면, 우리는 그분이 나사렛 회당에서 처음 선포하신 내용을 기억하게 된다. 예수님 역시 이러한 이적들과 설교에서 그 성취가 나타나는 구

---

62) 마태가 예수님을 "그리스도"와 "그리스도의 사역을 듣고"라고 칭한 경우가 거의 없음은 특징적인 사실이다. 이것은 마치 마태가 무엇보다도 그의 독자들로 하여금 요한의 질문에 불확실성이 내재되어 있지나 않나 의구심을 갖지 못하도록 변호하려는 데 있었던 것처럼 보인다.
63) 참고. 앞의 제7항의 하나님 나라의 미래성 후반부를 참조하라. 동시에 이러한 제시는 요한의 질문이 역사적으로 결정되었다는 사실을 강하게 증명하고 있다. 즉 그것은 후기 '기독교' 형식으로는 간주될 수 없다. 우리가 알고 있는 한에서, 후기 기독교에서는 그리스도가 이런 식으로 언급된 적이 한 번도 없다. 참고. Kümmel의 저서 p. 67과 Hauck의 저서 pp. 97, 98를 참조하라.

원의 거대한 때에 관한 예언들을 언급하시면서, 그분이 하신 행위의 의미와 중요성을 밝히신다(참고. 사 35:5; 29:18; 61:1).

비록 예수님께서 요한의 질문에 직접적으로 대답하지 않으시고, 자기 자신의 메시아 되심을 공공연하게 선포하는 것을 피하기는 하셨지만, 그분의 말씀 속에 담겨 있는 의미는 다른 것이 아니라 바로 예언들의 성취이며, 그럼으로써 하나님 나라가 현존한다는 것을 지적하는 것이었다.

예수님은 이러한 모든 것을 경험적으로 확립할 수는 없는 것이라는 점을 분명하게 보여주셨다. "나로 인하여 실족치 않는 사람은 복이 있도다." 이 말은 곧 누구든지 예수님이 행하시는 방식 그리고 하나님 나라가 계시되는 그 방식을(자기가 기대하던 것과는 다르다고-옮긴이) 믿지 못하는 이유가 될 수 없다는 말이다. 하지만 "나로 인하여"와 "복이 있도다"는 말이 서로 연결되어 있다는 사실은 예수님이 현재 출현하신 것과 그분의 행동에 천국 계시의 비밀이 이미 포함되어 있음을 시사한다.

여기서 논의하고 있는 내용의 중요성은 (눅 16:16에 나오는 세례 요한에 관한 말씀들과) 이 본문에 뒤이어 나오는 마태복음과 누가복음의 구절에서 찾아볼 수 있다. 이제 예수님은 계시의 역사에서 요한의 의의에 관하여 말씀한다. 후에 사람들이 요한에 대해 평가절하한 것과는 대조적으로(마 11:7, 8; 눅 7:24, 25, 33), 요한은 선지자, 아니 선지자보다 더 위대한 사람이었다. 이는 요한이 장차 올 구원에 관한 예언의 **대상**에 속했음을 의미한다. 요한은 대미래와 관련된 약속의 실현(즉, 왕의 길을 예비하는 자라는 약속의 실현)의 위치에 서 있었던 사람이다(말 3:1; 마 11:10; 눅 7:27).

"보라 내가 내 사자를 네 앞에 보내노니 저가 네 길을 네 앞에 예비하리라 하신 것이 이 사람에 대한 말씀이니라."

예수님께서는 이 말씀을 하신 후에 좀 더 논쟁이 될 만한 말씀을 하셨다.

"여자가 낳은 자 중에 세례 요한보다 큰 이가 일어남이 없도다"(마 11:11)

"여자가 낳은 자 중에 요한보다 큰 이가 없도다" [64] 그러나 천국에서는 극

히 작은 자라도 저보다 크니라."(눅 7:28)

만일 이 본문의 두 부분을 서로 연관시킬 수 있다면[65] 먼저 것은 예수님께서 오시기 이전, 즉, 예언의 시대에 있어서 요한의 위치와 그 의의를 지칭해 주는 것으로 이해해야 할 것이다. 이 기간에는 요한이 모든 사람들보다도 가장 위대하다. 요한은 하나님에게서 보냄을 받은 선지자요 예언자들이 예고한 주를 예비하는 종말론적인 선구자였다.[66] 하지만 그의 의의(意義)란 여전히 대망의 때에 제한되며, 약속의 성취와 천국의 도래에 관한 문제에 있어서 요한은 아무런 역할도 감당하지 못한다. 이러한 이유에서 천국에서 지극히 작은 자(즉, 하나님의 직분을 맡은 자와 종과 일꾼)라도 세례 요한보다 위대하다.

학자들은 오랫동안 이러한 선언의 의미를 규명하려고 시도해왔다. 필자는 요한을 오실 왕의 선구자로 여기는 생각을 가장 훌륭한 견해로 기억하고 있다.[67] 요한이 선구자인 까닭에 그는 여전히 천국 이전 시대에 속해 있다고, 즉, 예수님의 오심과 그의 사역으로 말미암아 시작된 성취의 때 이전에 속해 있다고 결론지은 견해이다. 우리는 요한이 계시의 역사에서 약속과 대망의 세대에 속해 있다는 사실을 명심하고 그 안에서 그의 위치를 찾아야 한다.

이에 반대되는 것이 '천국에서 지극히 작은 자' 즉, 성취의 세대에 속했다는 사실을 의식하며 살고 활동하는 자라는 견해이다. 그리스도가 요한보다 '위대한' 이유는 요한이 구원의 현재성과 구원의 성취의 수준에 이르지 못하

---

64) "더 큰 선지자"(a greater prophet)라고 되어 있는 사본들도 있다.
65) 만약 이 본문의 두 부분이(불트만이 설명한 것처럼) 전통상 각기 다른 두 경향들로 그 결과가 나오게 된다면 그럴 수도 있다. 즉 한 부류에서는 요한을 '기독교 발생의 동류'(the ally of the Christian cause)로 생각하고, 다른 부류에서는 요한을 그 전경(前景)상 그리스도보다 열등한 것으로 취급하고 있다. *Die Geschichte der synoptischen Tradition²*, 1931, p. 177.
66) 참고. Th. H. Robinson, *The Gospeel of Matthew* (in *the Moffatt N. T. Commentary*), 1945, p. 101. "요한이 선지자보다 큰 이유는 그 성격이나 영감적인 면에서가 아니라 기능적인 면에서 그렇다."
67) 참고. 필자의 책 *De strekking der bergrede naar Mattheüs*, 1936, pp. 107ff; *Het evangelie naar Mattheüs*, I, 1941, pp. 215, 216.

였다는 데에 있다.⁶⁸⁾ 여기서 문제가 되는 것은 과연 요한이 하나님 나라의 복에 참여할 것인지를 묻는 데에 있지 않다. 오히려 우리의 관심은 지금 일어나고 있는 것을 이해하고 선포하는 문제에 있다. 여기서 하나님 나라는 현재적인 실체로 언급된다.[69]

이 모든 사실들은 마태복음 11장 12절 말씀에 의하여 확증된다.

"세례 요한의 때부터 지금까지 천국은 폭력의 대상이 되나니, 폭력을 행사하는 사람이 그 나라를 탈취하느니라(옮긴이 사역)."

이 본문을 정확히 해석하는 데는 많은 논란이 있고, 아직도 이 본문의 의미를 규정하는 데 있어 확정적인 공통된 의견이 없지만,[70] 여기서 천국이 현세

---

68) 참고. W. Manson, *The Gospel of Luke*[5], (in *The Moffat New Testament Commentary*), 1945, p. 81. "요한이 아직도 예수님께서 전한 계시를 하락시키고 있음을 시사하는 이 선언은 요한의 질문에 나타난 상황과 일치한다." 또한 Greijdanus, *Luke*, I, p. 340를 보라.

69) 참고. 예를 들어 N. B. Stonehouse, *The Witness of Matthew and Mark to Christ*, 1944, pp. 133, 245; C. H. Dodd, *op. cit.*, p. 47; Th. Robinson, *op. cit.*, pp. 101, 102; S. Greijdanus, *op. cit.*, I, p. 340; F. W. Grosheide, *Het Heilig Evangelie volgens Mattheüs*, 1922, p. 134와 그밖의 학자들의 글들. 그밖에 그 나라의 미래적 계시를 생각하기를 원하는 사람들도 있다. 그래서 크리소스톰이나 그 외의 교부들 가운데 많은 사람들이 이것을 호 미크로테로스(ho mikroteros, '가장 작은 자')를 그리스도 자신을 가리킨다는 견해와 연결시키고 있다. F. Hauck, *op. cit.*, pp. 99, 100. "세례 요한과 관련하여 생각해 볼 때, 예수님은 요한보다 나이가 어리며, 다른 많은 사람들의 눈에 비친 예수님의 모습 역시 열등하다. 하지만 만물의 새로운 질서상 그는(예수님은) 가장 위대한 사람일 것이다" 그렇지만, 어떠한 이유를 근거로 예수님이 요한보다 덜 존경을 받아야 했는지를 이해하기는 참으로 어렵다. 참고. 또한 J. Schniewind, *Das Evangelium nach Mattheüs*, 1937, p. 139와 S. Greijdanus, *op. cit*.를 참조하라. 그런데 호 미크로테로스를 예수님께 적용시키는 것 이외에도, 하나님 나라의 미래 종말론적 계시를 이 경우와 연결시켜서 생각하는 학자들이 있다. 그렇게 된다면, 이 본문은 마치 요한이 하나님 나라 밖에 머물러 있게 됨을 보여주는 구절로 인식된다는 문제에 봉착된다. 이러한 까닭에 필자의 생각으로는, 이 견해는 받아들일만한 개념이 못 된다. 참고. Klostermann, *op. cit.*, p. 98도 같은 견해를 견지한다.

70) 이러한 번역을 제시한 이유에 대해서는 필자의 *Het Evangelie naar Mattheüs*, I, 1941, pp. 216, 217(각주)를 보라. 이와는 반대 개념을 가진 자로서 G. Schrenk가 *TWB*에서 제시한 논문 'βιαζομαι'와 Kümmel의 저서 p. 71를 비교해 보라. 이들 학자들의 견해에 따르면, 이 본문은 다음과 같이 번역되어야한다. "하나님 나라는 침입을 당하고 있으며, 강폭한 자는 그것을 노략하느니라"(the kingdom is suffering violence, and the violent are plundering it). 그렇다면 그들은 이 본문을 잘못된 부분(in malam partem)에서 이해하고 있는 것이 된다. 후반

적인 실체로 제시된 것만은 부인할 수 없다. 필자가 이해한대로 이 본문을 번역하자면, 천국은 그 모습을 드러내기 위해 자기 길을 밀고 나가고(pushing its way) 있으며, 이 세상에 있는 강한 힘(violence)을 사용하여 힘 있게 그 나라를 주장하고 있다고 할 수 있다(역자가 번역한 것과 다른 입장에 있음. 옮긴이). 그리고 이것은 계속 진행되어 왔으며 '요한의 때부터' 그 진행은 계속되고 있다.

우리는 '때부터' 라는 단어를 포함적인 의미가 아니라 배제적인 의미로 이해해야 할 것이다. 요한은 시발점에 서 있어, 옛 세대에서 새 세대로 이양해 준다. 하지만 그는 여전히 옛 시대에 속해 있다. 예수님과 더불어 새 시대는 도래하였으며 천국은 이 세상에 강력하게 자기 길을 밀고 나가고 있다. 바꾸어 말해서 새 시대는 천국을 '탈취물을 취하는' 문제로도 표기된다. 이 말은 그 나라가 주는 구원은 어떠한 방해도 받지 않으며, 자기의 모든 노력을 들여 얻어야 하고 그것을 위해 모든 것을 포기해서라도 추구해야 한다는 의미다.[71] '침노하는 자는 빼앗느니라' 라는 표현은 '강력하게 자기 길을 밀고 나

부는 이 '비아조마이'(βιαζομαι)가 사람들로부터 하나님 나라가 도둑맞는 것을 의미하려는 투로 간주되고 있다. 어떤 주석가들은 '침입하는 자'(the violent)를 악령들의 세계로 설명하며(예를 들어, M. Dibelius, *Die urchristliche Ueberlieferung von Johannes dem Täufer*, 1911, p. 26ff와 Kümmel, p. 72), 다른 주석가들은 유대의 반대자들을 언급하는 것이라고도 하며(예를 들면 Schrenk, *op. cit.*, Wendland, *op. cit.*, p. 48), 또 다른 학자들은 이것을 여전히 문제로 남겨 둔다(Kümmel, *op. cit.*, p. 72를 예로 들 수 있겠지). 이 견해에 대한 반대 의견들은 다음과 같다. (a) 전(全)문맥을 통하여 보건대, 하나님 나라와 반대되는 그와 같은 침입이 전혀 언급되어 있지 않다. 이러한 이유로 Kümmel은 Schrenk와 마찬가지로 이 본문을 마태복음과 누가복음의 문맥에서 떼어내 버린다. (b) 누가복음서의 내용은 그 나라(basileia)의 수혜적인 오심('복음이 전파됨,' euanggelizetai)을 결정적으로 말하고 있다. (c) 그 나라가 제삼자에 의하여 도둑맞는다는 사상은 받아들이기에 어려운 점이 많다. G. Sevenster는 그의 책 *De Christologie van het N. T.*, 1946에서 이 본문을 인용하여, 두 개념들 사이의 선택을 전혀 하지 않고 그 나라의 현재성의 증거로 삼는다. pp. 19, 20.

71) Albert Schweitzer의 견해에 의하면, 아르파주신(arpazousin)이 '힘이 있는'(forcing) 어떤 것을 의미한다. 즉 특별한 도덕적 성취로(마 5-7장), 제자들이 메시아의 고난을 짊어짐으로(마 10장), 또한 예수님의 자기희생으로(마 20:28) 그 나라를 하나님 나라의 도래를 점점 더 능력으로 가깝게 가져오는 것은 Schweitzer의 철저 종말론적 입장에 서서 예수님의 생애를 설명할 때는 흔쾌히 받아들여질 수 있는 견해이긴 하지만, 이것은 언어학적 사용례에서나 본문의 배경 내에서나 지지를 받지 못한다. 참고. 또한 Schniewind, *Matthew*, p. 140를 참조하라.

간다'(pushing its way with force)는 것에서 유추하여 설명된다. 이 두 표현은 서로 관련이 있다.

마지막으로, 이와 동일한 사상이 마태복음과 병행구인 누가복음 16장 16절에서도 발견된다.

"율법과 선지자는 요한의 때까지요 그 후부터는 하나님 나라의 복음이 전파되어 사람마다 그리로 발을 들여놓느니라"(옮긴이 사역).

여기서도 요한은 구속사의 분기점72)으로 지칭되고 있다(행 10:37). 요한의 사역 이래로 복음과 하나님 나라의 새로운 세대가 시작되었고, 원근 각처에서 사람들이 그리로 몰려든다. 새 시대는 수많은 투쟁과 노력을 요하지만 그러한 식으로 사람들은 그리로 들어간다. 이러한 일은 '그 순간부터', 즉, 세례 요한이 와서 그의 사역을 종결지은 **이후**에 가능하게 되었다.

여기서도 예수님은 자기 자신의 중요성과 사역을 요한의 그것과 대조하여 명쾌하게 제시하신다. 요한의 설교에서는 비록 그것이 매우 근접해 있다고 하더라도, 여전히 미래에 속해 있던 것이 예수님의 오심과 더불어 (현재적) 실체가 되었다. 예수님 안에서 예언의 **미래**가 현재적 성취로 바뀌었다.

이제까지 논한 것들을 요약하면서 우리는 다음과 같이 결론을 맺을 수 있다. 앞에서 선언한 내용들이 여러 가지로 설명될 가능성이 있지만, 예수님은 하나님 나라의 오심을 현재적 실체로 말씀하셨다는 것이 분명하다. 그렇다고 해서 이 말이 하나님 나라의 미래성에 대한 여지를 조금도 남겨 두지 않았다는 의미는 아니다. 또는 이 말이 하나는 현재적인 나라요 다른 하나는 미래적인 나라인 두 종류의 나라를 구별하여야만 한다는 의미도 아니다.

앞에서 우리가 강조한 것은 미래에 속한 하나의 웅대한 나라가 현재적인 실체가 되었다는 의미이다. 그 나라가 가진 근본적으로 종말론적인 성격은

---

72) Hauck, *op. cit.*, p. 207. 또한 E. Klostermann, *Das Lukasevangelium*², 1929, p. 167; Greijdanus, *op. cit.*, II, p. 786를 보라.

과정의 문제로 이해된다. 그것은 구원과 심판을 위해 세상에 임한 거대한 **나라**이며 하나님의 **임하심**이다. 이 말을 달리 표현하자면, 미래가 현재에 침투하는 것이라고 할 수 있다. 하나님의 최종적이고 절정에 달하는 사역들의 총체자인 하나님의 구원의 세계가 이 세상의 현재 시간 안으로 그 길을 밀고 나가고 있다. 이것은 너무도 새로운 사실이며, 여러 면으로 볼 때에 예수님 당대의 사람들에게는 이해할 수도, 납득할 수도 없는 것이었다. 그래서 예수님께서는 이것을 '하나님 나라의 비밀'이라고 칭하셨다.73) 하나님 나라는 거대한 심판의 때가 임하기 전에 시작될 것이며, 그때는 '세상의 종말' 이전에 성취된다.

이제 우리가 다음 장에서 더 깊이 고찰할 것은 이 '성취'가 최종적인 절정과 어떤 방식으로 관련되었는지, 절정에 도달하지 아니한 성취라는 것이 어떤 의미이며 무슨 내용이 담겨있는지의 문제이다. 이것을 다루면서 우리는 하나님 나라 도래에 관한 예수님의 설교의 구체적인 내용과 특성을 다루게 될 것이다. 현재로서는 예수님께서 선포하신 하나님 나라의 도래의 선언에 내재한 그 나라의 두 측면(즉, 현재적인 것과 미래적인 측면)을 설명하는 것은 그만두려 한다.

다음 장에서는 예수 그리스도의 오심과 그분의 사역과 함께 시작된 구원의 새로운 차원인 때의 **성취**와 성경의 성취에 대해 가르치는 복음서의 용어들을 집중적으로 연구할 것이다. 또 다른 면에서, 예수님께서는 그 나라의 도래를 미래적인 계시로 선포하기도 하셨다. 복음서에는 이것이 만물의 **극치**(또는 절정-consummation)로 언급되었다. 또한 복음서의 언어들에서 파생한 용어들을 사용할 것이다. 하지만 이 두 용어(성취와 극치)는 구원의 거대한 시대의 시작뿐만 아니라 예수님의 오심과 사역의 현재성을 특징짓기에 유리한 용어이며, 더욱이 이 용어들은 미래에 속한 어떤 것으로서 그 나라의 결정적이고 최종적인 의의를 예견해 주는 가장 알맞은 용어들이다.

---

73) 아래 제17항을 보라.

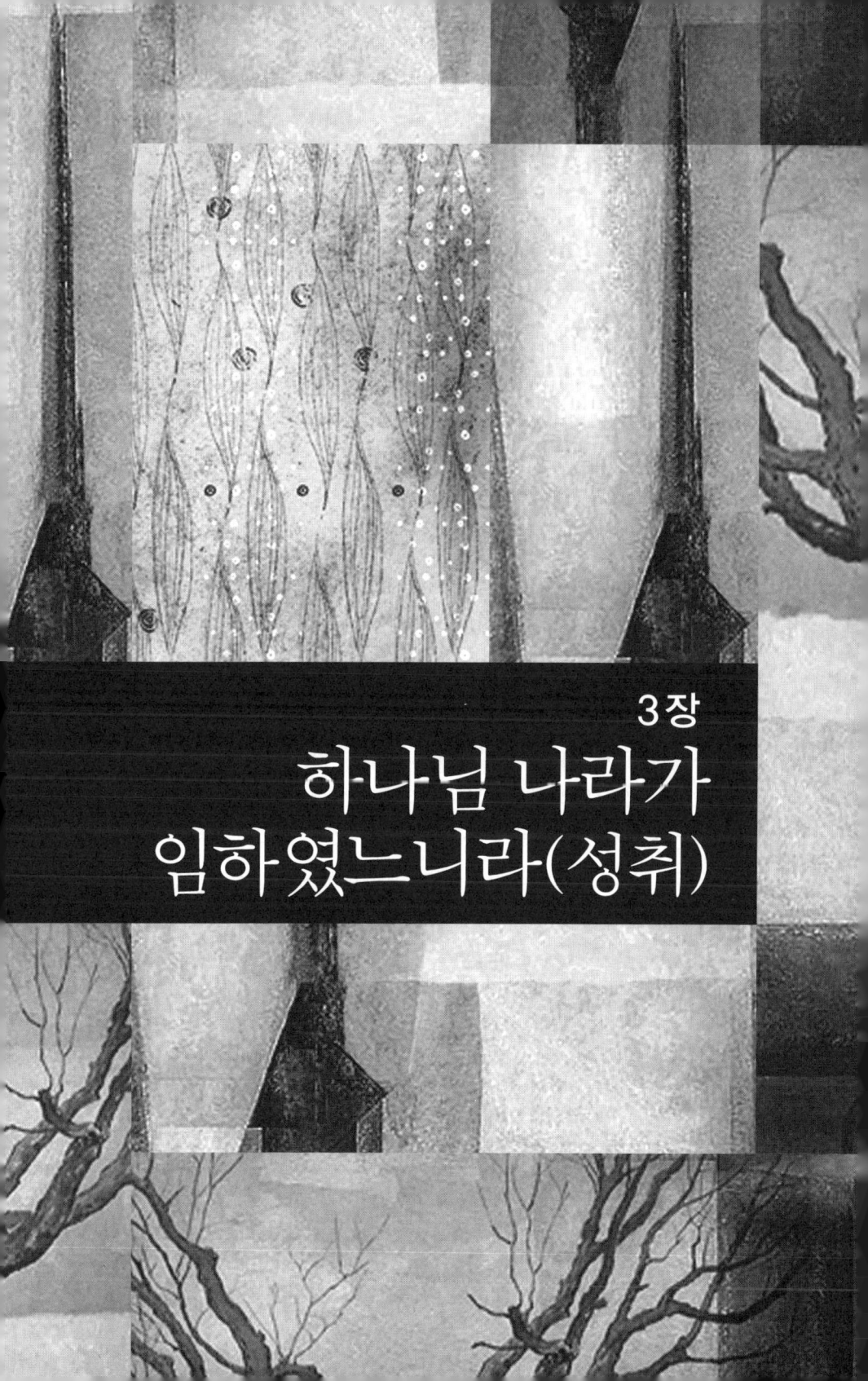

3장
하나님 나라가 임하였느니라(성취)

9. 악한 자가 정복됨

예수님의 활동과 더불어 시작된 하나님 나라의 도래라는 거대한 변화가 무엇 때문에 발생했는지에 대한 질문은 예수님께서 마태복음 12장 28절과 누가복음 11장 20절에서 하신 말씀에서 기본적이며 분명한 대답을 찾을 수 있다. 여기서 예수님은 그 나라의 현존을 매우 강한 어조로 말씀하신다.

"만일 내가 하나님의 성령(누가는 '하나님의 손가락'이라고 표현함)으로 귀신들을 내어 쫓아내는 것이면 하나님 나라가 이미 너희에게 임하였느니라."

몇몇 학자들의 비평이 있기는 하지만, 이 본문의 마지막 말은 완료형인 "임하였느니라"(has come)로 번역해야 하는 것이 확실하다. 언어학적인 문제[1]를 제외하고는, 특별히 마태복음의 전문맥 속에서 이해해야 한다.

여기서 예수님은 바리새인들이 자기더러 귀신들의 대왕 바알세불의 힘을 빌려 귀신들을 쫓아내었다고 비방하는 것에 대답하신다. 예수님은 귀신의 능력과 하나님 나라, 또는 마을과 집(즉, 유기적으로 단단히 결속된 통일체)의 능력을 비교함으로써 이러한 비난이 터무니없음을 보여주신다. 만일 어느 한 귀신이 다른 귀신을 쫓아내야 한다면, 귀신들의 왕국은 서지 못하고 쓰러지고 말 것이다. 하지만 이러한 일은 일어나지 않는다. 이러한 이유로 귀신들을 제압하는 예수님의 능력에는 오직 하나의 설명만 존재하게 된다.

즉, 예수님은 성령(또는 하나님의 손가락)으로 말미암아 귀신들을 쫓아낼 수 있으셨다. 사탄과 그의 왕국과 적대되는 것은 하나님과 그분의 임의대로 하시

---

1) Kümmel, *op. cit.*, p. 64를 보라. 큄멜은 마태복음 3장 2절, 17절의 enggiken이 ephthasen을 의미할 수 있는 것과 마찬가지로, 여기서 사용된 ephthasen이란 단어도 enggiken을 의미할 수 있음을 분명하게 보여준다.
2) R. Otto, *op. cit.*, p. 79. 오토는 그 나라의 현재성에 대한 이러한 언급이 예수님께서 오랫동안 가르쳐 왔던 것임을 입증하는 것이지만, 항상 의심의 소지는 있다고 생각한다. 그렇다면 아라(ara)는 '참으로', '실제로'와 같은 어떤 것을 의미하여, 하나님 나라가 임하였다는 예수님의 이전 선언들을 언급하게 된다. 하지만 이러한 견해는 단지 가정에 불과할 뿐이다.

는 통치(령), 즉, 하나님 나라이다. 그 나라의 능력과 그것의 현존[2]이야말로 예수님께서 귀신들 위에 통치를 행사하신다는 설명이 된다. 이 모든 것이 마태복음 12장 29절(참고. 막 3:27)에서 더욱 확증된다. 강한 자의 집을 늑탈하기 위하여 먼저 강한 자[3]를 결박해야 한다는 사실이다. 이와 마찬가지로 귀신들이 내쫓김을 받았다는 것은 예수님[4]이 귀신에게 승리하셨고, 천국이 침입해 왔다는 증거가 되는 셈이기도 하다.

이것을 보더라도 극단적인 종말론 운동 입장에서도 복음서가 그 나라의 현재성을 언급하고 있다는 점을 부인할 수 없을 것이다. 바이스는 이 본문을 예수님께서 일종의 예언적인 황홀경 속에서 하신 말씀이라고 설명한다. 바이스에 따르면, 예수님은 종종 이와 같은 황홀 상태에 몰입하곤 했는데, 그럴 때마다 천국이 이미 왔다는 표적을 보았다는 것이다. 이같은 이유로 이 본문에서 예수님은 단지 예언적인 의미로서만 그 나라의 현재성을 말하였다고 한다.[5] 그러나 이러한 해석은 귀신들이 내어쫓김을 당했다는 실제적인 사실과 모순된다.[6]

이 본문은 문맥과 동떨어져 있는 말씀이 아니다. 귀신들과 예수님의 싸움은 천국과 사탄의 통치 사이의 반제로 결정된다. 사탄과 그의 권세보다 우월한 예수님의 능력과 예수님의 때는 하나님 나라의 획기적인 임함을 증명한다.

---

[3] 이것은 이사야 49장 24절 이하의 예이다. "용사의 빼앗은 것을 어떻게 도로 빼앗으며, 승리자에게 사로잡긴 자를 어떻게 건져 낼 수 있으랴마는 나 여호와가 이같이 말하노라 용사의 포로도 빼앗을 것이요 강포자의 빼앗은 것도 건져 낼 것이니 이는 내가 너를 대적하는 자를 대적하고 네 자녀를 구원할 것임이라." 또한 Bultmann, *Geschichte²*, p. 103; R. Otto, *op. cit.*, p. 77를 비교하라.
[4] 참고. E. Stauffer, *Die Theologie des N. T.*, 1949, pp. 103-105.
[5] Johannes Weiss, *Die Predigt Jesu vom Reiche Gottes*, 1892, pp. 88ff. 참고. 또한 M. Michaelis, *Täufer, Jesus, Urgemeinde*, 1928, p. 74. R. Bultmann은 '종말론적 기쁨의 찬란한 느낌' 과 '능력의 종말론적 느낌' 이라고 언급한다. *Geschichte*, pp. 110, 174.
[6] H. D. Wendland, *Die Eschatologie des Reiches Gottes bei Jesus*, 1931, p. 48. 참고. 또한 Kümmel, *op. cit.*, p. 65.

이러한 사실은 예수님께서 광야에서 시험을 받으실 초기 역사에서 이미 증명되었다. 여기서 예수님의 메시아적 왕권이 문제시되었음은 의심할 여지가 없다. 세 번 연속 그러한 일이 있은 후에 사탄이 떠나갔다. 이것은 수세시(受洗時)에 예수님 위에 내리신 하나님의 음성을 기억나게 한다(마 3:17; 4:3, 6; 막 1:11; 눅 3:22; 4:3, 9). 특별히 '세상의 모든 나라들'(마 4:8 이하; 눅 4:5 이하)과 관련된 시험은 예수님과 사탄 사이의 투쟁에서 제기된 문제가 무엇이었는지 잘 보여준다.

여기서 사탄은 '세상의 통치자'로 등장한다(요 12:31; 14:30; 16:11). 그는 하나님 나라를 대적하는 자이다. 사탄은 예수님께서 하나님의 이름으로 자기가 가지고 있는 그 (세상) 권세를 저지할 것이란 사실을 알고 있다.

그렇다면 여기서는 메시아직과 더불어 하나님 나라가 문제의 핵심이다. 동시에 하나님 나라가 사탄을 이기고 승리했다는 것은 **능력**의 문제만이 아니라, 최우선적이고 근본적으로 메시아 편에서 **순종**의 문제였다는 사실이 드러난다.[7] 메시아는 자기에게 위임된 권세를 제멋대로 사용해서는 안 되었다. 메시아는 사탄이 그에게 (주겠다고) 제안한 권세를 오로지 하나님께서 정하신 방식대로 행하여 얻어야 한다. 이러한 이유로 예수님께서 사탄을 이기신 승리가 그분의 지상 생에 동안 거듭하여 갱신되어야 할 것이지만, 예수님께서 사탄의 시험을 거부함으로써 그분의 승리와 하나님 나라 도래의 시초는 이미 시작되었다고 볼 수 있다(눅 4:13; 마 16:23 및 병행절들; 26:38과 그 병행절들; 27:40-43과 그 병행절들).

예수님은 공생애 시작부터 사탄에 대한 그의 능력을 이미 천명하신 셈이다. 귀신들을 내쫓는 것 그 자체로도 증명되었지만, **귀신들린 사람들이 예수님의 면전에서 행한 태도에서도 나타났다**(마 8:29; 막 1:24; 5:7; 눅 4:34; 8:28, 31). 예수님께서 다가가자 귀신들린 사람들은 소리를 지르고 두려워 떨었다. 그들에게는 예수님이 누구이신지 그리고 그분의 오심의 의의가 무엇인지를 간파하

---

7) 참고. Schniewind, *op. cit.*, p. 30; E. Stauffer, *op. cit.*, p. 104. 더 상세한 것은 아래 제22항을 보라.

는 초자연적인 지식8)이 있었다(막 1:34; 3:11).

귀신들린 사람들은 예수님을 '하나님의 거룩하신 자', '하나님의 아들', '지극히 높으신 하나님의 아들'이라고 불렀다. 그들은 예수님의 메시아적 위엄(눅 4:41)을 인정했다. 그들은 예수님께서 오신 이유가 그들을 파멸시키려는 데 있다고 생각했다(막 1:24; 눅 4:34). 또한 예수님의 오심은 그들을 고통스럽게 하기 위함인 것도 직시했다(마 8:29; 막 5:7; 눅 8:28). 귀신들은 자기들이 무력하다는 것을 알고 이 땅 위에서 생존하는 것만이라도 연장하려고 노력했다(마 8:29; 막 5:10). 귀신들은 예수님께 영원한 저주의 장소로 알려진 '무저갱, 곧 심연'으로 던져 넣지 말아달라고 간구한다(눅 8:31; 계 20:3 이하).9)

이 모든 것이 예수님의 인격과 그분의 오심으로 말미암아 그 나라가 현재적인 실체가 되었음을 보여준다. 귀신과 그의 통치 위에 임한 하나님의 능력 행사는 하나님 나라 도래의 초석이 되었다.

마지막으로, 이 주제를 논의하는 연장선상에서 누가복음 10장18, 19절을 탐구해 보아야 하겠다. 예수님은 70명(또는 72명)을 파송하셨고, 그들이 예수님에게 돌아와서는 사역이 성공리에 끝났음을 무척 기뻐하면서 예수님께 이야기한다. 그때에 예수님께서는 "내가 사탄이 하늘로부터 번개처럼 떨어지는 것을 보았다"고 말씀하셨다. 예수님은 이 말씀을 하심으로써 자신이 파송한 사람들의 기쁨을 받아들이시고, 제자들에게 그들이 사탄을 정복한 능력의 배경을 보여주신다.10)

이것에 대한 일반적인 의미는 분명하다. 사탄은 거대한 세력과 함께 그의 능력의 지위에서 떨어졌다11)는 점이다. 예수님께서 자신의 눈으로 똑똑히 보신 것이 바로 이것이다. 사탄의 졸개들은 스스로를 유지할 수 없는 처지이다.

---

8) 참고. 필자의 *Zelfopenbaring en Zelfverberging*, 1946, pp. 51ff를 참조하라. G. Sevenster, *De Christologie van het N. T.*, 1946, p. 108.

9) 참고. Klostermann, *Das Lukasevangelium*², 1929, p. 101.

10) 참고. Greijdanus, *op. cit.*, I, p. 477; Klostermann, *op. cit.*, p. 17; Manson, *op. cit.*, p. 125; F. Hauck, *Das Evangelium des Lukas*, 1934, p. 142.

하지만 과연 예수님께서 "내가 보았노라"(I saw)는 표현으로 (그 앞에) 펼쳐진 특정한 구체적인 사건을 지칭하신 것인지에 대한 문제는 결정하기가 어렵다. 구체적인 사건이었다면 도대체 그것은 무엇이었을까?

어떤 학자들은 이것이 광야에서 받은 시험이었다고 추측한다.[12] 혹자는 예수님의 사자들(messengers)이 그들의 임무 수행에 분주해 있을 당시 예수님께서 체험했던 어떤 경험[13]이라고 생각한다.[14] 어떤 책에서는 예수님께서 성령의 눈으로 본 미래에 있을 사탄의 떨어짐이라고 언급되기도 하였다. 이러한 떨어짐은 예수님의 지상 사역으로 말미암아 사탄의 능력이 파괴되었다는 사실에 기인한다. 이것은 특히 예수님의 십자가상의 죽음에서 절정을 이룬다.[15]

아무튼 이 중에 어떤 것이라고 결정짓기가 곤란하다. 필자에게 가장 납득할 만한 설명은 예수님께서 그의 제자들의 사역 동안에 그들과 함께 느끼셨던 공감대에서 찾아야 한다고는 것이다. 예수님의 "내가 보았노라"라는 말씀은 제자들의 부재시에 그가 달성한 사탄에의 승리의 확신을 표현한다.

하지만 이 장의 논증에서 이 본문 주해와 관련된 어떤 결정은 단지 부차적으로 중요할 따름이다. 이것과 관련하여 염두에 두어야 할 것은 바로 여기에서 말하고 있는 것이 마태복음 12장 28절과 누가복음 11장 21절의 내용과 본

---

11) '하늘로부터'(ek tou ouranou). 어떤 학자들은 이 구문이 사탄이 영들의 주로서 그의 본거지로 장악하고 있는 하늘을 의미한다고 믿는다(엡 2:2; 6:12). 앞에 인용한 Manson의 책을 참고하라. 혹자는 이것이 상징적으로 그의 능력의 위치를 지시한다고 한다. Greijdanus, *op. cit.*, I, p. 479를 보라. 또한 다른 학자들은 이것이 하나님께서 사시고 사탄이 하나님 앞에 서 있는 장소인 하늘(천상)을 의미한다고 생각한다(계 12:7-12). Hauck, *op. cit.*, ; Sevenster, *op. cit.*, p. 17.
12) Zahn, *Das Evangelium des Lukas*[34], 1920, p. 420; Greijdanus, *op. cit.*, I, p. 478. 비록 Greijdanus가 이 점을 이런 식으로 인식하고 있다지만, 미완료 과거형인 etheoroun은 미해결인 채 남아 있다.
13) 이것은 일반적으로 환상적인 장면으로 인식되고 있다. Bultmann, *op. cit.*, p. 113; Manson, Hauck, Klostermann, *op. cit.* 참고. 또한 Kümmel, *op. cit.*, pp. 69-70를 참조하라.
14) Matter, *op. cit.*, p. 36도 참조하라.
15) J. Ridderbos, *Predikende het evangelie des Koninkrijks*, 1911, p. 62.

질적으로 동일하다는 사실이다. 즉, 사탄의 통치가 결판난 거대한 순간이 왔고, 동시에 천국이 임하였다는 가르침이다. 구원은 더 이상 미래에 속한 것만이 아니라 **현재적 사실**이 되었다.

이러한 갈등 속에서 사탄의 세력을 분쇄했고 또 계속 분쇄해 가실 분은 바로 예수님 자신이시다. 이와 같은 사실은 예수님께서 제자들에게 **뱀과 전갈**을 밟고 또한 모든 원수의 세력을 짓밟을 권세를 주신다는 것에서 발견된다. 그렇게 되면, 미래에서도 그들에게 불가능한 일이란 하나도 없게 된다. 여기서 사탄은 다시 **원수**로 묘사된다. 뱀과 전갈은 사탄이 교묘하게 인간을 파멸시키려 하는 사탄의 수단으로 언급되었다(시 91:13). 그러나 사탄이 제멋대로 사망을 가져오고 지상에서 파멸을 초래하게 하는 어떤 권세(예를 들어, 히 2:14)도 제자들에게 굴복할 수밖에 없다.

이 모든 것이 구원의 거대한 순간, 약속의 성취, 하나님 나라가 임하였음을 시사하며 확증한다. "마귀들의 나라(Civitas Diaboli)의 모든 권세는 박살났으며, 하나님의 나라(Civitas Dei)가 (세상에) 출현하였다." **16)**

10. 이적을 행하시는 예수님의 권세

앞에서 언급한 내용과 관련 있는 것이 이적을 행하시는 예수님의 모든 능력으로 하나님 나라 도래가 실현되었고 그것이 그 나라 현존의 증거라는 사실이다.**17)** 귀신을 내어 쫓은 사실에서만큼 하나님 나라의 현재성이 명확하게 표현되지는 않았지만, 예수님의 하나님 나라 설교와 그분이 행하신 이적들

---

16) Stauffer, *op. cit.*, p. 105. 참고. Wendland, *op. cit.*, p. 232.
17) 참고. W. Grundmann, *TWB*, II, 1935, p. 303의 'δυναμαι, δυναμις' 항목. "예수님의 이적들은 하나님 나라의 통치가 이 세상에 강력히 역사하는 일부분이다. 또한 이적은 예수님으로 말미암아 그의 인격과 더불어 설교와 활동 속에 나타났다. 이적은 사탄의 권세를 이기고 퇴각시키는 신적 권세이다. 예수님이 행한 이적들은 그의 전 역사와 마찬가지로 종말론적인 사건들이다."

역시 동일한 의미를 지니며 반복하여 언급되고 있다는 사실에서도 그 나라의 현재성이 암시되고 있다(마 4:23; 9:35).

예수님은 말씀과 행위로써 그 나라를 선포하셨다. 더욱이 세례 요한의 질문에 대한 답변에서, 예수님은 자신이 행하시는 질병 치유 이적에 하나님 나라의 도래가 나타났음을 분명하게 제시하셨다.[18]

마태복음 11절 12절의 "천국은 침노를 당하나니"라는 표현은 단순히 복음 전파의 능력만을 언급하는 것으로 취할 것이 아니다. 일부 학자들은 이 구절이 누가복음 16장 16절의 "복음이 전파되어"(euanggelizetai)와 밀착되어 있는 것으로 보고 이런 결론을 내리지만 이 구절은 예수님의 이적과 관계가 깊은 것으로 이해해야만 한다. 마태복음 13장 16절과 누가복음 10장 23절을 이것과 관련시켜 언급할 수 있다.

"너희 눈은 봄으로, 너희 귀는 들음으로 복이 있도다."

여기서 '본다'와 '듣는다'는 말은 각각 그들이 이적을 보는 것과 복음의 설교를 듣는 것을 가리킨다(마 11:5). 예수님의 이적과 복음 전파는 많은 선지자들과 많은 의인들이 보고 듣기를 갈망하였으나 이루지 못했던 것들인 약속들의 성취와 구원의 시대가 도래했음을 들을 수 있고 볼 수 있게 하였다. 예수님께서 행하신 여러 이적은 하나님 나라의 도래를 계시한다.

복음서 어디에서나 발견할 수 있듯이, 그 나라의 실현과 예수님의 이적들 사이에 연관성이 존재한다는 사실은 매우 신중하게 제시하는 교훈만큼 중요하다. 하나님 나라가 창조의 회복을 볼 수 있게 하고 그 나라의 전(全) 포괄적이고 구원적인 의의를 지니고 있는 한, 예수님의 이적은 모든 점에서 그 나라가 임하였다는 이해에 유기적이고 '자연적인' 위치를 점한다. 이러한 이적들의 구속사적인 의미가 여러 차례 도전을 받아 왔다는 것은 사실이다. 어떤 이들은 예수님의 이적을 예수님에게 있던 어떤 카리스마적인 재능의 증거라고

---

[18] 참고. 예컨대, Kümmel, *op. cit.*, pp. 66ff. "예수님은 세례자 요한의 질문에 대답하시면서 자신의 행동과 설교가 하나님의 통치의 시작을 증명하는 것으로 간주해야 한다고 암시하신다."

해석하기도 하였다. 그래서 그들은 예수님의 이적들을 '이적을 행하는' 선지자들과 당대의 헬라 세계와 유대 세계의 카리스마적인 인물들과 비교하기도 하고, 부분적으로 그들과 동일한 수준에 올려놓기도 하였다.19)

이러한 예로 루돌프 오토의 잘 알려진 이해를 들 수 있다. 오토는 복음서를 '성인록'(聖人錄)의 기록이라 명명하면서 복음서에 묘사된 예수님을 카리스마적인 은사를 지닌 전형적인 '성인'으로 이해한다. 그런 다음에 오토는 예수님을 종교사에서 일반적으로 알려진 한 전형(a type)으로 특징짓는다. 예를 들어 예수님을 바울, 이스라엘의 선지자들, 모하멧의 수피 교도들, 블룸하르트(Blumhardt)와 같은 종교가들의 한 부류라고 생각한다.20)

오토는 이러한 유형의 사람이 복음서에 분명하게 언급되었다고 주장한다. 즉, 예수님께서 '하나님의 거룩한 자'라고 불리셨을 때, 이를 구약성경의 '하나님의 사람'에 상응하는 인물로 이해해야 한다는 것이다.21) 또한 오토는 카리스마적 은사들을 가진 구속사의 전형적인 인물을 일반적으로 심령적인 생명과 그 유비를 이룰 수 있는 '기질과 기능을 초월한' 신비적인 인물이라고 지적하고 있다.22) 이것을 그는 현대의 심령 치료 현상과 관찰의 도움을 받아 밝히려고 한다.23)

하지만 공관복음의 관점에서 볼 때에는 그와 같은 이론이 설 만한 여지가 한 군데도 없다는 사실이 성경 여러 곳에서 확실히 증명된다.24) 예수님께서 이적을 행하실 때의 현상적인 측면과 침을 뱉어 병을 고치는 행위(막 7:33; 8:23)

---

19) Grundmann, op. cit., p. 302; G. Sevenster, op. cit., p. 31.
20) Op. cit., pp. 285-289.
21) Op. cit., p. 297.
22) Op. cit., p. 292.
23) Op. cit., pp. 298ff. 여기서 오토는 Fr. Fenner의 Die Krankheit im N. T., 1930과 특히 Blumhardt에 대한 보고들을 언급한다. 오토에 따르면, Fr. Fenner는 예수님의 이적들을 현대 정신병리학적으로 설명하려 한다고 지적한다.
24) 참고. Grundmann, op. cit., pp. 303ff; Sevenster, op. cit., pp. 32ff 그리고 Oepke, TWB, III, pp. 213의 "ιαομαι"에 대한 논문.

와 같은 고대의 온갖 종류의 설화에서 나타나는 어떤 외형적이고 부분적으로 매우 자연스런[25] 유사성이 있을 수 있다는 것은 당연하다.[26]

그렇다고 해서 이러한 사실을 근거로 신약성경에 등장하는 이적들의 배경과 그것들이 지닌 독자적인 성격을 파손해서는 안 된다. 신약성경에 나오는 이적들은 어떤 개인적이며 카리스마적인 재능이나 기적적인 능력에 의존하는 것이 아니라, 초월적인 천국의 임함 때문에 일어난 것이다(눅 10:7-9). 이것은 예수님께서 몇 차례에 걸쳐 자신의 제자들에게 이적을 행하는 능력을 부여하신 특기할 만한 사실에서 볼 수 있다. (마 10:1; 막 6:12, 13, 30; 눅 9:2; 막 9:28, 29). 예수님의 이적들은 메시아적 구원 행위이며 종말론적인 성격을 지닌다.[27]

하나님 나라의 도래와 예수님의 이적들 사이의 사실적 관계는 귀신들을 내어 쫓는 사건들에서 뿐만 아니라, 예수님이 행하신 다른 이적들에서도 나타난다. 이 모든 것들은 사탄의 권세가 파하여졌고, 그러므로 그 나라가 임하였다는 사실을 증언한다.

동시에 질병이란 일반적으로 사탄이 통치하고 있기 때문에 생기는 결과로 여기며, 예수님께서 악한 자 곧 마귀에 대항하여 싸우시는 것은 윤리적인 영

---

25) 예를 들어, Bultmann, *Geschichted. Syn. Trad²*., 1931, pp. 236, 237에 있는 이적 이야기 가운데 '특징적인 의미'에 관한 개요를 보라.
26) 참고. Klostermann, *Markusevangelium*, p. 73.
27) 오토는 부정하지 않는다. 하지만 오토는 양식 비평적 방법에 따라 예수님의 이적을 전설로 취급한 것에 대해 그가 정당하게 공격한 것과는 전적으로 상충되게(pp. 289-292, 301), 예수님의 이적들에 대한 이러한 취급이 후대 전승의 작품이라는 입장을 고수한다. 그리스도 자신의 의도에 따르면 그분이 행한 이적들은 '메시아의 현현'으로는 전혀 생각되지 않았다는 것이다. 이러한 논제가 어떤 식으로든 입증될 수 없다는 사실을 제외하고도 오토가 복음서에 나오는 이적들을 자연적으로 설명한 것이 예수님의 설교의 의도와는 전혀 상반된다는 사실은 분명하다. 그리고 현상적으로 이러한 설명에는 결함이 있다. 왜냐하면 오토는 이것을 설명하기 위하여 단지 극소수의 예수님의 이적에 병행해 나타나는 구속사적 성격 구절만을 인용한다. 즉 그는 '자연 이적들'과 죽은 자를 살린 이적들 같은 것은 침묵하며 지나친다. 그리고 심지어 이러한 제한된 수효의 사례들조차 매우 임의로 이해해야 한다고 주장한다. 예를 들면, 병든 자를 '꾸짖으신 것'은 신경적 혼란, 육체적 콤플렉스, 그리고 이와 유사한 방법으로 설명된다고 믿는다. 참고. *op. cit.*, p. 298.

역에서만이 아니라, 육체의 전 영역에 걸쳐 있다는 사실을 드러내는 듯하다.28) 이러한 까닭에 몇 군데에서 귀신들린 것은 육체적 질병의 원인으로 언급되기도 하였다(마 9:32 이하; 12:22 이하; 막 9:25). 또는 귀신들린 것이 여러 가지 육체적 질병들 중 첫 번째 것이라고 언급되기도 하였다(마 4:24).

동시에 사탄은 귀신들린 것에 대한 언급이 없이 온갖 종류의 육체적 고통의 원인으로도 불린다. 누가복음 13장 11절에는 한 여인의 상황을 가리켜, "귀신들려 앓으며 꼬부라져 조금도 펴지 못하는 한 여자"라고 기록하고 있다. 16절에는 이 내용이 "사탄에게 매인 바 된 이 여인"이라고 표현되었다.29) 그 여자가 귀신들리지 않은 것은 분명하다.30) 하지만 사탄은 좀 더 일반적인 의미에서 고통의 원인으로 언급되었다. 뱀이나 전갈만 아니라, 질병과 사망도 원수의 권세(dunamis) 하에 있다(눅 10:19).

이것과 관련하여 여기서 빼놓을 수 없는 것은 예수님께서 육체적인 병을 고치고 다른 이적들을 행하실 때 사용한 '꾸짖다'는 말의 특별한 용례를 밝히는 일이다. 귀신들은 예수님께 꾸짖음을 받은 것으로 기록되었다 예수님께

---

28) 참고. H. D. Wendland, *op. cit.*, pp. 224, 225, 230, 231. "하나님의 주권적 통치에 대항하는 원수들에는 세 가지가 있다. 사탄, 죄, 그리고 질병 등이 바로 그것이다. 죄와 질병은 사탄이 인간들 위에 군림하고 있는 결과로서 나타난 것들이다. 예수님은 죄, 질병, 사탄 등이 형이상학적으로 통일되어 있는 것이 아니라, 마귀들과 죄가 하나인 왕국 속에서 서로 연합되어 있고, 이것들이 하나님의 통치와 하나님의 신에게 반대하고 있다고 주장하신다."

29) ην εδησεν ο σατανας.

30) A. Plummer, *A Critical and Exegetical Commentary on the Gospel according to St Luke*[5], 1942, p. 164. Plummer는 '마귀'에 대해 말하면서 누가복음 11장 14절을 인용하며, 마가복음 9장 17, 25절도 마귀들린 경우를 가리키는 것으로 이해해야 한다고 주장한다. pp 341, 342. 또한 W. Manson, *The Gospel of Luke*[5], 1945, p. 164. 하지만 이 시점에서 맨슨은 귀신들린 경우 일반적인 증상이 결여되어 있다고 생각하면서 이를 '2차적인 형상'이라고 명명한다. 또한 이 경우에 예수님의 행동은 귀신들린 사람들에게 행하시는 행위와 부합하지 않는다고 지적한다. Greijdanus는 이것을 귀신들린 경우가 아니라고 생각하여 다음과 같이 기록한다. "이것은 사탄의 활동으로 인하여 야기된 육체적 고통이었다"라고. *op. cit.*, II, 652. E. Klostermann은 그의 책 *Markusevangelium*, pp. 14, 15에서, 일반적으로 병의 치유와 귀신들린 상태가 구별되기는 하지만 모든 병들이 귀신에 의해 야기된다는 좀 더 원시적인 개념이 여기저기 나타나게 되었다고 밝힌다.

서 그들에게 자신이 누구인지 알리지 말라고 당부하셨을 때뿐만 아니라(막 3:17 이하), 좀 더 직접적으로 그들을 떠나라고 명령하실 때에도(막 9:25) 꾸짖으셨다.

동일한 표현이 누가복음 4장 39절에 등장하는 베드로의 장모의 열병을 언급할 때에도 사용되었다.31) 이 단어가 귀신의 영향을 생각하고 쓰이지는 않았다는 의문이 제기될 수도 있다.32) 동일한 질문이 예수님께서 바람을 꾸짖은 것과 관련하여 제기되었다(눅 8:24).33) 이런 경우에 마귀의 세력과 예수님께서 호수를 건너갈 때 풍랑이 일어난 것 사이에 직접적인 연관성은 없다고 생각될 수 있을지라도 '꾸짖다'는 단어는 자연계에서 죄의 결과 세상에 임한 저주로 작용하는 모든 파괴력 있는 영향에 대해 예수님의 절대적인 권위를 나타낸다.

이것은 하나님 나라의 도래를 나타내기도 한다. 그리스도는 이 세상의 왕이 지배하고 있는 영역에 들어와서 창조를 유린하는 적대 세력들을 정복하신다.34) 그분은 다시 통치자가 되시고, 자연의 주님과 왕이 되신다.35) 그분은 자연계에 있는 원수의 세력을 대항하실 뿐만 아니라, 하나님의 아들로서 자신의 아버지가 가지신 모든 풍요로움을 마음껏 발휘하신다. 그 예로서 오병이어의 이적을 들 수 있을 것이다.

하나님 나라의 도래와 이적을 행하시는 예수님의 능력 사이의 연관성은 후대에 전설들을 모아 놓은 것이라고 말하면서 죽은 자를 일으키는 것과 같은 (마 9:18 이하; 눅 7:11 이하) 이적과 같이 종종 거부되어져 왔던 이적들에서도 매우 분명하게 드러난다. 복음서 자체에는 죽음이나 죽은 자가 살아나는 사건들의

---

31) επετιμησεν τω πυρετω.
32) 참고. Greijdanus, *Luke*, I, pp. 225, 226.
33) Greijdanus는 다음과 같이 기록하고 있다. "주님은 폭풍, 풍랑, 그리고 열병을 마치 이성을 가진 피조물들인 양 취급하신다. 이러한 사실은 마귀의 세력이 폭풍우 속에 활기 있게 나타났을 때 가장 잘 드러났다." *op. cit.*, I, p. 381.
34) 참고. Stauffer, *Die Theologie des N. T.*, 1945, p. 104.
35) *TWB*에 기고한 Stauffer의 'επιτιμαν' 항목. II, p. 623.

의의에 대한 언급은 없다. 하지만 하나님 나라에 관한 모든 설교에 비춰 볼 때, 죽음에서 해방을 얻는 것이야말로 그 나라의 구원이 그 절정에 달한 모습임을 명확히 알 수 있다.

"죽은 사람들이 살아나리니 이는 예수님의 행동으로 말미암아 그 나라는 실현되기 시작하였고 죽음이 다시는 있지 않을 것임이니라"(계 21:4; 20:14). **36)**

그러므로 예수님의 구원 사역을 하나님 나라 사상과 예수님의 메시아직의 관점에서 이해하려고 하는 사람이라면 소위 (일어날) 가능성이 있는 이적과 불가능한 이적 사이에 합리적인 분계점을 그을 수 없다고 하는 것은 백 번 옳은 말이다. **37)** 이적들에 계시된 하나님 나라는 모든 악으로부터 구원과 삶의 전 영역의 회복을 의미하기 때문이다.

더욱이 천국 도래에 수반되는 믿지 않고 회개하지 않는 나라에 행해지는 심판이 무화과나무를 마르게 하신 사건(마 21:18-22; 막 11:12-14; 20~24장)과 같은 이적으로 표현되었다는 사실은 특기할 만하다. 무화과나무를 저주하신 이유와 그 의미가 무엇인지에 대해서는 의견이 다양하며, 이 이적의 '기원'에 대해 여러 종류의 임의적인 설명들이 많이 제기되지만, **38)** 필자는 무화과나무가 미른 것은 확실히 상징적인 의미가 있다고 생각한다. 그것은 열매를 맺지 못하는 것을 두고 이스라엘 위에 임할 심판의 예고이다. **39)** 이런 관점에서 볼 때, 이 이적은 구원의 의미를 지닌 이적들과는 반대되는 이적이며, 하나님 나라 설교의 범위나 예수님께서 행하신 전(全) 이적들 가운데서 유기적인 위치를 차지하고 있다고 할 수 있다.

예수님께서 이적을 행하신 능력을 지시하는 명칭과 이것을 다소 전문적인

---

36) Sevenster. *op. cit.*, p. 32. 또한 *TWB*, II, p. 334에 실린 Oepke의 'ἐγείρω' 항목도 참조하라.
37) 참고. Wendland, *op. cit.*, p. 238. "만일 예수님이 하나님의 살아 있고, 정결하게 하고, 새롭게 하는 능력으로 죄와 질병과 귀신들과 대적하여 서 계시다면, 그분은 사망에 대해서도 적대적인 존재일 수밖에 없다."
38) 참고. 가령 Klostermann의 *Markusevangelium*, pp. 116, 117.
39) 참고. 필자의 책 *Mattheüs*, II, 1946, p. 85.

용어로 사용한다면 두나미스(능력, dunamis)라고 할 수 있다. 마가복음 6절 14절에는 "이적을 행하시는 능력이 그의 속에서 활동하느니라"고 기록되어 있고, 마가복음 5장 30절에는 "예수님께서 그 능력이 자기에게서 나간 줄을 스스로 아셨다"고 나와 있다. 병을 고치는 주의 능력이 예수님과 함께 했고(눅 5:17),**40)** 예수님은 놀랄 만한 권세와 능력으로 더러운 영들에게 명령하셨다고 표현되었다(눅 4:36). 여러 차례에 걸쳐서 이적 자체는 두나메이스(능력들, dunameis)로(마 7:22; 11:20; 13:54), 또는 단순히 두나미스로 명명되었다(막 6:5).

앞에서 언급한 예수님의 이적 사역들의 의의에 따르면, 이 능력은 완전한 신적 능력의 절정을 의미한다고 할 수 있다. 예수님의 탄생이 이미 처음부터 이적으로 나타났고(눅 1:35), 그분의 모든 행동과 생활 여정이 이적으로 결정되었다(눅 4:14; 10:38). 예수님은 하나님의 능력이 이제 실현된 분이시다. 하나님의 영광은 두나미스라고도 표현되고(마 26:64) 신적인 능력(두나미스)으로 세상에 오신 하나님의 결정적인 임함(막 9:1; 13:26)이다. 이 종말론적인 능력은 세상과 역사를 그 목표로 이끄는 역사적인 힘이다.**41)**

이 모든 특징적인 요소들로부터 내릴 수 있는 결론은 "이적들은 하나님 나라의 오심이란 범위 내에서만 고찰될 수 있다."는 것이다.**42)** 그래서 이적들은 반복적으로 예언의 성취로(마 11:5; 8:17), 구원의 복과 함께 하나님께서 자기 백성을 '찾아오심'의 증거로 제시된다(눅 7:16). '찾아오심'은 대단히 오래 전부터 고대하였던 하나님의 백성에게 약속된 구원으로 이해될 수 있다(눅 1:68, 78).**43)**

예수님의 이적은 예수님을 메시아로 인정하지 않은 백성들에게 그분이 다

---

40) και δυναμις κυριου ην το ιασθαι αυτον. 학자들 중에는 (κυριου)(주의)라는 단어가 예수님 속에서 역사하고 있는 하나님의 능력을 의미한다고 이해하는 사람들도 있다. 하지만, 여기서는 주(κυριος)라는 명칭이 예수님 자신에게 사용되었다고 보는 것이 더 타당하다. 이것은 누가복음 여러 곳에서 발견된다.
41) 참고. Grundmann, *op. cit.*, p. 308.
42) 참고. 또한 Sevenster, *op. cit.*, pp. 35ff; Matter, *op. cit.*, p. 19.
43) 참고. *TWB*, II, p. 601에 실린 H. W. Beyer의 'επικεπτομαι' 항목.

윗의 자손이라(마 12:23)는 사실을 거듭 암시한다. 예수님께 고침받기를 갈망하던 사람들 중에서는 종종 그분을 다윗의 아들이라고 부르는 사람들도 있었다(마 9:27; 15:22; 20:30과 병행 구절들). 또한 예수님의 제자들은 바람과 바다를 잔잔하게 하는 예수님의 능력을 보고는 그분을 하나님의 아들로 경배하였다(마 14:33).

예수님의 능력이 이러한 식으로 나타난 바로 그 이유 때문에, 이스라엘에게는 다른 나라들보다도 더욱 더 무거운 책임이 부과되었다(마 11:21 이하와 병행 구절들). 반면에 예수님을 하늘에서 보냄을 받은 주권적인 통치자로 믿은 이방인들은 아브라함과 이삭과 야곱과 함께 천국에 앉게 될 것이다(마 8:8-11과 병행 구절). 더욱이 이적과 관계하여 제기되는 실제적인 문제는 좁은 의미에서 이스라엘 백성에게 속하지 않는 사람들에 의해 하나님께서 영광을 받으신다는 데 있다(마 9:8; 눅 5:26; 17:17-18 이하; 마 5:31 "그들이 이스라엘의 하나님께 영광을 돌리니라").

이적은 설교와 마찬가지로 하나님 나라의 계시라는 의미에서 결단에 직면할 필요를 던져준다. 즉, 악한 자를 이기시고 하나님의 영을 소유하고 계신 예수님 편에 설 것인가 아니면 그를 대적할 것인가(마 12:30, 31과 병행 구절; 막 9:39, 40) — 믿을 것인가(마 8.10, 9.28, 15.28) 이니면 믿지 않을 것인가(마 13:58) — 심령이 완악하게 될 것인가(마 3:5) — 하나님 나라가 분명히 제시되고 있는데도 이에 대항함으로 성령을 거역하는 죄를 범할 것인가(마 12:31과 병행 구절).

이러한 이유 때문에 이적 그 자체는 가장 중요한 것도 아니며 심지어 예수님처럼 이적을 행하는 능력을 가진다고 해도 전혀 중요하지 않다. 이적은 계시된 하나님 나라의 구원에 참여하는 것이다. 누가복음 10장 20절과 마가복음 1장 38절에서 예수님은 다른 곳에서도 하나님 나라의 복음을 전파하기 위하여 이적 행하기를 그만두시면서 "이를 위하여 내가 보냄을 받았노라"라고 말씀하셨다(눅 4:42-44).

11. 복음의 전파

"오실 그 이가 당신이오니이까?"라는 세례 요한의 질문에 답하시면서, 예수님께서는 가난한 사람들에게 자신이 행한 이적들만이 아니라 복음이 전파되고 있다는 사실을 언급하신다. "가난한 자에게 복음이 전파된다"(마 11:5).는 말씀은 근본적으로 약속의 성취와 메시아와 그 나라의 도래가 예수님의 이적에서 뿐만 아니라 그분의 설교에서도 나타났음을 시사한다.

동일한 사상이 누가복음 16장 16절에 사용된 다른 용어들에서도 발견된다.

"율법과 선지자는 요한의 때까지요 그 후부터는 하나님 나라의 복음이 전파되어······."

여기서는 율법과 선지자들의 시대와 하나님 나라의 복음이 전파되는 시대가 대조되고 있다. 다른 말로 복음이 전파됨으로 말미암아 율법과 선지자들에게는 대망만 되었던 것이 실현되었다는 것이다. 예수님께서 자기 제자들이 단지 **보는** 것만이 아니라 **듣는** 것으로 인해서 복되다고 말씀하신 이유가 바로 여기에 있다. 이러한 점에서 예수님의 제자들은 구약의 신자들, 심지어는 구약의 가장 중요한 대표자들보다도 복되었다(마 13:16, 17; 눅 10:23, 24). **44) 복음 전파는 이적과 비교하여 천국이 임한 열등한 증거가 아니다.**

이러한 일반적인 서술을 올바르게 이해하기 위해서는 특별히 복음의 특성을 보다 상세히 고찰하는 것이 중요하다. 예수님의 설교는 반복해서 복음이라는 말로 요약되었다(마 4:23; 9:35; 24:14; 26:13; 막 1:14, 15; 8:35; 13:10). **45)** 비록 복음이라는 단어가 천국 설교 전체를 지칭하기 위하여 사용되고 있기는 하지만(그

---

44) 참고. Kümmel, *op. cit.*, p. 69를 참조하라.
45) 누가복음에는 명사가 사용되지 않고 도리어 유앙겔리제스타이(ευαγγελιζεσθαι)라는 동사가 훨씬 더 자주 사용되었다는 사실은 특기할 만하다(예를 들면, 4:18, 43; 8:1; 16:16; 20:1). J. Schniewind, *Euaggelion*, I, 1927, p. 13.

래서 전적으로 구원을 지칭하는 것만이 아니라 그 나라와 함께 임한 심판도 지칭한다. 눅 3:18), 이 단어는 기쁘고 좋은 소식을 의미하며, 예수님의 설교의 내용을 구원의 선포로 특징짓는다.46)

이 모든 사실은 특히 이사야의 후반부의 여러 예언들에서 발견되는 '복음'이란 단어의 구약적 배경과 관련이 있다.47) 이사야에서는 좋은 소식을 전하는 자를 메바세르(mebaser)로 언급하고 있다. 메바세르는 여호와의 왕적 통치와 시온에 구원과 평화를 가져오는 새 시대의 여명을 전하였다(사 52:7). 이사야 61장에서는 구원을 전하는 사자(使者)가 자신을 화자(話者)로 소개하면서, 자신이 주의 신으로 기름부음을 받았으며 온유한 자(mebaser)들에게 좋은 소식을 가져다주기 위해 보냄을 받았다고 말한다. 여호와가 왕 되신다는 사실은 다툼과 분노를 시사하기도 하지만(사 52:10; 61:2), 기쁨의 메시지로 선언된다. 왜냐하면 여호와의 왕적 현현으로 말미암아 그분의 억압받는 백성들이 은총을 입게 되며, 그때에 여호와는 '그의 거룩하신 팔'로 원수들을 진멸하실 것이기 때문이다. 이 좋은 소식이 하나님의 백성들에게 전파되었다. 복음이 구원과 기쁨의 소식으로 전파될 수 있는 이유가 여기에 있다.48)

예수님 당시에 살던 유대인들 사이에서는 이사야에 나오는 평화를 공포하

---

46) 이와는 다른 견해가 J. de Zwann, *Inleiding tot het N. T.*, I, 1941, pp. 21ff 에서 발견된다. 또한 Schniewind, *op. cit.*, p. 4도 참조하라.
47) 이러한 사실은 Johannes Müller의 앞의 연구들을 근거로 한 Schniewind의 책에서 분명하게 확립되었던 내용이다. A. Schlatter의 *Neutestament Theologie*, I, 1909과 M. Burrows의 "The Origin of the Term 'Gospel,' " *Journal of Biblical Literature*, 1925, pp. 21-33에 잘 나타나 있다. 이 견해와 반대되는 입장으로서는 복음(Euangelion)이란 표현이 헬라주의에 근거하여 후대 교회에 의하여 소개되었다는 사상이다. 이 문제에 대해서는 Wellhausen의 *Einleitung in die drei ersten Evangelien*, 1905, pp. 108ff를 보라. 이러한 탐구 역사를 위해서는 Schniewind의 *Euangelion*, 1927, pp. 5-18와 *TWB*, II, p. 705에 있는 참고 문헌들을 살펴보라.
48) 이사야 52장과 61장 이외에 왕 여호와의 구원적인 중재를 알리는 평화의 사자에 대한 묘사는 이사야 40장 9절과 41장 27절에서도 발견된다(또한 나 2:1; 시 68:12도 참고). 이 본문들과 관련한 논쟁에 대해서는 Schniewind, *op. cit.*, I, pp. 34-51와 J. Ridderbos, *De profeet Jesaja*, II², 1934, p. 126를 보라.

는 사자에 대한 이미지가 계속 살아있었다. 그 사자(mebaser)가 임할 것이며, 메시아 시대가 시작될 것이다. 이 사자가 누구인지 늘 알려졌던 것은 아니었다. 하지만 그가 오심으로 인해 천국이 시작될 것은 분명하였다.[49]

여기에 예수님께서 사용하신 '복음'이란 용어의 뿌리가 발견된다. 랍비 문헌을 배제하더라도, 예수님께서 자신을 이사야가 예언한 기쁨을 전한 메신저와 동일시한 것은 분명하다.

앞에서 인용한 **가난한 사람들에게 복음이 전파된다**는 말씀은 이사야 61장 1절에서 인용한 말씀일 뿐만 아니라, 누가복음에 의하면 예수님께서는 이사야 61장의 기쁨의 소식을 전하는 메신저에 대한 예언이 그분의 청중들에게 말씀을 전하고 있는 현재의 순간에 성취되었다고 명확히 주장하신다. 이 메신저는 성령으로 기름부음을 받았으며, 가난한 사람들에게 복음을 전하기 위해 보냄을 받았다(눅 4:21).

구약성경의 배경에 비추어 '천국 복음'이란 표현의 원래 의미를 해석해야 한다. 그 복음이 예수님의 말씀을 듣는 사람들의 귀에 울리고 있을 때, 복음이 선포되는 그 순간에 천국은 현재적 실체가 되었고, 가난한 사람들에게 좋은 소식을 가져오는 사자(mebaser)가 출현하였으며, 구원의 거대한 순간은 시작되었다.

더욱이 마태복음 5장 3절 이하와 누가복음 6장 20절 이하에 나와있는 팔복은 구약성경을 배경으로 하여 고찰해야 한다. 이 두 본문은 예수님께서 가르치신 천국 설교의 고전적인 예로 간주될 수 있다. 두 군데 모두 복음에서 핵심적인 위치를 차지하고 있으며 예수님께서 하신 말씀 중에서 특별히 준엄하고 강한 형태를 담고 있다.[50] 하지만 이 팔복은 맨 먼저 (심령이) 가난한 사람

---

[49] 또한 *TWB*, II, pp. 712-714에 실린 'ευαγγελιζομαι'에 관한 Friedrich의 논문과 Strack-Billerbeck, III, 1926, pp. 4-11에 있는 자료들을 참조하라.

[50] 좀 더 상세한 논의를 위해서는 필자의 책 *De strekking van de bergrede naar Mattheüs*, 1936, p. 27를 보라.

들에게 주신 말씀이다. 그래서 누가복음 4장과 7장(그리고 마태복음 11장)에 있는 **복음**에 걸맞은 천국 설교가 무엇인지를 알려주는 가장 믿을 만한 예가 되기도 한다.

그러므로 여기에 전파된 복음은 단순히 어떤 약속에 불과한 것이 아니다. 또한 구원이 **좀 더 가까이** 임했다는 사실만을 제시하는 것도 아니다. 천국은, 완전히 극치에 달한 것과 관련하여서는 여전히 미래에 있을지라도, 근본적으로는 현재적 순간에 속하는 사실이 되었다. 예수님께서 '근본적으로'라든지 '완전한 절정'이라는 용어를 사용하지 않은 것은 사실이다. 그분은 항상 바실레이아(나라, basileia)를 하나의 (총제적인) 단위로 말씀하신다. 그러나 미래에 관한 선언들과 나란히 현재에 관한 말씀들도 발견한다. (하나님 나라에 관한) **설교는 예언과 알림뿐만 아니라 선포와 반포로도 특징지어진다.**[51]

이러한 사실은 예수님께서 그 나라의 복음을 전파하시는 권위와 능력으로 먼저 설명된다. 그분의 말씀은 표적(sign)일 뿐만 아니라 능력으로 충만해 있다. 그분의 말씀은 만물을 마음대로 하며, 구원을 결정짓는 말씀이다. 단순한 어떤 말씀이 아니라 그 말을 한 사람의 '기쁜 뜻을 성취하는 말씀'이다.

이런 이유 때문에 예수님께서 귀신들을 내어 쫓으실 때 사용한 말씀과 그분이 복음을 선포하실 때 사용한 말씀 사이에는 근본적인 차이가 없다. 두 경우 모두 말씀과 그 말씀이 지시하는 내용은 함께 간다.

중풍병자를 고친 예 만큼 이 둘을 분명하게 잘 연결해 주는 예는 없을 것이다(막 2:1-12과 병행구절). 여기서는 복음 선포가 먼저 나온다. "소자야 네 죄 사함을 받았느니라." 서기관들이 이것을 신성모독이라고 생각하자, 예수님께서는 이를 아시고 질문하셨다. "중풍병자에게 네 죄 사함을 받았느니라 하는

---

51) 또한 *TWB*, II, p. 715에 실린 Friedrich의 'ευαγγελιζομαι' 항목을 참조하라. "이 메시지는 새 시대를 창출한다. 이것은 메시아적 성취의 표시를 가능하게 하며, 그 말씀은 하나님의 통치를 좀 더 가깝게 가져온다." 비록 다른 의미를 견지하고 있긴 하지만, 특히 Schniewind, *Euaggelion*, I, pp. 1ff와 여기에 인용된 다른 학자들이 제시한 주장들도 참조하라.

말과 일어나 네 상을 가지고 걸어가라 하는 말이 어느 것이 쉽겠느냐?"

예수님의 말씀의 능력, 즉, "하나님 외에 누가 죄를 사할 권세가 있느뇨?" 라는 복음 전파가 문제시 되었다. 과연 그분에게 이 말을 할 만한 자격이 있으며 그분이 말씀하신 대로 행할 수 있었을까? 이 사상을 긍정문 형태로 바꾸어 다시 쓸 수 있을 것이다. "하지만 너희는 인자에게 땅 위에서 죄 사할 권세가 있다는 사실을 알 것이니라"(εξωσιαν εχει …… δφιεναι …… επι της γης).

이 말씀은 죄 사함의 설교나 하나님께서 그들을 용서하실 것이란 약속(삼하 12:13)이 아니다. 이 말씀은 여기서 문제시되고 있는 **죄 사함 그 자체**이다. 이것은 5절에 나와 있는 동사의 현재 시제 "너의 죄 사함을 **받았느니라**"와 "**땅에서**"라는 단어에서 발견된다. 전혀 새롭고 전례 없는 사실은 죄 사함에 대한 (약속이) **선언되고** 있다는 데에 있는 것이 아니라, 그 죄 사함이 **땅에서** 지금 **성취되고** 있다는 데에 있다.⁵²⁾ 다니엘 7장 14절의 말씀에 따르면, 이것은 모든 왕적 권세를 가진 인자로서 예수님께서 지니신 권세(exousia)이며, 이것을 통해 천국의 현재성이 드러났다.

이러한 의미에서 예수님의 하나님 나라 설교는 동시에 그 나라의 계시이다. 군중들이 하나님 나라의 진정한 비밀에 관하여는 외인들로 남아 있었지만, 그들은 예수님께서 복음을 전하실 때에 이 권위를 목도하였다. 대부분의 경우에 군중들은 예수님의 설교에 걸려 넘어졌다. 왜냐하면 그들은 인간이 오로지 하나님에게만 속한 그러한 권세를 가지고 말한다는 것을 신성모독이라고 생각했기 때문이다(막 2:7과 병행 구절).

이러한 이유로 예수님의 대적자들은 '그의 말로'(en logo) 예수님을 책잡으려 했다(마 22:15; 막 12:13; 눅 20:20, 26). 그들은 예수님의 말에서 그분의 절대적인 권위 주장을 감지할 수 있었고, 그것으로 그가 위험인물이라고 생각하였다.⁵³⁾

---

52) 참고. W. Foerster, *TWB*, II, p. 566의 'εξουσια' 항목을 보라.
53) *TWB*, IV, p. 106에 실린 Kittel의 'λεγω' 항목.

그러나 다른 사람들은 상당히 긍정적으로 반응하였다. 예를 들면, 예수님께서 중풍병에 걸린 사람을 치유하는 이적을 행하시는 장면에서 군중들은 경외심에 가득 차서 '이러한 권세를 사람에게 주신' 하나님께 영광을 돌렸다(마 9:8). 군중들이 예수님께서 이런 일을 하신 진의를 잘 파악하지 못했을지라도 그들은 이적을 목격하면서 예수님에게 죄 사하는 권세가 있음을 인식하였다. 그들은 예수님께서 인자의 권세로 그렇게 하신다고 주장하셨을 때에도 이것을 하나님께서 '인간들'에게 베푸신 **권세**라고 생각하였다.[54]

군중들이 예수님께서 행하시는 이적들을 목격하고 그분이 가르치시는 바를 경청한 후 그들의 심상에 나타났던 여러 반응들을 '두려워하였다', '놀랐더라', '경악하였더라', '어리둥절하였다', '혼동하였다', '제정신이 아니었다' 등[55]과 같이 묘사할 수 있을 것이다. 계속하여 이와 유사한 반응들이 기록되었다(마 12:23; 막 1:27; 5:20; 10:24; 눅 4:36; 11:14 및 그 밖의 여러 곳에 기록되었음). 그렇다고 해서 이 모든 기록들이 예수님께서 군중들에게 남긴 인상들을 역사적 심리학적으로 묘사하려는 데 그 의도가 있는 것은 아니다. 예수님의 말씀과 행위는 절대적이며 초자연적이고 신적인 특성을 지녔음을 계시한다. 그래서 복음서 저자들은 이것을 보거나 들은 군중들이 그것을 감지하지 않을 수 없었다는 점을 알리기를 원한다.[56]

지금까지 주장해 왔듯이, 이러한 놀람은 예수님의 이적을 목격하였기 때문에 야기된 것만은 아니었다. 군중들이 놀란 것은 그들이 예수님의 설교를 듣고 반응한 것이기도 하였다(눅 4:22; 마 22:22). 군중들은 단지 예수님의 지식이나 지혜 또는 말을 잘하시는 것에만 놀란 것이 아니었다. 근본적으로 예수님의 말씀에 계시된 능력과 권세에 놀라움의 반응을 보낸 것이다.

---

54) Schniewind, *Das Evangelium nach Markus*⁵, 1949, pp. 59ff.
55) φοβεισθαι, θαμβειν, θαυμαζειν, εκπληττεσθα, θορυβεισθαι, εξιστασθαι.
56) "그러므로 두려움과 놀람에 대한 표현들이 관계적인 내용과 공관복음서에 예수님에 관한 상당히 많은 묘사들에 나타난 기독론적 의미를 강조하는 데 사용된다." G. Bertram이 *TWB*, III, p. 6에 기고한 논문 'θαμβος.' 또한 p. 36 이하에 있는 'θαυμα' 항목을 보라.

이런 점에서 예수님의 설교와 그분이 행하신 이적들 사이에는 차이점이 없다. 이 둘 모두 예수님께서 하나님에게만 속한 주권과 동일한 주권을 가지고 계시다는 사실을 보여준다. 예수님께서는 그저 '말씀'하기만 하면 되었다. 마치 백부장이 자기 수하의 군인에게 하듯이 예수님은 명령하기만 하시면 되었다(마 8:8; 눅 7:7과 병행 구절들. 마 8:16도 참조). 마가복음 1장 27절에 기록된 것처럼 군중들이 예수님에게 귀신을 내어 쫓으시는 능력이 있음을 보고 모두 "놀라 …… 이는 어찜이뇨 새로운 교훈이로다57) 더러운 귀신들을 명한즉, 순종하는도다"라고 반응한 것은 전혀 이상하지 않다. 예수님은 더러운 영(귀신)들에게 명령하셨고, 그들은 순종했다.

예수님께서 행하신 이적들로써 그분이 가져오신 '새로운 교훈'(즉, 하나님 나라의 교훈)이 효력을 발휘하고, 그리하여 그분이 권세를 가지고 가르치신다는 사실이 분명해졌다.58) 이 교훈은 동시에 능력이다. 그 나라를 전파하는 것은 그 나라를 계시하는 것이다.

군중들을 놀라게 했던 예수님의 설교와 교훈의 요소로서 권세가 반복적으로 언급되고 있다. "그 가르치시는 것이 권세 있는 자와 같고"(hos exousian echon, 막 1:22; 마 7:28, 29)라고 했으며, 또한 누가복음 4장 32절에는 "이는 그 말씀이 권세가(en exousia) 있음이러라"라고 서술되어 있다. 이러한 사실은 구원 선포로서 복음 전파의 관점에서만이 아닌 예수님의 계명에 까지 해당한다.

마가복음 1장 22절과 마태복음 7장 29절에는 예수님의 설교가 서기관들의 그것과 대조되는 것으로 언급되어 있다. 이스라엘의 선생들도 권세를 가지고 가르쳤던 것은 사실이다(마 23:3, 4). 그들이 가르치는 계명들도 정당한 계명들이었다. 그러나 그들이 가진 권세는 그 기원이 다르다. 그들은 "모세

---

57) Διδαχη καινη κατ' εξουσιαν.
58) 예를 들면, Klostermann과 Hauck가 마가복음 1장 27절에 대하여 주석한 것을 보라. 또한 G. Sevenster, *op. cit.*, pp. 41ff과 Bertram, *op. cit.*, p. 6를 참조하라.

의 자리에 앉아 있으며"(마 23:3), 옛 사람들의 가르침에 호소하였다(마 5:21 이하). 그렇지만 예수님의 모든 교훈은 예수님 자신이 가지신 권세에 기인한다(산상 보훈에서 반복하여 사용하고 있는 "그러나 나는 너희에게 이르노니"를 주목하라). 예수님의 계명들은 절대적인 권위로써 명령된 것이며, 무제한적인 효력을 지닌다. 하늘과 땅은 없어지더라도 그분의 말씀은 영영히 없어지지 아니할 것이다(막 13:3 이하).

이러한 모든 것은 예수님의 인격과 사명의 중요성에 의해서만 설명될 수 있음이 분명하다. 군중들이 예수님의 이적을 보고 놀라고 그분의 말씀을 듣고 기이하게 생각하고는 "이가 누구이기에 죄도 사하는가?"(눅 7:49)라고 질문한 것은 예수님이 누구이신지(즉, 신적 권세를 가지신 분. 옮긴이)를 반영한다. 예수님의 행위와 복음 선포 속에 계시된 하나님 나라의 현재성과 그분이 선포하시는 구원과 그분이 심령이 가난한 자에게 베풀어 주신 복의 소유 등은 모두 예수님이 누구이신가라는 비밀 속에 담겨있다.

하나님 나라의 복음을 모든 면에서 충분히 그리고 만족할 만큼 설명하는 유일한 방법은 이 복음을 기독론적으로 설명하는 것이다. 결국에는 모든 것이 예수님의 자기 계시에 집중된다. 예수님께서 가져오신 성취와 새로운 조류들은 예수님 자신이 전파하고 사도들에 의하여 확장된 교훈인 예수님의 인격과 분리하여서는 어떤 식으로든지 생각할 수 없다. 도리어 그 성취는 **예수님의 인격** 속에 있으며, 예수님과 함께 제시된 '역사적인 사건', 곧 예수님 자신 속에 들어 있다.[59]

---

59) Kittel, *op. cit.*, p. 128. 그는 "이것은 '교회의 신학'이 아니라, 수집된 전통들의 여러 증거들에 따라 예수님의 사명에 대한 그의 인식"이라고 덧붙인다. 또한 *TWB*, II, p. 725의 Friedrich의 'ευαγγελιον' 항목을 보라. 거기에 "(예수님의) 인격과 더불어 복음의 내용이 형성된다. 예수님은 그분의 말씀 속에 그 나라(basileia)를 가져오며, 그 나라는 실현된다"고 기록되었다. p. 726.

12. 구원을 소유함

예수님이 천국을 설교하심으로 나타난 또 다른 측면 성취가 있다. 복음서를 자세히 연구해 보면, 예수님이 오심으로써 천국은 악한 자의 통치를 파괴하고 병든 자와 죽은 자를 일으켜 소성케 하는 **능력**, 또는 심령이 가난한 자에게 전파된 구원과 축복의 **메시지**만을 계시하는 것이 아니라는 것을 알게 된다. 천국이란 우리가 하나님에게서 받는 **선물**로서, 언젠가 충만하게 될 미래 구원의 현재적 소유라는 사실이다. 천국 도래의 이러한 측면은 예수님께서 그분의 설교에서 사용하신 용어들 속에 이미 명확하게 나타난다.[60]

"너희 아버지께서 그 나라를 너희에게 **주시기를** 기뻐하시느니라."(눅 12:23)

그 나라는 회개하지 않는 유대인들에게서 **빼앗아** 다른 사람들에게 줄 것이다(마 21:43). 성부께서 그 나라를 그리스도에게 **맡기셨던** 것처럼 그리스도도 그 나라를 그분의 제자들에게 **맡기신다**(diatithemai, 눅 22:29). 반대로 사람들은 어린 아이처럼 하나님 나라를 **영접하여야** 하며(막 10:15), 그것을 **구해야** 한다(마 6:33). 사람들은 하늘나라를 **상속받을** 것이다(마 25:34). 하지만 이러한 용어와는 별개로 천국의 의미는 천국의 특성 속에도 암시되어 있다.

천국 설교는 예수님의 절대 권위와 함께 행해졌다. 그분의 권위는 말씀과 약속으로만이 아닌 선포된 것의 성취에 의해서도 나타났다. 그래서 그 나라의 도래는 필연적으로 천국 선포만이 아니라 그것과 함께 오는 구원의 선물도 포함하게 된다. 그러므로 우리는 이 선물로 하나님 나라를 영접하고 소유한다고 말할 수 있다.

우리가 천국에 **들어간다는** 사상(마 5:20; 7:21; 18:3; 19:23; 23:13; 막 9:47; 눅 11; 52 이하)과 우리가 그 나라 안에 **있다거나** 하늘나라에서 크다, 작다, 멀다 등의 표현(마 5:19; 11:11; 막 12:34 등)이 이것과 관련되어 복음서에 자주 등장한다. 이러

---

[60] K. L. Schmidt, *TWB*, I, pp. 588, 589의 'βασιλεια' 항목.

한 표현들은 천국이 여러 가지 방법으로 참여할 수 있는 실체라는 사실을 입증해 주기에 충분하다. 천국은 그것을 영접한 사람들의 생활을 변화시키며, 하나님의 행동에 의해 그것을 받은 사람들에게 **선물, 소유, 활기 있는 통치**가 된다.

구원의 소유 주제와 관련하여 어떤 범위 내에서 이러한 선물, 즉, 구원의 소유가 예수님의 설교에서 이미 성취의 차원으로(즉, 하나님 나라가 **임하였다는**) 나타나는지를 확정짓는 일이 특별히 중요하다고 생각된다. 위에 언급한 몇몇 구절들에서는 이러한 선물이 절대적으로 대미래에 속한 어떤 것을 가리킨다고 제시되는 곳도 있다(눅 12:32; 마 25:34 이하). 그리고 대부분의 경우 천국에 **들어가는** 문제를 언급하고 있는 본문에서는 이것이 영원한 축복에 참여하고 있는 사람들을 언급하고 있음을 보게 된다(마 7:21, 22; 19:23, 27 이하).

그러나 앞에서 이미 논의된 것이기는 하지만 천국이 현재 이미 받아 향유하고 있는 선물과 소유물로 언급되었다는 사실이 우리에게는 전혀 낯선 개념은 아니다. 철저 종말론과는 반대로 그 나라의 현재성을 주장하는 사람들 중에서 예수님의 천국 설교에 이상주의적인 가치를 적용시키는 것에 대한 반응 때문에 이러한 사실을 전혀 귀담아 들으려 하지 않는 사람늘도 상낭수가 있다는 것 또한 사실이다.

그러나 복음서에서 하나님 나라를 구원론적인 **선**(good)으로 말하고 있다는 사실은 부정될 수 없으며, 그것을 소유하는 것은 단지 미래에 속하는 어떤 것에 불과한 것이라고 주장할 수도 없다. 그 나라의 구원을 선포하는 것은 신실한 사람들에게 이미 현재적으로 주어진 선물과 관련이 있다.

어떤 의미에서 맨 나중에 천명된 사상이 하나님 나라 복음의 본질이라 할 수 있다. 여기서도 예수님께서 천국을 특별히 축복으로, 또한 가난한 사람들이 받는 구원으로 선포하신 팔복을 언급할 수 있을 것이다(마 5:3 이하; 눅 6:20 이하). 이 팔복의 특성은 선포된 구원이 미래에 가서야 비로소 충만히 계시될 선(goodness)으로 선언되었다는 것이 사실이다. 그렇지만 구원은 현재 심령이 가난한 자가 소유하고 있는 것이기도 하다. 왜냐하면 가난한 사람들이 지금 하나님 나라가 그들의 것이라(estin)는 사실 때문에 복된 자라고 한다면, 이 현재시제의 의미를 충분히 설명해야 할 것이기 때문이다.

심령이 가난한 사람에게 주어진 구원을 순전히 미래 종말론적인 의미로 이해하려는 시도-마태복음 5장 4절 이하와 누가복음 6장 21절 이하에서 제시된 미래적 선포의 관점에서 이해하려는 시도-가 있어왔다.[61] 팔복에 따라 심령이 가난한 자에게 약속된 구원이 충만히 실현되는 것은 미래에 속한 어떤 것이긴 하지만, 그렇다고 그 복을 현재는 받을 수도, 줄 수도 없는 어떤 것으로 이해해야 한다는 의미는 아니다.[62]

더욱이 성경의 다른 여러 곳에서 하나님 나라가 **보화**로 표현되는 경우에도 이것을 오직 미래에만 속한 어떤 것으로 이해해서는 안 될 것이다. 물론 복음

---

61) Michaelis와 같은 의견을 내세우는 학자로 H. D. Wendland, *op. cit.*, p. 41를 들 수 있다. Wendland는 예수님께서 사용했던 아람어에 이에 상응하는 말이 없다는 이유로 현재 시제(estin)가 이것과 상반된다고는 생각하지 않는다. 또한 Kümmel, *op. cit.*, p. 26, 참고. p. 74 퀴멜은 Klostermann이 마태복음 5장 4절에서 9절과 마가복음 10장 14절을 언급한 것처럼 팔복의 의미가 '미래 종말론적' 인 것으로 간주한다. *Das Matthäusevangelium*, p. 35. Kümmel은 구원을 소유하는 것을 약속으로 특징짓는다. *Das Lukasevangelium*, p. 79. Zahn은 estin을 estai로는 번역할 수 없는 무시간적인 현재라고 명명한다. estin이 미래로 간주되어야 한다는 사실은 마태복음 5:3a와 10a절 그리고 3b절과 10b절 사이의 연결 속에 시사되어 있다. 즉 "가난한 자와 핍박받는 자를 동시에 이러한 조건과 실제로 천국을 소유한다는 것에 위치시킬 수 없다." *Das Evangelium des Matthäus*[4], 1922, pp. 194, 195; 또한 Schniewind, *Matth*., p. 39를 보라. 그러나 Schlatter는 *Der Ev. Matthäus*, 1933, p. 134에서 다음과 같이 서술한다. "이 estin과 더불어 미래가 현재 속으로 스며들어왔다. 가난한 자는 현재적 소유로서 하나님의 왕적 사역에 참여하게 되었다." 또한 Grosheide, *Matth*., p. 46와 A. Plummer의 "현재에 어떻다는 것이 미래에 그렇게 될 것이라고 할 수는 없다('is' . not 'will be'). 이것은 팔복의 나머지 부분에 있는 것처럼 약속이 아니라 사실적인 서술이다." *A Critical and Exegetical Commentary on the Gospel according to St. Luke*[5], 1942, p. 180.

62) 이러한 까닭에 왜 천국을 심령이 가난한 사람들이 '소유하는 것' 이라고 할 수 없는지는 불명확하다. 이에 대해서는 H. D. Wendland의 견해를 참조하라. *op. cit.*, p. 41. 특히 중요한 점은 이 개념을 어떻게 이해하고 있는가에 있다. (천국을) '소유한다' 라는 말은 곧 천국에 대한 내적인 관념이 천국의 종말론적이고 하나님 중심적인 성격에 이탈됨을 필연적으로 의미할 필요는 없는 것이다. 사실 문제되는 것은 천국의 내적 관념에 있는 것이 아니라, 종종 천국을 정의하는 방식에 있다. 참고. *Michaelis, Es ging ein Sämann aus*, 1938, pp. 113-116.

서 여러 곳에서 천국이 '하늘에 있는 보화'이며, 사람들은 지금 그 보화를 모으고 마음을 거기에다가 집중시켜야 한다고 가르치는 것 또한 사실이다(마 6:19-21, 참고. 33절). 이러한 의미를 전달하는 구절로서 누가복음 12장 33절을 들 수 있다.

"너희 소유를 팔아 구제하여 낡아지지 아니하는 주머니를 만들라 곧 하늘에 둔 바 다함이 없는 보물이니……."

또한 예수님께서 젊은 부자 관원에게 이렇게 말씀하셨다.

"가서 네 소유를 팔아 가난한 사람들을 주라 그리하면 하늘에서 보화가 네게 있으리라"(마 19:21).

또 다른 이미지로 "하늘의 상"과 "하늘에 계신 너희 아버지의 상"(마 5:12; 6:1 이하)이라는 표현도 있다. 이 모든 이미지들이 현 지상적인 실체를 초월한 하늘에 있는 어떤 것을 의미하고 있는 것이 분명하다. 이것들은 신실한 사람들을 위해 하늘에 보존되어 있다가 하나님 나라가 임할 때에 비로소 계시될 것이다(벧전 1:4; 골 1:5).

그렇다고 하더라도 이것을 전적으로 미래에 속한 것으로만 이해해서는 안 된다. 하나님 나라의 구원이 제자들과 일반 신자들에게 현재적 실체로 주어졌음이 반복해서 언급되었다. 그래서 마태복음 13장 16, 17절(누가복음 10:23, 24)에서는 제자들이 지금 보고 듣는 것 때문에 복이 있다는 칭찬을 받았다. 이러한 복을 예견적인 의미로만 생각하지 말아야 한다. 예수님께서 중풍병자에게 하신 말씀에 비춰볼 때, 이것은 분명히 현재의 즉각적인 의의를 지니고 있는 말씀이 분명하다.

여리고의 삭개오에게 예수님께서는 "**오늘**(this day) 구원이 이 집에 이르렀느니라"(눅 19:9)라고 말씀하셨다. 예수님께서는 제자들에게 그들의 이름이 하늘에 기록되었으므로(완료 시제임에 주의할 것) 기뻐하라고 하셨다(눅 10:20). 예수님을 낳은 모친이 복이 있을 것이라고 찬양한 여인에게 예수님은 "하나님의 말씀을 듣고 지키는 자가 복되다"(눅 11:27, 28)라고 대답하셨다. 마찬가지로 우리는 마가복음 10장 15절(또한 누가복음 18:17)의 요지를 지적할 수 있다.

"내가 진실로 너희에게 이르노니 누구든지 하나님 나라를 어린 아이와 같이 **받들지**(영접하지) 않는 자는 결단코 (천국에) **들어가지** 못하리라."

하나님 나라에 들어가는 것이 미래 종말론적 의미를 지닌 것이긴 하지만, 이 본문에서는 그 나라를 '영접하는 일'이 명확히 지금 해야 하는 그 무엇, 즉, 그 나라에 '들어가는 것'에 앞서는 어떤 것으로 이해할 필요가 있다. 그 의미는 분명하다. 복음을 받아들이는 것, 다시 말해서 예수님을 믿는 것을 의미한다. 하지만 예수님께서 하신 말씀들이 단지 언어나 표시들만이 아니라 능력과 실체인 것처럼, 그 나라에 대한 **말씀**도 그 나라 자체를 언급하고 있는 것으로 이해할 수 있다. (예수님의) 설교에서 구원은 이미 주어졌다.

이러한 이유에서 현재적 구원과 미래적 구원 사이를 명확하게 구분 짓기가 어려운 경우가 있다. 또한 여러 모로 볼 때 이 둘 사이를 정확히 선을 긋고자 한다면 이는 잘못된 생각이다. 성경의 여러 본문들을 어떤 것은 '현재적'인 선포로, 또 어떤 것은 '미래적'인 선포로 난도질하여 구분해 놓고, 마치 이러한 구별이 최종적인 양 생각하는 경우가 허다하다. 귀납법적 방법을 동원하여 구원의 현재성과 언어의 표현상 신실한 사람들에게 주신 복의 구원론적인 소유를 가르치는 한정된 수의 본문들을 간직하고 있기는 하지만 그것 역시 의미가 없다. 하나님 나라는 현재와 미래의 계시 속에서 단일체이며, 구원 선포의 근거가 되는 예수님 자신은 현재나 미래나 동일하시기 때문이다.

이러한 이유 때문에 신자들에게 천국을 대표하는 구원, 보화, 소유물 등은 현재와 미래를 망라한다. 이 말은 구원을 가리키는 모든 지시어가 현재적인 의미를 지녔다는 의미는 아니다. 공관복음서에서 예수님께서 그 나라를 "새롭게 되어"(마 19:28)라든지, "영생"(마 19:29)이라고 말씀 하셨을 때 그분은 그 나라가 '올 세상에서' 일어나고 주어질 것을 염두에 두면서 말씀하신 것이다 (막 10:30; 눅 18:30).

그래서 '천국에 들어간다'라는 표현은 영생에 들어간다는 표현을 지칭하기 위하여만 사용된 것이 아니라는 것에 의아해 할 수도 있을 것이다. 필자가 생각하기에 천국에 들어가는 것이 분명히 종말론적인 순간 그 이상을 의미하는 마태복음 23장 13절, 7장 13절, 그리고 누가복음 13장 24절과 같은 말씀에 비추어 볼 때 최소한의 범위에서도 미래적인 의미로서 구원을 하나님 나라에 들어가는 것이라고 말하는 것에는 의문의 여지가 있다. 여하튼 마태복음 11장 11절은 다소간 현재적인 의미에서 하나님 나라에 **있다는** 것을 논하고 있는 것으로 이해된다.

이 모든 주장이 중요한 것이기는 하지만, 우리가 여기서 논의하려 하는 내용 전부는 아니다. 천국의 현재성, 그리고 천국과 신적 권위를 부여받은 자(곧 예수님)의 통일성은 구원의 현재성의 근거가 된다. 바로 이러한 이유 때문에 천국이 구원의 현재적 **소유**로 언급될 수 있다는 사실은 결정적이다.

이 시점에서 필자의 마음에 떠오르는 것은 밭에 감춘 보화 비유와 극상품 진주 비유에 담겨 있는 의미이다(마 13:44-46). 이 비유들의 비교점이 무엇인지에 대해 여러 다른 견해가 있는 것은 사실이다. 어떤 사람은 그 나라의 무한한 가치[63)]에 있다고 지적하는 반면, 또 다른 사람은 이 진주에 대한 대가로 지불해야 하는[64)] 희생[65)]에 있다고 생각한다. 필자의 생각에는 무한한 가치가 비교점이라는 것을 우선적으로 강조한다고 하더라도 이 두 의미를 동시에 견지하는 것이 타당하다고 본다. 하나님 나라는 다른 어떤 것보다 더 강렬하게 추구해야 할 보화이며, 그것을 볼 수 있는 눈을 가진 사람들이 참으로 탐을 낼만한 귀한 것이다.

이 비유들 역시 구원의 소유에 관한 온갖 종류의 논쟁, 즉, 구원이 현재에

---

63) 예컨대, J. Jeremias의 *Die Gleichnisse Jesu*, 1947, pp. 100, 101.
64) 보화가 처음에는 우연히 발견되었다가 두 번째는 아주 부지런히 탐구하여 얻었다는 것이 과연 이 비유들의 상징적 표현에 속하는지는 심히 의심스럽다.
65) C. H. Dodd, *The Parables of the Kingdom*[6], pp. 112, 113.

속하는 것인지에 대한 논쟁의 주제가 되어 왔다. 큄멜은 예수님께서 천국을 '지상에 현존하고 있는' 것으로 알고 있지 않았다고 생각하여 이 비유들을 천국의 현재성에 대한 증거로 사용할 수 없다고 주창하였다.[66] 미카엘리스는 마태복음 13장 44절에서 46절에 있는 보화가 미래적인 하늘나라를 언급하는 것일 뿐이라고 주장한다.[67] 필자는 미카엘리스의 의견이 잘못되었다고 믿는다.

첫째, 본문 자체만 놓고 보더라도 이 비유는 절대적으로 미래에 속한 어떤 것을 지칭하고 있다기보다는 현재적인 어떤 것을 언급하고 있는 듯이 보인다는 사실이다. '상인'과 '보물을 발굴한 이'는 그들이 가지고 싶어 한 보화를 소유했을 뿐 그것에 대한 권리를 요구하거나 그것을 소유할 것이라고 예상하지 아니하였다.

하지만 여기서 문제를 제시하는 모든 방식이 적절하지 않다. 문제의 핵심은 이 비유들만의 범위에서의 그 나라의 현재성이나 미래성의 문제가 아니다. 예수님께서 전파하신 그 나라의 전체 성격과 관련되어 있다.[68]

예수님께서 자기를 따르는 사람들에게 선물로 주시고 오늘날의 삶 속에서 이미 소유하고 있는 보화로 주신 천국의 구원에 관한 문제는 장(章)을 달리하여 고찰하도록 하겠다.[69] 여기서는 천국이 신자들에게 구원의 소유를 의미하며 그것은 현재적이라는 것과, 그 성취의 **이러한** 형태는 자신의 권위와 능

---

66) *Verheissung und Erfüllung*, 1946, p. 73. A. 193.
67) 미카엘리스는 보화가 예수님 자신이나 천국의 말씀을 의미할 수 있을까에 대해 의아하게 생각한다. 마치 천국이 예수님과 또는 그가 전파한 복음과는 다른 어떤 것을 의미할 수 있을 것 같이 말이다(마가복음 10장 29절 누가복음 18장 29절을 비교해 보라). 미카엘리스는 여기서 논의되는 것은 천국 그 자체이며, 그래서 그는 획득한 보화가 "하나님 나라에서 나눠 가질 수 있는 것, 또는 천국이라고 칭함을 받을 권리가 있는 것"이라고 결론 내리는 것이 훨씬 타당하다고 생각한다. *op. cit.*, pp. 108-112. 이와는 다른 견해로는 A. M. Brouwer의 *De Gelijkenissen*, 1946, p. 152를 들 수 있다.
68) Dodd, *op. cit.*, p. 113.
69) 다음 장(제4장)을 보라.

력을 의지하여 자기 백성에게 이 복을 수여하시는 그분의 인격 속에 내재함으로써 설명되며 거기에 그 비밀이 있다고 결론을 내리는 것으로 충분하다. 그분이 선포하신 선물은 그분과 상종하는 그분의 추종자들에게 무조건적으로 보장된다.

13. 예수님은 그리스도이시다

앞의 설명에서 천국의 현재성에 대한 실질적이고 가장 심오한 설명은 예수님 자신의 인격에서 찾아야만 한다는 사실이 거듭해서 나타났다. 천국의 현재성의 비밀은 예수님께서 사탄을 이기고 승리하셨다는 사실, 이적을 행하시는 그분의 무한한 능력, 복음을 선포하는 제한받지 않는 그분의 권위, 자기 백성에게 복을 선언하고 구원을 베풀어 주시는 것에 있다.

천국의 메시아적, 기독론적 특성에 직면하고 예수님께서 현재적 실체로 선포하시는 모든 성취가 바로 예수님 자신이 그리스도라는 사실에 근거하여 있음은 의심할 여지가 없다.

현대 비평가들이 이 본질적이고 분리할 수 없는 인간(예수님)과 사물(하나님 나라), 또한 메시아직과 복음 사이의 관계를 부정하려고 여러 차례 시도해 온 것이 사실이다. 하르낙이 천국 복음을 그리스도와 하나님의 아들이신 예수님의 인격에서 떼어낼 수 있다고 생각한 것도 널리 알려진 사실이다.[70] 최근에 와서는 불트만이 다음과 같은 의견을 표명하였다. 예수님이 과연 자신을 메시아로 생각하였는지의 문제는 복음의 해석과 관련하여 '부차적인 중요성'을 지닐 뿐이라고 말이다.[71]

그러한 진술은 우리에게 전해 내려온 복음이 분명하고도 확실한 의미를 지

---

70) *Lehrbuch der Dogmengeschichte*, I⁴, 1909, p. 81.
71) *Jesus*, 1929, p. 13. 또한 필자의 책 *Zelfopenbaring*, p. 15를 보라.

녔다는 사실을 제거할 때에만 성립될 수 있는 주장이다. 심지어 위대한 자유주의 신학자 홀쯔만도 예수님의 메시아적 자의식의 전체 장(章)을 이질적인 부분으로 천국 복음에서 제거한다는 것이 불가능하다는 것을, 내키지 않지만 인정하였다. 그가 인정할 수밖에 없었던 것은 예수님의 메시아직 없이는 복음 역사의 근간이 상실되고 말 것이라는 사실을 알았기 때문이다.[72]

뒤늦게 한 몫을 한 비평은 '양식 비평'(form-criticism) 학파에 속한 사람들 사이에서 이루어졌다. 그들도 이와 비슷한 발언을 하였다. 디벨리우스는 복음이 예수님이라는 인물에 초점을 맞추고 있다고 서술한다. "그는(예수님은) 천국의 일부분을 그들과 나누는 것이 아니라, 천국의 강요 때문에 친히 천국으로써 메시지를 전달한다." 예수님은 자신의 말씀만이 아니라 인격으로도 하나님 나라 도래에 결정적인 역할을 하는 분이시다. 예수님은 하나님의 대변자에 머무르시지 않는다. 디벨리우스에 따르면 천국의 본질적인 요소가 들어 있는(천국의 '신화적인' 틀로 되어 있긴 하지만) 새로운 존재[73]에 속한 에너지의 원천이시다.

앞장(제6항. 메시아 중심성)[74]에서 필자는 천국을 이해하는 전(全) 사상이 메시아성에 의해 결정된다는 사실을 증명해 보였다. 이것은 구약성경과 후대 유대교의 미래 대망에 해당할 뿐만 아니라, 예수님의 설교에서도 하나님 나라와 메시아(좀 더 자세하게 말하면 인자)는 서로 연관된 개념들이다. 우리는 이러한 관계를 예수님의 메시아적 자기 계시로서 주목하지 않고 객관적인 의미로써만 고찰하였다. 또한 그 나라의 도래와 인자의 오심(parousia)이 일치된다고 주장하는 선언들을 주로 다뤘다.

그러나 이제는 좀 더 주관적인 측면을 강조해야 하겠다. 예수님께서 성취, 즉, 하나님 나라의 도래를 현재적이며 실제적인 실체로 선언하신 모든 선언

---

72) *Neutestament Theologie*, I, pp. 308, 309.
73) *Evangelium und Welt*, 1929, p. 44. 또한 pp. 77, 78를 참조하라.
74) 제6항을 보라.

들을 낱낱이 밝히는 일이다. 이러한 가르침들은 예수님이 자신을 하나님에 의하여 이 세상으로 보냄을 받은 메시아라는 자기 계시와 일치하는 말씀들이다. 그분의 선포는 바로 이러한 자기 계시에 기초하고 있다.

그 나라의 성취 면과 관련한 문제의 핵심은 현재 실현된 예수님의 메시아직이 가진 의의가 무엇인가 하는 것이다. 여기서 우리는 하나님 나라와 메시아 사이의 본질적인 연관을 인식하고는 있지만 두 개념 모두 순전히 미래적인 의미만을 가질 따름이라고 주장하는 철저 종말론 학파의 주장들을 만나게 될 것이다. 예수님께서 하나님 나라를 철저하게 미래적인 실체로 말하지 않으면 안 되었던 것처럼 예수님은 메시아(인자)를 미래에 속한 위대한 인물로 말씀하실 수밖에 없었다는 것이다.

슈바이처는 그가 사용한 문구인 '메시아로 인정되신 분' (messias designatus)이라는 말로 이러한 사상을 풍부하게 표출하였다. 예수님께서 자신에 대하여 생각하셨던 것이 바로 우주의 대변혁 시기에 하나님에 의하여 메시아로 인정되고 또 메시아로 작정된 인물이었다는 것이다. 예수님의 메시아적 자기의식에 대한 이같이 과격한 종말론적 해석은 베르너와 부리와 같은 사람들에 의하여 여전히 강력하게 지지를 받고 있다.[75]

반면 미카엘리스는 '메시아로 인정되신 분' 이란 용어를 채용하긴 했지만 그가 그 말을 사용했을 때는 예수님의 메시아직이 부활절과 오순절 사건과 함께 비로소 시작되었음을 의미했다. 이렇게 본다면 예수님은 그의 지상 생애 동안에는 메시아적 위엄을 주장하시지 않았다. 다만 미래에 얻게 될 메시아직을 내다보면서 말씀하신 것이 되고 만다.[76]

보다 상세히 밝히게 될 것이지만 이 같은 주장은 예수님께서 자신의 메시

---

75) Schweizer와 그의 추종자들이 만들어 낸 예수님의 메시아직에 대한 개념에 대하여는 필자의 책 *Zelfopenbaring en Zelfverberging*, pp. 8ff, 17ff를 참조하라.

76) 이러한 사상은 그의 책 *Täufer, Jesus, Urgemeinde*, 1928과 *Reich Gottes und Geist Gottes nach dem N. T.*, 1931, p. 9에서 발견된다.

아직을 미래에 행사할 것을 언급하며, 그러한 언급이 있는 경우에 예수님 자신을 가리켜 오실 메시아로 언급하고 있다는 점에서 진리의 중요한 요소를 포함한다. 보스(Vos)는 예수님께서 종종 인자의 오심을 언급하셨는데, 그럴 경우 이것을 **재림**으로 번역할 것이 아니라 단순히 메시아의 **오심**(the coming)으로 이해해야 한다고 정확하게 지적하였다(마 24:27, 37, 39). 마찬가지로 예수님은 다른 곳에서 그분이 미래에 나타나실 것을 그분의 오심으로 언급하기도 하였다(막 13:26; 마 24:30, 42; 눅 12:40; 17:30; 18:8 이하).[77]

위의 사실들을 토대로 인자가 아직 오지 않았다고 잠정적으로 추론할 수도 있을지 모르겠다. 이런 이유 때문에 철저 종말론적 관점을 가지고 있는 사람들은 예수님께서 자신을 인자라고 칭한 모든 구절들을 예견적이요 예상적인 의미로 이해하고 싶어 한다.

그러나 좀더 자세히 고찰해 보면 이러한 추론은 전적으로 잘못된 것임이 드러난다. 예를 들어 마가복음 8장 31절의 '인자' 진술들은 이런 식으로 생각할 경우 매우 어색한 설명을 산출하게 되고 만다. 8장 31절을 풀어쓰면 "나는 인자가 되기로 한 자로서 많은 고난을 받아야만 한다."[78]가 된다. 그러나 본문을 이런 식으로 이해한다면 후대의 전승이 인자의 자기 계시를 가리키는 비(非)메시아적 '나-선언'(I-pronouncements)에 삽입되었다고 이해하게 될 것이다.[79]

전승 그 자체만 놓고 볼 때에 전통적인 '나-선언'이 '인자' 선언으로 바뀌는 것은 불가능하지 않다(예를 들면, 막 8:27과 마 16:13). 그러나 그와 같은 변경이 예수님이 초기에 가졌던 메시아 또는 비메시아적 활동과 자기 계시를 후대에

---

77) G. Vos, *The Self-Disclosure of Jesus*, 1926, p. 83(『예수님의 자기계시』, 엠마오, 1986).
78) A. Schweizer, *Das Messianitäts und Leidensgeheimnis*², 1929, p. 67.
79) *Op. cit.*, pp. 68ff. 또한 R. Otto, *Reich Gottes und Menschensohn*, 1934, pp. 190ff. 비록 오토가 예수님의 메시아 되심을 순전히 미래인 것으로 인식하고 있지 않다고는 하지만 말이다(다른 본문들에서 그는 수난에 관한 말씀들을 현재의 인자에 적용한다. 참고. p. 195).

와서 '메시아로서 행한 것으로 둔갑시킨 것'에 기인하였다고 추정할 만한 자료는 한 군데도 없다. 전체의 복음적인 케리그마가 예수님이 메시아시라는 확신에 근거하고 있기 때문에, '인자' 선언에 단순히 미래의 메시아적인 의미를 덧붙이려고 하는 어느 사람이라도 별수 없이 전체의 복음을 같은 방식으로 추론할 수밖에 없기 때문이다.

그러나 만일 예수님의 자아에 관한 예수님 자신의 선언에 그 선언이 지니고 있는 현재 메시아적 의미를 부여하기를 거절한다거나 그 선언을 후기 전승의 산물로 취급하려는 경향에 빠지게 된다면, 복음은 그 본질적인 요소와 가장 근본적인 기초를 상실하고 말 것이다. 여기서 이 문제를 철저하게 다 다룰 수는 없지만 우리가 제시할 자료들로부터 얻은 다음의 요약된 진술은 선(先) 메시아적 개념과 예수님의 오심과 그분의 사역에 대한 묘사를 단정하기가 불가능하다는 인상을 줄 수도 있다.

1) 예수님은 요단강에서 요한에 의하여 세례를 받으시고 하나님으로부터 메시아로 인정을 받은 후 백성들 사이에서 활동하셨다(마 3:17; 막 1:11; 눅 3:22). 이러한 신적 선언은 예수님께서 수난과 죽음을 낭하기 선 산 위에서 변화되었을 때에도 되풀이된다(마 17:5; 막 9:7; 눅 9:35).

여기서 스톤하우스(Stonhouse)[80]와 세벤스터(Sevenster)[81]가 제시한 '이는(너는) 내(사랑하는, 선택된) 아들이니'라는 선언이 과연 예수님의 메시아 직분에만 적용될 것인지, 성부 하나님과 성자 하나님 사이의 본체론적인 관계까지 언급하는지에 관한 문제는 그냥 지나치기로 한다. 둘 중 어느 경우이든지 간에 예수님은 수세시와 산 위에서 변형되었을 때 모두 메시아로 선포되었다. 이와 같은 경우는 사랑하는 자, 선택된 자, "내가 그를 기뻐하노라"는 말 등(사

---

80) N. B. Stonehouse, *The Witness of Matthew and Mark to Christ*, 1944, pp. 16ff.
81) G. Sevenster, *op. cit.*, pp. 101ff.

42:1-4; 마 12:28) 메시아를 묘사하는 몇몇 용어에서 명백히 드러난다.

또 다른 경우는 누가복음 3장 22절의 신적 용어들이 시편 2장 7절의 메시아적 왕에 관한 용어들을 예수님에게 적용시킨 것이라는 점에서도 분명해진다. 이와 같은 지적들은 예견적인 의미로서는 도저히 설명 불가능하다.[82] 그것은 분명히 현재적 상황에 비추어 예수님의 오심과 그분의 사역을 언급하고 있다(특히 변화산상에서 "너희는 그의 말을 들을 지어다"라는 말이 더욱 그렇다). 그 후의 예수님의 전 사역은 이러한 배경에 의해 특징 지워진다.

2) 이와 매우 긴밀하게 연관된 것으로서 하늘에서 소리가 난 것과 아울러 성령이 예수님 위에 강림하신 것을 들 수 있다(마 3:16; 막 1:10; 눅 3:22). 이것 역시 분명히 메시아적 의의를 지닌다. 성령이 예수님에게 강림하신 것은 심리학적으로나[83] 양자론적 기독론(adoptionist Christology)[84]으로는 그 의미를 도저히 설명할 수 없다. 도리어 성부께서 예수님에게 맡기신 메시아로서 수행해야 할 과업이 예수님의 신적인 준비라는 데 그 의미가 있다(사 11:2; 61:1 이하).[85] 동시에 우리는 예수님께서 이사야 61장 1절을 자기 자신에게 적용하신 누가복음 4장 18절의 말씀으로 이해해야 한다.

"주의 영이 내게 임하셨으니 이는 가난한 자에게 복음을 전하게 하시려고 내게 기름을 부으시고……"

구약시대에 기름을 붓는 것이 임직을 위한 것이기 때문에 이사야 61장 1절의 '기름 붓는다'는 것과 '성령'을 조심스럽게 별도로 생각해야 되겠지

---

[82] G. Vos, *op. cit.*, p. 85. "예수님께서 그 직분에 임명되었다는 것 자체가 미래에 속한다고 생각할 수 있었다는 사실을 배제한다."

[83] 참고. H. J. Holzmann, *Das messianische Bewusstsein Jesu*, 1907, pp. 45ff, 그리고 거기에 인용된 참고 자료들을 보라.

[84] 최근의 저자들에 관하여서는 Bultmann, *Geschichte*, p. 264 A를 예로 들 수 있다.

[85] 참고. Hauck의 마가복음 1:10주석, *op. cit.*, p. 15. "성령으로 충만하였다는 말은 메시아직에 필요한 능력을 힘입는다는 의미이다."

만,86) 이것으로 인해 성령의 은사가 직분 행사를 목적으로 한다는 사실이 약화되지는 않는다. 또 다른 본문에서 미카엘리스가 이 사실들이 '예수님이 메시아로 임명됨을 알리는 그분의 서임식'(Ausrüstung für sein(Jesu) Auftreten als Messias designatus)87)을 언급한다고 밝혔다. 맞는 말이다. 하지만 미래적 메시아직에 국한시킨 것은 이러한 말들에 대한 주해에 근거한 것이 아니라 미카엘리스는 가진 일반적인 전제에 기초한다.

예수님 지상 사역 동안 바로 이 성령으로 옷 입으셨고, 그분이 가지신 메시아직으로 인해 성령을 힘입어 사역을 하셨다는 증거가 여러 차례 발견된다. 마태복음 12장 28절에는 예수님께서 하나님의 신으로 귀신을 내어 쫓았음을 분명히 말씀하신 후 하나님 나라가 임하였다고 선언하신다. 이 본문은 예수님이 성령의 힘을 입은 것이 하나님 나라의 도래와 연합(聯合)되어 있음을 보여준다. 이것은 그분의 메시아적 측면을 보여준다.

동일한 문맥(마태복음만이 아니라 마가복음 3:29)에서도 서기관들의 비방이 신성모독,88) 또는 **성령을 거슬러 말하는 것**89)으로 간주되었다. 예수님의 말씀을 행동으로 바꾸는 능력과 그분이 권위를 가지고 말할 수 있는 것은 메시아로서 예수님이 성령을 힘입었다는 사실에 있다.

이 모든 것들은 몇몇 말씀에만 기초하고 있는 것이 아니라, 예수님의 행동의 전제를 형성한다. 하나님에게서 보냄을 받은 메시아이신 예수님은 모든 면에서 성령의 인도와 독려(督勵)를 받는다. 예수님이 요단강에서 세례를 받으신 이후에 "성령은 그를 광야로 몰아내었다"(막 1:12). 예수님은 "성령에 이

---

86) W. Michaelis, *Reich Gottes und Geist Gottes nach dem N. T.*, p. 4. 그러나 또한 J. Ridderbos, *De profeet Jesaja*, II², p. 205를 보라. 사도행전 10:38 등에서는 나사렛 예수님이 "성령과 능력으로 기름부음을 입었다"고 명확하게 기술되어 있다.

87) Michaelis, *op. cit.*, pp. 13, 17.

88) η του πνευματος βλασφημια, 마태복음 12:31; βλασφημειν εις το πνευμα το αγιον, 마가복음 3:29, 누가복음 12:10.

89) ειπειν κατα του πνευματος του αγιου.

끌려 광야로 갔다"(눅 4:1).

이런 이유로 광야 시험은 단순히 하나님의 섭리 하에 일어난 어떤 사건으로만이 아니라 성령으로 무장되고 신적으로 위임된 메시아가 거대한 적을 만난 것으로 묘사된다. 예수님께서 성령에 의하여 광야로 이끌려갔고 성령으로 충만하게 되었다는 사실이 시험하는 자가 엄습해 오더라도 패배할 것이라는 그의 운명을 이미 예견할 수 있게 한다.

또한 예수님께서 세 번째 시험 후에 "사탄아 물러가라!"는 능력의 말씀을 하신 비결이 바로 여기에 있다. 이것은 메시아께서 사탄을 꾸짖으신 능력 있는 말씀이며, 사탄은 처음부터 메시아의 권위와 탁월하심을 인식하였다.[90]

매번 분명하게 언급된 것은 아니지만, 예수님의 메시아적 특권인 성령으로 충만케 되었다는 사실은 복음의 기본적인 주제들 가운데 하나이다. 누가복음 4장 14절에는 다시 한 번 "예수님께서 성령의 권능으로 갈릴리에 돌아가시니"라고 언급되어 있다. 이러한 선언 역시 누가복음 3장 22절과 4장 1절을 밀접하게 연관시킨 상황에서 이해해야 한다. 예수님께서 성령으로 옷 입었다는 사실은 예수님의 전체 행위의 원리와 능력이 되며, 처음부터 끝까지 그분의 활동에 예수님이 메시아로서 행해야 할 의무 수행이라는 표식을 남긴다.

동일한 방법으로 우리는 성령을 사람들에게 **수여**하시는 예수님의 능력에 대해서도 고찰해야 한다. 여기서 요한의 말을 상기할 필요가 있다. 요한은 자기 뒤에 오실 분은(요한처럼) 물로 세례를 주실 뿐만 아니라 메시아적이며 종말론적인 구원의 큰 선물인 성령으로 세례를 베풀 것이라고 주장한다. 성령으로 세례를 베푸는 것은 예수님께서 활동을 시작하신 바로 그때 즉시로 실현된 것이 아니라, 그분이 부활하신 후에 자기 제자들에게 하나님의 임재의 계시로 약속하신 내용이다(행 1:5).

그렇다고 해서 지금 예수님이 단지 메시아로 인정된 분에 불과하다는 의미

---

90) 미카엘리스, *op. cit.*, p. 15에 반대되는 의견임.

는 아니다. 예수님의 메시아직이 단번에 즉시로 충분히 발전되는 것이 아니라는 것을 보여줄 뿐이다. 이러한 사상은 나중에 더 자세히 주의를 기울여 살펴볼 문제이다.

미카엘리스는 그의 책 『신약성경에 나타난 하나님 나라와 하나님의 성령』 (Reich Gottes und Geist Gottes nach dem Neuen Testament)에서 공관복음이 예수님께서 성령을 소유하고 있다고 말하기를 매우 억제하고 있음을 보여주려 했다. 누가복음은 마태복음이나 마가복음보다 이러한 사상을 강조한다고 밝힌다. 그러면서 미카엘리스는 이러한 경우 "복음서의 전통을 의도적으로 개작해야" 한다고 주장한다.[91]

이렇게 하여 미카엘리스는 누가복음 4장 14절과 18절을 단지 조건부로만 받아들이려 한다. 또한 그는 예수님의 시험 받으신 기사에 대해서도, 예수님은 그분이 받으신 성령에 의하여 광야로 이끌림을 받은 것이 아니라 '이상한 힘'에 의해 그렇게 했다는 의견을 표명하였다.[92]

어찌 되었든지 이 본문은 좀더 고대에 속한 전승 속에 있는 것으로 상정될 뿐이다. 이 본문에 따르면 예수님은 성령의 불가항력적인 충동 하에 이끌림을 빋은 것이 된다. 미가엘리스는 누기복음 11장 20절("하나님의 손가락으로") 말씀과 비교하여 마태복음 11장 28절("하나님의 성령으로") 말씀을 이차적인 것으로 간주해 버린다.

정확히 말해서 수세시에 성령을 받은 기사만이 여기서 우리가 고찰해 볼 만한 것이고, 범위를 넓혀 성령을 거슬러 말하는 죄가 어느 정도 이 부류에 속할 뿐이다. 하지만 미카엘리스는 이 몇몇 안 되는 본문들이 전통적으로 예수님께서 성령을 소유한 분이라는 인식과 예수님 자신도 자신을 그렇게 생각하였다는 견해를 내세우기에는 충분하다고 생각한다.

그러나 이 견해는 전혀 근거가 없는 주장이다. 미카엘리스는 예수님께서

---

91) Op. cit., p. 11.
92) Op. cit., p. 15.

지상에서 활동을 하실 때에만 메시아로 인정된 분이었을 따름이라고 지적함으로써 이 사실을 설명하고 있다. 하나님 나라와 하나님의 신(성령)과의 관계는 예수님이 메시아로 인정된 분으로서 성령을 소유한 분이었다는 한에서만 언급될 뿐이라는 것이다.[93]

여기서 미카엘리스가 공관복음서에 등장하는 성령을 자기가 선호하는 예수님의 메시아직의 미래적 인물의 관점에서 임의로 한정시키고 있다는 인상을 받는다. 그러나 다른 한편으로 성령에 관하여 말하고 있는 구절의 수가 비교적 적다. 예수님이 지상 사역 동안 성령으로 세례를 베푸는 인물로는 나타나지 않았다는 것은 사실이다.

이 점에서 공관복음 전승에서 천국은 여전히 미래의 문제로 남아 있다. 필자는 미카엘리스의 결정적인 실수가 예수님의 **그와 같은** 행동을 간과하고 있는 사실에 있다고 생각한다. 예수님의 모든 이적과 말씀들은, 사례마다 항상 분명하게 언급된 것은 아니지만, 절대적인 권위 의식을 가지고 수행되었으며 실제로 성령의 은사와 권능으로 행사되었다.

예수님과 관련시키는 성경 본문의 수가 적다고 해서, 이것을 근거로 예수님이 단지 미래의 메시아에 불과하다고 말할 수는 없다. 오히려 예수님이 메시아이시기 때문에 성령을 소유하고 계시다는 사실은 반복하여 언급할 필요가 없는 전승의 초석이 된다. 그것이 자주 등장하지 않는다고 하더라도 이것이 예수님의 메시아직의 '한계'를 의미하는 것은 아니다. 도리어 예수님의 권세가 메시아의 권세라는 확신을 풍부하게 전달한다. 복음의 기초와 천국이 이미 도래하였다는 증거는 성령을 소유했다는 사실에 있는 것이 아니라 메시아가 오셨다는 사실에 있다.

3) 복음서 전통에서는 예수님이 어느 한 곳에서도 자신을 메시아라고 분명

---

[93] p. 17.

히 언급한 곳이 없다. 더욱이 자신을 메시아라고 부르며 그를 따르거나 그런 식으로 고백하는 사람들에게 몇 차례 조용히 하라고(아무에게도 알리지 말라고) 하셨다는 특기할 만한 사실을 기억할 필요가 있다.

이러한 현상으로 인해 그 뒷 문맥에 주의를 집중하게 된다. 그 동안 예수님의 행위에 메시아적 특성이 없거나 그것이 메시아가 되기 이전의 행동이라는 사실을 증명하려고 온갖 수단과 방법이 다 동원되었다. 하지만 누구든지 복음서에 예수님께서 자신의 절대적 권위를 중언하려고 주장한 여러 선언들이 충만하게 있다는 것을 보기만 한다면, 위에 언급된 모든 것은 적절히 평가될 수 있을 것이다. 이 같은 선언들은 예수님이 성부 하나님과 가지신 독특한 관계와 그분의 메시아적 자의식으로만 설명될 수 있다.

여기서 '역사적'인 것과 '교회의 기독론'의 산물을 구별하려는 비평이 바쁘게 진행되었다는 것 또한 사실이다. 하지만 예수님께서 자기 자신에 대해 '말씀할 수 있으셨던 것'과 '말씀할 수 없으셨던 것'을 구별하려는 노력은 자체 내 모순을 안고 있다고 말할 수 있다. 어떤 과학적 확신에 근거하여 비평가들은 우리에게 전승된 초자연적이고 절대적 자의식을 입증하려는 예수님의 신언들이 하나같이 믿을 민힌 것이 못 되는 부치혁인 것이라고 판단한다.

하지만 이 문제는 눈에 띄는 몇몇 선언들만의 문제가 아니라, 예수님의 자기 계시의 총체적인 특성과 관계되는 문제이다. 예수님의 자기 계시에 있어서 예수님의 메시아 되심은 예외적으로 직접적이고 공공연하게 계시되었다. 그러나 예수님께서 자기 자신에 대하여 언급하고 있는 말들 **하나하나**를 자세히 검토해보면, 그것이 간접적이고 많은 경우에 있어 암시적으로 표현되었기는 하지만 모든 자연적인 한계들을 초월하는 자의식의 발로이며, 그러한 까닭에 이것을 그분의 메시아적 사명과 관계시키지 않고서는 달리 이해할 수 없음을 알게 된다.

그러므로 우리에게 전해진 예수님의 메시아적 자기 계시에 관한 모든 내용에서 확고한 통일성을 이해하기 위해 노력할 것이고, 여러 가지 개별 선언들에 대한 비평들을 논하지는 않을 것이다.

이런 점에서 공관복음서 전승의 극치는 마태복음 11장 27절과 누가복음 10장 22절에서 발견된다. 여기서 예수님은 성부 하나님께 찬양을 돌리신다. 하나님께서 이것을 "지혜롭고 슬기 있는 사람들에게는 숨기시고 어린 아이들에게는 나타내셨기" 때문이다. 예수님은 계속해서 "내 아버지께서 모든 것을 내게 주셨으니 아버지 외에는 아들을 아는 자가 없고 아들과 또 아들의 소원대로 계시를 받는 자 외에는 아버지를 아는 자가 없다"고 말씀하신다.

이 말씀은 성부와 성자의 본질의 동등성과 통일성[94]을 가르치듯이, (메시아의) 사역과 권세에 관한 내용을 담고 있다. 성자의 비밀은 성부의 비밀과 동등한 위치에 놓여 있고, 성부와 성자에 관한 계시의 상호 교환은 두 분이 가지신 절대적인 특권이다. 이 두 가지 사실이 본 문맥에서 중요한 문제이다. 예수님의 메시아 되심에 대한 초자연적인 중요성을 제공해 줄 뿐만 아니라 그것의 현재적인 성격도 보유하고 있기 때문이다.

예수님께서 미래와 관련한 어떤 중요성을 지니는지와 상관없이, 여기서 제시하고 있는 성부와 성자 사이의 본체론적인 관계는 미래를 언급하는 것으로 이해될 수 **없다**. 그 본체론적 관계는 예수님의 선재성을 전제한다. 하지만 바로 이 사실로부터 예수님의 지상 생활과 관련하여 순전히 미래적인 메시아직을 생각하는 것은 불합리하다.

이제 위에서 언급한 의미에서 예수님이 하나님의 아들이 되신다면, 예수님은 그분의 지상에서의 실존 때문에 그분의 메시아성이 손상을 입을 수가 없다. 재림(parousia) 이전에 그리스도께서 성육신하고 인간의 몸을 입고 지상에 계신 의미는 전혀 문제없이 해결된다. 그러므로 메시아로 인정되셨다는 사상은 '기독론적인 도그마(dogma)의 철저한 붕괴'를 의미한다.[95]

---

94) 참고. Sevenster, *op. cit.*, p. 101.

이 견해에는 단지 암시적으로만 언급되고 있다는 제약이 없지는 않으나, 예수님 자신이 반복하여 자신의 메시아로서의 사명을 **과거 시제**를 사용하여 말씀하셨다는, 즉, 그분에게 이미 맡겨진 것과 그분이 지금 수행하고 있는 것이 무엇인지를 알려주는 예수님 자신의 강조점이 있다.

그런 까닭에 마태복음 11장 27절과 누가복음 10장 22절의 말씀들은 예수님께서 부활 후에 자신의 능력과 권세를 선포하신 것(마 28:18)과 밀접한 관련이 있다. 전후 문맥에 비추어 살펴볼 때 이 말씀들은 예수님의 이적들 중에서 단순히 미래에 행할 이적만이 아니라 현재 행하시는 이적들과 관련된 것으로 보인다.

동일한 과거 시제가 소위 오심 어록(elthon sayings)에 예수님의 오심 또는 인자의 오심을 다룬 본문에서 발견된다. 하르낙은 이 어록(語錄)들을 연구하면서 이 말씀들에는 메시아적 의미가 전혀 없다는 사실을 확립하려 하였다.[96] 그러나 세벤스터가 이를 입증하였다시피,[97] 하르낙의 견해는 전적으로 자연주의적 전제에 근거하고 있다. 이제는 이 말씀들이 특별한 기독론적 의미를 지니며 예수님의 선재(先在)를 전제하고 있다는 사실이 점점 더 일반적으로 인식되고 있다.

여기에 언급된 '오심'(the coming)은 '하늘로부터 오심'(coming out of heaven)으로 인식해야 한다. 이 용어는 하나님의 뜻의 현현을 언급하는 사상세계에 속한다.[98] 현대의 과격한 비평주의는 구자유주의 신학자들이 행하였던 것과 동일한 전제들로부터 출발하지만, 공관복음 전승에 더 깊은 의미를 부여한다. 그렇지만 현대 비평은 이러한 어록들의 진정성을 부정하며, 모든 어록들

---

95) A. A. van Ruler, *De vervulling der wet*, 1947, p. 83. 또한 R. Otto, *op. cit.,* pp. 131ff, 167를 참조하라.
96) A. Harnack, "Ich bin gekommen," *Zeitschr. f. Theol. und Kirche.* 22, 1912, pp. 1ff.
97) *Op. cit.,* p. 105.
98) J. Schneider, *TWB*, II, p. 664의 "ἔρχομαι" 항목, 또한 Bultmann의 *Geschichte*, p. 168를 참조하라.

의 대부분이 후시대의 산물로서 특징을 지니고 있다고 생각한다.[99]

이러한 오심 어록들이 예수님께서 이처럼 소명을 받았다는 특별한 의식을 증언하고 있다는 것은 부인할 수 없는 사실이다. 이 소명의 내용을 자세히 검토해 보면, 다름 아닌 메시아적인 소명인 것을 알 수 있다. 예수님은 '죄인들을 회개시키기' 위하여 오셨다(막 2:17 이하). 그는 '땅에 불을 던지러 오셨으며'(눅 12:49), '화평이 아니라 검을 주러 오셨다'(마 10:34 이하, 참고. 눅 12:51 이하). 그분은 율법이나 선지자들을 폐하러 온 것이 아니라, '완성시키러' 오셨다(마 5:17). 예수님은 '하나님 나라를 선포하기 위하여 오셨다'(막 1:38).

여기에 "내가 보내심을 입었노라"(눅 4:43)라는 말로 시작되는 어록들을 첨가할 수 있다. 더욱이 예수님은 자신을 '잃은 자를 찾아 구원하기 위하여' 오신 인자라고 소개하신다(눅 19:10; 9:56을 담고 있는 몇몇 사본들, 마 18:11). 그분은 섬김을 받으러 온 것이 아니라 오히려 섬기려 하고, 자기 목숨을 많은 사람들의 대속물로 주러 오셨다(막 10:45; 마 20:28; 참고. 마 11:18, 19; 눅 7:33, 34).

이와 같은 선언들에는 어떤 선지자적인 자기 계시 그 이상이 암시되어 있다. 비록 이러한 자기 계시마저도 예수님의 메시아적 자기 계시에 속하는 것이긴 하지만 말이다.

신학자들 중에는 오심 어록을 메시아적 형식과 같은 것으로 간주하여 이를 뒷받침할 만한 성구로서 누가복음 7장 20절 말씀을 들기도 한다.[100] 마태복음 11장 2절에 나오는 오실 자(ho erchomenos)가 분명히 메시아를 지칭하고 있다는 사실과 비교하라. 이러한 주장이 약간 지나치다는 느낌을 주고 있으며 다른 본문에서 세례 요한의 '옴'대한 문제도 제기되고 있는(마 11:18) 것도 사실이다.

그러나 예수님의 오심의 성격과 목적에 대하여 언급하고 있는 말씀은 이 오심 어록들에 실제로 메시아적인 의의가 압도적으로 표현되어 있다는 사실

---

99) Bultmann, *op. cit.*, pp. 163-174.
100) 참고. E. Stauffer, *TWB*, II, p. 345의 'εγω' 항목.

을 보여준다. 예를 들어 "땅에 불을 던지러 왔다"(눅 12:49)는 말은 예수님의 말씀과 행위로 야기되는 불화를 가리키는 것으로 이해해야 하겠지만, 50절의 말씀을 보면 이러한 반응을 위해 예수님의 고난과 죽음이 요구되고 있는 것 같다.101)

이 모든 것은 하나님 나라가 이 세상에 도래함으로써 야기된 거대한 구분과 연관이 있다.102) 이 불은 땅에서 시작된 것이 아니라 하늘로부터 세상에 던져졌다(Ignis ille non est nativus terrae.-Bengel). 여기에는 선지자적인 사명 그 이상이 들어 있다. 이것은 메시아적 사명과 메시아적 권위에 관한 내용을 담고 있다. 동일한 원리가 예수님으로 말미암아 가정 안에 발생하는 불화에도 적용된다(마 10:34-36; 눅 12:51-53).

이 사실로써 종말 때에 발생할 대혼란에 대하여 예언하는 미가서 7장 6절의 유명한 종말론적 예언이 성취되었다. 이 본문에서 예수님은 자신이 그 예언을 성취하기 위하여 왔다고 말씀하신다. 그래서 예수님은 예언을 말씀한 분이실 뿐만 아니라, 그분이 세상에 나타나신 순간부터 예언의 대상이 되신다.

예수님이 세상에 오신 목적이 다른 것이 아니라 메시아적 사명을 성취하려는 데 있다는 사실은 **인자에 관한 오심 어록**에서도 분명하게 유추해 낼 수 있다. 이 구절들은 예수님께서 자신을 예변적인 의미에서만 인자라고 칭하신 것이 아니라 인자가 (실제로) 임하였다는 사실을 강조하고 있음을 확실하게 보여준다. 다른 곳에 예언된 오심은 인자가 이미 왔다는 사실을 배제하지 않는다. 인자의 지상 사역에 관한 예수님의 선언들이 다니엘 7장 13절 이하(참고. 눅 19:10, 막 2:10)의 말씀과 부합되는 그분의 위엄과 권위를 가리킬 뿐만 아니라, 예수님을 여호와의 고난 받는 종에 대한 예언을 성취할 인물로 소개한다는

---

101) 참고. Greijdanus, *op. cit.*, "주께서는 이 세상에 오심으로 이 불을 붙게 하셨다는 것이 사실이다. 하지만 그 불은 그리스도의 구속 사역이 완전하게 될 때, 즉 그분의 부활과 하늘에 오르실 때와 성령의 강림이 이루어질 때에야 비로소 완전하게 붙게 되었다."
102) 참고. Manson, *op. cit.*, p. 160; Klostermann, *op. cit.*, p. 141.

사실(막 10:45)은 특히 의미심장하다.

오심 어록을 비롯하여 예수님께서 자기 자신에 관하여 예언하는 모든 것들이 베일에 싸여 있긴 하지만, 이 모든 말씀들이 예수님의 자기 계시 전체와 관련하여 메시아적인 의미를 지니고 있으며, 그분의 지상 생애 동안 가지신 예수님의 메시아직을 언급하고 있다는 사실은 부정될 수 없다.

또한 이 오심 어록은 예수님의 절대권과 능력에 대한 자의식을 강하게 표명한 소위 '나는'(ego) 선언과도 밀접한 연관이 있다. 그래서 옛 사람들이 말하였던 것과 대조적으로 예수님께서 반복하여 사용하신 "그러나 나는 너희에게 이르노니"(ego de lego humin, 마 5장)를 통해서 예수님은 그분의 권위 있는 말씀을 발하신다.[103]

특히 중요한 것은 예수님께서 구원과 저버림의 표준으로 예수님에게 속하고 그분 자신(ego)과 연합하라고 요구하시는 말씀들이다. 이 말씀들은 마태복음 7장 23절의 "나를 떠나라"(참고. 25:31)는 심판의 말씀에서 보듯이 철저히 미래에만 관계되는 말씀이 아니다.

마태복음 7장에서 우리는 세상에 대한 미래의 심판의 말씀을 읽는다. 예수님은 자기 자신과 행악하는 사람들 사이의 모든 인간적인 관계까지 부인하시면서 "내가 너희를 전혀 알지 못하노라"라고 말씀하신다. 예수님은 행악하는 자들을 쫓아 버리셨다. 이것은 결국 그들에 대한 심판을 암시한다.

이와는 반대로 그분은 지금 '수고하고 무거운 짐 진 자 모두'를 초대하시며 "내게로 오라"고 부르신다(마 11:28). 이 부름은 그분의 계명을 성취하라는 요청 이상의 것을 의미한다. 바로 구세주의 메시아적 부름이다. "수고하고

---

103) 이에 대해서는 Stauffer가 바르게 서술하고 있다. "여기서 예수님께서 말씀하고 계신 것은 옛 진리에 대한 새로운 통찰력을 제공해 준다. 그분이 요구하시는 바는 단순히 영원히 타당한 이상에로 이끄는 끝없는 길목에 선 새로운 진전이 아니다. 예수님의 요구의 정당성은 전적으로 그분의 인격의 성격과 사명의 합법성에 달려 있다. 메시아가 임하였고 하나님의 권위로 옷 입었으며, 자기 백성들을 향하여 명령을 발하신다. 바로 이러한 그분의 자아(ego)로부터만 그분의 말씀은 정당성을 갖게 된다." *op. cit.*, 또한 H. Windisch, *Der Sinn der Bergpredigt*, 1929, pp.93ff.

무거운 짐 진 사람들"에게는 예수님 안에서의 구원이 있다. 그리고 그분은 그들에게 안식을 주실 것이다. 예수님에게 와서 그분과 교통을 갖는 것은 구원의 필수 조건이다. 이것은 천국에 들어가는 표준이 예수님 자신(ego)에 대하여 취하여야 하는 태도에 있음을 보여주는 말씀들을 이해하는 방법이다.

절대성에 대한 이러한 의식은 그 표현이 대단히 풍부하게 나타난다. 예를 들어 마태복음 12장 30절의 "나와 함께 하지 아니하는 자는 나를 반대하는 자요"와 같은 말씀이 바로 그러하다(막 9:40 참조). 제자들의 설교 여행에 대한 기사(마 10장)의 결론부 말씀은 전적으로 예수님이 절대적인 권위 의식(32-42절)에 충만하여 하신 말씀이다. 여기서 예수님은 '나를 시인하는' 것(homologein en emoi)과 '나를 부인하는' 것(arneomai me)에 대하여, 또한 '아비나 어머니 아들이나 딸을 나보다 더(huper eme) 사랑하는' 것과 '내게 합당치 않은' (ouk estin moi axios) 자에 관하여 교훈하셨다. '그분을 따르는' (akolouthein opiso mou) 문제, '나를 위하여(heneken emou) 자기 목숨을 잃는' 문제와 예수님의 제자를 영접하는 것은 곧 '나를(예수님을) 영접하는' 것(dechesthai eme)이요, 그를 영접하는 것은 곧 그를 보내신 자를 영접하는 것(40절)에 관한 말씀을 전하셨다.

다른 복음서에도 이것과 비슷한 병행 구절들이 있나. 또한 이와 유사한 많은 본문들까지 치면 훨씬 더 많이 늘어날 것이다. 이러한 모든 표현들에서 예수님은 그리스도로서 말씀하신다. 그리스도의 인격과 사역에는 세상과 인간에 대한 최후통첩과 가장 큰 결단이 놓여있다. 하나님께서는 그리스도를 통하여 그분의 은혜와 공의, 구원과 저주를 가지고 세상에 오신다. 예수님께서 바실레이아 투 우라누(천국)와 바실레이아 투 떼우(하나님 나라) 대신에 메시아적 나(ego)를 설교하신 이유가 바로 여기 있다. 이것은 미래적 의미만이 아니라(예를 들면, 막 9:1과 마 16:28), 현재적인 의미도 지닌다.

마가복음 10장 29절과 마태복음 19장 29절에 기록된 "내 이름을 위하여 집이나 형제나 자매나 부모나 자식이나 전토를 버리라"는 요구는 누가복음 10장 29절의 "하나님 나라를 위하여" 그렇게 하라는 것과 동일하다. 예수 그리

스도의 이름과 메시지, 그리고 예수 그리스도 자신은 하나님 나라와 동일시 된다.[104]

이 모든 자료들의 근저에는 전혀 의심할 바 없이 예수님의 오심과 사역의 현재적인 메시아적 특성이 있다고 말할 수 있다. 그래서 예수님께서 선언하신 성취의 의미는 그것의 진정한 본질로 계시된다. 그리스도가 오셨기에 천국이 임하였다. 그분은 하나님 나라 그 자체(auto-basileia)이시다(Origenes). 그분이 행하시고 말씀하시고 주신 것은 무엇이나 다 시간의 성취, 곧 하나님께서 주시겠다고 약속하신 구원의 계시를 표명한다.

이러한 이유로 그 나라의 계시의 양상은 그리스도의 계시에 달려 있다. 이것은 결과적으로 그 나라의 도래의 잠정적인 성격과 더불어 그 나라의 현존성을 이해하는 올바른 통찰력을 가져다준다. 다음 장에서 우리는 이에 대해 좀더 자세히 살펴 볼 것이다.

부기(附記)

필자는 여기서 예수님의 메시아직과 하나님 나라의 도래의 관계를 설명한 오스카 쿨만의 의견을 언급하려 한다.[105] 쿨만은, 신약성경에 나타난 하나님 나라가 현재적인지 아니면 미래적인지에 대한 끊임없는 논쟁에 대해, 그리스도의 나라(basileia tou huiou, 아들의 나라)와 하나님 나라(basileia tou theou) 사이의 명백한 시간적인 차이를 염두에 둔다면, 다른 방향으로 돌릴 수 있었을지도 모른다고 생각한다.

쿨만은 고린도전서 15장 23절 이하를 인용해 그리스도의 나라와 하나님 나라를 구분짓는다. 그에 따르면, 그리스도의 나라(Regnum Christi)는 예수님의 부

---

104) K. L. Schmidt, *TWB*, I, pp. 590, 591에 있는 'βασιλεία' 항목.
105) Cullmann의 생각은 그의 *Königsherrschaft Christi und Kirche im Neuen Testament*², 1946에서 상세하게 다뤄졌다.

활에 근거하고 있으며, 그것은 그분의 승천과 더불어 시작된다.

현재는 그리스도의 나라가 잠정적으로 이 세대와 혼합되어 있다. 그래서 하나님을 대적하는 적대적인 세력들이 결정적으로 멸절되는 것은 여전히 연기되었다고 말할 수 있다. 이러한 그리스도 통치의 최종적인 국면은 그분의 재림 때 발생할 것이다. 그때에 마지막 투쟁이 시작된다. 이러한 양태로 그리스도의 나라는 그 마지막 행위와 더불어 올 세대(새 창조의 올 세대, aion mellon)의 처음 행위에 진입한다.

마지막 행위가 이미 부분적으로 올 세대와 중첩되어 있다는 차원에서, 쿨만은 이것을 요한계시록 20장 4절 이하의 천년 왕국과 동일시한다. 이후에 그리스도께서 '하나님 나라를 넘겨주게 될 것'이며 그때에 하나님 나라가 시작된다.

쿨만에 의하면 그리스도의 행위가 과거와 미래 등 모든 시대에 세상의 전체 역사에 결정적인 역할을 하기 때문에, 신약성경에 하나님 나라에 관한 예언적인 성격을 띤 선언들이 존재할 가능성이 있다. 이와 마찬가지로 쿨만은 하나님 나라가 임하였다는 예수님의 선언을 언급한다.

"그의 죽음을 통하여 승리를 얻으러 오신 예수님께서 땅에 서신다는 것과 같은 예언적인 말씀들은 지극히 자연스럽다."

신약성경의 일반적인 언어 사용이 왜 일관성이 없이 진행되는지가 설명된다. 성자를 성부에게서 분리할 수가 없듯이, 그리스도의 나라는 그 내용 면에서 성부의 나라로부터 분리될 수가 없다. 하지만 그리스도의 나라는 시간적인 의미에서 분리된 실체로서 나타난다. 즉, 그리스도의 나라는 그리스도의 승천과 더불어 시작하여 지금 지속되고 있으며, 미래 세대가 시작될 때 최종적인 단계에 이른다.[106]

지금까지 논의한 모든 내용에 중대한 질문 두 가지가 담겨 있다. 첫 번째

---

106) *Op. cit.*, pp. 11-19.

질문은 그리스도의 죽으심과 부활 이전에 하나님 나라가 온다는 것에 관한 선언들이 과연 예언적인 성격을 띠고 있는지의 문제이다. 두 번째 질문은 그리스도의 나라를 시간적인 의미에서 순전히 미래적인 종말론적 하나님 나라보다 앞서 있는 것으로 간주할 수 있는지의 문제이다.

첫 번째 논제는 이미 살펴본 대로, 미카엘리스가 변호했던 내용이다. 필자는 첫 번째 논제가 그리스도의 죽음과 부활 이전의 그리스도의 인격과 사역의 의의를 제대로 평가하지 못했다고 생각한다. 그리스도의 죽음과 부활이 그분의 나라의 실현에 근본적으로 중요하기는 하지만, 그 나라의 실현이 그리스도의 죽음과 부활 때에 시작되지는 않기 때문이다. 그 나라의 시작은 그리스도의 죽음과 부활에 있지 않다. 그의 오심, 즉, 그분의 성육신에 있다. 이 문제에 대해서는 앞에서 논의한 그리스도의 오심에 대한 문제들을 참고하라.

자주 인용되는 말씀인 사도행전 2장 36절을 근거로 하여 하나님께서 그분을 단지 죽음에서 부활시킴으로 그리스도가 되게 하셨다고 하는 공관복음의 기독론이 예기적(그리스도로 명명된다는 면에서)이라고 주장할 수 없는 것과 마찬가지로, 하나님 나라의 현재성이 그리스도의 죽음과 부활과 더불어 시작된다고 할 수 없다. 어느 하나는 다른 것과 불가분의 관계를 맺고 있으며, 복음서에 나오는 하나님 나라에 대한 선포들의 예기적인 개념은 자연스럽게 예수님께서 부활하기 이전에 메시아로 임명되었다는 사상으로 연결된다. 지금까지 논의한 것에 의하여 이 두 견해는 지지받지 못한다는 것이 증명된 셈이다.

그리스도의 왕 되심과 이에 동반되는 그 나라의 임함은 그리스도의 승귀에만 근거하는 것이 아니다. 이미 살펴본 바와 같이(마 11:27; 3:17 등) 그리스도의 생애의 초두에 이미 선포되었고, 그 심오한 초석이 성부와 성자의 연합에서 발견되는, 성부의 영원하시고 선하신 뜻에 근거한다.

---

107) Cullmann, *op. cit.*, p. 19의 주 24. Schmidt, *op. cit.*, p. 582.

쿨만의 두 번째 논제도 이것과 연관이 있다. 우리는 고린도전서 15장 23절을 근거로 "그리스도의 나라를 성부에게 바친다"고 당당히 말할 수 있다. 하지만 필자의 의견으로는 전(全) 신약성경의 근저에 이러한 시간적 구별이 있음을 주장하거나 사실상 이러한 구별이 발견되지 않는 본문들을 언급할 때에 "일관성 없이 사용한다"고 말하는 것은 너무 도식적인 것 같은 느낌이 든다.

확실히 이러한 구별은 쿨만이 슈미트에 반대하여 취할 수 있었던 '절대적인 요구'라고는 말할 수 없다. 키텔의 신학 사전에서 슈미트는 다음과 같이 기록하였다.

"하나님 나라가 없는 그리스도의 나라란 생각도 할 수 없다."[107]

그러나 복음서에는 용어로나 실제로나 쿨만이 자행한 것과 같은 하나님 나라와 그리스도의 나라의 구별이 존재하지 않는다. 그리고 이 견해에 대한 가장 큰 반대는 하나님 나라라는 표현이 순전히 미래의 종말론적 성격을 지시한다는 방식으로 표명되고 있다. 이것은 전혀 복음에 근거한 것이 아니며, 모든 점에서 복음과 상충된다.

이와는 다르게 하나님 나라는 복음의 전경(前景)으로 나타난다. 그리고 그리스도의 오심과 사역이 발생한 바로 그 시간부터 하나님 나라는 실현되기 시작한다.

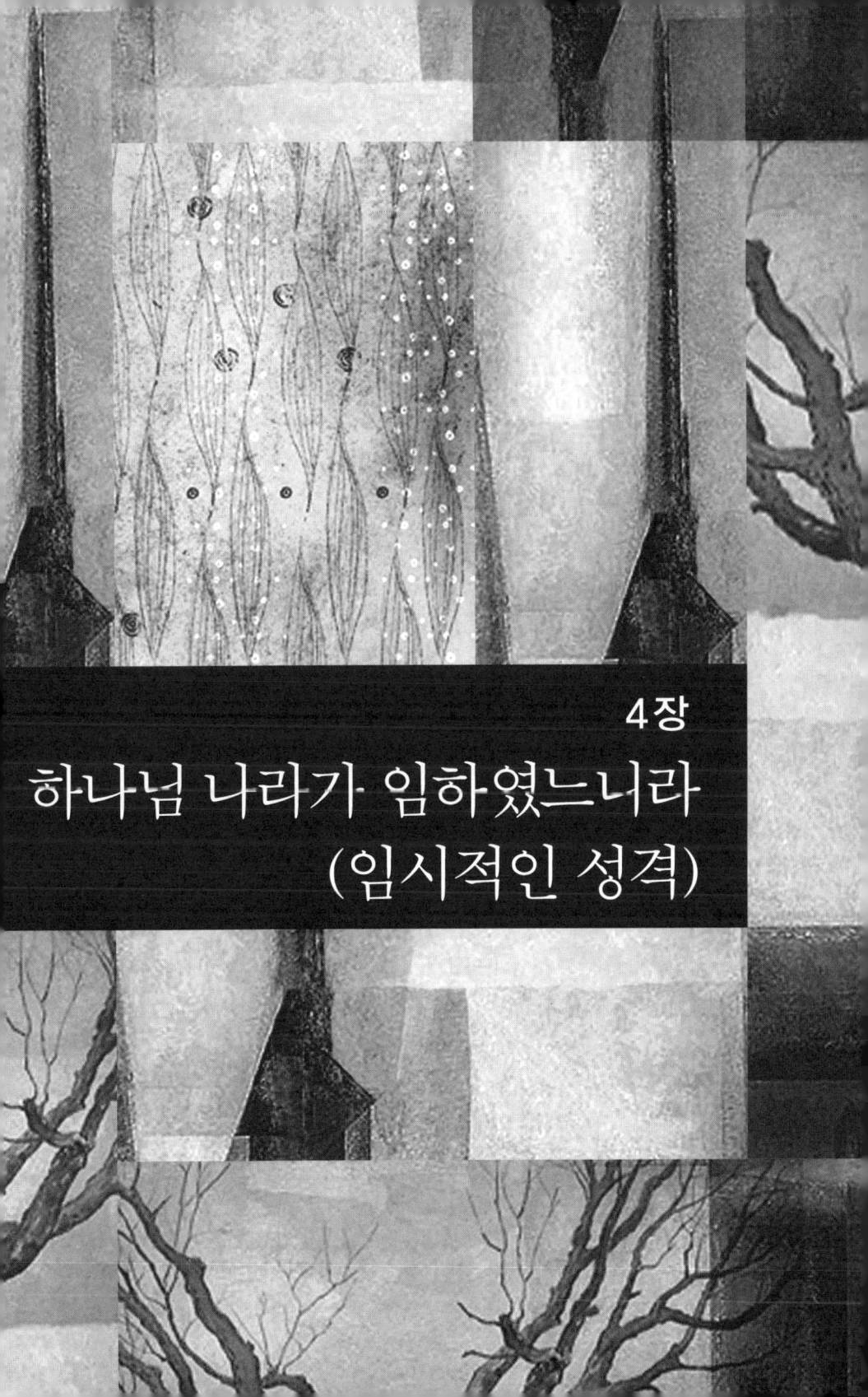

4장
하나님 나라가 임하였느니라
(임시적인 성격)

14. 현재성과 미래성

예수님께서 선포하신 천국의 도래에 관하여 앞장에서 진행되었던 논의에서는 예수님께서 천국의 도래를 다소간 가까운 미래에 있을 것으로 기대되는 실체로만 주장하지는 않으셨다는 사실이 확실해졌다. 더욱이 예수님은 천국을 그분의 인격과 사역으로 나타낸 구약의 구원 약속의 현재적 성취로 선포하기도 하셨다.

이러한 사실로 인해 우리는 '철저' 종말론 학파가 처음에 주장한 역사적인 개념인 예수님을 철저하게 미래적이요 환상적인 하나님 나라를 전파한 설교자로 간주한 것이나, 후대의 이상적 또는 실존주의적 해석에 따라 이를 종말론적 '사상'이나 '사건'으로 취급한 입장들을 따를 수가 없다는 결론에 도달하게 된다.

이러한 종말론 학파에게도 그 나름의 장점이 있다. 종말론 학파는 신약의 하나님 나라 개념에서 지금까지 자유주의 신학에 의해 인식되어 왔던 '하나님 나라' 개념의 모델이라고 불렸던 계몽주의가 제시한 근대적 관념들을 제거해 버렸다. 종말론 학파는 하나님 나라 사상을 그것 자체의 역사적 특성인 구약의 예언과 종말론 사상에 끼워 맞추려고 무진 애를 썼다.

하지만 종말론적 해석은 그 철저하고도 일관성 있는 형식상 절대로 받아들일 수 없는 해석이 되고 말았다. 종말론적 해석에서는 예수님께서 자신을 구약 예언이 성취되었고 구원이 임한 바로 그 메시아로 계시하셨다는 사실을 부정하고 있기 때문이다. 바로 이러한 이유에서 철저하게 종말론적으로 성경을 해석하게 되면 천국이 실제로 현존하며 현재적 유익을 얻을 수 있다는 사상을 위한 여지가 전혀 남지 않게 된다.

"천국이 임하였다"는 주장이 우리가 말할 수 있는 모든 것을 망라한다는 의미는 아니다. 앞장에서 우리가 다드의 개념과 반대되는 입장에서 예수님께서 반복해서 하나님 나라의 미래성에 대하여 말씀하셨으며, 이러한 미래성이 모든 것의 극치와 충만의 성격을 전달해 준다는 사실을 보았다. 이것은 하나님 나라의 현재성에 관한 예수님의 선언들과 그분의 메시아적 자기 계시의 엄청난 부분을 차지한다. 하나님 나라의 현재성과 관련한 예수님의 가르침 속에는, 설령 극치의 순간이 아직 도착하지 아니하였다고 하더라도 천국과 메시아의 현재성이 천명되었다. 그러한 까닭에 예수님께서 선포하신 하나님 나라의 도래는 불완전하고, 임시적인 성격을 지닌다.

그러나 지나치게 현재성과 미래성만을 강조하지 않도록 주의해야 한다. 복음서에서 현재적인 하나님 나라와 미래적인 하나님 나라가 분명하게 구별되지 않았다는 점은 특기할 만하다. 어느 곳에서는 **천국이 왔다**고 말하고, 또 다른 곳에서는 **천국이 올 것이라**고 말하고 있을 뿐이다. 가끔은 천국이 과연 현재적 의미로 언급되어 있는지, 아니면 미래적인 의미로 언급되어 있는지 확정짓기가 어려울 때가 있다.

복음의 성격이라고 할 수 있는 분명하고 조직적인 용어의 결여가 이러한 현상이 일어나는 원인의 전부는 아니다. 여기에는 첫 번째 도래와 두 번째 도래, 임시적인 하나님 나라 계시와 결정적인 하나님 나라 계시와 같이 너무 피상적인 구별 때문에 간과되어서는 안 되는 사실적 중요성도 분명히 존재한다. 이러한 구별이 사실적 근거에 의해 옹호된다고 하더라도 말이다.

즉, 위와 같은 현상은 천국의 통일성과 그 천국을 부여받은 분의 통일성에 근거한다. 이같은 사실은 누가복음 4장 18절 이하에 명백하게 나타나 있듯이 근본적으로 하나의 도래, 하나의 성취, 그리고 하나님의 하나의 결정적인 사역에 관한 질문만이 있음을 암시한다. 여기에는 성경의 실현된 성취가 최종적인 기간의 대(大)갱신을 묘사하는 용어들로 언급되어 있다.

이러한 이유로 천국의 도래를 여러 분리된 부분들로 나누려는 모든 시도를 거부해야 한다. 그리스도의 오심과 더불어 세상에 모습을 드러낸 천국은 다름 아닌 예언의 끝(마 11:13; 눅 16:16)과 사탄의 결박(마 12:28), 놀랍고도 전 포괄적인 생명의 구원(마 11:5; 눅 4:18, 19), 인자의 권위와 능력(막 2:10), 심령이 가난한 자가 누리는 복(마 5:3)을 의미한다. 하나님 나라를 윤리화하거나 상징적으로 추론하거나 심지어 미래성에서 현재성을 제거함으로써 (천국의) 이러한 성격을 없애버리려는 시도는 천국 복음의 내용들을 해체하는 것이다.

오히려 우리는 예수님 설교의 특징적이고 특기할 만한 성격을 하나님 나라에 관하여 현재적이면서도 동시에 미래적인 실체로서 극치에 달한 종말론적인 의의가 있는 것으로 선포했다는 데에서 찾아야 한다.

성취는 이루어졌으나 천국은 여전히 미래에 임한다. 천국은 이미 왔다. 하지만 그 성취는 아직 미정인 채로 남아 있다. 이러한 견해를 일관성 있게 유지하는 것이 바로 복음을 이해하는 근본적인 전제들 가운데 하나이다.

동시에 이러한 통일성이 많은 점에 있어서 문제가 되기도 한다. 즉, 인간의 이성으로는 도무지 풀지 못한다는 것이 문제이다. 이 문제는 예수 그리스도 안에 있는 구원의 신적 사역의 통일성과 범위와 관련된 것이기 때문이다. 이것은 세례 요한의 설교 이후에 때가 찼고 하나님 나라가 임하였다는 메시지를 가지고 사람들 앞에 나선 예수님을 본 사람들에게는 특별히 위급한 문제였다. 예수님의 설교를 들은 사람들은 단지 하나님 나라의 도래를 주의 날과 세상 심판과 지상적인 실체의 끝이 임하는 것으로 생각하였다. 이러한 문제는 위대한 선포자(세례 요한을 의미함-옮긴이)의 질문 속에 표명되었으며, 그의 불확실과 의문은 다음과 같은 말로써 나타나게 되었다.

"오실 그 이가 당신이오니이까 아니면 우리가 다른 이를 기다리오리이까" (마 11:3).

이제 예수님의 말씀과 사역들 속에서 이미 시작된 하나님 나라의 도래의 **양태**와 이와 같은 하나님 나라의 현재성과 미래성 사이의 관계 문제를 탐구할 것이다. 이 점을 지시하는 직접적인 선언들을 추적하고 비교할 뿐만 아니라 전체 복음의 빛 아래서 이 문제를 논의해 나갈 것이다.

15. 악한 자의 때

주께서 천국 도래의 현재성과 미래성과 관련하여 선언하신 말씀들에는 커다란 긴장이 존재한다. 이러한 사실은 예수님께서 복음서에서 악한 자가 계속 보유하고 있는 세력에 관하여 말씀하신 것을 살펴볼 때 가장 효과적으로 증명될 수 있을 것이다. 앞장에서 우리는 예수님께서 악한 자를 누르고 승리하셨음을 선언하는 주장들을 인용했다(본서 제9항 '악한 자가 정복됨'이라는 항목을 보라). 이것은 복음서에서 천국의 현재성을 보여주는 가장 분명한 증거들 가운데 하나다.

하지만 동시에 복음서에서 사탄의 세력이 완전히 끝난 것이 아님을 본다. 예수님과 특히 그분의 제자들에게서 이 세력이 계속 되고 있으며 결코 끝난 것이 아니라는 뚜렷한 증거를 접하게 된다. 마태가 우리에게 전하여 준 주기도문에서 명확히 드러난다. 예수님은 제자들에게 다음과 같이 기도하라고 가르치신다.

"우리를 시험에 들게 하지 마옵시고 다만 (그) 악(한 자)에게서 구하옵소서" (마 6:13).

처음 부분은 악한 세력에 대한 언급이다. '시험'(temptation-또는 유혹)은 죄악에 떨어질 위험을 초래하는 상황만을 뜻하지 않는다.[1] 인간으로 하여금 죄에 빠지게 하는 악한 자의 적극적인 영향력도 포함한다. 그러므로 우리가 드려야 할 기도문은 다음과 같을 것이다. "우리로 시험하는 자의 손에 들어가지 않게 하옵소서."[2]

두 번째 부분은 악(evil)으로부터 건져달라는 기도로 이해되어서는 안 된다. 반대로 우리를 악한 자에게서 건져달라는 내용으로 주기도문을 이해해야 한

---

1) Zahn, *op. cit.*
2) Schniewind, *Matth.* p. 85

다. 여기서 문제의 단어 '악' 또는 '악한 자'를 중성(to poneron. 악)으로 이해해야 한다고 주장하는 사람들은, 디모데후서 4장 18절과 디다케 10장 5절에 그 이론적 근거를 둔다.3)

하지만 '악한 자'라는 **인격적** 표현이 타당하다는 강력한 이유가 있다. 비록 이것이 더 강력한 이유는 되지 못하더라도 말이다. 마태복음 12장 28, 29절, 13장 19, 39절, 마가복음 8장 33절, 누가복음 10장 19절, 22장 31절 등이 바로 그것이다. 어쨌든 이 문맥에서 그 악한 자를 배제할 수는 없다. 주기도문은 전적으로 천국이 임하였다는 사상으로 충만해 있고, 이러한 사실은 주기도문의 처음 세 간구에서 더욱 분명히 드러난다. 그래서 주기도문은 하나님 나라의 완전한 계시를 언급한다(마 6:10).

이러한 하나님 나라의 임함 주제와 관련하여 주기도문의 내용상 가장 중요한 요지 중의 하나가 바로 악한 자를 이기는 문제이다. 그러므로 주기도문에서 악한 자에게서 구하여 달라는 기도는 그 악한 자와 연관시키지 않고서는 달리 이해할 수가 없다.

슈바이처에 따르면, 이 기도는 엄격하게 종말론적인 의미로 이해해야 한다. 주기도문에 언급된 '시험'은 하나님 나라가 오기 전 마지막 시대에 악한 세상이 행동을 개시하는 임박한 메시아적 드라마에서 겪는 큰 고난이다. 그렇다면 제자들은 이러한 비참함에서 하나님께서 전능으로 지켜주시기를 기도해야 한다.4) 슈바이처는 이러한 사상을 겟세마네에서 예수님 자신이 겪으신 고뇌와 기도에, 또한 거기서 예수님께서 제자들에게 '시험에' 들지 않도록 기도하라고 주의를 준 것(마 26:41)과 연결을 시킨다. 또한 예수님께서 겟세마네에서 말씀하신 '시험'을 메시아적 '화'라는 종말론적인 고난으로(마 24:9)

---

3) E. Klostermann, *Das Matev.*, p. 59. 참고. 또한 M. Dibelius, *Evangelium und Welt*, 1929. Dibelius는 '악한 자'를 '악한 세상'으로 해석하고 싶어 한다. p. 72.
4) *Op. cit.*, p. 85. "이러한 까닭에 사람들은 하나님께 어려운 시련의 때를 종식시켜 달라고 기도할 수 있다."

이해하는 사람들도 있다.[5]

하지만 후자의 의견은 복음서의 전체 가르침, 특히 공관복음의 묵시적인 강화들에 비춰볼 때 받아들일 수 없다. 묵시적인 강화는 예수님의 고난과 죽음보다 더 먼 미래에 관해 언급하고 있다.[6] 여기에 언급된 시험이 단지 마지막 시기에 다가올 '고난'만을 언급할 뿐이라면,[7] 이것은 주기도문의 여섯 번째 간구의 의미를 임의로 해석하고 그 의미를 축소하고 좁히는 것이 되고 만다.

그렇다고 이 경우를 포함한 수난의 역사, 특히 겟세마네의 정경에서 나타난 수난에서 악한 자 쪽에서 가해오는 시험과 위협, 하나님 나라 사상 사이에 밀접한 관련이 있음을 주의해야 한다는 사실은 바뀌지 않는다. 예수님의 활동 초기부터 마귀가 예수님을 넘어뜨리려고 그분에게 특별한 공격을 가해왔던 것과 마찬가지로(광야 시험을 의미함), 예수님의 제자들은 사탄의 적개심과 악한 궤계의 특별한 목표물이다. 이것이 주기도문에서는 악한 자로부터의 구원을 천국의 도래를 기원하는 기도의 결론으로 제시되고 있다.

이러한 사실은 누가복음 22장 31절과 같은 예수님의 수난과 죽음에 관해 설명하는 말씀에도 나타나 있다. 여기서 예수님께서는 사탄이 마치 밀을 까부르듯이 제자들을 청구하였으나, 예수님 자신은 그들의 믿음이 떨어지지 않도록 기도하겠다고 말씀하신다. 이 본문에서 '청구하였다'(exetesato)는 말은 '(뭐든) 갖기를 바라다'(desired to have)는 말이다.

이와 관련되는 성구가 욥기 1장 9절 이하의 말씀일 것이다(계 12:10과 슥 3:1 이하 비교).[8] 사탄은 제자들의 시련을 청구하는 자로 등장한다. 사탄은 제자들에게 구원을 받을 자격도 없는 사람들이 하나님 편에 있으며 그분의 구원을 누리고 있다는 사실을 폭로하고 싶어 한다.

---

5) 참고. Dodd. *op. cit.*, 다드는 이러한 역경들을 현존하는 것으로, 즉 예수님의 고난과 죽음의 '위기의 때'로 설명한다.
6) 더 자세한 논의는 본서 47항을 참조하라.
7) 참고. Schniewind, *op. cit.*, p. 85.
8) 참고. Klostermann, *Das Lukasev²*, 1929, p. 212; Greijdanus, *op. cit.*, II, p. 1070.

아마도 '밀을 까부르듯이 한다'는 말은 마지막 심판 때 메시아가 오셔서 하실 사역을 의미할 것이다(마 3:12). 그래서 사탄은 본문에서 적그리스도로 나타난다.9) 사탄은 시련의 불 가운데서 하나님께 속한 자라고 생각되는 모든 사람들을 제거하려고 애쓸 것이다. 여하튼 사탄은 그리스도에게서 노획물을 강탈하려 하는 그리스도의 대적자로 행동한다.10)

예수님은 사탄을 대적하며 기도를 올리신다. **기도**와 **청구** 사이에는 엄청난 대조가 존재한다. 기도에는 굴복의 요소가 있기 마련이다. 여기에서도 '그러나 나는'(ego de)이란 단어를 무시하고 지나칠 수가 없다(참고. 앞의 13항 참조). 이것은 자신이 메시아이심을 선언하는 '나(ego)' 이다.11) 그리스도는 시련 가운데 있는 제자들을 보호하신다. 그분은 제자들이 시련을 받지 않게 할 수는 없으셨다. 당분간 제자들을 시험하는 자의 수중에 맡겨야 했기 때문이다(참고. 마 26:31). 이것이 바로 그의 원수들과 '어두움의 권세'(눅 22:53)의 '때'이다. 나중에 가서야 사탄의 주장은 묵살당할 수 있었다(참고. 계 12:10). 예수님께서는 자기 자신을 내어주셔야 하는 바로 그 순간에 홀로 사탄의 청구에 반대하는 입장에 서서서 기도하셨다. 그러나 중보자의 기도로서 예수님의 기도는 제자들의 믿음을 시련 가운데에서 굳게 세우는 데 충분하였다.

이 모든 것은 예수님의 오심과 그분의 사역에서 사탄과의 싸움이 위기에 이르렀고, 이 싸움이 끝난 것이 아니라 가장 거대한 힘과 더불어 계속 되어야 한다는 사실을 보여준다. 예수님께서 그리스도로서 성취한 승리는 아직 결정

---

9) Stählin, *TWB*, I, 1933, p. 194의 'εξαιτε ομαι' 항목.
10) Greindanus 역시 특별히 예수님의 제자들을 통한 사탄의 예수님 시험을 염두에 두고 있다. "문제는 하나님과 사탄 사이에 있다. 사탄이 과연 하나님으로부터 중보자와 구속자로 위임받으신 우리 주 예수님을 타락시킬 수가 있었겠는가? 그래서 사탄은 하나님께 자기의 이 궁극적인 목적을 달성할 수 있도록 용인해 주시기를 요구하였다. 더욱이 그가, 좁은 의미로는 예수님의 제자들을 통하여 주님을 공격하여 그와 단판 승부를 내고, 가능하다면 그를 정복하게 해주기를 요구했던 것이다." 그러나 이와 같은 사상이 본 문맥에 암시되어 있다고 할 수는 있지만, 여기서 핵심 문제는 우선적으로 제자들의 시련에 관한 것이다.
11) 참고. Stauffer, *TWB*, II, p. 346.

적이지는 않다. 이것은 예수님에게 적용될 수 있다. 예수님께서 광야에서 시험을 받으신 후, 사탄은 그분을 '얼마 동안' 떠나 있었다(눅 4:13). 이 구절이 어떤 식으로 번역되든지[12] 이 말은 사탄이 다시 돌아올 것을 의미한다.

이것은 예수님에 의하여 악한 자의 세력에서 구원함을 받은 생명에게도 적용된다. 예수님께서는 마태복음 12장 43절부터 45절의 말씀(참고. 눅 11:24-26)에서 이것에 대해 강력히 경고하신다. 이 본문은 처음에 어떤 사람에게서 **나간** 더러운 영에 관해 언급하고 있다. 더 강한 세력 때문에 귀신들렸던 사람에게서 귀신들이 나간 것을 보여주는 전형적인 구절이다. 옛날에 저지르던 악에 다시 빠지지 말라는 경고가 마태복음과 누가복음의 소위 바알세불 설교에서 발견되는 것은 매우 특기할 만하다. 예수님께서는 그의 탁월한 능력으로 마귀를 제압하셨고, 그럼으로써 하나님 나라가 탁월하게 나타나게 되었음을(앞의 제9항) 명확하게 증언하셨다. 그러므로 '더러운 귀신이 나갔다'는 표현은 예수님에 의하여 야기된 것으로 이해해야 한다.

"그것이 심지어 이 악한 세대에도 미칠 것이니라"(마12:5)

마태복음 12장 15절에서 볼 수 있는 바와 같이, 우리는 구체적인 상황 뿐만 아니라 예수님께서 이스라엘에서 행하신 모든 구원 사역을 생각하게 된다. 이러한 행동은 사탄을 정복한 승리를 암시하며 하나님 나라의 도래를 믿는 믿음의 증거이다.

하지만 이 모든 것에는 경고가 따른다. 즉, 더러운 귀신이 그가 노략한 것에로 다시 돌아온다는 사실이다. 더러운 귀신은 아직 세상에서 쫓겨나지 않았다. 잠시 동안 인간의 거주 밖으로 밀려난 것뿐이다. 일시적으로 쫓겨난 것이다. 그는 자기가 떠난 '집'으로 다시 돌아오려고 몸부림치고 있으며, 마침내 돌아올 것이다. 그리고 그 집이 '비었고', '소제되었으며', '정리된' 것, 즉,

---

12) (사탄에게는) '절호의 기회' 요 '적시' 였다. Greijdanus, *op. cit.*, I, p. 203. 또한 Plummer도 앞에 인용한 책 p. 114에서 요한복음 14장 30절과 누가복음 22장 53절을 인용하여 이 견해를 지지한다. 그 밖의 사람들은 이 말을 '하나님께서 정한 시간'으로 번역한다. 가령, Delling, *TWB*, III, p. 463의 'καιρος' 항목, 또한 Klostermann의 앞에 인용한 책 p. 61를 참조하라.

새 주인(성령)이 거하지 않았다는 것을 발견하고는, 귀신들의 전 군대를 다 데리고 와서 그의 옛집을 다시 차지할 것이다. 그렇게 되면 그 사람의 나중 형편은 전보다 더 심하게 된다.

이것은 예수님께서 오신 이후임에도 악한 자의 세력이 끝나지 않았음을 분명히 보여준다. 오직 그리스도와 함께 있을 때에만 마귀의 군대로부터 안전할 수 있을 것이다. 옛집은 주인이 바뀌어야 한다. 잠정적으로 비어 있거나 질서가 잡히고 정리되어 있는 것처럼 보이는 것만으로는 충분하지 않다. 싸움이 극에 달하여 결정적인 단계가 되었을 때 최후의 발악으로 역공격의 위험이 있다. 마찬가지로 악한 자의 횡포는 이전보다 훨씬 더 심할 것이다.

사탄이 이처럼 계속적으로 집요하게 공격한다는 사실은 천국 비유들 속에 담긴 내용의 한 요소이다. 예수님께서는 특별히 알곡과 가라지 비유에서 이러한 실체를 묘사하신다(마 13:25; 참고. 19절). 원수가 가라지를 뿌리는 교묘한 행동이 실제로 상상할 수 있는 것인지를 묻는 질문이 종종 제기되어 왔다. 예수님의 전체 교훈의 관점에서 볼 때 이것이 얼마든지 가능하다는 것을 보여주는 다른 유명한 비유들이 있다. 그러므로 원래의 이미지를 후대에서 조잡하게 만든 것이라고 생각할 필요는 없다.[13]

그렇다고 해서 원수가 누구인지를 밝히려는 데 비유의 목적이 있다는 사실을 부정하는 것은 아니다. 만일 이 비유에서 모든 관심이 가라지에만 집중된다면, 그것을 언급하는 것만으로도 충분했을 것이다. 이 비유의 앞에 등장한 씨 뿌리는 자 비유에서 가시떨기를 언급했던 것처럼 말이다. 이러한 까닭에 원수가 이 비유에서 '배경'의 일부분에 지나지 않는 것이 아니다. 원수의 역할은 이 비유에서 본질적인 요소로서 작용한다. 이러한 사실은 39절에서도 설명되고 있다.

"가라지를 뿌린 원수는 마귀니라."

---

[13] 참고. G. Dalmann, *Orte und Wege Jesu*³, 1924, p. 201.

도저히 상상도 할 수 없는 가라지를 뿌리는 행동을 하는 원수의 극악한 적개심은 예수님의 오심과 그분의 행위를 대적하는 마귀의 사악한 대적을 묘사하는 이미지이다. 세력을 과시하는 일상적이고 현재 활동하고 있는 마귀의, 예수님의 오심과 사역에 자신이 반대자로 서겠다는 불굴의 결단을 묘사한 이미지이다. 이 이미지의 근저에는 악한 자가 통치하는 상황 속에 천국으로 말미암아 야기된 위기가 있다.

이것은 또다시 악한 자의 적개심과 세력이 계속하여 천국과 메시아의 도래를 믿는 신앙을 오랫동안 흔들고 말 것이라는 사실을 교훈한다. 이것은 단지 천국 도래의 특별한 양상을 지적할 뿐이다. 지금까지 말한 것을 확증하고 설명하는 특기할 만한 이야기가 가다라에서 귀신들린 사람을 고친 사건에서 발견된다(마 8:28 이하; 막 5:11 이하; 눅 8:26 이하).

여기에서도 마귀를 정복한 예수님의 능력이 무엇보다 분명하게 드러난다. 앞의 제9항과 비교해 볼 때 귀신들이 예수님을 만났을 때 두려워하여 부르짖은 것을 보게 된다. 귀신들은 예수님이 하나님의 아들이심을 인정하고 그분의 발아래 엎드렸다. 이러한 사실은 그들이 '천국의 비밀' 과 그리스도의 비밀을 인식하였음을 가리킨다.14)

귀신들은 때가 이르기 전까지 자기들을 '괴롭히지' 말아달라고 예수님께 애원하고 간청하였다. '괴롭히다' 라는 말이 다양한 의미를 지니고 있긴 하지만, 이 문맥에서는 귀신들이 아직은 떨어지지 않기를 바라는15) 지옥의 영원한 저주를 의미한다고 할 수 있다(참고. 계 20:10, 14). 16) 누가복음 8장 31절에는

---

14) 필자의 *Zelfopenbaring*. pp. 51ff.
15) Schneider의 설명은 매우 불충분하다. *TWB*, I, p. 561, 'βασανος' 항목. 그는 여기서 "예수님을 만난 것이 귀신들린 사람들 편에서는 고통스러운 일로 느껴졌다"고 기록하고 있다. 이 견해와 반대되는 입장으로서 Klostermann, *Das Mattäus evang.*, p. 79를 보라. 그는 여기서 "지옥의 고통"(Höllenqual)이라고 기록하고 있다.
16) 참고. 막 1:24. 여기서 'απολεσαι' 는 '영원한 심판의 장소로 던져짐' 과 같은 의미로 사용되었다. F. Hauck, *Das Ev. d. Mark*, 1931, p. 23.

이 이야기의 일부분으로서 귀신들이 예수님께 무저갱으로 들어가라고(eis ten abusson apelthein) 하지 마시기를 간구하였다고 기록하고 있다.

그레이다누스에 따르면 '아뷔손(abusson)'이란 단어는 귀신들이 최후의 심판 후에 던져질 '불 못'(lake of fire)과는 구별되는,[17] 이 지상 세대 동안 귀신들이 거하는 곳을 의미한다고 한다. 그럴 가능성이 있긴 하지만, '무저갱으로 들어간다'는 말은 28절의 '괴롭게 한다'는 말과 부합시켜 이해해야 한다. 그것은 귀신들을 심판의 자리에 내던지는 것을 의미한다.[18] 거기에 빠지면 그들은 더 이상 정상적으로 활동할 자유를 가질 수 없을 것이다.[19] 이것은 마태복음 8장 29절의 "때가 이르기 전에"(pro kairou)라는 표현으로도 나타난다. 그때가 바로 하나님께서 귀신들에게서 그들의 능력을 빼앗아 그들의 영원한 심판의 고통 속에 빠뜨리시는 확정된 시점을 가리킨다. 이때(kairos)가 사탄의 세력이 끝날 순간이요, 동시에 그의 숙적인 메시아의 때가 시작될 순간이다.[20] 이러한 까닭에 귀신들은 예수님(메시아)을 알아보았으며, 예수님이 오셨다는 사실로 인해 공포에 떨었다.

동시에 그들은 예수님께 지금 마지막 고통에 빠뜨리지 말아달라고 항변하였다. 이때(kairos)는 아직 오지 않았다는 것이다. 이러한 상황은 그들이 예수님의 능력에 전적으로 승복해야 한다는 것을 알면서도, 마지막 심판 날 이전까지 지상에 남아 있을 기간이 있다는 사실을 인식했다는 사실과 부합한다. 귀신들은 만일 예수님이 자기들을 내쫓기를 원하신다면 돼지 떼 속으로 들어

---

17) Creijdanus, *op. cit.*, I, p. 387.
18) 참고. Plummer, *op. cit.*, p. 230, 231; Klostermann, *op. cit.*, p. 101. "귀신들은 지금 예수님으로 말미암아 심판의 장소에 보내지게 되는 것을 두려워하고 있다." Joachim Jeremias, *TWB*, I, p. 9
19) 마가복음 5장 10절의 "이 지방에서 내어 보낸다"라는 훨씬 더 약한 표현 역시 그들의 이동이 자유롭지 않음을 지적한다.
20) 참고. Delling의 *TWB*, III, p. 402의 "καιρος" 항목. 그는 여기서 "귀신들 위에 임한 메시아의 권능의 시작"을 언급한다. Zahn이 앞에 인용한 책 p. 367에서 "때"란 예수님께서 이방의 고을에서 귀신들에게 명할 수 있는 기간을 의미한다고 한 것은 필자의 생각에는 너무 지나친 것 같다. 이것은 어느 문맥에서도 지지를 받지 못할 것이다.

가게 해달라고 간청하였다. 예수님께서는 그들의 요청을 받아주셨다. 귀신들에게 불행한 귀신들린 사람에게서 쫓겨나 돼지 떼 속으로 들어갈 자유는 있었다.

이 모든 것은 예수님께서 이 땅에 오심으로 시작된 천국의 성격과 예수님이 마귀보다 우월한 권세를 가지고 계심을 알리는 중요한 가르침이다. 예수님께서 귀신들에게 돼지 떼 속으로 들어가라고 허락하였다고 해서 그분이 악한 영들에게 일종의 양보를 하였다고 이해해서는 안 된다. 예수님은 귀신들과 절대로 타협하지 않으신다. 귀신들이 돼지 떼에 들어간 것이 그들이 원상태로 회복되었음을 의미하지도 않는다. 도리어 이것은 (잠정적으로) 귀신들이 멸망되지 않고 유지하는 것으로 보아야 한다. 귀신들의 목적과 사역은 하나님의 창조물을 파괴하는 데 있다. 필자가 생각하기에 예수님께서 그들의 간청을 승낙하신 것은 예수님 역시 귀신들이 고통 받을 '때'가 아직 이르지 아니하였음을 알고 계셨기 때문일 것이다.

직접 지정하신 지점에서 허락한 것이기는 하지만 예수님은 귀신들에게 계속해서 파괴 활동을 할 수 있는 자유를 다시 주셨다. 이것은 일반적으로 귀신들을 내어쫓는 활동의 의미를 밝혀준다. 귀신 축출은 사탄의 세력에 종지부를 찍는 것이 아니다. 사탄의 세력에 대한 그리스도의 확정적인 승리의 보장과 상징을 제시하려는 데 목적이 있다. 사탄이 하늘로부터 떨어졌다는 예수님의 선언은[21] 이런 의미에서 이해되어야 한다.

승리는 기정사실이다. 하지만 그것은 단지 표적(a sign)으로만 제시될 뿐이다. 승리는 아직 완전히 이루어지지도, 철저하게 수행될 수도 없다. 이러한 실현이 오려면 하나님께서 이에 대하여 정하신 '때'를 기다려야 한다.[22]

---

21) 앞의 제9항을 참고하라.
22) 귀신들이 돼지 떼 속으로 들어간 기사에 대하여 지금까지 설명한 내용은 J. Ridderbos, *Predikende het Evangelie des Koninkrijk*, 1911, pp. 60 이하와 부분적으로는 F. W. Grosheide, *Het heilig Evangelie volgens Matth.²*, 1954, p. 142, 143, 또한 필자의 *het Evangelie naar Matteüs²*, 1952, p. 177 등에서 취한 입장이다.

이러한 견해를 지지하면서 필자는 요한계시록 12장 12절을 언급하고 싶다. 이 구절 역시 예수님이 이 땅에 오신 이후임에도 하나님께서 마귀에게 이 땅 위에서 있을 곳과 시간을 여전히 부과하였음을 보여준다. 만약 이러한 해석이 받아들이지 않는다면, 이 구절을 설명하기 위한 다양한 해석들을 일일이 들추어 내지 않으면 안 될 것이다. 다음의 일곱 가지 중요한 해석이 있다.

1) 예수님께서 귀신들에게 돼지 떼 속으로 들어가라고 허락하여 그들이 바다로 치달아 몰살하였다는 것은 '거짓말한 마귀 주제'(motif of cheated devil)를 담고 있다고 한다. 이렇게 주장하는 사람들로는 불트만,[23] 클로스터만,[24] 로마이어[25]로 이들은 벨하우젠의 전철을 밟고 있다. 즉 여기서 귀신들은 거짓말한 사람들이라는 것이다.

불트만처럼 단순히 문학적인 주제로부터 출발하지 않고 복음서와 관련된 실체로부터 출발하긴 하였지만 볼렌베르크[26]와 라그랑즈[27]의 설명도 이러한 방향으로 흐르는 경향이 있다. 볼렌베르크는 이렇게 해서 귀신들이 '마을을' 떠나갔다고까지 생각한다. 그는 또 귀신들이 '무저갱으로' 던져진 것으로 이해해야 한다고 생각한다.

필자의 생각에는 돼지 떼가 바다에 몰살한 것은 귀신들의 예기치 못했던 패배가 아니라 도리어 그들의 파괴적인 시도들의 목적을 표현하는 것으로 보아야 할 것 같다.

2) 속은 자는 귀신들이 아니라 예수님이라는 입장도 있다. 돼지 떼가 몰살한 것이 귀신들 탓이었기에 예수님은 그 마을을 떠나셔야 했다.[28] 이러한 설명을 옹호하

---

23) *Gesch. d. syn. Trad.*, p. 224.
24) *Das Mrkev.*, p. 47.
25) *Das Ev. d. Mark.*, pp. 96, 97.
26) *Das Ev. d. Mark.*, pp. 153, 154.
27) *Evangelie selon S. Marc.*, 1947, pp. 129, 130.
28) O. Bauernfeind, *Die Worte der Dämonischen in Mark.*, 1927, pp. 42-45.

는 사람들은 극히 드물다. 또한 복음서, 특히 이 이야기에서 발견할 수 있는 예수님이 귀신들보다 우위에 있다는 명백한 증거와도 부합하지 않는다. 이런 식으로 설명하면 복음서의 증거가 정반대로 바뀌고 만다.

3) 돼지 떼가 바다에 빠진 것은 (복음서 저자에 따르면) 이적에 대한 증거로 작용한다는 입장이 있다. 클로스터만[29]은 제롬을 인용하여 돼지 떼가 몰살한 것이 귀신들린 사람에게 구원의 확신을 불어 넣어 준 것이 된다고 설명한다. 쟌,[30] 슐라터,[31] 맨슨[32] 등이 이 입장에 서 있다.

이러한 설명은 전혀 매력적이지 않다. 귀신들에 관한 기사들 중 어느 것에서도 이와 같은 '증거들'을 찾아볼 수 없다. 귀신들이 돼지 떼 속에 들어갔다고 해서 귀신들린 사람이 자기의 구원을 확신하게 되었다고 할 수도 없으며, 그에게는 귀신들이 나중에 다시 돌아오지 않으리란 확신도 없었다.

4) 예수님께서 귀신들에게 돼지 떼 속으로 들어가라고 허락한 것은 그 돼지 떼 주인이 유대인이었음을 지칭하며, 이는 (유대인이라면 돼지를 소유하지 말았어야 했는데도) 돼지 떼를 가지고 있었기에 그들에 대한 심판이라고 해석하는 사람들도 있다. 그레이다누스[33]가 이렇게 주장했다. 예수님께서 2,000마리나 되는 돼지 떼를 바다에 수장시킨 것이 정결 율법을 어긴 유대인들에 대한 심판으로 행하신 것이라고 보는 것이 타당한지에 대한 문제는 차치해 두고라도, (돼지 떼를 포함한) 모든 것이 이 이야기가 이방 땅에서 발생한 것임을 보여준다.[34] 그 주인(들)이 유대인이었을 것이라는 것은 순전히 사변적인 가정에 불과하다.

5) 칼빈은 귀신들이 청원한 것이 그 마을 주민들을 선동하여 예수님에게 대적하도록 하려고 귀신들이 묘책을 낸 것이라면, 예수님께서 허락하신 것은 가다라에 거

---

29) *Op. cit.*
30) *Das Ev. d. Lk.*, p. 335.
31) *Der Ev. Matth.*, p. 294.
32) *The gospel of Luke*[5] (in *The Moffat N. T. Commentary*), 1945, p. 96.
33) *Op. cit.*, I, p. 388.
34) 참고. Zahn, *op. cit.*, p. 350. 또한 *The Westminster Historical Atlas of the Bible*, 1946, pp. 83, 84를 참조하라.

주하는 사람들을 시험하기 위한 것이었다고 설명한다. 또한 칼빈은 예수님의 허용을 심판으로 간주할 수도 있다고 생각한다.

그는 계속해서 35) "우리는 이에 대한 분명한 이유를 가지고 있지 않다. 따라서 우리는 하나님의 숨은 심판을 경건하고 겸손한 마음으로 받아들이며 하나님을 경배할 뿐이다" "Caeterum ut nulla nobis constetcerta ratio occultum tamen Dei iudicium reverenter respicere ea pia humilitate adorare convenit" 라고 고백한다. 그렇다면 칼빈은 주저하고 있음에 틀림없다. 필자는 칼빈의 설명이 또 다른 주제를 제시한다고 할 수 있지만 그것이 예수님께서 (귀신들에게 돼지 떼 속으로 들어가라고) 허락하신 중대한 이유라고 보기는 어렵다고 생각한다.

여기서는 예수님이 계속해서 거기 계시는 것을 두려워한 이방인들이 가지고 있던 미신적인 경향을 암시하는 분명한 증거가 있음을 볼 수 있다. 하지만 예수님께서 귀신들에게 그렇게 하라고 허용했다는 사실에서 그분이 이방인들을 시험하려고 하였다고 추론할 수 있는지는 매우 의심스럽다. 그때까지 예수님은 이방인들 가운데서 사역을 하지 않으셨기 때문이다.

6) 귀신들렸던 사람이 나음을 얻고 돼지 떼에게 일어난 낭패가 역사적으로는 우연의 일치라고 볼 수 있을지 모르지만, 후대에 이르러 서로 관련 있는 것으로 나타났다고 이해하는 입장이 있다. 로빈슨(Robinson)36)과 메이저(Major)37)가 이같은 의견을 낸 장본인들이다. 필자는 순전히 이성주의적인 설명38)이라고 생각한다.

7) 돼지 떼에게 일어난 두려움은 악한 귀신들이 그들 속에 들어갔기 때문이 아니라, 미친 사람이 나음을 얻기 전에 간질 때문에 마지막으로 발작을 일으킨 것이라

---

35) Calvin, *In Harmonium, etc.*, ed., Tholuck, 1833, p. 233.
36) Th. H. Robinson, *The Gospel of Matthew* (in *The Moffat N. T. Commentary*), 1945, p. 77.
37) *The Mission and Message of Jesus*, 1946, p. 76.
38) 이것은 우리로 하여금 H. E. Paulus의 이적에 관한 설명들을 생각나게 한다. 그의 책 *Grundlage einer reinen Geschichte des Urchristentums*, 1828. 또한 A. Schweitzer의 *Geschichte d. L-J-F⁵*., 1933, pp. 49ff. 본서는 허혁에 의해 『예수의 생애 연구사』(서울: 대한기독교출판사, 1987)라는 제목으로 출간되었다.

고 설명하는 사람들도 있다. 굴트의 의견이다.39) 이 설명 역시 예수님의 사역에서 초자연적인 성격을 제거하려 한 것이다. 이 본문 해석으로는 적합하지 않다.

16. 표적으로서 이적

앞에서 언급한 악한 자에게 집행유예를 선고하여 여전히 지상에서 그의 세력을 사용할 수 있게 했다는 내용은 예수님께서 행한 모든 이적들, 그리고 그분이 오심으로써 시작된 구원 시대의 일반적인 성격의 중요성과 밀접한 관련이 있다. 우리가 주해한 것에 따라 내릴 수 있는 결론40)은 예수님께서 행하신 이적들이 메시아적인 구원 행위라는 종말론적인 성격을 지닌다는 것이다. 복음서에 지적된 마귀의 활동이 질병, 사악한 행위들, 그리고 사람을 위협하는 재난들과 연결되어 있다는 사실에서 추론한 이론이다. 이것은 또한 병자들이 고침을 받고 죽은 자가 살아나는 것 등의 사건이 천국 도래를 나타내는 만물의 갱신과 재창조로 간주해야 한다는 사실로부터도 나타난다.

그러나 이러한 이적들은 일시적일 뿐이고 그렇기 때문에 전체가 점차 발전하게 되는 시작으로 생각되어서는 안 된다. 다만 하나님 나라가 임하였다는 표적으로 이해해야 한다. 예수님께서 행하신 병 고치시는 일이나 죽은 자를 살린 일들은 단지 일시적인 의의를 지닐 뿐이기 때문이다. 병 고침을 받은 사람들이나 소생함을 입은 사람들은 다시 병에 걸리고 결국 다시 죽을 것이다. 예수님께서 행한 이적들이 이적 자체를 목적으로 행하여진 곳은 한 군데도 없다. 항상 그분의 활동의 수단으로서 또한 복음 선포의 보조적인 역할만을 담당했을 뿐이다.

---

39) E. P. Gould, *A Critic. and Exeg. Comm. on the Gospel acc. to St. Mark*6, 1921, p. 92.
40) 본서 제10항을 보라.

아래에 지적하는 것들을 주목하라.

1) 광야에서 주님이 마귀에게 시험을 받은 장면에 이미 나타난 것처럼 이적을 행하는 예수님의 능력은 전적으로 성부께서 예수님에게 주신 과업을 위해서만 사용된다. 이러한 사상은 마귀가 예수님에게 돌로 떡을 만들어 먹으라는 시험에서나, 사탄이 예수님에게 성전 꼭대기에서 떨어지더라도 천사들이 그의 발을 붙들어 땅에 떨어지지 않게 할 것이라고 제안한 것에서 드러난다.

여기서 두 개의 다른 메시아사상 사이에서의 선택이 문제가 되고 있지는 않다. 즉, 하나는 마귀가 제시한 것으로 이적을 행하여 백성들의 인기를 한 몸에 얻고 세상의 통치를 누리는 메시아상이고 또 다른 하나는 반대로 예수님께서 제시하는 메시아상이다. 예수님께서는 (세상에 오셔서) 실제로 이적을 행하셨으며, 그분은 참으로 세상의 권세를 가지고 계신 분이셨기 때문이다. 또 모든 사람들에 의하여 인정을 받으실 분이셨기 때문이다.

하지만 예수님께서는 이 모든 것들을 하나님께서 제정하신 방법으로만 얻을 수 있었다. 성부께서 예수님을 광야에서 굶주림 상태에 있도록 버려두셨을 때, 예수님은 이것을 회피하려고 해서는 안 되었다. 도리어 먹을 것이 없이도 살 수 있게 그를 붙드시는 하나님의 전능하신 말씀에 전적으로 의지해야 했다. 마찬가지로 예수님은 이적을 행하거나 표적을 보임으로써 사람들의 환심을 사려 해서도 안 되었다. 이적을 행하시는 자기의 능력을 성부의 지시에 따라서만 행사하고, 자신의 사명을 돕는 보조로써만 수행해야 하셨다.

이것과 정반대의 방법과 과정을 따르는 것은 '주를 시험하는 것' 이 되고 만다(마 4:7). 이렇게 한다고 해서 메시아와 생명을 소생케 하는 자로서 그분의 위엄이 손상을 받는 것은 아니다. 시험을 받은 후 광야에서 천사들이 와서 예수님을 수종들었다(마 4:11)는 사실은 그분이 그리스도이시며, 하나님의 아들로서 모든 천사들보다 더 큰 분이시라는 것을 입증해 준다(히 1장). 이것으로써 천국이 계시되었고, 땅이 새롭게 되며, 사람이 저주로부터 구원 받게 되었다.

그래서 마가복음 1장 13절의 "그가 들짐승들과 함께 있으니라"라는 말은 야생 동물들이 사람을 수종들며 전혀 사람을 해하지 않는다는 만물의 낙원과 같은 상태와 메시아적 통치를 지시하는 말씀이다(참고. 욥 5:23; 사 11:6 이하; 65:25).

그러면서도 이러한 장면은 광야에 **낙원이** 계시된다는 예언과 관련이 있다.

이적을 행하는 예수님의 능력과 그 안에 계시된 하나님 나라에 관한 가르침들은 다른 율법들에도 어느 정도 나타나 있다. 예수님 자신은 겸손과 고난과 죽음을 통해서만 하늘과 땅에 있는 권세를 획득할 것이다(마 28:18). 메시아의 이러한 여정은 천국이 어떤 식으로 나타나야 할 것인지를 결정한다. 즉, 메시아가 가야 할 길과 천국의 계시 방법은 그 표현에서 뿐만 아니라 그것의 감추어진 성격에 있어서도 상호연관성이 있다. 이러한 이유로 메시아가 베일에 가려 있다는 것은 기사(奇事)가 가려 있다는 의미이기도 하다. 이 문제는 장차 살펴볼 그리스도가 여호와의 종으로 자기를 계시한 것에서 더욱 분명하게 나타난다.

2) 그리스도의 자기 계시의 특별한 양식과 그리스도 자신의 메시아적 과업의 성격은 제쳐두고라도 우리는 예수님이 행하신 이적들이 그분의 설교와 비교해 볼 때 점점 그 수효가 줄어든다는 것을 발견한다. 이적들은 그것 자체에 목적이 있는 것이 아니라, 다만 그리스도의 능력을 증명하는 역할만을 할 뿐이다.[41]

이러한 사실은 마가복음의 서두에 분명하게 나타난다(막 1:36-38). 예수님께서 가버나움에서 이적을 행하자 사람들이 몰려들었다. 이때 예수님은 그곳을 떠나 조용한 곳으로 가셨다. 제자들이 예수님께 와서 많은 사람들이 선생님을 찾는다고 돌아갈 것을 권유하였지만, 예수님은 "우리가 가까운 다른 마을

---

41) 참고. Schniewind, *Matth.*, pp. 29, 30; M. Albertz, *Die Botschaft des N. T.*, I, 1, 1947, pp. 134 ff.

들로 가자. 거기서도 전도하리니 내가 이를 위하여 보냄을 받았노라"라고 대답하셨다. 예수님은 자신의 메시아적 사명의 목적을 분명하게 천명하셨다 (epi touto apestalen. "이를 위하여 보냄을 받았노라").

그렇다고 해서 "내가 이를 위하여 왔노라", "내가 보냄을 받았노라"라는 말이 반드시 그분의 설교만을 언급한다고 볼 수는 없다.[42] 마가복음 1장 39절의 전후 문맥은 예수님이 **모든** 곳에서 설교해야 함을 강조한다. 예수님께서 가버나움에서 병자들을 고치신 것 때문에 군중들은 한창 흥분하고 있었다. 하지만 제자들이 예수님을 모시고 가버나움으로 돌아가려는 것과는 정반대로 예수님은 그와 같은 동요에 말려들지 않겠다는 자신의 의지를 분명히 밝히셨다.

예수님의 첫째 되는 최고의 목적은 이 땅 위에 하나님 나라를 현시하기 위하여 가능한 한 많은 사람들을 고치는 데 있지 않았다. 그분의 진정한 과제는 설교였다.[43] 비록 이적들이 본질적으로는 설교의 성격과 그 의의와 연관되어 있긴 하지만, 이적은 단지 부차적인 현상에 불과할 뿐이다. 다시 말해서 이적들은 천국이 임하였다는 예수님의 선포의 진리를 보여주는 표적들이다.

3) 이러한 까닭에 예수님께서 행하신 이적과 백성들의 **믿음**은 서로 밀접한 관계가 있다. 이적과 믿음은 서로 의존해 있다. 이적은 예수님의 사명과 권위에 대한 믿음을 돈독히 해준다(막 2:1-12). 반대로 믿음이 없는 곳에서는 이적이 있을 여지가 없다.

이러한 사실을 보여주는 훌륭한 예가 마가복음에 나타난다. 예수님께서 "거기서는(나사렛) 아무 권능도 행하실 수 없어 다만 소수의 병인에게 안수하여 고치실 뿐이었다"(막 6:5)고 한다. 그 원인은 불신앙에 있었다. 이것은 예수님께서 치유하신 사람들의 성향에 예수님이 심리적으로 의존했었다는 사실

---

42) 마가복음 1:38에 관한 Klostermann의 견해를 참조하라. op. cit., p. 19.
43) 참고. Schniewind, *Markus*, pp. 52, 53; Hauck, *Markus*, p. 28.
44) 동일한 사상이, 마가복음의 '도덕적 불가능성'을 부인한 Klostermann에게서도 나타난다.

로 설명되어 왔다.**44)** 그러나 다른 본문에서는 예수님이 멀리 떨어져 있는 사람에게도 이적을 행사하였음이 기록되었다(마 8:13; 요 4:50).

누가복음 4장 23절(참고. 막 6:2에서도)에는 나사렛에 거주하는 사람들이 예수님이 이적 행하시기를 바라고 기대하였다고 언급되었다. 거기서 그가 아무 이적도 행하지 않았거나 한 두 개 정도의 이적만을 행한 것은 나사렛 거민들이 예수님을 믿지 않았다는 것과(눅 4:22), 그분에게 어울리지 않는 행동을 하였다고 그분의 행동을 대적하기까지 하였다는 것(막 6:3, 4)으로 설명된다.

여기서는 예수님에게 이적을 행할 능력이 있었는지가 중요한 것이 아니다. 그분이 모든 상황에서 자유롭게 그분이 가지신 능력을 행사하였는지가 중요하다. 믿음이 없는 곳에는 이적을 위한 여지가 없다. 예수님께서 이적을 행할 수 없었다면, 그러한 상황 속에서 이적은 단지 능력의 행위로서의 특징만이 있을 뿐이다. 이적에 담긴 의미를 끌어내는 배경이 결여되어 있고, 사람들이 이적의 의미를 전혀 이해할 수 없는 상황이었기 때문이다.

그러므로 마가복음 6장 5절의 "그가 할 수 없었다"는 표현은 예수님의 사역과 활동의 전체 배경 속에서 불가능하다는 것으로 이해해야 한다.**45)** 이런 의미에서, 예수님께서 그들이 믿지 아니하므로 거기에서 많은 기사들을 행하지 아니하였다고 말한 마태복음의 내용이 분명히 이해된다(마 13:58).

예수님께서 자기를 대적하는 사람들이 와서 표적 행하기를 청구하였을 때 표적 보여주기를 거절하였다는 기록이 여러 군데 있는데, 그 이유가 바로 위의 사실로 설명된다. 앞의 1)에서 예수님께서 제시한 이유 때문만이 아니라(참고. 마 4:1-7; 27:39 이하와 병행 구절, 즉, 십자가 밑에서 조소하던 사람들의 도전), 일반적으

---

45) Greijdanus는 이 점을 다음과 같이 설명하려 한다. 즉 나사렛의 주민들은 병자들을 데려오지 않았기 때문에 "예수님께서는 그들을 고칠 기회를 갖지 못하였다"는 것이다. *Lukas*, I, p. 215. 그러나 본문에서는 이에 대하여 말하는 곳이 없고, 마가복음 6:2과 누가복음 4:23을 미루어 보건대 본문에서 이러한 입장을 유추해 내기가 어렵다. 나사렛에서도 사람들은 이적을 기대했고 갈망했다. 그러나 여기서 예수님께서는 이적 행하기를 철저히 거절하심으로써 이적의 의의가 좀 더 분명히 드러나도록 하였다.

로도 그렇다(마 12:38 이하; 16:1 이하-표적을 요구; 참고. 요 7:3 이하; 고전 1:22). 여기서 '표적'(semeion)이라는 단어는 예수님이 참으로 신적인 능력과 메시아적인 권능을 가지고 행동하셨다는, 즉, 그분이 '하늘로부터 오신 분' 임을 확실하게 증명하려고 사용되었음이 분명하다.

그러나 예수님의 대적자들은 예수님이 행한 이적들이 (메시아나 신적 능력을 증명하기에는) 불충분하다고 생각하였다. 예수님을 대놓고 대적하는 사람들에게서 뿐만 아니라 일반적으로 군중들 전반에서 나타난 현상이었다. 이들은 예수님이 행한 이적들이 그분의 사명이나 천국이 도래하였음을 보여주는 구체적인 증거라고 생각하지 않았다. 때때로 군중들은 의심했다(참고. 마 12:22, 23). 이적의 진정한 의미는 신앙이 있어야만 인식될 수 있었기 때문이다.

그 결과, 예수님이 백성들에게서 이적 행하기를 그치지 않았음에도 그 적절하고 심오한 의미가 대부분의 사람들에게는 비밀로 남게 되었다. 예수님에 대해 내릴 수 있는 결정은 그와 같은 이적들에서가 아니라, 예수님의 인격과 그분의 설교의 비밀에서 발견된다.

예수님은 자기를 공공연히 대적하는 사람들의 도전을 매우 강하고 엄한 말씀으로 물리치셨다(참고. 막 8:12. "내가 진실로 너희에게 이르노니 이 세대에게 표적을 주지 **아니하리라!**").**46)** 가장 오래된 사본에 따르면, 마태복음 16장 2절과 3절에서 예수님은 '시대의 표적' 을 분별할 눈이 없다고 그들을 책망하신다(참고. 눅 12:54-56). 이러한 사실은 그들이 지금 살고 있는 시대가 역사의 과정에서 특별하고도 의미 있는 시대요, 역사의 전환점이 된다는 사실을 지시하는 표적들이 존재함을 보여준다.

그러나 악하고 음란한 세대로서 그들은 그 표적들의 결정적인 의의를 분별할 수가 없었다. 그 표적들을 이해하기 위해서는 믿음이 필요했다. 이러한 이

---

46) 참고. Hauck, *op. cit.*, p. 98. "εἰ는 '하나님께서 그렇게 하시기를 바라며, 내게는 더욱 그러시길 빈다' 는 말로 완성된다. 이것은 매우 강한 주장을 표명하는 셈어적인 자기 주장이다." Schniewind는 이것을 "결단코" (Never more)로 번역한다. *op. cit.*, p. 105.

유로 예수님께서는 그들에게 선지자 요나의 표적 이외에는 다른 표적을 주지 않으셨다.

이 수수께끼 같은 말씀이 마태복음 12장 40절에 좀 더 세련된 형태로 나타난다. 거기서 예수님은 요나가 밤낮 삼일을 큰 고기 뱃속에 있었던 것과 마찬가지로 인자도 땅 속에서 삼 일간 머물러 있을 것이라고 예언하신다.[47] 이것이 '이 세대'에 주신 표적이다.

이 말씀 역시 들을 귀 있는 사람들만이 이해할 수 있는 말씀이다. 하지만 이 말씀의 의미는 성취 면에서 보아야 오해 없이 바로 이해할 수 있다. 이 경우에 있어서도 천국의 계시는 메시아의 계시와 밀접하게 연결되어 있음이 드러난다. 하지만 무엇보다도 먼저 그분은 인자와 세상의 심판주로서 영광에 들어가시기 전에 죽어야 하고 다시 살아나야만 한다. 이러한 이유 때문에 예수님 자신과 하나님 나라의 도래, 그리고 이적들은 믿음으로만 분별할 수 있다.

4) 이 모든 것들은 예수님께서 행하신 이적들의 의미를 분명하게 보여준다. 이적들은 하나님 나라가 도래했음을 암시하며, 마태복음 19장 28절에 언급된 세상이 새롭게 됨을 가리켜 준다. 그렇지만 이적들이 곧 세상이 새롭게 되는 시초라는 의미는 아니나. 마치 세상이 새롭게 되는 것이 이적들의 완성인 양 말이다.

세상이 새롭게 되는 것은 미래 시대에 속하는 어떤 것이다. 미래 시대가 오면 죽은 자가 부활하고 세상이 갱신되기에 세상이 새롭게 되는 것은 현 시대에는 속하지 않는다. 세상이 새롭게 되는 것은 우주적인 파국에 앞설 것을 전제한다(참고. 마 24:29, 35, 39; 벧후 3:7, 10, 12, 13; 히 12:26-29).

이적들이 단지 임시적인 의미를 지닐 뿐인 이유가 바로 여기에 있다. 이것이야말로 예수님께서 제자들에게 병자를 고치고, 죽은 자를 일으키고, 나병환자를 깨끗케 하고, 귀신을 내어쫓는 권세를 부여하신 의미이다(마 10:1 등).

---

47) '밤낮 삼일'에 대해서는 필자의 *Mattheüs*, I, pp. 244, 245와 *TWB*, I, p. 148의 'αδης' 항목, 그리고 Schniewind의 *Matth*., p. 157를 참조하라.

제자들에게 권세를 주신 것이 '때가 이르기 전에' 사탄의 권세에 종지부를 찍고 땅 위에 구원과 축복의 상태가 이르도록 하겠다는 약속을 제자들이 받았음을 의미하지는 않는다. 도리어 제자들은 그리스도의 절대권과 능력에 대한 표적들을 보이고, 천국이 예수 그리스도 안에 임하였다는 사실을 전파하고 그 믿음을 확증하도록 하라는 교훈을 받았다. 그들은 이것을 그리스도의 메시아적 구원 사역의 범위 내에서 행해야 했으며, 이 사역이 현 세대에 나타내는 방식에 맞춰서 행하여야 했다. 이것은 이적이 예수님에게 악한 자를 이기는 능력이 있다는 증거일 뿐만 아니라 미래의 새롭게 됨의 표적도 된다는 사실을 의미한다.

그러나 이적은 복음 증거와 관계되고 복음 증거에 도움을 주는 한에서만 그 중요성을 지닌다. 복음서 어디에서도 이적이 복음 전파에서 독립하여 있거나 복음 전파와 분리되어 초월적인 기능을 담당한다고 씌어 있는 구절을 찾지 못한다. 복음서에서 그리스도에게 이적을 행하는 능력이 있음을 보이려는 다른 시도는 마귀와 그리스도를 시험하는(peiradontes) 사람들로부터 발단되었음을 본다(마 16:1; 막 8:11; 눅 11:16). **48)**

이러한 유혹을 예수님은 매우 힘이 있고 엄격하게 거절하셨다(참고. 눅 9:54, 55). 예수님의 생각에 이와 같은 시험은 성부께서 정하신 길에서 벗어나는 것이었고, 아직 임하지 않은 시간을 기대하는 것이었다. 이런 이유로 이적 그 자체는 마지막 심판의 보루가 되지 못한다. 이적이 발생한 사람들에게 반드시 천국에 참여하는 보장을 해주는 것은 아니다(참고. 눅 17:17-19. 아홉 명의 나병환자들은 하나님께 영광을 돌리지 아니하였다). 심지어 이적을 행한 자라도 마지막 심판을 피하지 못한다(참고. 마 7:22. "주여 주여 우리가 주의 이름으로 선지자 노릇하며 주의 이름으로 귀신을 쫓아내며 주의 이름으로 많은 권능을 행치 아니하였나이까?"). 그래서 예수님께

---

48) 비록 이 단어가 (마귀의) 시험이 아니라 단순히 중립적인 의미로 '시험하다'를 가리키는 것이기는 하지만, 사실상 그 단어는 마태복 4장 8절과 동일한 의미의 시험을 가리킨다(참고. 또한 마 4:1, 막 1:12, 눅 4:2의 πειραζειν, 마 4:3의 πειραζων을 비교해 보라).

서는 선교 여행에서 돌아와 그분의 이름으로 이적을 행하였다고 보고하는 제자들에게 다음과 같이 대답하셨다.

"그러나 귀신들이 너희에게 항복하는 것으로 기뻐하지 말고 너희 이름이 하늘에 기록된 것으로 기뻐하라"(눅 10:20).

여기서 대조를 보이기 위하여 사용된 절대적인 표현은 상대적인 의미로 이해해야 한다. 이같은 표현은 요한복음 6장 27절에 나오는 셈족어 문체 형태에서 잘 나타난다. 그리스도께서 사탄을 정복하신 그분의 권세에 대해서 기뻐해야 할 이유도 있기 때문이다. 그러나 이러한 능력을 실행한다고 해서 천국의 시민이 된다는 보장은 없다. 도리어 천국 시민이 되는 보장은 다른 어떤 것에 달려 있음이 분명하다. 그것은 곧 복음 선포를 믿는 믿음과 예수님을 그리스도라고 고백하는 데에 있다(눅 10:21 이하).

17. 비유로 말씀하심

예수님의 오심과 너불어 시작된 천국의 양태에 대하여 앞에서 논의한 복음서의 가르침에서 간접적으로 추론할 수 있는 내용이 있다면, 천국이 예수님의 **천국 비유들**에서 분명하고도 다각적인 방법으로 예증되고 있다는 사실이다. 먼저 **비유의 구속사적 의미와 그 설명**에서부터 시작하기로 하자.

> 최근에는 비유가 보편적으로 타당한 사상과 도덕적 교훈들을 표현하기 위해 사용된 형태라고 생각하던 이해들이 포기되었다. 이에 대신하여 나타난 해석은 특별히 아돌프 율리허(Adolf Jülicher)[49]의 『예수의 비유』(*Die Gleichnisreden Jesu*)라는 유명한 책에서 진척된 것으로서, 이 책은 지금까지 모든 표상들에 상징적인 의미

---

49) Adolf Jülicher, *Die Gleichnisreden Jesu²*, I, II, 1910.

를 부과하여 비유의 의미를 찾기 위해 무절제하게 알레고리적인 설명을 감행하여 종종 기발하고도 황당무계한 결과들을 빚어 왔던 해석에 대한 반동이었다. 이러한 경향에 반대하여 율리허는 어떠한 알레고리적 해석도 거부해 버렸다. 비록 그것이 복음서 안에서 씨 뿌리는 자 비유, 알곡과 가라지 비유, 그물 비유 등을 설명하는 데 사용되었다고 하더라도 말이다.

율리허는 비유를 도덕적이고 영적인 생활에 적용되는 일반적인 교훈을 이끌어 낼 수 있는, 생활에서 보편적으로 관찰할 수 있는 실체들을 그려 주는 것으로 해석하고 싶어 한다. 이러한 이해는 예수님께서 선포하신 천국에 대한 자유주의적 견해와 부합하는 견해로서, 결과적으로 비유들을 매우 피상적인 윤리적 교훈으로만 설명하게 한다. 예를 들어 주인과 종들 비유는 자기의 의무를 충실하게 잘 하라는 권고로, 부자 비유는 인간을 의지하는 인물로, 달란트 비유는 노력 없이는 대가도 없다는 것을 교훈하는 것으로 해석한다.

철저 종말론은 비유들을 전적으로 종말론적으로 해석한다. 종말론 학파는 예수님이 미래의 하나님 나라에 대하여 확신 있게 말하고 있으며, 특히 마가복음 4장과 그 밖의 병행 구절들에 있는 잘 알려진 비유 장(章)에서 이 점을 강조하고 있다는 사실을 밝히려 하였다.[50]

철저 종말론적 견해에 동조하여 율리허의 주장과 같이 어느 시대나 일반화하여 적용되는(timeless) 비유 설명이 복음서를 공정하게 평가하지 못한다는 이해가 점점 힘을 얻고 있다. 그 이후에 다른 학파에서는 그들의 관심을 예수님의 전(全) 행동과 설교에서 비유들의 실제 의미가 무엇인지에 대한 물음에 집중하였다.

특별히 여기서 언급할 인물은 이미 앞에서도 인용한 『하나님 나라 비유』(The Parables of the Kingdom)를 쓴 다드이다.[51] 다드 자신은 하나님 나라의 윤리적 개념을 매우 탁월하게 가지고 있으면서도, 비유들을 결정적인 도덕성의 표준들로 간주한 것이 아니라 도리어 그리스도의 오심과 더불어 시작된 구원 시대의 양상

---

50) 참고. Schweitzer, *Gesch. d. L-J-F.*, pp. 402 ff.
51) *The Parables of the Kingdom*⁶, 1943.

을 좀더 상세하게 설명하는 것으로 취급하였다.

이와 마찬가지로 요아킴 예레미야스도 다드의 해석을 설명하면서, '비유를 예수님이 처한 삶의 정황 속에 두려는' 새로운 탐구를 시도했다. 예레미야스의 천국관은 다드의 그것과 상당히 다르지만, 비유의 의미를 예수님의 삶의 정황에서 찾으려는 점에 있어서 예레미야스는 다드를 계승하고 있다.52)

다드와 예레미야스 모두 우리에게 전해 내려온 몇몇 비유가 후기 기독교 교회의 상황에서 이해할 때에만 바르게 설명될 수 있다는 사상을 고집한다. 하지만 예레미야스는 모든 비유에서 다소간 예수님이 처한 역사적인 삶의 정황이 반영되어 있다고 생각한다.

어느 면에서 볼 때 비유가 말하여진 상황을 항상 상세하게 묘사할 수는 없다. 하지만 비유들의 의미를 예수님께서 행한 설교의 일반적인 내용들-예수님께서 선포한 천국을 예시하기 위하여 사용된 것으로-과 부합되게 판정하여야 한다는 것은 명백한 사실이다. 그래서 종종 비유들은 "천국 또는 하나님 나라는······과 같으니라"라는 형식으로 소개된다.

마가복음 4장 26절(스스로 자라는 씨), 4장 31절(겨자씨, 참고. 눅 13:18), 마태복음 13장 44절(밭에 감추어져 있는 보화), 13장 45설(극상품 진주), 13상 4/설(그물), 18장 23절(죄 용서), 20장 1절(포도원 품꾼), 22장 2절(큰 결혼 잔치), 25장 1절(슬기로운 처녀와 미련한 처녀), 25장 14절(달란트) 등의 말씀에서 이와 유사한 형식이 발견된다.

그러나 이러한 형식이 등장하지 않는 비유라고 하더라도, 이것을 일반적인 도덕 또는 교의적 원리를 전하기 위한 예수님의 설교 가운데 독립된 부분이라고 생각할 수는 없다. 도리어 이러한 비유들은 예수님의 사역과 설교가 지닌 특별한 구속사적 특성과 밀접하게 연결되어 있다.

비유는 예수님의 설교(구속사적 설교)의 각기 다른 여러 측면들을 예증한다. 비유

---

52) J. Jeremias, *Die Gleichnisse Jesu*, 1947, p. 13.

는 예수님의 계명들의 의미를 명료하게 하거나 예수님을 반대하는 사람들에게 그들의 생각이 얼마나 잘못되었는지를 지적하기도 하며, 제자들에게 경성하며 예비하라고 일러주기도 한다. 비유에는 천국이 현재적 실체라는 사실을 알리기 위한 중요한 요소들이 담겨 있으며, 우리에게 천국에 관한 계시적인 정보를 제공한다.53)

이러한 사실은 특별히 마가복음 4장과 마태복음 13장에 있는 비유들과 누가복음의 병행 구절들에 있는 비유들에 적용될 수 있다. 이 본문에서도 비유의 주체는 언급되지 않았다. 하지만 이 비유들에서 예수님이 **하나님 나라의 임함의 양태**에 관해서 더욱 많은 교훈을 하고 있음이 분명하다.

우리는 이미 하나님 나라에 관해 예수님께서 사용하신 용어들이 이미 왔으나 아직 대망해야 할 어떤 것이며, 현재적이며 또한 미래적인 실체라는 예수님만의 어법의 문제를 지적한 바 있다. 이것은 제자들에게도 중대한 문제였다. 마태복음 13장 비유들에서 바로 이러한 문제가 다루어지고 있다. 제자들에게 이 문제는 기본적인 상황이다. 이제 이 비유들을 구속사적인 관점에서 고찰해 보도록 하자.

이 일은 슈바이처와 다드도 시도했던 것으로, 그들은 서로가 양극단에 서서 천국의 도래에 관한 기본적인 전제를 달리 하면서 천국 비유들을 해석하였다. 슈바이처와 그밖의 많은 사람들은 예수님께서 이 비유들을 통하여 천국이 어떻게 **올 것**인지를 설명하고 싶어 하셨다고 생각한다. 반면에, 다드에 의하면 이것은 천국이 어떤 식으로 왔는가를 보여주려는 데 있다. 이 비유들을 면밀히 검토해 보면, 슈바이처의 견해나 다드의 견해 모두 비유의 의미를 공정하게 지적하지 못하였음이 드러난다. 이 비유들은 천국 계시의 복합적인 성격-즉, **현재성과 미래성**-을 보여주고 있음이 분명하며, 이것이야말로 본 비유들의 진정한 주제이다.

---

53) 참고. 예를 들어 M. Albertz는 이렇게 말한다. "지혜(잠언, 비유, 알레고리들)의 탁월한 대상은 종말론적인 하나님 나라이다. 그리고 그 나라가 다루고 있는 주제가 하나님의 왕적 통치이기 때문에 그 나라에 관한 지혜는 사람들의 인식이 닿지 않는 곳에 있다.……그러므로 이 지혜는 기본적으로 비밀 또는 비밀들의 계시이며, 여기서부터 모든 지혜가 나온다." *Botschaft*, I, 1. p. 101. 또한 pp. 82, 85, 94를 보라.

비유들의 특별한 의미를 이해하기 위해서는 제자들이 예수님께 "어찌하여 저들에게 비유로 말씀하시나이까?"(마 13:10)라고 질문한 것에 대한 답으로 예수님께서 비유로 말씀하신 목적이 어디에 있는지 주목하는 것이 특별히 중요하다. 누가복음에서는 제자들이 씨 뿌리는 자 비유의 의미를 알기 위해 질문한 것으로 되어 있으나, 마가복음 4장 10절에는 일반적인 '비유의 의미를' 알기 위하여 질문한 것으로 되어 있다.

이 질문은 가르침의 형태로 주어진 비유가 전혀 처음 듣는 것이라든가, 제자들이나 군중들에게 비유가 신기한 현상으로 나타난 것을 의미한다고 이해될 수 없다. 왜냐하면 예수님께서는54) 청중의 생각을 명쾌하게 하기 위한 예증과 설명으로 랍비들 사이에서 상당히 선호되던 교육 방법(비유로 말하기)을 채택하셨기 때문이다.

청중은 (비유를 듣고는) 선생이 의미하려 한 바가 무엇인지에 대해 기본적인 통찰력을 가지고 있어야만 했다(예를 들어 "귀 있는 자는 들을 지어다" 마 13:9; 막 4:9; 눅 9:9 이하).55) 제자들은 이와 같이 비유 형식에 의문이 생겨 질문을 한 것이 아니었다. 왜 예수님께서 빗대어 표현하기의 한 방법인 알레고리가 아니라 직접적으로 군중들에게 그의 사상을 표현하지 않으셨는지를 질문한 것이었나. 이러한 질문을 제기함으로써 제자들 자신들도 씨 뿌리는 자 비유의 의미와 목적에 대해 의구심을 가졌음을 드러내었다(눅 8:9; 참고. 막 4:13; "너희가 이 비유를 알지 못하느냐?").

그들의 질문에 예수님은 이렇게 대답하셨다.

"너희에게는 하나님 나라의 비밀을 아는 것이 허락되었으나(마가복음에는 "하나님 나라의 비밀을 너희에게는 주었으나") 저희에게는 아니 되었나니……그러므로 내가 저희에게 비유로 말하기는(누가복음에는 "다른 사람들에게는 비유로 말하기는") 저희가 보기는 보아도 깨닫지 못하게……하려 함이니라."

---

54) 참고. P. Fiebig, *Die Gleichnisreden Jesu*, 1912.
55) 참고. 필자의 *Mattheüs*, I, p. 253.

대부분의 주석가들은, 그들의 비뚤어진 경향을 이유로 본문에 대한 비평적 고찰을 하는 대신 이 말들이 원래 이 문맥에는 없었던 것이라고 간주한다.56) 이 본문이 사상의 통일성에 방해가 된다는 것이 그 이유이다. 그러나 필자는 이 말씀들이야말로 비유들로 말씀하신 예수님의 특별한 의도를 이해하는 열쇠가 된다고 믿는다. 왜냐하면 이 말씀들은 비유들의 의미가 천국의 비밀(또는 비밀들)이 주어진(알려진) 사람들에 의해서만 이해될 수 있음을 묘사하고 있기 때문이다.

이 말은 선지자의 약속과 기대의 대상이었던 천국이 '외인들'에게 알려지지 않은 비밀이라는 의미가 아니다. 군중들과는 구별되어서 제자들에게 주어진(완료형임) 천국의 '비밀' 또는 '비밀들을 아는 지식'이란 용어로 천국의 특별하고 실제적인 지식이 예수님이 세상에 오심으로 계시되었다는 의미이다. 예수님은 다른 본문에서 이 지식이 신적 계시의 결과 제자들에게 주신 하나님의 선물이라고 암시하신다(마 11:25, "천지의 주재이신 아버지여 이것을 지혜롭고 슬기 있는 사람들에게는 숨기시고 어린 아이들에게는 나타내심을 감사하나이다." 16:17, "이를 내게 알게 한 이는 혈육이 아니요 하늘에 계신 내 아버지시니라"). 무엇보다도 이것은 그리스도 안에 현존해 있는 구원에 대한 지식이며, 천국이 그리스도이신 예수님 안에 임하였음을 아는 지식이다.57)

이 모든 것은 마태복음 13장 16절에서 보다 분명히 표현되고 확증되었다. 여기서 군중들과는 달리 제자들은 그들이 **보고 듣는** 것으로 인하여 복 받은

---

56) Jeremias 역시 같은 견해를 취한다. *op. cit.*, p. 8; 그러나 Albertz는 "모든 자유주의적, 합리주의적 비평에 반대하여 예수님의 이 용어의 신빙성은 변호되어야 할 것이다"라고 주장한다. *op. cit.*, p. 102.

57) G. Bornkamm 역시 같은 입장이다. *TWB*, IV, p. 824의 'μυστηριον' 항목. "그 비밀은 하나님 나라(basileia)의 일반적인 의미와 관련지을 수 없고, 단지 그 나라의 시초의 사실만 관련될 뿐이다." 참고. J. Schniewind, *Markus*, pp. 72ff 그리고 *Mattheüs*, p. 162 또한 Jeremias의 *op. cit.*, p. 8를 참조하라. Jeremias는 "하나님의 왕적 통치의 비밀로 말미암아 어떤 종류의 지식이든지 장차 도래할 하나님 나라에 관해서가 아니라 그 나라의 현재적 시작에 관한 지식을 의미한다"고 주장한다. 또한 필자의 *Zelfopenbaring en Zelfverberging*, pp. 49, 50.

자라고 칭함을 받는다. 17절에는 많은 선지자들과 의인들이 보고 듣기를 원하였으나 그리하지 못한 구원의 시작이 언급되었다.**58)** 바로 이 천국의 비밀을 아는 것이 비유들을 이해할 수 있고, 또 알도록 허락되어진 선결 조건이다. 이것이야말로 그리스도와 함께 시작된 성취에 대한 통찰력이다. 이러한 지식이 없다면 비유는 그 자체로 많은 것을 가르치고 있지만 비유의 특별한 구속사적 의미(즉, 천국의 임함을 교훈하고 있다는)가 이해될 수 없는, 그저 말장난에 불과하다.

예수님께서 비유를 말씀하심으로 발생한 이중적인 효과가 있다. 첫째는 계시의 기능이고, 둘째는 어떤 진리를 가리는 기능이다. 이것 역시 예수님의 오심으로 나타난 천국 계시의 전체 특성과 양상에 잘 부합한다. 예수님께서 이처럼 비유로 말씀하신데에는 시편 78편 2절에 언급된 것과 같이 예언의 성취 **59)**를 가리키는 특별한 의미가 있다. 그런데 이 내용은 마태복음 13장 35절에서 다음과 같이 설명되었다.

"내가 입을 열어 비유로 말하고 창세부터 감추인 것들을 드러내리라."

시편 78편 2절도 '비유들'(히브리어로 '마샬' [mashal], 70인역에는 '파라볼라이 [parabolai]'로 되어 있음)을 언급하고 있지만, 이 단어의 보다 일반적인 의미는 잠언(proverb), 금언(saying), 시적 선언(poetical pronouncement)이다. 시편(78편)에서 시인은 이스라엘의 역사를 간략하게, 그러면서도 간결한 선언으로 말한다. 이 역사에는 '비밀', 즉, 비밀스러운 영적 배경과 의미가 들어 있다. 시인이 그 **실제** 의미를 '말함'으로써 이 비밀이 드러나게 되었다. 그 비밀은 그것을 이해할 영적 소양이 있는 사람들에게 계시된다.

이런 의미에서 예수님의 말씀들은 예언의 성취이다. 예수님은 비유를 통하여 태초의 비밀을 표현하신다(말씀하신다). 그는 실제, 즉, 오랫동안 설교되어

---

58) 본서 제11항을 보라.
59) 참고. 필자의 *Mattheüs*, I, p. 262.

왔던 것의 성취를 계시하신다. 예수님의 말씀과 그분이 베푸신 비유들의 의의가 바로 여기에 있다. 비유는 청중들에게 과거의 일이 현재 성취되었으며, 그 성취의 방법이 메시아적 방법이라는 것과 그렇게함으로 하나님 나라 구원이 현실적인 실체가 되었음을 알리는데 그 목적이 있다.[60]

비유를 통하여 예수님께서 가르치신 교훈의 구속사적 성격을 천국 비유의 결론에 해당하는 마태복음 13장 51, 52절에서도 얻을 수 있다. 여기서 예수님은 먼저 그의 제자들에게 '이 모든 것'을 깨닫느냐고 물으신다. 그들이 깨닫는다고 대답하자, 예수님은 '그의 곳간에서 새 것과 옛 것을 가지고 나오는' 집주인 비유로써 천국에서 교훈을 받는(한글개역 성경에는 '천국의 제자 된' 이라고 번역되었음-옮긴이)[61] 서기관(matheteutheis te basileia ton ouranon)에 대해 말씀하신다.

이 본문에서 매우 중요한 부분이 맨 처음에 언급된 '새 것'이라는 단어이다. 이것은 단순히 교훈의 형태만을 가리키지 않는다. 특별히 그 내용을 언급하고 있다.[62] 옛 것이 아직 쓸모없게 되어버린 것은 아니지만 이제는 새 것이 우선순위를 차지한다. 새 것이란 예수님과 함께 온 새 것,[63] 즉, 하나님의 구원의 경륜에 있어서 새 것을 의미한다.[64] 새 것은 오랜 기간 약속되었고, 또

---

60) 우리가 보통 '표현하다'로 번역하는 강한 의미를 지닌 용어 'ερευξομαι'는 매우 중요하다. 이 용어의 적절한 의미는 '쏟아 붓다'로서 내용의 풍부함을 지적한다. 또한 M. J. Lagrange의 "En Mettant *kekrummena* après un verbe qui signifiait diretrès haut, Mt. a insisté sur le caractère révèlateur des chases cachées qu' avaient les paraboles pour qui les comprenait······Jésu exposait les mystères du règne de Dieu, cachés jusqu' à présent, révélés aux seuls disciples.······" ("마태는, [kekrummena]를 '매우 큰 소리로 말하다'라는 동사 다음에 위치하게 함으로써, 비유를 이해한 사람들에게 비유 속에 감춰져 있는 사물들의 계시적 특성을 주장하였다." 그리고 계속하여 "예수님께서는 그때까지 감추어 왔고 그의 제자들에게만 계시되었던 하나님의 통치의 비밀들을 밝히 드러내셨다.······") *Evangile selon S. Matthieu*⁵, 1941, p. 272.
61) 이 번역은 불확실하다. 이것은 또한 '천국의 제자가 된 자,' 즉 자신을 기꺼이 그 나라를 위해 제자가 되도록 한 자로도 번역될 수 있다. 참고. Schniewind, *op. cit.*
62) Lagrange, *op. cit.*, pp. 282, 283.
63) 또한 Schniewind, *op. cit.*, p. 169를 보라.

한 오랫동안 기다려 왔던 것이 성취된 것이다.

이러한 이유로 천국에서 교훈을 잘 받은 서기관은 반드시 옛 것과 새 것, 예언과 성취 모두를 전하여야 한다. 서기관은 그의 보화 창고에서 메시아와 함께 천국이 도래하였다는 새로운 주제를 마음대로 끄집어 내온다. 이렇게 행하는 서기관과 지금까지 사람들에게 천국에 관하여 교훈하기는 하였지만 단지 미래적인 용어로 말해줄 수밖에 없었던 서기관들 사이에는 큰 차이가 있다.

이 모든 사실로 인해 이 비유들은 특별히 천국의 현재성을 강조하고 있다는 사실이 드러난다. 예수님께서 제자들에게 교훈하신 내용은 예수님 자신과 더불어 시작된 성취가 이제는 실재하게 되었다는 것을 알 수 있는 심오한 통찰력을 부여한다. 제자들 자신은 이러한 성취를 전파하는 설교자들로서 마땅히 갖추어야 할 사명을 갖추었다.

반대로 비유는 어떤 면에서 천국이 임하였다는 사실을 알지 못하게 하는 감추임의 방법이기도 하다. 비유에 제시된 지혜와 그 속에 계시된 비밀들은 그리스도와 더불어 천국이 임하였다는 근본적인 비밀을 깨달을 특권이 있는 사람들에게만 알려질 수 있다. 외인들과 천국에 대해 기본적으로 알지 못하는 사람들에게 천국에 대해 이런 식(비유로)으로 말하는 것은 천국을 계속 알려지지 않은 비밀 상태로 남게 하려는 것이다. 마가와 누가는 이러한 사상을 매우 날카롭게 표현한다.

"외인들에게는 이 모든 것들을 비유로 하나니 이는 저희가 보아도 보지 못하며……."

이사야 6장 10절을 인용한 것이다. 이사야는 믿지 않는 백성들에 대하여 그들의 마음이 완악해질 것이란 선고를 내리고, 그들의 마음이 완악해지는 것 역시 설교의 목적이라고 표현한다.

---

64) 새 것과 옛 것의 의미에 대해서는 Behm, *TWB*, III, p. 451의 'καινος' 항목을 보라.

동일한 심판이 그리스도와 그분의 설교를 믿지 아니하는 사람들에게도 임하였다. 그들에게는 비유 속에 감춰진 깊은 통찰을 얻는 것이 막혔다. 이처럼 그들의 눈을 어두워지게 하는 것이 비유의 목적이었다. 그렇게 된 것은 불신앙 때문만이 아니라 불신앙에 의해 야기된 것이기도 하다(마태복음에는 "이는~**하려 함이니라**" 대신에 "~함이니라"는 **이유**로 설명하고 있다. 옮긴이). 이 본문은 이방인들에게 애당초 믿을 가능성이 없다는 것을 의미하지는 않는다(참고. 눅 19:42). 그들은 천국의 비밀에 대한 더 깊은 교훈을 받을 기회를 얻지 못하였다. 마태복음 13장 34절에서 예수님께서 비유가 아니고서는 아무 것도 군중들에게 말씀하지 아니하셨다는 내용이 천명된 경우에도 이 말이 곧 예수님이 자신을 군중들로부터 차단하여 그들에게서 영적으로 멀리 떨어져 계셨다는 것을 의미하지는 않는다.

예수님은 항상 백성들 가운데 계셨으며, 그들 앞에서 모든 행동을 하셨고, 그분의 인간성과 이적들을 보이셨다. 그들에게 계속해서 회개하라고 외치셨으며, 끝까지 그들에게 설교하셨다(참고. 눅 23:28, 41-43). 그러나 백성들에게 근본적인 변화가 일어나지 않고, 그들의 마음에 감동이 없자, 예수님의 말씀은 여러 면에서 그들에게 수수께끼로 남을 수밖에 없었다. 예수님께서 자기 자신과 천국에 관하여 선포하실 때 간접적인 방법 이외에는 달리 사용치 않으셨다. 이런 것들이 불신자들의 눈에는 수수께끼로만 보일 뿐이었다.

이 모든 것들로 인해 비유만이 아니라 수수께끼 같은 말씀들의 특성이 규명되었다. 마태복음 16장 4절의 요나에 관한 말씀, 21장 16절의 "어린 아기와 젖먹이들의 입에서 나오는 찬미를 온전케 하셨나이다 함을 너희가 읽어 본 일이 없느냐"라는 말씀, 21장 23-27절의 예수님의 권위에 대하여 묻는 질문에 사용된 둔사(遁辭), 다윗의 아들과 다윗의 주(主)에 대한 불명료한 논쟁(22:41-46) 등 여러 예가 있다. 이 모든 것에서 사람들의 마음의 완악함과 진리가 가려진 것이 하나님의 심판 때문이라는 사실이 분명하게 드러난다.

이와는 반대로 믿음은 하나님의 은혜의 선물이고, 그분의 주권적인 기쁘신 뜻에 달려 있다는 사실도 강조된다(마 11:25, 26에서 예수님께서는 성부 하나님이 "지혜 있고 슬기로운 사람들에게는 이 모든 것들을 숨기시고 어린 아이들에게 나타내셨음"에 대해 감사하시고, 이에 덧붙여서 "옳소이다 아버지 이렇게 된 것이 아버지의 뜻"이라고 선언하신다. 마 22:14도 참조). 하지만 하나님의 예정이나 선물로 주신 믿음의 이적(마 11:15; 13:11; 16:17) 때문에 수수께끼와 불신의 책임이 면제되지는 않는다(마 11:20-24; 23:37).

특별히 비유와, 비유와 동일시할 수 있는 것들로 말씀하시는 것은 예수님의 오심과 더불어 시작된 천국 계시의 특별한 양상을 나타낸다. 천국이 임하였고, 메시아가 계시되었다. 이것은 신앙으로만, 다른 말로 말해서 하나님의 은혜로만 인식될 수 있다. 이것은 언젠가 바뀔 것이다. 그때에는 원수들조차 천국을 볼 것이며, 인자를 인정할 수밖에 없을 것이다(마 23:29; 26:64).

복음 전파의 방법은, 예수님의 죽으심과 부활을 전후로 해서 다른 의미를 지니기는 하지만, 이 특별한 양상과 부합한다(참고. 마 10:27; 16:20; 17:9 및 다른 여러 성경 구절들 참고).[65] 그러나 이런 식으로 천국을 설교할 때에는 늘 계시와 은폐, 은혜와 심판이라는 두 가지 결과를 낳게 된다(참고. 마 10:12-15).

18. 씨 뿌리는 자 비유

비유의 형식보다는 그 내용이 그리스도의 오심과 함께 시작된 하나님 나라의 특별한 성격과 그 의미를 훨씬 더 분명하게 밝혀준다. 비유란 들을 귀 있는 사람들[66]에게 설명과 주장의 역할[67]을 하기 때문이다. 특히 비유들을 포

---

65) 보다 자세한 논의를 위해서는 본서 제23항을 참조하라.
66) Albertz, *op. cit.*, p. 101.
67) 참고. Dodd, *op. cit.*, p. 23.

함하고 있는 잘 알려진 비유장(즉, 마 13장과 막 4장)과 이에 상응하는 비유들을 담고 있는 누가복음에서는 하나님 나라의 현재성에 대한 예수님의 선포와 마지막 심판의 연기에 대한 그분의 선포 사이의 관계가 분명하게 설명되어 있다. 이러한 관계는 제자들에게도 명확하게 이해되지 않았다.

씨 뿌리는 자 비유는 다른 비유들보다 우위에 있다. 비유의 순서상 제일 처음에 나오기 때문만은 아니다. 그 의미와 목적에서도 그러하다. 여러 면에 있어서 이 비유는 연이어 나오는 나머지 비유들을 이해하기 위한 출발점과 기초가 된다.[68] 이러한 사실은 예수님께서 제자들의 질문을 받고 다시 그들에게 물어보신 것에 나타난다.

"너희가 이 비유를 알지 못할진대 어떻게 모든 비유를 알겠느뇨?"(막 4:13).[69]

우리는 씨 뿌리는 자 비유에 이어지는 농부, 밭, 씨 등의 표상들을 계속해서 보게 된다. 그 비유들은 여러 면에서 첫 번째 비유를 상세히 설명한다. 예수님의 질문에 비춰 보면, 예수님의 제자들은 이 비유를 깨닫지 못하였던 것 같다(눅 8:9에서도 이와 같은 것을 알 수 있다). 이러한 사실은 비유를 말씀하신 목적이 설교자들과 청중들이 말씀을 듣는 동안에 발생하는 위기에 대한 일반적인 교훈과 심리학적, 설교학적인 훈계를 가르치려는 것이 아니었음이 더욱 분명하다.

만일 이 비유에 이러한 일반적인 의미를 전달하는 것 이외에 더 큰 목적이 없었다면, 이러한 단순한 상징에 관해 제자들의 인식이 결핍되었다고 해서 의아해하지는 않았을 것이다. 또한 비유가 '외인들에게는' 그 의미가 알려지지 않은 채 비밀로 남아 있게 하는 수단으로 사용되었다고는 결코 생각할 수

---

68) Bengel, *Gnomen: Parabola de semine prima ac fundamentalis* ("씨 뿌리는 자 비유는 가장 기초며 기본이다"). 참고. 또한 G. Wohlenberg, *Das Ev. des Markus³*, 1930, p. 120.

69) πασας τας παραβολας. πας는 마태복음 4장 13절에 표현된 것처럼 '누구나, 무엇이든지' 를 의미할 수 있다. Blass-Debrunner, *Grammatik des neutestamentischen Griechisch⁷*, 1943, p. 275.

가 없을 것이다. 그 비유의 의미를 한 마디 말로 '드러낼 수'도 있다. 그러나 비유의 요점은 매우 특별한 것으로, 비유가 구속사적인 요소인 비유에 묘사된 사건들과 천국 계시의 관계를 다루고 있다는 사실에 문제의 핵심이 있다.70)

이 관계가 제자들에게는 모호한 채로 남아 있었다. 비록 그들에게 천국의 비밀(즉, 하나님 나라의 현재성)을 이해하는 특권이 있었다고 하더라고 말이다. 이러한 까닭에 이 사실을 계시한 것이 이 비유에 첨가하여 예수님께서 설명하신 가장 본질적인 부분이다. 지금까지는 비유의 비밀이 모호함이나 복잡함에 있지 아니하고, 바로 그 단순함에 있다는 사실이 정당하게 주목되어 왔다.71) 그리고 이러한 사실은 비유를 정당히 평가한 것일 뿐더러 비유를 바르게 설명한 것이다.

놀랄 만한 사실은 바로 이 비유—씨 뿌리는 자가 씨를 뿌렸는데, 그 가운데 일부는 잃어버렸고, 나머지는 열매를 맺었다는 내용—에서 진정으로 문제가 되는 것은 천국의 계시이며, 그래서 이 비유가 실제로 천국의 비밀에 관하여 다루고 있다는 데 있다.72)

사실 이 점은 이미 "씨 뿌리는 자는 말씀을 뿌렸다"(막 4:14)는 아주 간략한 말로 확언되었다. 누가복음의 서술에 따르면 "씨는 곧 하나님의 말씀이요"(8:11)로 요약된다. 천국의 비밀을 담고 있는 것은 바로 이 말씀이다. 마태가 '천국의 말씀'이라고 표현한 이유가 바로 여기에 있다. 이러한 표현으로 하나님의 말씀은 예수님의 천국 설교 속에서 그 실제 의미가 드러나게 되었다. 그리스도께서 인자로서 땅에서 말씀하시고, 또한 자신과 더불어 천국이 계시되었고 임하였다고 주장한 것은 바로 '이 말씀', '하나님의 말씀', '천국의 말씀', 그리고 결정적이고 메시아적인 능력의 말씀이다.73)

---

70) Schweizer와 그 밖의 Dodd, Schniewind, Jeremias 등과 같은 저자들.
71) Bornkamm, *TWB*, IV, p. 825의 'μυστηριον' 항목.
72) 참고. R. Otto, *Reich Gottes und Menschensohn*, 1934, pp. 56, 57.

그리고 이 말씀이 씨에 비교되고, 말씀을 말하는 자가 씨 뿌리는 자에 비교될 수 있다는 사실이 바로 그리스도와 그 안에 임한 천국의 모습에 관한 교훈이다.74) 이것이 바로 비유의 구속사적인 의미이다. 천국의 장엄한 측면은 (사람들이) 그것을 인식할 수 없을 정도로 소박하게 왔다는 데에 있다. 이것이 바로 하나님 나라의 방법이다. 씨 뿌리는 자는 씨를 뿌리러 밖에 나갔다. 그리고는 더 이상 아무 일도 하지 않았다. 이것이야말로 하나님의 신세계를 의미한다.75)

예수님께서 전파하신 천국의 의미와 천국의 나타남에 관해 이것이 암시하는 바는 비유들을 설명함으로 추론할 수 있을 것이다. 본 비유를 면밀히 검토해 보면 비유에는 두 가지 사실이 강조되어 있음이 드러난다. 하나는 열매를 맺지 못하는 것이고, 다른 하나는 열매를 맺는 것이다. 씨가 결실하지 못한 이유는 그것이 길가나 돌밭이나 가시떨기에 뿌려졌기 때문이다.

이렇게 된 원인이 어디에 있는지는 설명을 통해서 알 수 있다. 첫 번째 장애는 사탄에 기인한다(마 13:19; 막 4:15; 눅 8:12). 그리고 인간의 마음의 피상적인 상태 (돌밭), 마음을 세상에 쏟는 것(가시떨기)도 그 원인이 된다. 이러한 장애 요소들이 씨 뿌리는 자의 부주의로 발생했다고는 할 수 없다.76) 씨가 열매를 맺지 못하는 것은 '세상의 방법'의 실체를 보이려는 데에 있다. 그렇다면 씨가 뿌려질 때에 이러한 것들이 있을 것이며(만약 제거되지 않는다면), 이것이 바로 말씀을 받는 사람의 상태이다.

---

73) 참고. G. Kittel, *TWB*, IV, p. 127의 'λεγω' 항목. Kittel은 "씨 뿌리는 자 비유에 대한 설명은 그것이 예수님에게 소급되든지 않든지 간에, 그 비유의 의미와 핵심이 '말씀'으로 설명되어 있는 '씨'가 바로 그리스도 사건('*das Christus-Geschehen*') 곧 예수님에게 일어난 사건을 가리킨다는 확신에서 유래한다"고 주장한다. 그리고 같은 항목 p. 124에서 Kittel은 "'말씀'이란 용어의 적용과 함께 씨 뿌리는 자 비유를 예수님에 관한 어떤 것으로 설명하려는 것은 예수님에 관한 모든 전통, 즉 그분의 εγω δε λεγω υμιν (그러나 나는 너희에게 이르노니) 말씀(마 5:22ff), 성읍들에 대한 심판(마 11:20ff), 그리고 중풍 병자에 대한 기사에서 말씀과 행위의 능력(마 9:5ff)등을 궁극적인 배경으로 삼고 있다는 의미"라고 밝힌다.

74) 참고. J. Ridderbos, *Predikende het Evangelie des Koninkrijks*, 1911, pp. 64-74.

75) Schniewind, *Markus*, p. 73; Bornkamm, *op. cit.*

하지만 씨 뿌리는 자 비유는 천국 계시의 장애물들이나 그 계시의 은폐된 양상들만을 제시하지는 않는다. 씨 뿌리는 자 비유에는 길가, 돌밭, 가시떨기 속에 뿌려져 그 씨가 열매를 맺지 못했다는 것만 언급되어 있는 것이 아니라, 좋은 땅에 떨어진 씨가 크고 놀라운 증가 법칙에 따라 많은 열매를 맺은 사실도 밝혀져 있다.

씨앗의 손실이 발생한 세 가지 종류가 묘사되고 난 후에, 나타난 좋은 땅에 대한 묘사가 다소간 예외적이라는 주장들이 제기되었다. 씨앗의 4분의 3을 잃었다는 사실이 약간 이상하기는 하지만 이것이야말로 예수님께서 참으로 염두에 두신 내용이라고 생각한다. 왜냐하면 하나님의 말씀이 산출하는 결과는 열매를 맺지 않는 것이기 때문이다.[77]

그러나 필자는 이러한 해석이 견강부회(牽強附會)라고 생각한다. 씨 뿌리는 자 비유는 씨앗의 4분의 3이 열매를 맺지 못한 채 손실을 가져왔다고 말하지 않는다. 비율적으로 제시된 것이 아니다. 열매를 맺지 못하거나 흉작의 가능성이 많다는 사실을 고려하면 놀라운 사실을 발견하게 되는데 곧 30배, 60배, 100배의 결실을 한다는 것이다.

복음 전파가 종종 열매를 맺지 못하고 있는 사실이다(마 7:13 이하; 22:14). 그렇다고 씨 뿌리는 비유는 이에 대해 비관적이지 않다. 이 비유는 실패와 아울

---

76) 이러한 사실은, 만일 우리가 예레미야스(Jeremias)의 가정에 따라, 본 비유가 땅을 기경하기 전에 씨를 뿌리는 풍습에 기초하고 있다는 점을 인정하면 훨씬 더 명백해진다. "이제 어떻게 해서 그가 씨를 길가에 뿌렸는지 이해가 된다. 그는 의도적으로 동네 사람들이 그루터기 위로 짓밟고 다니는 길 위에 씨를 뿌린다. 왜냐하면 그 땅을 기경할 때에 그 씨도 함께 기경될 것이기 때문이다. 그는 의도적으로 휴경지에 메마른 가시덤불 사이에다가 씨를 뿌린다. 어차피 그것들도 기경될 것이기 때문이다. 그리고 암반으로 되어 있는 곳에 씨앗이 떨어졌다고 해서 전혀 놀랄 필요가 없다. 왜냐하면 그 암반이 얇은 옥토로 덮여 있어서 밭을 갈다가 쟁기가 거기에 부딪혀 굉음이 나기 전에는 그것이 그루터기가 있는 땅인지 암반인지 거의 구별할 수가 없기 때문이다. 그런 까닭에 서양인들에게는 납득이 가지 않아 보이는 것이 팔레스틴의 형편에서는 당연한 일상 풍습으로 되어 있다."; *op. cit.,* p. 6. 참고. G. Dalman, *Arbeit und Sitte in Palästina,* II, 1932, p. 194. 그러나 달만은 어떤 결론도 내리지 않는다.

77) Schniewind, *Markus,* p. 71.

러 씨앗의 놀라운 배종(胚種)력을 지적한다. 씨 뿌리 자 비유에서 예수님은 확실히 우리가 온갖 종류의 세력들에 의해 위협과 방해를 받고 있는 천국의 감추어진 나타남(hidden manifestation of the kingdom)에만 주목하기를 원치 않으셨다. 예수님은 씨앗의 이적적인 작용과 열매 맺음도 밝히신다. 씨앗이 작용하여 열매를 맺는다는 사실은 제자들에게도 감추어질 수 있다. 하지만 그들은 소출이 풍성하게 될 것을 분명히 알고 있다.

예수님께서 이 비유를 말씀하신 의도는 제자들의 기대를 경감시키고 제자들의 눈을 열어 그리스도와 더불어 시작된 구원 세대의 임시적인 성격을 보게 할 뿐만 아니라, 그들의 소망을 다시 불러일으켜 그들로 하여금 장차 올 것에 주목하도록 하려는 데 있다. 이 비유에는 미래에 대한 풍성한 약속과 제자들의 미래 사역에 대한 약속이 들어 있다.

요컨대, 우리는 예수님께서 그분이(세상에) 오심과 더불어 시작된 천국에 대한 기본적인 통찰력을 주시는 것에 이 비유의 기본적인 교훈이 있다고 말할 수 있다. 이 비유로 말미암아 예수님께서 베푸신 천국 설교의 구체적인 특성이 분명하게 나타났다. 씨 뿌리는 자 비유는 하나님께서 세상에 오셔서 행하시는 모든 종말론적 정복이 씨가 뿌려지는 것과 동일하게 나타난다는 것을 보여준다. 더욱이 하나님으로부터 모든 권세와 능력을 받으신 메시아가 씨 뿌리는 자로 등장한 것이다.[78]

그와 같은 방법으로 추수의 때, 즉, 절정이 임한다. 이것을 깨닫는 사람이라면 (구원이 임하였다는) 비밀을 알게 될 뿐만 아니라 감추인 계시의 의미도 터득하게 된다. 사탄의 세력과 마음의 강팍함과 세상의 염려와 부(富)의 망상에 사로잡히는 일과 상관없이 하나님의 능력이 있는 말씀과 그리스도의 사역으로 말미암아 결실은 발생한다.

---

[78] 이 모든 것은 나중에 나올 예수님의 고난과 죽음에 관한 말씀들과 함께 보다 깊은 '차원'에 속한다. 이 사실에 대해서는 본서 제23항을 참조하라.

씨 뿌리는 자 비유에 대한 이 같은 해석은 그 비유가 지닌 구속사적인 의미를 강조한다. 씨 뿌리는 자 비유의 구속사적 해석은 최근에 씨 뿌리는 자 비유의 특별한 의미를 강조하기는 하지만 천국을 극단적으로 현재적으로 이해하든지 단편적으로 미래적으로만 이해한 천국 개념에 근거하여 설명하는 해석들과는 구별된다. 씨 뿌리는 자 비유를 좀더 자세히 살펴보면, 현재적이든지 미래적이든지 단편적인 견해만 가지고서는 이 비유를 정확히 해석할 수 없다는 것이 드러난다. 앞의 제14항에서 설명한 것처럼 천국이 현재성과 미래성 모두 지니고 있다는 사실이 이 비유들에서 매우 분명히 확증된다.

씨 뿌리는 자 비유를 순전히 현재적인 측면에서 고찰하려는 시도는 다드에게서 발견된다. 다드는 씨 뿌리는 자 비유와 스스로 자라는 씨앗 비유(막 4:26 이하)를 이용하여 예수님께서 그분이 세상에 임함과 더불어 **추수의 때**가 왔다는 사실을 그분의 청중들에게 교훈하려고 하신 것이라고 주장한다. 온갖 종류의 장애 요소들이 있다는 것은 사실이다. 그렇지만 다드는 예수님께서 밭의 어느 구석이 (씨앗이 자랄 조건이 없어-옮긴이) 훤히 비어 있다고 해서 농부가 추수를 연기하지 않는다는 사실을 지적해서야만 했다는 것이다. 그렇다면 이 비유의 의미는 풍성한 수확이 있다는 것과 예수님께서 특히 추수에 관심을 갖고 있다는 사실일 것이다.[79]

그러나 이 견해와 정반대되는 다른 해석에 따르면, 이 비유들(마태복음 13장의 천국 비유들)에는 단지 하나님 나라의 미래성에 관한 문제만 있을 뿐이다. 미카엘리스가 이러한 입장을 취한다. 그는 씨앗(말씀)을 통하여 예수님께서 의미하려 하신 것이 천국의 현재성이 아니라 단지 장차 올 천국이란 사실을 선포하는 것에 지나지 않는다고 생각한다. 그리고 비유 전체의 의미는 제자들에게 어떠한 장애물이든지 그리고 모든 장애물에도 불구하고 천국은 때가 되면 반드시 임할 것이기 때문에, 경성하고 인내할 것을 권고하는 데 있다.[80]

---

79) Dodd, *op. cit.*, pp. 180-183.
80) W. Michaelis, *Es ging ein Sämann aus, zu säen*, 1938, pp. 34-39. 하지만 미카엘리스가, 이러한 경향은 예수님의 비유 설명에서 등장하지 않고 복음서에서 우리가 예수님의 설명에 대

두 견해가 천국을 일방적인 입장에서 해석하고 있기에 씨 뿌리는 비유를 정확하게 해석하지 못하였다. 이러한 사실은 다드의 해석에서 뚜렷하게 드러난다. 그가 묘사한 삶의 '정황'은 옳다. 그것은 제자들이 천국의 현재성에 대해 더 많은 교훈을 받았다는 점이다. 그러나 이러한 **현재성은 추수에서 찾을 것이 아니라 씨를 뿌리는 행위에서 찾아야 한다.** 이 비유는 추수꾼 비유가 아니라, 씨 뿌리는 자 비유이다. 여기서 다드는 비유의 의미를 변질시키고 왜곡시켰다는 사실을 분명하게 드러내고 말았다.

추수를 염두에 둔 것은 사실이지만 현재적 추수가 아니라 미래적 추수를 의미한다. 추수란 천국의 최종적인 나타남을 지시하는 고정적 이미지이다(참고. 마 13:39).

여기서 예수님의 설교 속에 담긴 종말론을 거부하는 자유주의는 그 복수를 다드에게 해버리고 말았던 것이다. 그래서 올바른 주해 방법은, 다드가 비유가 베풀어진 '상황' 즉, '삶의 정황'(der Sitz im Leben)에 대해 바른 견해를 가졌음에도 불구하고 제동이 걸리고 말았다. 그 결과 다드는 (더 많은 일꾼들을 요청해야 한다는 기사를) 억지로 첨가해 넣어야만 했다.

일방적인 종말론적 개념은 추수를 천국의 미래의 나타남으로 보는 올바른 관점에서 시작한다. 그러나 이 견해도 더 이상의 진척이 없이 비유의 요점을 발견하지 못하고 말았다.

씨 뿌리는 자 비유의 의미는 모든 것에 아랑곳하지 않고 천국이 확실히 임한다는 일반적인 진리('보충된' 진리 또는 미카엘리스가 지적하는 의미에서가 아닌 일반적인 진리)에 있지 않다. 군중들에게 감춰진 상태로 있을 필요가 있다는 사실은 이 비유의 진정한 문제가 아니었다. 비유의 핵심은 제자들과 군중들 모두가 공유하고 있는

한 단편들만을 찾을 수 있을 뿐이라고 제의한 그의 책 pp. 44, 45를 비교해 보라. 참고. 또한 J. Jeremias, *Die Gleichnisse Jesu*, 1947, p. 112. 예레미야스는 미카엘리스 비유 해석을 지지하며 다음과 같이 언급하였다. "어떤 실패와 상관없이 하나님의 왕적 통치는 계시될 것이다" (*"Allem Miszerfolg zum Trotz kommt die Offenbarung der Königsherrschaft Gottes"*).

일반적인 추측, 즉, 하나님 나라는 추수와 심판과 종말을 의미했다는 내용에 있었다. 예수님께서 제자들에게 가르치고 싶었던 것은 그들이 지금 믿음으로써 '천국의 비밀'을 받아들인 것, 즉, 예수 그리스도와 천국이 임하였다는 사실과 종말, 추수, 절정의 연기 사이의 관계였다.

이러한 긴장이야말로 비유가 베풀어진 '상황' 이다. 씨 뿌리는 자 비유를 일방적으로 종말론적으로 해석한 사람들이 무시한 것이 바로 이 긴장이었다. 그러나 제자들은 이 일방적인 종말론적 입장에서 부인된 천국과 그리스도가 임하였다는 사실을 이해하였다. 천국의 현재적 실체로서 나타난 그 상황은 '철저 종말론' 의 상황과는 다른 대답을 요구한다. 이러한 '상황' 이 분명하게 이해되지 않고 공포되지 않는다면, 예수님의 설교에서 씨 뿌리는 자 비유의 메시지는 전달되지 않으며, 그 주해는 세세토록 미궁에 빠질 것이다.[81]

지금까지 고찰한 내용의 결론과 확증으로서 마가복음과 누가복음에 기록된 씨 뿌리는 자 비유의 대단히 복잡한 전통에 종지부를 찍는 중요한 경구(警句)가 떠오른다. 그것은 사람이 등불을 켜서 감추어 두지 아니하고 등경 위에 둔다는 말씀이다. 이러한 교훈이 있고 난 다음에는 일반적인 서술이 뒤따른다. "나타내려 하지 않고는 감추인 것이 없느니라." 그리고는 경고가 나온다. "들을 귀 있는 자는 들으라 또 가라사대 너희가 무엇을 듣는가 스스로 삼가라 너희의 헤아리는 그 헤아림으로 너희가 헤아림을 받을 것이요 또 더 받으리니 있는 자는 받을 것이요 없는 자는 그 있는 것까지 빼앗기리라"(막 4:21-25; 눅 8:16-18, 참고. 마 13:21).

전후 문맥에 따르면 이 경구들은 여기에 제시된 교훈의 성격에만 적용될

---

81) Kümmel과 H. D. Wendland와 같은 유명한 해석자들에게서도 씨 뿌리는 자 비유에 대한 충분한 논의를 발견할 수 없다는 것은 대단히 특기할 만한 사실이다. 그 결과 바실레이아의 성격과 현존성을 결정하기 위한 매우 근본적인 자료가 무시되고 있고, 다른 비유들의 해석에도 악영향을 미치게 되었다. 여기서도 비유의 근저에 놓여 있고 비유를 전적으로 지배하고 있는 '상황' 이 무시되고 있는 듯이 보인다.

수 있을 뿐이다.⁸²⁾ 예수님께서는 등불을 밝히는 목적은 언제든지 빛을 펴뜨림에 있고, 그럼으로써 아무리 오랫동안 숨겨 있던 것도 빛 앞에 드러날 수밖에 없다고 말씀하신다. 이것이 먼저는 설교의 형태로 나타난다. 비유의 형태로 베일에 싸여있던 것을 언젠가는 제자들이 사람들 앞에 드러나게 할 때가 있을 것이다(이것을 마 10:26, 27과 비교해 보라. "감춰진 것이 드러나지 않을 것이 없고 숨은 것이 알려지지 않을 것이 없느니라"고 되어 있다. 그리고는 바로 "내가 너희에게 어두운 데서 이르는 것을 광명한 데서 말하며 너희가 귓속으로 듣는 것을 집 위에서 전파하라"는 말씀이 이어진다).

그래서 복음 **전파**에서도 비밀이 계시되는 절정이 있다. 언젠가 씨 뿌리는 자 비유의 비밀이 계시될 것이며, 외인들도 하나님 나라에 관한 말씀을 듣고 어떤 특별한 배경이나 베일에 구애받지 않고 예수님이 그리스도임을 인식하게 될 것이다. 예수님께서 제자들에게 주신 이 사명은 제자들이 미래에 설교하게 될 것을 염두에 두고 주신 것이며, 예수님이 그리스도라는 사실을 현재 스스로 감추고 있다는 사실과 밀접히 관련되었다(제22항 참조). 부활이야말로 천국이 전파될 양식과 관련하여 큰 변화를 초래할 한 분기점(caesura)적인 상황이 될 것이다.

하지만 이 경구들(막 4:21-25의 교훈들)은 천국의 형태와 선포를 언급할 뿐만 아니라, **천국의 특성**도 언급한다. 어느 때엔가 천국은 그 은폐된 양상을 상실하고 충만히 계시되어 명확히 드러나게 될 것이다. 이러한 사실은 "감추인 것이 드러나지 않을 것이 없다"는 말씀의 일반적인 의미에 의해서 뿐만 아니라 (막 4:11과의 관계상) 참되게 듣는 도리에 관한 최종적인 말씀에서도 언급된 내용이다. 비밀은 공개되어야 한다.

그러므로 **듣는 것**이 대단히 중요하다. 하나님 나라에서 궁극적으로 무엇을 받게 될 것인지는 어떤 사람이 지금 소유하고 있는 것이 무엇이냐에 달려 있기 때문이다.

---

82) 참고. Fr. Hauck, *op. cit.*, p. 57. 그리고 A. Oepke가 *TWB*의 'καλυπτω' 항목에서 논의한 마태복음 10장 26절 설명, *TWB*, III, 1938, p. 559. 그리고 III, p. 974의 'κρυπτω.'

"있는 자는 받을 것이요 없는 자는 그 있는 것까지 빼앗기리라."(막 4:25)

그리고 그 사람이 무엇을 '가지고' 있는지는 듣는 것에 달려있다. 듣는 것은 사람이 씨앗처럼 뿌려진 천국의 말씀에 대해 책임을 수행하는 방법에 의존한다. 여기서 말하는 듣는 것은 '너희의 헤아리는 그 헤아림'(막 4:24)에 해당한다. 만일 이 헤아림이 풍부하고 크면, 즉, 천국이 전파될 때 열정과 수용력으로 그것을 받아들이면 이와 마찬가지의 분량으로 장차 올 천국 계시를 풍성히 누릴 것이며 '더 많이 받게 될 것이다.' 장차 나타날 계시에 의하여 지금 믿음으로 경청함으로써 소망하는 것보다 훨씬 더 풍부한 구원과 복이 임할 것이다.[83]

여기서도 모든 것이 현재성과 미래성, 천국의 일관성에 초점이 맞춰져 있다. 사람이 지금 씨 뿌리는 자로부터 받는 것은 무엇이든지 두 배 분량으로 심판자에게서 받을 것이다. 현재 그 비밀을 알고 있는 사람들만 미래의 계시에 참여할 것이다. 그 씨앗은 하나님 나라의 말씀이며, 그것으로 하나님은 그리스도 안에서 세상에 오시기 때문이다.

19. 심판의 연기

씨 뿌리는 자 비유와 매우 밀접하게 연관된 비유가 알곡 가운데 뿌려진 가라지 비유와 해설이다(마 13:24-30; 36-40). 알곡과 가라지 비유의 내용은 씨 뿌리

---

[83] 이 문맥에서는 이러한 해석이, '헤아린다'는 말이 자기를 헤아리는 것, 즉(말씀 속에 함의된 구원의) 전유(專有)가 아니라, 다른 사람들에 대한 헤아림, 즉 복음 전파에 나타난 것을 의미한다는 견해보다 더 분명한 듯하다(그래서 Hauck는 "만일 제자들이 구원의 메시지를 기다리고 있는 백성들에게 복음을 풍성하게 준다면, 그들은 풍성한 대가를 받을 것이다"라고 주장한다. op. cit., p. 57). 그렇다면 우리는 처음부터 "너희가 무엇을 듣는가 스스로 삼가라"라는 말 대신에 "너희가 무엇을 전하는가 스스로 삼가라"라는 말씀을 기대하게 된다. 참고. Schniewind, op. cit., p. 77.

는 자 비유를 상세히 설명한다. 이 비유 역시 씨 뿌리는 자의 모습을 묘사하는 것으로써 시작하고(24절), 설명이 첨가된다(37절). 그리고 좋은 씨를 뿌리는 사람이 인자라고 분명히 묘사되고 있다. 이러한 사실은 예수님의 설교의 전체 부분을 올바르게 이해하는 데 있어서 씨 뿌리는 자 비유에 기본적으로 언급된 내용이다.

알곡과 가라지 비유 역시 천국의 비밀에 관한 통찰에서 시작한다. 하나님의 나라는 임하였다. 예수님은 그리스도이시다. 이것이 이 비유의 대전제이다. 이 비유는 다시금 이러한 성취의 양상을 밝힌다. 알곡과 가라지 비유는 앞의 씨 뿌리는 자 비유의 계속되는 교훈으로서, 천국은 씨앗처럼 밖에 뿌려진 말씀의 방식으로 임할 것이며, 메시아는 씨 뿌리는 자의 형태로 임하신다고 말하고 있다.

알곡과 가라지 비유는 씨가 뿌려진 후에 그 씨가 직면할 장애물들에 관하여도 언급한다. 이번에는 그 장애물들이 결실치 못하는 토양의 형태로가 아니라, 알곡 가운데 가라지를 뿌리는 원수의 형태로 등장한다(마 13:19과 비교). 여기까지만 봐서는 두 비유 모두 사실적인 유사성을 지니고 있음이 밝혀진다. 그리고 첫 번째 비유에서 두 번째 비유의 의미와 목적을 찾을 수 있을 것이다.[84]

그런데 두 번째 비유에 등장하는 새로운 요소는 농부의 종들이 제기한 질문인, 알곡 가운데 심겨진 가라지들을 지금 즉시 뽑는 것이 더 낫지 않느냐는 것과 농부가 이렇게 뽑아 버리는 일은 지금 할 것이 아니라 추수 때에 가서야 비로소 할 일이라고 대답한 것에 있다.

사람들은 이 본문이 교회와 관련된 내용이며, 이 본문을 통해 예수님께서는 마치 인자가 마지막 심판 때에 할 그의 특권인 분리 작업을 지상에서 성취할 수 있을 것처럼 생각하는 과도한 열심에 경고하고 있다는 의견을 내놓았

---

84) 참고. 본서 제15항.

다.[85] 이 비유를 이런 식으로 해석하면 비유의 중요한 문제로 제시된 요점이 바뀌며, 이 비유에 대한 올바른 이해가 가려지고 만다.

그 이유는 이렇다. 풀기 어려운 반박들은 제쳐 두고라도[86] 종들이 주인에게 제안한 것은 눈에 띄게 구별되기 전에 가라지를 뽑아 버리자는 임시적인 어떤 것이 아니라는 사실에 있다. 이것은 단지 (교회 안에 있는) 자기 동료들에 의하여 인류 모두에게 적용될 수 있을 뿐인 분리를 언급하고 있다. 그러나 그 분리는 알곡에서 가라지를 완전히 **없애 버림**, 또는 실제 상황으로 직접 표현하자면, 하나님의 심판 때에 있을 결정적인 분리를 의미한다.

종들과 주인 사이에 일어났던 문제의 요지는 **누가** 그 분리 작업을 실행할 것인지 또한 그것이 **어떤 종류**의 분리인지의 문제가 아니라, 그것이 **언제** 일어날 것인지에 대한 것이다. 종들은 알곡에서 가라지를 즉시 뽑아 버리기를 바랐지만, 주인은 그것을 추수 때까지 연기하기로 결정한다. 주인이 종에게 말했듯이 그의 종들이 지금 그 일을 수행할 경우 혹시라도 가라지를 뽑다가 알곡까지 뽑을 수 있기 때문이다.

이 비유 역시 천국의 현재성과 미래성 사이의 관계를 교훈한다. 알곡과 가

---

85) 참고. A. M. Brouwer, *De gelijkenissen*, 1946, p. 143과 Zahn, *D. Ev. d. Matth.* [4,] 1922, pp. 493, 494; A. Schlatter, *Der Evangelist Matthäus*, [2] 1933, p. 442.
86) 이러한 견해는 우선 알곡과 가라지가 함께 자라는 밭이 (교회가 아니라) 세상임을 분명하게 말하고 있는 38절과 모순된다. 알곡과 가라지가 섞여 있다는 것은 전 세상 질서에 있어서 신자와 불신자가 함께 어울려 있음을 의미한다. 게다가 위에 언급한 견해는 예수님께서 다른 곳에서 강력히 명한 교회의 징계의 금지를 의미할 수도 있다. 41절에서 이러한 견해를 지지해 줄 만한 말씀을 찾을 수 있다. "인자가 그 천사들을 보내니 저희가 그 나라에서 모든 넘어지게 하는 것과 또 불법을 행하는 사람들을 거두어 내어······." 비록 우리는 여기서, 가라지는 이미 자라기 시작한 알곡 가운데서 제거될 것이며, 또한 금지를 나타내는 아포(απο)가 사용되지 않고 선별을 의미하는 에크(εκ)가 사용되었기 때문에, 그 나라가(불트만은 이것을 "그때에 나타나고 있는 그 나라로부터"라고 번역하였다. *op. cit.*, p. 203) 미래 종말론적인 의미로 사용되지 않았음을 인정한다고 하더라도, 그 나라가 여기서는 Zahn이 주장하듯이(*op. cit.*, p. 123) '가시적인 공동체', '교회' 등을 의미한다고는 볼 수 없다. 그 나라는 일반적인 의미로서 세상에 뿌려진 좋은 씨로 말미암아 생산되고 있는 것을 뜻한다(참고. Schlatter, *op. cit.*, p. 455). 여기서 그리스도의 법에 따라 거룩하여지고 구별된 공동체인 교회를 염두에 두고 있는 것은 아니다. 본서 제36항 참조.

라지 비유에서는 천국의 현재성에 관한 선언들로 제기된 문제가 다뤄지고 있다. 그것은 곧 마지막 심판의 연기와 천국이 임한 이후임에도 선과 악이 계속해서 뒤섞여 있는 문제이다. 이에 대한 대답은 씨 뿌리는 자 비유에서 얻은 교훈과 직접적으로 연관되어 있다. 그 교훈의 연속이라고 말할 수도 있다. 천국이 씨앗처럼 임하였고 인자가 추수꾼(41절)이기 이전에 먼저 씨 뿌리는 자(37절)였던 까닭에 마지막 심판이 연기된 것이다. 마지막 심판이 연기되었다는 사실이 이러한 차이에 암시되어 있다. 씨를 뿌리고 곧바로 추수하는 사람은 아무도 없다. 심판의 연기는 이미 그리스도와 더불어 임한 하나님 나라의 모습에 의해 결정된다.

> 이러한 관점을 무시하면, 비유의 의미를 파악하는 데 매우 피상적인 경향으로 흐르게 된다. 이같은 잘못은 천국의 현재성을 염두에 두지 않고, 천국을 다만 미래적인 실체로만 생각할 때 발생한다. 그러고 나서 설명이 주어졌다. 예수님께서 제자들에게 인내할 것을 권면하기를 원하신 것은 그들이 바라는 분리가 마지막 심판 때에만 있을 것이기 때문이다.[87]
>
> 그러나 이러한 사실에 대해서라면 제자들은 이미 일찍이 확신하고 있었다. 그들에게 설명이 필요한 것은 **예수 그리스도가 오신 이후**에도 그 심판이 연기된다는 사실이었다. 문제는 메시아의 나라가 아직 임하지 않았다는 사실에 있는 것이 아니라, 도리어 메시아의 나라나 메시아 모두가 현존하고 있다는 사실에 있다.
>
> 그러나 불트만과 미카엘리스는 이 사실을 부인했다. 학자들 중에서는 예수님이 제자들에게 악한 자와 선한 자를 분리하는 일이 인자의 특권에 속하는 것이고 인간이 참여해서는 안 되는 일이라고 설명하는 사람들도 있다.[88] 이것이 사실이라면 이 비유의 요점을 찾을 수가 없다. 그 분리가 (인간이 아니고) 인자에 의해서 수

---

[87] R. Bultmann, *Geschichte des Synoptisch Tradition*², 1931, pp. 202, 203; W. Michaelis, *Sämann*, pp. 74, 75이 이런 식으로 설명한다.
[88] H. D. Wendland, *op. cit.*, p. 35; W. G. Kümmel, *op. cit.*, p. 82가 이렇게 주장한다.

행되는 것이라면 제자들에게 조급하지 않도록 하기 위해 그들에게 (이 비유로) 말씀하실 필요가 없었을 것이다.

오히려 이러한 확신은 그들의 인내심 없음에서 야기되었다. 그들에게 천국의 비밀을 깨닫고 예수님이 인자라는 사실을 아는 것이 허락되었다. 바로 그 이유 때문에 심판 날이 연기되었다는 것이 그들에게 문제가 되었다. 선한 사람들과 악한 사람들 사이에 구별이 이루어지지 않은 채 천국이 임하였다는 사실이 어떻게 가능할 수 있을 것인가? 이것은 그들의 인내 없음 때문이다. 알곡과 가라지 비유는 이에 대한 대답을 제공한다.

이러한 점에서 다드의 출발점은, 비록 그가 천국의 현재성만을 받아들이기로 하였을지라도, 훨씬 더 찬사를 받을 만하다. 다드에 따르면, 이 비유에서 예수님께서 목적으로 삼고 있는 내용은 아직도 이스라엘에 대단히 많은 죄인들이 존재하기 때문에 천국의 임함을 받아들이지 못하는 사람들을 교훈하려는 데 있다. 그러나 알곡과 가라지 비유에 대한 다드의 해석은 매우 전형적이다. 그는 예수님이 의심하는 사람들에게 다음과 같이 대답하셨다고 생각한다.

주인이 추수 기간 동안 알곡 사이사이에 가라지가 존재할 것이기 때문에 추수를 늦추지 않는 것과 마찬가지로, 천국이 도래 역시 이스라엘에 죄인들이 있다고 해서 지연되지 않는다는 것이다.

만일 우리가 다드의 의견을 따르기를 원한다면, 36-42절까지에 이르는 추수가 '이 세상 마지막'에 있을 것이란 비유 설명을 '가능한 한 철저히' 없애 버려야 할 뿐더러 비유 그 자체의 의미를 정반대로 수행하기도 해야 할 것이다. 알곡과 가라지 비유는 분리가 더 이상 지연될 수 없다는 것이 아니라, 반드시 분리해야 하는 것에 관하여 가르치는 비유가 되는 것이다. 부연하자면 이 비유는 천국의 미래적 표현이 성취된 순간을 언급하는 비유로 둔갑한다. 그러나 다드 역시 이러한 사실을 매우 강하게 부정하고 있다. 지금까지 언급한 내용에 비춰볼 때 천국의 현재성을 부정하든지 아니면 미래성을 거부하든지 간에 두 입장 모두 씨 뿌리는 자 비유와 알곡과 가라지 비유를 이해할 수 있는 통찰을 방해하고 있음이 판명되었다.

독자들 중에서는 특별히 주인이 가라지를 뽑다가 알곡이 뽑힐지 모른다고 두려워한 것과 관련하여, 이 비유의 일반적인 의미를 어느 정도까지 발전시킬 수 있을지 궁금해 하는 사람도 있을 것이다. 이것이 상징적인 요소인가, 아니면 본 비유의 이미지에 속하는 것인가? 이와 같은 세부 사항을 바르게 해석하기는 어렵다. 그 주인이 두려워한 원인이 무엇인지 확실히 알지 못하기 때문이다.

일반적으로는 여기에 언급된 가라지(라틴어로는 lolium temulentum)가 알곡과 무척 비슷하여서 적어도 얼마 동안은 둘을 구별하지 못하기 때문[89]이라고 추측해 왔다. 그런데 최근의 팔레스타인 연구에 권위가 있는 사람들은 그 원인이 다른 것에 있다는 의견을 내놓았다. 그것은 가라지가 여기저기 눈에 띄게 될 때에는 밀에 알곡이 이미 맺혀 있을 때라는 것이다(26절). 그렇게 되면 밀을 가라지로 착각할 위험은 전혀 없다. 그러나 첫 번째 위험을 대체하는 또 다른 위험이 도사리고 있는데, 그것은 이 두 식물의 뿌리가 한 곳에 단단히 얽혀 있어서 밀에 손상을 주지 않고는 가라지를 뽑아 낼 수가 없다는 것이다.[90]

그러나 필자의 생각에는, 이 모든 세부 사항들은 불합리하게 우화화하지 않고서는 '영적인' 의미로 설명될 수가 없다. 그리고 36-43절에는 이것과 관련해서는 아무것도 언급되어 있지 않다. 알곡과 가라지 비유에는 악과 선의 자람이라는 자람의 이중적인 과정에 대한 문제가 있다고 말할 수도 있다. 그러나 어떤 의미에서 그러한지 이 비유에서는 추론할 수 없다. 이 문맥에서는 비유가 스스로 무엇인가 말하도록 내버려 두어야 한다. 비유에서는 분리, 즉, 심판이 단지 미래에 일어날 것이라고 묘사되어 있다. 그리고 이러한 사실은 씨 뿌리는 자가 씨를 뿌리고 추수를 나중에 한다는 사실에서 얻을 수 있는 교

---

[89] 가령 Jerome이나 Klostermann, *op, cit*., p. 121를 참조하라.
[90] 참고. Dalman, *Arbeit und Sitte*, II, 1932, p. 325와 거기에 인용된 참고 자료들.

훈이다. 필자의 견해로는 이 비유에서 왜 심판이 연기되었는지의 문제를 계속 해석하려고 하는 것은 불가능하다.[91]

바다에 던져진 고기 잡는 **그물** 비유(마 13:47-50)도 알곡과 가라지 비유와 동일한 의미를 가진 비유이다. 이 두 비유는 그 설명에 있어서 대단히 비슷하다(13:40-42; 13:49, 50). 그물 비유 역시 그 주요 문제가 어떤 지혜를 주고자 하는 교육적 요소가 아니다. 이 비유에는 분명히 구속사적인 요소가 담겨 있다. 예수님께서는 또다시 천국의 현재적 및 미래적인 현현에 관하여 제자들에게 교훈하신다.

예수님께서는 지금 복음 전파를 의미하려고 그물(drag-net, 정확히 말하자면 투망)을 이미지로 사용하신다. 복음 전파는 여러 번 제자들에게 매우 친근한 고기 잡는 활동 비교되었다(비교. 마 4:19; 눅 5:10). 특히 고기를 잡은 후에 취하는 행동이 주목을 요하는 문제이다. 먼저 그물을 바다에서 끌어낸다. 그리고 그물을 바다에서 완전히 끄집어낸 후에야 비로소 어부는 해변으로 가서 잡은 고기를 살피고 고기들을 선별한다. 이것이 바로 천국이 임하는 방식을 그려준다. 설교는 천국을 계시한다.

천국의 일을 위해 '사람을 낚는 어부'를 모은 분은 그리스도이시다. 하지만 천국은 많은 사람들이 생각하는 것과는 다른 방식으로 임할 것이다. 이러한 비밀이 바로 그물 비유의 진정한 주제이다. 그리스도(와 그와 더불어 임한 천국)는 처음에 모으기 위하여 오셨고, 모으는 작업이 완수되었을 후에라야만 그분은 결정적으로 분리하시고 그의 완전한 영광 속에서 그 자신을 계시하신다.[92]

---

91) 그러므로 심판이 연기된 이유는 선과 악이 먼저 명백히 드러나야만 하는 데에 있다고 결론지을 수가 없다. 왜냐하면, 본 비유에서 가라지는 그것이 명확하게 드러난 뒤에도 제거되지 않았기 때문이다. 그렇다고 우리는 선과 악이 완연히 익을 때까지 심판이 연기되었다고 말해서도 안 된다. 왜냐하면, 가라지를 제거하지 않고 놔둔 것은 그 가라지가 먼저 익어야 하기 때문에서가 아니라, 아직은 그것을 뽑다가 알곡도 함께 뽑게 될 위험이 있기 때문이다. 그러므로 이것을 너무 알레고리화 하지 않기를 바란다. 그렇다고 이러한 주장이 예수님의 설교에 심판의 연기에 대한 의미가 전혀 나타나지 않았다는 말은 아니다. 이 사실에 대해서는 본서 제20, 21항을 참조하라.

이 비유 역시 천국에 대한 일방적인 현재적 이해와 철저하게 미래적으로만 보는 견해로 말미암아 그 의미가 가려졌다. 그물 비유의 의미를 현재적으로만 이해하는 경우는 다시 다드에게서 발견된다. 다드는 마태복음 13장 49, 50절에 나타나는 바와 같이 물고기를 선별하는 일의 미래 종말론적인 의미를 철저히 배제해 버렸다. 다드는 그물 비유에 언급되어 있는 선별이 복음의 일반적인 소명에 응답하는 사람들의 각기 다양한 반응들을 언급하는 것이라고 생각한다.[93]

큄멜과 같은 이는 여기서 천국의 현재적 측면에 관한 언급이 전혀 없다는 입장을 고수한다. 이 비유는 단지 마지막 심판 때에 일어날 분리를 염두에 두고 개종한 사람들에게 교훈하는 명령의 심각성을 지적할 뿐이라는 것이다.[94] 미카엘리스는 한 걸음 더 나아가서 물고기를 잡는 행위 그 자체를 마지막 심판 때에 일어날 사건으로 이해한다.[95] 어떤 이들은 물고기를 잡는 것이 천국이 아니라 장차 올 교회

---

92) 참고. M. J. Lagrange, *Evangile selon Saint Matthieu*5, 1941, p. 278. Schlatter 역시 이렇게 설명한다. *op. cit.*, p. 448. "예수님 당시의 상황에서 사람들은 메시아라는 말이 언급되면 즉시로 재판장을 떠올리곤 하였다. 예수님은 오래 참으시는 자비와 죄 용서하시는 은혜로써 메시아직을 단념하셨는가? 그 대답은 이렇다. 이 순간에는 하나님 나라가 아무 제한을 받지 않고 선포되었으며, 사죄와 부르심이 모든 사람에게 제안되었다. 그러나 이것이 법률상 질서의 침해를 야기하지는 않는다." Schlatter는 여기에다가 제자들에게 부과된 과업이 교회 내의 혼합된 조건들을 암시하며, 제자들에게는 알곡과 가라지 비유에서보다도 이 비유에서 법률상 질서의 적용이 아무런 문제도 아니라는 점이 더욱 명확하게 드러난다는 내용을 첨가한다. 이 절대적인 의미(즉 마지막 심판에 주목하라는)에 있어서 이 말은 옳다. 그러나 이것은 오해될 소지도 다분히 있다. 왜냐하면 교회에 법률상의 질서가 있는 것이 확실하며, 이것을 (사람에 의해) "수행하라"고 명령되었기 때문이다. 여기에 열거된 여러 비유들은 교회에 관한 비유들이 아니라 세상에 있는 하나님 나라의 일반적인 현현에 관한 비유들이다. 이 비유에서 정결은 단지 최종 심판 때 있을 하나님의 정결을 지칭하고 있을 뿐이다. 시기 상조라고 생각할 만한 행동에 대한 경고가 알곡과 가라지 비유보다는 적게 나타난다. 그 이유는 "고기를 잡고 있는 동안에는 나쁜 고기를 그물에서 끄집어낸다는 것이 전혀 불가능하다"는 데 있다; Lagrange, *op. cit.*, 교회에 관한 문제들은 논의 밖의 일이다. 그리고 그러한 문제들을 제기한다는 것은 잘못될 수도 있다. 이것은 또한 Zahn의 해석에서도 발견된다. *op. cit.*, p. 501.
93) C. H. Dodd, *op. cit.*, pp. 187-189. "하나님 나라는……마치 그물로 고기를 잡는 것과 같다. 왜냐하면 그 그물로 모든 고기를 닥치는 대로 잡아서 그 종류대로 선별하기 때문이다. 비록 사람들이 이것을 자기들의 궁극적인 태도로써 자신들이 행할 것으로 생각한다고 하더라도, 이제 이 선별하는 것이 하나님의 심판임을 명심하자." p. 189.
94) Kümmel, *op. cit.*, pp. 83, 84.
95) Michaelis, *op. cit.*, p. 122.

를 언급하는 것이라고 생각하기도 한다.[96]

그러나 필자는 고기를 잡는 것이 현재의 복음 전파를 가리키듯이 그물 비유에 언급된 분리는 마지막 심판을 지칭하는 것이 확실하다고 본다. 49절에 언급된 어부가 하는 일과 이 세상 끝에 천사들이 하는 일 사이의 유비로 보아, 그 유비는 함께 모으는 일이 아니라 물고기를 고르는(또는 걸러내는) 일을 언급하고 있다는 것이 분명하다.

알곡과 가라지 비유에서 그랬듯이 이 경우에서도 진정으로 문제가 되는 것은 그물 비유가 장차 올 천국의 심판에 대한 경고의 문제만을 다루고 있는지, 아니면 우리가 현 세상에서 천국의 특성에 관하여 더 많은 정보를 얻을 수 있는지에 있다.

이 비유의 서두는 "천국은 마치……그물과 같으니라"는 선언으로 시작한다. 엄격히 말해서 이 말씀은 마지막 심판 때에 선한 사람들에게서 악한 사람들을 분리해내는 일뿐만 아니라 모으는 행위 역시 하나님 나라에 속한다는 점을 시사한다. 그물은 여기서 이 시대에 복음 전파로 사람들을 모으는 것을 가리킨다. 서두에 나오는 말이 천국과 비유의 내용들 사이의 비교점을 대략적으로만 보여주고 있기 때문에, 서두에서 그리 많은 결론을 도출해 내어서는 안 된다는 것은 사실이다. 이 두 입구는 단지 출발점에 지나지 않는 경우가 많다(참고. 13:24; 20:1; 22:2; 25:1). 이 말은 곧 천국이 여기서 그물을 처음 던질 때의 것과 비교될 수 없으며, 단지 어부가 그물을 거두어들인 후에 물고기를 고르는 최종 작업과만 비슷할 따름이라는, 앞에서 내린 결론을 다시 반복하는 것은 아니다.

오히려 현재성이 천국에 관한 비유의 일부인 것이 사실이긴 하지만, 그물 비유에서 현재성을 과연 비유의 비교점에서 제외시킬 수 있는지에 대해서 납득할 만한 충분한 이유가 있어야 한다. 그리고 이러한 주장은 이 비유에 대한 객관적인 견해에 의해 강화된다. 만약 이 배타적인 의미가 악한 사람들과 선한 사람들 사이에 있을 분리에 있다면, 왜 예수님께서 보편적으로 인정된 진리를 예증하기 위해 독

---

96) Schniewind, *op. cit.*, p. 168; 참고. Brouwer *op. cit.*, p. 155.

립된 비유를 사용할 필요가 있었는지 의아해 할 수밖에 없다. 그 비교점은 나중에 선한 사람들에게서 악한 사람들을 분리하는 것뿐만 아니라, 처음에 제시한 함께 모으는(ek pantos genous) 것에서도 찾아야 한다는 것이 훨씬 더 타당하다고 여겨진다. 여기에서도 (외인에게는) 감춰진 비밀이 제자들에게는 계시되었다. 제자들은 오류를 범하지 않았다. 예수님은 그리스도이시며, 하나님 나라는 임하였다. 그러나 잠시 그 나라는 그 나름의 방식대로(suo modo) 임할 것이다.

20. 말씀의 효과

앞에서 우리는 예수님의 오심과 더불어 시작된 구원의 시대가 여러 면에서 예비적이요 감추인 특성을 지녔다는 사실을 살펴보았다. 그 구원의 시대는 천국이 최종적으로 나타나기 이전에 있을 중간 시대(an interim)를 전제한다.

씨 뿌리는 자 비유, 알곡 가운데 뿌려진 가라지 비유, 그리고 그물 비유에서 이 중간 시대의 의미가 어떤 면에서는 명확해졌다. 마지막 심판이 연기된 데에는 단지 제자들을 계속 긴장하게 하고 그들의 신앙을 강화하고 정결케 해준다는, 전적으로 부정적인 의미만 담겨 있지 않다. 긍정적인 의미도 있다. 기다림의 시간은 씨를 뿌리는 시기이다. 그 비밀은 어떤 기회이기도 하다. 즉, 인자가 밭에 씨를 뿌리고 바다에 그물을 던지는 시기이다. 이 사실은 예수님께서 이 시대에 하시는 일이 메시아적 생각을 지닌다는 사실을 계시한다. 그분의 말씀은 권위 있는 말씀인 까닭에 그렇다.

심판의 연기에 담겨 있는 이 같은 긍정적인 의미는 다른 세 비유들을 통해 명확히 가르쳐지고 있다. 스스로 자라나는 씨앗 비유(막 4:26-29), 겨자씨 비유(마 13:31, 32), 누룩 비유(마 13:33)가 바로 그것이다. 어떤 의미에서 이 세 비유들은 앞에서 언급한 세 비유들과 동일한 사상을 표현한다. 그러나 이 세 비유들은 천국의 방해물이나 저항 세력에 대한 사상보다는 그리스도가 재림하실 때 미칠 영향을 가르치는 데 주력하고 있기에 따로 취급하는 것이 좋다.

스스로 자라는 씨앗 비유를 취급함에 있어서 앞에서 얻은 교훈들로부터 시작하도록 하자. 여기서도 '땅에 씨를 뿌린 사람'은 그리스도 자신을 의미한다.[97] 이것은 마가복음 4장 29절에도 등장한다. 추수하는 자는 세상을 심판하러 오는 분이시며, 이러한 사실은 요엘 3장 13절의 종말론적 예언에서 인용한 결론(29절)에서도 지적되고 있다. 이 비유에 등장하는 사람은 씨 뿌리는 사람(참고. 마 13:37 이하)과 동일인이다.[98]

그러므로 필자는 여기서도 천국이 의심할 바 없이 현재적 실체로 제시되었다고 생각한다. 씨를 뿌리는 일은 메시아의 사역이다. 이것이 출발점이라는 사실은 예수님이 그리스도이시며, 그와 함께 구원이 도래했다는 비밀(10절)을 아는 사람들만이 이해할 수 있다. 이 비유를 베푼 목적은 지금 그리스도가 어떻게 이해되고 있으며 과거에 그분을 어떤 분으로 기대해 왔는지, 그리고 비유에 따르면 그에 대해 여전히 어떻게 기대할 수 있는지(29절)의 관계를 밝히려는 데 있다.

이에 대한 설명은 '씨 뿌림'으로 표시된 사역의 특징 속에 명시되어 있다. 이 설명에 따르면, 땅의 조건이 중요하며 갖가지 장애물들(앞에서 언급한 것들과 비교)을 배제해야 함을 암시한다. 그러나 다른 모든 요소들을 제외하면 가장 중요하게 지적하고 있는 사실은 추수 때가 어떤 특정한 시간이 경과한 후에야 온다는 사실을 시사한다는 점이다.

그렇다고 해서 그 중간 시대가 시간 낭비는 아니다. 그 동안에도 무엇인가

---

[97] 참고. Michel, *TWB*, III, 'κόκκος' 항목. p. 811. 여기서 Michel은 마태복음 13장 31, 32절과 병행 구절들을 다음과 같이 설명하였다. "씨를 흩뿌리는 사람과 씨가 뿌려지는 밭은 비유를 구성하는 관습적인 자료들이다. 이 비유들에는 예수님 자신과 세상에서 행하시는 그분의 사역을 지칭하는 비밀들이 감춰어져 있다."
[98] H. M. Matter, *op. cit.*, pp. 51-60의 좀더 자세하고 정확한 주해를 참조하라.

발생할 것이기 때문이다. 만사가 각 과정에 따라 원활하게 진행된다. 씨는 발아하여 어느 정도 높이까지 자라난다. 이런 일이 일어나지만 '그는 어떻게 된 것을 알지 못한다.' 즉, **눈에 띄지 않게** 자라난다는 말이다.

그 이유는 땅이 스스로 열매를 맺기 때문이다. 이 말은 곧 씨 뿌린 자가 더 이상 자기의 일에 신경을 쓰지 않고, 27절에 있는 것처럼 그가 자고 깨고 하는 일밖에 다른 일을 하지 않는다는 말이 아니다. 도리어 이 말은 그가 씨를 잠시 땅에 버려둔 채 있는 동안에도 열매 맺는 과정이 지속적으로 꾸준히 진행되며, 추수 때가 다가온다는 사실을 의미한다.

이것이 가장 큰 목적이다. 열매가 익으면 그는 즉시 사람들을 보내어 낫을 대어 곡식을 거둬들인다.

중요한 요소들은 농부가 잠깐 동안 아무 일도 하지 않지만 열매를 거둬들인다는 확신과 씨앗이 지닌 발아력이 이러한 확신을 갖게 한다는 사실이다. 추수 때가 다가온다는 확신은 땅 속에 있는 씨앗의 활동과 매우 밀접하게 연관되어 있기 때문이다. 이 비유는 바로 이 점을 강조한다. 수확의 확신만을 지적하는 사람들은 땅 속에 있는 씨앗의 작용은 무시한다.[99]

이런 식으로 추수에 관한 모든 비유들이 동일한 방법으로 설명되며, 그 비유들이 지닌 개체적 특성들은 제거된다. 이러한 사실은 현대의 진화론적 사상을 천국 도래에 적용한 해석에 대한 반응이라 할 수 있다.

이 비유를 진화론적으로 해석하는 것은 확실히 잘못되었다. 그러나 필자는 본 비유의 의미와 목적을 줄여 가면서까지 이러한 해석을 회피할 필요는 없다고 생각한다. 이 비유에서는 곡식이 무르익자마자 바로(euthus) 추수기가 올 것으로 그려졌기에 미래가 보장되었을 뿐만 아니라, 미래는 직접적으로 현재와 관련되어 있다는 데 비유의 핵심이 있다. 그리스도의 권위 있는 말씀이 전파되었다. 그 말씀은 땅에 떨어져 공허하게 되돌아오지 않는다. 복음 전파 그

---

99) Kümmel, *op. cit.*, p. 76.

자체는 천국의 궁극적인 도래의 보장이 된다. 복음 전파는 천국을 보다 가깝게 임하도록 한다.

이러한 해석은 다시금 천국의 현재성과 미래성을 지지하며, 둘 사이의 내적인 관계를 가리킨다. 그러므로 여기서는 미래를 확신하기에 위안을 찾을 수 있을 뿐이라는 종말론적 해석이나[100] 현재 인내하도록 권면하는 말씀이라고 보는 일방적인 해석을 거부한다. 우리가 천국 도래를 가속화시킬 수 있든지 아니면 저지하든지 상관없이 천국은 확실히 임할 것이다. 이것은 사실이다.

하지만 그것이 현재 나타난 (천국의) 보장을 정당화시켜 주지는 않는다. 어떤 의미에서 뒤에 언급한 사상이 천국의 도래에 있어서 발전 과정을 제시한다고 말할 수도 있을 것이다. 그러나 이것을 인간의 영혼과 인간 사회에서 독립적으로 발전하는 원리로 작용하는 하나님 나라라고 이해해서는 안 된다. 또한 천국은 발전 과정에 있는 사회생활의 어떤 형태와 동일시될 수도 없다 (예를 들어 사회 복음적인 의미에서 말이다). 오히려 여기서 말하는 발전은 이 세상에서 하나님의 말씀의 작용을 언급한다고 보아야 한다. 바로 이런 이유 때문에 하나님의 말씀만이 천국 도래로서 간주될 수 있다.

다드는 추수에서 천국의 현재성을 찾으려 했고 그의 입장을 지지하기 위해 마태복음 9장 37, 38절을 인용하였다. 하지만 그의 견해는 철저히 거부되어야 한다. 다드는 씨를 뿌리고 기다리는 시간이 그리스도의 오심으로 인하여 끝이 났고, 이제 그리스도께서 낫을 들어 곡식을 베도록 사람들을 보내시는데, 이전에 선지자들에 의해 뿌려진 것들을 예수님께서 추수하는 것이라고 이해한다. 그러나 다드의 사상은 예수님께서 비유를 말씀하시면서 추수가 의미하는 것을 밝히신 내용과 전적으로 상충된다.

여기서 씨 뿌리는 자 비유와 알곡과 가라지 비유에서 논의하였던 것을 다

---

100) 가령, Weiss, Schweitzer, Dibelius, Bultmann, Hauck, Gloege, Wendland, Kümmel 같은 이들. 참고. Kümmel, *op. cit.*, p. 76.

시 한 번 언급할 수 있겠다. 동일한 논쟁이 여기서도 적용된다.

스스로 자라는 씨앗 비유는 겨자씨 비유와 매우 긴밀하게 되어 있다. 이 비유에는 동일한 전제들이 있다. 씨, 씨 뿌리는 자, 밭 등이 바로 그것이다. 이 비유의 문제 역시 그리스도 안에서 이미 임하고 성취된 구원의 양태이다. 겨자씨 비유에서 발견할 수 있는 특별한 의미는 그것이 가장 작은 씨 중의 하나라는 데 있다(참고. 마 17:20). 그러나 그 씨가 성숙하게 자라면 다른 씨보다 더 크며, 가지에 공중의 새들이 둥지를 틀 수 있을만한 나무에 비유된다.

이 말씀은 느부갓네살과 그의 제국의 영광을 묘사한 다니엘 4장 21절과 일치한다. 이 비유의 요지는 적은 것, 즉, 하잘것 없는 시작과 영광스러운 성취 사이의 대조에 있음이 분명하다. 이것을 천국과 그것의 도래에 적용해야 한다.

겨자씨 비유는 천국의 비밀을 알고 있는 사람들이 천국과 그리스도의 현재적 나타남을 보고 당황할만한 현재적 특징을 다루고 있다. 천국의 시작은 작고 하잘것없는 것처럼 보일 수도 있다. 우리도 그것을 보고 그렇게 잘못 생각하게 될지도 모른다. 하지만 겨자씨를 기억하라. 언젠가 천국은 그 영광에 있어서 지상의 나라들(단 4장)을 초월하게 될 것이다.

여기서도 우리는 완전히 성장한 겨자씨의 거대한 크기가 예수님과 함께 이미 임한 천국의 나타남과 그 나라의 복들이 이미 모든 사람들에게 주어졌다는 사실들을 언급하고 있다고 설명한 다드의 견해를 거부한다. 은밀하게 진행되는 발전 과정이 이제는 끝이 났다는 것이다.[101] 그러나 이 견해는 이 비유들에서 가르치고 있는 예수님의 모든 교훈들의 경향과 전적으로 상충된다. 겨자씨 비유 역시 종말론적인 결론을 포함한다.

다드의 사상을 거부한다고 하더라도, 이 경우에 예수님께서 정말로 천국

---

[101] *Op. cit.*, pp. 190, 191. 더욱이 Dodd는 겨자씨가 가장 작다는 생각을 배제하기를 원한다. op. cit.

의 거대한 미래와 그 나라의 현재성**만을** 대조하려 하셨는지를 밝히는 논쟁은 여전히 미해결로 남아 있다(어떤 이들은 이것을 표적으로 이해하려 하기도 한다). 즉, 여기서 하나님 나라의 시작과 끝의 대조만 지적되었는지, 아니면 처음과 끝 사이에 일어날 천국의 발전 과정 이 함께 지적되었는지102)는 여전히 논쟁중이다.

필자는 이 비유가, 천국의 미미한 시작에 자못 의아해하는 사람들을 위로하려고 그 나라의 영광스러운 성취에 강조점을 둔 것이라고 생각한다. 그렇다고 해서 시선을 처음과 끝에만 두고 그 사이에 놓여 있는 모든 가치들을 배제한다는 것은 자연스럽지 않다. 모든 것은 작은 시작에서 놀라운 끝에 이르는 과정을 통하여 이뤄진다. 천국의 최종적인 도래가 전적으로 하나님의 행동에 근거하고 있다는 사실로 인해서 그 끝이 발전의 내적 과정의 완성이 아니라는 사실이 드러난다. 이것은 시작에도 해당된다. 천국이 전체적으로 나타나는 것은 신적 활동의 소산이다. 씨는 그리스도께서 권위를 가지고 말씀하신 하나님의 말씀이다. 이 능력의 말씀은 언젠가 만물을 새롭게 할 것이다.103)

처음과 끝 사이에는 역사가 있다. 이 역사 속에서 말씀은 진전되며, 그 효과를 발휘해왔다. 이 진전을 현대의 진화론적인 의미로 생각할 수가 없다. 말씀의 진전은 오히려 하나님의 계획과 사역의 진전으로 이해해야 한다. 그러기에 제자들은 장차 임할 하나님의 행위들에 주의해야 한다.

---

102) 여기서도 Kümmel은 전자의 견해를 옹호하면서 그밖에 많은 학자들에게 호소한다. *op. cit.,* p. 78. 그는 여기서 강조점이 작은 시작과 거대한 마지막 국면 사이의 대조에 있다고 주장한다. "이러한 까닭에 하나님의 통치의 영광스러운 최종 국면은 처음의 작은 시작에도 불구하고 확실하다고 강조할 수 있다. 여기에는 어떤 진화론적인 사상이 없다.······여하튼 이 비유는 신적 통치의 융성을 설명하려는 것이 아니라 우리들에게 하나님의 다스림의 확실한 도래를 믿는 신앙을 갖도록 권고하려고 한다." 이 견해와는 반대로, Klostermann은 "구원을 설명하는 영역의 기적적인 확장이 생생하게 그려졌다"라고 주장한다. *Markusev.,* p. 94.
103) 참고. Michel, *TWB*, III, p. 811. "하나님의 말씀의 씨앗과 함께, 모든 국가와 사람들을 포괄하는 천상의 통치 그 자체가 제시되었다. 예수님의 설교에서 무의미한 듯이 보이는 사건은 하나님의 전 포괄적인 행동의 비밀을 시사한다."

여기서 가지들이 있는 나무가 세상을 장악하고 이교도들을 굴복시키는 천국의 의미를 지칭한다고 생각할 수 있다.104) 어쨌든지 예수님의 말씀의 능력에 이처럼 진전이 있다는 것은 씨가 성장한다는 예에서 분명히 드러난다.105) 영광스러운 끝이 이 비유에서 특별히 강조되고 있기는 하지만 누구라도 이러한 사상을 배제할 수는 없을 것이다.

이제 마지막으로 **누룩** 비유를 들고자 한다. 이 비유 역시 예수님의 행동의 결정적인 특징에서 출발한다고 보는 것이 옳다.106) 이것은 제자들이 알고 있는 거대한 사건이요 하나님 나라의 비밀이다. 이러한 상황이 누룩 비유의 출발점이다. 왜냐하면 누룩 비유에서 이러한 사실이 제자들에게 요구되고 있기 때문이다(참고. 앞의 설명을 참조).107)

핵심은 이 비유의 비교점이 무엇인가 하는 점이다. 그것이 처음과 끝의 현저한 차이를 가져오는 누룩의 영향력에 있는가, 아니면 인내를 가지고 기다리는 여인의 태도에 있는가?

마터는 후자의 견해를 지지한다. 그는 누룩 비유가 교육적이기보다는 권면적인 특징을 가지고 있다고 생각한다. 누룩 비유는 제자들로 하여금 인내하며 경성하도록 권고한다는 것이다.108) 하지만 이 기다림의 요소가 이 비유에서는 빠져 있다는 사실은 특기할 만하다. 아마도 이러한 추측은 '~까지'109)(until. 개역 성경에는 번역되지 아니하였음-옮긴이)라는 단어에 너무 집착하여 발생

---

104) Schniewind, *Markus*, p. 78.
105) 필자의 *Mattheüs*, I, pp. 260, 261를 보라.
106) Matter, *op. cit.*, p. 64.
107) 참고. Matter, "참된 유대인들로 하여금 그 나라의 '시기'를 열정적으로 추구하도록 하는 종말론적 대 긴장은, 그들이 바실레이아에 대해 기대하였던 것과 실제로 예수님의 사역 가운데 나타났던 것 사이에 커다란 괴리가 있는 것을 보고 쉽게 실망과 조바심의 상태로 전락할지도 모른다." *op. cit.*
108) *Op. cit.*, p. 64.
109) 여기서 여인은 당연히 그래야 되는 것처럼 소극적이지는 않다. 여인은 막연히 누룩을 밀반죽 속에 집어 넣는 것이 아니다. 여인이 밀반죽을 만들어 놓는데도 오랜 시간이 걸려야 하는 것이 사실이지만(적어도 오늘날의 주부들이 하는 방식에 따르면), 그는 누룩이 밀반죽 구석구석에 미칠 때까지 계속 섞는다.

한 듯하다.110)

이외에도, 과연 제자들의 태도와 여인이 취한 행동을 동일시할 수 있을지에 대해서는 다분히 회의적이다. 이 비유에서 의인화 문제가 존재한다고 생각하려면, 비유에 등장하는 여인이 그리스도께서 하시는 일을 한다고 말할 수 있다. 그리스도께서는 씨 뿌리는 자이시며, '밀가루에 누룩을 넣는 분'이시기도 하다.

필자는 천국을 누룩에 비교해야 된다고 확신한다. 이것은 앞의 두 비유들에서도 발견한 것과 동일한 문제이다. 그렇다면 이 비유에서도(여인이 누룩을 감추는) 처음과 (그것이 온 떡덩이에 파급될 때인) 마지막을 서로 비교하고 있다는 말인가?

철저 종말론 학파에서는 이런 식으로 설명한다. 그들은 모든 것을 포괄하는 천국은 비록 현재 지극히 미미하게 시작한 천국으로 봐서는 상상도 못할 일이겠지만 반드시 도래할 것이라는 것이다. 전체에 누룩을 퍼뜨리는 과정은 이 비유에서 가르치는 핵심점이 아니라는 것이다.111)

누룩 비유 역시 앞에 언급된 겨자씨 비유처럼 밀가루 **전부**에 누룩을 퍼뜨린다는 의미에서 종말론적인 비유이다. 이 비유는 현재의 작은 시작에도 불구하고112) 영광스럽게 될 미래의 확신을 전해준다. 그렇지만 적극적인 의미에서 누룩이 파급된다는 요소를 비유의 의미에서 떼어 내게 되면, 이 비유 역시 납득하기 힘들어진다.

누룩이 단지 처음에는 작았다가 결과적으로 커지게 되는 것으로만 이해되는가? 누룩이라는 사상이 (과학적 문제들에 대해서는 전혀 문외한인) 평범한 독자로 하여금 누룩의 전형적인 특징인 계속적 파급 효과를 생각나게 하지는 않는가?

---

110) Matter, *op. cit.*, pp. 61, 62.
111) Kümmel, *op. cit.*, pp. 78, 79. 그는 다른 최근의 저서들을 많이 인용한다.
112) 누룩을 가루 서 말 속에 집어넣었다는 말과 마지막 구절의 '전부 부풀게 한 누룩'이라는 표현에서 강조하려는 것이 시작의 미비함인 것이 확실해졌다. 참고. 갈 5:9, 또한 Windisch, *TWB*, II, p. 907. 'ζυμη' 항목.

필자는 이 비유에서 오로지 '처음과 나중'의 대조만이 다루어졌고, 시작과 끝 사이에 일어날 것은 염두에 두지 않았다는 점을 해결할 만한 주경적인 가능성이 전혀 없다고 생각한다. 이러한 방법은 '스스로 자라는 씨앗' 비유에서도 불가능했고, 심지어 겨자씨 비유에서보다 더 가능성이 희박하기 때문에, 누룩 비유에서는 더더욱 사용할 수 없다.

우리는 누룩 비유에서 계속적인 영향력 행사[113]라는 사상을 주장해야 한다. 그러나 내적 진화 과정의 관점에서처럼 '스스로 작용한다'는 의미에서 영향력을 행사하는 것은 아니다. '효과 있는' 말씀을 사용하시는 이는 하나님이시다. 우리는 다만 이 계속적인 작용이(스스로 자라는 씨와는 달리) 여기서 더욱 강조되었는지를 검토할 수 있을 뿐이다.

이것과 관련하여 '크룹테인' (κρυπτειν)이란 단어가 중요하다. 이것이 '집어넣다'(to put in)[114]만을 의미하는가? 아니면 흔히 풍성하게 사용되는 '감추다'[115]를 의미하는가? 여인이 의도적으로 누룩을 감추었다고 말할 수는 없다. 그렇다면 천국의 본질적인 특성은 눈에 띄지 않는 환경에 있다고 결론 내릴 수 없을 것이다. 더욱이 누룩의 효과는 (빵을 부풀게 함으로써) 확실히 나타났다.

하지만 '감춘다' 라는 단어의 특징은, 그 상황을 표현하기에 알맞게 선정되어야 한다. 천국은 엄밀하게 말해서 비밀이었고, 그 현현의 시초가 감춰져 있었기 때문에 설명되어야 했다. 중요한 사실은 이 비밀이 연약함의 표시는 아니라는 점이다. 누룩은 작용을 한다. 말씀 역시 그러하다. 그리고 그 작용에는 전체적인 특성이 있다. 누룩은 밀반죽의 모든 부문에 스며들어간다. 스스로 자라는 씨앗 비유도 이러한 작용을 설명하는 훌륭한 비유이다. 겨자씨 비

---

113) 참고. Windisch, *op. cit.*, 그는 여기서 마태복음 5장 13절을 언급한다.
114) Matter는 Bauer의 사전을 인용하여, 이 단어의 의미가 '속으로 집어넣다', '섞다' 등이라고 주장한다. 게다가 그는 "의도하지는 않았으나 그 결과 관심의 대상이 시야에서는 감춰어졌다"는 내용을 덧붙였다. p. 718.
115) Oepke, *TWB*, III, pp. 973, 974.

유는 이러한 작용의 광범위함을 알려준다. 누룩 비유는 이 작용의 강도(强度)와 관계되어 있다. 누룩 비유는 전체와 범위뿐만 아니라 각 부분과 그것과 관련된 모든 것에 관심이 있다.

천국은 궁극적으로 성취에 이를 때에 강도 면에서나 그 범위 면에서 모든 것을 망라할 것이다. 지금도 천국은 하나님의 말씀의 능력으로 인해 이러한 경향을 나타낸다.

21. 잃어버린 것을 찾음

앞에서 예수님의 오심과 더불어 시작된 천국 시대에서 복음 전파가 대단히 중요한 위치를 차지하였다는 사실이 풍성하게 나타났다. 계속되는 설교를 통하여 장차 올 심판이 여전히 지연되고 있는 이유 중 한 가지를 살펴보기로 하자.

결론부터 말하자면, 마지막 심판이 지연됨으로써 예수님이 오실 때 회개하여 구원 얻을 가능성이 상당히 높아졌다. 세례 요한의 설교는 매우 불길하고 경각심을 갖게 하는 설교였다. 그는 "도끼가 이미 나무뿌리에 놓였다" 그리고 오실 이는 "손에 키를" 잡고 계시다고 외쳤다. 세례 요한의 설교는 예수님께서 오심으로써 성취되었다. 그리고 은혜의 시간도 연장되었다.

은혜의 시간이 연장되었다는 사실은 중요하다. 그러나 은혜를 전파하는 일 역시 이에 못지않게 중요하다. 복음 자체는 전혀 새로운 힘으로 작용하고 있고 그 내용도 강화되었다. 복음은 성취를 선포하는 설교다. 복음은 이 세상에서 그 노정을 시작한, 그리스도 안에서 계시된 하나님의 은혜의 메시지이다.

심판이 연기되었다고 해서 세례 요한의 설교에 나타난 심각하고도 급박한 회개를 촉구하는 요청이 약화되었다는 말은 아니다. 장차 임할 심판을 다루고 있는 열매 없는 무화과나무 비유(눅 13:6-9)만큼 이 사실을 명쾌하게 다루는 본문은 없을 것이다. 이 비유는 어떤 사람들이 예수님께 와서 빌라도가 갈릴리 사람들을 학살한 사건에 관하여 나눈 대화 다음에 이어지는 말씀이다.

여기서 예수님께서는 청중들에게 하나님께서 그러한 만행을 금하지 아니하셨고 또한 실로암의 망대가 무너져 사람들이 죽은 것과 같은 온갖 재앙들이 일어나게 된 깊은 원인을 찾아보라고 교훈하셨다. 그 원인은 희생당한 사람들 개개인에게 특별히 죄가 많아서가 아니라 인간의 회개하지 않는 본성에 있다는 것이다.

예수님께서 열매 없는 무화과나무 비유를 말씀하신 목적은 심판이 확실하게 임할 것임을 지적함으로써 회개하라는 요청을 강화하려는 데 있다는 것이 분명하다. 이 비유에서 예수님께서는 과수원지기의 간청을(또는 중보를) 참작하여 땅주인이 그 무화과나무를 1년 더 두고 보기로 하였다고 말씀하신다. 문제는 이 비유에서 어느 범위까지 상징으로 말씀하셨는지를 밝히는 것이다.

앞에서 논한 것과 관련하여, 무화과나무를 베어 버리는 것이 악한 사람들을 교회에서 추방시키는 것을 의미하지는 않는다고 보아야 할 것이다. 미카엘리스가 바로 이런 견해를 제안했다.[116] 좀더 세부적으로 설명해 들어가기를 원한다면, 여기서 무화과나무를 베어 버린다는 말은 이스라엘 위에 내려진 하나님의 심판을 의미한다고 할 수 있다. 이것은 누가복음의 다른 부분에서도 예언된 바 있는 예루살렘의 멸망을 암시한다(참고. 19:43, 44; 21:20 이하).

그러나 7절의 '찍어 버린다'는 말과 9절의 '열매를 맺는다'는 말은 세례 요한이 외친 마지막 심판의 모습을 상기시켜 준다(눅 3:9; 마 3:10; 참고. 7:19).[117] 여기서 특별히 중요한 사실은, 쟌이 7절에 언급된 '3년'이 바로 세례 요한의 등장 이후의 햇수라고 제안한 것과 관련하여,[118] 과수원지기가 예수님 자신

---

116) Op. cit., p. 186. 천국의 도래가 그리스도의 부활과 함께 또는 부활 후에 일어난다는 견해의 영향을 받아, 미카엘리스는 2절의 "주의 오심"이라는 구절을 (물론 잘못되었지만) 예수님의 죽음 이후에 오는 시기를 언급하는 것으로 이해한다. op. cit., p. 182.
117) 참고. K. H. Rengstorf, Das Evangelium nach Lukas, 1937, p. 153.

을 가리킨다는 견해이다.119) 그러나 필자는 이런 식으로 비유에 등장하는 인물을 밝히는 것이 본 비유의 전후 문맥에 들어맞는지에 대해서는 다분히 회의적이다.

그렇다고 해도 이 비유의 의미는 분명하다. 임박한 심판에 대한 언급에 부가하여, 과수원지기가 제안한 1년간의 연장과 주인의 분명한 받아들임을 본다. 이것을 통하여 예수님께서는 이스라엘에게 더 이상 존재하는 권한이 없고, 지금 하나님의 오래 참으심이 극적인 한계에 도달하였을지라도 하나님께서는 그들에게 회개할 기회를 계속 부여하신다는 사실을 지적하셨다. 이것은 천국이 임할 때에 함께 올 것으로 기대하였던 심판이 하나님의 은혜로우신 작정 덕택에 다시금 연기되었다는 사실을 분명하게 보여준다.

그래서 이 비유는 예수님의 행동의 성격을 이해하는 통찰을 제공한다. 예수님으로 인해 심판이 임하였다. 그러나 심판이 총체적으로 당장에 임한 것은 아니다. 예수님의 메시아 사역은 그분의 복음 전파를 통하여 세상에 다가올 심판에서 많은 사람들을 구원하려는 데 그 목적이 있다.

이것과 부합한 것이 예수님께서 자신의 사역을 이해한 내용이다. 특히 중요한 성경 구절은 마태복음 9장 35-38절까지의 말씀(참고. 또한 막 6:34도 참고)이다. 여기서 예수님께서는 군중들을 보시고 "민망히 여기시니 이는 저희가 목자 없는 양과 같이 고생하며 유리함이라"고 그분의 심정을 표출하신다. 여기에 또 다른 추수에 관한 이미지가 첨가된다.

"추수할 것은 많되 일꾼이 적으니 그러므로 추수하는 주인에게 청하여 추수할 일꾼들을 보내주소서 하라"(참고. 눅 10:2 참조).

동일한 교훈을 마태복음 10장 6절과 15장 24절에서도 찾을 수 있다. 이 본문은 '이스라엘 집의 잃어버린 양'(ta probata ta apololata)에 관해 언급하고 있다.

---

118) Zahn, *op. cit.,* pp. 526 ff.
119) Greijdanus, *op. cit.,* II, p. 651. 또한 Rengstorf, *op. cit.*

여기서 '잃어버린'(to apololos)이란 말은 이 본문에서 사용된 일반적인 의미에서만이 아니라 삭개오 이야기에서처럼 보다 개인적인 의미에서 발견된다. 죄인의 집에 들어간다고 자신을 비방하는 무리들에게 예수님께서는 "오늘 구원이 이 집에 이르렀으니 이 사람도 아브라함의 자손임이로다"고 말씀하셨다(눅 19:9 참조). 이어서 "인자의 온 것은 잃어버린 자를 찾아 구원하려 함이니라"고 자신이 오신 목적을 천명하셨다.

이 말씀의 근저에 깔려있는 사상들의 특징을 전달해 주는 것으로서, "회개할 것 없는 의인 아흔 아홉"과 대조되는 잃은 양 비유가 있다(눅 15:1-7).

마태복음에서도 잃어버린 양 비유를 찾을 수 있긴 하지만(18:12-14), 그 전후 문맥상 기독교회 내의 신자들에게 적용되는 가르침이다.[120]

누가복음에서는 잃어버린 양 비유 다음에 잃어버린 동전 비유와 잃은 아들 비유(15:8-10, 11-32)가 등장한다. 누가복음의 비유들에서 '잃어버린 것'이란 개념은 또 다시 특별한 부분을 차지한다(8, 9, 24, 43절). 예수님께서 오신 목적이 죄인들을 찾아 구원하시는 데 있다고 구체적으로 밝히는 말씀들 이외에, 마태복음 9장 13절에서는 "내가 의인을 부르러 온 것이 아니요 죄인을 부르러 왔노라"라고 오신 목적을 부연하고 있다. 이러한 주제가 바리새인들과는 달리 예수님께서 악명 높은 죄인들과 더불어 사귐을 갖는 이야기들에서 좀 더 상세히 설명되었다. 누가복음 7장 37, 39절에는 어떤 죄인인 여자가 예수께 향유를 부은 기사가 나온다. 여기서 죄인(hamartolos)이란 단어가 두 번씩이나 사용되었다.

예수님께서 '잃은 사람들'에게 가지신 특별한 관심은 당대의 유대 국가 내에 있는 종교적 반감을 고려해 볼 때 대단히 중요하다. 유대인들은 '국가 중의 국가'(an ecclesiola in ecclesia)라는 사상으로 스스로 만족하고 있었다. 그들은 하나님의 진정한 국가란 바리새파나 율법, 특히 레위기의 정결법과 제사장들

---

120) 참고. *Matt.* vol. II(K. V.), p. 44.

에게 부과된 의무들을 엄격히 지키는 사람들에게 해당된다고 생각하였다. 자연적으로 소위 '그 땅의 백성' (암 하에레쥐, am haere?)**121)**이라는 율법을 철저하게 지킬 수 없는 군중들과 대조를 이루게 된 것이다.

복음서에 '그 땅의 백성' 이라는 용어가 등장하지 않는다 할지라도(하지만 요 7:49에는 이와 비슷한 언급이 있다), 예수님께서 거듭거듭 말씀하신 '잃은 사람들' 이야말로 바리새인들로부터 경멸을 받고 사회에서 존재 가치를 상실된 사람들 부류를 지칭하는 것으로 이해해야 할 것이다.

이러한 사실은 '잃어버린 사람들' 과 밀접히 연관되어, 복음서의 '죄인들' 또는 '세리와 죄인들' 로 한층 더 강하게 표현되었다. 이들은 하나님의 율법을 공공연히 거스르며 살았던 사람들일 뿐만 아니라 그 결과 평민들과 바리새인들 모두에게 쌀쌀한 대접을 받았다. 대체적으로 '세리와 죄인' 의 부류에 속하는 사람들이란 특별히 바리새인들의 제도에 순응하지 않는 사람들을 의미하기도 하였다.**122)**

동일한 사상이 '잃은 자들' 이란 표현에서도 암시되었다. 그들은 스스로 버려진 사람들이며, 그들을 돌아볼 목자가 없어 하나님의 참된 백성 속에 들어오시 못하는 사람들이다.

여기에 열거한 여러 성경 구절들은 우리가 늘 사용하는 말로 표현해서, 심판의 희생물이 되어야 마땅할 이들을 예수님께서 찾아 구원하신다는, 그분의 모든 활동의 중요성을 보여준다. 또한 이 말씀들은 그 본문들 속에 계시된 천국의 모습과 성취의 특별한 양상들에 주의할 필요가 있다는 증거들이 기도 하다.

이 경우도 예수님께서 이 땅에 오심과 자신이 행하신 사역의 일반적인 성격이 서로 반대되는 두 개의 방법으로 왜곡되어 제시되었다.

---

121) 참고. E. Schürer, *Geschichte des jüdischen Volkes*, II⁴, 1907, pp. 465, 469.
122) 좀 더 상세한 논의를 위해서는 Rengstorf, *TWB*, I, p. 331 'ἁμαρτωλος' 항목을 참조하라.

하나는 예수님의 행동이 '잃은 자'를 찾는 자로서의 행동임을 서술한 본문들이 사실은 종말론적이며 메시아적인 메시지가 복음의 핵심이 아니라는 사실을 증명하기 위해 인용된 것이라는 입장이다. '천국'은 단지 내적 세력으로서만 존재할 뿐이라는 것이다. 하르낙은 다음과 같이 설명한다. "여기서 하나님 나라 개념은 완전히 내적으로 작용하는 힘으로 바뀌고 말았다. 예수님께서 병자와 가난한 사람들을 자신에게 오라고 외치셨던 것처럼, 그분은 죄인을 부르신다. 이러한 부름은 결정적이다. '인자의 온 것은 잃어버린 자를 찾아 구원하려 함이니라.' 이제야 비로소 외적이고 미래적인 의미가 제거되는 것처럼 보였다." [123)]

메시아적이고 종말론적인 '틀'을 고집하면 예수님의 '설교'를 영적으로 해석하여 '심판하시고' '키질하시는' 의미로만 이해하게 된다. 그럴 경우 심판은 더 이상 미래에 속하는 것이 아니라 현재 예수님의 오심과 그분의 말씀 속에서 찾아야 한다. 그래서 예수님의 활동이 지닌 '메시아적' 특성은 이러한 영적인 의미로 전락하고 말았다. [124)]

다른 하나는 '잃어버린 자'를 찾는 것에 관한 이러한 말씀들을 무엇보다도 예수님의 설교에 나타난 천국의 미래적인 특성을 증명하는 것으로 이해해야

---

123) A. Harnack, *Das Wesen des Christentums*, 1905, p. 39.
124) Dodd, *The Parables of the Kingdom*. 다드는 "예수님께서는 잃은 자를 찾기 위하여 갈릴리의 마을과 동네 지경으로 가셨다. 그리고 이것이 하나님 나라가 도래한 양태이다"라고 기록하였다(*op. cit.*, p. 199). "그러나 하나님 나라는 심판을 동반하였다. 예수님의 사역과 가르침에 대해 비난하던 종교 지도자들에게는 바로 그 순간 그들 위에 심판이 선고되었다.……"(p. 200). "그러므로 하나님 나라의 도래는 그 특징이 심판, 즉 인간의 시험과 체질하여 가려내는 것으로 나타난다"(p. 201). "하나님 나라의 복음에 전적으로 의지하는 것이 교회의 과제이며, 과거 최고의 위기에 비추어 그 위기를 해석하는 것이 교회의 지상 과제이다"(p. 205). 참고. H. Windisch, *Der Sinn der Bergpredigt*, 1929, "우리는 단지 미래에서 현재에로 결단을 옮길 따름이다. 또한 현재화된 것으로 말미암아 우리는 하나님 앞에 직접적으로 놓이게 되었다는 사실을 종말론의 종교적 의미로 간주할 뿐이다."("Wir übertragen die Entscheidung nur aus der Zukunft in unsere Gegenwart und sehen die religiöse Bedeutung der vergegenwärtigten Eschatologie darin, dasz wir in ihr unmittelbar vor Gott. gestellt werden.")

한다고 고집하는 입장이다. 이들은 이 본문들이 천국의 도래를 준비하는 문제만을 다루고 있다고 생각한다. 이러한 이유 때문에 앞서 언급한 하나님 나라 개념을 영적으로 이해한 것과는 달리 그들은 천국의 정의에 관한 이 본문들의 가르침을 논하는 나중 시대의 많은 저작들에 대해서는 거의, 아니 전혀 주목하지 아니한다.

필자는 이 견해들이 예수님의 설교 근저에 깔려있는 천국 사상을 이중적으로 편협하게 만들고 있음이 분명하다는 생각이 든다.

'잃은 자'를 찾는다는 선언들은 심판의 지연을 전제로 하고 있다. 이것이 야말로 예수님의 오심과 사역의 예비적인 성격임을 명백히 입증하고 있다. 예수님께서 선포한 심판을 영적으로 이해하고 복음의 미래적이고 최종적인 특성을 복음 안에 있는 복음(evangelium in evangelio)이라는 사실에 기초하여 이것을 우연한 것이요 비본질적인 어떤 것으로 취급하려는 자유주의 신학과 현대 신학의 시도는 예수님께서 전파하신 천국의 일반적인 성격과 상충된다.

예수님의 설교의 의미를 심각하게 잘못 제시하는 것은 '잃은 자'를 향한 그분의 구속 사역의 메시아직 성격과 성취로서 그분의 사역의 기능을 부정하는 일이다. '잃은 자'를 찾으시는 예수님의 구속 사역은 천국의 나타남에서 절대 필요한 부분이다. 이러한 사실은 '목자 없는 양', '잃은 양' 또는 '잃은 것' 등의 표현들로 나타난다. 마지막 문구인 '잃은 것'이란 표현은 사실 거의 진부한 것이 되고 말았다. 그래서 원래 사용되었던 은유가 아직도 감지되고 있는지 확신할 수 없을 때가 많다(참고. 가령 눅 19:10에서). 더욱이 그 은유는 확대되었다(잃어버린 동전, 잃은 아들, 즉, 탕자 등).

하지만 이것이 곧 '잃은 것'에 대한 개념의 원래의 의미를 '잃은 **양**' 표현에서 찾아야 한다는 사실을 없애는 것은 아니다. 이 은유는 특히 구약성경에서 이스라엘 백성을 양 무리에, 또는 단순히 그들의 지도자나 목자에 의해 버림을 받아 도울 자가 없고 나중에는 흩어지게 된 양에 비교된 것을 설명하는 데 중요하다. 그 결과, 그들은 하나님의 소유물로서 잃어버린바 되었으나,125) 그 후에 주님께서 그들에게 자비를 베푸시고 그들을 찾아 다시 원상태로 회복시키겠다는 약속을 받는다.

장차 오실 메시아는 참 목자로서 악한 목자와 대조된다(이것을 가르치는 성경으로는 겔 34장과 렘 23:1-6이 있다). 장차 도래할 구원의 때는 하나님의 백성이 메시아에 의하여 그들의 원수들에게서 구원받고 양과 염소가 궁극적으로 구별되는 때일 뿐만 아니라, 메시아께서 하나님의 참된 백성을 함께 모으셔서126) 그들을 하나의 양 무리로 연합시키게 되는 때이기도 하다.

우리는 이러한 관점에서 잃은 사람들을 찾으시는 예수님의 구원 사역을 고찰하여야 한다. 마태복음 12장 30절과 누가복음 11장 23절의 "나와 함께 모으지 아니하는 자는 헤치는 자니라"라는 언급에 나타난 것처럼, 예수님께서 자신이 세상에 오신 목적으로 언급하신 모으는 사역은 단지 천국의 준비만이 아니라 천국의 나타남이기도 하다.

여기서 예수님께서는 메시아, 찾는 자, 하나님의 백성의 구원자로서 행동하신다. 그 목자는 동시에 왕이시다. 이러한 사실은 잃은 사람들을 다루고 있는 몇몇 본문들에서 메시아께서 차별에 관하여 말씀하기 시작한 것에서도 나타난다.

"나는 이스라엘 집의 잃어버린 양 외에는 다른 데로 보냄을 받지 아니하였노라"(마 15:24)

"내가 의인을 부르러 온 것이 아니요 죄인을 부르러 왔노라"(마 9:13)

"인자의 온 것은 잃어버린 자를 찾아 구원하려 함이니라"(눅 19:10).

이 말씀들은 이미 지적한대로 메시아로서의 권세와 능력을 이해한 그분의 메시아 의식을 입증한다.127) 이 권세에는 잃은 자를 찾는 것도 포함된다. 잃

---

125) 참고. A. Noordtzij, *De profeet Ezechiël*, 1932, p. 348. 또한 Oepke, *TWB*, I, p. 395, "απολλυμι" 항목.

126) 더 많은 정보를 위해서는 본서 제25항을 참조하라.

은 자를 찾으시는 것에 예수님께서 메시아 되심과 천국이 실현되었음이 계시되어 있다.

더욱이 예수님께서 추수에 관하여 말씀하시는 내용을 담고 있는 마태복음 9장 35-38절의 후반부는 잃은 자를 찾는 것과 관련하여 대단히 중요한 말씀이다. 예수님의 비유 해석법상 추수는 마지막 심판을, 일꾼들은 천사들(참고. 앞의 제19항 참조)을 가리킨다. 하지만 여기서는 일꾼들이 인간들을 지칭하고 있기 때문에 추수를 일꾼들 앞에 놓여 있는 노동을 묘사하고 있는 것으로 이해하여야 한다.

그러나 추수는 동시에 성취를 지칭한다. 잃은 사람들을 찾아 모으는 일은 추수의 시작이다. 미래의 추수는 그리스도께서 권위를 가지고 하나님의 말씀을 선포하는 곳에서 실현된다.[128] 이 말은 다드가 주장한 것처럼, 추수와 마지막 심판 사상이 철저하게 현재에만 적용되어야 한다는 의미는 아니다. 오히려 마태복음 9장 35-38절에서 현재적 의미로 언급된 추수는 예외적인 것으로 이해해야 한다. 하지만 잃은 양을 찾는 행위로써 장차 올 추수에 속한 어떤 것이 성취되고 있으며, 천국의 구원 시기가 특별한 방법으로 실현되고 있다.[129] 한 가지 사실만 더 언급하자면, 이 모든 진리가 마태복음 11장 28절에 표현된 구세주의 유명한 말씀으로 확증된다.

"수고하고 무거운 짐 진 사람들아 다 내게로 오라 내가 너희를 쉬게 하리라."

이 말씀 역시 잃은 자를 찾아 구원하신다는 예수님의 가르침과 관련이 있

---

127) 본서 제13항.
128) 참고. Schniewind, *Das Evangelium nach Matt.*, 1937, p. 122.
129) ······ "das Bild der Ernte ist deshalb möglich, weil unter dem Verkünder des Wortes sich schon die Entscheidungen des Jüngsten Tages vollziehen. Im Wort wird die künftige Königsherrschaft Gottes schon gegenwärtig."······Schniewind, op. cit. ("추수의 표상이 가능한 이유는 말씀 선포에 있어서 심판 날의 결정들이 실현되었다는 데에 있다. 미래의 말씀 속에는 하나님의 왕적 통치가 이미 현존해 있다.")

다. '수고하고 무거운 짐 진 사람들'은 그들의 '근심, 걱정'이나 그들의 '죄'로 인하여 수고하는 사람들이 아니다. 그들은 바리새인들의 규율에 속한 '무거운 짐'으로 수고하는 사람들이다. 그들은 이같이 특별한 의미에서 '목자 없는 양'으로 간주될 수 있다.[130] 이 말씀은 사람들의 영혼에 안식을 주겠다는 보편적인(특정시기와 상관이 없는) 메시지가 아니다. 도리어 이 말씀은 시간의 대전환점이 이미 왔고, 하나님의 구속이 그리스도 안에서만 찾을 수 있고 발견될 수 있다는 의식에 기인한다.[131] 구세주의 이러한 말씀으로 하나님께서는 그분의 방황하는 백성들을 향해 자신의 팔을 펴신다. 비록 천국의 모든 비밀이 여전히 남아 있고 아직 예비 단계에 있을지라도 천국이 **현존**한다고 하는 이유가 여기에 있다.

그러므로 그리스도이신 예수님의 인격과 사역에 기초하지 아니하고 구속 교리를 세우려는 시도는 모두[132] 거부되어야 한다. 그렇게 되면 잃은 자를 찾으신다는 말씀들을 근거로, 복음의 구속사적인 성격과 명백히 상충되는 하나님의 부성애를 전파하는 메시아만을 이야기하게 된다. 잃은 양을 찾고, 탕자가 돌아올 수 있고, 구원이 세리와 죄인들에게 전파된다는 사실은 예수님께서 그리스도이시며 그분과 함께 하나님 나라가 도래하였다는 이유에서만 참이며 가능할 수가 있다. 이것이야말로 예수님께서 구세주로서 잃은 자에 관하여 천명하신 말씀들의 대전제이다. 이 말씀들을 이 전제에서 제거한다면 복음은 그 기초를 상실하고 말 것이다. 이 말씀은 곧 예수님께서 그리스도로서 장차 오실 세상의 심판주와 하늘 구름을 타고 오시는 인자이시라는 사실을 함의하고 있음이 분명하다. 그러나 '죄인들을 향한 복음'을 비롯하여 모든 복음이 지닌 기독론적 성격은 논쟁의 여지가 없다.

---

130) 참고. 필자의 *Matth.*, I, p. 226.
131) 참고. 본서 제27항.
132) 본서 제27항.

이제 다음 항목에서 하나님 나라의 특별한 양태와 관련하여 복음서에 나타난 '기독론'을 좀 더 상세히 고찰해 보도록 하자.

22. 여호와의 종

앞에서 다룬 내용에서 현저하게 나타나는 하나의 맥이 있다면 그것은 예수님이 그리스도라는 사실이다. 그리스도의 오심의 비밀, 천국 **성취**의 비밀(제13항을 보라)이 그분 안에 계시되었다. 그리스도의 행위와 자기 계시 속에 이러한 성취의 **예비적인** 특성이 반영되었고 설명되었다. 이 마지막 문제를 좀더 상세히 다루도록 하자.

복음의 '기독론적' 내용들에는 두 가지 핵심 사항이 포함되어 있다. 그 중의 하나는 이미 인자와 그의 능력에 관하여 논하였던 모든 내용을 담고 있다. 여기에 인자의 종말론적인 영광이 반영되어 있다. 하지만 인자의 종말론적 영광의 기본적인 특성을 결정하는 또다른 요소가 있음을 간과해서는 안 된다.

인자는 사실상 그의 능력과 영광을 하나님께서 **지정하신 특별한 방법**으로만 행사하실 수 있으셨다. 그래서 그분은 아버지의 뜻에 복종함으로써 다른 사람들에게 전파한 구원을 획득하셔야했다. 이것을 복음의 기독론적 내용이 가장 풍부하게 표현된, 한 마디로 말해서 **인자는 동시에 여호와의 종이었다**는 말로 요약할 수 있다. 이것이 바로 복음의 내용을 **함께** 결정짓는 두 핵심 사항이다.

인자와 여호와의 종, 이 두 개념이 충분히 고려될 때에만 예수님의 임하심과 더불어 시작된 성취가 무엇을 의미하는지 깨달을 수 있다. 그 성취가 예수님께서 구원을 선포하실 때 사용하신 그분의 개인적인 권위뿐만 아니라, 그분이 그리스도로서 획득한 구원이 이러한 방법으로 이룩되었다는 것이 그 이유이다. 결국 복음 전파는 비록 씨앗처럼 주위에 흩뿌려졌을지라도, 지금까지 이스라엘에 계시되어 왔던 모든 것을 초월해 있음이 분명해졌다. 복음은 성취의 복음이다. 복음은 구원이 임하였다고 선포할 뿐만 아니라 그 구원이 **기초하고 있는 것이 무엇**인지를 선포하기 때문이다. 이 두 가지 핵심 사항은 계시의 내용과 그리스도이신 예수님의 역사를 형성한다.

예수님의 메시아 되심은 처음부터 다니엘 7장에 등장하는 인자와 동일시되긴 했지만, 나중에 가서는 영광과 능력만이 아니라 다른 요인들에 의해서도 결정되었다. 이러한 사실은 예수님께서 요단강에서 세례를 받으시고 하나님의 사랑받는 아들이라는 선포가 있은 후 성령에 이끌려 '광야'로 가셨을 때 입증되었다.

예수님은 광야에서 마귀에게 시험을 받으셔야 했다. '유혹'(temptation) 또는 '시험'이란 단어를 논의해야 하겠지만 여기서는 생략하기로 한다. 예수님과 마귀가 마주친 것은 마태복음 12장 29절에서 의미한 강함의 시험을 가리키기 위한 것과 같지 않다. 그것은 예수님께서 아버지에게 완전히 **순종**하고, 아버지의 명령(Father's mandate)에 **신뢰(헌신)**하고 있다는 것을 증명하기 위해 치러야 할 시험이었다.

그래서 시험하는 자가 의도하였던 것은 예수님에게서 그가 지닌 메시아적 **확신**을 빼앗아 버리거나, 예수님으로 하여금 그분이 수세시에 받았던 성부의 음성에 대해 의심을 품도록 하는 것이 아니었다. 마태 기사의 처음 두 개의 시험에서 드러나는 것처럼, 마귀는 예수님을 유혹하여 성부께서 의도하셨던 것과는 상관없이 그분의 메시아적 능력을 사용하도록 시험하였다.

하지만 예수님께서는 세 번씩이나 성경에 '기록된' 것에 호소하셨다. 이렇게 예수님은 메시아와 하나님의 아들로서 하나님의 말씀에 복종하셨으며, 그 말씀 안에 계시된 하나님의 인도를 받으셨다.

시험에 관여된 물질적인 내용은 예수님의 메시아 사명의 특성을 밝혀준다. 얼마동안 (예수님께서 광야에서 주리셨기에) 그분에게 결핍과 곤경이 찾아왔을 수도 있다. (마태복음에 묘사된 두 번째 시험에 따르면) 하나님의 섭리를 시험하는 굉장한 힘에 대한 시험은 배제된다. 그리고 (마귀는 예수님에게 제시한) 세상의 여러 나라들을 예수님께 단번에 양도한 것도 아니었다. 우리는 이미 이 시험이 세상의 명예와 권세를 소유하는 문제가 아니라 예수님께서 그것들을 어떤 식으로 획득할 것인지를 다루는 시험이었음에 주안점을 두고 있다는 사실을 지적했었다. 여기서 예수님께 부여된 완전한 메시아적 위엄과 권위는 성부의 뜻에 순종하고 굴복함으로써 입증되는 것이기도 하지만, 동시에 그분이 하나님의 아들로서 그가 가지신 신적 위엄에 일치하지 않은 것처럼 보이는 것들까지 기꺼이 받아들이는지를 요구하는 것이기도 했다.

메시아로서 예수님의 사명과 순종을 인식하기 위해서 복음서에 자주 사용된 용어인 '~해야만 한다'(dei), '~하는 것이 합당하다'(prepon)에 특별히 주의를 기울일 필요가 있다. 이 표현에서 예수님께서 자신의 사역을 어떻게 수행하셨는지 주목할 수 있을 것이다.

여기에 사용된 '당위'(must)적 표현은 신약성경(특히 누가복음)에 자주 등장하는 표현법 가운데 하나이다. 먼저 이 당위적 표현은 하나님의 뜻을 총체적으로 의미하며, 특별히 종말론적 사건에 하나님의 계획을 수행하기 위하여 반드시 발생해야 할 것을 언급한다(이를테면 계 1:1; 4:1; 22:6; 마 24:6; 막 13:10). 예수님께서 메시아로서 행하신 모든 행동은 하나님의 뜻에 근거한 '당위'에 복종하신 것이며, 그것은 절정에 영향을 미쳤다.133)

이러한 사실은 일찍이 예수님께서 열두 살 된 소년으로 성전의 율법사들 가운데 계실 때에 이미 그분의 행동을 결정했던 내용이다(눅 2:49 "내가 내 아버지의 일에 관여해야 할 줄을 알지 못하셨나이까"). '당위'는 예수님께서 이스라엘 백성들 가운데서 활동하는 데마다 따라다녔다(눅 4:43 "내가 다른 동네에서도 하나님 나라 복음

---

133) 참고. Grundmann, "그러므로 그리스도가 종말론 설교자인 것뿐만 아니라 그분의 역사도 종말론이다. 그리스도의 고난, 죽음, 부활, 그리고 (누가복음의) 승천의 '당위성'(δεῖ)은 종말에 있을 하나님의 신비스러운 심판과 구원 행위의 한 부분이다." *TWB*, II, p. 24의 'δεῖ' 항목.

을 **전하여야** 하리니" 눅 13:16 "……이 아브라함의 딸을 안식일에 이 매임에서 푸는 것이 합당치 **아니하냐?**" 눅 19:5 "내가 오늘 네 집에서 **유하여야** 하겠다").

특히 예수님의 지상 생애의 마지막은 이 '당위'에 복종한 것이었다. 예수님께서 자기 제자들에게 처음으로 자신이 많은 고난을 "당하여야" 하리라고 말씀하신 순간부터(마 16:21; 막 8:31; 눅 9:22), 이 당위적 표현(dei)은(특별히 누가복음에서) 거듭거듭 사용되었다.

이 표현은 예수님께서 죽음을 맛보게 될 예루살렘이 바로 하나님의 계획에 의해 정해진 장소임을 의미한다(참고. 눅 13:33 "그러나 오늘과 내일과 모레는 내가 갈 길을 **가야** 하리니**134)** 선지자가 예루살렘 밖에서는 죽는 법이 없느니라"). 또한 인자가 임하시기 전에 필연적으로 고난을 받아야 할 것을 확증하기도 한다(참고. 눅 17:25 "그러나 그가 먼저 많은 고난을 받으며 이 세대에서 버린바 **되어야** 할지니라"). 인자의 고난의 어떤 면모는 선지자들이 예언한 메시아의 길임을 지시하기 위해서도 사용되었다(참고. 눅 22:37 "내가 너희에게 말하노니 그는 불법자의 동류로 여김을 받았다 한 말이 내게 **이루어져야** 하리니……").

마지막 인용문은 여기에 제시된 당위(must)의 내용들이 하나님의 감추어진 계획에 의하여 결정된 것일 뿐만 아니라, 여러 면에서 성경에 누누이 계시되어 왔던 것임을 밝혀 준다. 이 당위적 표현은 메시아에게만 해당되는 것이 아니라 마음을 '열어' 성경을 깨닫게 된 사람들도 이해할 수 있었던 내용이다 (참고. 눅 24:25-27. 엠마오로 가는 두 제자들에게 성경을 설명해 주시면서 "그리스도가 이런 고난을 받고 자기의 영광에 들어가야 할 것이 아니냐?"라고 말씀하심. 44, 46절 참조). 이 본문들은 예

---

134) 이 용어는 예수님께서 바리새인들에게 헤롯에게 전해 주라고 이른 대답과도 관계가 있다. "오늘과 내일 내가 귀신을 쫓아내며 병을 낫게 하다가 제 삼일에는 완전하여지리라 (teleioumai) 하라"(눅 13:32). 이 본문에서도 예수께서는 자신의 죽음의 확실함을 완성으로 서술하셨다. 이것은 그분이 이 땅에 오신 궁극적인 목적이다. 32절의 "오늘"과 "내일"은 얼마 동안 계속될 구원 활동의 지속을 의미한다. 33절은 그분이 이 목적을 위해서 지금 머물고 있는 곳에 계속 있을 수 없고 여행을 시작해야 한다고 부언한다. 그 여행을 하는 도중에, 그리스도는 예루살렘에 도착하고 거기서 죽임을 당하기 위하여 오늘과 내일의 일을 마무리해야 할 것이다.

수님께서 메시아로서 성부께 순종하심으로 하나님께서 자신에게 부과하신 사역을 성취해야 하셨고, 그 사역의 상당 부분이 최종적인 결정을 이룩하기 위해 하나님의 뜻에 의해 규정된 고난과 죽임의 내용으로 이루어졌음을 밝혀 준다.

이같은 의미를 제거하기 위하여 고난의 필연성에 대하여 말씀하신 명백한 선언들을 사건 이후에 발표한 예언으로 설명하거나, 후기 기독교회의 조작으로 돌리려는 시도가 있었다.[135] 또한 오직 백성들의 태도 때문에, 하나님께서 자신으로 하여금 고난을 받고 죽게 하기로 작정하셨다는 확신에 예수님께서 점차적으로 도달하게 되었다고 생각하는 사람들도 있다. 그들은 온갖 종류의 심리학적 고찰들을 총동원하여 이 의견을 뒷받침하려 하였다.[136] 예수님께서는 어느 정도 자신이 죽음에 접근하고 있는 것에 대한 일종의 심리학적 의식이나 확신을 가지고 있었다고 한다. 그러나 예수님께서 그가 어떻게 죽을지 미리 속속들이 알고 계셨다는 것은 불가능하다.[137]

이와 같은 이해들과는 반대로, 그리스도의 고난과 죽음 및 그 필연성에 대한 사상이 공관복음서에 있는 그리스도께서 선포하신 설교의 가장 본질적인 요소들 가운데 하나이니, 이러한 사상이 처음부터 예수님의 말씀과 행동들을 결정지었다는 사실이 유지되어야 한다. 이것을 후대 기독교회의 소산으로 돌리려는 사람은 결과적으로 케리그마의 전(全) 역사적인 특성을 거부할 수밖에 없다. 그렇지 않으면 틀림없이 역사적 예수에 관한 확신을 가지고 말할 수 있

---

135) 참고. Heitmüller, *R. G. G.*, III, 1912, p. 387. "그는 베뢰아를 거쳐 예루살렘으로 여행하였다, 마가복음 10장. 우리는 그 이유를 알지 못한다. 여하튼 그는 고난을 받고 죽기 위하여 그렇게 하지는 않았다. 그의 고난에 대한 예언들은 사태의 발전을 회고하여 보건대 교회에서 만들어낸 것이다"). 참고. 근래의 저자로서는 Klostermann, *Markusev.*, pp. 78, 79; Bultmann, *Geschichte*, p. 163.
136) 참고. H. J. Holtzmann, *Lehrb. der Neutest. Theologie*, I², 1911, p. 353ff, 그리고 그 곳에 인용된 옛 자료들.
137) 참고. Ed. Meyer, *Ursprung und Anfänge des Christentums*, I, p. 117, "그는 그렇게 많은 선지자들의 그것과 동일한 운명이 그를 맞이하고 있지나 않은지 의심했을 수도 있었고 또한 그와 같은 말로 표현하였다. 그러나 그 특별한 모습은 아무에게도 미리 알려질 수가 없었다."

는 것이 거의 없다는 이유로 케리그마의 특성을 약화시킬 것이다. 이와 같은 비평가들은 양식 비평 학파의 과격 집단들에게서도 발견할 수 있듯이 복음서의 문학적인 특성에 대해서는 더 이상 관심을 갖지 않고 여러 차례에 걸쳐 갖가지 방법들로 제시된 기록된 사건 그 자체에만 관심을 기울인다.[138]

복음서를 주의 깊게 분석해 보면 고난 주제가 예수님께서 선언하신 명확한 몇몇 분명한 구절들로만 이루어진 것이 아니라는 것이 드러난다. 그래서 이 몇 개의 명백한 고난 구절들을 제거해 낸다고 하더라도 공관복음서의 케리그마 구조에는 전혀 손상이 없을 것이다. 오히려 분명하게 말씀하신 이 예언들은 이전 역사 속에서 다양한 방법으로 준비되어왔고, 계속해서 다른 구절들이 등장하고 있다. 이 예언들에는 그와 같은 역사의 과정보다 훨씬 더 심오한 배경이 있다.

그 사건(고난과 죽음-옮긴이) 이전에 일어난 역사에 대해서는, 그리스도께서 친히 받을 고난에 대하여 분명하게 선언하기 이전에 복음서에는 그분의 완전한 비하의 필요성을 좀 더 은밀한 방법으로 독자적으로 말씀하신 부분이 많이 있다(참고. 막 8:32-"그가 임박한 고난에 대하여 드러내놓고(parresiai) 이 말씀을 하시니").[139]

먼저 그리스도께서는 마태복음 9장 15절과 그 병행 구절에서 신랑에 관하여 언급하신다. 15절의 상반절과 하반절을 비교해 보면, 신랑은 메시아를 지시하기 위해 풍유적으로 사용된 것이 분명하다.[140] 신랑은 잠깐 동안만 잔치 손님들과 함께 있을 것이고, 곧 멀리 떨어지게 될 날이 올 것이라고 기록되어

---

138) 참고. F. Büchsel, *Die Hauptfragen der Synoptikerkritik*, 1939; Vincent Taylor, *Jesus and His Sacrifice*, 1948, 그밖의 여러 저자들.
139) 참고. Hauck, *Markus*, p. 103, "단순히 숨겨진 대화와는 구별하여, 이 예언과 가르침은 밝히 드러났고 구속을 받지 않았다."
140) 참고. Jeremias, *TWB*, IV, p. 1096, "νυμφη" 항목. 비록 (우리가 받아들이기에는 불충분한 근거에 기초하여) 그가 이 알레고리적 의미가 원래 이 격언의 말에는 낯선 것이라고 생각하였을지라도 말이다.

있다. 이것은 예수님의 죽음을 암시한다. 많은 학자들이 신랑에 관한 후반부의 선언이 '후대에 첨가 된 것'으로 간주하려 한다.[141]

그러나 이와 같은 견해는 가정에 근거할 것일 뿐 증거가 부족하다. 또한 이것을 백성들의 적대감이 점차 증가하자 예수님께서 자신이 죽음에 좀더 다가가고 있다고 확신하게 되었다고 이해해야 할 아무런 이유도 없다. 예수님 자신은 자기가 고난당하고 죽게 될 것을 이미 확신하고 있었다고 하더라도 그의 제자들에게 자신의 고난과 죽음에 대하여 밝히 말씀하지 않은 시기에 주신 말씀으로 이해해야 할 것이다. 동일한 내용이 예수님께서 인자와 요나를 비교하면서 말씀하신 수수께끼 같은 말씀에도 해당한다.

"악하고 음란한 세대가 표적을 구하나 선지자 요나의 표적밖에는 보일 표적이 없느니라 요나가 밤낮 사흘을 큰 물고기 뱃속에 있었던 것같이 인자도 밤낮 사흘을 땅 속에 있으리라"(마 12:39, 40).[142]

이것은 다음과 같은 말씀에도 적용될 수 있다.

"여우도 굴이 있고 공중의 새도 거처가 있으되 오직 인자는 머리 둘 곳이 없느니라"(마 8:20).

마지막에 언급한 성경 구절은 예수님의 고난과 죽음을 가르치기보다는 인자가 지상에서 거할 집이 없음을 의미하는 말씀이다. 그분은 역경과 배척을 받으셔야만 한다.

요컨대, 그리스도는 십자가를 향하여 가고 있는 중이었다. 예수님께서 말씀을 하셨을 때 그곳에서 그 말씀을 직접 들었던 청중들은 이 말씀이 그런 풍부한 의미를 내포하고 있는지 바로 깨닫지는 못했을 것이다. 하지만 전체적인 범위에서 보면, 예수님께서 '의미심장하게' 말씀하셨고, 처음부터 고난에 대한 사상이 그리스도의 역사적인 전체 케리그마와 관련되어 있음이 분명하

---

141) Bultmann, *op. cit.*, p. 17; Jeremias, *op. cit.*
142) 자세한 설명은 Schniewind, *op. cit.*, p. 157를 보라.

게 드러난다. 복음서 저자들이 전하여 준 이 선언들은 역사가 진행됨에 따라 보다 많이 그리고 보다 분명하게 나타난다. 특히 가이사랴 빌립보 지방에서 제자들과 대화를 나누신 **후**, 임박한 고난은 여러 가지 이미지들과 비유들로 선언되었다.

예수님은 '그의 마실 잔과 그의 받을 세례'를 말씀하셨다(막 10:38; 참고. 마 20:22). '오늘이나 내일' 후인 그분의 '완벽한' 시간에 대해서도 말씀하셨다(눅 13:32, 33). 다른 곳에서는 '그가 받을 세례'에 대해 언급하시면서, 이것을 '이루기까지 그의 답답함'이 어떤지를 설명하기도 하였다(눅 12:50).143) 예수님께서는 자기의 앞에 운명적으로 가로놓여 있는 자신의 장례에 대해서도 알고 있었다(마 26:12). 또한 자신을 악한 농부들에 의하여 죽임당하는 아들로도 묘사하셨다. 예수님께서는 마지막에 다가감에 따라 보다 단도직입적인 표현으로 자신이 받을 고난과 죽음을 묘사하는 말씀들을 인용하셨다.144)

여기에 증거로 든 여러 말씀들로부터 고난과 관련한 사상이 누룩처럼 복음서 전체에 퍼져 있음이 밝혀졌다. 이러한 선언들이 없었다면 예수님의 전체 행동과 설교에서 일관성 있는 의미를 유출해 내기란 불가능 했을 것이다.

마지막으로 서술한 예수님의 **메시아 자기은닉**을 확정하는 또다른 현상이 있다. 예수님의 자기 계시가 '들을 귀 있는 사람들'에게 분명하게 알려졌기는 했지만 여러 면에서 은근히 암시되었을 뿐이다.145) 여기다가 예수님께서 천국의 비밀, 곧 메시아의 비밀을 아는 것이 허락된 사람들에게 자신이 메시아임을 알리지 말라고 강경하게 **금하신** 경우가 한두 번이 아니었다는 사실을 첨가해야만 하겠다.

---

143) 참고. Klostermann, *Lukasev.*, p. 141, 'Gethsemanestimmung' (겟세마네의 분위기).
144) 참고. Sevenster, *Christologie*, pp. 109, 110; 그리고 특별히 Vincent Taylor의 모든 수난 설화에 관한 자세하고도 귀중한 논의를 참조하라.
145) 참고. 본서 제18항.

메시아 비밀로 표기되는 이러한 현상에 대한 평가가 18세기 말 이후 예수님의 생애를 추적한 역사적 탐구에 있어서 중요한 부분을 담당해 왔다. 여기서 이 모든 탐구를 자세히 언급할 수는 없을 것이다. 지금까지 진행되어 온 예수님의 생애에 대한 역사적 탐구는 예수님의 천국 설교를 평가와 함께 간접적인 중요성만으로 판정하여 왔다.

물론 이것은 오류였다! 구 자유주의 신학적 방법에 따라 예수님의 천국 설교를 본질적으로 내면적인 종교적 업무로만 이해하는 한 예수님의 자기 은닉은 메시아적 종말론 운동이 본래는 예수님의 자기의식에 속한 것이 아니었다는 사실을 입증하는 것으로 간주되었다. 메시아 은닉 사상은 예수님의 지상 사역이 실패라고 생각되자 점차적으로 그분의 생각 속에서만 확고한 위치를 구축하게 되었다는 것이다. 그리하여 예수님께서는 그분의 마음속에 이 메시아 의식이 여전히 자라고 있을 시기에도 이것을 알리고 싶은 것을 완강히 거부하였던 것이라 한다.

이와 정반대되는 견해가 철저 종말론적 견해이다. 철저 종말론에 따르면 예수님께서는 처음부터 자신의 사역이 메시아로서 임명된 자의 사역이었음을 의식하고 있었다고 한다. 하지만 예수님께서는 자신의 비밀을 알게 된 사람들에게 자기가 메시아라는 사실을 아무에게도 말하지 말라고 이르셨다는 것이다. 예수님께서 사람들에게 자신이 메시아임을 입 밖에 내지 말라고 하신 이유는 하나님 나라와 거기에 따르는 예수님의 메시아 직분이 전적으로 미래적인 특성을 지닌 까닭에 있었다.

이 두 '역사적' 견해들은 철저히 회의론적인 인식에 의해 서로 대립되어 있다. 철저 종말론이 천국에 관한 설교에 어떠한 중요성을 부여했던지 간에 그 견해는 예수님의 메시아적 자기의식에 회의적임을 표명한다. 어찌되었든지 철저 종말론은 문학적인 '주제'로 취급하는 예수님의 자기 계시에 담긴 은닉의 요소들을 예수님의 생애에 관한 전통을 후시대에 수정한 것으로 간주한다. 이러한 사실은 예수님께서 메시아로서의 입장을 취하지 않으신 때가

있었음을 상기시켜 주는 발언이다.[146]

당분간 여기서 말한 '메시아 비밀'에 관한 역사적 문제는 더 이상 다루지 않으려고 한다. 이제부터 다루려는 주제는 예수님의 고난이 처음부터 그분의 메시아적 사명과 자기 계시를 부분적으로 결정하였는지를 묻는 물음과 관련하여 그 사실적 의미를 밝히는 데 있다. 그 해답을 찾기 위해 먼저, 마가복음이 제공하는 다양한 자료들을 수집해야 할 것이다.

우선 예수님께서 그분이 행하신 이적들이 알려지는 것을 계속해서 금하셨다는 사실을 지적해야 한다(참고. 막 1:43-45; 5:43; 7:36). 이와 관계된 것은 예수님께서 군중들로부터 피하여 숨으려 하셨다는 것과(막 1:35-38, 45; 4:35; 5:1; 6:32; 7:24; 9:30) 예수님께 고침받기를 원하는 사람들에게서 따로 떨어져 계셨다는 것을 서술하는 본문들이다(막 5:40; 7:33; 8:23; 참고. 26절). 이 자료들이 단지 간접적인 암시들만을 다루고 있다는 것은 사실이다. 그러나 귀신들이 큰소리로 예수님을 메시아라고 부르자, 예수님은 그들을 금하여 자기를 그렇게 부르지 말라고 강하게 금한 본문들도 있다(막 1:25, 34; 3:12).

베드로가 가이사랴 빌립보 지방에서 신앙을 고백한 후(막 8:30), 그리고 예수님께서 산에서 용모가 변화되신 이후(막 9:9)에, 이와 동일한 또는 거의 똑같은 말씀이 표현되고 있는 것을 발견한다. 변화산 사건 때에 세 제자들은 자신이 본 것을 인자가 죽음에서 살아나기 전에는 아무에게도 알리지 말라는 명을 받았다(참고. 마가복음과 병행 구절인 마태복음과 누가복음을 비교하라).

확언하건대, 아무에게도 말하지 말라는 명령들을 일반적이거나 절대적인 의미로 이해해서는 안 된다. 예수님께서는 자신의 공생애 말기에 자기에게 메시아적 영광이 있음을 인정하셨으며, 자신을 산헤드린 앞에서 오실 인자로 알리셨다. 마찬가지로 위에 언급된 모든 현상들을 같은 부류로 취급할 수도 없다. 예수님께서 자신을 계시하기를 꺼려하신 이유는 부분적으로 다른 상황

---

[146] 참고. 보다 자세한 설명을 위해는 필자의 *Zelfopenbaring en Zelfverberging*, 1946, pp. 5-20를 보라.

으로 결정된 동기들에 의해 설명해야만 하기 때문이다. 그러나 독특하고 심오한 동기는 이같은 방법으로는 다 표현될 수 없다. 만일 예수님의 자기 은닉이 상황에 따라 변동될 수 있는 것이라서 보다 심오하고 일반적인 성향이나 의미가 부정된다면[147] 복음의 분명한 의미가 잘못 제시되고 말 것이다.

이러한 은닉, 곧 자기 은폐에 대하여 맨 처음 직접적으로 설명한 구절은 마태복음 12장 15절 이하에서 발견된다. 이 본문에서 예수님께서는 자기 자신을 알리지 말라고 금하신 것이 외부의 화려함이나 대중적인 인기로 인해 사람들로부터 총애를 한 몸에 받는 것과는 거리가 먼 여호와의 종의 형상에 관한 이사야의 예언의 성취로 간주하신다. 예수님의 모습과 이사야서에 등장하는 여호와의 종의 모습을 이렇게 관련짓는 것은 대단히 중요하다. 왜냐하면 여호와의 종은 그가 존귀히 되기 전에, 많은 사람들의 죄를 속하고 고난을 받아 마침내 죽어야 할 것이기 때문이다.

그러므로 다른 여러 구절들은 예수님이 자기 자신을 알리는 것을 금지한 동기를 그의 고난과 죽음에서 찾는다. 이것은 특별히 가이사랴 빌립보 근방에서 베드로의 신앙고백 이후에 이루어졌다. 이 사건은 세 복음서 모두에 기록되었다. 특히 누가복음 9장 21, 22절의 문맥에 나타나듯이, 베드로의 신앙고백 후에 예수님께서 이것을 아무에게 알리지 말고 비밀로 하라고 강하게 명령하신 것은 인자가 반드시 당하여야 할 고난과 죽임에 그 동기가 있다. 마가복음 9장 30, 31절에서도 동일한 사실이 발견된다. 여기서는 예수님께서 자신의 공적 사역에서 물러나셔서 아무에게도 이러한 사실을 알리기를 원치 않으셨음을 표명한다. 예수님께서 이렇게 행동하신 이유는 다음과 같이 설명되었다.

"이는 제자들을 가르치시며 또 인자가 사람들의 손에 넘겨 죽임을 당하고 죽은 지 삼 일 만에 살아나리라는 것을 말씀하신 연고러라."

---

147) 이 점은 Greijdanus가 강하게 주장했다. *Bizondere Canonick*, 1947, pp. 226, 227.

동일한 의미에서, 이 주제는 산 위에서 변형되신 후에 (그 본 것을) 비밀로 하라고 명하신 말씀의 기초이기도 하다. 예수님을 수행했던 세 제자들은 그들이 산에서 본 것을 '인자가 죽은 자 가운데서 살아나기 전에는' 아무에게도 알리지 말라는 명을 받았다(마 17:9; 막 9:9; 참고. 눅 9:36).

예수님의 메시아적 자기 계시에 관한 주제가 우리에게 중요한 자료가 되는 것은 그것이 예수님의 전 활동에서 고난 사상이 차지하는 위치를 이해하게 해주는 열쇠를 제공하기 때문이다. 예수님의 메시아적 자기 계시를 은폐한 것은 고난 주제가 분명하게 언급된 본문에 근거해서라기보다는 복음에 더 깊은 기초가 있기 때문이다. 그리스도의 오심으로 계시된 메시아적 구원은 그리스도의 권세와 초자연적인 영광에만 그 근거를 두는 것이 아니다. 그분의 낮아지심과 배척받으심에도 그 근거가 있다. 모든 천국 복음은 **십자가의 복음**이라고 특징지어야 한다. 이것은 예수님께서 자신의 고난에 관하여 자세하게 설명하셨기 때문만이 아니라, 그분의 메시아적 자기 계시(또는 자기 은닉) 전체의 양상 때문에도 그러하다.

여기서 다룬 내용의 바르고 깊은 의미는 먼저 예수님께서 당하신 고난과 그분이 처음부터 수행하신 일들의 의미를 명심해야만 이해될 수 있다. 이미 예수님께서 그리스도로서 당하셔야 했던 고난의 신적 당위성이 구약 예언에서 확인될 수 있다는 사실을 살펴보았다. 예수님께서 친히 하신 말씀(참고. 눅 22:37; 24:26, 44-46)과 복음서 저자들이 예수님의 고난과 죽으심에 관하여 자주 반복하여 사용한 "성취하려 하심이라", "기록된 것과 같이", 그 외의 형식들 속에서 분명하게 드러난다(예컨대, 막 14:21; 14:27. 참고. 슥 13:7; 막 14:34. 참고. 시 42:6, 12; 막 15:34. 참고. 시 22:2. 눅 24:46; 시 31:6).

예수님의 고난과 죽으심은 운명에 의해 결정된 것이 아니며, 막연히 하나님의 섭리에서 추론할 수 있는 신적 작정에 따라 된 것도 아니다. 그리스도의 고난과 죽으심은 우리를 구원하시기로 미리 결정하시고 여러 선지자들을 통해 알려진 하나님의 뜻을 수행한 것이었다.

특별히 주목할 것은, 예수님께서 걸어가신 고난의 길(비아 돌로로사, via dolorosa)은 이사야 53장에 언급된 여호와의 고난 받는 종에 관한 예언과 정확히 맞아떨어진다는 사실이다. 그리스도의 고난이 시작되기 이전에도 이러한 일치는 현저하게 나타났다.

앞에서 예수님의 온유하고 겸손하신 행위가 여호와의 종의 사역의 특징을 다룬 이사야 42장 1절에서 4절까지의 말씀의 성취라고 이미 지적하였다. 또한 중요한 사실은 마태복음 8장 16, 17절에서, 예수님께서 각색 병자들을 치유하신 것이 이사야 53장 4절의 "그가 우리의 질고를 지고 우리의 슬픔을 담당하셨도다"라는 예언의 성취로 이해할 수 있다는 점이다.

예수님의 메시아적 사역에서 그분이 질고와 인간의 고난 등을 짊어지셨다는 사상을 발견할 수 있다. 물론 이 본문에서 이사야 53장 4절에서 여호와의 종이 하셨던 것처럼 예수님께서 고난을 받으심으로써 자기가 이러한 짐을 진 자이신 것으로 등장하고 있는 것이 아니라는 점은 사실이다. 하지만 인간들의 질고를 당신이 친히 짊어지셨다는 사상은 이 본문에 분명히 나타나며, 이것은 이사야 53장의 예언에 비추어 설명될 수 있다.

이것과 관련하여 예수님께서 자기에게 세례 베풀기를 사양했던 세례 요한에게 하신 말씀을 상고해 보아야 하겠다.

"이제 허락하라 우리가 이와 같이 하여 모든 의를 이루는 것이 합당하니라"(마 3:15).

이 본문 역시 여호와의 종에 관한 예언과 직접적인 연관은 없다.**148)** 요한이 사양한 것이나 이에 대한 예수님의 대답("이제 허락하라")을 미루어 볼 때, 어떤 의미에서 예수님께서 세례를 받으신다는 것이 언뜻 이해가 가지 않는다. 지금 예수님께서 내리신 명령은 예비적이고 임시적인 성격을 띤 것일 수 있

---

148) 예수님의 수세 후 계속해서 일어난 하늘로서 들려온 음성이 이사야 42장 1절(여호와의 종을 가리킴)을 반영한 것이 틀림없지만 그렇게 판단할 수밖에 없다.

다. 요한이 (예수님에 대해) 이해하고 있는 것과 부합할 시기가 임할 것이다. '이제'(now)라는 말은 현재 예수님의 영광이 은폐된 현재를 가리키는 말이다.[149] 이러한 사실로 인해 예수님은 여느 죄인들과 마찬가지로 하나님께서 자신에게 요구하시는 원리에 따라서 세례를 받고자 하셨으며, 세례 요한 역시 이러한 문제에 있어서 의를 이룬 것이다.

이것은 머지않아 예수님께서 자신의 공적인 임무를 수행하시면서 죄인들과 연합하셔야 하고 그들의 죄를 자신이 친히 담당하셔야 한다는 사실을 시사한다.[150]

"그(예수님)가 죄인들과 사귐을 갖고 그들처럼 죄인의 위치에 선 이유는 자기 스스로 구원을 찾거나 그분이 죄가 있어서 임박한 진노에서 피하기 위한 것이 아니었다. 교회와 하나 되고 하나님의 은혜와 자비를 전달하는 분이시기 때문에 그렇게 하신 것이다."[151]

언급된 말씀들의 가장 깊은 의미는 그리스도의 고난과 죽음에서 찾을 수 있다. 여기서 현저하게 부각된 사상은 예수님께서 죄를 짊어지고 죄인들과 하나가 되었다는 것이다. 그리고 여호와의 고난 받는 종에 대한 예언이 계속해서 배경으로 작용한다. 예수님께서 스스로 자신의 고난이 이사야 53장의 성취라고 분명히 말씀하신 곳은 단 한 군데밖에 없다. 누가복음 22장 37절이 바로 그것이다.

"내가 너희에게 말하노니 기록된바 저는 불법자의 동류로 여김을 받았다 한 말이 내게 이루어져야 하리니 내게 관한 일이 이루어감이니라"(참고. 막 15:28).

그러나 마가복음 9장 12절에서 예수님께서 "어찌 인자에 대하여 기록하

---

149) 참고. 필자의 *Matth.*, I, p. 60.
150) Sevenster, *Christologie*, p. 111.
151) A. Schlatter, *Matth.*, p. 89. Cullmann이 여기서 '모든 의' 란 '모든 사람을 향한 의' (righteousness for all)와 같은 어떤 것을 의미한다고 이해한 것은 필자의 생각으로는 받아들이기에 어렵다. 그의 책 *Die Tauflehre des Neuen Testaments*, 1948, p. 14.

기를 많은 고난을 받고 멸시와 (무시를) 당하리라 하였느냐?"라고 물으신 것으로 봐서, 이것이 분명히 이사야 53장을 염두에 둔 것이라는 사실을 인지하게 된다.

"기록하기를"이라고 표현된 어구 자체를 특정 성경 본문을 가리키는 것으로 생각할 필요는 없을 것이다. 그것이 이사야 53장에 기록된 메시아의 고난을 지칭하지도 않는다.152)

하지만 "(무시를) 당하리라 하였느냐?"라는 표현은 이사야 53장 3절에서 사용된 용어를 염두에 두지 않고서는 다른 어떤 식으로든지 설명될 수 없을 것이다.153) 마찬가지로 "많은 고난을 받고"(참고. 8:31)라는 표현 역시 여호와의 종에 관해 이사야 53장에 기록된 모든 것을 요약하는 말로 보는 것이 적절하다.

마지막으로 마가복음 10장 45절과 14장 24절 및 "많은 사람을 위해"(for many)라고 표현하고 있는 비슷한 본문들을 언급해야 하겠다. '많은'이라는 말은 바로 이사야 53장 11, 12절(참고. 52:14)에 언급된 '많은'과 같은 의미이다. 이러한 사실은 여러 학자들에 의하여 인정되고 있다.154) 여기서도 예수님께서 자신의 고난에 대하여 하신 말씀들과 여호와의 고난 받는 종에 관하여 예언한 선지자의 말 사이에 어구적 일치가 있다.155)

이러한 사실로 인해 예수님의 고난과 죽으심의 분명한 설명들, 즉, 대속물에 관한 말씀(막 10:45; 마 20:28)과 예수님께서 성만찬 때에 자신의 죽음의 의미에 대해 말씀하셨던 것(막 14:24; 마 26:28; 눅 22:19, 20)에 주목하게 된다.

---

152) 참고. G. Ch. Aalders, *Christus de Heiland*, 1948, pp. 23ff.
153) 참고. R. Otto, *Reich Gottes und Menschensohn*, 1934, pp. 209ff; 또한 필자의 *Matth.*, II, p. 17의 각주.
154) 참고. G. Dalman, *Jesus Jeschua*, 1929, p. 110.
155) 그의 매우 귀중한 논문, *TWB*, IV, pp. 341 이하의 'λυτρον.' Büchsel의 대속물(막 10:45)에 관한 용어들이 이사야 53장과 직접적으로 연관을 갖고 있지 않다는 언급은 이 사실을 정당하게 묘사한 것이라고 보기가 힘들다. p. 344; 참고. Sevenster가 그의 *Christologie*, p. 112에서 발전시킨 논의들을 비교해 보라.

마가복음 10장 45절과 마태복음 20장 28절 말씀은 예수님의 메시아적 사역이("인자가 온 것은") 섬기려는 데 있음을 묘사한다. 이러한 섬김은 총체적인 의미에서의 섬김을 지칭한다. 즉, 단순히 남을 돕는 사랑의 활동을 요약하는 어구로서만 아니라 죽음에 이르기까지 자신의 목숨을 드리는 섬김을 의미한다.156) 그래서 예수님은 다른 사람들의 구원을 위해 '섬겼으며', 다른 사람들을 위해 자기 자신을 희생물로 드리셨다.

이러한 사실은 인자가 온 것은 "자기 목숨(psuche)을 많은 사람의 대속물로 주려함이니라"는 말로 보다 자세하게 표현되었다. 여기서 '많은 사람'과 직접적으로 관계 되는 말은 '준다' 라는 단어보다는 "대속물"이라는 단어이다. 이 말은 예수님의 자기 희생에 독특한 의미가 있음을 가리킨다. 예수님의 자기희생으로 말미암아 '많은 사람들'이 구원함을 받는다. 그들에게는 스스로 그 대가를 지불할 능력이 없다. 예수님께서 그들을 위해 중재하시고, 그들이 처지에 서서 그들을 해방시키기에 필요한 것을 산출해야만 하셨다.

여기서 사용된 '목숨'이란 단어는 이 대가를 지불하기에 충분한 성질을 지닌 실체를 의미한다. 목숨이란 단지 인간 실존의 어떤 특정한 면모만을 지칭하는 것이 아니다. '그 자신'(himself)과 같은 어떤 것,157) 즉, 하나님께서 그분 자신에 관계된 모든 것과 관련을 맺을 수 있도록 인간에게 부여하신 존재의 총체를 의미한다.

그리고 대체(substitution) 개념에는 대속물(lutron)을 공급하는 특성이 내포되어 있다. 이 단어는 이사야 53장158)과 특별히 연관시키지 않더라도 '대속물'(히브리어 koper)이 잃은 생명에 대한 보상(참고. 출 21:30; 민 35:31)을 의미한다는 구약의 사상159)의 배경 하에서 이해해야 할 것이다.

---

156) 참고. Beyer, *TWB*, II, p. 85, 'διακονεω' 항목.
157) 참고. Blass-Debrunner, pp. 283, 4, "셈어는 נפשׁ(네페쉬, 영혼)으로써 재귀 관계를 한정짓는다. 그런 까닭에 셈어에서 번역한 την ψυχην (그의 영혼을)을 접하게 된다."
158) 각주 152)를 보라.

그와 같은 속죄금을 지불해야 될지, 안 해도 될지의 여부는 속죄금을 받을 사람의 뜻에 달려 있다.160) 속죄금을 준다는 말은 죄책의 상태에서 자유로워짐을 의미한다. 이것은 인간 편에서 하나님에 대한 죄책을 지칭할 따름이다.161)

그래서 이러한 대가를 마땅히 지불해야 할 당사자가 있을 수 있다고 상정하게 된다. 물론 본문에 분명하게 언급되어 있지는 않지만, 이런 질문은 얼마든지 할 수 있을 것이다.162) 사실, 속죄금을 드린다는 사상이 개연적으로만 이해되고 '해방'이나 '구속'과 같은 의미로서 이해해서는 안 된다고 하더라도, 이 질문에 대한 대답이 문맥에 함의되어 있다.

인간이 자유를 얻어야 하는 이유가 하나님께 대한 죄책의 상태에 있기 때문이다. 게다가 예수님께서는 그가 받으신 모든 고난과 죽음으로써 **하나님**을 섬기셨다. 하나님께서는 자기 아들이 고난당하기를 원하셨다. 물론 하나님은 대가를 받으셔야 한다. 그분의 권리는 계속 침해당해 왔으나 이제 회복되어야 한다. 이와 같은 회복의 가능성은 은혜의 증거이다. 그러나 죄의 심각한 본성은 드러나야 하며, 하나님은 죄에 대하여 마땅히 자신의 권리를 주장하셔야 한다.

죄와 사죄의 의미는 하나님 자신이 이 목적을 위해 보내신 인자의 죽음에서만 이해될 수 있다.163) 인자가 왜 그의 측량할 수 없는 사랑의 섬김과 남을 대신하여 그 속죄금을 지불해야 하셨는지 그 이유가 바로 여기 있다. 이것이

---

159) 이러한 비평에 반대하는 사람으로 Bultmann과 Klostermann을 들 수 있다. 이들은 이 용어들이 만족에 대한 헬라적 기독교 교리의 의미로 이해되어야만 하는 까닭에, 이 용어들을 부차적인 것으로 간주하고 있다. 그러나 마가복음 10장 45절, 마태복음 20장 28절의 의미를 밝혀주는 Procksch의 lutron과 상응한 구약의 용어들에 대한 논의를 보라. *TWB*, IV, pp. 330 이하의 'λυτρον' 항목, 그리고 Taylor의 앞에 인용한 책 pp. 100 이하를 보라.
160) 참고. Dalman, *Jesus Jeschua*, p. 110과 Procksch, *op. cit.*
161) 참고. Büchsel, *op. cit.*, p. 344. Sevenster, *op. cit.*, p. 115.
162) Sevenster가 이렇게 생각하는 사람 중 하나이다. 그는 이곳과 다른 곳에서 하나님이 만족의 주체요 객체라는 사실을 부인하고 있다. 필자는 이러한 그의 의견이 잘못되었다고 생각한다.
163) 참고. 보다 세련된 설명을 위해서는 Büchsel, *op. cit.*, pp. 345-348를 보라.

바로 하나님의 아들이 측량할 수 없는 사랑의 섬김과 대속으로써 자신을 대속물로 주셔야 하는 이유이다.

이러한 까닭에 이 본문을 이사야 53장에 비추어 상고할 때에야 비로소 그 의미가 더욱 명확해진다.[164] 여기서 여호와의 종이 지불한 대가는 이사야 53장 10절에 있는 속죄제라 불릴 수 있다. 속죄제에는 침해되었던 신적 권리의 회복에 대한 사상이 전면에 부각되어 나타난다.[165]

예수님께서 성만찬 석상에서 자신에게 속한 사람들을 위해 '주는 바' 그분의 몸에 대하여 말하셨을 때에도 (이외에) 다른 의미를 거기에 부가할 수 없다. 그것은 많은 사람들의 죄를 속하기 위하여 그들을 위해 흘리는 바 언약의 피인 그분의 피, 곧 그분의 죽음을 의미한다. 나중에 성만찬의 의미를 논할 때 다시 이 본문을 주의 깊게 살펴볼 것이다.[166] 다만 이 문맥에서는 예수님의 피에는 언약의 피로서 자질이 충분히 갖춰 있어서 예수님께서 그에게 속한 사람들의 죄를 속죄하기 위해 마련하신 속죄의 의미가 있다고 말할 수 있겠다. 자신을 희생 제물로 드렸다는 것은 새 언약에 대한 약속 성취의 기초일 뿐만 아니라 그 가능성이기도 하다(렘 31:33).

23. 하나님 나라와 십자가

예수님의 자기 희생과 그분의 삶 그리고 죽음의 방법뿐만 아니라 그 죽음의 의미에 대한 이 모든 사실들은 예수님께서 선포하신 천국의 나타남과 관련하여 구속사를 이해하는 참된 통찰을 얻는 데 있어 대단히 중요하다는 것

---

164) Sevenster는 이사야 53장과 아주 분명히 연결시키고 있다.
165) 필자의 'De Christologie van het N. T.', *Geref. Theol. Tijdschrift*, 47해(年), 1947, p. 60을 보라.
166) 본서 제9항.

은 의심의 여지가 없다. 고난 주제는 예수님의 천국 설교의 의미를 결정하는 가장 본질적인 요인들 가운데 하나라고까지 말할 수 있다.[167]

인자는 자기의 통치권을 계시하려고 하나님에게서 모든 권세와 권위를 부여받으셨으며, 동시에 고난과 죽음을 '당해야' 했던 분이셨다. 그분이 (세상에) 오신 목적은 자신을 많은 사람들의 대속물로 주려는 데 있었다. 메시아와 천국 사이에는 상호 연관성이 존재하므로, 그분이 대속물로 죽으셔야 한다는 사실은 예수님의 메시아적 자기 계시와 그 결과 나타난 천국 계시의 매우 특기할 만하고 '혁명적인' 부분이다.

그러므로 메시아와 천국 계시 사이의 관계를 부정하거나 이에 대해 만족할 만한 평가를 하지 않는다는 것은 예수님의 천국 설교를 해석함에 있어 자행되어왔던 온갖 부류의 일방적인 해석들과 오류들을 야기하는 중요한 원인의 하나가 된다.

반대로 복음(고난, 죽음, 부활에 대한 케리그마)의 목표는 온갖 종류의 말씀들과 비유들의 심오한 의미를 놀라운 방법으로 밝히는데 있다. 예수님의 천국 설교에서 고난 주제를 무시하는 것은 자유주의적 예수상의 영향을 받고 있는 해석 속에서 주도 나타나 있다.[168]

과거 역사를 통해 얻을 수 있는 통찰이 있다. 고난의 의미에 대해 충분한 평가를 내리지 못한다면 전 복음은 그 능력을 상실하고 만다는 사실이다. 자유주의 사람들이 고난의 의미와 관련하여 바른 교훈을 가르치지 못하고 있을 때, 과격한 비평가의 선봉자인 철저 종말론에서는 이러한 자유주의적 고난의 이해에 일격을 가하기 시작하였다. 복음서에 나타난 고난 사상과 하나님 나라의 종말론적 개념 사이에는 유기적이고 와해되지 않는 일치성이 있음을 확정하려는 시도가 지금까지 진행되어 왔다.

---

167) 참고. Taylor, *op. cit.*, pp. 258ff, pp. 278ff.
168) 참고. A. Schweitzer, *Gesch. d. Leben Jesu Forschung*[5], 1933, pp. 193ff. 이 책의 내용은 그의 책 *Das Messianitäts-und Leidens-Geheimnis*[2], 1929, pp. 1-3에 요약되었다.

익히 알려진 슈바이처의 이론도 동일한 목적에서 발상된 것이었다. 슈바이처는 예수님이 천국의 갑작스러운 도래를 허망하게 기다리다가 마침내 자기가 죽음으로써만 천국 도래를 촉진시킬 수 있음을 점점 확신하게 되었다고 주장한다. 이 죽음은 대속적인 성격을 지녔다고 한다. 예수님은 유대적 교리에 따라 메시아와 천국 도래 이전에 세상이 마땅히 감수해야 할 고난을 자신의 고난과 죽음으로써 친히 담당하였다. 슈바이처에 따르면 예수님께서는, 비록 안셈(Anselm)의 이론과는 상이한 의미에서이기는 하지만, 참으로 사람들의 죄를 위해 죽으셨다.[169]

이같은 이해는 복음서의 고난과 죽음 사상과는 완전히 거리가 먼 현대 신학의 한 예라고 지적될 수 있다. 하지만, 이 형식상 예수님의 고난과 죽음이 천국 도래와 관련하여 중요한 역할을 한다는 기본적인 의미를 잘 지적하고 있다고 할 수 있다. 다른 학자들 역시 온갖 종류의 종교사학적인 자료들의 도움을 힘입어, 예수님의 고난과 죽음이 복음의 중심에서 보다 중요한 위치를 차지하고 있음을 강조하려는 경향을 보이고 있다.[170] 그래서 그들은 천국과 '고난 주제' 사이에 좀더 밀접한 연계성을 확립하는 것을 목적으로 삼는다.

그러나 이와 동시에 많은 학자들은 여전히 복음서에 있는 이 두 핵심 개념들의 상호 연관성을 무시하려 한다. 이들은 자유주의 신학자들의 선례를 좇아 고난이란 단지 부차적인 의의를 지닐 뿐이라고 하면서, 고난 사상에서 대속의 개념과 매우 심오한 의미를 제거해 버렸다. 또한 그들은 예수님의 천국 설교는 복음서의 고난 사상과는 별도로 그것 자체로 의의를 지닌다고 간주한다.

필자는 개인적으로 천국 도래에서 예수님의 고난과 죽음의 중요성은 가능한 한 밀접하게 검토되어야 한다고 생각한다.

---

169) *Das Messianitäts-und Leidens-Geheimnis*, p. 89.
170) 참고. R. Otto, *Reich Gottes und Menschensohn*.

이를 다음과 같이 세 항목으로 요약해 볼 수 있다.

1) 예수님의 고난, 죽음, 그리고 부활이 사실로서 받아들여지지 않는 한 천국은 단지 부분적으로만 실현될 뿐이다. 지금까지 우리가 논의한 바 있는 주제들, 곧 천국의 나타남, 악한 자의 세력이 남아있음, 그리고 천국의 비밀들의 예비적인 특성들은 이것과 밀접하게 연관되어 있다. 이러한 사실들을 잘못 추론하면, 예수님께서 고난을 받아 죽음으로써 자신의 사명을 완수하지 않는 한, 그분을 어떤 의미에서 아직 메시아라고 할 수도 없을뿐더러 천국도 단지 미래에 예측할 수 있는 어떤 것에 지나지 않는다는 결론을 내리게 된다.

이러한 견해는 분명히 잘못된 것이다. 예수님께서 하나님의 명령에 순종하여 행하신 것과 고난 받으신 모든 것들이 그분의 전체 메시아직 수행에 있어서 볼 때에 일부분이요 단편적인 양상에 지나지 않기 때문이다. 그리고 이 모든 것에 있어서 천국은 도래하였다. 하나님의 구속 사역의 세계는 악한 자 위에 행사되는 예수님의 능력, 그분이 행하신 이적들, 구원을 행하시는 그분의 권위 있는 말씀 선포에서만 계시된 것이 아니었다. 하나님의 구속 사역은 여호와의 종이 성부의 뜻에 완전히 순종함으로써, 그의 백성의 질고를 친히 담낭하심으로써, 또한 많은 사람들을 위한 대속물로서 자기 자신을 대신 희생제로 드림으로써 계시되었고 현실화 되었다.

이것이야말로 율법을 성취하시고, 희생 제물을 드리시고, 죄책을 없이 하신 중보자 사상이다. 예수 그리스도께서는 이렇게 하심으로써 그의 백성을 대표하게 되었고 그들을 구원하셨다. 이것 역시 천국이다. 여기에 천국과 관련한 하나님 중심적 주제[171]가 다른 어느 것과 비교할 수 없을 정도로 전면에 나타난다.

그리스도 안에서 하나님께서는 자신의 왕적 권리들을 주장하시면서 그분의 왕적 구속을 실현하신다. 그러나 이러한 사실은 전권을 부여받은 인자이

---

[171] 참고. 본서 제4항.

신 그리스도 안에서만 일어나는 사실이 아니라 순종하는 종이신 그리스도, 그리고 많은 사람들을 대신하여 고난을 받아 죽으신 그리스도 안에서도 일어난다. 천국의 심판과 구속은 그리스도를 **통해서**만이 아니라 그분에 **의해서**도, 또한 그분 **안에서도** 이루어진다.

이러한 까닭에 그분의 고난의 역사는 겟세마네, 빌라도, 십자가 등 인자 위에 부여된 심판을 명확하게 제시해준다. 그분의 부활이 하나님께서 그분의 나라에 관해 땅 위에서 계시하신 모든 것 중 마지막 국면이라고 일컫는 것도 바로 이러한 이유에 근거한다. 하나님 나라 도래의 시작이 되는 종말론적 대드라마는 본질적으로 예기적인 방법으로 중보자이신 그분 안에서 실현되었다.

이 모든 사실은 예수님의 오심으로 천국은 즉시로 충만하게 계시될 수 없음을 암시한다. 인자는 많은 고난을 받으시고 '이 세대 사람들에게' 배척을 당하신 **이후**에(눅 17:25) 하늘 구름을 타고 임하실 것이다. 그리고 그 나라가 오는 방법은 천국이 현재 구현되는 것으로써 결정된다.

2) 그렇다면 예수님의 고난, 죽음, 그리고 부활이 과연 어느 범위까지 심판의 지연과 세상이 존재하는 시간의 연장에 의미를 줄 것인지의 질문이 제기된다. 다른 말로 표현하면, 인자의 죽음에 나타난 그의 자기희생이 하나님 나라의 결정적인 계시와 세상의 절정(극치)에서 새로운 지연의 가능성과 필요성을 시사하고 있지 않느냐는 질문이다. 이러한 질문은 나중에 임박한 현현과 관련하여 논의할 문제들과 밀접히 관련되어 있다. 아래의 사실에 주목하면, 이 질문에 대한 잠정적인 해결을 발견할 수 있을 것이다.

첫째, 예수님의 고난과 죽음은 하나님의 심판, 그것도 여호와의 위대한 날에 있을 그분의 심판의 어떤 점을 보여준다. 그리스도께서 '많은 사람들'을 위해 지불하셔야 했던 속전금은 다름 아닌 그분이 '많은 사람들'을 대신하여 하나님의 심판 자리에 선 것을 의미한다. 이렇게 자기 자신을 드림으로써, 예수님께서는 자신에게 속한 모든 사람들이 그들의 죄로 인해 율법에 따라 겪어야 할 전부를 내다보시면서 고난을 당하셨다. 그러면서도 예수님께서는 자신을 희생제로 드림으로써 그들에게 완전한 구속의 보증을 주셨다. 그분은 낙원의 문을 여셨으며(눅 23:43), 그들에게 천국의 확신을 주셨다(눅 22:29, 30).

요컨대, 그분은 전 복음 선포의 법적 기초를 놓으셨다. 바로 이곳에 그리스도의 백성이 이 세상에서 지속적으로 살아갈 가능성이 있다. 그들이 하나님 나라의 완성을 갈망하면 할수록(참고, 눅 18:7), 그들의 삶은 예수님의 죽으심과 부활로 말미암아 실현된 성취와 죄 용서와 구속의 터 위에 세워져왔다. 이제부터는 예수님의 살과 피가 하나님의 백성들의 양식과 음료가 될 것이다. 하나님께서 자기 백성들의 죄를 사하시며 그들의 마음 속에 율법을 기록하시겠다(렘 31:33, 34)고 약속하신 새 언약은 그리스도의 피로[172] 말미암아 효력을 발했고, 가능성과 법정 타당성을 띠게 되었다(눅 22:29).

이 말은 곧 이 화목(propitiation)에 참여할 사람들의 미래 뿐만 아니라 과거에도 대경계선이 그어졌다는 사실을 의미한다. 그분은 이 모든 사람들을 위하여 자신을 속죄물로 드림으로 죄책을 면하고 새로운 생명을 다시 시작하셨다. 이런 의미에서 우리는 예수님의 고난과 죽으심과 부활에는 천국의 예비적인 성격이 확증되어 있다고 의심 없이 말할 수 있다. 전 생명이 죄의 용서와 중생에 그 근거를 두고 있기 때문에 만물이 도달할 극치는 이전에도 그랬던 것처럼 지연될 수 있다. 옛 것은 다 지나가고 과거의 일이 되는 새로운 단계에 도달한다. 그러나 정상으로 인도하는 길은 아직 진행 중에 있다.

둘째, **복음 선포**는 예수님의 죽으심과 부활 이후에야 비로소 충분히 발전할 수 있었다. 그때에 영광 중에 계신 그리스도에 관해 자유롭게 말하는 것이 허락된다(참고, 막 9:9). 그때에 비로소 그리스도의 고난과 죽음을 덮고 있던 베일이 벗겨질 수 있었고, 천국 복음의 선포가 가장 심오한 의미에서 십자가의

---

172) "그가 쏟아 부은 생명은 하나님과 갖는 새로워진 교제의 중보가 될 것이다." Vincent Taylor, *The Atonement in New Testament Teaching²*, 1945, p. 14.

선포가 될 수 있었다. 복음의 진정한, 그리고 가장 심오한 기초는 바로 그리스도의 고난, 죽으심, 부활에 있다. 예수님께서 복음의 지속적인 선포의 필요성을 대단히 강조하셨다는 바로 그 이유 때문에, 이 사실은 '은혜의 날'과 회개의 때가 지속될 것을 시사한다.

셋째는 이것과 밀접하게 연관된 내용이다. 예수님께서는 특히 그분의 고난과 죽음과 관련하여 자신이 대속물을 지불하고 자신의 피를 흘리신 '많은 사람들'에 관하여 말씀하셨다. 이 표현이 어떤 식으로 이해되든지 간에[173] '많은 사람들'이라는 말은 굉장히 많은 수, 즉, 예수님께서 지상 생활을 하시는 동안 친히 접촉하셨던 사람들의 수보다도 훨씬 많은 수의 사람들을 의미하는 것으로 이해되어야 한다.

다른 본문에서 복음의 씨앗으로 맺게 되는 **많은** 열매가 있을 것이라고 한 것처럼, 여기서의 '많은'은 특별히 '미래의 많은 사람들'을 나타낸다. 이 많은 사람들은 예수님께서 완수하신 구원의 죽음이 전파되는 곳에서 맺게 될 복음의 열매들이 될 것이다.

이 사실에 비춰볼 때 씨 뿌리는 자 비유와 씨앗 비유는 예수님의 고난과 죽으심의 관점에서 볼 때에 더욱 깊은 의미를 지닌다. 뿌려진 것은 말씀이다. 그러나 그 기초에는 예수님의 죽음으로써 이룩한 그분의 메시아적 사역을 포함하는 행위가 놓여 있다. 그리고 그 씨앗이 바로 이 말씀인 까닭에, 그것은 '많은' 열매를 맺으며, 그것은 또한 자라나 '점점 커갈 것'이다. 즉, 그것은 시간이 경과함에 따라 더욱 강하게 성장할 것이다.

예수님의 고난과 죽음은 새 미래의 장을 열었다. 그것들로 인해 지연이 발생하였다. 또한 예수님의 고난과 죽음은 지상 생활의 지속을 위한 새로운 가능성을 창출하였다. 많은 사람들에게 능히 적용될 예수님의 고난과 죽음의

---

173) 필자는 이 본문에서 πολλοι(많은)가 παντες(모든)와 동의어가 아니라고 생각한다. 참고. 본서 제25항과 Büchsel, *TWB*, IV, p. 344를 비교하라.

여력은 밀반죽 속에 넣은 누룩이나 작고 보잘 것 없는 겨자씨가 당당하고도 화려하게 장성하는 것처럼, 확장되고 영향을 미쳐야만 한다.

예수님의 고난과 죽음이 아직 미래에 속하여 있는 한 천국은 그 절정에 도달할 수 없었다. 하지만 이 거대한 구원의 과정이 그 종국에 도달한 이후에라도, 천국은 또다시 그 목적을 성취하고 그 안에 시사된 많은 사람들을 위한 열매를 맺게 하기 위한 시간을 필요로 할 것 이다.

3) 따라서 우리는 그리스도의 부활로 인해 복음을 전파하려는 거대한 자극이 사도들에게 전달되었음을 보게 된다. 부활하신 그리스도께서 친히 고난을 받고 죽으셔야 하리라는 성경들을 사도들에게 보여주신 후, 그들을 이 사역으로 부르신다(눅 24:25; 참고. 44 이하).

이러한 복음 전파 사역을 위해 인자는 성부 하나님으로부터 하늘과 땅의 모든 능력과 권세 및 왕적 권위를 받으셨다(마 28:18). 제자들은 이 무한한 능력으로 부름을 받아 과업을 지속할 수 있었으며, 그리스도께서 그들에게 **모든 권세**, **모든** 나라, **항상**과 같은 약속을 하셨기 때문에 그들은 그 과업을 실행할 수 있다(마 28:19, 20; 막 16:20). 선교사(즉, 제자)들은 **이 모든 것들**, 곧 그리스도의 고난과 죽음과 부활의 증인이 되어야 한다(눅 24:46-48).

십자가의 복음으로 인해 새로운 미래가 열렸다. 이러한 선포의 과정이 곧 구원의 때와 만물의 절정을 기대하는 과정을 측정하는 척도가 될 수 있다(참고. 마 24:14).

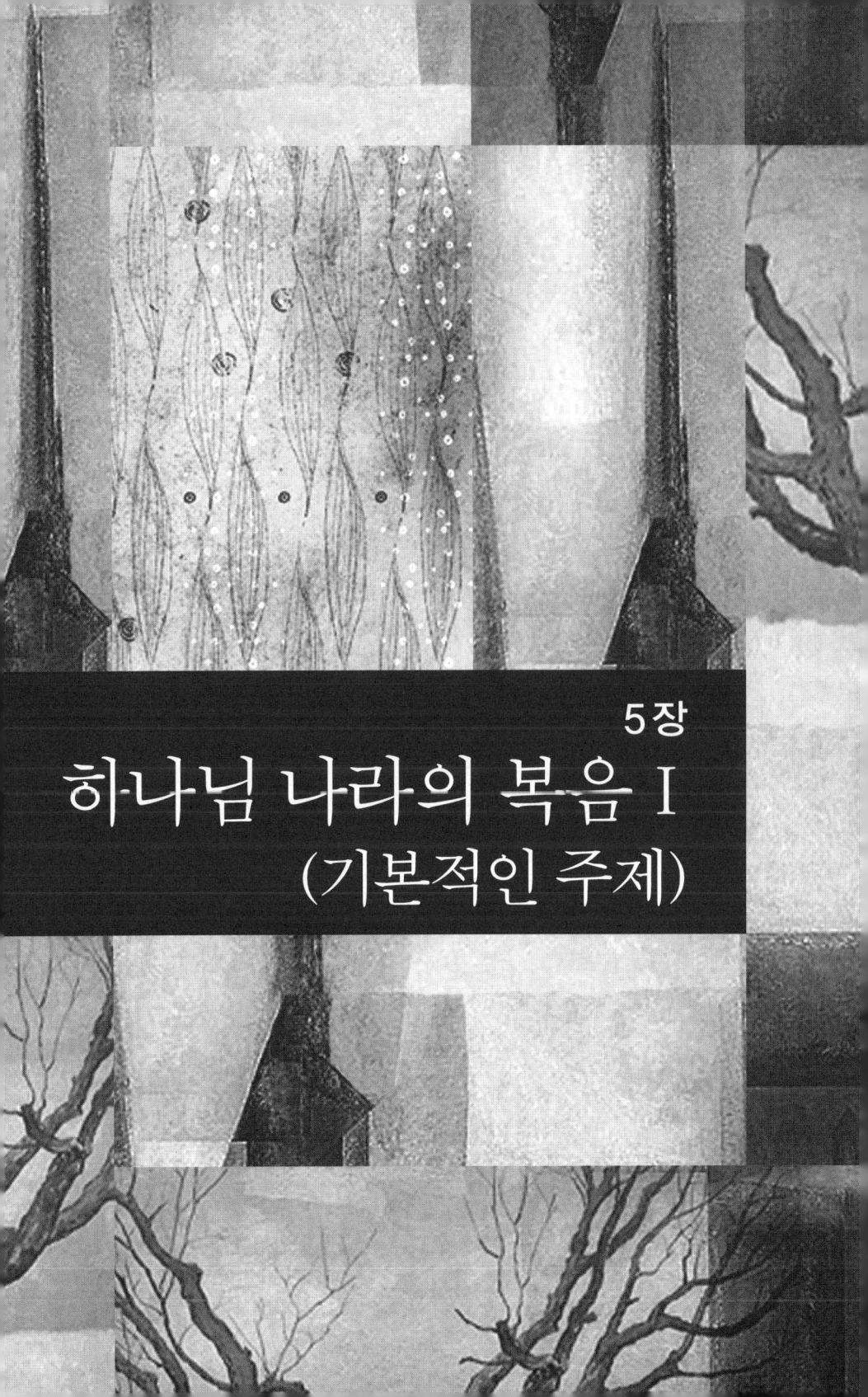

5장
하나님 나라의 복음 I
(기본적인 주제)

24. 가난한 자의 복음

앞의 제3, 4장에서 특별히 예수님의 천국 설교의 구속사적 면모를 주목하여 보았다. 예수님께서 때가 찼다는 것과 성경이 성취되었다는 것 등 다양한 의미를 지닌 천국의 현재성에 대하여 말씀하셨음을 알게 되었다. 또한 이 성취가 아직은 예비적인 성격만을 지니고 있고 (장차 올) 좀더 먼 미래를 지향하고 있다는 사실도 알아냈다.

이 장에서는 복음 선포의 의의를 반복해서 고찰하려 한다. 이미 살펴본 것처럼, 이 선포는 천국이 이미 도래하였다는 증거이다. 복음은 그리스도 자신에 의해 지지를 받고 있고, 그분의 사역 — 특히 그리스도의 고난과 죽으심 — 에 기초하고 있는 까닭에, 복음 선포로 설교되는 내용은 말인 것과 동시에 행위이며, 소리이자 실체이다. 다른 한편으로, 복음 선포로 설교된 내용은 천국 도래의 예비적인 특성을 구성하는 복음 선포의 지속이란 사실도 드러났다. 이와 같은 사실은 특별히 복음 선포의 구속사적 의미를 다루고 있는 비유들 속에서 시사되었다.

이러한 사실 때문에 이런 식으로 묘사된 복음 선포의 **내용**을 고찰할 필요를 느낀다. 이미 앞장에서 매우 다양한 방법으로 이 내용을 다루었다. 하지만 우리가 취급한 것이라고는 고작해야 개괄적인 서술과 판에 박힌 관점뿐이었다. 이제 필자는 복음 선포의 중요한 내용에 관해 상세히 다루려고 한다. 예수님의 설교의 내용을 규정하는 내적 구조와 그것의 현재적 중요성은 우리의 지대한 관심사이기도 하다.

먼저 천국 복음이 서로 떼려야 뗄 수 없는 통일체를 형성하는 두 부분으로 구성되어 있다는 점을 지적해야겠다. 그 첫 부분은 복음[1] 속에 제시된 **선물**, 즉, **구원**과 관계되어 있고, 다른 부분은 그 복음 속에 표현된 **요구**, 즉, **명령**과

---

1) 참고. 본서 제12항 구원의 소유에 관한 논의를 참조하라.

관련되어 있다. 이것은 일종의 도식 또는 패턴상의 구분이지 예수님의 설교에서 실제로 발생하는 것은 아니다. 또한 구원의 은사에는 명령이 포함되어 있으며, 역으로 천국의 명령과 요구가 예수님께서 선포한 구원에 속한다는 사실을 잘 알고 있다.

하지만 문제의 성격상 이 둘 사이를 구별해야 할 이유가 있다. 예수님의 천국 설교 중 가장 전형적이고 좋은 예인 산상설교에서 우리는 먼저 팔복을, 그 다음에는 계명들을 발견한다. 산상설교의 예는 천국 복음을 두 부분으로 나누고, 나눈 방식대로 말씀을 탐구하려는 것과 아주 잘 부합된다.

하지만 좀더 면밀히 조사해 보면, 이런 식으로 천국 복음을 처리하는 것보다 선행되어야 할 어떤 것이 있음이 드러난다. 즉, 예수님께서 선포하신 복음을 정의하려고 할 때, 이 구원의 설교를 전달하는 매우 독특한 표현과 구조 배후에 어떤 전제들이 있음을 직감하게 된다. 천국 복음은 전혀 새로운 어떤 것이 아니라 오히려 옛 것의 성취라는 사실이다.

이것을 계명들에 적용할 수 있다. 계속 살펴보겠지만, 예수님께서 설교하신 구원에도 동일하게 적용된다. 모든 구원의 선포는 용어상으로나 실제상으로나 구원의 선포에 신행되는 계시의 역사에 의해 결정된다. 계시 역시를 배제한 구원의 선포는 이해될 수가 없다.

그래서 예수님께서 선포하신 구원의 내용을 탐구하기 전에, 예수님의 설교의 전 패턴과 구조를 결정하는 사실적 기조들을 제시할 필요가 있다. 그리함으로써 예수님의 계명들뿐만 아니라 그분이 전하신 구원의 구체적인 의의를 좀더 정확히 이해해야 할 것이다.

이와 같은 고찰의 중요성은 예수님의 천국 설교의 첫 부분에서 그가 반복하여 **복음**을 **가난한 자의** 복음으로 특징지으셨다는 특기할 만한 사실에 주목하게 될 때에 즉시 드러난다. 이 어구는 이사야 61장의 예언과 관련하여 예수님께서 나사렛의 한 회당에서 행하신 첫 설교에서 선포된 내용이다(눅 4:18). 또한 예수님의 오심과 그분의 활동의 의미에 관한 보다 상세한 설명을 세례 요한에게 베풀면서 말씀하신 예수님의 대답 속에서도 드러난다(마 11:5; 눅 7:22).

그리고 마태복음과 누가복음에서 예수님의 설교2)의 한 전형으로 등장하는 팔복은 (심령이) 가난한 자를 강세형으로 언급하면서 'autoi' 즉, '그들에게' 천국의 구원이 속하였음을 천명한다. 그러므로 '천국' 과 '(심령이) 가난한 자' 사이에 밀접한 연관성이 있음을 직시하면서 복음의 의의에 대해 좀더 나은 통찰을 얻도록 노력해야 할 것이다.

심령이 가난한 자에게 임한 복이 모든 새로운 의(곧 겸손3))의 뿌리를 제시하기에 하르낙이 천국에 대한 그의 전 종교, 윤리적 개념을 바로 이 팔복에 기초하고 있다는 것은 널리 알려진 사실이다.

천국을 전혀 다른 개념으로 이해하면서 그 결과 '가난한 자의 복음' 이라는 표제를 이와는 정반대로 의미부여한 사람들의 이해이다. 가령 불트만은 '심령이 가난한 자' 를 '죄인들' 을 가리키는 것으로 이해하고, 이러한 지칭을 천국의 절대적이고 객관적이고 초월적인 특성을 확증하는 것으로 간주한다. 예수님께서 맨 먼저 '가난한 자' 들을 언급하심으로써 천국을 하나님의 주권적인 행위, 곧 인간은 어떤 방도로든지 받을 수 없는 순전히 종말론적인 은사로 설교하셨다고 보아야 한다는 것이다.4)

이 주제를 다루고 있는 최근의 서적들을 보면 복음 내용이 내적, 윤리적 의미가 아니라 초월적이요 구원론적인 의미를 지니고 있는 것이라는 견해가 지배적이다. 이러한 추세에 부응하여 '심령이 가난한 자' 가 '죄인들' 로 이해되든지, 아니면 최소한 고통이나 재난으로 인하여 고민하는 사람들로 이해되고 있는 실정이다. 그들이 구원을 바라며 하나님을 바라보고 있기 때문에 예수님께서 천국이 저희 것이라고 했다는 것이다.5)

"심령이 가난한 자"란 용어의 의미가 예수님의 교훈 속에 내재된, 그리하

---

2) 참고. 필자의 *De strekking der bergrede naar Mattheüs*, 1936, p. 27.
3) A. Harnack, *Das Wesen des Christentums*, pp. 44-47.
4) *Jesus*, p. 186.
5) 참고. 예를 들어, Wendland, *op. cit.*, p. 58.

여 천국의 적절한 의미를 구현해 나가고 있는 새로운 종교, 윤리적 이상을 의미하는 것으로 이해될 수 없다는 점은 분명하다. 그렇다고 해서 하나님 나라의 구원이란 무시간적이고 보편적인 의미를 지닌 것이어야 한다고 상정하고는, 하나님의 구원을 일반적으로 필요로 하고 받아들이기 쉬운 사람들을 의미한다고 말할 수도 없다.

여기서 '심령이 가난한 자'에 대하여 구체적이고 역사적으로 규정된 의미를 인식하고, 이러한 입장에서 천국 복음의 특성과 내용을 연구해야 할 것이다.

'가난한 자'(ptochos)란 용어와 '심령이 가난한 자'(ptochos to pneumati)란 용어의 구약성경의 배경을 고찰해 보면, 천국 복음의 특성과 내용이 보다 명확해질 것이다.

'가난한 자'는 히브리어의 '아니'('ani)에 해당하고, '심령이 가난한 자'는 '아나우'('anau)의 의미에 가깝다. 두 용어 모두 외적인 형태의 고난과 억압을 언급한다. 후자인 '아나우'(심령이 가난한 자)의 경우 특히 곤경에 처한 고난 받는 자의 비참함을 가리킨다. 그 의미는 마태복음 5장 5절의 '프라위스'(praus)란 단어와 거의 동일하다. 그래서 '온유하다'라는 말과 '심령이 가난하다'라는 말은 동의어로 사용된다.

이러한 차원에서 '가난한'이란 단일 단어 역시(눅 4:18; 6:20; 7:22) '심령이 가난한'이란 단어와 동일한 의미로 이해될 수 있을 것이다. 더욱이 히브리어의 '아니'('ani)에는 이러한 의미가 암시되어 있다(참고. 시 18:27; 72:2; 74:19). 또한 누가복음 4장 18절과 7장 22절의 70인역과 일치하고, 이사야 61장 1절의 '온유한 자'(the meek-국역 성경에는 '가난한 자'로 되어있고, 난하주에는 다시 이를 '겸비한 자'로 표기하였다-옮긴이)에 해당하는 히브리어 '아나빔'(anawim)을 번역한 것임을 지적해야 하겠다. 마태복음에서는 '가난한 자'나 '심령이 가난한 자'라는 말 모두 동일한 의미로 전달되고 있음은 두 말할 나위도 없다(참고. 5:5과 11:5).

'가난한 자'와 '심령이 가난한 자'는 표기는 구약성경, 특히 시편과 선지자들의 글에 겸손한 자라는 단어로 계속해서 나타난다. 그들은 사회적으로 억압받는 사람들, 불의의 세력에 의해 고통 받고 있는 사람들, 자신의 유익이나 영향만을 생각하는 사람들에 의하여 가혹한 처우를 받고 있는 사람들을 의미한다. 그들은 이러한 와중에서도 하나님을 신뢰하고, 하나님의 나라로부터 오는 구원만을 대망하는 사람들이다.

이러한 까닭에, 다른 사람들이 불경건하고 세속적으로 마음을 쏟고 있을 때에라도 그들은 **하나님의 참된 백성**을 형성하고 있었다. 이런 식으로 그들은 주께서 약속하신 장차 올 구원과 주님의 왕적 구속이 나타날 것으로 위안을 삼았다(참고. 시 22:27; 25:9; 34:3; 37:11; 72:12, 13; 147:6; 사 11:4; 29:19 등).

'가난한 자'에 대한 이러한 개념은 기독교 이전 시기의 유대인들의 경전에도 같은 의미로 여러 차례 등장한다. 참으로 흥미로운 것은 그 당시 하나님의 백성들은 이방인들 속에 흩어져 있었고, 옛날부터 하나님의 백성들이었던 무리들 속에 경건한 사람들과 악한 사람들이 한데 어울려 있었다는 점이다. 그러던 어느 날 참 이스라엘이 하나님에 의하여 다시 부름을 받고 나타났다. 그러자 이 **핵심적인 하나님의 백성**들은 구약성경과 특히『솔로몬의 시편』의 표현을 따라 '프토코이'(ptokoi) 또는 '페네테스'(penetes)로 불렸다. 선지자들이 약속하였고, 하나님의 백성들로서 이스라엘의 구원을 간절히 바라며 그들의 소망을 하나님께 둔 사람들이 열렬하게 기다려 왔던 모든 것들이 이들과 연관되었다.[6]

이러한 배경을 염두에 두면서 복음이 전파된 대상인 '가난한 자'와 산상설교에 있는 '심령이 가난한 자', '온유한 자'의 의미를 살펴야 할 것이다. 어떤 새로운 윤리적 이념이나 사회적 불의 등은 관심 밖이다. 필자는 개인의 불완전함과 죄에 대한 지식이 마치 하나님 나라에 적합한 지식인 양, 이 지식의 일반적인 종교적 입장을 다루지 않을 생각이다.

---

6) 시 5:2, 13, 10:6 ff, 15:2 등. 참고. 또 R. Bultmann의 *Die Frage nach der Echtheit von Mt. 16, 17-19 Theol. Blätter*, 1941, p. 269.

'가난한 자'라는 개념은 사회적으로, 또한 종교, 윤리적인 의미로 결정될 수 있다고 말할 수 있다. 그러나 이 어구는 어떤 특별한 의미에서 옛적부터 구원 약속을 받은 '가난한 자'와 '온유한 자들'에게서 그 의미가 파생되었다. 그들이야말로 하나님의 참된 백성이기 때문이다. 그리고 이 세상에 소망을 둔 여느 사람들과는 달리, '가난한 자들' 이야말로 하나님께서 자기 백성들에게 '이스라엘의 위로'(눅 2:35, 참고. 6:24; 16:25; 마 5:4)로 주실 구원을 대망하는 사람들이다.

이것은 예수님께서 산상설교 속에서 '심령이 가난한 자'들의 특질을 설명하신 부분들에서 확증된다. 특히 '애통하는 자'와 '의에 주리고 목마른 자'(마 5:4, 6; 참고. 눅 6:21)등과 같은 말씀들에서 두드러진다. 많은 학자들이 여기에 제시된 의를 하나님의 명령에 주관적으로 동의하는 것을 가리키는 것으로 보고 있고, '(굶)주리다'와 '애통하다'는 것을 도덕적 불완전에 대해 슬퍼하는 것으로 설명하고 있는 것은 사실이다.[7] 하지만 본문을 좀더 깊이 상고해 보면 이와 같은 견해는 단호히 거부해 버려야 할 것임이 드러난다.

먼저 지적할 것은 누가복음 6장 21절에는 '의'라는 언급이 전혀 없고, 단지 '주린 자는', '우는 자는' 이라는 언급만 있다는 사실이다. 계속되는 구절에서는 '울고 주린 자'와는 반대로 '부요한 자'와 '배부른 자'(눅 6:24, 25) 또한 '웃는 자'들에게 '화가 있을지어다' 같은 내용이 등장한다.

필자는 이 단어들이 세상에서 '웃을 수 있는' **사회적 지위**에 있는 사람들(참고. 요 16:20, 22), 그래서 (자기들의 도덕적 품성이 아니라) 그들의 지위에 근거하여 자만해 있는 사람들을 지칭한다고 생각한다. 반대로, '지금 주리고', '지금 우는', '가난한 사람들'은 이제까지 시달려온 억압과 불의의 세력으로부터, 자

---

7) *De strekking der bergrede*, p. 91를 보라. 예를 들어, Schrenk의 *TWB*, II, p. 200, *die* Rechtsbeschaffenheit Vor Gott에 인용된 참고 문헌에 'δικαιοσυνη' 항목이 있다. 그리고 E. Stauffer는 그의 저서 *Theol. d. N. T.*에서, 여기에 언급된 배고픔과 목마름을 율법을 들은 결과라고 설명한다.
8) 참고. Stählin, *TWB*, IV, p. 1109, 'νυν' 항목.

기 백성에게 베푸시는 하나님의 구원을 간절히 바라는 사람들이다.[8] 이러한 구원의 대망은 마태복음의 산상설교에서 '**의에** 주리고 목마른' 것으로 표현되었다.

이러한 사실은 다른 곳에서도 '의' 가 가난한 자와 온유한 자와 관련하여 등장하는 것으로 보아 분명하다. 헬라어의 정관사는 표기상 인간적인 것을 초월한 어떤 것, '그 단어의 의미를 충분히' 전달하는 의, 곧 하나님의 의를 언급하고 있음을 시사한다. 실제로 이 하나님의 의는 구약에서 가난한 자와 억압받는 자의 희망과 위안으로 거듭 제시되었다.[9]

이 단어(즉, 의)를 바울 신학에서 등장하는 전가된 법적인 의로 이해해서는 안 된다. 오히려 하나님의 의는 언젠가 억압받고 버림받은 사람들의 구원을 밝혀주는, 특히 메시아로 말미암아 수행될 왕적 공의[10]로 이해해야 한다(여기에 제시된 복합적인 사상들에 관해서는 삼하 14:5 이하; 왕하 6:26 이하; 렘 23:6; 33:6을 보라). 산상설교에서 '심령이 가난한 자' 와 '온유한 자' 가 고대하였던 것이 바로 **이런** 의이다. 그리고 그들에게 이와 같은 의가 약속되었다.

의는 매사에 하나님 나라 사상과 보조를 맞춘다. 하나님께서 그분의 왕적 통치를 시작하실 때, 하나님에게 모든 것을 바라고 있는 하나님의 억압받는 백성들은 그분의 의로 충만해질 것이며, 지금 충만한 사람들은 울게 될 것이다.

예수님의 가르침에도 이러한 사상을 밝혀 주고 확증해 주는 매우 분명한 예가 있다. 불의한 재판관 비유인데(눅 18:1-8), 이 비유는 가난한 자의 권리에 관한 사상을 중심 주제로 삼고 있다. 이 주제에 비춰볼 때 과부로 등장하는 사람은 그의 원수(3절) — 이는 시편 43편 1절을 기억나게 해준다 — 에 대해 공의를 실현해 달라고 기도한다.

---

9) 이 주제에 관해서는 Th. C. Vriezen, *Hoofdlijnen derTheologie van het Oude Testament*, 1949, pp. 109ff를 보라. 또 마 5:6에 관한 Schniewind, *op. cit.*, pp. 43ff.
10) 참고. Vriezen, *op. cit.*, p. 270.
11) 여기서 'εκδικησις' 는 'compensation' (원한, 보상)의 의미로 사용되었다.

여기서도 의에 굶주려 있는 한 생명의 모습이 은유로 그려져 있다. 비유 그 자체와 그 비유의 적용에 '의' 사상이 두 번 반복 되고 있다.

"하물며 하나님께서 그 밤낮 부르짖는 택하신 사람들11)의 원한을 풀어 주지 아니하시겠느냐? 저희에게 오래 참으시겠느냐? 내가 너희에게 이르노니 속히 그 원한을 풀어주시리라"(눅 18:7, 8).

여기에 언급된 의는 다름 아닌 (억압으로부터) 구원을 의미한다. 이것은 하나님의 백성(그의 택하신 자)들이 그들의 왕에게서 약속받은 구원이다. 그리고 이 구원이 바로 예수님의 천국 설교 속에 나타난 '가난한 자의 복음'으로 선포된 구원이다.

성경의 어느 곳에서도 마리아의 찬양(눅 1:46-55)만큼 '하나님 나라'와 '가난한 자'관계의 특성과 그 구체적인 의의를 명확하게 설명해 주는 곳은 없다. 마리아의 찬양은 '가난한 자의 복음'과 동일한 사상을 중심 주제로 하고 있으며, 그 내용 역시 팔복의 그것과 매우 비슷하다.12) 여기서도 '권세 있는 자'와 '비천한 자', '주린 자'와 '부자'를 대조하고 있고, '전능하신 자'의 구속적 개입을 언급하고 있다. 바로 그분이 '그의 팔로 힘을 보이셨다'고 기술하고 있다. 하나님의 계집종이 그의 '비천한 상태'에서 구원을 받았기에 복이 있다.

모든 근거가 이 찬양 속에 명백히 언급되어 있다. 그것은 주께서 "그 종 이스라엘을 도우사13) 긍휼히 여기시고 기억하시되14) 우리 조상에게 말씀하신 것과 같이 아브라함과 및 그 자손에게 영원히 하시리로다"(눅 1:54, 55)는 사실이다. 이 관계는 팔복에 선포된 가난한 자의 구원의 근거가 되며, 천국 복음에 대해 첫 번째로 정의할 수 있게 해준다.

---

12) 이것은 또한 Rengstorf에 의해서도 지적되었다. *op. cit.*, p. 23.
13) 70인경(LXX)의 이사야 41장 8, 9절에 따르면 이 본문은 전적으로 하나님의 언약에 따른 그분의 구속적 공의에 관한 사상으로 점철되어 있다.
14) 불트만은 'ελεος'(자비)가 여기서 구약 본래의 의미인 하나님의 신실하심을 나타내고 있다고 지적한다. *TWB*, II, p. 480, 'ελεος' 항목.

예수님께서 선포하신 천국의 구원은 먼저 그것 자체의 역사적 결정을 배경으로 하여 이해해야 한다는 것은 분명하다. 무엇보다도 예수님께서 '가난한 자' 또는 '심령이 가난한 자'에게 (천국의 구원을) 말씀하셨으며, 모든 천국 복음은 '가난한 자의 복음'으로 특징지을 수 있다. 그렇다고 해서 사람들이 종종 추측하듯이, 이 말이 복음이 보편화되어 어떤 특정한 범위의 테두리를 벗어나 누구에게나 적용된다는 의미는 아니다. 구원의 메시지는 보통 인간의 일반적인 수준에 위치하지는 않는다.

반대로, 이 메시지는 옛적부터 하나님과 그분의 백성들 사이에 이룩된 하나님과 특별한 관계에 의도적으로 맞춰져 있다. 물론 이 관계의 영적인 특성이 더욱 강하게 강조되고 있다는 것은 말할 필요가 없다. 이러한 사실은 누가 복음의 팔복 다음에 이어지는 재난에 대한 선언들을 보면 분명해진다. 그렇지만 구원이 가난한 자에게 있다는 사실은 무엇보다도 하나님과 그분의 백성 사이에 체결된 특별한 구속사적 관계에 기초하고 있음은 분명하다.

복음이 가난한 자의 복음으로 묘사되는 근거는 하나님의 언약과 그분의 백성 이스라엘과 맺은 하나님의 신정국가적(theocratic) 관계에 기인한다. 팔복의 대상이 된 사람, 곧 천국의 구원을 그들의 합법적 권리로 받은 사람들이 바로 하나님의 참된 백성들이다. 그리고 처음부터 천국 복음의 내용과 그 구조를 결정짓게 된 것 역시 바로 이 특별한 관계였다.

이러한 사실로 인하여 예수님의 전 설교들을 좀더 자세히 검토하면, 천국 복음의 일반적인 성격만으로는 만족하지 않게 된다.

25. 새 언약

벰(Behm)은 오늘날 우리에게 전수된 언약(diatheke)이라는 단어가 예수님이 단 한 번 사용된 용어로서 복음서의 나머지 부분에서는 등장하지 않는다고 지적한 적이 있다.15) 그렇지만 이로 인해 복음서에 언급된 언약 내용의 핵심적 중요성은 경감되지 않는다고 벰은 주장한다. 여기서 이 견해가 의심할 바 없이 옳다는 사실을 살펴볼 것이다. 단지 복음서 자체에서 예수님의 설교에 들어있는 이 개념의 내용에 관한 정확한 정의를 추론할 필요는 있을 것이다.

이미 앞에서 논한 예수님의 탄생 이야기에서 언약의 측면을 접했었다. 천사가 예수님의 탄생을 마리아에게 고지한 곳에서 말이다(눅 1:32 이하). 여기서 예수님은 다윗 가문 출신의 왕으로 소개된다. 다른 본문인 마리아의 찬양(눅 1:54 이하)과 특별히 사가랴의 찬양(눅 1:68-79)에서는 장차 임할 구원의 특성이 다음과 같이 묘사되었다.

"그 백성을 돌아보사 속량하시며 우리를 위하여 구원의 뿔을 그 종 다윗의 집에 일으키셨으니……우리 원수에게서와 우리를 미워하는 모든 자의 손에서 구원하시는 구원이라 우리 조상을 긍휼히 여기시며 그 거룩한 언약을 기억하셨으니……."

더욱 중요한 암시가 요셉에게 전해진 천사의 메시지에서 발견된다. 예수님을 "그의 백성을 그들의 죄에서 구원할 자"(마 1:21)라고 일긷는 내용이다. 이것은 이스라엘을 언급하고 있음이 분명하다.16) 동일한 내용이 목자들에게 전해준 천사들의 소식에도 나타난다.

"내가 온 백성에게 미칠 큰 기쁨의 좋은 소식을 너희에게 전하노라."17)

여기서 천사는 베들레헴을 가리켜 '다윗의 동네' 라고 불렀다(눅 2:10, 11).

---

15) *TWB*, II, p. 137, 'διαθηκη' 항목. 또 N. A. Dahl의 *Das Volk Gottes*, 1941, pp. 144ff를 참조하라.
16) 참고. Schlatter, *Der Ev. Matth*., p. 19, "이스라엘이 그의 백성이란 사실이 첫 번째로 언급되어서는 안 된다. 그리스도라는 명칭이 마태복음에 나타나고 있기 때문이다. 그리스도라는 명칭이 예수님의 왕적 직임을 지칭하는 까닭에, 이스라엘은 그리스도의 사역과는 무관하게 심지어 그분이 탄생하기 전에도 '그분의 백성' 이다."
17) 참고. Strathmann, *TWB*, TV, 52, 99 'λαος' 항목.

언급된 예들은 그리스도의 탄생이 이스라엘과 맺은 언약 약속의 성취라는 사실을 밝혀준다. 시므온이 예수님의 탄생과 더불어 임한 '이 구원이 이스라엘 백성의 영광이니이다"(눅 2:32)라고 말한 것 역시 동일한 맥락에서 이해할 수 있다. 열거된 모든 본문들에서 언약 사상과 하나님의 백성 사상이 전혀 구별이 없이 부각된다.

이 외에도 '다윗의 집', '주의 백성', '이스라엘', 그리고 '모든 백성', '당신의 백성 이스라엘' 등이 열거된 본문에 등장한다. 아직은 이스라엘 백성 내에 구분이 있을 것이라는 의문은 없다. 마리아의 찬양에서 '권세 있는 자', '교만한 자'와 '비천한 자'를, '주린 자'와 '부자'를 대조하고 있는 것은 사실이다. 하지만 이 찬양은 계속해서 "그 종 이스라엘을 도우사 긍휼히 여기시고 기억하셨다"라고 노래한다(눅 1:54). 천사들의 노래에서도 땅 위의 평화가 '기뻐하심을 입은 사람들'에게 약속된 것이라고 묘사하였지만, 이것은 분명히 앞 절에서 언급하고 있는 '온 백성에게 미칠' 큰 기쁨과 동일한 의미로 해석해야 한다(눅 2:10, 14).**18)**

선지자들의 약속을 따라 구원의 보편적 의의를 언급하는 구절들도 있다. 누가복음 2장 14절의 "땅에 평화"와 2장 31, 32절에 있는 "이는 만민 앞에 예비하신 것이요 이방을 비추는 빛이요 주의 백성의 영광"이 바로 그것이다. 그렇다고 복음서의 첫 부분에 언급된 구원이 이스라엘에게 약속한 구원의 임함이요, 천국 복음이 구약의 신정왕국과 하나님과 이스라엘 사이에 맺은 언약적 관점에서 이해되어야 한다는 가르침은 손상되지 않는다. 이같은 사실을 근거로 복음서의 서론에 주의 구원이 전적으로 이스라엘 백성들에게만 속한다고 규정하는 선민의식(particularism)이 배어 있다고 추론하는 것은 분명히 잘못이다.

오히려 주의 구원의 여명기에 있는 하나님의 백성으로서 이스라엘 사상이 이상적인 의미와 영적인 의미에서 부각된 것이라고 이러한 선언들을 이해해

---

18) 제26항 후반부 참조.

야 한다. 하나님의 백성으로서 이스라엘은 구약성경의 시편과 선지자들의 글에서 알려졌던 내용이다. 복음서에서는 "이스라엘"이라는 말과 "주의 백성"이라는 말이 별다른 구별 없이 언급되어 있다. 그렇다고 벌써부터 참되고 영적인 이스라엘이 육체로 난 이스라엘과 대조된다고는 말할 수는 없다. 주의 구원은 언약 사상으로 인해 총체적인 의미에서 하나님의 백성에게 적용된다. 이스라엘 백성 전체는 바로 이 언약의 핵심으로 조망되고, 그런 의미에서 그들은 복 있는 사람이라고 불린다.

언뜻 보면 세례 요한의 설교는 이스라엘을 주의 백성으로 보는 이러한 견해와 상충되는 듯하다. 전체성 사상이 회개하라는 요청으로 대체되어 있는데, 그 회개는 개인적인 성격을 강하게 드러낸다. 그래서 회개는 하나님의 통치가 임하게 될 때에 개인적인 회심에 구원이 달려 있는 것으로 규정한다. 세례 요한은 회개하라고 설교함으로써 아브라함의 자손이라는 그들의 확신을 매우 강렬하게 거부하였다(마 3:9). 이것은 이스라엘이 하나님의 백성으로 택함을 받았다는 선택 개념이 없어졌다는, 종교적 개인주의와 유사한 사상을 전달하는 듯하다.

하지만 그렇게 보이는 것에 지나지 않는다. 요한의 특별한 사명이 '하나님의 백성'을 준비시키는 일이라고 언급하고 있는 누가복음 1장 77절의 본문은 차치해 두고라도, 세례 요한의 설교 자체만 놓고 보아도 그는 계속해 아브라함의 자손들과 약속의 성취를 연관시켰다. 이 본문에는 '아브라함의 자손들'이란 개념이 어떤 것인지를 알려주는, 전혀 새로운 결심과 관련된 핵심적인 사상이 있을 뿐이다. 이것은 잘 알려진 다음의 구절에 함의되어 있다.

"하나님이 능히 이 돌들로도 아브라함의 자손이 되게 하시리라(egeirai)"(마 3:9).

먼저 '아브라함의 자손'이라는 개념부터 정의해야 하겠다. 이 말은 아브라함에게서 난 사람들 모두를 의미하는 것은 아니다. 아브라함의 참된 자녀,[19] 즉, 바울이 갈라디아서 3장 16절에서 언급한 것처럼 '약속대로 난' 자녀를 의미한다. 여기서는 그 약속이 성취되었고, 이스라엘의 불신앙과 배역에도 아랑곳하지 않고 하나님의 백성이 형성되었음을 가르쳐 준다. 또한 아브라함의 참된 자녀가 되게 하는 요인이 무엇이며, 그 자녀에게 속하게 되는 진정한 근거가 무엇인지 드러나 있다. 그 요인은 어떤 생물학적 후손이나 인간의 행위가 아닌 하나님의 생기 있는 능력(egeirai)에서 발견된다.[20)]

육체를 따라 아브라함에게서 태어났다고 해서 아브라함의 자손이라고 생각하는 사상은 거부되었다. 대신 하나님의 백성이라는 사상(아브라함과 맺은 언약!)에 대한 구속사적인 의의와 결정이 견지된다. 하나님의 백성 사상은 전적으로 하나님의 무조건 주시고 재창조하시는 은혜에 달려 있다는 점에서 독특하고도 대단히 심오한 의미를 지닌다.[21)]

사실 예수님의 행위와 설교에서도 앞에서 언급한 총체적 의미를 지닌 이스라엘이 하나님의 백성이라는 사상을 발견한다. 옛 이스라엘을 대체한 새 이스라엘 사상이 나타난다. 이 **두** 개념이 예수님의 사역 전편에 깔려 있으며, 계속해서 나란히 등장한다. 역사적 이스라엘을 구분 짓는 경계선이 점차로 뚜렷이 나타날 때에도 이 두 개념은 병존한다. 하지만 일반적으로 이스라엘이라는 용어는 큰 구별이 없이 하나님의 백성을 언급한다.

예수님께서는 처음 설교 에서부터 천국 구원이 약속된 하나님의 백성인 전

---

19) Greijdanus, *Lukas*, I, p. 162, "세례자 요한은 결코 아브라함이나 아브라함의 자녀됨, 아브라함에 대한 하나님의 약속의 중요성 등 그 어느 것 하나도 약화시키고 있지 않다. 그는 아브라함의 혈통적인 자손이 아브라함의 참된 자녀가 될 어떤 보장도 없으며 오직 하나님께서 아브라함에게 그의 육적인 자손과는 구별된 자녀들을 주실 수 있음을 말하고 있을 뿐이다."
20) 마태복음 3장 9절에 관한 Schniewind의 견해(*op. cit.*, p. 22). "아브라함에게 주셨던 하나님의 약속은 취소되지 않았다. 오히려 하나님은 마치 흙에서 아담을 지어 내셨듯이 돌들로도 아브라함의 자녀들을 일으킬 수 있는, 새 창조의 방식으로써 그 약속을 성취하실 것이다. 바울도 로마서 9장 7절 이하, 갈라디아서 3장 7절, 4장 22절 이하에서 비슷한 방법으로 아브라함의 자녀 됨에 대하여 설명하고 있다.
21) 참고. A. Oepke, *Jesus und der Gottesvolkgedanke, Luthertum*, 1942, p. 43, "여기서(마 3:9 등) 하나님의 자녀 됨은 하나님의 신적인 창조 사역과 선택과 경륜에까지 소급되는 것으로, 좀더 영적인 의미에서는 다시 아브라함의 자녀 됨과도 접맥된다."

체 이스라엘에게 복음을 선포하신다. 전체 이스라엘 백성들은 '그 나라의 자손들' 로서 자신들이 그리스도의 오심으로 받게 되고 계시될 내용과 특별한 관계를 맺고 있음을 알게 된다. 그렇게 그들에게 특별한 의미를 부여하는, 하나님 나라를 상속받는다는 특권을 누리게 된다(그러나 그들이 이에 응하지 않을 때에는 마 21:43의 말씀대로 "하나님 나라를 빼앗기고 그 나라의 열매 맺는 백성이 받게 될 것이다"). 그들은 떡 조각을 취할 권리를 주장하는 '자녀들' 이다 이 떡을 '개들' 에게는 줄 수가 없다(막 7:27; 마 15:26).

이 본문들과 다른 본문들에서 표현된 예수님의 행동의 출발점이 어느 정도 하나님과 이스라엘 간의 역사적이고도 특별한 관계에 의거하고 있다는 것이 분명하다. 이 관계는 '백성들 중의 백성' 만이 아니라 그 백성에 속한 모든 사람들과 관련되어 있다. 언약 사상과 하나님의 백성 사상을 파괴해 가면서까지 복음의 우주성을 언급한 구절은 찾아볼 수가 없다.[22]

이 문맥에서는 예수님께서 자신이 세상에 온 목적이 **'잃어버린 것'** 을 찾는 데 있다는 사실을 시사하는, 구세주에 관한 그분의 말씀들을 상기하게 된다.[23] 이 말씀들은 예수님의 행위의 구원적인 특성을 분명하게 계시하기 때문에 중요하다. 또한 이 말씀들은 예수님 자신과 이스라엘 백성간의 결속을 무척 강조하고 있다.

여기서 언급하고 있는 '잃어버린 상태' 를 어떤 일반적인 종교적 침체를 의미한다고 생각해서는 안 된다. 그것은 **양무리**에서 이탈하여 방황하고, 그리하여 **양무리의 주인** 되시는 하나님과 멀어져 있는 잃어버린 양의 상태를 가리킨다. 잃어버린 한 마리 양, 탕자처럼 '잃어버린 자' 에 대한 교훈들은 예수

---

22) 국가, 사회주의적 이념에 젖은 새로운 그룹의 사조들과 병행하여 구(舊) 자유주의 학파에서는 예수님과 바리새인들의 대비를 종족적인 것으로 여겨 특히 유대 민족에 대한 대립으로써 설명한다. 이렇게 되면 예수님은 좀더 혼합된 인구와 세계관이 있는 갈릴리 출신이라는 것과 하나님의 백성인 체하는 유대인들이 제기하는 문제에 적극 동조한 것이 된다. 이러한 기상천외한 사상들에 대해 Opeke의 *Jesus und der Gottesvolkgedanke*와 더불어 그의 신중하고도(!) 결정적인 반론이 실린 *Luthertum*, 1942, pp. 33-35를 참조하라.

23) 위의 제21항을 참조하라.

님께서 이스라엘만이 하나님의 백성으로 선택되었다는 선민사상을 타파하
셨다는 증거로 인용되었다. 그런 다음에 예수님께서는 일종의 종교적 개인주
의를 주창하셨다. **한 마리** 양에서처럼 개별적이고 단독적인 인간 영혼의 무
한한 가치를 강조하셨다고 생각할 수도 있을 것이다.

그러나 옳지 못한 생각이다. 예수님께서 구원하려고 찾아다니셨던 세리와
죄인들의 '잃어버린 상태'는 전체 양무리, 곧 하나님의 백성들에게서 완전히
떠나 있던 사람들이다. 그들이 하나님의 백성들에게 약속된 구원을 잃을 위
험에 처하게 된 이유가 바로 여기에 있다. 잃어버린 자를 위하여 행하신 예수
님의 모든 메시아적 행위에 계시된 특별한 관심과 그분의 동정심은 **그들이
하나님의 백성에게 속했다**는 사실에 기초하고 있는 것이 분명하다.

예수님께서 찾으러 다닌 대상이 바로 이스라엘 집의 잃어버린 양이었다.
그분은 멸시당하고 잃어버린 세리를 찾아 구원하시고 "아브라함의 자손이
라"고 칭하셨다(눅 19:9). 모든 백성들, 심지어 가장 작은 자들까지도 하나님의
양무리들이며, 이들이 예수님의 자비와 사랑의 대상이었다.

이와 나란히 언급해야 할 예수님의 설교의 다른 면모가 있다. 그것은 집합
적인 의미와 개별적인 의미에서의 **유기**(버림) 사상이다. 세례 요한과 마찬가
지로 예수님께서도 유대 백성들 안에서 그들을 구분 짓는 선을 그으셨다. 팔
복은 하나님의 백성과 맺은 하나님의 약속이 성취되었음을 보여주는 고전적
인 예이다. 하지만 하나님의 백성의 영적인 특질을 상실한 사람들에게, 예수
님께서는 위협적인 어조로 '화가 있을 것'을 선언하셨다. 예수님의 하나님
나라 선포는 복음 선포이다. 그것은 또한 이스라엘 내의 심판을 선언하는 것
이기도 하다.

그래서 그들을 구원할 수 있는 것은 단순히 그들이 하나님의 백성에 속했
다는 사실에 있지 않고, 회개하는 데에 있었다. 지옥에 있는 부자가 아브라함
과의 관계를 호소하면서 그의 '자녀'라는 것을 들어 간청했다(눅 16:24-30). 하
지만 그 부자 자신이나 그의 '다섯 형제들'이 '모세와 선지자들'의 말을 듣

고 순종하지 아니한다면, 구원받을 수가 없다.

예수님께서 그분의 행동을 유대 땅 경계 내로 한정하셨을지라도(마 10:5, 6) 그분은 그 나라의 본 자손들이 쫓겨나며 동서로부터 많은 사람들이 와서 이삭과 야곱과 함께 천국에 앉을 것이라고 선언하셨다(마 8:10-12; 참고. 눅 4:25-27). 이스라엘의 믿지 않는 성읍들은 심판 날에 이방 사람들보다 더 심하게 심판을 받을 것이다(마 11:20-24; 12:41 이하). 예수님은, 이스라엘 백성 전체가 예수님을 영접하지 아니하자 설교 마지막에서 이스라엘이 여호와의 백성 자리에서 쫓겨날 것이고, 그들이 누렸던 특권은 이 다른 '백성'이 취할 것이라고 선언하셨다(마 21:40-41, 43; 22:8 이하; 23:38, 39 이하).

하지만 위에 언급된 본문들 중 어느 한 구절도 예수님의 천국 설교의 전 구조의 특별한 중요성을 약화시키지 않는다. 그리스도의 오심, 그분이 주신 구원, 그분을 믿는 사람들의 공동체 등은 하나님의 언약과 그 안에 이룩된 이스라엘의 관계로 계속 **특징 지워진다**. 그러나 세례 요한이 선포한 '아브라함의 자손'이라는 말의 의미에 대해 이미 주목한 것과 부합되게, 예수님의 설교에서 하나님과 이스라엘 간의 특별한 관계가 심화되었고 좀더 뚜렷해졌음을 보게 된다.

예로부터, 그리고 예수님에게서도 포괄적인 의미에서 이스라엘의 모든 백성들에게 적용되었던 동일한 개념들이, 이제는 믿음으로 복음을 영접하고 그리하여 하나님 나라를 상속하게 될 사람들의 공동체를 지칭하는 배타적인 의미로 사용되었다. '육체를 따라 난' 이스라엘을 지시하던 '그 나라의 자녀들'이란 용어(마 8:12)가 이제는 '좋은 씨'(마 13:38)를 지칭하는 새로운 의미로 사용된다. 처음에 이스라엘 전체에게 적용되었던 하나님과 맺은 특별한 관계는 이제 믿음과 회개로 천국 설교에 응답하고 하나님께서 이 마지막에 선택하신 사람들에게로 한정(또는 확대)되었다.

복음서에 두드러지게 나타나는 이와 같은 변화는 이미 구약성경에 그 근거를 두고 있다(렘 31장). 하나님의 백성에 포함된다(곧 하나님과 언약 관계에 들어간다)

는 것이 생득적으로 얻게 되는 외적인 결속에 의하여 이루어지는 것이 아니다. 이 모든 범주들은 단지 원래의 의미에서 하나님께서 택하신 그의 참되고 신실한 백성들에게만 적용될 수 있다는 것이 바울이 이 문제를 이해한 특징적인 요소이다.

물론 공관복음에 이러한 것들이 지금 논의되고 있는 용어들로 분명하게 언급되고 있는 것은 아니다. 그러나 이 문제에 관해 어느 정도의 사실적이고 술어적인 증거를 인출해 내는 것은 그리 어려운 일은 아니다. 그 증거로 이미 복음서 첫 부분에 예수님께서 열두 명의 제자들 또는 사도들을 모으신 사실에서도 분명히 드러난다(막 3:14; 마 10:1, 2; 눅 22:14 등).

열둘(12)이라는 숫자는 아무렇게나 만들어졌거나 또는 단지 균형을 맞추기 위해 만들어낸 숫자가 아니다. 열둘은 구속사적인 의미가 담겨있는 숫자이다. 이 숫자가 이스라엘의 열두(12) 지파의 수와 관계가 있음은 의심할 바 없는 사실이다. 이것은 단지 예수님께서 이스라엘의 불충성과 불신앙에도 불구하고, 그들에게 이 숫자로 천국을 설교하시고 그들에게 회개하기를 권고하셨기 때문[24]만은 아니다.

이보다 훨씬 더 중요한 이유는 이 열두 제자들이 하나님의 새 백성들을 대표하고 있다는 사실에 있다.[25] 마태복음 19장 28절과 누가복음 22장 30절을 비교해 보면 이 해석이 정당하다는 것을 잘 알 수 있을 것이다. 이 본문에서 예수님께서는 그의 제자들에게 "세상이 새롭게 되어 인자가 자기 영광의 보좌에 앉을 때에 나를 좇는 너희도 열두 보좌에 앉아 이스라엘 열두 지파를 심

---

24) Oepke도 이 입장을 취한다. *op. cit.*, p. 45; 또 마가복3장 14절에 관한 Hauck의 설명을 참고하라. *op. cit.*, p. 45 및 기타 등등.
25) Schniewind는 이점에 대해 "그 제자들의 숫자는, 한층 더 새로운 형식으로 등장한 하나님의 새로운 무리인 열두 지파를 대표한다(*Matth.* pp. 123, 124)"라고 말한다. 또 그는 마가복음 3장 14절의 주목할 만한 "열둘을 세우다"(epoiesen dodeka)에 대해서도 다음과 같이 말한다. "예수님께서 열둘을 '세우시다'(makes), '일으키시다'(creates)라는 의미는 곧 예수님께서 열두 지파의 새 백성(참고. 마 19:28ff를 참조), 새 이스라엘, 하나님의 새 교회를 일으키신다는 의미이다." *Markus*, p. 65.

판하리라"고 약속하신다. 여기서도 열둘이라는 숫자가 특별히 언급되면서, 이스라엘 열두 지파를 지시하고 있다.

필자가 판단하기에 '세상이 새롭게 된다'는 표현은 열두 지파가 천국의 구원을 상속할 사람들의 공동체를 의미하는 하나님의 종말론적 백성을 가리키는 증거이다.26) 이 공동체가 '이스라엘의 열두 지파'라고 명명된 것은 그 공동체 안에서 하나님의 구원 계획이 지속되며, 이스라엘과 맺은 하나님의 언약이 그 공동체 안에서 그 목적과 그 목표에 도달하였기 때문이다. 비록 옛 이스라엘이 그리스도 안에서 완성된 하나님의 언약들의 성취를 거부하고, 역

---

26) 이 본문에 대한 주해는 학자들 간에 상당한 차이가 있다. 그들 중에 어떤 이들은 이 구절을 이스라엘 민족의 재건에 대한 암시로 간주한다. 그 예를 Zahn의 저서 *Matth.* (p. 605)에서 찾을 수 있다. 그러나 Zahn의 누가복음 주석에서는 이 견해가 다소 약화되어 있는데, 그 이유는 그가 거기서는 열두 지파의 민족 중에는 비 이스라엘 민족들도 포함되어 있을 가능성을 허용하고 있기 때문이다. 이와 관련하여 Zahn은 누가복음 3장 8절, 13장 39절에 대해서도 언급한다 (*Lucas*, p. 681. 60). Schlatter도 열두 지파의 통합을 바라는 유대민족의 대망을 언급하긴 하지만(가령 요세푸스의 글 중에), 마태복음이나 그 밖의 신약의 그 어느 곳에서도 위에서 들은 예대로 묘사한 것은 발견할 수 없다고 주장한다. Schlatter의 견해에 따르면 이 본문은 오직 장차 예수님께서 그분의 제자들과 함께 집행하시게 될 전체 이스라엘에 대한 심판만을 논하고 있다는 것이다(*Der Ev. Matth.*, p. 584). 이와 같은 논조를 가진 Gutbrod 역시 'Ἰσραηλ' 항목(*TWB*, III, p. 387)에서 이스라엘이라는 이름이 공관복음서의 그 어느 곳에서도 새 교회의 성원들에 적용된 예는 없다고 단언한다. Greijdanus 역시, '이스라엘 열두 지파'라는 구절은 '고대로부터 많은 특권을 보유한 하나님의 백성'을 언급하는 것으로, 비록 지금은 하나님의 백성이 심한 멸시를 받고는 있지만 언젠가는 그들과 그들의 하나님을 거절한 사람들에게 내리는 심판을 집행할 영광을 실제로 누리게 될 것을 지적하고 있다고 풀이한다(*Lucas*, II, p. 1067). 이 같은 경향의 견해에 대해서는, Plummer, St. *Luke*, 1942(I. C. C.); p. 502, 503, 또 Allen, St. *Matthew*, 1947(I. C. C.), p. 212, 그리고 Rengstorf, *Lukas*, p. 228 등을 참조하라. 그러나 이러한 견해들은 우리의 입장에서는 지지될 수 없다. 이에 대한 Zahn의 반론을 제외하고는 (*Matth.*, p. 604) 이스라엘의 열두 보좌에 앉은 사도들은 '이스라엘의 열두 지파' (즉, 대표자요 통치자)와 일치하는 것으로 이해해야지, 이스라엘을 심판하는 재판관들로 이해해서는 안 된다. 즉 여기서 해당 어구는 '심판하는'으로 해석하는 것보다 '다스리는'으로 해석해야 한다. 그 상징어는 열두 사도의 통치 하에 있게 될 그 열두 지파의 장차 임할 영광을 암시하고 있기에 오직 영화롭게 될 교회를 가리키는 것으로 이해해야 한다. '이스라엘 열두 지파'라는 표현은 곧 하나님의 옛 백성들이라는 이름으로서, 장차 도래하게 될 교회를 의미한다. 교회는 이스라엘 백성의 계속이요 성취이다. 이 견해에 대해서는 Grosheide, *Mattheüs*, p. 232; Schniewind, *Matth.*, p. 201; T. W. Manson, *The Mission and Message of Jesus*, 1946, p. 509 등을 참조하라.

으로 그들이 다시 그리스도에게 저버림을 받았다고 하더라도, 그래도 그 언약은 여전히 그 효력을 발휘한다.

그리스도의 오심과 더불어 시작된 전체 구원론적인 세대는 언약의 내적 구조를 제시해 줄 뿐만 아니라, 열두 제자들 집단이 그 외적인 상징적 이미지라는 사실을 알려 준다.

이러한 사실은 예수님의 설교와 교훈에서 교회(ekklesia) 사상과 연결된다. 이 점에 대해서는 나중에 좀 더 자세히 설명할 것이다.[27]

이와 관련하여 특별히 주목해야 할 비유들이 있다. 결혼 잔치 비유(마 22:2-10)와 큰 잔치 비유(눅 14:16-24)가 바로 그것이다. 이 비유들은 천국의 보편적인 의의(즉, 이방인들까지도 포함한다는 우주적인 정신)를 가리키는 것으로 인용되는 비유들이다.[28] 이 비유들에는 언약 사상도 담겨있다.

처음 초대받은 사람들(유대인들)은 그 초청에 귀를 기울이지 않았다. 그들은 온갖 핑계를 대면서 이 청함에 응하지 않았다. 그렇지만 잔치집 주인은 그들이 오기를 꺼려할지라도 결혼 잔치를 그대로 진행한다. 주인은 잔치가 어떻게 해서든지 열릴 수 있게 하려 하였다. 그는 참으로 기이하고 전례가 없는 방법을 취하였다. 주인이 취한 행동은 세례 요한이 일전에 말하였던 하나님께서 '이 돌들'로도 아브라함의 자손이 되게 하실 수 있다는 말과 일맥상통한다.

이 비유들안에 사용된 이미지가 구원을 지칭하는 것들(저녁 식사, 결혼 잔치 등으로 이스라엘에게 약속한 종말론적 구원[29]을 의미하는 용어들)이라는 사실에서 볼 수 있는 것처럼, 하나님의 백성 사상과 언약 사상이 그 중심에 있다. 그래서 누가복음 14장 23절에는 대단히 강한 어휘를 사용하여 새 공동체 구성을 가르친다.

"사람을 강권하여 데려다가 내 집을 채우라."

---

27) 제36항 참조.
28) 제38항 참조.
29) 참고. Behm의 'δειπνον' 항목, *TWB*, II, p. 34를 참조하라.

여기서 '집'은 하나님의 백성의 공동체를 가리킨다. 주인의 명을 받들어 종들이 실행한 강권하는 행동은 맨 처음에는 잔치에 참여할 손님들이 어떤 사람들인지를 가리키려고 의도된 것이 아니었다. 그것은 이스라엘이 (잔치에 참여하기를) 꺼려함에도 불구하고 하나님의 구원 계획은 수행되고야 만다는 **사실**을 가르치기 위한 것이었다.30) 초대받은 사람들이 오기를 거절하였지만 이와 상관없이 잔치는 열렸다.

이 사실은 앞에서 살펴본 것과 전적으로 부합한다. 언약 사상은 여전히 효과를 발휘하며, 역사상 존재하였던 하나님의 백성들이 거절했더라도 언약 사상은 유지된다. 이제는 원래 초청받았던 사람들을 대신하는 사람들이 있을 뿐이며, 이들이 주님의 혼인 잔치의 손님들이 된 것이다.

예수님께서 선포하신 복음의 전 구조는 언약 사상에 의해 결정된다. 이 사실에 대한 가장 명확한 증거는 예수님께서 마지막으로 그분의 입으로 친히 말씀하신 것으로 보존되어 있는 유일한 진술 속에서 발견된다. 그분은 명확하게 언약을 언급하셨다. 이것은 예수님께서 최후의 만찬 때에 말씀하셨던 진술이다. 예수님께서는 자기 앞에 놓여 있는 죽음에 대해 언급하시면서 다음과 같이 말씀하셨다.

"이것은 죄 사함을 얻게 하려고 많은 사람을 위하여 흘리는 바 나의 피 곧 새 언약의 피니라"(마 26:28; 참고. 막 14:24; 눅 22:20).

여기에 사용된 용어들이 중요하다. 이 용어들을 가지고 예수님은 자신의 전 메시아적 활동을 언약의 관점에서 조망하신다.31) 예수님의 죽음은 언약의

---

30) 이 관점에 대해서는 B. Sundkler, *Jesus et les paiens, in Revue d'Histoire et de Philosophie religieuses*, 1936, pp. 462-499를 참조하라.
31) 또한 D. Plooy의 귀중한 주장을 참조하라. *Novum Testamentum regnum aeternum*, 1932. Plooy는 성만찬 시에 주신 언약에 관한 말씀을 정교한 언어 분석을 통하여, 예수님의 죽으심으로 시작된 새 언약은 다른 것이 아니라 하나님 나라의 범주로써 설명될 수 있는 것이라는 주장을 발전시켰다. 또한 그는 누가복음 22장 29절의 "나도 너희에게 나라를 맡겨(diatithemai)"의 구절과 연결시키면서, 이 표현은 전 문맥상 언약을 표현하고 있다고 생각한다. 그는 diatithemai (맡기다)라는 용어로부터 diatheken(언약)을 유추해 낼 수 있다고 주장한다. p. 20.

보증(seal)이며, 임시적인 결론이다. 그러나 이 용어들이 특히 더 중요한 이유는 그 용어들이 가히 비교할 수 없을 정도로 언약 내의 이러한 관계의 기초, 특성, 범위를 계시해 주고 있다는 데에 있다.

복음서마다 각기 다르게 인용된 성만찬 말씀에[32] 새 언약을 언급하고 있는 예레미야 31장 31-34절의 예언이 반영되어 있다는 것은 대단히 중요하다. 이 점은 이미 마태복음과 마가복음 전승에 나타나 있는 내용이다. "죄 사함을 얻게 하려고"라는 어구는 예레미야 31장 34절과 관련하여 이해해야 한다. 이것이 예레미야 31장과 연결되었다는 사실은 누가복음 22장 20절[33])에 보다 명확히 묘사되어 있다. 누가복음에서는 "내 피로 세우는 새 언약이라"고 서술되어 예레미야 31장의 '새 언약'의 약속을 직접적으로 언급하고 있는 듯하다.[34]

예레미야 31장을 언급한 것이 중요한 이유는, 이 예언에 따라 주 하나님께서 친히 새 언약을 유지하시기 위한 조건을 성취하실 것이기 때문이다. 그래서 하나님은 그분의 율법을 자기 백성의 마음 속에 쓰실 것이다. 이러한 목적으로 하나님께서는 백성들의 이전의 죄악을 사하실 것이며, 그들의 허물을 더 이상 기억하지 않을 것이다(렘 31:33, 34).

성만찬 시에 행한 이 말씀들에 따라서 하나님과 그의 백성들 사이의 이러한 은혜의 교제는 하나님 자신에 의하여 보증되며, 그 결과 파기할 수 없게 될 것이다. 또한 이러한 교제는 그리스도의 대속의 고난과 죽음에 그 기초를 두며 확고해진다. 그리스도의 피는 언약의 피이다. 그 피는 많은 사람들의 죄를 용서하기 위하여 흘려 새롭고 영원한 언약을 가능케 한다. 그리스도는 새 언약의 중보이시며, 그 언약에 약속된 마음의 새롭게 함을 위한 자비의 중보

---

32) 참고. Schniewind, "잔을 주시면서 하신 말씀에 나타난 렘 31:31-34이 주목된다." D. Plooy, *op. cit.*, pp. 9, 10.
33) 이 구절의 '진정성'에 대한 본문 비평의 문제에 대해서는 Greijdanus의 *Lucas*, III, pp. 1045-1053를 보라.
34) 참고. Behm의 'διαθηκη' 항목, *TWB*, II, p. 136와 "καινος" 항목, IV, p. 452를 참조하라.

이시다.

이러한 말씀들은 그리스도로 말미암아 이룩되고, 그분이 선포하신 전체 구원이 언약 사상 안에 수렴되었음을 분명하게 가르친다.

이것이 천사가 예수님의 탄생 전과 **직후**에 보고한 메시지의 내용과 마리아가 부른 찬송, 그리고 사가랴가 하나님의 백성의 구원에 대하여 부른 찬송의 진정한 의의요, 그 속에 담긴 심오한 사상이다.

"그가 자기 백성을 저희 죄에서 구원할 자이심이라"(마 1:21).

"오늘날 다윗의 동네에 너희를 위하여 구주가 나셨으니 곧 그리스도 주시니라"(눅 2:11).

"**주의 백성**에게 그 죄 사함으로 말미암는 구원을 알게 하리니"(눅 1:77)

이 구절들 속에는 천국의 구원을 **가난한 자의 복음**과 **잃어버린 자들의 구원** 등으로 표현하는 선언들을 한 마디로 요약한 비밀이 계시되어 있다. 모든 천국 복음은 하나님께서 약속하신 언약이라는 범주로써 설명될 수 있다.

동시에 천국 복음은 새로운 의미를 지니면서 복음서의 서두에 상호간의 의미의 차이가 없이 '이스라엘', '그의 백성', '하나님의 백성' 등의 용어로 표기되었음이 확실히다. 한편으로는 이 용어들의 의미기 그게 재힌되었으니, 또 다른 면에서는 그 의미가 하나님의 역사적이요 물리적인 백성으로서의 이스라엘과 관련하여 확대되어 있다. 하나님의 백성은 그리스도께서 자신의 언약의 피를 흘리신 사람들이다. 그들은 그리스도로 말미암아 죄 사함을 입었으며, 그리스도께서 이룩하신 새 언약 속에서 하나님과 파기할 수 없는 교제를 향유한다.

최후의 만찬 시 주께서는 많은 사람을 위해 자신의 피를 흘리겠다고 친히 말씀하셨다. 이러한 교훈은 대속물에 관한 잘 알려진 말씀 속에서도 찾아볼 수 있다(마 20:28; 막 10:45). **35)** 종종 '많은' 이란 단어는 '모든' 이라는 말과 동일

---

35) 참고. 본서 제22항.

시되어 왔고, 그래서 이 말이 보편적인 의미(즉, 보편구원을 가리키는 것)로 해석되었다. 그러나 이 말이 사용된 전후 문맥은 어느 면으로 보나 이 설명과 상반된다는 것을 알 수 있다.

여기서 '많은' 사람들이란 예레미야 31장의 예언에 따라 그리스도 안에서, 또한 그분으로 말미암아 죄 사함을 얻고, 새 언약의 구원에 참여할 수 있게 된 사람들을 의미한다. 전 복음서에 비춰 볼 때, 이들은 신앙과 회심으로써 복음의 설교를 받아들인 백성들이다. 천국의 구원을 영접한 이들은 다른 사람들이 아닌 바로 이들이다. 그들은 '이스라엘'이요 '하나님의 백성'이다. 또 이들에게 언약의 모든 약속들이 적용된다.

하나님의 백성으로서 이스라엘을 저버리는 것이 언약 사상을 파기하지는 않는다. 하지만 이 사실은 언약 사상에 새로운, 또는 적어도 좀 더 명확한 언약을 부가한다. 은혜와 하나님과 나누는 교제의 특별한 성격이 충분히 유지되고 있다. 그러나 이러한 은혜를 받고, 하나님의 백성들이 존재하는 진영의 사람들은 더 이상 물리적인 이스라엘에서가 아니라 그리스도의 죽음으로써 죄 사함을 받고 성령으로 그들의 마음이 새롭게 된 사람들이다.

26. 주의 기쁘신 뜻

앞에서 논의한 교훈에 비춰볼 경우에 한해서 그리스도의 오심으로써 이룩된 구원이 택함을 받은 사람들에게만 특별히 영향을 미친다는 말씀들을 이해할 수 있다. 어떤 점에서 천국 복음은 '가난한 자의 복음'이라고 할 수 있는 것만큼, 또한 앞에서 관련 본문들을 논의했던 것처럼 '택함을 받은 자의 복음'이라고도 특징지을 수 있다.

물론 '가난한 자의 복음'이라고 명명된 것과는 대조적으로 복음이 **'택함을 받은 자의 복음'**으로 명명된 곳은 복음서 어느 곳에서도 찾아보기 힘들다. (그 이유에 대해서는 여기서 논하고 싶지 않다). 그렇다고 천국의 구원을 상속받는 사람들이 누구이 하나님의 기쁘신 뜻, 또는 그분의 선택의 대상이라는 사실이 약화된 것은 아니다. 복음서를 좀더 면밀히 검토해 보면 '가난한 자의 복음'이라고 묘사된 부분에서 하나님의 백성 사상이 하나님의 기뻐하심을 입은 자요 하나님의 선택된 사람들이라는 의미로 두드러지게 나타난 사람들과 매우 밀접한 관계를 맺고 있음을 알게 된다.

이러한 관계는 이미 처음부터 천사들이 "땅에는 기뻐하심을 입은 사람들 중에 평화로"(눅 2:14) 임한 구원을 찬양한 예수님의 탄생 시에 나타났다.36) 유도키아(ευδοκια)라는 말 속에는 선포된 구원의 기초가 되는, 하나님의 거저 주시고 구원하시는 은혜가 표현되어 있다.37) 또한 이 단어 속에는 하나님의 선택에 담겨 있는 사랑의 요소가 전면(前面)에 부각되어 나타난다. 문제는 과연 누가 하나님의 기뻐하심을 입은 자이겠냐는 것이다.

누가복음 2장 10절에서 "큰 기쁨"과 아울러 "모든 백성에게 미칠"이라는

---

36) 잘 알려져 있는 바와 같이 이 본문은 본문 비평상의 문제를 안고 있다. 어떤 사본은 en(안에) 대신에 kai(그리고)로 기록되어 있다. 그 경우에 이 본문은 세 부분으로 나뉜다. 또 다른 사본에는 비록 en이 나타나지 않는다고 할지라도 eudokia로 읽어야 할지, eudokias로 읽어야 할지의 의문은 해결되지 않는다. 우리는 kai 없고 en이 있는 본문을 더 선호한다. en이 없는 것보다는 있는 사본이 더 믿을 만하다고 판정하기는 더 곤란할지라도 그렇다. 특히 kai는 선행하는 내용으로 보아 첨가될 수 있다. 게다가 우리는 eudokias가 본문상의 증거로 더 낫고, 읽기가 더 어려운 본문이라서 이 단어를 택한다. 참고. 또한 M. T. Lagrange, *Evangile selon Saint Luc.* 5, 1941과 Schrenk, *TWB*, II, pp. 745-747, 'ευδοκεω' 항목.

37) 어떤 저자들은 이 eudokia를 하나님과 그분의 계시를 향한 인간의 선한 의지, 즉 선한 의지를 가진 사람(*bonae voluntatis*)의 뜻에 적용시키려 한다. 그 예로써, 라틴어 벌게이트역(Vulgate)을 따른 Lagrange, *op. cit.* ; Zahn, *op. cit.*, p. 145 등이 있다. 그러나 이것은 우리의 견해와는 배치되는 오류적인 적용이다. 그 이유는 첫째로 누가복음 어디에도, eudokia가 그런 의미로 쓰인 적이 단 한 번도 없다는 점과 신약의 다른 부분에서도 극히 드문 경우에만 나타나고 있다는 사실에 있다(롬 10:1; 빌 1:15). 어떠한 경우에도 이 본문에 대한 그러한 용례는 매우 특기할 만한 것이 될 것이다. 왜냐하면 그러한 용례대로라면 인간의 선행이 하나님의 구원의 범위를 결정하는 셈이 되기 때문이다. 한편 하나님의 영광과 은혜, 구원에 대해 노래하고 있는 이 천사의 찬송은 오히려 하나님의 선하신 뜻을 선포하고 있음이 너무도 분명하다. 참고. Rengstorf, *op. cit.*, p. 31; W. Manson, *The Gospel of Luke*, 1945, p. 18; Plummer, *op. cit.*, p. 58; Klostermann, *op. cit.*, pp. 38, 39; Greijdanus, *op. cit.*, I, pp. 115, 그리고 특히 Schrenk, *op. cit.*, pp. 748, 749를 보라.

어구가 발견된다. 그리고 이 두 선언은 여러 차례 서로 모순되는 것으로 간주되어 왔다. 그러나 "기뻐하심을 입은 사람들"이라는 어구는 메시아적이요 종말론적인 평화가 임하게 될 그룹에 **한정**할 것이 아니라, 오히려 좀더 광범위하게, 적극적인 **자격**을 포함하고 있는 것으로 이해해야 한다. '기뻐하심을 입었다' 라는 표현은 '그 백성' 진영 내의 어떤 특정한 부류를 의미하는 것이 아니다. 왜냐하면 '큰 기쁨이 모든 백성에게 미칠 것'이기 때문이다. 그래서 처음 구절을 나중 구절과 밀접한 관계를 가지고 있는 것으로 설명해야 하며, '기뻐하심을 입은 사람' 만을 따로 주해하지 말아야 한다. "기뻐하심을 입은 사람들"이란 표현은 큰 기쁨의 약속을 받은 백성들로 정의된다.

그리고 이와는 반대로 10절의 "모든 백성"은 육체적인 이스라엘 백성이 아니라, 참되고도 이상적인 의미의 하나님의 백성을 의미한다. 즉 강퍅한 불신앙의 이스라엘이 아니라, 하나님의 약속을 받는 특권을 누리고 하나님의 약속에 그들의 소망을 고정하고, 그것으로써 구원을 받은 이스라엘을 의미한다.[38]

이것은 다시 한 번, 처음에 살펴보았던 천국 복음이 하나님과 그의 백성 사이의 특별한 관계에 의해 결정되며, 이 관계는 하나님의 기쁘신 뜻에 기초하고 있다는 사실을 보여준다.

천국 복음이 하나님의 기쁘신 뜻에서 유래한다고 가르치는 구절들을 다른 곳에서도 발견할 수 있다. 가령 누가복음 12장 32절은 이 사실을 명확히 보여준다.

"적은 무리여 무서워 말라 너희 아버지께서 그 나라를 너희에게 주시기를 기뻐하시느니라."

천국의 상속자로서 하나님의 백성 사상이 "적은 **무리**여 무서워 말라"는 말

---

[38] "여기에 언급된 것은 특수하게 유대적인 것도, 구속사적 근원이 없는 보편적인 것도 아니다. 이것은 하나님의 선택된 백성에 관한 종말론적인 의미를 띤 것이다." Schrenk, *TWB*, II, p. 748.

쏨 속에 함의되어 있다. 그 무리의 적음("적은 무리여")에 강조점이 있는 것은 여기서 의도하고 있는 '하나님의 백성'이 단지 남은 자, 곧 그들이 과거에 그랬던 것과 장차 될 것을 기대하는 것의 사라져 가는 남은 자인 것을 의미한다. 이 적은 수의 남은 자 역시 멸망해 갈지 모른다고 두려워했던 이유가 여기에 있다.

그러나 이 남은 **무리**는 보존되어 왔고, 하나님 편에서 볼 때 그들의 구원은 확실하다. 왜냐하면 그 남은 자는 성부의 기쁘신 뜻(eudokia)에 전적으로 의존해 있는 까닭이다.

"신적 경륜에 달려 있고, 어떠한 인간적 영향에서는 자유롭고 독립되어 있다. 이 경륜에는 그 경륜의 목적대로 바실레이아(basileia) 안에 있는 교회의 구원이 포함되어 있을 뿐만 아니라, 그 구원을 수행하는 것이기도 하다."[39]

하나님의 백성, 천국, 선택 등의 세 개념은 동등한 개념일 뿐만 아니라 상호 보완적인 개념이기도 하다. 천국의 선물은, 하나님께서 옛날부터 선택해 오셨고 이제 적절하고 가장 심오한 의미에서 예수님을 주의 구원을 가져오는 그리스도로 신실하게 영접하기에 이른 그의 백성을 위해 마련되었다. 여기서도 선택은 개인적인 의미에서가 아니라 하나님의 백성의 선택으로 인식된다. 역으로, 이 백성의 고귀함은 역사적이요 생물학적인 요인들에 의해 결정되는 것이 아니라 거저 주시고 구원하시는 하나님의 작정에 의해 결정된다.

마태복음 11장 25, 26절(참고. 눅 10:21 이하)에 기록된 예수님의 유명한 말씀 역시 위의 내용과 부합하게 이해해야 한다.

"천지의 주재이신 아버지여 이것을 지혜롭고 슬기 있는 사람들에게는 숨기시고 어린 아이들에게는 나타내심을 감사하나이다 옳소이다 이렇게 된 것이 아버지의 뜻이니이다"(houtos eudokia egeneto emprosthen sou).

이 구절에서도 예수님의 오심으로 말미암아 이스라엘 중의 분리가 일어난

---

39) 참고. Schrenk, *op. cit.*, p. 739.

것은 하나님의 주권적인 기쁘신 뜻에 기인한다는 사실이 선언되었다. '엠프로스멘 수'(εμπροσθεν σου)는 번역하기에 참으로 어려운 어구이지만 여기서는 특히 하나님의 작정의 성격을 서술하고 있다. 이 작정은 하나님께서 자신과 자신의 목적에 관하여 묘사하는 어떤 것을 가리킨다.40) 주의 기쁘신 뜻이 지닌 구원적인 특성은 '어린 아이들'(nepioi)에게 천국('이것들')이 나타났다는 점에 있다. 이것은 정신적 차원에서의 어린 아이들을 의미하는 것이 아니다. '지혜롭고 슬기 있는 사람들' 로부터 멸시를 받는 여호와의 가난하고 곤핍한 사람들을 가리킨다. 그들의 소망을 그들을 대신하여 일하시는 하나님의 구원 행위에 둔 사람들이다. 어린아이(nepioi)라는 단어의 의미는 온유한 자(praeis)와 가난한 자(ptochoi)의 개념과 매우 가깝다(참고. 마 11:28 이하).41)

또한 그들이 하나님의 기쁘신 뜻의 대상이라는 선언은 천국 복음이 이스라엘에게 주신 하나님의 특별 계시에 깊이 뿌리박고 있어서, 무엇보다도 주의 참된 백성을 향한 구원 선포로 이해되어야만 한다는 사실을 보여준다.

불의한 재판관 비유에서만큼 이 사실이 분명히 나타나는 곳은 없다. 이 비유에서는 신실한 사람들의 끊임없는 기도의 대상이 되어야 할 천국의 도래와 구원(눅 18:1; 참고. 특히 8절)이 '하나님의 택하신 사람들의 정의' 라고 불린다(ten ekdikesin ton eklekton autou, 7절. 8절과 비교).

이미 앞에서 이 '정의' 또는 '원한' 이 심령이 가난한 자와 의에 굶주린 사람들에게 약속하신 것과 동일한 것이라는 사실을 배웠다. 그렇다면 이 주제를 다루며 맨 처음에 제기했던 문제인 '택함 받은 자' 와 '심령이 가난한 자' 가 동일 인물을 의미한다는 사실이 확증된 셈이다. '그의 택하신 사람들의 정의' 라는 표현은 이러한 관련성을 제시하는 좋은 예가 된다.

---

40) 이와 약간 상이한 견해로서는 Schlatter, *Matth*., p. 383. 그는 하나님의 뜻이 결정되는 하나님 앞에서 묻는 하늘의 문의를 제시한다. 그러나 이것이 과연 한 단어 εμπροσθεν(앞의)에서 추론할 수 있는 것인가? 참고. 또한 Preuschen-Bauer, *op. cit.*, "εμπροσθεν" 항목.

41) Bertram의 "νηπιος" 항목, *TWB*, IV, pp. 922ff를 보라.

한편으로 가난한 자의 '의'라는 말은 주님의 구원을 믿는 그들의 믿음과 그 구원이 실현되도록 끊임없이 기도하는 확고한 근거가 있음을 의미한다. 그들의 구원은 '에크디케시스'(εκδικησιs), 곧 그들의 '권리' 또는 '의' 또는 그들의 만족을 뜻한다.[42] 여기에 근거하여 그들은 뭔가를 주장할 수 있다. 어떤 의미에서 이 용어가 모순되게 보이는 듯하지만 그들의 기도에 기소(a lawsuit)의 성격을 부여한다. 이것은 곧 선택이 인간들에게는 알려지지 않은 하나님의 예측 못할 작정이 아니라 선택받은 사람들이 하나님께 '밤낮으로 부르짖을' 이유가 된다.

이것은 선택이, 선택받은 자가 그들의 만족과 하나님의 구원 약속을 받은 어떤 **관계**를 창출함을 전제로 한다. 이것에 근거하여 택함을 받은 사람들은 하나님께서 그들에게 부여하신 권리인 그 나라의 도래를 위해 기도할 수 있다. 팔복의 기저에 바로 이러한 관계가 놓여 있다. 이것은 하나님께서 그분의 백성들을 그들의 억압에서 구원을 보증하신 언약의 기초와 동일한 기초이다.

다른 한편으로 "그의 택함 받은 사람들의 정의"라는 구절은 하나님과 그의 억압받는 백성 간의 특별한 관계가 구원받을 백성에게 하나님께서 거저 주시는 구원의 은혜에만 기초하고 있다는 사실을 시사한다.[43] 이것은 그들이 하나님의 통치에 참여한 가장 심오한 근거가 된다. 그러한 까닭에 택함 받은 사람들은 그들에게 지시하신 부름에 순종한다(마 22:14).

부정적인 의미에서, 이 표현은 천국의 구원이 생물학적인 이스라엘과의 관계나 인간의 행위에 근거하여 받을 수 있는 것이 아니라 오직 하나님의 주권적인 은혜로써만 가능하다는 사실을 지적한다. 동시에 이러한 선택이 숙명론(fatalism)이나 정적주의(quietism 침묵을 중요하게 여기는 17세기 신비주의적 종교운동)와 동일시되어서는 안 된다는 것을 암시한다.

---

42) 참고. Schrenk의 'εκδικησιs' 항목, *TWB*, II, p. 44.
43) 참고. Schrenk의 'εκλεκτοs' 항목 *TWB*, IV, p. 192와 Michaelis, *Das hochzeitliche Kleid*, 1939, p. 257.

선택 사상은 매우 강조되어야 한다. 선택 사상은 우리로 하여금 믿음의 기도를 쉬지 말고 드리라고 강요하고 있기 때문이다.

마지막으로 천국 복음에 분명하게 나타난 이러한 선택 사상에 첨가해서 논의되어야 할 내용은 선택이란 **기독론적으로** 결정된다는 사실이다. 온유하신 그리스도께서(마 11:29) 하나님의 참된 백성을 대표하고 그분의 피가 새 언약에 인을 치고, 그 안에 내포된 구원을 받아들이는 길을 열어 놓은 것(참고. 눅 22:20; 마 26:28)처럼, 그리스도는 하나님의 기쁘신 뜻의 핵심이며 실현이다. 이러한 사실은 예수님께서 요단강에서 세례를 받으셨을 때와 산 위에서 변형되셨을 때(마 3:17; 막 1:11; 마 17:5; 참고. 12:18)에 하나님께서 예수님을 당신의 기쁘신 뜻의 대상이라고 힘주어 선언하신 구절들에서 나타난다.

여기서도 '기쁘신 뜻'은 신적 작정을 의미한다.**44)** 이 '기쁘신 뜻' 까닭에 그리스도는 아버지에 의하여 그분의 메시아적 사명을 위하여 선택되었다(참고. 눅 9:35. ho eklelegmenos). 그래서 천국을 영접하는 사람들의 선택은 그들의 구원이 이루어진 그리스도의 선택에 초점이 모아진다.

하나님의 백성에 나타난 하나님의 기쁘신 뜻은 그리스도 안에서 그리스도로 말미암은 존재가 되라는 부름을 의미한다. 이것이 마태복음 11장 25, 26절에서 성부의 기쁘신 뜻에 관하여 그리스도께서 감사를 드리고 난 다음의 구절에서 밝혀지고 있다. 여기서는 하나님의 기쁘신 뜻이 다음과 같은 식으로 설명되었다.

즉, 성부께서는 동일한 작정에 의해 모든 것들을 그리스도에게 주셨다. 성부 외에는 성자를 아는 사람이 없고, 성자와 또 성부의 계시를 받은 사람 이

---

44) 이러한 사실은 부정 과거 시제인 ευδοκησα와 그 동사의 의미 모두에서 지시되는 내용이다. 참고. Schrenk, *TWB*, II, p. 728. 'ευδοκεω' 항목; Zahn, *Matth*., p. 147. 이와는 달리 Greijdanus는 누가복음 3장 22절을 들어 ευδοκησα가 단지 수세 시 그리스도의 순종 때문에 보여주신 그리스도 안에 나타난 하나님의 기쁨으로 설명된다고 한다. 필자는 이 견해가 틀렸다고 생각한다.

외에는 성부를 아는 사람이 없다는 것이다. 하나님의 기쁘신 뜻을 근거로 하나님의 자녀들에게 계시하신 바, 성부를 아는 지식의 비밀은 전적으로 성자의 손 안에 있다.

이 기쁘신 뜻은 기쁘신 뜻의 대상이기도 한 그리스도 안에서 실현되었다. 성부로 말미암아 메시아 직분의 수행자로 택함을 받은 자는 바로 성자이신 그리스도이시다. 그리고 그분 안에서 하나님의 백성을 향한 하나님의 기쁘신 뜻이 세워지고 실현된다.

요컨대, 우리는 가난한 자의 복음으로서 천국 복음의 선포가 하나님과 그분의 백성 간에 맺어진 언약 관계에 의존하여 있으며, 그 관계의 심오한 기원은 하나님의 기쁘신 뜻에 있다고 말할 수 있다. 이 언약의 확증과 갱신은 그리스도의 말씀과 사역에서 그 기초와 그 특성을 얻는다. 특히 그리스도의 속죄의 죽음이야말로 이 언약의 기초이며 언약의 특성을 설명한다. 그리스도의 말씀과 사역은 천국의 복의 전제와 절정이다. 천국의 복에 대해서는 예수님께서 여러 가지 방법으로 선포하셨으며, 이제는 우리가 천국의 복의 다양한 면모를 고찰힐 차례이다.

6장
하나님 나라의 복음 II
(구원)

27. 죄 용서

구원이란 무엇보다도 죄책과 죄에 대한 승리이며, 자연 종교나 신비 종교에서처럼 인간이 그의 지상 생활을 통하여 겪는 무상함에서 구출되는 것을 의미하지 않는다는 사실을 신약성경의 전 케리그마의 특징으로 이해하는 것은 옳다.[1]

구원을 설명하는 여타의 개념들에 따르면, 구원 신앙은 인간에 대한 지극히 고상한 확신, 또는 적절할 시기에 궁극적으로 이루어질 하나님과 동등한 인간 영혼의 형이상학적 자질 등에 기초한다는 것이다.

그러나 복음은 하나님과 인간 사이에 존재하는 거리감,[2] 또는 인간이 하나님 앞에서 자신에 대해 발견하는 엄청난 **도덕적** 절망 사상에서 출발한다. 이러한 절망은 매우 심각하며 인간의 전 영혼을 엄습한다. 그 이유는 인간이 하나님 앞에서 유죄하다는 사실로 말미암아 그의 전 존재가 하나님의 심판을 받을 수밖에 없는 운명에 처했다는 사실을 자각한 데서 찾을 수 있다.[3]

그러나 이와는 반대로, 구원이란 모든 죄의 용서와 죄책의 면제, 그리고 하나님과 죄인인 인간 사이의 연합을 의미한다. 여기서도 복음은 기독교 밖에서 발견할 수 있는 구원에 대한 모든 사상과 상반된다.

예수님의 천국 설교와 그분이 이 세상에 구원하러 오셨다는 케리그마를 좀 더 면밀히 고찰해보면 이러한 진술이 진리임이 확연히 판명될 것이다.

예수님의 탄생이 예고되었을 때 하나님의 명령에 따라 그의 탄생의 의의를 요약하는 이름이 그에게 주어졌다. 그 이름의 뜻은 다음과 같이 풀이된다.

"이는 그가 자기 백성을 저들의 죄에서 구원할 자이심이니라"(마 1:21). '구원'으로 번역된 단어는 예수님이라는 이름이 기초가 되는 히브리어 단어처

---

1) J. N. Sevenster, *De boodschap van het Nieuwe Testament*, I, 1939, p. 111.
2) 참고. K. Holl, *Urchristentum und Religionsgeschichte*, 1927, p. 19.
3) 참고. Bultmann의 'αφιημι' 항목, *TWB*, I, p. 509.

럼 일반적이고도 전 포괄적인 의미를 지닌 단어이다. 그것은 예수님이 구원자 또는 구속자임을 의미한다. 그것은 부정이고 예방적인 의미를 지녔을 뿐만 아니라 매우 중점적인 내용도 담고 있다. 그 구원자의 사역 속에 함의된 핵심적이고도 가장 심오한 의미는 예수님께서 자기 백성들을 그들의 죄에서 구원하신다는 사실이다. 동일한 사상이 사가랴가 세례 요한에 대하여 말한 그의 찬양 속에 표현되어 있다.

"이 아이여 네가 지극히 높으신 이의 선지자라 일컬음을 받고 주 앞에 앞서 가서 그 길을 예비하여 주의 백성에게 그 **죄 사함으로 말미암는** 구원을 알게 하리니"(눅 1:76, 77).

이 지식은 아직 실현되지 않은 약속처럼 대상에 대한 지식이 아니라 지금 주어지고 전달되는 지식이다. 이것은 이전에는 이러한 의미로는 주어지지 않았던 경험에 관한 지식을 의미한다.[4] 여기서 죄 사함이란 구원의 '종말론적인' 소유로서 그리스도와 더불어 시작된 성취의 선물로 표현되었다.[5] 이러한 까닭에 여기에 묘사된 지식은 오랫동안 염원해 오던 주님의 구원의 임함과 선물, 즉, 하나님께서 자기 백성에게 찾아오심을 의미한다.

천국을 선포한 요한의 설교는 죄 사함에 초점이 맞춰져 있다. 요한이 백성들에게 회개를 외치자 사람들은 그에게 나아와 "그들의 죄를 고백하였다"(마 3:6). 요한의 세례 자체도 '죄 사함을 받게 하는 회개의 세례'로 표현되었다(막 1:4; 눅 3:3). 이 '죄 사함'은 요한에게서 세례를 받은 사람들에게 요한 자신이 죄 사함을 준다는 의미가 아니다. 요한의 세례로 말미암아 죄 씻음이 실현된다는 의미도 아니다. 요한의 설교 전 문맥에 나타나는 바와 같이, 이 죄 사함은 임박한 심판 때에 그들의 죄가 사해질 것을 의미한다.

---

4) 참고. Greijdanus, *op. cit.*, I, p. 86, "여기서 γνωσις는 우리 자신의 경험과 기쁨, 소유로부터 나온 지식을 의미하기 때문이다."
5) Bultmann의 'αφιημι' 항목, *TWB*, I, p. 509. Grundmann의 'αμαρτανω' 항목, *TWB*, I, p. 307.

"누가 너희를 가르쳐 임박한 진노를 피하라 하더냐"(마 3:7; 눅 3:7).

요한은 백성들에게 회개하고, 죄에서 돌이키고, 죄와 관계된 모든 생활에서 떠나라고 권고하였다. 듣고 순종하는 사람들은 요한보다 더 큰 이가 오실 때 그분의 입에서 결정적으로 죄 용서함을 받았다는 판결을 들을 것이다. 그러므로 죄 사함은 주의 임하시는 때에 나타날 '주의 구원'을 의미한다(눅 3:6).

예수님의 설교에서 죄 사함 개념이 요한의 설교에서만큼 중심적인 위치를 점하고 있지 않다는 것은 사실이다.**6)** 하지만 나사렛 회당에서 행한 예수님의 첫 선포에서 그분은 예언의 성취와 구원의 때의 시작을 선언하셨다. 이때 죄 사함(aphesis) 사상이 중요한 역할을 담당한다. '아페시스'(αφεσις)란 단어가 (갇힌 자들의) **구원**(눅 4:18)이나 (마음이 상한 자를 위한) **자유**로 번역되어야 하며 **죄 사함**으로 번역해서는 곤란하기는 하지만 전후 문맥은 죄 사함 사상을 분명히 암시한다. 왜냐하면 이 구원은 죄 사함에 근거하고 있기 때문이다.

예수님의 오심으로 더불어 시작된 전 구원은 '주의 은혜의 해'로 간략히 요약될 수 있다. 이 말은 본래 가난하게 된 이스라엘 사람들의 빚이 탕감되고, 종이 놓임을 받으며, 이러한 사람들이 그들의 굴레로부터 구원함을 받아 자기들의 소유를 되찾게 되는 '희년' 또는 '양의 뿔의 해'(해방을 선언하는 양의 뿔로 만든 나팔을 불었다는 의미에서.-옮긴이)를 의미하였다(레 25:39 이하; 겔 46:17).

이것은 선지자들에 의해 선포되고 그리스도의 오심으로써 시작되는 메시아적 구원의 때를 가리키는 이미지이다. 이때 갇히고 상한 사람들은 구원함과 구출함을 입는다. 기본적인 이유는 이것이다. 즉, 이러한 비참한 처지를 야기했던 죄가 하나님에 의해 사하여졌다는 점이다(참고. 사 40:2).

우리는 여러 차례에 걸쳐 우리들은 복음서에 언급된 죄 용서함이 예수님께서 오신 적절하고도 핵심적인 목적임을 발견한다. 예수님에게 와서 고침을 받은 중풍병자를 향하여 그분이 "소자야 네 죄 사함을 받았느니라"고 말씀하셨을 때(누가복음에서는, "이 사람아 네 죄 사함을 받았느니라)고 말씀하신 것으로 기록됨), 예

---

6) 참고. Grundmann, *op. cit.*

수님께서는 이 말씀을 하심으로써 중풍병자는 물론 그곳에 함께 자리한 모든 사람들에게, 인간의 진지하고도 가장 심각한 문제가 인간 개개인에게 벌어진 삶의 어떤 특별한 운명이 아니라 그가 죄인이라는 사실과 예수님이 하나님으로부터 (지상에서) 인간들을 그들의 죄에서 구원할 권세를 받았다는 사실을 명백히 보여주셨다.[7]

바로 이 순간에 이 사실이 드러났다. 여기에 서술된 예수님의 말씀을 이 경우의 중풍병자에게만 해당되는 어떤 예외적인 참회의 필요성 때문에 하신 것이라고 이해해서는 안 된다. 또한 그가 중풍병에 걸린 것은 마땅히 처벌받아야 할 어떤 명확히 드러난 죄 때문이었다고 가정해서도 안 된다. 그보다는 이 말씀을 메시아적 선언이요 천국 도래의 선포와 그 핵심과 본질이 **죄의 용서**에 있는 구원의 때의 시작으로 이해해야 한다.

그러므로 이 말씀은 예수님의 신적 권위를 이해하고, 자신의 **죄 용서함**이 지금 여기서 이루어지고 있음을 믿는 사람들이 맞이하는 지상의 복이다(막 2:5).

이 죄 사함의 중요성은 무엇보다도 먼저 **죄책**을 없애 버렸다는 데 있다. 이러한 점에서 **복음**의 목적과 의미는 오해의 소지가 전혀 없다. 죄 사함은 누누이 하나님과 인간과의 관계를 채권자와 채무자의 관계로 제시한다. 주기도문(마 6:12; 참고. 눅 11:4)에는 "우리가 우리에게 빚진 사람들(our debtors-국역 성경에는 이러한 사실이 부각되지 않고 단순히 '죄지은 자'로 표기되었다.-옮긴이)을 사하여 준 것처럼 우리의 빚을 사하여 주옵소서"라고 되어있다.

죄를 빚으로, 구원을 탕감(또는 사함)으로 표시한 교훈은 (자기 이웃을 용서할 의무에 대하여 가르치는) 마태복음 18장 22-35절의 비유에 대단히 잘 나타나 있다. 죄는 사람으로 하여금 빚을 다 갚아야만 하는(apodounai) 위치에 놓게 한다. 바리새인 시몬의 집에서 베풀어진 식사에서, 예수님께서는 이와 유사한 방법으로 지불할 길 없는 두 채무자들과 채권자에 관한 비유를 말씀하셨다(눅 7:41, 42).

---

7) 본서 제11항을 보라.

이것으로써 예수님은 두 사람, 즉, '죄인'과 '의인'이 하나님과 어떤 관계에 있는지를 밝힌다.

청지기들의 특성에 관하여 가르치는 비유들-특히 누가복음 16장 1절 이하의 불의한 청지기 비유 역시 동일한 영역에 속하는 비유들이다. 불의한 청지기 비유의 핵심적인 교훈은 이렇다. 예수님께서는 인간이란 하나님께서 회계할 그때에 자기가 섬기던 주인의 재산을 가지고 행한 것에 대해 회계할 능력이 없어, 영영히 하나님의 채무자로 남을 수밖에 없는 존재라는 사실(눅 16:9 이하)을 보여준다. 누가복음 13장의 회개를 가르치는 본문들도, 만일 죄인들이 회개하지 않는다면 그들도 멸망할 것이라고 교훈한다(눅 13:4).

마지막으로 죄 사함은 바리새인과 세리 비유에서 보다 법적인 방법으로 표현되었다. 세리는 "다른 사람보다 더 의롭다 함을 받고(dedikaiomenos) 자기 집으로 내려갔다"고 평가를 받았다. 공관복음에서 죄 사함이 법정적인 칭의, 즉, 하나님에 의해 법적으로 의롭다 함을 얻었다는 의미에서 죄 용서로 제시된 곳은 이곳이 유일하다.[8] 그 단어가 이렇게 사용된 것은 세리와 바리새인 사이의 대조에서 비롯된 것임에 틀림없다. 바리새인들은 공로 사상에 따라 하나님 앞에서 스스로 의롭다 함을 얻으려고 한 사람들을 대표한다(참고. 눅 16:15).

하지만 예수님께서는, 하나님은 그분의 주권적인 은혜로 죄인들을 받으심을 분명히 하셨다. 그리고 예수님께서는 칭의 사상, 곧 신적 심판에 직면한다는 사상을 주장하기도 하셨다. 이것이 복음의 기본적인 사상들 가운데 하나이다.

> 구원을 죄 용서로 이해하는 이러한 근본적인 이해는 복음을 모든 비(非)기독교적 종교들과 구별시키는 것일 뿐만 아니라 복음의 인본주의적, 또한 현대의 이원론적 해석과도 구별시키는 것이다.

---

8) 참고. Schrenk, 'δικαιοω' 항목, *TWB*, II, p. 219.

후자의 경우는 예수님의 설교의 출발점을 인간 **영혼**의 무한한 **가치**, 또는 자연과 영혼의 대립에 있다는 입장을 고수한다. 종종 이러한 입장은 마가복음 8장 36절 이하의 내용, 즉, "사람이 만일 온 천하를 얻고도 제 목숨을 잃으면 무엇이 유익하리요?"라는 내용에 호소한다. 하지만 리츌 신학으로 말미암아 주장되어 그 고전적인 표현이 하르낙의 『기독교의 본질』(Das Wesen des Christentums) 속에 나타난 이러한 견해는 복음의 정수와 전적으로 상충된다.9)

복음의 출발점은 인간의 가치가 아니라 인간의 죄인 됨에 있으며, 구원은 인간의 불멸하며 고차원적인 부분에 속하는 영혼의 보존이 아니라 마지막 심판 때에 인간의 전 실존의 구원을 가리킨다. "자기 영혼을 잃는다"는 어구 속에 담겨진 뜻이 이것과 다르지 않다. '영혼'이란 단어는 전 인간 생명을 의미하지, 단지 인간의 내적 부분이나 영성만을 의미하지 않는다. 독자들은 이와 관련된 예수님의 말씀을 기억하면 좋을 것이다.

"몸은 죽여도 영혼은 능히 죽이지 못하는 사람들을 두려워하지 말고 오직 몸과 영혼을 능히 지옥에 멸하시는 자를 두려워하라"(마 10:28; 참고. 눅 12:4, 5).

이 구절에서 영혼과 몸, 영과 육의 대조가 발견되지 않는다. 더욱이 예수님께서는 전자가 후자보다 월등히 우월하다고 가르치려 하지도 않는다. 도리어 이 구절에

---

9) 필자는 동일한 사실이 (불트만의 신약 케리그마에 대한 '비신화화적인' 적용에 따라) 신약성경의 케리그마에 대한 그의 해석에도 적용되었다고 생각한다. 불트만은 현대의 실존철학(특히 하이데거의 존재론)의 범주를 빌려 하나님의 은혜로운 죄 사함을 인간이 죄에 속박되었던 과거에서 해방으로 설명한다. 특히 그는 이것을 '가시적이며 이미 가정되어 있으며 바로 가까이에 있어 측량할 수 있는 영역'(*die Sphäre des Sichtbaren des Vorhandenen Verügbaren, Messbaren*)인 동시에 '필히 멸하고 말 영역'(*die Sphäre des Verganglichen*)에서의 자유함으로 묘사한다. 이렇게 불가시적이며 또한 알 수도 없고 손에 잡을 수도 없는 신앙에서 발견되는 이 모든 자유는 사랑과 같이 인간과 만난다. 그리고 이 자유는 그에게 죽음이 아닌 생명을 의미한다(das gerade das Unsichtbare, Unbekannte, Unverfügbare dem Menschen als Liebe begegnet. nicht Tod, sondern Leben für ihn bedeutet). *Neues Testament und Mythologie,* in H. W. Bartsch, *Kerygma und Mythos,* pp. 29, 30. 또 다른 논의에서 이 은혜는 '결국 이 세상에서나 필요한 것들로부터 초월하는, 자유롭고도 탈세속적인 태도'로 일컬어진다. p. 31. (die Gelöstheit von allem weltlich Verfügbaren, also die Haltung der Entweltlichung, der Freiheit).

서는 자신의 생명과 관련하여 하나님의 뜻을 저버리는 사람은 몸과 영혼이 함께 멸망될 것이라는 하나님의 심판에 대한 경고를 듣는다.[10]

그래서 예수님의 경고를 유발시키는 것은 인간의 영적 가치가 아니라 그의 도덕적 절망이며, 이것이 죄 사함에 관한 예수님의 전 설교의 기초를 이룬다.[11]

이 모든 것이 예수님께서 선포하신 구원을 이해하는 데 매우 중요하다. 하지만 죄를 죄책으로, 구원을 죄 사함으로 나타낸 사상 **그 자체**가 예수님의 설교의 새롭고 특이한 성격이 아니라는 점에서는 의심의 여지가 없다. 예수님께서는 전혀 낯선 개념들이 아니라, 당대 사람들에게 매우 친숙한 개념들을 가지고 말씀하셨다.[12] 예수님께서는 그분이 친히 선포하고 주신 죄 사함은 다른 것이 아니라 바로 선지자들에 의하여 약속된 미래 구원의 성취임을 여러 번 선언하셨다.

구약성경에서는 이미 구원의 본질을 아버지처럼 자기 백성들의 죄를 사하심으로 그들에게 자비를 베푸신 주의 은혜에서 찾았다(시 103:8-10). 그리고 미래의 구원은 하나님께서 그분의 백성들을 그들의 모든 허물에서 구원하실 것이란 사실에서 찾았다(시 130:8).[13]

이런 의미에서, 구약성경과 비교하여 예수님께서 특히 죄 사함에 관한 선포에서 하나님에 대한 새로운 사상을 가지고 오셨다고 자주 주장하는 현대 신학자들의 입장은 복음과 전혀 상반된다.[14] 예수님께서 친히 힘주어 선포하신 말씀에 따르면, 가난한 자의 복음, 주의 은혜의 해 예언, 그리고 하나님의

---

10) 이러한 본문들에 대해서는 본서 28항을 보라.
11) 참고. W. G. Kümmel, *Das bild des Menschen im N. T.*, 1948, pp. 11 ff Kümmel은 Harnack과 그의 복음의 기본적인 주제와 관련된 개념들에 반박한다.
12) 참고. 예를 들어, Bultmann, *TWB*, I, p. 508, "αφιημι" 항목.
13) Schniewind는 마태복음 1:21의 "이는 그가 자기 백성을 저희 죄에서 구원할 자이심이라"라는 구절을 시편 130:8에서 빌려온 것이라고 주장한다(*Das Ev. nach Matth.* p. 13).
14) 예를 들어 K. Holl, *Urchristentum und Religionsgeschichte*, 2 1927, pp. 19ff.

백성과 맺은 주의 새 언약 등은 그분이 선포하신 죄 사함에서 성취되며 실현된다(눅 4:16 이하; 마 26:28; 눅 22:20). 15)

죄 사함에 대한 예수님의 설교의 대전제는 구약성경에 나타난 하나님의 역사적 계시와 근본적으로 일치한다. 예수님의 구원 설교의 목적을 올바르게 이해하기 위해서 예수님의 설교에 나타난 새롭고 현저한 특성이 죄와 사함에 대한 질적인 견해가 아니라 성취의 대(大)순간에서 찾아야 함을 먼저 전제해야 한다.

이 말은 곧 예수님의 오심과 메시아적 활동으로 말미암아 옛날부터 약속된 하나님의 자비로우신 죄 용서함이 약속의 단계에서 실제로 성취된 단계로 바뀌었음을 의미한다. 또한 사도들이 후에 받은 사명의 말씀들에 담긴 내용으로 묘사하자면, 그 새로운 특징이란 지금부터 이 복음이 "**그의 이름으로 말미암는**" 죄 사함을 얻게 하는 회개가 전파되어야 한다는 것이다(눅 24:47; 참고. 요 20:23). 16)

그러나 이것이 전부가 아니다. 이 거대한 구속사적 주제에 더하여, 심지어 천국 복음을 슬쩍 검토해 보기만 해도 예수님의 설교는 서기관들의 가르침과 본제적인 주제를 지향하고 있다는 사실을 단번에 알 수 있다. 이 **대립적인 주제**는 성취에 대한 첫 선포 후에 매우 강하게 부각되어 나타난다고 말할 수 있다. 이 주제는 예수님의 설교의 전체 측면에 걸쳐 나타나는 바, 특히 예수님의 사죄의 선포에서 그 특징이 드러난다(그렇다고 해서 성취의 대 순간을 간과하는 것은 아니다).

이러한 대립은 땅에서 죄 용서하시는 예수님의 메시아적 주장을 언급할 뿐만 아니라 그 죄 용서의 내용과 가능성도 지시한다. 이것은 예수님의 설교에

---

15) 본서 제5장을 보라.
16) 불트만은 이것을 그의 '교회의 신학'(the theology of the church)의 관점에서 다음과 같이 기술하고 있다. "그 새롭고 특이한 기독교의 특징은 곧 교회가 자신들을 예수 그리스도 안에 나타난 구원의 행위로 인해 인간에게 선사된 하나님의 죄 용서함을 입은 존재들임을 자각하는 데 있다." *TWB*, I, pp. 508-509.

나타난 절대적 은혜의 측면에서 더욱 그렇다.

이러한 대립을 유대의 지도자들이 예수님께 취한 행동에서 보게 된다. 예수님께서 "세리와 죄인들과 함께" 식사하실 때(막 2:16과 이에 관계된 본문들), 바리새인이 청한 식사 자리에서 예수님께서 회개한 죄인들을 대하실 때(눅 7:36-50), 간음한 여인 이야기에서(요 8:1-10) 유대 지도자들은 예수님께서 은혜로써 죄를 용서하신다는 사실을 비난하였다.

역으로 말해서 예수님께서는 서기관들과 바리새인들이 죄 용서함에 대한 예수님의 설교를 놓고 취한 태도를 반박하셨다. 탕자 비유에서 예수님께서는 아버지의 행동에 못 마땅히 여기는 형의 모습을 그렸고(눅 15:25-32; 참고. 눅 15:1, 2), 바리새인과 세리 비유에서는 이 대립을 대단히 인상 깊게 묘사하셨다(눅 18:9-14).

예수님과 서기관들 사이에 존재하는 이러한 대립의 특성을 올바로 이해하기 위해서는 후기 유대교의 랍비 문학과 위경 문학에서 예수님 당대의 유대인들의 구원론 이해를 형성하였던 유대인들의 구원관을 조사하는 것이 대단히 유익할 것이다.

> 유대교 구원론의 기본 주제는 율법 성취의 공로에 대한 보상, 또는 이와 관련된 사상이다. 구원의 수단인 토라(torah-모세 오경, 또는 율법)가 하나님께서 주신 이스라엘에게 특별 은총으로 주신 것이라는 사실은 맞다. 그러나 이 선물을 주신 목적은 이스라엘로 하여금 이 토라를 성취함으로써 하나님께로부터 **보상**(reward)을 받으려는 데 있다는 것이다.
>
> 이러한 까닭에 인간은 자신 속에 토라를 성취할 도덕적 능력을 가지고 있다고 믿었다. 즉, 인간은 순수하고도 거룩한 영혼을 그의 창조주의 손에서 받았고, 그의 감각적인 육체 때문에 어떠한 악한 본능들을 그의 내부에서 발견한다고 하더라도 인간에게는 그것들을 억누를 수 있는 도덕적 능력이 있을 뿐만 아니라, 무엇보다

도 이것들을 억압할 수 있는 수단인 토라를 가지고 있다는 것이다.

이러한 구원관은 인간의 완전주의적 사상에서 출발한다. 물론 죄를 부정하지는 않지만 죄를 수량적으로 이해한다. 율법 성취에서 중요한 것은 범법한 **수**가 율법을 성취한 **수**보다 적어야 한다는 사실이다. 이것을 달리 표현하자면, 하나님의 회계 장부에서 대변(credit side)이 차변(debit side)보다 월등히 많아야 된다는 말이다.

이러한 견해 역시 '의인'과 '죄인' 개념을 결정한다. 그러나 의인이라고 해서 구원의 확실성이 있는 것은 아니다. 이러한 까닭에 그들은 마치 자신의 저울이 평행을 유지하고 그들의 구원이 매순간 율법 성취의 새로운 행동에 좌우되듯이 살라는 충고를 받는다.

이 같은 성취는 항상 얻을 수 있다고 여겼다. 왜냐하면 성취는 율법책의 문자적인 가르침 그대로 행하기만 하면 되는 것이라고 생각하기 때문이다. 그러므로 유대교의 구원론은 율법적이며 수량적인 의미를 지녔다. 유대교는 죄의 성질에 대한 얄팍한 견해와 인간의 완전주의적 사고에서 출발하는 자력 구원의 종교이다.[17]

유대인들 사이에서 이러한 계속적인 보상 교리와 더불어, 하나님의 선하심과 하나님께서 회개하는 사람들의 죄를 기꺼이 용서해 주신다는 구약성경의 사상이 병행하고 있었음은 두 말할 나위가 없다. 이 사상을 유대의 보상 신학에 포함시키는 데에는 당연히 억지가 따른다. 여기서 이 이론은 붕괴되었다. 이는 여기서 말하는 보상이 하나님의 자비로 인해 가능한 것이기 때문이다.[18]

유대 교리에 있어서 죄 사함은 회개의 공로에 근거하고 있으며 보상 교리와는 관계가 없는 것이라고 주장하는 사람들이 더러 있다. 그러나 이 같은 견해는 유대의 구원론을 충분히 공정하게 평가하지 못한 소치이다.[19]

---

17) 참고. Strack-Billerbeck, *op. cit.*, IV, I, pp. 4-15.
18) 더 상세한 이해를 원한다면 E. Sjöberg, *Gott und die Sünder im palästinischen Judentum*, 1939, pp. 148ff를 참고하라.
19) 랍비 문서들에서 발견할 수 있는 것은 차치해 두고라도, 외경과 위경에는 공로와 보상에 관한 교리가 훨씬 더 엄격히 규정되어 있다. Sjöberg, *op. cit.*, pp. 261ff.

이와는 반대로, 죄 사함과 하나님의 자비가 여러 면에서 대단히 중요한 보상 교리와 연결되어 있다는 것이 사실이다. 회개와 죄 사함의 목표는 죄인들로 하여금 하나님과 관계를 회복하는 데에 있다. 이 관계는 경건한 사람들이라면 그들의 공적들 때문에 이미 누리고 있는 것이다. 이 관계에 다시 들어온 죄인들 역시 그들의 영원한 미래를 다시금 구축할 수 있게 된다.[20] 보상 사상은 유대 구원론에서 대단히 지배적인 요소이며, 또한 영구히 남아 있다.

복음서에 여러 차례 등장하는 예수님과 유대의 율법 학자들 사이의 대립은 이러한 배경 하에서 잘 이해될 수 있을 것이다. 죄 사함에 관한 예수님의 설교는 다름 아닌 유대적인 구원론을 근본적으로 붕괴시키는 것이었다. 이것은 예수님의 전 설교 밑바탕에 깔려있는 **죄의 보편성**과 **회개의 필요성**에 관한 그분의 선포에서 분명하게 나타난다.

유대의 구원론과는 전혀 다르게, 예수님의 설교는 회개의 보편적 필요성을 강조하는 사상으로 점철되어 있다. 이 회개는 하나님의 계명들을 다 지키지 못했기 때문에 드는 마음의 비애와 참회를 의미한다. 또한 죄인이 하나님께 대하여 가지는 일반적인 관계와도 연결된다. 회개는 인간 편에서 그 관계에서 급선회하는 것을 의미한다.[21]

인간은 하나님에게서 떠나 있었다. 인간은 하나님에게서 먼 노상에 있다. '회심'이 부정적인 면과 긍정적인 면에서 **전체주의적** 개념으로 이해되는 까닭이 여기에 있다. 회심은 일시적인 참회의 행동이 아니라 생의 전 포괄적인 태도를 뜻한다. 그것은 죄로부터 돌이키고, 회개 또는 회심에 합당한 열매를 맺는 의의 행위를 수행하는 것을 의미한다(마 3:8).

세례 요한의 설교에 바로 이런 내용이 담겨 있었다. 요한은 그가 태어나기

---

20) Sjöberg, op. cit., p. 168.
21) 참고. Behm in TWB, IV, pp. 994ff, 'μετανοεω' 항목과 거기에 수록된 문헌들. W. G. Kümmel, Das Bild des Menschen im N. T., 1948, pp. 8ff; J. Schniewind, Das biblische Wort der Bekehrung, 1948, pp. 7ff.

도 전에 이스라엘 백성들을 그들의 주 하나님께로 돌이키고, 백성들로 하여금 주를 예비하도록 하라는 예고를 받았다(눅 1:15 이하). 단지 몇몇 사람이 아니라 이스라엘 국가 전체가 회개해야 했다.

동일한 사실이 예수님에게서도 나타난다. 이스라엘 가운데서 행한 그분의 첫 활동은 일반적인 설교인 "회개하라 천국이 가까웠느니라"는 말로써 시작한다. 회심의 필요성은 전 복음 전파의 기초가 되는 내용이다. 이것은 각 사람에게 개인적으로 주어졌다. 회개는 갈릴리의 성읍들만이 아니라 제자들에게도 요구되었다(참고. 마 18:3[22]); 11:20 이하). 또한 회개는 세리들과 죄인들뿐만 아니라 대제사장들과 바리새인들에게도 요구되었다(마 21:31 이하; 눅 15:1 이하). 회개의 요구는 몇몇 구절에서 등장할 뿐이지만, 예수님의 구원 설교, 특히 죄 사함의 설교는 인간이 하나님에게서 떠나 있다는 인간의 보편적 죄성의 관점에서 출발한다.

어떤 학자들이 여러 근거를 들어 이 사실을 부정하려고 한 것은 사실이다. 이들은 예수님께서 친히 '의인'과 '죄인들'을 구별하신 본문들을 지적하면서 예수님께서 의인이 아니라 죄인들에게만 회개하라고 하신 것이라고 주장한다(막 2:17; 눅 5:32). 이와 유사한 본문으로는, 예수님께서 하늘에서는 회개할 것이 없는 의인 아혼 아홉보다는 죄인 하나가 회개할 때 그 기쁨이 더욱 크다고 가르치신 구절이 있다(눅 15:7). 이러한 성경 구절들을 근거로 애당초 존재하지도 않는 사람들의 부류를 다른 그룹과 비교할 수 없기 때문에 '의인'이 존재함을 인정해야 한다고 주장한다. 즉, 예수님에 의하면 좋은 나무와 악한 나무가 있듯이(마 5:45; '악인과 선인', '의로운 자와 불의한 자'), 선한 사람과 악한 사람이 존재한다는 것이다(마 7:17, 18; 12:33). [23]

그러나 예수님께서 의인을 부르러 온 것이 아니라 죄인을 불러 회개시키러 오셨다는 말씀을 아이러니컬한 발언으로 해석해서는 안된다. [24] 예수님께서

---

22) 여기서 στρεφομαι란 단어는 정확히 μετανοειν과 동일한 의미로 쓰였다.
23) H. J. Holtzmann, *Lehrbuch der neutest. Theol.* I, 1911, pp. 218, 219.

유대인들이 만든 기존의 구별법을 사용해[25] 그것을 상대적인 가치로 인식하여 말씀하신 것으로 이해해야 할 것이다.

반면, 예수님께서 '의인' 이라고 말씀하신 것은 그들이 원리상 하나님 앞에서 의로운 사람으로 인정을 받은 사람들이라거나, 타락하여 의롭지 못한 백성들을 예수님께서 부르심으로 인해 의로운 사람들의 의로움을 존경하셨다는 의미로 생각해서는 안 된다.[26]

이곳과 누가복음 15장 7절(참고. 2절)에서 예수님께서 서기관들이나 바리새인들이 **자기들 스스로** 의롭다고 생각한 것을 지적하고 있음이 분명하다(참고. 눅 18:11, 14). 복음서 전체를 통하여 보건대, 예수님께서는 이러한 의를 충분하다고 인정하지 않으셨으며, 이것을 자기기만에 근거한, 결국 '외식'에까지 이르게 된 낯선 의라고 판정하셨다(참고. 마 5:20 이하; 6:1 이하; 23; 눅 18:14). 예수님께서는 이와 같은 의는 누가복음 14장 8절 이하에 나타난 것처럼 위험스런 기만이라며 거부하셨다.

바리새인들과 식탁에 앉으셨을 때, 예수님은 식사에 초대된 손님이 취할 마땅한 태도와 관련된 공손하고도 예의바른 태도와 규정에 대하여 말씀하셨다. 그분은 이것을 비유로 설명하셨다. 예수님은 손님들에게 하나님 나라의 잔치에서도 하나님께서 자기들을 지위가 높은 사람으로 판단하실 것이라고 착각하지 말라고 경고하셨다.[27]

그러므로 마가복음 2장 17절의 선언은 하나님의 (병자) 치유의 한 수단으로, 예수님께서 오신 것을 사죄의 은혜가 타락한 인간에게 미쳤음을 나타내는 것

---

24) 예컨대 H. Weinel, *Bibl. Theol. des N. T*[4], 1928, p. 181. 여기서 그는 그 말 속에 내포된 조롱하는 듯한 거절의 어조에 대해 말한다; 참고. E. Klostermann도 "만일 '죄인' 과 '의인' 개념이 이 원수들과는 반대되는 의미가 아니라면 말이다. κατ' ειρωνειαν, Theophylakt," *Das. Markusev.*, p. 27.

25) 참고. Schrenk, *TWB*, II, p. 191, 'δικαιος' 항목.

26) 가령 Schlatter, *Der Ev. Matth*, p. 309; 참고. Rengstorf, *TWB*, I, p. 333, 'αμαρτωλος' 항목.

27) 이 주해에 관해서는 Greijdanus, *op. cit.*, II, p. 698를 참조하라.

으로 이해해야 한다. 그러나 이 은혜는 자기가 이것이 필요한 존재라는 사실을 인식한 사람들에게만 해당된다. 이 의미를 취할 때 마가복음 2장 17절의 선언은 간접적으로 스스로 의로운체하는 사람들에게 자신의 마음을 살피고, 과연 그러한 의가 충분하다고 믿을 만한 이유를 가지고 있는지 확정하도록 요구하는 말씀으로 이해된다.[28]

'회개할 필요가 없는 의인 아흔 아홉 명'이라는 표현도 같은 의미로 해석될 수 있다. 여기서 예수님께서는 의인과 죄인 간의 관계를 1대 100의 관계로 설명한 것이 아니다. 이 선언은 어법상 속담이 가지는 전형적인 특징에 해당된다. 죄인 하나가 회개하는 것이 하늘 곧 하나님 앞에서는 '의인' 아흔 아홉보다도 더욱 중요하다는 것을 의미한다. '회개할 필요가 없는'이라는 표현은 인간적인 판단으로 볼 때 그렇다는 말이다.[29] 예수님께서는 이 말씀을 하심으로써 그들의 안목으로 볼 때의 의로운 사람들(2절)로 하여금 자신의 방법이 잘못되었음을 살펴보도록 권유하기를 원하신다.[30]

예수님께서 '선과 악', '의인과 불의한 자'에 대하여 말씀하신 본문들도, 앞에서 논의한 것처럼 어떤 사람들에게는 회개할 필요가 없음을 의미한 것이 설대로 아니었다는 것을 충분히 입증한다. 인간들 사이에서 자행되는 '상대적인 구별을 언급한 것이며, 예수님 역시 그렇게 인정하고 말씀하신 것뿐이다 (참고. 롬 5:7; 13:3).

복음서 전체의 가르침에 비춰 볼 때, 예수님의 이 말씀을 두고 하나님 앞에서 '본래적인' 의가 있음을 서술, 주장하고 있다는 사실은 완전히 잘못된 것임이 분명하다.[31] 이것은 예수님께서 바리새인들의 잘못된 의 개념에 반박하

---

28) 필자의 *Mattheüs*, (K. V.), p. 184를 참고하라.
29) Greijdanus는 'repentace'(회개)를 조금 달리 해석한다. 즉 그는 회개를 αμαρτωλοι (죄인들)가 언급될 때와 유사한 회개로 이해한다. 필자의 견해로는 모순점이 '회개'라는 단어가 아니라 '궁핍한 상태에 있지 않다'는 말 속에서 발견될 수 있다는 생각이 든다.
30) 참고. Kümmel, *Das Bild des Menschen im N. T.*, 1948, p. 10.
31) 참고. 이 문제에 대한 G. Sevenster의 결정적인 논문이 *Christologie*, pp. 54ff를 참조하라.

시는 본문들에서도 명백하게 나타나고 있을뿐더러, 그분의 제자들에게 하신 말씀, 즉, 예수님 자신이나 제자들도 의심할 바 없는 명약관화한 가르침이라고 사료되는 말씀에서도 분명하게 표현되었다.

"너희가 악한 자라도 좋은 것으로 자식에게 줄줄 알거든 하물며 하늘에 계신 너희 아버지께서 구하는 자에게 좋은 것으로 주시지 않겠느냐?"(마 7:11과 눅 11:3).³²⁾

다른 곳에서 예수님께서는 '사람의 마음'이 악한 생각과 온갖 종류의 범죄의 발원지라고 말씀하셨다.³³⁾ 제자들에게는 일용할 양식뿐만 아니라 그들의 빚(또는 죄)을 사하여 주기를 기도하라고 가르치셨다(마 6:12). 채무자와 채권자 비유에서 예수님은 천부께서 그분의 자녀들의 무한한 빚을 용서하셨다는 것을 명심하고 하나님의 자녀들 역시 형제들의 죄를 계속해서 용서해 주어야 된다는 주제를 말씀하셨다(마 18:23-35).

한 예만 더 들면,³⁴⁾ 예수님께서 자신의 도덕적인 낙관과 자찬에 사로잡혀 있는 부자 관원에게 하신 말씀, 즉, "선한 이는 오직 한 분이시니라"(마 19:17), "하나님 한 분 외에는 선한 이가 없느니라"(막 10:18; 눅 18:20)라는 말씀을 상기할 필요가 있다.

이 모든 선언들은 예수님의 설교가 인간은 본질상 '선한' 성품을 지니고 있다는 사실을 부정하고 오히려 성품이 '악한' 죄인이고, 하나님 앞에서 채무자라는 견해에 근거하고 있음을 분명히 보여준다.³⁵⁾

죄의 보편성과 회개의 지속적인 필요에 관한 다소 우발적이라 할 수 있는 선언들은 고립되어 나타나는 현상이 아니다. 복음서 역시 이 견해를 설명하

---

32) 이 문제 전반에 대한 것뿐만 아니라 이 본문에 관해서는 필자의 *De strekking de bergrede*, 1936, pp. 126ff를 참조하라.
33) "마음이 악하니라. 이 구절은 본서 제5장 19-23항에서 좀 더 충분히 논의되었다." 마가복음 7장 19절에 관한 Schniewind의 논의, *op. cit.*, p. 100.
34) 참고. Sevenster, *op. cit.*, pp. 50-56. 그리고 필자의 *De strekking der bergrede*, pp. 126-128.
35) 참고. Grundmann의 'αγαθος' 항목, *TWB*, I, p. 15.

고 있으며 그 원인을 명백히 제시하고 있다. 이것은 **죄의 범위, 깊이 및 심각성 등에 관한 예수님의 판단**에서 찾을 수 있다. 이 판단은 마태복음 5장 21, 22에 기록된 잘 알려진 세 가지 교훈에 잘 표현되어 있으며, 명백한 대조를 보이고 있다.36)

"옛 사람에게 말한바 살인치 말라 누구든지 살인하면 심판을 받게 되리라 하였다는 것을 너희가 들었으나 나는 너희에게 이르노니 형제에게 노하는 자마다 심판을 받게 되고, 형제를 대하여 라가라 하는 자는 공회에 잡히게 되고, 미련한 놈이라 하는 자는 지옥 불에 들어가게 되리라."

예수님께서는 여기서 계명의 의미를 밝히신다. 즉, '살인하지 말라' 는 것은 인간 살육만을 지칭하지 않는다. 분노와 능욕도 제6계명을 범한 것이다. 심판의 정도 역시 가장 미세한 범법에까지 적용되어, 그러한 범죄마저도 지옥 불에 던짐을 받게 될 수 있다고 경고하신다.

이 견해는 원리상 죄에 대한 수량적 개념을 철폐하는 것이며, 그 대신 죄를 질적인 개념으로 대체하는 것이다. 어떠한 죄든지, 그것이 가장 경미한 죄라 하더라도, 하나님과의 계약 관계를 불가능하게 만든다. 이것은 사람으로 하여금 하나님의 은혜로우신 죄 용서를 전적으로 의존하도록 만든다.

이 본문 역시 홀로 동떨어져 있는 본문이 아니다. 마태복음 5장 21절은 마태복음의 (산상설교) 형식에서 산상설교 전체를 특징짓는다. 이 본문은 바리새적인 의 개념과 반대되는 하나의 긴 법적 선언이다. 이 구절은 바리새적인 의 개념에 비해 율법의 의미와 그 성취로서 매우 철저하고 '완벽한' 순종을 요구한다.

우리는 산상설교가 지상에 있는 인간의 엄청난 도덕적 비참성만을 보이고 있다는 견해를 거부한다.37) 이 말씀은 신중히 듣는 사람들이나 예수님의 계명들이 인간들에게 자신의 공로로 구원의 길을 찾을 수 있는 것을 보여 주

---

36) 이 번역에 대해서는 본서 제33항을 보라.
37) 참고. 본서 제29항.

는 경우에서 계명들이 인간들로부터 어떠한 소망도 **빼앗아**가 버리는 것이 틀림없다는 사실을 피할 수가 없을 것이다. 이같은 반응은 예수님께서 부자가 천국에 들어가는 것에 관하여 말씀하셨을 때 제자들이 물은 내용에서도 나타난다.

"그렇다면 누가 구원을 받을 수 있겠사옵나이까?"(마 19:25).

제자들은 사실 어느 누구에게라도 천국 길은 막힌 것이나 다름없다고 이해하였다. 제자들은 예수님의 철저한 요구의 말씀을 듣고 놀랐다.

"사람으로는 할 수 없으되 하나님으로서는 다 할 수 있느니라"라는 예수님의 대답은 그분의 전 설교와 모든 계명들을 이해하는 열쇠이다.[38] 구원은, 인간이 얻으려고 애를 쓰거나 자기 스스로 쌓은 공적에 의지하려고 하는 한 절대로 얻을 수 없다. 그러나 하나님에게는 인간의 구원에 관한 한 불가능한 것이 없으시다.

채무자와 채권자 비유는 이와 동일한 전제에 근거하고 있다(마 18:23-25). 사람이 하나님께 진 빚은 엄청나게 많기 때문에, 하나님께서 그의 죄를 사하여 주시지 않는다면 스스로 그 빚을 지불하고 지옥의 공포에서 구원받을 수가 없다(18:34). 예수님께서는 유대교적 공로 사상에서 출발하시지도, 이것을 한층 더 심오한 죄나 의 개념으로 대체하지도 않으셨다.[39] 예수님께서 유대인들의 구원론을 터무니없는 것으로 판정하시고, 인간의 구원을 전혀 새로운 기반 위에 구축하신 것은 새로운 하나님의 요구와 대단히 심각한 하나님의 철저한 공의에 기인한다.

이러한 관점에서 **죄 사함**에 관한 예수님과 유대적 체계 사이의 깊은 대립을 이해할 수 있다. 죄 사함 사상 **그 자체**는 유대인들에게 전혀 새로운 개념이 아니었다. 그러나 원리상 예수님의 구원 교리를 '죄인들의 종교'가 아닌 '성취

---

38) 참고. 막 10:23-27에 관한 Schniewind의 주해, *op. cit.,* pp. 131, 132.
39) 예를 들어, H. Windisch, *Der Sinn der Bergpredigt,* 1929, pp. 95ff.

종교'(Leistungs-religion)라고 주장하는 사람들은 40) 죄 개념과 죄 사함 개념 사이의 근본적인 차이를 오해한다.

유대교에서도 복음서(참고. 막 12:32-34)와 다른 자료들에서 하나님의 요구의 성취에 관해 말하고 있는 깊은 어조가 종종 발견되는 것은 사실이다. 41) 하지만 하나님의 요구에 대한 예수님의 설교와 인간의 의의 불충분성이, 인간의 도덕적 업적에 근거한 하나님과 인간의 관계를 전혀 불가능하게 한다는 근본적인 차이는 여전히 남아 있다. 그래서 예수님의 설교에 나타난 죄 사함이 인간의 의의 불완전함을 일시적으로 교정하는 것이 아니라고 한 이유가 여기에 있다.

이와는 반대로, 인간이 하나님 앞에서 살기 위해, 그리고 일반적인 '의' 개념에 대한 여지를 남겨 두기 위해 죄 용서는 필요하고도 기본적인 조건이다. 다시 말해, 예수님의 설교에서 '죄 사함' 개념은 원리상 유대교에서보다는 심오한 수준에 놓여 있다. 즉, 죄 사함은 단지 '간주함'으로써 발생하는 것도 아니고, 또한 도덕적인 영역에만 속하는 문제도 아니다. 도리어 죄 사함은 인간과 하나님의 관계에서 참되고 가장 깊은 판단 기준을 형성한다.

이 사실이 (반대 견해를 지지하기 위해 종종 인용되는) 누가복음 15장 7절의 "내가 너희에게 이르노니 이와 같이 죄인 하나가 회개하면 하늘에서 회개할 것 없는 의인 아흔 아홉을 인하여 기뻐하는 것보다 더하리라"라는 선언에서 가장 분명하게 나타난다. 이 본문에서는 죄인 한 사람의 회개가 '의인들'의 모든 의보다도 더 가치가 있다고 선언되었다.

동일한 사상을 바리새인과 세리 비유에서도 찾을 수 있다. 바리새인은 자신의 의로운 행동들을 열거하면서 자기는 '의'를 소유했으며, 이로 인해 하나님께 감사하고 있다고 말했다. 하지만, 예수님께서는 "하나님이여 불쌍히

---

40) 참고. Windisch, *op. cit.,* pp. 130, 141.
41) 참고. 다음과 같은 유대 저자들의 논쟁을 참조하라. J. Klausner, C. Montefiore, Strack-Billerbeck 등등, *op. cit.,* IV, I, p. 15, 그리고 Windisch, *op. cit.,* pp. 102ff.

여기소서 나는 죄인이로소이다"라고 밖에는 아뢸 수 없는 회개하는 죄인을 가리키셨고, 바리새인이 아닌 세리가 하나님으로부터 의롭다 함을 받고 집으로 돌아갔다고 선언하셨다(눅 18:10-14). **42)**

이것은 유대교의 구원론에서는 납득할 수 없는 사상이다. 유대교 안에 하나님께서 회개하는 죄인에게 자비를 베푸신다는 내용이 없기 때문이 아니다. 유대교에서 회개하는 죄인은 의로운 사람과 비교하여 불리한 위치에 있기 때문이다. 죄인을 향한 하나님의 사랑에서 의인을 향한 하나님의 사랑이 더 클 것이란 사상을 유추해 내고 있는 까닭이다. 거의 모든 랍비들의 하나님의 선하심에 관한 선언에는 "이것이 죄인들을 향한 그분의 사랑이라면 의인들을 향한 그분의 사랑은 얼마나 더 클 것인가"라는 결론이 동반되고 있음을 발견할 수 있다. **43)**

이러한 까닭에 "세리가 바리새인보다 의롭다 하심을 받고 그의 집으로 내려갔느니라"라는 랍비들의 견해와 정반대 개념이 선언된 것은 대단히 의미심장하다. 하늘에서는 죄인 하나가 회개하면 회개할 것이 없는 의인 아흔 아홉보다도 더 기쁠 것이라는 말은 유대교적 구원론의 초석을 제거하는 것이다. 유대교의 구원론과는 근본적으로 결별하고 있음을 의미한다.

유대인 지도자들은 예수님을 미워하고 그에게 철저하게 대항했다. 예수님께서 죄 사함은 인간이 하나님의 진노에서 피할 수 있는 유일한 길이라고 설교하셨으며, 하나님의 심판으로부터 인간이 구원되는 것은 인간의 어떠한 공로가 아니라 전적으로 하나님의 은혜에 달려 있다고 설교하셨기 때문이다.

복음서에서 예수님께서 하나님의 뜻에 따라 행동하는 사람들이 바랄 수 있는 상급에 대해 자유롭게 말씀하셨다는 것은 사실이다. **44)** 예수님께서는 이

---

42) 그 본문의 μαλλον παρ εκεινον은 불확실하나 그 의미만은 확립되어 있다. 참고. Bl. Debr. 제185항, 3°·

43) E. Sjöberg, *Gott und die Sünder im palästinischen Judentum*, 1939; 참고. W. G. Kümmel, *Die Gottesverkündigung Jesu und der Gottesgedanke des Spätjudentums in Judaica*, 초판 1945, pp. 57ff.

렇게 상급에 관하여 부정적, 역설적인 의미에서만 언급하지 않으셨다. 제자들에게 종종 **상급**이란 그들이 기대할 수 있는 어떤 것이라고 가르치기도 하셨다. 그래서 예수님께서는 자기로 인해 욕을 받고 핍박을 받는 사람들은 복이 있다고 하시면서 "하늘에 그들의 상이 크다"고 말씀하셨다(마 5:11-12).

또한 예수님은 사람들에게 보이려고 그들의 의(구제, 기도, 금식 등)를 행하지 않는 사람들에게도 천부께서 상을 주신다고 말씀하셨다(마 6:4, 6, 15). 상급이나 보상을 받을 것을 전혀 기대하지 않으며 선을 행하는 사람들에게 "너희의 상이 클 것이다"(눅 6:35)라고 말씀하신다. 선지자를 선지자로 예우하고, 의인을 의인으로 영접하며, 지극히 작은 소자에게 주님의 제자라는 이유로 냉수 한 그릇이라도 주는 사람들 역시 결단코 상을 잃지 않을 것이다(마 10:40-42).

이 구절들은 분명히 상급과 보상에 대하여 언급하고 있다. 특별히 하나님의 심판을 묘사한 구절에서 상급이라는 단어는 언급되지 않았지만, 사람이 행한 것과 그가 언젠가는 받을 것 사이에 파기할 수 없는 상호 연관이 있음을 보게 된다(가령 마 24:45 이하; 25:14-30; 25:31-46; 12:36-37). 결론적으로 사람은 자기가 순간순간 행하는 말과 행동의 영원한 결과에 주목해야 한다(마 7:13-27). **45)**

이러한 보상 개념은 복음에서 매우 중요하다. 이러한 사상이 죄 사함과 어울리지 않는다고 생각하거나, 죄 사함 사상 때문에 보상 개념의 핵심이 없어져야 한다고 여긴다면 예수님의 설교의 전체 계획에 파괴적인 역할을 하게 될 것이다. **46)**

그러나 사실은 이것과 반대다. 예수님의 설교에서 구원은 인간의 공로나 권리에 근거하지 않는다. 구원은 처음부터 끝까지 하나님의 죄 사하심과 은

---

44) 참고. G. C. Berkouwer, *Geloof en Rechtvaardiging*, 1949, pp. 111f.
45) 복음서에 나타난 상급 개념과 공로에 대한 유대교 신조의 관계를 다룬 글은 Preisker의 'μισθος' 항목, *TWB*, IV, pp. 699ff와 Büchsel의 'αποδιδωμι' 항목, I, pp. 170ff, 특히 F. K. Karner의 *Der Vergeltungsgedanke in der Ethik Jesu*, 1927. 또 O. Michel의 *Der Lohngedanke in der Verkündigung Jesu, in. Zeitschrift für systematische Theologie*, 1932, pp. 47ff; G. Bornkamm, *Der Lohngedanke im N. T.*, 1947을 참조하라.
46) 이 주제는 Büchsel이 정당하게 다루었다. *op. cit.*

혜에 근거한다. 이러한 사실은 예수님께서 죄를 심판하시는 방도에서 분명히 드러날 뿐만 아니라 복음 자체에 나타난 보상 개념에서도 명백하게 나타난다.

이와 관련하여 언급할 가치가 있는 의미심장한 두 비유가 있다. 누가복음 17장 7-10절의 종의 상급 비유와 마태복음 20장 1-16절의 포도원 품꾼 비유이다. 전자는 하나님 앞에서 마땅히 하여야 할 의무를 다한 종들이 상급 받기를 거부한다는 내용을 담고 있다. 심지어 그 자신들이 무익한 종(douloi achreioi), 즉, 쓸모없고 '비천한' 종이라고 고백한다.**47)** 그들이 매사에 무익하다고 한 것은 아니지만 주인의 종들로서 감사나 보상을 주장할 수가 없었던 것이다.

이것을 우리가 아는 다른 말로 표현하면, 하나님께서는 그분이 친히 창조하신 인간이 한 일에 대해 무엇이든 갚아야 할 의무가 없다는 의미이다. 하나님께서 인간에게 주신 모든 선한 것은 하나님의 자비하심에 대한 증거이며, 인간에게는 이것을 받을 만한 자격이 없다.

동일한 사상이 포도원 품꾼 비유에서도 나타난다. 이 비유의 목적은 상급을 줌에 있어서 하나님의 주권을 계시하는 데 있다. 이 비유는 하루 종일 일한 사람들의 권리에는 관심이 없다. 반대로 인간이 그가 명령을 받은 일들을 다 했다면 하나님의 각별한 사례에도 마땅히 대항할 권리가 있다는 잘못된 개념을 불식시키는 것이 이 비유의 요지이다. 노동 계약에 따라 하나님과의 관계를 생각하고, 이 계약을 근거로 하나님의 과분한 은혜에 이의를 제기하는 사람들은 "나중 된 자가 먼저 되고 먼저 된 자가 나중 되리라"(마 20:16; 참고. 19:30)라는 경고를 듣게 된다.

이 비유는 누가복음 15장 25절 이하에 나오는 맏아들의 모습을 상기시켜

---

47) αχρειος라는 단어는 당시 사회 계층에 있어서 특히 노예 계급에게 붙여진 자격을 표명해 주는 형용사로서, '가련하고'(poor), '비천한'(miserable)으로 해석될 수 있듯이 종은 결코 자신의 노예 신분을 벗어나거나 그것에 대해 어떤 이의도 제기할 수 없는 존재임을 함의하고 있다. 참고. Preuschen-Bauer, *op. cit.*, p. 202. 그리고 A. Jülicher, *Die Gleichnisreden Jesu*, II^2, p. 21-여기서 Jülicher는 여타의 이론들 가운데서 Deissmann의 견해를 언급한다.

준다.48) 이 비유에서는 하나님의 자비로우심이 명확히 드러나 있다. "내가 선하므로 네가 악하게 보느냐?"(마 20:15)고 말씀하신다. 품삯을 계산할 날에 하나님께서는, 공적의 표준에 따라 아무 주장도 하지 못할 사람들에게까지 기꺼이 구원을 베푸실 것이다. 그들이 상급을 받았다는 사실은, 유대적인 상급 개념이 붕괴되었고, 상급은 죄를 용서하시는 하나님의 사랑에 근거하고 있을 따름이라는 사실을 증명한다. 이와 같은 상급 사상으로 인해 신적 보응의 위협이 폐지되었거나 상대화된 것이 아니다. 반대로 상급은 단지 죄 사함이 있은 이후에 따라 나오는 것으로 이해된다. (상급을 주장하는 모든 사람들을) 천국의 구원에 참여하도록 하는 것은 전적으로 하나님의 은혜로우신 행동의 문제이지, 인간의 주장에 달려 있지 않다. 그러므로 상급 사상과 관련하여 천국 복음은 유대적인 구원관과 완전히 결별하고 있다.

앞의 내용을 요약해보자. 하나님의 은혜로우신 죄 사함에 관한 설교는 천국 복음의 핵심이며 근거가 된다고 말할 수 있다. 이것은 특별히 예수님께서 유대적인 구원론과 계속해서 대조하고 있기 때문이기도 하다. 이 사죄의 복음이 탁월하게 표현된 비유들과 이야기들을 전체 복음의 정점으로 간주하는 것은 백번 옳다. 이 비유들과 이야기들은 탕자 비유(눅 15:11-32), 바리새인과 세리 비유(눅 18:9-14), 회개한 죄인 이야기(눅 7:36-50), 간음한 여인(요 8:1-11), 삭개오 이야기(눅 19:1-10) 등이다.

탕자 비유에서만큼 죄, 회개, 하나님의 은혜 개념들을 생생하고도 감동적으로 그린 것은 없을 것이다. 이 비유에서 죄는 아버지와의 사귐에서 떠난 것으로, 또 아버지로부터 멀어진 삶과 아버지의 재산을 탕진한 것으로 묘사되었다. 회개는 자신의 비천한 처지를 발견하고, 아버지께 죄를 지었으며, 아들의 모든 권리들을 상실했음을 의식하는 것으로 그리고 아버지께로 돌아오는 것으로 표현되었다. 또한 은혜는 아들을 맞이하기 위해 기다리시는 아버지

---

48) 필자의 *Matth*, II, p. 73와 Preisker, *op. cit.*, p. 732를 참조하라.

로, 아들에게 동정을 베푸는 것으로, 그리고 잃은 아들을 아버지의 집에 기쁘게 받아들이는 것으로 기술되었다.

이 비유의 배경에는 자화자찬과 자기 의 때문에 그나마 아버지와의 사귐에서 멀어지지 않은 형이 있다. 그러나 그는 회개나 자비, 죄 사함에 대해서는 전혀 이해하지 못하였다. 이 비유는 후에 바울이 묘사한 "너희는 다시 무서워하는 종의 영을 받지 아니하였고 양자의 영을 받았으므로 아바 아버지라 부르짖느니라"(롬 8:15)는 말씀에 비교될 수 있다.

죄 사함과 하나님의 은혜에 관한 인상적인 설교에 어느 상황에서라도 적용할 수 있는 만고대대의 진리가 담겨 있는 것은 아니다. 이 사실을 한 순간도 잊어서는 안 된다. 예수님의 비유들[49]과 전 공관복음의 케리그마의 특성과 부합하게 **탕자 비유는 천국 설교의 특징을 전한다**. 다시 말해서, 이 비유들과 이야기들 모두에서 대립적인 주제가 전면에 강하게 부각된다. 이것은 이미 앞에서 언급한 탁월한 성취 주제와 한 순간도 분리시켜서는 안 된다.

구원에 관한 예수님의 모든 설교의 기조에 있는 결정적인 사실은 그와 같은 성취의 기독론적 의의, 즉, 그 선포가 하나님의 그리스도이신 예수님의 인격과 사역에 기초하고 있다는 사실을 총괄하고 있다. 예수님의 설교의 가장 핵심적인 부분인 죄 사함을 복음서의 성취 주제로부터 떼어내는 것보다 예수님의 설교를 심각하게 오해하는 것은 없을 것이다.

예수님의 설교에서 죄 사함을 분리함으로써 공관복음서의 케리그마와 자유주의 및 여타의 현대적 복음서 해석들 사이에 커다란 괴리가 발생했다. 자유주의자들은 예수님이 사죄와 하나님의 부성(父性)의 선포자라는 사실은 인정했지만, 구원이 그리스도의 인격과 사역에 기초한 것이라고 생각하지 않았다.

이 같은 견해는 다양한 방법으로 표현될 수 있다. 하르낙은 성자가 아니라

---

[49] 본서 제17항을 참조하라.

성부가 복음의 내용이라고 주장하였다.50) 홀(K. Holl)은 (비록 구 자유주의 신학에서 주장하던 것보다는 복음의 구속적인 성격에 대해 좀더 공정한 평가를 내리기는 하였지만) 탕자 비유가 '어떤 시간적 상황'과는 전혀 상관없이 하나님의 존재에 근거한 예수님의 죄 사함의 의지를 보여주는 것이라는 의견을 표명하였다.51) 예수님께서 회개만을 근거해서 죄 사함을 설교했다고 주장하는 사람들도 있다.52)

위에 언급한 모든 논증들은 죄 사함을 어느 시대에든 적용될 수 있는 실체로 생각하긴 했지만, 하나님 나라의 도래나 그리스도의 인격과 연관시키지 않았다.

이와 같은 입장에서 복음서의 다른 곳에 등장하는 '다른 유'의 구원론, 즉, 죄 사함을 예수님의 죽음과 연관짓는 구원론에 대한 인식이 있다는 것은 사실이다. 그러나 이러한 사실을 암시하는 구절은 단 두 군데밖에 없다. 대속물에 관하여 언급하고 있는 마가복음 10장 45절과 주의 만찬에 관한 내용을 담고 있는 마가복음 14장 22-25절까지의 말씀이다.

이 두 구절은 복음서 내에 한 종류의 구원 이외에 더 많은 종류가 있음을 증명하는 데 인용된다. 그러나 이 견해는 메시아적 나라의 도래에 관한 설교인 복음의 통일성뿐만 아니라 복음의 특징에 대해서도 부정하고 있음이 분명하다.53)

이 경우에 제기되고 있는 문제의 핵심은, 예수님의 화해의 죽음의 의미가 아니라 전 천국 복음의 성취가 지닌 **기독론적 특성**에 있다. 만약 이 주제가 복음의 지배적인 기조라면 탕자 비유나 주기도의 다섯 번째 청원을 죄 사함

---

50) *Lehrbuch der Dogmengeschichte*, I⁴, 1909, p. 81.
51) *Op. cit.*, p. 81.
52) 화란에서 발생한 이러한 자유주의 신학 사조는 특히 Windisch의 저작물들 속에서 그 맥을 잇고 있으며, 그밖에도 G. J. Heering이나 그 외의 여러 학자들에게서도 그 면모를 찾아볼 수 있다. 이것에 관해서는 G. Sevenster의 *Christologie*에 실린 상세한 근본적인 비평(pp. 47ff)과 M. H. Bolkestein, *De verzoening*, 1945, pp. 52ff를 보라.
53) 예를 들어 Windisch, *Der Sinn der Bergpredigt*, p. 96. *Die Gotteskindschaft der Christen nach dem Neuen Testament*, 1939, pp. 44ff 등이 있다.

의 **기독론적 특성**에 있어 부차적이며 원복음의 '정수에 전혀 낯선' 것이라고 간주하기보다는, 복음과는 이질적인 것으로 제거해 버리는 것이 훨씬 더 타당할 것이다.

필자는 첫 번째, 두 번째 할 것 없이 두 견해 모두 죄 사함의 복음을 근본적으로 잘못 이해한 것에 근거하고 있다고 본다. 천국의 구원 선포로서 이 죄 사함은 성취의 기독론적 성격을 지닌다.

이 사실은 예수님께서 가버나움 회당에서 행한 첫 설교와 중풍병자 치유 이야기 속에 매우 명백하게 나타난다. 다른 곳에서는 죄 사함의 특징을 자기 자신에 의거한 구원론적 상황을 분명히 언급하지 않은 채 하나님의 은혜의 행위라고 주장하신다. 그렇다고 해서 이 사실로부터 그리스도 없이도 복음을 직접 대할 수 있다는 결론을 유추한다는 것은 대단히 터무니없는 일이다.

우리는 여기서 한 걸음 더 나아가야 한다. 죄 사함 설교에 나타난 대립적인 주제로 인해 서기관들과 바리새인들이 발전시킨 공적 교리를 반박하시면서, 예수님께서는 구원을 절대적으로 하나님의 은혜로만 얻을 수 있다고 주장하셨다.

이 주제와 이에 대한 가장 심오한 설명을 얻을 수 있는 성취 주제를 분리해서는 안 된다. 사죄의 설교 그 자체는 전혀 새로운 것이 아니다. 구약성경에 사죄와 변제(辨濟)에 관하여 계시되어 있는 내용의 계속이라는 말은 백 번 옳다. 하지만 죄와 사죄에 관한 예수님의 설교와 행동 속에는 구약성경의 선포보다 훨씬 앞선 어떤 것이 포함되어 있다.

은혜의 분량과 구원의 확신은 비길 데 없는 방법으로 선포되었다. 이것이 특별히 탕자 비유와 바리새인과 세리 비유에 적용되며, 또한 팔복에서 선포된 구원과 삭개오에게 하신 "오늘날 구원이 이 집에 이르렀느니라"라는 말씀에 강조되었다.

이 모든 본문들은 (소위) '분명히 기독론적인' 본문은 아니다. 하지만 구원에 대한 예수님의 첫 선포의 풍성함과 죄 사함의 절대적인 은혜성을 비할 수 없이 묘사한 것은 이미 시작한 새 시대 도래의 직접적인 결과들이다. 부언하자면, 예수님께서 비교할 수 없는 방법으로 죄 사함을 선포하실 수 있었던 이유는 그분이 단지 선지자였기 때문만이 아니라 바로 그 나라의 왕이셨기 때문이다. 예수님은 구원을 선포하셨을 뿐만 아니라, 구원을 가져오는 분이시며, 구원을 받은 분이시고, 또한 자기를 따르는 사람들과 그 구원을 향유하는 분이시기도 했다.

순전히 하나님의 은혜의 행위인 예수님의 사죄의 선포와 자기 계시 속에서 자신의 메시아적 권위와 사명을 말씀하신 모든 가르침들 사이에 본질적인 연관성이 존재하는 이유가 여기에 있다.

예수님께서 죄 사함과 구원에 관하여 설교하신 것은 모든 능력과 권세를 받은 인자로서 그분이 가지신 신적 사명 때문에 선포한 것이다. 동시에 예수님은 그분이 받은 모든 임무와 '여호와의 종'으로서 그분에 관하여 기록된 모든 것들을 수행해야 하는 분으로서 이 일을 행하셨다. 사죄를 비롯한 구원은 예수님의 인격, 그분의 사명 수행과 하나님의 뜻 순종에 부여되었다.

이러한 까닭에, 구속과 죄 사함이 그리스도께서 마땅히 지불하셔야 할 대속물과 그분의 보혈의 흘림에 달려 있다는 두 선언이 서로 다른 구원론이라거나 후대에 생겨난 구원론이라고 말할 수 없다. 유기적인 방법으로 그리스도의 죽음의 의의를 그분의 삶의 의의와 연결시킬 수 있다. 또한 이 두 선언은 구원의 유일한 근거인 구원과 사죄의 확신의 심오한 신비를 계시한다. 그리스도에게 속한 사람들을 위하여 그분이 드리신 희생 제사와 많은 사람들의 대속물로서 보이신 그분의 대속의 순종, 그리고 새 언약의 조건과 기초로서 그분의 피흘림에 기초한다.

기독교 케리그마의 진정성은 공관복음서에 나타난 구원 선포의 통일성에 달려 있다. 탕자 비유, 주기도문의 사죄를 간구하는 청원, 산상설교의 구원 선포, 그리고 이와 동등하다고 말할 수 있는 여타의 본문들에서 **천국**과 이와 합치된 기독론적 성격의 **선포**로서 이 본문들의 의미가 제거될 수 없다. 이들 본문에서 기독론적 성격이 제거된다면 기독교 케리그마의 뿌리는 잘려나가게 될 것이며, 복음은 **구속사**에서 분리되어 공중에 매달린 채 관념론적인 내용만을 취하게 될 것이다.

그러나 공관복음서의 케리그마에서는 모든 것이 성취의 확실성, 예수님의 설교와 이적의 능력과 그분의 삶과 죽음이 지닌 메시아적 성격에 의존한다. 죄 사함은 **그리스도 안에서** 이루어진 사죄이다. 이것이야말로 본래의 순수한 복음의 핵심이다.

28. 하나님의 부성(父性)

하나님이 신자들의 아버지가 되신다는 사상은 죄 사함 사상과 직접적인 연관이 있다. 이 두 사상은 매우 밀접하게 연결되어 있어서, 어느 것 하나를 제외하고 다른 것을 설명할 수 없을 정도이다. 탕자의 비유가 이 사실을 증명한다. 죄사함과 (하나님의) 부성에 대한 두 가지 핵심 사항을 잘 보여주고 있다. 다른 곳에서는 이 두 개념이 상호 보충적으로 나타나고 있다(마 6:14, 15).

죄 사함은, 예수님의 설교에서 하나님과 그분의 백성에게 적용된 것처럼, 부자(父子)간의 관계를 전제로 한다.[54] 역으로 말해, 하나님의 부성과 신자들의 자녀됨(huiothesia)은 사죄로 말미암아 초래된 친교의 실현이다. 특히 마태복음에서, 예수님께서 그분의 제자들에게 하나님에 관하여 말씀하시면서 하나님을 "너희 아버지," "너희 천부," "하늘에 계신 너희 아버지" 등으로 표현한 일련의 긴 선언들을 발견한다(참고. 마 5:16, 45, 48; 6:1 이하; 6:9; 6:14, 15; 6:26, 32; 7:11; 10:20; 10:29; 13:43; 18:14; 23:9). '너희'라는 말은 대개 복수를 의미하지만, 간

---

54) 참고. W. Twisselmann.

혹 단수를 의미하기도 한다(마 6:4, 6:18).

누가복음에는 마태복음에 첨가된 '하늘의', '하늘에 계신' 등의 단어는 생략되었다(참고. 눅 6:36; 11:2; 12:30, 32; 단 11:13은 예외).55) 누가복음에 실려 있는 주기도문에는 단지 "아버지여"라고만 기록되어 있다. 마가복음에는 하나님의 이름이 "하늘에 계신 너희 아버지"(막 11:22)라고 단 한 차례만 언급되어 있을 뿐이다.

자주 사용된 것은 아니지만 이와 관련하여 발견할 수 있는 것은 미래의 축복의 상태(마 5:9; 눅 20:36) 내지는 현재의 관계(마 5:45; 눅 6:35)를 의미하는 하나님의 '자녀' 또는 하나님의 '아들들'(huioi)이라는 용어들이다. 여기에 비유들에서 하나님과 그분에게 속한 사람들을 지칭하면서 언급된 아버지, 하나님의 자녀, 또는 하나님의 아들들도 첨가할 수 있을 것이다(마 7:9; 눅 11:11; 15:11 이하).

이렇게 놓고 보면 공관복음서에는 하나님의 자녀들, 또는 아들들에 관하여 언급한 구절들이 비교적 적다고 할 수 있다.

죄 사함 선포의 경우에서와 마찬가지로 (하늘에 계신) '너희 아버지'라는 하나님의 명칭에 새로운 요소가 무엇인지, 그 명칭 속에 내포된 천국 복음의 내용이 무엇인지를 정확히 규명하여야 한다.

하나님의 부성 개념 그 자체는 예수님의 설교에서 제일 먼저 발견할 수 있는 내용은 아니다. 기독교 이외의 종교에서 이것을 인용했을지도 모른다는 사실은 무시하기로 하겠다.56) 인간이 하나님의 자녀가 된다는 문제와 관련하여 기독교 밖의 종교에서 관심을 갖는 진정한 문제는 근본적으로 인간이 신처럼 되는 것(神化)과 인간의 물질적이고 잠정적인 삶으로부터 인간의 본질적인 존재에 들어있는 신성(the divine)을 구원하는 것에 있기 때문이다.57)

그러나 구약성경과 후기 유대교는 전혀 다르다. 구약성경에서는 이스라엘

---

55) 비록 그 본문이 불확실하다고 하더라도 말이다.
56) 참고. 본서 제27항.

국가가 계속해서 '하나님의 아들'로 불렸고, 따라서 이스라엘 백성들은 '하나님의 아들들' 또는 '자녀들'이라 칭함을 받는다(참고. 출 4:22; 신 14:1; 32:6, 18; 사 1:2; 63:8 이하, 16; 렘 3:19, 31; 9:20; 31:20; 호 11:3 이하; 말 2:10 등).

이것은 일반적으로 이스라엘이 여호와 **한 백성**으로 관계를 맺고 있는 신정왕국적 언약 관계를 의미한다. 구약성경 어느 곳에서도 신자 개인이 하나님께 아버지로 나아간 예는 없다. 하지만 시편 73편 15절과 특히 103편 13절로에서 한 국가로서 이스라엘의 특권이 좀더 개인적인 의미로 인식되기도 했다는 사실을 추론할 수 있다.

후기 유대 문학에서는 이러한 양자됨의 개인화가 매우 명확히 표현되었다. 하나님의 자녀가 된다는 것이 더 이상 백성이나 왕에게만 독점적으로 사용되지 않고, 경건한 개인들에게 적용되었다. 이러한 표현들이 상대적으로 희귀하게 사용되기는 했지만 이러한 경향은 위경과 외경에 두드러지게 나타난다.

랍비 문학, 특히 1세기 말 이후부터 계속해서 등장한 이들 문학에서는 가끔씩 하나님을 지칭하는 아버지라는 이름이 대개의 경우 '하늘에 계신'이라는 문구와 더불어 나타난다. 기도문들 가운데서 '우리 아버지여'나 '나의 아버지여' 등의 호칭은 고대 유대인들의 기도문들에서 유래되었다고 할 수 있다.[58]

이같은 작품들 속에 퍼져 있는 정신은 구원의 확신이나 종교적 확신들 가운데 하나가 아니라 소심함과 불확실성 가운데 하나이다(롬 8:15). 그것이 역사의 대미래에 나타날 하나님의 아버지 되심의 출현을 고대하였다는 사실을 왜곡시키지 않는다.

부성에 대한 유대적 용례와 공관복음서의 용례를 비교해보면, 공관복음서

---

57) 참고. Twisselmann, *op. cit.*, pp. 10-25, 102-105와 p. 10에 언급된 여러 참고 문헌들.
58) 탈무드뿐만 아니라 위경이나 그밖의 외경에 나타난 이 용례에 대해서는 Strack-Billerbeck, *op. cit.*, I, p. 219, pp. 392-396; Dalman, *die Worte Jesu*, I, pp, 150ff와 Twisselmann, *op. cit.*, pp. 31ff를 참조하라.

의 아버지라는 명칭이 훨씬 더 핵심적이고 친근한 의미를 지니고 있으며,[59] 유대교에서는 전혀 낯선 구원의 확신 사상으로 충만해 있음을 알 수 있다(참고. 눅 12:32 등). 그러나 하나님의 부성에 대한 예수님의 설교의 구체적인 특성을 후기 유대교 사상의 심화로 간주해 버린다면 큰 오류이다. 아버지와 자녀의 관계를 주제로 하는 예수님의 설교에 독특한 의의를 부여할 수 있는 것은, 유대교에서는 전무한 **성취의 차원**이다.

복음서의 경우에서도 마찬가지이겠지만 아버지라는 명칭이 사용된 기원이 주와 그의 백성 이스라엘 간의 특별한 언약 관계에 있다는 것은 의심의 여지가 없는 사실이다.[60] 두 아들 비유에서(마 21:28 이하), 순종한 아들 뿐만 아니라 불순종한 아들도 아버지의 아들이었다. 또한 누가복음 15장 비유에서도 '죄인들', '잃어버린 사람들'과 이스라엘 **내의** '의인들' 사이의 대조가 핵심인 것도 분명하다. 두 경우 모두 부자(父子)의 관계는 여전히 존속하고 있다.

이 사실은 적개심을 갖고 배교하는 이스라엘과 관련하여 예수님께서는 자신의 구원 설교에서 신정왕국적 언약 관계에서 출발하여 그분의 가장 능력 있는 주제들 가운데 하나를 유추하여 이스라엘 백성들로 하여금 회개케 하고 계신다는 사실을 보여준다.[61]

그러나 이러한 사용이 규범으로 정해진 것은 아니다. 이같은 경우는 극히 드물고, 대개는 비유적 방법으로 제시된다. 예수님께서 '하늘에 계신 너희

---

59) 참고. G. Kittel, *TWB*, I, p. 6, 'αββα' 항목. "유대의 어법은, 아버지와 아들의 관계로서 묘사했던 초대 기독교인들의 하나님에 대한 상호 관계가 유대교에서도 내재했을 하나님과 인간 사이의 친밀감의 모든 가능성을 훨씬 능가하고 있을 뿐만 아니라 좀 더 새로운 경지를 설정해 주고 있음을 보여준다." 이러한 사실은 Kümmel에 의해서도 지적되는 바이다. *Die Gottesverkündigung Jesu und der Gottesgedanke des Spätjudentums, in Judaica*, 초판, 1945, pp. 53, 54.
60) 예수님께서 아버지의 이름을 '가족의 일상적인 언어 사용례'에서 빌려왔다고 주장하는 카텔의 견해는 하나님과 신자들 간의 관계를 고려해 볼 때 전적으로 잘못되었다. 이 같은 주장은 "하늘에 계신"이라는 수식어가 무시되는 경우에서나 있을 법한 일이다. 그런데 누가복음 11장 2절에 소개된 하나님에 대한 호칭에서 유대인들 역시 "아버지여"라는 호칭만으로 하나님을 불렀다. *op. cit.*, p. 5와 Kümmel, *op. cit.*
61) 참고. 본서 제25항.

아버지', '천부' 또는 '천부의 자녀'에 대하여 언급하실 때에는 주님과 장차 천국의 복에 참여할 것이며 또한 지금 이미 그 복을 누리고 있는 사람들 사이에 존재하는 절대적인 관계를 염두에 두고 계시다. 여기서도 새 언약은 하나님 나라와 더불어 시작되었으며 구원의 약속을 받은 사람들은 하나님의 새 백성들이라는 사실이 드러난다.

보다 충분히 강조해야 할 내용은 바로 이 **공동체** 사상이다. 예수님께서 선포하시는 구원은 앞 장에서 자세하게 논의하였던 주님의 백성의 구원이다. 이것 역시 하나님의 아버지 되심에 적용된다. 전 복음서는 이러한 관계가 개인적인 의미, 즉, 그 첫 의미가 하나님과 사람들 개개인 사이의 관계를 의미한다는 생각에서가 아니라, 주와 그의 백성 간의 관계로 생각해야 한다는 것이 입증되었다.

이 사실은 충만한 때에 이 백성의 일원이 되는 것이 이스라엘의 자연적인 혈통에 기인한 것이 아니라 개인적인 회심과 예수님을 그리스도로 믿는 신앙에서 기인한다는 상항에 의하여 영향을 받는다는 것은 절대 아님을 명심해야 한다. 하나님의 자녀가 된다는 것은 구속사적인 맥락에서 이해해야 한다. 이것은 새 언약에 대한 약속의 실현이요, 주님과 이스라엘 사이에 맺은 언약(the bond)의 지속이며 성취이다.

예수님께서 복수형으로 "하늘에 계신 너희(복수 소유격) 아버지"라고 거의 매번 말씀하신 이유가 바로 여기에 있다. 이 구문은, 아버지와 그분의 자녀들 사이에 개인적인 관계가 배제되지 않고 오히려 개인적인 관계가 포함되어 있음이 틀림없다. 이 본문들로 보면 예수님께서 특별히 제자들의 개인적인 경건을 언급하고 있는 듯하다(마 6:4, 6, 18). 그러나 이같은 단수형의 언급은 산발적으로 나타날 뿐이다. 하나님의 자녀가 된다는 것은 항상 주님의 백성들 전체를 염두에 두면서 그들과 하나님의 관계로 지칭된다.

특기할 만한 예가 "우리 아버지여"라고 시작하는 주기도문에서 발견된다. 신자 각자가 자기의 골방 문을 닫고 하나님께 기도할 때 (개인적인 의미에서) 아버지라고 부르는 것을 금한다는 의미가 아니다(마 6:6). 그렇지만 예수님께서 제자들에게 가르쳐 주신 기도는 복수형의 기조(基調)를 띤다. 그래서 주기도문은 "우리 아버지여"라는 명칭으로 불리는 것이다. 이것은 예수님께서 **그리스도**로서 자기 제자들에게 이렇게 기도할 권한을 부여하셨다는 사실과도 부합한다.

제자들은 새 교회, 즉, **메시아의 구속받은 백성들**로서 하나님과 나누는 교제에로 복귀한다.[62] 예수님께서는 하나님의 뜻을 행하는 사람들을 친히 형제요 자매요 모친이라 칭함으로써, 이러한 교제의 특성을 명시하셨다(막 3:35). 특히 예수님께서는 하나님의 부성 사상에 근거해 제자들이 하나님의 자녀의 교제에 책임 있는 존재들임을 강조하셨다(마 18:10-14).[63]

그래서 예수님께서 설교하신 부자(父子) 관계의 특수하고도 새로운 의미를 부분적으로 그 관계의 형식적인 암시나 개별적인 성격, 그 관계의 심오함에서만 찾아서는 안 된다. 무엇보다도 예수님께서 그것을 실제적인 실체로서 선포하신 구속사적인 상황 속에서 이 관계의 의미를 찾아야 한다.

구약에서는 이 관계가 잠정적인 의미만을 지녔었다(참고. 호 1:10; 고후 6:18). 그러나 천국의 도래와 더불어 그 관계가 성취되었다.[64] 이것은 천국 구원의 내용에 대하여 "화평케 하는 자는 복이 있나니 저희가 하나님의 아들이라 일컬음을 받으리라"고 묘사한 팔복에 분명하게 천명되었다.

이와 관련하여 아들 됨은 순전히 종말론적인 의미를 지닌다. 아들이라 '일컬음을 받는다'(being called)는 말이 아들 '이다'(being)라는 말과 똑같지는 않

---

62) 이에 대한 좀 더 자세한 논의는 본서 제36항에서 발견할 수 있을 것이다.
63) 참고. Twisselmann, *op. cit.*, pp. 47, 48.
64) 후기 유대교적 대망 사상에서도 하나님의 자녀가 된다는 것은 영광스러운 미래의 구원에 속하는 문제였다. 가령 *Jubilee* 1:24ff. "그들의(이스라엘 백성들의) 영혼들은 (마지막 때에) 나의 모든 계명들 안에서 나를 따를 것이며 그들은 나의 계명들을 따라 행동할 것이다. 나는 그들의 아버지가 될 것이며 그들은 나의 자녀가 될 것이다. 그리고 그들은 모두가 살아 계신 하나님의 자녀라 일컬음을 받을 것이며, 모든 영들과 천사들은 그들을 알고 그들이 나의 자녀이며 나는 그들의 아버지인 것을 알리라.······" 참고. Strack-Billerbeck, *op. cit.*, I, p. 219.

다. 이것은 모든 사람들에 의하여 인정되는 **대중성**을 지시한다(참고. 롬 8:23). 동일한 의미가, 축복받은 자와 관련된 "이는 천사와 동등이요 부활의 자녀로서 하나님의 자녀임이니라"라는 누가복음 20장 36절에도 나타난다. '일컬음을 받는다'가 아니라 '자녀이다'라는 의미에서 "하나님의 자녀"라는 문구가 어떤 절대적인 의미를 지녔다는 것은 사실이다.

그러나 이 어구에 풍부한 의미가 내포되어 있다는 것 역시 사실이다. 여기에서 말하려고 하는 것은 하나님의 자녀의 충만한 영광이다(참고. 마 13:43). 이것은 그 원인절인 "이는 부활의 자녀임이니라"에서도 드러난다.[65] 그들의 전 존재 양식이 부활에 의하여 결정된다는 의미이다.

그밖에 주목해야 할 것은 하나님의 자녀가 되는 특권이 단지 미래적인 사항만은 아니라는 사실이 명백하다는 점이다.[66] 지금도 예수님께서는 그분의 말씀을 받아들이는 사람들을 천부의 자녀라 칭하시며(마 5:45), 계속해서 하나님을 그들의 아버지라고 일컬으신다(마 5:16, 45, 48 등). 하나님의 아들 됨에서, 구원의 현재성과 미래성은 하나이며 그것들은 오직 그 양태에 있어서만 구별된다.

하나님과 천국의 약속을 받은 사람들 사이의 이러한 관계를 실제적이고도 가장 깊게 설명하고 있는 것은 예수님 자신의 인격이다. 좀더 정확히 표현하자면, **예수님 자신과 성부(또는 단순히 아버지)의 관계**이다.

예수님의 아버지에 대한 관계와 신자들의 아버지에 대한 관계는 동일시되

---

65) 참고. Gredijdanus, *Lukas*, II, pp. 962, 963.
66) Michaelis와 Kümmel은 공관복음서에 나타난 예수님의 말씀에는 하나님의 자녀가 되는 것이 오로지 '마지막 때에만 실현될 목표'(endzeitliches Ziel)로 표현되었다고 주장함으로써 이 문제에 대한 결정적인 오류를 범하였다. 참고. Kümmel, *Die Gottesverkündigung Jesu*, pp. 55, 56; 참고. 또한 그의 *Das Bild des Menschen im N. T.*, 1948, p. 19. 예수님께서 "너희 아버지"라고 말씀하신 모든 본문들을 대함에 있어서 아들됨에 관한 적은 수의 말씀들로부터 이 구절들이 순전히 종말론적인 선물만을 언급할 뿐이라고 추론하는 것은 대단히 독단적인 결론이라고 생각된다. 마찬가지로 마태복음 5장 45절도 이러한 도식 속에 억지로 꿰맞출 수 없을 것이다.

어서는 안 된다. 전자는 이미 오랜 세월 동안 자유주의 신학이 주장하려고 했던 것처럼 후자의 절대화가 아니다.67) 이 문제에 대해서는 더 발전시켜 입증할 필요가 없다. 왜냐하면 공관복음서의 기독론적 케리그마의 초자연적 성격을 이해하는 좀더 나은 통찰이 꾸준히 그 확고한 기반을 쌓아 왔기 때문이다.68)

예수님께서는 자신을 제자들과 동일시하실 목적으로 (하나님에 대하여) "우리 아버지"라고 말씀하신 적은 한 번도 없었다. 도리어 예수님은 '나의 아버지'와 '너희 아버지'를 엄격히 구별하셨다.

"나의 아버지"라는 문구는 예수님께서 자신의 공생애를 시작하시고(마 3:17 과 이와 병행 구절), 후에 확증하시고(마 17:5), 그리하여 항상 자신만이 누리는 특권을 주장하실 때에(가령, 성전세 바치는 문제에 대하여 거론한 마 17:24-27) 선언하셨던 그분의 아들 됨의 절대성을 천명해 주는 말이다.

반면에, 예수님은 신자들의 아들됨과 관련하여서는 중보자이시다(마 11:27). "아버지 외에는 아들을 아는 자가 없고, 아들과 또 아들의 소원대로 계시를 받는 자 외에는 아버지를 아는 자가 없느니라."

이 말씀에 따르면, 아버지를 아는 지식은 아들에 달려 있다. 복음의 특성으로부터 얻을 수 있는 바는 그와 같은 지식이 단순히 주지적인 지식만이 아니라, 인격적인 관계를 창출하는 지식이라는 사실이다(참고. 마 7:23).69)

그러므로 아들에 의하여 아버지가 계시된다는 사실은 예수님의 전 사역에 기초하고 있다. 이러한 사실은 예수님께서 자신에게 속한 모든 사람들의 죄를 사하기 위해 친히 성취하신 모든 사역들과 자연스럽게 연결된다.70) 이것은 곧 천국의 전 구원과 하나님의 아들 됨이 예수님께서 하나님의 아들이시

---

67) 참고. H. J. Holtzmann, *Neutest. Theologie²*, 1911, pp. 335-340.
68) 참고. 필자의 *Zelfopenbaring en Zelfverberging*, 1946, p. 35.
69) 예를 들어 Oepke의 'αποκαλυπτω' 항목, *TWB*, IV, pp. 595, 596를 보라.
70) 참고. 본서 제27항을 보라.

고 모든 권세를 가진 분이시며 여호와의 종이시라는 상황에서만 실체가 될 수 있다는 점을 분명히 보여준다. 이것은 전적으로 성취로서 복음의 기독론적 특성에 의해서 결정된다. 결국 예수님을 하나님께서 보내신 그리스도로 믿는 믿음을 떠나서 아들이 되는 것은 절대로 불가능하다.

현대적 복음 해석에 따르면, 예수님께서는 하나님의 부성을 (하나의) 자연적인 관계로서만[71] 의미를 부여하시며, 인간들로 하여금 그 사실을 '반추함으로써' 인식하기를 요구하신 분으로 이해된다. 그러나 이 같은 견해는 복음의 의미를 철저하게 오인한 데서 비롯된 것이다.

위의 설명으로 예수님의 설교에서 하나님의 **아버지 되심**과 **왕 되심**은 두 개의 상이한 개념이 아니며, 하나님을 왕과 재판장으로 이해하는 것이 그분을 아버지로 이해하는 것보다 덜 중요하다고 할 수 없음이 분명해졌다. 하나님께서 왕이시요 재판장이시라는 견해를 하나님을 아버지라고 이해하는 것보다 낮은 것으로 취급하는 것은 확실히 바르지 않다.[72]

이 점을 이해하기 위해 예수님의 모든 설교와 비유에서 하나님께서 왕과 주님이 되시며, 우리는 빚진 자와 그의 종들이며, 또한 그의 '가족' (집)을 돌보아야 하는 사람들이라는 점 등 내용을 다 들추어 낼 필요는 없을 것이다.[73] 왜냐하면 예수님께서 복음서에서 말씀하신 것처럼 하나님의 아버지 되심 그 자체는 전적으로 하나님의 왕 되심 사상에 의해 결정되기 때문이다.

물론 그 역도 성립한다. 하나님께서 자녀들이 이 세상에서 살아가는 것을 돌보신다는 하나님의 부성애에 대해서는 장(章)을 달리하여 살펴볼 것이다.[74] 여기서는 이 두 개념 사이의 총괄적인 기본 관계만을 지적하고자 한다.

---

71) 예를 들면 K. Holl, *Urchristentum und Riligonsgeschichte²*, 1927, pp. 31, 32, Bultmann, *Jesus*, 1926, p. 177; *Theologie des Neuen Testaments*, 1948, p. 23. 또 Twisselmann, *op. cit.*, pp. 40ff도 보라.
72) 이렇게 다루고 있는 학자로 W. Grundmann, *Die Gotteskindschaft in der Geschichte Jesu*, 1938.
73) 참고. Twisselmann, *op. cit.*
74) 참고. 본서 제30항.

앞에서 말한 것처럼, 하나님의 부성이 신정 왕국적 언약 관계와 합치된 관계를 표출한다는 사실은 하나님의 아버지 되심과 왕 되심 간의 밀접한 관계를 보여준다. 하나님께서 이스라엘에 대해 아버지가 되신다는 사상은 그분이 이스라엘의 왕이시라는 사실로 이루어져 있다.

이러한 관계는 예수님의 설교에서 자주 발견된다. 예수님께서는 그분의 제자들에게 **아버지**께, 이름이 거룩히 여김을 받으시기를, 또한 그분의 **나라**가 임하기를 기도하라고 가르치셨다. 하나님의 백성들의 구원은 하나님께서 자신을 왕으로서 충분히 계시하시고 거룩하게 하신다는 사실에 기초한다. 하나님의 자녀들을 향한 아버지의 기쁘신 뜻으로 말미암아 그들은 왕국을 유업으로 받는다(눅 12:32). 의인들은 그들의 아버지의 나라에서 해와 같이 빛날 것이다(마 13:43). 이것이 바로 예수님의 하나님 나라 설교의 신정왕국적인 측면과 구원론적 측면 사이의 관계이다.

그러므로 하나님의 왕 되심이 하나님의 아버지 되심만큼 본질적이지도 '복음적' 이지도 않다고 그 가치를 평가절하하지 말아야 한다. 우리는 하나님의 아버지 되심이 미래뿐만 아니라 현재에도 하나님의 왕 되심의 능력에 전적으로 포함되어 왔다는 사실을 인정해야 한다. 하나님의 부성은 일반적이거나 정적인 사상 또는 비시간적 관념이 아니라, 자기 자신을 왕으로 나타내신 하나님의 부성이다.

부성에 대한 사상은 어느 곳에서나 만물의 극치에서 나오는 힘에 둘러싸여 있다. 정지하여 있는 것이 아니라 종말론적인 운동으로 충만해 있다. 그것은 이 세상과 역사를 지배하고 신적 활동의 성취에서 기인하는 긴장들에 연루되어 있다. 한 마디로 말해서, 오랫동안 대망해 오던 천국의 행복과 구원으로 주의 백성들에게 선포된 것이 바로 이 부성이다.

또한 여기에는 그리 새로운 것이 아니라고 할지라도 복음서에 특별한 강세로 풍부하게 표출되어 있는 "하늘에 계신"이란 문구가 동반된다. 이 말들은 특히 유대인들의 일부 기도문에서처럼 하나님의 천상적인 위엄에 대한 어떤 친숙함과 지상적 사상을 배제하는, 하나님의 부성의 초월성과 장엄함을 의미한다.

천국 도래의 관점에서 볼 때 이러한 강조는 아버지께서 임하시고 활동하시는 거처이자 예수 그리스도께서 '보내심'을 받고 임하신 곳인 하늘에 있다. 하늘에서는 하나님의 뜻이 이미 이루어지고 있으며, 하늘은 언젠가 땅 위에서도 이루어질 것이다(마 6:10). 하늘에는 구원이 '상급'과 '보화'(마 6:1, 20)로 보존되고 축적되어 있으며, 하나님의 자녀들의 이름이 그곳에 '기록되어' 있다(눅 10:20). 천국의 도래로 인하여 하늘은 신적 초월성의 장소요 접근할 수 없는 장소일 뿐만 아니라, 이미 활동을 개시하여 현재 진행되고 있으며 만물의 절정을 지향하는 아버지의 신적 구원 활동의 중심이기도 하다.

이것은 하나님의 부성이 과거에 그래왔던 것과 마찬가지로 현재에도 그의 왕 되심의 능력으로 충만해 있다는 사실을 보여준다. 이 두 사상이 하나님의 아버지 되심은 내재성을, 하나님의 왕 되심은 초월성을 각각 보여주고 있다는 무시간적인 관념들을 제시하는 것은 아니다. 오히려 이 두 사상은 떼려야 뗄 수 없는 하나의 사상이다. 하나님의 아버지 되심은 예수님께서 그분의 설교 속에 **천국**의 도래로써 중시하신 구원의 대성취의 사건으로부터 그 특별한 의의를 얻는다.

다른 한편으로 하나님의 왕권은 그분의 부성에 의해 결정된다고 말할 수 있다. 이러한 사실 역시 복음의 의미와 목적에 더욱 분명한 이해를 제공해 준다. 장차 올 천국의 지평에 관하여 알려주는 미래 묵시적 사건들과 현상들에 관하여 살펴보면, 하나님은 자기 백성들을 그분의 **자녀들**로 여기실 것이며, 그들을 위로하고, 그들에게 그의 얼굴을 보이시며 그들에게 자비를 베푸실 것임을(마 5:4, 7, 8, 9) 알 수 있다.

그 나라의 현재적 측면에 있어서도 동일한 부성이 천국 복음에 자비롭고 믿을 만하며 승리적인 기조(基調)를 마련해 준다는 사실을 발견할 수 있다. 하나님의 부성은 인간적인 부성으로 묘사되어 있으며, 예수님께서도 여러 차례 지상 아버지의 이미지로 하나님을 그리셨기 때문이다(마 7:9-11; 눅 11:11-13; 15:11 이하).

또한 이것은 자신의 자녀들에게 베푸시는 하나님의 자비로운 돌보심과 친교로 표현되어 있다. 하나님께서는 자녀들에게 몸을 구부리시고 아주 친근히 말씀하신다.

하나님께 나아가는 자는 마치 이교도들이 그들의 신을 부를 때처럼 움츠리거나 공포심을 가질 필요가 없다. 아버지께서는 우리가 아버지에게 기도하기 전에 이미 모든 것을 다 '알고 계시기' 때문이다(마 6:7, 8).

하늘 아버지께서는 자녀들의 지상 생활에 필요한 생필품을 아신다(마 6:23). 그분은 꽃들과 새들도 돌보신다. 지상의 아버지가 자녀들이 떡을 달라 할 때 돌을 주거나 생선을 달라 할 때 뱀을 주는 법이 없듯이, 하나님 아버지께서도 우리의 식탁에 필요한 것들을 외면하지 아니하신다(마 7:9 이하; 눅 11:11 이하).

하나님의 뜻이 아니고서는, 심지어 참새 한 마리조차 땅에 떨어지는 법이 없다(마 10:29). 또한 하나님은 참 아버지로서 특별히 '소자(小子)들'에게 깊은 관심을 기울이신다(마 18:14).

이러한 가르침 속에서 전국 실교를 포괄하는 세상과 역사는 우리의 삶 속에서 가장 평범하고 비천한 것들에게까지 무심하거나 외면하지 않는 모습을 갖는다. 그리고 세상과 역사는 인간 개개인의 은밀한 좌절을 헤아리실 수 있는 하나님의 부성적인 사랑의 선포로서 계시된다.

예수님의 설교에 계시된 하나님의 아버지 되심과 왕 되심의 통일성이 복음서에 대단히 풍부하게 담겨 있다. 다음 항목에서 그 다양한 면모들을 다루기로 하겠다.

29. 성부의 뜻의 성취

천국의 구원 선포, 죄 사함, 하나님의 부성 등은 성부의 뜻을 행하여야 하는 의무와 불가분리의 관계를 지닌다. 산상보훈이 가장 좋은 예이다. 팔복에 연이어 계명들이 나온다. 산상설교는 예수님의 설교에서 계명들의 중요성을 보여주기도 한다.

마태복음 5장 13절을 필두로 한 산상설교의 전체 가르침은 하나의 인상적인 권고를 표명한다. '선한 일들'을 행함(마 5:16), '의'를 행함(5:20; 6:1; 6:33), '율법과 선지자들의 예언의 성취'(5:17-48; 7:12), '좁은 문'으로 들어가며 '좁은 길'로 감(7:13, 14), '열매'를 맺음(7:16-20), 하나님의 뜻을 수행함(7:21), 예수님의 말씀을 '듣고' '행함'(7:24-27; 참고. 눅 6:27-49)으로 표현된 '행하라'는 권고이다.

여기서 세례 요한의 "회개에 합당한 열매를 맺으라"(마 3:8과 병행 구절)는 선포 속에 나타난 것과 같은 회개에 대한 적극적인 측면에 직면한다. 이와 아울러 예수님께서는 다양한 방법으로 회개를 촉구하시면서 다음과 같은 계명들을 요구하셨다. 적극적인 사랑과 자기 희생(마 10:37-39; 눅 14:26, 27), 예수님의 '멍에'를 짊어짐(마 11:29), 자기 부인(마 16:24 이하; 18:1-5과 병행 구절들), 대강령을 수행함(마 22:34-40과 병행 구절), 자기의 이웃을 사랑함(눅 10:29-37 등) 등이다.

아직은 예수님의 계명들을 상세히 고찰할 상황은 아니다. 그 내용을 열거해 놓은 이유는, 예수님의 설교에서 이들의 위치를 확정짓는 일과, 하나님의 요구에 관한 선포가 어떠한 의미에서 죄 사함과 하나님의 부성이 관련되어 있는지를 결정하는 데에 있다. 부언하자면 본 항목의 주제는 하나님의 구원을 선포하는 직설법(indicative. 사실적 서술)과 인간에게 수행을 요청하는 명령법(imperative. 행동을 촉구하는 명령) 사이의 관계를 결정짓는 일이다.[75]

---

75) E. Stauffer, *Die Theologie des N. T.*, 1945, p. 45.

이처럼 궁극적인 중요성을 띤 주제를 평가함에 있어서 우리는 다양한 개념들을 접하게 된다.

1) 학자들 중에는 예수님의 전 천국 설교는 본질적으로 윤리적인 설교이며, 그가 전파한 구원은 윤리적인 갱신이라고 주장하는 사람들이 있다. 구원의 직설법은 명령법과 동일하며, 새로운 '의'가 예수님의 설교의 핵심이라는 것이다. 리츨 신학을 필두로 진착된 이 견해는, 신약 신학에 관련된 하르낙의 진술 속에서 가장 분명하게 표현되었다.

"전 복음은 그 가치를 전혀 상실함이 없이 윤리적인 메시지로 대표될 수 있다." 76)

2) 다른 학자들은 예수님의 구원 약속이 그의 계명들로부터 엄격히 구별되어야 한다고 주장한다. 즉, 명령형이 다른 것보다 우선적인 위치에 있다는 것이다. 예수님의 계명들을 이루는 것이 천국에 들어가는 필수요건이며, 예수님의 설교의 범위에서 계명을 이루는 것은 이외의 다른 기능은 담당하지 않는다는 것이다.

이 견해를 지지하는 학자들에 따르면, 예수님의 전 설교는 "이것을 행하라. 그리하면 살리라"라는 유대교적 구원관의 범주에서 작용한다고 한다. 이 같은 입장은 특히 하나님 나라를 순전히 미래 종말론적인 의미에서만 고찰하는 학자들(가령 바이스, 슈바이처, 페터슨, 빈디쉬 및 그 밖의 학자들77))에게서 발견된다.

그 밖에 복음서 속에서 전혀 다른 구원론을 도출시켜 인간의 윤리적 행위에서 하나님 나라의 현존성을 부인하는 사람들이 이 부류에 속한다. 그들은 예수님께서 명하신 순종을 하나님 나라에 들어가기 위한 철저한 준비로 간주한다.78)

3) 형식상으로는 이와 관련되어 있는 듯이 보이지만 상당히 다른 의미를 지닌 견해로, 예수님의 계명들의 명령형의 우선성을 인정하면서도 이 명령에 단지 도덕적으로 무기력한 인간을 설득하여, 자기 자신의 의가 아닌 다른 종류의 의를 추구

---

76) *Das Wesen des Christentums*, 1905, p. 45.
77) 좀더 상세한 이해를 원한다면 필자의 *De strekking der bergrede*, pp. 74ff, 120ff를 보라.
78) 예를 들면 Kümmel, *Verheissung und Erfüllung*, 1945, p. 74.

하도록 가르치는 것 이외에 어떤 의미도 부인하는 사람들의 주장을 들 수 있다. 이 사람들은 예수님께서 산상설교를 통해 청중들로 하여금 하나님의 뜻을 성취하도록 하는 것이 자신들에게는 **불가능**하다는 사실을 인식하도록 유도하셨다고 생각한다. 그들은 마태복음 5장 20절을 예로 든다.

"내가 너희에게 이르노니 너희 의가 서기관과 바리새인보다 더 낫지 못하면 결단코 천국에 들어가지 못하리라." 이와 아울러 마태복음 5장 48절의 "그러므로 하늘에 계신 너희 아버지의 온전하심과 같이 너희도 온전하리라"는 말씀 역시 그들이 즐겨 언급하는 구절들이다.

이들에 따르면, 이 본문들은 예수님의 요구들이 이행하기 불가능하다는 것을 가리키는 명백한 증거로 간주되어야 한다. 이 견해는 특히 루터교 신학자들에게서 옹호되고 있다.[79]

4) 이에 대한 불트만의 견해는 따로 취급할 만큼 중요하다. 불트만 역시 하나님의 뜻 성취를 천국의 구원에 참여하는 데 필수적인 요소라고 칭하였다. 그러나 그는 윤리적 설교와 종말론적 설교의 통일성을 옹호하려 하였다. 천국은 인간에게 회개를 촉구하고 그로 하여금 큰 '결단'(Entscheidung)에 직면하게 하는 경우에 있어서, 실제로 현존하는 실체라는 것이다.

계명들은 이외의 그 어떤 목적에도 사용되지 않는다. 그 계명들은 근본적으로 윤리를 초월하는 것(supra-ethical)이다. 천국 설교와 마찬가지로, 그 계명들은 인간에게 그의 '현재'가 하나님 앞에서 결단의 시간임을 보여줄 뿐이라는 것이다. 그래서 앞의 1) 견해와는 정반대로, 어떤 의미에서 명령법과 직설법은 합치한다.[80]

예수님의 계명들을 장차 도래할 하나님 나라에 들어가기 위한 **조건들**의 선포로 규정짓는 사람들은, 그들이 표방하는 전제들과 상관없이 그들의 주장을

---

[79] 예컨대 C. Stange, A. Runestam, G. Kittel, 그리고 필자의 *De strekking der bergrede*, pp. 122-125를 참조하라.
[80] 그밖에 Bultmann의 저서로 *Jesus*, pp. 120, 121과 *Theologie des N. T.*, 1948, pp. 19, 20 등을 보라.

관철시키기 위해 복음서의 중요하고 수많은 자료들에 호소하고 있다는 것을 부인하지 못한다.

우선 그들은 산상설교를 빌려 그들의 취지를 피력한다. 빈디쉬가 산상설교를 '입회조건들'(Einlassbedingungen), 또는 성소에 들어가기 위하여 행하여야 할 것(thoroth-d' entrée)이라고 규정지은 이유가 바로 여기에 있다.[81] 예수님께서 회개하라고 촉구하신 모든 요구는 처음부터 매우 강하게 부각되어 나타나는데, 이 사실은 도래할 것을 준비하라는 권고의 성격을 띠고 있음이 분명하다.

그리고 산상설교가 이미 회개한 사람들에게 주어진 것이며,[82] 적극적인 면에서의 좀더 깊은 회개의 촉구를 제기하는 것이라 할지라도, 산상설교에서 조건 개념이 대단히 중요한 위치를 차지하고 있다는 것은 사실이다. 그래서 마태복음 5장 20절의 "너희 의가 서기관과 바리새인보다 더 낫지 못하면 결단코 천국에 들어가지 못하리라"라는 말씀도 이러한 맥락에서 이해된다.

계명들을 행하는 것이 천국 도래와 동일시 될 수 없다는 것은 분명하다. 그렇지만 조건 개념이, 임박한 심판에 직면하여 순종할 것을 권면하는 모든 본문들과(마 5:22, 25, 29) 전부에서 주시는 상급에 내해 언급하는 본문들에서도(마 6:4 이하) 발견된다. 특히 산상설교의 결론 부분에서는 천국에 들어가는 것이 전적으로 예수님의 말씀들을 행하는 것에 달려 있다는 것이 거듭 강조된다(마 7:13, 14, 19, 21, 24-27).

이 조건 개념은 산상설교만의 특징이 아니다. 이 개념은 예수님의 설교에서 계속 접할 수 있다. 마태복음 18장 3절의 "너희가 돌이켜 어린 아이들과 같이 되지 아니하면 결단코 천국에 들어가지 못하리라"(참고. 19. 14)는 말씀처럼 독립된 말씀들도 있다.

---

81) H. Windisch, *Der Sinn der Bergpredigt*, p. 10.
82) Windisch 역시 이 견해에 동의한다. *op. cit.*, p. 81.

이와 동일한 교훈이 특별히 예수님께서 젊은 부자 관원에게 천국에 들어가는 것이 계명들을 지키는 여부에 달렸다고(마 19:17) 교훈하는 이야기에서도 나타난다(마 19:16-26과 이와 병행 구절들). 이 이야기에서 예수님은 젊은 관원에게 땅에 있는 그의 소유를 팔기만 한다면 하늘의 보화를 얻을 것이라고 말씀하시면서(21절), 결과적으로 부자가 하늘나라에 들어가기가 얼마나 어려운지를 지적하신다(23, 24절). 이 선언들은 분명 어떤 조건들의 성취와 관계되어 있음이 분명하다.

불의한 청지기 비유에서 풍기는 인상도 이와 같다. 이 비유는 천국에 들어가기 위한 조건으로 선한 행위의 중대성을 역설한다(눅 16:1-9).

이 비유에는 땅에 있는 재물들의 경영에 관한 교훈이 첨언되어 있다. 이 비유는 청지기의 경우에서처럼 심판 날 결산 때에 "장부의 기록이 맞지 않는다"는 경고를 제시하고 있다. 그때에는 결산하기 이전에 불의의 재물로 도움을 받은 친구들은 없어서는 안 될, 꼭 필요한 존재들로 부각될 것이다(눅 16:9).

이것이 예수님께서 불의한 청지기가 취한 행동을 칭찬하고,[83] 그의 제자들에게도 그렇게 하라고 요구한(8절) '현명한 예지'의 의미이다. 여기에 연루된 '친구들'이란 지상 재물로 선을 베풀 수 있는 사람들을 의미한다. 이 사실은 마지막 심판 때에 대단히 중요하다. 이 본문이 계속해 다음의 사실을 제시하기 때문이다.

"그리하면 없어질 때에 저희가 영원한 처소로 너희를 영접하리라"(9절).

여기에 언급된 '저희'는 이미 죽어서 자신들이 소유하고 있는 '영원한 처소'이다. 예전의 은인들을 영접하는 사람들로 대표되는 친구들을 의미할 수도 있고,[84] '너를 영접할 자'로 번역될 수 있는 dechontai(영접할)라는 단어로 보아 하나님 자신을 지칭할 수도 있다.[85] 두 경우 모두 핵심 문제는, 천국에

---

83) 적어도 필자는 누가복음 16장 8절의 '주인' (ho kurios)을 예수님으로 이해한다.
84) 예를 들자면 Greijdanus, *op. cit.,* 어떤 저자들은 단어들이 에녹서 39장 4절 이하에서도 제시되고 있는 사상인 하나님과의 중재 개념을 함의하고 있는 것으로 여긴다, 참고. Klostermann, *op. cit.*

들어가기 위한 지상의 도덕적 행위의 중요성에 있다.

동일한 사상이 이 비유에 첨가된 마샬(mashal. 격언, 비유)로써 매우 풍부하게 표현되었다(눅 16:10-12).

"지극히 작은 것에 충성된 자는 큰 것에도 충성되고 지극히 작은 것에 불의한 자는 큰 것에도 불의하나 너희가 만일 불의한 재물에 충성치 아니하면 누가 참된 것으로 너희에게 맡기겠느냐 너희가 만일 남의 것에 충성치 아니하면 누가 너희의 것을 너희에게 주겠느냐?"

여기에 표현된 '불의의 재물', '지극히 작은 것', '남의 것' 등의 용어들은 인간이 땅에서 일시적이나마 자기 마음대로 할 수 있는 것들을 의미한다. 우리가 하나님으로부터 영원한 것으로 받을 소망을 지칭하는 '큰 것', "참된 것', '너희의 것' 과 대조를 이룬다. 다시 여기서 미래의 은사들이 우리가 지상의 재물들을 어떻게 사용하는 가에 달려 있다는 사상을 발견한다.

천국에 들어가는 여부가 어떤 조건들의 성취에 달려 있다는 사상은 인자가 영광 중에 도래할 때 열국들을 심판하시는 상황을 묘사한 곳에 가장 인상적으로 기술되어 있다(마 25:31-46). 양과 염소를 분리하는 기준은 '왕' 이 자신을 '그의 형제들 중에 지극히 작은 자' 와 동일시 한 것이 관점에서 작은 자에게 보인 동정과 부합한 그의 판단에 있다. "내가 주릴 때에 너희가 먹을 것을 주었고……"로 나타난 부정적인 형태의 말들에 함의된 문자적인 반복도, 심판날에 본질적인 것이 무엇인지를 마음에 강하게 명기시키려는 데 그 목적이 있음을 알 수 있다.

심판 날에 가장 중요한 기준은 "주여, 주여"라고 부르거나, 예수님의 이름으로 행동을 하고 그분의 능력으로 많은 기사를 행하는 데에 있지 않다(참고. 마 7:22; 눅 13:26). 그 반대로 단순히 그의 계명들에 순종하는 데에 있다.

예수님께서는 마지막 심판 때에 언도되는 판결이 인간적 관계나 특권에 근

---

85) 가령 Klostermann 자신. 참고. 하나님에 대한 유대식의 비인격적인 지칭에 관해서는 Dalman 의 *Die Worte Jesu*², 1921을 참조하라.

거하여 기대하였던 것과는 다를 것임을 여러 번 보여주셨다(참고. 눅 12:30; 14:11; 16:15 등).

이와 같이 예수님께서 하나님의 뜻을 수행하는 것은 천국에 들어가는 조건과 준비로 간주하셨다는 데에는 추호도 의심의 여지가 없다. 그렇다면 과연 이것을 **어떤 의미**로 이해할 것인가? 여기에 유대교적 공로 사상이 존재하지 않는다는 것은 분명하다. 일찍이 앞에서 예수님의 사죄의 선포를 다루는 중에 죄 사함의 문제를 논하면서 이 문제에 대해 취급하였기 때문이다. 여기서는 앞서 언급들 중 세 번째 견해를 좀 더 논하기로 하겠다.

세 번째 견해는 예수님께서 제시한 조건들이 적극적인 의미에서가 아니라 가설적인 의미에서 그러했다는 입장이다. 예수님께서는 간접적으로 자기 제자들에게, 그들이 율법을 성취하는 것으로써는 결코 천국에 들어갈 수가 없음을 인식시키는 동시에, 그들의 눈을 열어 '더 나은' 종류의 의를 바라보도록 의도하셨다는 것이다.

이러한 이해는 그것이 죄에 대한 예수님의 심오한 입장을 심각하게 취급하고 있다는 점에서, 빈디쉬나 여타의 학자들의 그것보다는 복음의 취지에 한결 가깝다고 할 수 있다.

세 번째 견해는 예수님의 도덕적 요구가 완전주의적 인간관에 기초하고 있다는 사상과는 거리가 멀며, 죄 사함에 지대한 강세를 두어 죄 사함이야 말로 예수님의 설교에 가장 긴요하고도 핵심적인 요소임을 역설한다.

동시에 이 견해는, 예수님의 계명들을 성취하고자 하는 사람 누구나 이 땅에서 계명들을 성취하지 못했을 뿐더러 성취할 수도 없다는 결론을 명심해야 한다는 복음적인 사상을 표출한다(참고. 마 19:25, 26). 그러나 예수님의 계명들은 사람으로 하여금 겸손하게 회개하고 죄책감을 느끼도록 하려는 것이 아닌지, 또는 그렇게 해서는 안 되는지가 문제가 아니다. 진정한 문제는 예수님께서 설명한 하나님의 뜻을 행하라는 요구가 과연 **적극적인** 의미를 지니고 있는지, 그리하여 예수님께서 요구하시는 순종이 천국에 들어가는 진정한 조건이 되는지의 문제이다.

    필자의 생각에는 이 문제에 대한 답은 긍정적인 것에서 찾아야 될 것 같다. 예수님의 계명들에 대해 전적으로 부정적인 태도를 취하는 것이 가당하지 않는다는 것을 입증할 수 있는 여타의 주장들은 차치해 두고라도,[86] 이 견해에 반대되는 가장 결정적인 주장은 예수님께서 하나님의 뜻을 행하는 것을 천국에 들어가는 조건과 준비로 부과하였을 뿐만 아니라, 하나님의 뜻을 행하는 것을 예수님께서 친히 선포하신 천국 구원에 속하는 **선물**로 선포하셨다는 사실때문이다. 게다가 예수님께서는 이 선물을 가설적이고 비합리한 어떤 것이 아닌 아주 적극적인 의미로 말씀하셨다.

    하나님의 계명들에 순종하는 것이 천국 구원에 속하는 선물이라는 진리는 이미 **주기도문의 첫 세 청원들**에서 분명하게 시사되었다. 이 청원들 가운데 마지막 것은 하나님의 뜻 이행을(마 6:10) 우리가 하나님께 간구하여야 할 선물로 명백히 언급하고 있다.

    이 청원은 하나님의 작정(decree)에 동의할 것을, 그의 뜻에 체념할 것을 표현하는 것이 아니다. 훨씬 더 나아가 하나님께서 인간에게 요구하시는 것이 하늘에서처럼 땅에서도 이루어지기를 갈망할 것을 나타낸다.

    지금은 하나님의 계명들에 표현된 하나님의 뜻이 땅에 있는 하나님을 대적하는 모든 것들 때문에 아직은 이루어지고 있지 않는 실정이다. 구원과 윤리 모두가 이 '하나님의 뜻' (thelema)에 함의되어 있다.[87] 동일한 사상이 하나님

---

86) 이것에 대한 상세한 설명을 원한다면 필자의 *De strekking der bergrede*, pp. 138-144를 참조하라. 여기서는 마태복음 5장 20절과 48절을 들어 이 문제를 설명하는 것은 취하지 않았다. 왜냐하면 5장 20절에서 예수님께서 본질상 거의 도달할 수 없는, 서기관이나 바리새인의 의를 강조하고자 하셨던 것이 아니라 오히려 그 본문 뒤에 계속되어지는 내용으로 알 수 있듯이 그러한 종류의 바리새적 의는 도덕적으로도 훨씬 저등한 것임을 역설하고 계시기 때문이다. 또한 5장 48절의 teleioi는 그 형식적인 의미에 있어서 '온전한', '항여일한', '도중하차하지 않는' 의 의미로 취해야 한다. 왜냐하면 이 부분의 주제는 같은 마음을 가진 사람들에게만 제한되어서는 아니 될 그러한 유의 사랑을 다루고 있기 때문이다. 그러한 이유로 이 본문의 의미가 누가복음 6장 36절의 "너희 아버지의 자비하심 같이 너희도 자비하라" 는 말씀과 연계될 수 있다.

87) 참고. Schniewind, *op. cit.*, pp. 80, 81; Schrenk, 'θέλημα', *TWB*, III, pp. 55ff.

의 이름이 거룩히 여김 받기를 간구하고, 그분의 나라가 임하기를 언급하고 있는 첫 번째와 두 번째 청원에서도 발견된다. 이 모든 것이 강조하고 있는 바는 하나님께서 무엇인가 행하고 계시다는 사실에 있다. 하나님이 거룩히 여기심을 받기를 바라는 것은 자신을 세상 앞에서 그리고 그분의 백성에게 하나님이신 것을 증명하시기를 바라는 기도이다(참고. 레 10:3; 신 20:13).

이 청원의 실제적인 내용은 바로 하나님 나라의 도래이다. 그렇다고 이 전 포괄적인 서술에 윤리적인 의미가 포함되어 있다는 사실을 배제한 것은 아니다. 하나님께서는 자기 백성들의 삶 속에서 자신을 거룩하게 하시기 때문이다. 이 청원들이 예수님의 계명들과 밀접한 관련을 맺고 있는 이유가 바로 여기에 있다.

이 청원들은 그분의 자녀들의 순종으로써 하나님의 거룩하심의 실현과 그분의 나라가 도래할 것을 의도하고 있다.[88] 이 순종은 동시에 하나님께서 주셔야만 하는 것이요 우리가 이를 위해 기도해야 할 어떤 것이라고 특징지어 있다. 하나님의 뜻을 수행하는 것은 구약성경에 예언된 구원의 영구한 요소들 가운데 하나이며(참고. 겔 36:23, 27; 렘 24:7; 31:33; 32:39), 그것은 자연적으로 하나님 나라의 완전성에 속한다.

하나님께서 그들을 다른 인간들과 구별하여 그분의 계명을 그들의 마음에 쓰신 것은 그 백성을 향한 주의 구원 때문이다. 그리고 이것 때문에 하나님의 뜻에 순종하는 것을 효과 있게 간구할 수 있다.

이러한 관점은 앞에서 언급한 조건 주제만큼 산상설교의 핵심적인 주제이다. 하나님의 뜻에 순종하는 문제는 마태복음 5장 13-16절의 말씀에서 모든 계명들의 출발점으로 나타난다. 팔복과 밀접히 관련하여 여기서 발견할 수 있는 것은 "너희는 세상의 소금이니……너희는 세상의 빛이라"와 같은 **구원**

---

88) 참고. E. Gaugler, *Heiligung im Zeugnis der Schrift*, 1948, p. 25, 그리고 Schniewind, *op. cit.*, p. 81.

의 윤리적 직설법이다. 이유는 분명하다. 그들이 천국에 속하였기 때문이다.

이것이 바로 그들이 모든 "사람들"(16절)보다 나은 점이다. 그들은 이렇게 해서 인류와 세상에 대한 보존적인 의미(소금처럼)와 구속적인 의미(빛처럼)를 지닌다. 그들이 나은 점은 약속으로 표현된, 전적으로 객관적인 성질에 속하는 선물에 있는 것이 아니라, 그들이 변화된 삶에서 전혀 새로운 국면에 처해 있다는 것과 그들이 전적으로 다른 인간이 되었고, 그들이 마음과 존재가 변화되었다는 사실에 있다. 그들이 선한 일을 할 수 있는 이유는 바로 그들이 받은 선물 때문이다.

이 직설법은 그 뒤에 따라오는 명령법과 대단히 밀착되어 있다. 즉, 세상의 빛이요 소금인 사람들은 그들의 '선한 행실', 즉, 하나님 뜻의 윤리적 성취로써 그들의 소금과 빛의 활동을 효과 있게 해야 한다는 것이다. 이러한 이유로 줄잡아 말한다 하더라도 산상설교의 계명들을 가리켜 '입회 조건들'(Einlaszbedingungen), 또는 빈디쉬처럼 성소에 들어가기 위하여 행하여야 할 것(thoroth-d'entrèe)등으로 특징짓는 것은 단편적이다. 마태복음 5장 13-16절의 말씀이 산상설교에서 차지하는 탁월한 위치를 고려한다면,[89] 예수님께서 제자들에게 요구하신 선한 행실이란 무엇보다도 그들이 그리스도 인에 침여힐 때 나타나는 천국 구원의 결과로 봐야 할 것이다. 계명들에 대한 불트만의 이해 역시, 그가 구원의 설교를 이해하여 그것이 인간을 결단(Entscheidung)의 위치에 몰아넣는 것 이외에는 다른 아무 의의도 없다고 한 것처럼, 불충분한 것으로 드러났다.[90]

예수님의 계명들은 인간을 위기에 직면하도록 할 뿐만 아니라 그것을 초월하게도 한다. 산상설교는 특별히 회개의 결정적인 순간을 반복적으로 언

---

89) *strekking der bergrede*, pp. 53-58.
90) Bultmann신학 전체를 통틀어서 가장 현저한 특징인 이러한 불충분성에 대한 인지, 즉 예수님의 천국 설교의 해석과 관련된 '결단'(decision)의 개념에서 비롯된 인지는 Wendland에 의해서도 지적되고 있다. *op. cit.*, p. 52.

급할 뿐만 아니라, 이보다도 훨씬 더한 결단에서 나오는 계속적이고도 끈기 있는 삶을 지적한다. '빛을 비추라', '하나님의 일을 하라', '의를 행하라', '완전하라', '누구의 아들 됨을 보이라', '천부의 뜻을 행하라' 는 것 등이 이에 해당한다.

"산상설교에 해당하는 새 사람은 무지개를 좇아가거나 단순한 하나님의 약속에 불과한 것이 아니다.……산상설교에 속하는 새 사람은 현재적 실체이다." 91)

이 사실과 전적으로 일치하는 의견으로서, 하나님의 **뜻을 행하는 것**과 하나님 나라의 **구원**은 동전의 양면과도 같다는 사상이 계속해서 서술되었다. 산상설교의 구조에 이미 이 내용이 증명되었다. 먼저는 팔복이 소개되고 다음에 계명들이 이어진다. 그리고 이 사실은 천국의 각각의 복들과 관련하여 지적될 수 있다.

그 첫 예를 죄 사함에서 들 수 있겠다. 죄 사함으로 인해 주어진 복을 근거로, 하나님께서는 인간에게 자신의 은혜로(다른 사람을) 기꺼이 용서하는 사람이 복이 있다고 말씀하신다. 기꺼이 남을 용서하는 것도 하나님께서 인간에게 주신 그분의 은혜의 결과이다.

이것을 명확하게 설명해 주는 사례가 회개하는 여자 이야기와 이와 관련된 두 빚진 자 비유이다(눅 7:36-50). 두 이야기의 교훈은 참으로 **사랑**하는 사람들만이 **사죄**의 행복을 아는 사람이라는 데 있다.

"예수님께서는 죄 사함을 가져오신다. 그리고 이러한 사죄를 경험한 사람에게서 전혀 새롭고 풍부한 사랑이 흘러넘치게 될 것이다." 92)

예수님께서 죄인이었던 여인에게 "저의 많은 죄가 사하여졌도다 이는 저

---

91) Karl Barth가 그의 저서 *Kirchliche Dogmatik*에서 펼친 산상설교에 대한 논의는 구속사적 주해의 준거점을 설정하는 데 있어 매우 중요한 관건이 된다(*Kirchliche Dogmatik*, II, 2², 9146, pp. 766-782).
92) 참고. Stauffer, *TWB*, I, p. 47, 'αγαπαω' 항목.

의 사랑함이 많음이라"고 언급하신 이유가 여기에 있다(눅 7:47). 여기서 '이는' 이라는 말은 죄 사함의 **근거93)**를 지칭하는 것이 아니라 도리어 그 **증거**를 나타낸다.

이것이 앞서 나온 두 빚진 자 비유에서도 명확히 나타난다. 거기서도 "사함을 받은 일이 적은 자는 적게 사랑하느니라"라는 언급이 이어진다.94) '사랑하다' 라는 동사는 공관복음서의 다른 곳에서는 나타나지 않고 여기서만 유일하게 사용되었는데, 그것은 무엇보다도 이러한 사랑의 성격과 특질을 강조한다. 즉, 그 사랑이라는 것은 죄 사함에서 발로한 것이며, 온통 죄 사함으로 점철되어 있다.

다른 본문들에서도 예수님께서는 사랑과 죄 사함을 매우 분명하게 연결시키신다. 이것은 채무자와 채권자 비유(마 18장), 죄 사함에 관한 말씀(마 6:14, 15), 주기도문의 다섯 번째 청원 등에 나타난다. 예로 든 본문들은 특별히 하나님의 죄 사함에 참여하지 못한다면, 인간으로서는 (다른 사람을) 기꺼이 용서할 수 없다는 사실을 강조한다. 이것은 또한 조건 사상의 한 예가 된다.

그렇다고 하더라도 이 사실이 곧 인간의 행위가 하나님의 구원 사역보다 앞선다는 것을 의미하지는 않는다. 마태복음 18장 비유는 인간의 행위가 하나님의 구원 활동에서 유래한다는 것을 가르치는 좋은 예이다. 또한 주기도문의 다섯 번째 청원인 "우리가 우리의 죄 지은 자(빚진 자들)를 사하여 준 것같이"라는 표현 역시 인간적인 용서가 하나님의 죄 용서의 근거가 되는 것이 아니라 하나님의 죄 용서에 필수적으로 수반되는 것임을 지적하는 말씀이다.

천국의 도래에 있어 하나님의 구원 행위인 죄 사함이 무엇보다도 중요한 것처럼, 우리가 우리의 빚진 자들을 흔쾌히 용서하는 것 역시 하나님의 구원

---

93) 예를 들어 Joseph Schmid가 저술한 Roman-Catholic Commentary(로마 가톨릭 주석) 중 하나인 *Das Evangelium nach Lukas (Regensburger Kommentarwerk zum N. T.)*, 1940, pp. 116, 117.
94) 좀더 상세한 논의를 원한다면 Klostermann, *op. cit.*, pp. 92, 94를 보라.

행위의 결과라 할 수 있다. 이러한 진리는 하이델베르크 요리문답 제5문답에 잘 설명되어 있다.

"우리 속에 있는 하나님의 은혜를 증명할 수 있는 길은 마음으로부터 우리의 이웃들을 용서하는 것입니다." [95]

그리스도께서 선포하신 천국 구원과 하나님의 뜻 행함의 관계의 특징은 **하나님의 자녀 됨과 관련하여** 보다 명백히 계시되었다. 착한 행실들은 **신자들의 자녀 됨을 증명**하는 것으로 매우 강하게 언급되어 있다. 특별히 마태복음 5장 45절, 48절(참고. 눅 6:35, 36)에서 언급하고 있는 바이다.

여기에 보면, 제자들은 그들의 원수들까지라도 사랑하라는 권면을 듣는다. 그 이유는 "이같이 한즉, 하늘에 계신 너희 아버지의 자녀가 되기" 때문이다. 특히 그 다음에 나오는 구-제자들은 "너희 아버지의 온전하심과 같이 너희도 온전하라" [96]는 권고를 받는데, 여기서는 하나님의 자녀가 된다고 하는 것이 장래의 목표가 아니라 [97] 현재적 상태로 간주되고 있다.

그래서 이웃을 사랑하는 것은 제자들이 하늘에 계신 아버지와 누리는 연합의 증거이다. 하나님의 자녀가 된다는 것은 천국의 선물로서 도덕적 의미를 지닌다는 것을 알 수 있다. 이 면을 놓고 보더라도 제자들이 하나님의 뜻에 순종하고 있다는 사실보다도 '하나님이 행하신 일이 우선적이라'는 사실이 증명된 셈이다. [98] 하나님의 자녀가 된다는 것은 그리스도 안에서 완성된 성취의 선물이며, 이것은 새로이 구속함을 받은 관계만이 아니라 하나님과 함께 한 '한 뜻으로 이루어진 공동체'가 되는 것이기도 하다. [99]

지금까지의 연구로 내릴 수 있는 결론은 천국 구원을 선포하는 직설법적

---

95) *Heidelberg Catechism*, 126번째 문답.
96) 'teleioi'의 의미에 관해서는 위의 주 86)을 참조하라.
97) 한 쪽으로 치우친 종말론적 이해에 입각하여 이러한 견해를 피력하는 사람들로 Michaelis와 Kümmel을 들 수 있는데 이에 대하여는 본서 제27항을 참조하라. 그리고 Twisselmann, *op. cit.*, p. 94도 참조하라.
98) Schlatter, *Der Ev. Matth.*, p. 193.
99) Schlatter, *op. cit.*

표현이나 복음의 큰 명령 및 그 속에 속하는 모든 것들은 하나님의 선물이며 하나님의 구속적 행위에 기인한다는 사실이다. 복음서에서는 윤리적 메시지 자체도 구원 선포의 형태로써 나타난다(마 5:13). 이것은 위의 소항목 1)에서 언급한 하르낙의 개념에서 핵심적인 위치를 점하고 있는 문제이다.

그러므로 이제는 예수님의 윤리적 설교의 두 주요 관점인 조건으로 볼 것인지, 아니면 선물로 볼 것인지의 문제를 어떻게 고찰할 수 있는지 명백해졌다.

주의 구원은 하나님의 행위일 뿐만 아니라 인간의 행위이기도 하다는 이유 때문에, 인간적인 면도 구원의 모든 범주들 속에 포함시킬 수 있다(예를 들어, 성취, 죄 용서, 하나님의 자녀 됨 등등). 역으로, 하나님의 구원 역시 모든 윤리적 범주들 속에 포함시킬 수 있다(가령, 상급, 윤리적 조건들에 좌우된다는 문제, '좁은 문'을 지정한 것 등등에서 볼 수 있는 것처럼).

이 양자는 불가분리의 관계에 있으며, 한 편은 항상 다른 한 편에 적합하며 상호 보완적이다. 한 편이 다른 한 편을 파기하지 아니하며, 더욱이 상대방을 위해 한 쪽을 희생시키지도 아니한다.

그렇다면 아버지의 뜻을 행하지 아니하면 천국에 들어가지 못할 것이라는 말은, 천국 선물이 하나님의 은혜로운 행위에만 전적으로 의존되어 있지 않다는 사실을 의미하지 않는다. 역으로 그것이 하나님의 은혜의 선물이라는 말은 인간이 하나님의 뜻에 대해 전혀 책임이 없다는 말이 아니다. 더군다나 이 말 자체는 모든 계명들에서 조건적인 성격을 제하여 버리지도 않는다.

여기서 우리는 인간의 지혜로는 가히 측량할 수도 없는 관계, 즉, 구원에 있어서 (인간의 행동을 비롯하여) 전 포괄적인 신적 구원 사역과 인간의 책임 사이의 관계에 직면하게 된다.

예수님의 설교에 이 관계의 양면성이 자연스럽게 표출되어 있거나, 그것에 관한 사려 깊은 관찰이 체계화되어 있는 것은 아니다. 그렇더라도, 여기서는 서로 연관되어 있는 두 동등한 실체들의 의미에 그 상호 관련성과 관련하여 의문을 제기할 것이 없음이 분명하다.

또한 소위 "두 반대되는 명제들의 변증법적 역설의 종합이라 불리는 하나님께서 이미 모든 것을 이루어 놓으셨을지라도, 인간은 어떤 것을 해야만 한다"는 것에 대해서도 의문의 여지는 없다.[100]

천국 설교와 천부의 뜻 선포로서 복음의 모든 명령형들은 언제든지 때가 찼고 구원이 임하였다는 대(大)직설법에 근거한다.

예수님의 계명들에 있어서도 그분의 이름을 거룩하게 하고 그의 백성들을 구원하시는 분은 하나님 자신이시다. 착한 행실들은 하나님께서 아버지로서 가지신 주권적인 작정과 아버지 하나님과 누리는 전능하고 효력 있는 연합에서 나온다. 과격한 명령, 조건들 제시, 상급 약속 등은 성부의 구원 계획에 기인하였으며 그것들로 말미암아 발생된 것이다. 이 주제들은 복음에 포함된 형식으로 볼 때 그리스도의 오심으로써 시작된 새 언약과 천국의 자녀가 되게 한 선물에 속하는 것들이다(참고. 렘 31:33).

그렇지만 명령형은 복음에서 종종 제자들을 향한 극도의 비평적인 기능을 담당하고 있다. 명령형은 가끔 심판과 책망의 위협들을 동반하며, 구원의 직설법적인 확신에 대해 의심하게 하는 것 같이 보인다.

마태복음 18장 23절 이하에 나오는 (죄 사함에 관한) 비유는 자기의 종에 대한 주인의 분노로 끝을 맺는다. 그 종은 주인에게서 많은 빚을 탕감 받았으면서도 자기에게 조금 밖에 빚지지 않은 동료를 옥에 가두었다. 주인은 자기에게 빚진 모든 것을 다 갚을 때까지 그 종을 옥에 가두어 버렸다. 예수님께서는 이 비유에서 다음과 같은 결론을 이끌어 내셨다.

"너희가 각각 중심으로 형제를 용서하지 아니하면 내 천부께서도 너희에게 이와 같이 하시리라"(마 18:35).

---

100) 이에 대해 Stauffer는 좀 더 신진류의 신학 사조일수록 '하나님의 의지와 인간의 의지'의 문제를 놓고 논하기를 좋아하는 경향이 있다고 말한다(*Die Theologie des N. T.*, 1945, p. 160.).

이 구절 외에도 동일한 가르침을 주는 많은 다른 구절들이 첨가될 수 있을 것이다(참고. 마 5:13 이하; 7:22; 24:42). **101)** 그렇다고 해도 이 주제로 인해 예수님의 설교의 구원론적 성격이나 천국의 선물인 하나님의 뜻을 성취하라는 교훈이 손상을 입지는 않는다. 이것은 하나님의 뜻을 행함으로 말미암아 자기 자신이 하나님의 자녀인 것을 시험하라는 사랑의 명령적 권고이다. 하나님의 뜻을 행하는 것은 예수님의 설교의 구원론적 특성의 기준이다. 이런 의미에서 다음 성경 구절을 여기에 인용하기에 적합하다.

"네 말로 의롭다 함을 받고 네 말로 정죄함을 받으리라"(마 12:37).

이 말씀들과 여타의 말씀들은 하나님의 뜻 성취가 하나님의 자녀가 되고 장차 올 천국의 복에 들어가는 규율과 표준을 의미하고 있음이 분명하다. 그러나 예수님의 명령에 의하면, 하나님의 뜻을 이해하려면 인간 자신이 아니라 하나님의 은혜를 의지해야 한다. 이것이 바로 예수님과 바리새인, 복음과 '다시 무서워하는 종의 영'(롬 8:15; 갈 4:24) 사이의 차이이다.

또한 이것은 하나님의 뜻을 수행하는 데 제기되는 성취의 새로운 요소이다. (이것이 예수님의 계명들 중에 가장 과격한 의미를 지닌 것이기는 하더라도) 새로운 것은 이 뜻 자체에 있지 않다. **102)** 은혜의 순서나 그의 백성에게 주시는 하나님의 선물로서 율법을 의미하는 것도 아니다. 그 새로운 양상이라는 것은 하나님께서 새 언약을 발효하기 시작하셨다는 것과 그분이 그의 백성들의 마음에 율법을 쓰셨다는 사실에 있다.

하나님께서 친히 언약의 조건들을 이루셨다(렘 31:33). **103)** 이러한 까닭에 사탄의 유혹을 물리치는 것만이 아닌(눅 22:32), 회개와 의를 행하는 것 역시 **믿음의 행동이다**(마 21:32; 막 11:31; 참고. 막 1:15). 율법의 중심은 참으로 의와 사랑과 믿음(마 23:23), **104)** 곧 하나님의 도우심과 구원에 대한 확신에 있다.

---

101) 필자의 *De strekking der bergrede*, pp. 136ff를 보라.
102) 본서 제33항 참고.
103) 산상설교에 관한 Barth의 논문, *op. cit.*, pp. 767ff.

모든 것은 우리와 그리스도의 관계에 집중된다. 하나님께서는 그리스도 안에서 우리의 죄를 사하시며, 자기 백성에게 아버지가 되신다. 이것은 율법 성취가 이러한 은혜의 선물들의 열매라는 사실에서 이미 도출했던 결과이다.

이러한 사상은 성경 여러 곳에서 직접적으로 표현되었다. 그 첫 예를 심판에 대한 그리스도의 말씀에서 찾을 수 있다(마 7:23).

"그때에 내가 저희에게 밝히 말하되 '내가 너희를 도무지 알지 못하니 불법을 행하는 사람들아 내게서 떠나가라' 하리라."

여기서 "내가 너희를 도무지 알지 못하니"라는 말은 대단히 중요하다.[105] 이것은 일종의 지성적인 앎을 의미하는 것이 아니라, '인식', '자기의 것으로 받아들임', '선택' 등을 의미한다.[106] 인간이 자기의 권위에 근거하여 예수님을 주님, 주님이라고 부르는 것이 아니다. 누구든지 자기가 의를 행할 설명을 마련하고 그 표준을 간구해서는 안 된다.

그가 예수님을 주님이라고 부르는 것은 그리스도께서 자기를 그분의 교제에 참여케 하셨다는 사실에 근거한다. 이러한 교제를 떠난 순종은 있을 수 없다. 설령 자기가 '그의 이름으로' 행했다는 것 때문에 상 받을 것을 강하게 주장한다고 하더라도 말이다. 이러한 교제로써 그분과 알게 된 사람들만이 아버지의 뜻을 행할 수 있는 은혜를 받을 것이다(참고. 마 13:50).

이 진리를 좀 더 핵심적으로 또한 화려하게 계시해 주는 성경 구절은 마태복음 11장 28-30절에 기록된 주님의 유명한 말씀이다.

"수고하고 무거운 짐 진 사람들아 다 내게로 오라 내가 너희를 쉬게 하리라

---

104) 다른 학자들은 여기서 헬라어 *pistis*를 *faithfulness*(신실함)로 해석하지만, 필자의 생각은 이와는 좀 다르다. 필자의 저서 *Matth*, II, pp. 135, 136를 비교 참조하라. 누가복음 17장 5절 이하의 믿음에 대한 말씀을 Zahn이나 Greijdanus 식대로 기꺼이 용서하라는 예수님의 요구와 접맥시켜 이해해야 한다는 설명도 가능하겠지만, 필자의 견해로는 마태복음 17장 20절의 문맥에 나타난 이 말씀의 또 다른 용례를 살펴볼 때 오히려 그러한 개연성 부여는 위험할 것 같다.
105) 참고. Barth, *op. cit.*, p. 773.
106) Bultmann, *TWB*, I, p. 705, 'γινωσκω' 항목을 보라.

나는 마음이 온유하고 겸손하니 나의 멍에를 메고 내게 배우라 그러면 너희 마음이 쉼을 얻으리니 이는 내 멍에는 쉽고 내 짐은 가벼움이니라."

"수고하고 무거운 짐 진 사람들"이란 생활고에 눌려 있거나 죄의 짐에 억눌려 있는 사람들을 가리키는 것이 아니다. 이 어구는 "내 멍에"와 "내 짐"이라는 말씀에 분명히 나와 있는 것처럼, 바리새적인 율법 이해의 가중한 요구에 억눌려 있는 사람들을 의미한다(참고. 마 23:4).**107)**

그들은 안식이 무엇인지, 구원이 어떤 것인지 전혀 모르고, 도리어 불확실과 공포에 시달려 있다. 그들이 이 멍에와 이 짐을 질 수 없기 때문에(행 15:10), 그들에게는 평화가 없다(렘 6:16). 이러한 상태와는 대조적으로 예수님께서는 '그의 멍에'와 '그의 짐'을 언급하신다. 이 말씀은 누구나 행하여야만 하는 예수님의 계명들을 가리키는 표준 어구들이다. 이 멍에가 쉽고 이 짐이 가벼운 이유는, 그 계명들이 인간의 자기애와 자기주장에 대해 과격하게 요구하지 않는다는 데에 있는 것이 아니라(참고. 마 7:31 이하), 그 계명들을 가르쳐 주시는 이가 바로 예수님이시라는 데에 있다.

예수님은 '마음이 온유하고 겸손한' 분이시기 때문이다. 예수님 자신이 바로 그분이 전파한 복음의 대상자인 '심령이 가난한 자'이며, '온유한 자'이시다(필자는 여기서 마태복음 5장 3절, 5절을 염두에 두고서, 이 구절을 그리스도 중심적으로 해석하고 있다-옮긴이). 예수님은 율법 수여자이시다. 그러나 그분은 사람들에게 버림받아 십자가의 길로 가심으로써 하나님께 전적으로 의존하던 분이시기도 하다.**108)**

그 결과, 그로부터 하나님의 뜻을 배워 그것을 받아들이는 사람들은, **명령**인 그분의 말씀에 의존할 뿐만 아니라, 그 성취를 위해 그분과 교제를 나누도록 부름을 받기도 한다. 그분과 교제 생활 속에 있는 사람들에게 안식과 구원의 확신을 주시는 분은 바로 예수님이시다. 예수님은 자신이 아버지께로부터

---

107) 참고. Klostermann, *op. cit.*, p. 103.
108) 참고. Schniewind, *op. cit.*, p. 150.

보냄을 받은 자로서 이 짐을 지셨기에 천부의 자녀가 된 사람들에게 하나님과 새로운 관계 속에서 이 짐을 질 수 있는 방법을 친히 가르치셨다.

그러므로 모든 경고와 마지막 심판에의 위협과 모든 계명들은 근본적으로 예수 그리스도만을 가리킨다. 그분과 나누는 교제로 말미암아 천국의 구원을 받게 되고, '천국의 멍에'[109]는 쉽게 된다. 예수님은 자기의 겸손함과 온유함으로 새 언약의 기초를 놓으셨다. 하나님께서는 자신에게 속한 사람들의 마음 속에 그분의 율법을 쓰신다.[110] 죄 사함과 하나님의 자녀에게 해당하는 것은 아버지의 뜻을 행하는 데에도 적용된다.

성취의 새로운 요소는 여기서만 찾을 수 있는 것이 아니다. 그 뜻을 요구하는 하나님과의 교제에서도 찾을 수 있다. 직설법과 명령법은 다 같이 그리스도의 오심과 더불어 시작하여 그의 백성들에게 역사하는 구원을 의미한다.

마지막으로 제기되는 질문은, 과연 천국 복음에 주관적인, 다른 말로 하나님의 뜻 성취의 **인간론적인 전제들**에 관한 어떤 상세한 표현들이 포함되어 있는지를 밝히는 것이다. 이 질문에 대답하기가 그리 쉽지는 않다. 이러한 전제들이 없다고 할 수는 없을 것이다.

예수님께서 제자들과 군중들에게 누누이 가르치신 내용은 이렇다. 하나님의 뜻을 행하는 것은 실제적인 행위나 결단만이 아니라 인간의 **존재**, 즉, 그의 상태에 기초하는 것이기도 하다는 사실이다. 가끔씩 인용되는 나무와 그 열매에 관한 말씀에서 이것을 찾아볼 수 있다(마 7:16-20; 눅 6:43-45; 마 12:33-35; 참고. 또한 마 21:43).

"이와 같이 좋은 나무마다 아름다운 열매를 맺고 못된 나무가 나쁜 열매를 맺나니 좋은 나무가 나쁜 열매를 맺을 수 없고 못된 나무가 아름다운 열매를 맺을 수 없느니라"(마 7:17, 18).

---

109) 참고. 본서 제2항.
110) 참고. Schniewind, *op. cit.*

"선한 사람은 마음의 쌓은 선에서 선을 내고 악한 자는 그 쌓은 악에서 악을 내나니 이는 마음의 가득한 것을 입으로 말함이니라"(눅 6:45).

"독사의 자식들아 너희는 악하니 어떻게 선한 말을 할 수 있느냐 이는 마음에 가득한 것을 입으로 말함이라 선한 사람은 그 쌓은 선에서 선한 것을 내고 악한 사람은 그 쌓은 악에서 악한 것을 내느니라"(마 12:34, 35).

다른 곳에서는 이 열매들이 회개의 증거로 불린다(마 3:8과 병행 구절들). 위에 나열한 구절들에서 이 열매들은 인간의 내적 상태의 특징으로 간주되어[111] ("달리는 할 수 없는") 필연적인 결과라 불린다. 예수님께서는 인간의 생활양식을 설명하시면서 '선한 사람' 과 '마음' 관하여 말씀하신다. 여러 차례 마음(kardia)이 언급되었다. 앞에 언급한 성구들에, 누가복음 1장 17절(마음의 변화), 8장 12절(마음은 하나님의 말씀이 뿌리를 내리는 곳), 마태복음 15장 18,19절(마음은 모든 더러운 것들이 발생하는 곳), 마태복음 13장 15절, 15장 8절, 마가복음 3장 5절, 6장 52절(마음의 완악함, 마음이 굳어있음) 등을 첨가할 수 있을 것이다.

이 모든 구절들에서 마음은 인간의 외적 행위를 결정하는 인간의 내적 존재를 의미한다. 즉, 인간의 마음은 인간 존재의 중심이며, 반드시 변화되어야 하고, 이 곳에 하나님의 말씀이 들어와 그가 선한 사람인지 악한 사람인지를 결정한다. 여기서 인간에 대한 총체적인 견해, 즉, 인간의 행동들은 하나의 핵심적인 관점에서 평가된다는 사실을 알게 된다.

동일한 사상이, 복음서에 '죽은 자' 와 '산 자' 가 언급될 때에도 나타난다. 이러한 사상이 산발적으로 발견되긴 하지만 말이다. 그래서 자기 아버지에게 가서 장사지내고 오겠다고 요청한 그의 제자 중 하나에게 예수님께서는 이렇게 말씀하셨다.

"죽은 사람들로 저희 죽은 자를 장사하게 하고 너는 나를 좇으라"(마 8:22; 눅 9:60).

---

111) 참고. Hauck, *TWB*, III, p. 618, "καρπος" 항목.

더욱이 탕자 비유에 등장하는 아버지의 말씀에서도 인간은 "이 내 아들은 죽었다가 다시 살아났으며 내가 잃었다가 다시 얻었노라"(눅 15:24)라고 총체적으로 이해된다.

마태복음 8장 22절과 누가복음 9장 60절에 언급된 '죽은 자'란 영적으로 죽은 것으로만 이해되어야 한다.[112] 그리고 누가복음 15장 24절, 34절 역시 동일한 의미로 취급되어야 할 것이다. '아버지가 잃은 아들'[113] 또는 '육체적으로 죽은 자'를 의미하는 것이 아니었다.[114] 이 표현은 다른 나라에 있던 아들이 아버지에게 잃은 자와 같았다는 것뿐만 아니라 그 자신의 상태가 어떠하였는지를 보여주고 있기 때문이다. 그래서 "다시 살았다"라는 말도 탕자의 내적 변화를 지칭하는 것으로도 이해되어야 한다.

회개하지 않은 사람을 '죽은 자'로, 회개한 사람을 '다시 산 자'로 지칭함에 있어 우리가 필히 다루어야 하는 문제는 인간의 영적, 도덕적 상태에 대한 개념이다. 즉, 인간이 하나님의 뜻을 이행할 수 있으려면, 반드시 그의 존재의 통일체인 영적, 도덕적 상태가 급격히 그리고 총체적으로 변화되어야만 한다.

이러한 사상은 중생에 대한 사상(요 3:5)과 '새 피조물'에 대한 사상과 비슷하다(고후 5:17; 갈 6:15). 사실 하나님의 자녀가 된다는 전 사상은 중생(또는 '위로부터 난 존재') 사상과 관계가 깊다(요 3:3).[115] 천국의 구원(즉, 죄 사함과 하나님의 자녀 됨)을 약속받은 사람들은 하나님의 뜻을 이행할 능력도 있다.

그러나 공관복음서에 기록된 예수님의 설교에 그들이 어떻게 그와 같은 위치에 오를 수 있는지 분명하게 설명해 놓았거나 명쾌하게 서술한 부분이 없다는 사실을 부정할 수 없다.

---

112) 참고. 마태복음 8:22에 관한 Klostermann의 글, *op. cit.*, p. 78와 Greijdanus의 누가복음 9:60에 관한 글, *op. cit.*, I, p. 453, 그리고 Bultmann, *TWB*, IV, p. 898, 'νεκρος' 항목.
113) Bultmann, op. cit.
114) 이러한 가능성은 Klostermann에 의해 제안되었다. *op. cit.*, p. 160.
115) 이것은 H. D. Wendland에 의해 지적되는 내용이다. *op. cit.*, p. 67; 참고. p. Feine, *Theologie des N. T.*, 1936, p. 84.

사실 자체는 의심의 여지가 없다. 구원함을 받은 사람들은 하늘에 보화를 가지고 있을 뿐만 아니라, '악한 사람이 그 쌓은 악에서 악한 것을 내는 것' 과 마찬가지로 '그들의 마음에 쌓은 좋은 보화들로부터' 말하고 행동한다(참고. 고후 4:7). 천국의 선물은 객관적인 어떤 것으로만 이루어진 것이 아니고, 인간이 내적 축복으로 받고 소유하는 것도 의미한다. 여기서 어떤 고정된 개념들로서 지적할 수 있는 것은 없다. 보다 심오한 사상들은 순간적으로 잠시 동안만 상상의 섬광 속에 조금 비칠 뿐이다.

더욱이 우리가 항상 명심하여야 할 것은 이 케리그마가 **역사적으로 결정된다**는 사실이다. 이 말이 의미하는 바는, 케리그마란 그리스도의 부활과 성령의 강림 후에 만들어진 교회의 신학이 아니라, 이러한 사건들 이전에 있었던 예수님의 복음 선포라는 사실이다. 이 사실은 왜 복음서에 성령에 대한 언급이 드물게 나타났는지를 설명한다. 성령의 사역은 '마음'의 갱신, '살아 있는 존재', 자녀 됨의 증거, 그리고 하나님의 뜻 성취에 대한 참되고 깊은 설명이 된다.

세례 요한은 그리스도께서 "성령으로 세례를 베풀 것"이라고 언급하였다. 이렇게 요한은 선지자들이 메시아의 장엄한 구원의 때에 관하여 약속했던 것과 유대 백성들 사이에 생존하고 있었던 대망을 표현하였다. 요한 자신에 대해서도 그가 성령으로 충만할 것이고 그가 많은 이스라엘 백성을 하나님 여호와께로 돌이킬 것이라고 기록되어 있다(눅 1:15 이하). 성령에 관한 이러한 약속이 메시아가 임할 때에 일어날 대영적 변화를 언급한다는 점은 의심의 여지가 없다.

그러나 요한의 설교에 나타난 '성령으로 세례를 준다'는 표현은 복음이 요구하는 회개와 하나님의 뜻 성취를 지칭하지 않는다. 사도행전 1장 5절에 명백히 표명되어 있듯이, 성령으로 세례를 준다는 것은 예수님의 부활과 승천 후 오순절에 제자들(사도들)에게 주시기로 하고, 그들로 하여금 그들의 중요한 사명을 수행할 수 있도록 하는 특별한 선물들을 가리킨다(참고. 마 10:20 등도 이와 유사하다).

마지막으로, 누가복음 11장 13절에 언급된 성령의 선물에 관한 복음서의 선언은 보다 중요한 의미를 가진 것처럼 보일 것이다. 이 말씀에서, 성령은 하나님께서 그분의 자녀들의 기도에 응답하셔서 그들에게 기꺼이 주시는 선물로 명명되었다(이와 병행구인 마태복음에서는 단지 '좋은 것'(good gifts)으로만 되어있다-마 7:11). 전후 문맥에 비춰 볼 때, 성령의 선물은 마태복음 10장 20절(과 병행구절들)에 언급된 내용보다도 일반적인 의미를 지닌 것임이 확실하다.

여기서 성령의 선물은 하나님의 백성들이 구하고 찾고 두드린 것에 대한 응답으로 주어진다. 하나님의 백성들은 그들의 육신의 아버지에게서 필요한 양식을 기대하듯이 하나님의 성령을 의지할 수 있다(눅 11:9-12). 이것은 하나님의 자녀의 생활이 성령의 선물에 기초하고 있다는 증거이다.

성령은 하나님의 자녀들의 도덕적 힘의 비밀이 되실 뿐만 아니라, 모든 영적 경험, 그들의 천국 추구, 아버지의 사랑을 의지하고 하나님의 뜻을 결정하고 다가오는 구원을 대망하는, 한 마디로 말해서 그들이 아버지의 자녀로 살아가기 위해 필요한 모든 것들의 비밀이 되신다.

성령은 하나님께서 그분의 자녀들의 기도에 대한 응답으로써 그들에게 주시는 모든 것들 가운데에서 가장 중요한 선물로 불리는 것이 틀림없다.[116] 성령은 가장 좋은 선물이시다. 이 약속은 누가복음 11장의 주기도문과 직접적으로 관련을 맺고 있다.[117]

여기서 누가복음 11장 2절의 "나라가 임하옵시며"를 원래의 의미대로가 아니라, 나이싸의 그레고리(Gregory of Nyssa)가 당대의 언어로 번역한 "하나님의 성령이 우리에게 임하여 우리를 깨끗케 하옵시며"로 대치할 필요는 없을 것이다.[118] 어떤 경우이든 간에 성령의 선물은 예수님께서 자기 제자들에게 주기도문을 통해 가르쳐 주신 기도의 총체이다.

---

116) 참고. Greijdanus, *op. cit.*, p. 534와 그의 칼빈 인용.
117) 이것은 Rengstorf에 의해서도 지적되고 있다. *op. cit.*, p. 131.
118) 예를 들면 Klostermann, *op. cit.*, p. 124.

성령은 그 나라의 도래와 함께 현시될 하나님의 모든 새롭게 하심과 재창조 사역의 주체자이시다. 이 사실을 차치하고라도, 그리스도의 오심과 더불어 시작한 성취 시대에서 성령은 천국 구원의 선물들을 하나님의 백성들 가운데 나눠 주신다.

성령은 하나님 아버지와 그분의 자녀들 간의 교통을 창출케 하시며 또한 그것을 유지시킨다. 성령 역시 하나님의 이름을 거룩하게 하시며, 하나님의 뜻을 이 땅 위에 행하시는 장본인이시다. 성령은 신자들의 일상생활에서 먹을 것에 대한 염려를 덜어 주며, 그들에게 죄 사함의 확신을 주시며, 그들을 악한 자의 세력에서 보호하신다.

이 모든 것들이 복음서에 명쾌하게 문자적으로 언급된 것은 아니지만, 이러한 사상이 누가복음 11장 13절 말씀의 기초라는 점은 의심할 여지가 없다.

이렇게 약속된 성령의 선물은 천국 도래의 결과이며, 예수님께서 선포하신 구원의 일부이다. 이것의 근거가 무엇이며, 이것을 어떻게 설명할 것인가? 그것은 예수님 자신이 바로 하나님에 의해 성령으로 충만한 메시아[119]라는 사실에서 발견된다. 공관복음서에 성령의 선물을 신자들의 구원의 보화로 분명히게 서술하는 곳이 몇 구절 되지 않는다고 해도, 그것을 토대로 하나님 나라와 성령을 연결시키는 것이 전 복음의 대전제들 가운데 하나라는 점은 부인할 수 없을 것이다.

30. 하나님의 부성과 금생(今生)

하나님의 부성(父性)에 관한 예수님의 말씀들 가운데 특별한 위치를 차지하는 말씀이 있다. 하나님의 부성을 하나님의 백성들의 현세의 일상적인 삶에

---

119) 본서 제13항을 보라. 참고. W. Michaelis, *Reich Gottes und Geist Gottes nach dem N. T.*, 1931, pp. 10ff; E. Gaugler, *Die Heiligung im Zeugnis der Schrift*, 1948, pp. 24ff.

대한 아버지의 돌보심과 관련시키는 말씀들이다. 특별히 여기서 언급하여야 할 본문은 익히 알려진 '염려'에 관한 말씀이다(마 6:25-34; 눅 12:22-31; 마 10:29-31; 눅 12:6, 7).

"참새 두 마리가 한 앗사리온에 팔리는 것이 아니냐 그러나 너희 아버지께서 허락지 아니하시면 그 하나라도 땅에 떨어지지 아니하리라 너희에게는 머리털까지 다 세신 바 되었나니 두려워하지 말라 너희는 많은 참새보다 귀하니라"(마 10:29-321).

이것과 관련하여 주기도문 중 "오늘날 우리에게 일용할 양식을 주옵시고"라는 부분도 언급할 수 있다.[120]

그런데 이 말씀들이 어떤 식으로 천국 설교와 관련되어 있는지가 문제이다. 좀더 정확히 말해서 성취와 관련된 예수님의 기독론적인 설교의 문맥에서 이 본문들이 강조하여 표현한 섭리 사상과 천국이 어떤 식으로 연관되어 있는지가 문제이다. 여기의 두 번째 내용이 예수님의 설교의 가장 핵심적인 주제이다.

> 이와 같은 관계는 누누이 부정되어 왔다. 빈디쉬는 "두려워하지 말라"(즉, 생각하지 말라)는 어구가 종말과는 정반대 되는 삶과 세계관에 기초한 것이라고 이해한다(그러나 마태복음 6장 33절의 "너희는 먼저 그의 나라와 그의 의를 구하라"는 말씀은 예외적으로 종말론적인 것이라고 규정한다). 빈디쉬는 이 구절이 종교적 지혜의 이해에 근거한 것이라고 주장한다.
> 여기서 세계는 모든 존재마다 하나님께서 정해주신 자리에 있고 그분이 날마다 풍성하게 돌보시는 우주로 이해된다. 우주의 질서는 조화 있고 논리적인 것으로 생각되어 왔기에 우주는 논리적으로 파악될 수 있다고 한다. 빈디쉬는 계속하여

---

[120] 일반적으로 인식되어 있듯이 그 번역은 불확실하다. "오늘날 일용할"(daily)로 번역된 그 단어는 일정한 양, 적당한 정도, 즉 충족된 정도의 양을 나타낸다. 참고. *Matth.*, I, p. 132와 특히 W. Foerster, *TWB*, II, pp. 587-595, 'επιουσιος' 항목.

이렇게 말한다.

"이것(마 6:33)은 낙관주의와 경건한 합리주의의 온정으로 스며든 세계관이다. 마태복음 6장 33절은 마치 계몽주의의 경건과도 같으나, 의심을 이교적인 것으로 정죄하는 순수하고 열정적인 경건을 의미한다. 이것은 자기만족적이다. 그래서 이것에서 추론하여 염려하는 것을 어리석은 것으로 주장하는 것은 당연하다. 그러므로 마태복음 6장 33절에 언급된 마지막 종말론적 '주장'은 매우 이질적인 요소인 듯하다. 어찌되었든지 염려하지 말라는 말씀은 또다른 차원의 종교적 신앙으로 나아가는 일종의 비약이다." 121)

불트만 역시 이 문제를 그의 잘 알려진 책 『예수』(Jesus)에서 무척 세밀히 논하였다. 122) 불트만도 이 말씀들 속에 제시된 어린 아이 같은 섭리를 믿는 믿음과 순진한 낙관주의에 대하여 논한다. 그는 이 말씀들 속에는 예수님의 설교의 특성과는 전혀 다른 요소들이 포함되어 있다는 의견을 피력하였다. 반면에 불트만은 스토아 철학이나 계몽주의 철학에서와 마찬가지로 자연에 대한 합리주의적 견해를 표현하는 사상을 거부하였다.

예수님의 말씀 가운데 표현된 섭리를 믿는 믿음은 다른 특성을 전한다. 그 믿음이 자연에 대한 범신론적 신앙의 신학에서 출발한 것이 아니라 하나님의 인격적이고도 주권적인 사역에서 출발한 것이기 때문이다. 이 경우 하나님을 믿는 믿음은 특기할 정도로 낙관적이며, 고통의 문제나 신정론(神正論)적인 문제에 대하여는 전혀 고려하지 않고 있음은 사실이다.

이와는 반대로 예수님의 종말론적인 설교에는 인간의 상황을 각기 다른 심각한 문제로 묘사하고 있는 말씀들이 포함되어 있다. 그렇다고 해서 이것을 기화로 고난과 신정론의 문제의 부재를 일종의 미성숙하고 유치한 낙관주의로 간주할 이유는 전혀 없다. 오히려 이러한 부재는 예수님의 설교의 전맥락에서 볼 때에 인간이 하나님께 마땅히 질문을 제기할 권리, 또는 그렇게 할 가능성을 근본적으로 부정

---

121) H. Windisch, *Der Sinn der Bergpredigt*, 1929, pp. 17, 18.
122) *Jesus*, 1929, pp. 147-158.

하는 것으로 간주해야 할 것이다.

예수님의 종말론적인 설교 때문에 인간의 매상황은 고통의 상황을 포함하여 '결단'의 상황이다. 가령 '염려함'을 다루는 말씀들에 표현된 '지혜'에 대한 입장은 이차적인 중요성을 지닌 것이며, 우연한 것으로 취급되어야 한다는 것이다.[123]

'염려함'을 다루고 있는 어구에 나타난 종말론과 섭리를 믿는 낙관적인 믿음 사이의 이원론을 표명한 빈디쉬의 견해나, 낙관적인 믿음을 단지 우발적인 것에 불과하고 예수님의 설교의 맥락에서는 본질적인 위치를 차지하는 것이 아니라고 생각하는 불트만의 견해 중 어느 것도 복음서에 나타난 천국과 섭리 사이의 관계를 공정하게 다루지 못하였다.

필자의 견해로는 이것이 예수님께서 제자들에게 "염려하지 말라"고 권면하신 근거가 빈디쉬나 불트만의 견해로는 충분히 설명되지 않는 어떤 내용에 기인한다고 본다. 그 근거는 섭리에 대한 일반적인 믿음에 있는 것이 아니라, 천국 복음에서 찾아야 한다. 마태복음 6장 19-34절을 주의 깊게 연구해 보면 이것이 밝혀질 것이다.

예수님의 설교에는 인간들을 특별히 구별하지 않으시는 하나님의 선하심의 보편성을 증언하는 선언들이 있다.[124] 산상설교에서 예수님은 하나님께서 "해를 악인과 선인에게 비춰게 하시며 비를 의로운 자와 불의한 자에게 내

---

123) 불트만은 이에 대해 그의 "μεριμναω" 항목, *TWB*, VI, pp. 596, 597에서 약간 다른 형식으로써 자신의 견해를 피력하고 있다. 특히 마태복음 6:25-34에 관해 그는 다음과 같이 말하고 있다. "결국 여기서는 인간의 전 관심이 하나님의 통치여야 한다는 사실이 가르쳐지고 있다. 그렇다면 자신의 목숨에 대한 염려는 사라지고 말 것이다." 불트만은 여기에 첨가하기를 "이러한 사상으로 말미암아 마태복음 6:25-33의 권면은 스토아파의 견해와는 구별된다. …… 즉 마태복음에서 생존의 수단에 대해 불안해하는 염려는 짐승들을 언급함으로써 어리석은 행위라고 불린다. 반면 스토아 철학에 있어서 염려로부터 자유로운 것은 신적인 pronoia(공급)에 대한 확신에 근거한다. 즉 신은 인간을 포함한 모든 피조물에게 그들이 필요로 하는 것을 공급한다는 것이다. 이것은 특별히 인간의 자유에 관한 신조에 잘 나타나 있다." 또한 Bultmann의 *Gesch. d. Syn. Trad.*, p. 109도 비교해 보라.
124) 그 후의 선언에 등장하는 교차 대구법을 주목하라.

리신다"라고 말씀하신다(마 5:45). 여기서 예수님은 **모든 인간을 향한 하나님의 은혜로우심과 자비로운 돌보심**에 대해 말씀하고 계심이 분명하다.

이 말씀은 원수 사랑에 관하여 가르치는 문맥에 등장하며, 여기서 하나님의 행위는 하나님의 모든 자녀들이 따라야 할 전범(典範)으로서 제시되고 있다. 마태복음 5장 끝부분에서 이 말씀은 이렇게 함으로써 "하늘에 계신 너희 아버지의 온전하심과 같이" 그들도 온전하고, 시종일관하며 (사랑함에 있어서) 전심전력하여야 한다고 부언되었다.

이러한 해석을 수정하면서 동일한 문맥에서 원수를 포함한 모든 사람을 사랑해야 할 것을 가르치는 누가의 본문에서도 분명하게 나타난다. 누가는 다음과 같이 기록한다.

"너희 아버지의 자비하심 같이 너희도 자비하라"(여기서 자비[oiktirmon]는 선, 악 모두에 동일하게 적용할 덕성이다. 눅 6:36).

더욱이 앞절(눅 6:35)은 선인과 악인 모두에게 미치는 하나님의 자비(chrestos)를 언급하고 있다. 이 본문이 보편적인 **부성애**(父性愛)에 대하여 논하고 있는 것이 아니란 점은 분명한 사실이다. 이 문맥에서 "**너희 아버지**"라는 용어가 반복되어 나타난다. 하지만 이 본문에서는 예수님께서 하나님의 보편적이고 자비로우시고 호의적인 성품을 그분의 제자들이 따라야 할 표준으로 제시하고 있다는 사실은 부인할 수 없다.[125]

의심의 여지없이 지금까지 논의한 것은 이 문제의 한 국면만을 다룬 것에 불과하다. 동일한 방법으로 예수님께서는 자연 현상에서 회개하지 아니하는 사람들 위에 내리시는 하나님의 심판의 위협을 찾으신다. 그러므로 불트만처럼 예수님의 말씀들 중에는 고통의 문제를 다루는 말씀이 없으며 예수님이

---

125) 결론적으로 말해서 이것은 본문의 명약관화한 의미와 상충된다. 즉 일반 은총 교리를 거슬러 어떤 저자들은 이 경우 실제적인 사실들, 즉 비를 의로운 자와 불의한 자에게 내리시고, 해를 악인과 선인에게 비춰게 하심(마 5:45)을 논하고 있는 것이지 하나님의 뜻에 대한 것이 아니라고 주장한다.

신정론의 문제에 대해서는 알지 못했다고 주장하는 것은 정당하지 못하다.126) 누가복음 13장 1-5절 말씀에는 죄와 인간의 운명과 고통의 의미의 관계가 예수님에 의해 아주 명쾌하게 논의되어 있다(본문은 빌라도의 학살에 대해 사람들이 예수께 제기한 질문을 다룬다). 그때에 예수님께서는 부차적인 문제에서 근원적인 문제인 신적 원인으로 확대하셨다. 예수님께서는 이 문제를 다루시면서 빌라도가 자행한 만행에만 국한하지 않으시고, 논의하시는 중에 실로암 망대에서 일어난 "우연한 사태"도 다루셨다. 사람들에게 임한 모든 재앙들 속에서 예수님께서는 하나님의 심판이 나타났음을 보신 것이다. 그래서 예수님은 "너희도 만일 회개치 아니하면 다 이와 같이 (마지막 심판 때에) 망하리라"고 부언하셨다(눅 13:5).127)

예수님께서 자연 현상에서 하나님의 자비로운 손길을 발견하셨다는 본문들을 근거로 너무 성급히 섭리를 믿는 순진한 낙관적 신앙을 논하지 말아야 한다는 것은 자명한 사실일 수 있지만, 자연 질서에서 모든 사람을 향한 하나님의 보편적인 돌보심과 자비의 증거를 찾을 수 있다는 것은 부인할 수 없는 사실이다.

그래서 예수님께서 하나님께서 **아버지**로서 **자녀들**을 돌보심을 언급하고 있는 경우들에 있어서도, 예수님은 자신의 논지를 자연에서 끌어온다. 들의 꽃이나 공중의 새들을 보면서 제자들은 어리석은 염려를 해서는 안 된다. 이것은 사실 '염려'에 관한 말씀에만 적용되는 진리는 아니다. 예수님의 모든 비유들은 보편적인 인간관계와 관찰들로써 천국의 진리를 예시하는 경향이

---

126) *Jesus*, p. 156.
127) 이것과 가장 비슷한 성경 구절은 요한복음 9장 3,4절에서 발견된다. 여기서도 고통의 문제가 죄책에 대한 개인적인 관점에서 제기되며, 이것은 누가복음 13장 1-5절에서처럼 예수님에 의해 거부된다. 그러나 여기서는 고통의 의미가 심판으로서가 아니라 은혜를 동반한 하나님의 영광으로 다뤄진다. "그에게서 하나님이 하시는 일을 나타내고자 하심이니라." 고통, 재앙 등등은 하나님의 영원한 심판의 서곡일 뿐만 아니라, 하나님께서 그리스도를 통하여 그분의 은혜 가운데 영광을 받으실 고통의 종류도 있으니, 그러므로 이것은 영원한 구원의 예증이며 서곡이 된다.

있다.

그렇다고 이것이 곧 예수님께서 자연을 계시의 독립적인 원천으로 간주하셨음을 증거하고 있다는 말은 아니다. 오히려 예수님께서는 자연과 자연 속에 계시된 것에서 출발하여 모든 사람에게 나아가고, 다시 거기서 하나님에게까지 거슬러 올라가 사람들에게 자연에 나타난 하나님의 일과 인도를 보여주신다.[128]

이것을 하나님 아버지를 믿는 종교적인 확신과 신앙을 자연의 질서와 운행의 근거로 삼고 있는 계몽주의의 양식을 따른 자기만족적인 경건이라고 할 수는 없다. 불트만이 인간과 자연에 내재하고 있는 비기독교적 지혜와 구약성경의 지혜의 차이를 지적하면서 예수님께서는 바로 구약의 지혜를 따라 말씀하셨고 예수님 자신도 그 지혜에 귀착되어 있다고 강조한 것은 전적으로 옳다.

이러한 까닭에, 예수님께서 그의 제자들에게 '염려'에 대한 교훈을 하시면서 가르치신 부성(父性)은 만물의 특성에서 유추한 '지혜'였다고 주장한 빈디쉬는 이 본문을 전적으로 잘못 해석했다고 할 수 있다. 하나님의 부성과 그분의 자녀들에 대한 아버지로서 돌보심은 자연이나 들에 있는 꽃이 아름다움에 대한 명상과 새들의 모험적인 생활에 근거한 것이 아니다. 하나님의 부성에 대한 가르침은 전적으로 다른 사상의 세계인 하나님의 특별하고도 역사적인 계시에 기인한다. 이 가르침의 기조는 '창조의 책' (자연과 같은 일반 계시-옮긴이)이 아니라 율법과 선지자들의 책에 있다.

그러므로 이 본문에는 이방인이 경고의 예로 명기되었다고 할 수 있다. 이방인 역시 공중의 새와 들의 꽃들을 잘 알고 있다. 그러나 그들은 하나님을 자비를 베풂으로써 자신을 계시하신 분으로는 알지 못한다. 그래서 그들은 안절부절 못 하고 항상 '이런 것들'을 찾고 있는 것이다(32절). 그들은 자연으

---

[128] 예수님의 설교에 나타난 '합리적', '자연적'인 것에 관한 Oepke의 *TWB*, III, p. 584에 실린 'αποκαλυπτω' 항목 참조.

로부터 태평함을 배울 수는 없다. 구원의 계시의 하나님이 알려진 곳에서만 자연으로부터 파생된 '주장들' 이 결정적이 될 수 있다.

그러나 이것이 전부는 아니다. 이 본문이 그 자체로 아무리 중요하다고 하더라도, 단지 구약성경에 있는 일반 계시와 특별히 그 계시의 내용인 '종교적 지혜' 에서 요구하고 있는 섭리를 믿는 신앙만을 전하지 않는다. 이 본문의 의의는 하나님 나라에 관한 예수님의 설교의 전 범위에 있어서 부차적인 것이거나 흔히 있는 것이 아니라 예수님의 설교의 핵심과 연결되어 있는 것이다.

그리고 여기서 제기되는 기본적 문제는 '종말론' 과 '섭리', 천국에 관한 설교와 일상생활 사이의 관계이다. 빈디쉬가 주장하듯이, 이러한 관계는 단순히 마태복음 6장 33절의 "너희는 먼저 그의 나라와 그의 의를 구하라"는 말씀의 전후 문맥에서 전혀 이질적인 요소인 다른 영역에로의 비약을 가리키는 '종말론적' 말씀으로 나타나는 외적이고도 부차적인 것으로 설정되는 것에 불과한 것이 아니다. 이보다도 이 관계는 이 본문의 내적, 외적 구조 전체에 시사되고 있다.

이러한 사실은 염려하지 말라는 권고를 소개하는 마태와 누가의 방법에 의해서도 유추할 수 있다. 마태복음 6장 19-24절 말씀에서는 '염려' 에 관한 교훈을 하기에 앞서 보물을 쌓아두는 문제, '눈' 에 관한 교훈, 그리고 두 주인을 섬기는 문제 등을 다루고 있다. 이 모든 교훈의 말씀들은 예수님의 도래와 더불어 시작된 구원 시대의 중요성과 전적으로 부합한다.

그러므로 여기서의 문제는 '하늘의 보물', 즉, 천국의 구원임이 분명하다. "하늘의 보물"은 전력투구하여 추구할 것이며, 두 마음을 가지고 찾을 것이 아니다. 이 문제와 관련하여 예수님께서는 "그러므로(dia touto) 내가 너희에게 이르노니 목숨을 위하여……염려하지 말라"고 부연하셨다.

이것은 어떤 종교적 지혜에 관한 설교가 아니다. 또한 세상의 근심 걱정에 억눌려 있는 제자들에게 위안과 용기를 불어넣어 주는 말씀도 아니다. 이보다는 천국의 도래와 성취의 시기에 살면서도 생각의 중심이 세상에 있고 세상적인 사고에 지배를 받는 것을 금지하는 말씀이다. 그것이 가난에 대한 걱정이 되었든지, 부(富)에 대한 관심이 되었든지 간에 말이다. "그러므로"라는 말씀은 하나님 나라관(觀)과 하늘의 보물과 하늘의 주님에 대한 관점에서 **선택**한 것에서 그 힘이 나온다. 동일한 "그러므로"가 누가복음 12장 22절에서도 발견된다. 누가복음의 배경(눅 12:12-21에는 어리석은 부자 비유가 나온다)과 마태복음의 그것 사이에 차이가 있음은 사실이다. 그러나 이 비유의 요지 역시, 진정한 부자는 보물을 쌓되 '하나님께 대하여 부요해야 됨'에 있고(21절), 이와 반대되는 경우는 하나님의 심판에 따라 모든 것을 상실하고 만다는 사실에 있다.

마태복음과 누가복음에 공통적으로 소개를 유도하는 형식은 구원과 평화를 어디에서 찾아야 할지를 묻는 물음에 마주하게 한다. 우리는 무엇에 관심을 가져야 할까? 땅에 속한 것이란 과연 무엇이며, 하나님께 대하여 부요하다는 것은 또 무엇인가? 천국에 포함되어 있고 천국과 함께 주어지는 하늘의 보화는 무엇인가?

이러한 관점에서만 마태복음 6장 25-34절 말씀의 내저 구조가 이해될 수 있다. 본문의 주제는 **안전함을 얻는 방법**(how to find security)이다. 이 주제는 본문의 서론과 결론에서 명확히 드러난다. 본문에서는 "우리의 목숨을 위하여", "우리의 몸을 위하여" 염려하는 것이 전혀 불필요한 것인 것처럼 이와 같은 염려는 할 필요도 없고 또한 해서도 안 되는 것이라고 말하는 것이 아니다.

이와는 달리 본문은 좀 더 핵심적이고 특별한 것을 지적해 준다. 즉, 본문의 의미는 다음 번역으로 가장 잘 드러날 것이다.

"너희 생존의 수단과 **관련하여** 무엇을 먹을까, 너의 몸과 **관련하여** 어떤 옷을 입을까 염려하지 말라." [129]

이 말씀은 우리의 몸, 목숨 등등에 관한 제반 염려를 전혀 하지 말라는 의미로써 이해해서는 안 된다. 이 말씀의 진의는 우리가 음식이나 의복으로써 이런 것들을 **유지하는 것**과 관련하여 염려하지 말라는 데에 있다. 그 이유는 계속되는 설명에서 더욱 분명해진다(마 6:25; 눅 12:23).

"목숨이 음식보다 중하지 아니하며 몸이 의복보다 중하지 아니하냐."

다른 말로 표현하면, "염려하지 말라"는 명령은 목숨과 몸이 어떠한 돌봄도 필요로 하지 않는다는 이유 때문에 제기된 것이 아니라, **목숨과 몸의 존재는 음식이나 의복 그 자체로는 안전하게 유지되지 않는다**는 것과 이것들은 목숨의 유지를 전혀 보장하지 않는다는 동기에 의해 제기된 것이다.

목숨과 몸을 보존하는 것이 무엇인지는 명시되지 않았으나, 이것이 무엇인지 오해할 소지는 전혀 없다. "목숨이 음식보다 중하지 아니하며 몸이 의복보다 중하지 아니하냐?"라는 말씀 속에 표현된 사상은 매우 일반적인 이야기이다. 이 말씀의 가장 명확한 형식은 이미 잘 알려진 "사람이 만일 온 천하를 얻고도 제 목숨을 잃으면 무엇이 유익하리요 사람이 무엇을 주고 제 목숨을 바꾸겠느냐?"130)라는 말씀에서 발견된다(마 16:26, 막 8:36). 누가복음 9장 25절에는 "……자기를 잃든지 빼앗기든지 하면"131)이 더 첨가되었다.

즉, 문제는 목숨을 구원하는 것이다. 목숨(psuche)은 (루터의 주장처럼) 인간의 외적 양태와 반대되는 내적 생명을 의미할 뿐만 아니라, 누가복음의 "자기 목숨(psuche)은 희생하고라도"라는 표현처럼 인간의 **전(全)** 존재를 의미하기도 한다. 이 구절은 영생을 얻기 위해서는 마땅히 감수해야 할 손실(the loss), 즉, 지옥에서의 파멸과 상실과 같은 손실을 언급하고 있다. 마태와 마가가 "사람

---

129) psuche와 somati 여격은 관계의 여격으로 해석해야 한다. 만일 이 견해가 무시된다면 예수님께서 요구하신 염려로부터 해방은 목숨이나 몸과 같은 것과 관계된 것이 아니라, 이것들이 땅 위에 존속하도록 유지되는 방법과 관계된 것임을 인정할 필요가 있을 것이다. 참고. 필자의 *Matth.*, pp. 140, 141.

130) ten psuchen autou zemiothe는 번역하기가 어렵다. 왜냐하면 여기서 문제점은 과연 심판의 요소가 상실, 손상의 요소와 나란히 취급되느냐의 여부에 있기 때문이다. 참고. Schlatter, *Der Ev. Matth.*, p. 522와 Stump, *TWB*, II, pp. 893, 894의 "ζημια" 항목.

131) 여기서도 zemiotheis는 단순한 고통에서 오는 손상 그 이상이다. 이것은 갚음을 받아야 하는 대가를 의미한다.

이 무엇을 주고 제 목숨을 바꾸겠느냐(antallagma)?'라고 언급한 까닭이 여기에 있다. 여기서의 주된 관심은 내적 생명만이 아닌, 하나님의 심판 때 인간 전 존재의 구원에 있다.

이 모든 것을 미루어 볼 때 예수님께서 일컬으시는 목숨은 다른 어떤 것을 초월하는 영원한 의의를 지니는 것이다. 동일한 사상을 몸에도 적용할 수 있다. 몸이 잠시 죽는 것을 두고 우리에게 발생할 수 있는 최악의 일이라고 생각하는 것을 어리석다고 하는 이유가 바로 여기에 있다. 오히려 우리는 목숨과 몸을 모두 지옥에 멸하실 수 있는 분을 두려워해야 한다(마 10:28). 몸은 영혼만큼 중요하다.

그래서 목숨과 몸의 영원한 운명은 목숨의 존재가 음식보다 '더 낫고', 몸의 존재가 의복보다 더 나은 이유이다. 음식과 의복은 구원을 보장하지 못한다(참고. 눅 12:15). 구원은 이보다 더한 것, 즉, **하나님 나라**에 있어서 영혼(psuche. 목숨과 같이 번역됨.—옮긴이)과 육체(또는 몸)의 구원을 요구한다. 이러한 하나님 나라가 인간의 최우선적인 관심사가 되어야 한다. 우리는 처음부터 시작해야 한다.

이러한 의미를 염두에 둘 때 '염려'에 관하여 가르치는 본문에 특별히 표현되어 있는 '섭리를 믿는 믿음'을 '종말론적 영역' 밖에서 이해한다든지 다른 사고 영역에 속한다고 생각해서는 안 된다(마 6:33; 눅 12:31-"너희는 먼저 그의 나라와 그의 의를 구하라"). 이 모든 본문은 종말관의 배경에서만 이해될 수 있다. 그리스도의 제자들은, 공중의 새와 꽃을 예로 들어 교훈하신 '말씀'을 잘 깨닫고 그들을 위하여 하나님 나라의 복이 예비되었다는 확신 때문에, 그들의 지상의 생존 수단에 대해 안심할 수 있고 낙관할 수 있었다.

자연에 나타난 하나님의 행위가 그들이 염려하지 않을 근거가 되는 것은 아니다. 자연에 나타난 하나님의 사역은, 모든 피조물들을 살리시는 것을 하나님께서 기뻐하시는 일이라면, 하나님께서 피조물들에게 그 필요에 따라 풍성하게 주시는 하나님에게 있음을 증언한다.

그렇다고 할지라도 염려하지 말아야 할 동기가 되는 것은 하나님의 백성들의 경우, 즉, 하나님 나라의 관점에만 해당한다. 이방인들은 이러한 동기를 이해할 수가 없다. 생계에 필요한 것을 주시겠다는 약속이 "이 모든 것들을 너희에게 더하여 주시리라"라는 말로써 서술된 까닭이 여기에 있다. "더하여 주시리라"(prostethesetai)라는 말은 기본적인 **본래의 선물**에 어떤 것이 첨가되는 것을 의미한다. 즉, 하나님께서 천국 백성들에게 그들의 현 실존 전체를 통하여 주시는 영원한 복과 이 영원한 선물에 부차적이며 부수적인 차원에서 이 땅에서 살아가는 데 필요한 수단들을 제공하신다는 말이다.

그러나 이 둘은 떼려야 뗄 수 없다. 완성자이신 하나님은 보존자이신 하나님이시기도 하다. 그리고 그 완성의 확실함(하나님 나라, 그리스도 안에서의 성취, 그리고 무엇보다도 십자가 상(上)에서의 완성)으로부터 창조의 책은 그 의미가 하나님의 전능과 풍요로움을 계시하는 것에 있음을 확연히 드러낸다. 이것은 이원론이나 영성의 문제가 아니다. 오히려 이것은 실존적 안전("먼저 그 나라")의 다른 국면들에 대한 서술이다. 그렇다면 '더' 중요한 것에 뒤따르는 덜 중요한 것이란 무엇이겠는가? 하나님의 아버지 되심은 현재와 미래 모두를 망라한다. 그리고 십자가에서 우리들은 하나님의 자녀들이 이 땅에서 살아가면서 경험하는 하나님의 섭리를 고백하기를 배운다. 여기서 바울이 로마서 8장 32-언급한 말씀이 이 교훈과 관련하여 핵심을 지적하는 것임을 알 수 있다.

"자기 아들을 아끼지 아니하시고 우리 모든 사람을 위하여 내어 주신 이가 어찌 그 아들과 함께 모든 것을 우리에게 은사로 주지 아니하시겠느뇨?"

그러나 현재의 삶은 영원한 것에 비해 예비적이고 부차적인 것이다. 현재의 삶은 그것 자체에 어떤 목적이나 궁극적인 목표가 있는 것이 아니라 영원한 것으로부터 파생되는 것이다.

하나님 나라와 그분의 섭리의 관계는 예수님께서 그분의 제자들에게 보존과 그들의 일상생활에 필요한 것들을 위하여 기도하라고 가르쳐 주신 사실에서도 표현된다. 주기도문의 네 번째 청원은 이를 가장 명확히 가르쳐 준다. "오늘날 우리에게 일용할 양식을 주옵시고"(마 6:11; 눅 11:3).

이 청원은 전적으로 천국에 대한 신앙의 기대 속에 포함되어 있다. 처음 세 청원들에는 주기도문의 구조가 무엇보다도 대미래가 지적되어 있다. 후반 세 청원들은 현 상황의 일시적인 성격으로 결정된다. 하지만 사죄의 청원과 악에서(또는 악한 자에게서) 구원해 달라는 청원은 전적으로 천국의 구원의 관점에서 이해된다. 그리고 이것은 우리의 일용할 양식에 대한 청원에도 해당된다.

이 청원은 하나님의 아버지 되심에 호소한다. 비록 이 청원 자체가 상당히 다른 사상 세계에 적합한 것일 수 있겠지만, 현 문맥에서 이 청원은 그리스도의 오심으로 설정된 하나님과의 새로운 관계에서만 이해될 수 있다. '염려'하지 말라는 권고와 마찬가지로, 일용할 양식을 구하는 청원은 죄 사함의 청원처럼 기독론적으로 결정된다. 두 경우 모두 청원의 근거와 그 응답이 그리스도의 오심으로써 실현될 하나님의 아버지 되심에서 발견된다.

동일한 사실이, 하나님께 기도하면서 모든 '좋은 선물들'을 구하라고 가르치는 예수님의 교훈에도 해당된다. 제자들의 기도 생활은 반드시 하나님의 아버지 되심을 믿는 신앙의 지배를 받아야 한다(마 7:7-12; 눅 11:9-13). 더우이 인간의 아버지를 예를 들어 설명하는 말씀들에서는 하나님을 이러한 지상의 (부자) 관계에서 유추할 수 있는 아버지로 자연스럽게 인식한다는 점에는 의문의 여지가 없다.

우리가 역사의 문제와 고난의 문제에는 관심이 없는 일종의 순진한 신앙의 낙관주의에 처한 것은 아니다. 그러나 모든 것이 그리스도 안에서 하나님이 아버지가 되신다는 사실을 배경으로 할 때에만 이해될 수 있다.

이러한 까닭에 '구하고', '찾고', '두드리는' 일련의 행위들이 지상의 필요를 공급해 주시기를 갈망하는 데에만 국한된다고 볼 수 없다. 이뿐만 아니라. 예수님의 약속에 따라, 천부께서 그에게 구하는 사람들에게 주실 '좋은 선물들'도 마찬가지이다. 하나님께 드리는 기도는 전 포괄적이다. 그것은 천국의 모든 약속들에서 출발하여, 현재적인 것과 영원한 것 모두에 확장된다. 심지어 현세적인 생활의 필요와 관련하여서도 기도는 늘 천국 복음에 지배를 받으며 지원을 받는다.

섭리와 하나님 나라는 두 개의 독립된 세계, 또는 별개의 생활의 영역들이 아니다. 섭리는 창조에 그 기원을 두고, 하나님 나라는 '만물의 절정'에서 유래한 것이 아니다. 그러므로 하나님의 창조하시고 보존하시는 모든 능력과 지혜를 포괄하는 하나님의 섭리는 하나님의 자녀들이 기도로써 간구할 수 있는 대상이다. 그리스도 안에서 하나님 나라에 하나님의 자녀들로 입양되었기 때문이다. 역으로, 그들이 이와 같이 기도할 때, 천국은 그들이 하나님으로부터 당연히 받게 되는 보상이다.

31. 하나님의 부성과 영생(永生)

앞에서 논증한 바에 의하면, 천국의 구원은 이미 현재적 실체로 선포되어졌으나, 그것의 완전함과 절정은 언제든지 미래에 속한 것으로 선포되었다. 그러므로 천국의 구원에 관한 논의는 이 미래적 선물의 성격과 그 내용에 주안점을 두어 살펴볼 것이다.

어떤 의미에서 천국의 이러한 미래적 구원은 이미 **하늘에** 현존하고 있다고 말할 수 있다. 예수님께서는 여러 차례에 걸쳐 지금 이미 쌓을 수 있는 하늘의 '보화들' 또는 하늘의 '보화'에 관하여 말씀하셨다. 잘 알려진 마태복음 6장 19, 20절의 대구법적 서술은 이러한 사실을 잘 설명해준다.

"너희를 위하여 보물을 땅에 쌓아 두지 말라 거기는 좀과 동록이 해하며 도적이 구멍을 뚫고 도적질 하느니라 오직 너희를 위하여 보물을 하늘에 쌓아 두라 거기는 좀이나 동록이 해하지 못하며 도적이 구멍을 뚫지도 못하고 도적질도 못하느니라."

누가복음 12장 33절에서는 동일한 사상이 다른 말로 표현되었다.

"너희 소유를 팔아 구제하여 낡아지지 아니하는 주머니를 만들라 곧 하늘에 둔 바 다함이 없는 보물이니 거기는 도적도 가까이 하는 일이 없고 좀도 먹는 일이 없느니라."

예수님께서는 젊은 부자 관원에게 "네가 온전하고자 할진대 가서 네 소유를 팔아 가난한 사람들을 주라 그리하면 하늘에서 보화가 네게 있으리라"(마 19:21)라고 말씀하셨다. 여기의 예수님의 어법과 사상들은 예수님께서 당대의 유대교에서 사용하던 것을 빌려 말씀하신 것이다.[132]

보화는 하나님의 심판 때 결산할 날에 지불해야 하는 일종의 하늘의 원금(元金)을 의미한다. 예수님의 설교에 어떤 공로 사상이 결여되어 있긴 하지만 예수님께서는 그분의 제자들의 미래 구원에 관하여 그들이 최선을 다하여 행하기를 격려하려고 이 하늘 보화 사상을 사용하셨다. 이 보화는 천국 구원의 미래적 계시이기 때문이다.

이것은 예수님의 설교의 범위 내에서 부정될 수 없는 사실이다. 이러한 이유로 밭에 감추인 보화 비유와 극상품 진주 비유는, 현재적 구원을 포함하고는 있지만, 앞에 언급한 천국 보화와 동일한 사상을 전달한다고 할 수 있다.[133]

예수님께서는 천국 보화에 대하여 말씀하시면서 장차 올 천국의 구원이 간직되어 있는 장소(참고. 벧전 1:4, 5)와 제자들을 위하여 간직되어 있는 이 보화의 타계성과 영원성을 밝히셨다. (신약성경에서)

구원의 선포가 구약의 그것과 다르게 나타나고 있다는 것은 올바른 관찰이다.[134] 구약성경에서는 미래에 대한 약속이 주로 이 세상적인 모습으로 나타난다. 그렇다고 해서 예수님께서 말씀하신 구원관의 천상적 특성이 예수님의

---

132) 참고. Strack-Billerbeck, *op. cit.*, I, pp. 429-431.
133) 참고. 본서 제12항.
134) J. Ridderbos, *Predikende het evangelie des koninkrijks*, 1911, pp. 94ff.

설교의 전혀 새롭고 특기할 만한 측면이라고는 말할 수 없다. 구약의 구원 선포와 신약의 구원 선포의 차이를 '세상적', '천상적' 이라는 말로써 특징지을 수도 없다.

첫째, 구약성경 역시 지상적인 한계 내에서는 만족할 만한 설명을 할 수 없는 의미가 있음을 보여준다.135) **둘째**, 미래 구원의 초월적인 제시가 특별히 당대 유대교의 일부 묵시 문학에 탁월하게 등장한다.136) **셋째**, 예수님께서는 궁극적인 천국 계시를 **지상**에 가시화시키셨다(참고. 마 5:5).

그러나 상황이 이렇다고 하더라도 천상의 보화에 관한 예수님 말씀의 의의는 약화되지 않는다. 위에 서술한 내용은 천국의 구원이 하나님으로부터 내려오는 선물, 특별히 죄 사함과 하나님의 자녀 됨 등이라는 사실 그 내용들이 이 지상에서는 완전히 실현될 수 없다는 것을 시사한다.

하늘에 속한 복에 관한 계시는 바로 복음에 다르게 묘사되어 있는 우주적인 대변혁이다. 마태복음 13장 39절에는 이것이 "이 세상의 끝"(sunteleia aionos. 참고. 19절; 24:3; 28:20)으로 명명되었다. 아이온(aion. 원래는 '세대'를 의미하지만, 한글개역성경에는 "세상"으로 번역되었다.―옮긴이)은 '세상적인 시간' 과 같은 어떤 것을 의미하며, 이것은 하나님께서 이 세상에 할당하신 시간을 끝을 내신 후에야 비로소 미래 구원이 현시될 수 있을 것이라는 사실을 암시한다.137)

적극적인 의미에서, 세상적인 시간의 절정과 관계된 우주적 변혁은 **새롭게 됨**(palinggenesia. 마 19:28)으로 표현되었다.

이와 병행 구절인 누가복음에서는 "내 나라에 있어"(눅 22:30)라는 단순한 구문으로 표기되었다. 다른 곳에서는 그때에 시작될 세대에 예수님을 따르는 사람들이 '영원한 생명' (막 10:30; 눅 18:30)을 얻게 될 "올 세상"이라고 불린다.

---

135) 이 점에 대해서는 J. Ridderbos, *Het Godewoord der Profeten*, II, 1932, pp. 357ff; 468ff; IV, 1941, pp. 181ff; 204ff; 그리고 본서 제1항을 비교해보라.
136) 참고. Strack-Billerbeck, *op. cit.*
137) aion 개념과 신약성경의 '선적인' 시간 개념에 관해서는 Sasse의 *TWB*, I, pp. 202ff 이외에 특히 O. Cullmann의 귀중한 설명을 참조하라. *Christus und die Zeit*, 1946, pp. 31ff.

이 세상 끝에 (만물이) 새롭게 될 때, 그리고 장차 올 세상(aion)에 있게 될 하나님 나라의 선물로 계시되는 이 구원은 '생명' 또는 '영생' 등의 용어로 요약되는 것처럼, 다양하게 표시되었다. 이 구원은 '죽은 사람들의 부활'과 더불어 시작된다. 이 구원에 대한 가장 상세한 언급은 사두개인과 예수님 사이의 논쟁에 기록되어 있다(마 22:23-33 및 병행 구절).

누가복음 14장 14-우리는 '의인들의 부활'이라는 표현을 발견하게 된다. 그때에는 갚을 길 없는 사람들에게 행한 자선 행위에 대한 상급이 있을 것이다. 여기에 언급된 "부활"이라는 용어는 글자 그대로 죽은 사람들이 살아나는 행위를 의미하는 것이 아니라 그것과 함께 시작하는 축복의 상태를 의미하는 것임이 분명하다.

사두개인들은 죽은 사람들의 부활을 부인하였다. 이것은 예수님 당시의 유대교의 일반적인 의견과 정반대되는 것이었다. 이것은 적어도 묵시 문학, 위경 및 랍비들의 문서 등에서 유추할 수 있는 사상이다.[138] 사두개인들이 제기한 중심 질문에 답하신 예수님의 답변에는 두 가지 사실이 시사되었다.

첫째, 예수님은 지상 생활의 현재 기능하는 것과 관계하고 있는 것이 부활 시에 회복될 것이라는 전제를 거부하셨다. 그때에는 사람이 시집가거나 장가가는 일이 없이 '천사들과 동등하게' 될 것이다. 누가복음 20장 36에서의 동등은 비단 결혼 관계에 한해서 언급된 것이 아니다. 예수님께서는 "의인들은 다시 죽을 수도 없다"고 명백하게 천명하기도 하신다.

이 말은 죽음에은 일으킴을 받은 자는 모든 점에서 천사들과 똑같을 것이며, 예수님께서는 천사들이 일종의 하늘에 속한 몸을 가지고 있는 것으로 말

---

138) 이 주제에 관해서는 특히 Strack-Billerbeck, *op. cit.*, I, pp. 892ff; IV, 1, p. 344; IV, 2, pp. 1167ff; 그리고 또한 Oepke, *TWB*, I, p. 370, "ανιστημι" 항목과 Ph. H. Menoud의 *Le sort des trépassés d'après le Nouveau Testament*, 1945, pp. 27ff를 보라. 그러나 Menoud는 오랜 기간 유대인들 사이에서는 부활에 대한 신앙이 "다소간 선택적인" 신앙이었고, 신앙의 (규칙적인) 조항은 아니었다는 의견을 피력한다. 주후 3세기에 와서야 비로소 부활을 부인한 사람들에 대해 저주가 가해졌다. *op. cit.*, 그러나 사두개인들의 견해는 이 규정에 예외인 듯이 보인다.

쏨하셨다고 유추해 내어서는 안 될 것이다.139) 이 본문은 단지 구체적인 비교, 즉, 결혼의 비교만을 다루고 있을 따름이다.

그리고 나머지 다른 부분은, 예수님의 사상과 인간의 지상의 관계와 육체적 기관들이 대부활 때에 회복될 것을 기대했던 유대인들의 당대 개념과 일치하지 않았다.140)

이러한 그들의 사상과는 반대로 예수님께서는 부활 생명의 대목적과 핵심인 하나님과의 연합을 충분히 강조하셨다.

"저희는 …… 부활의 자녀로서 하나님의 자녀임이니라"(눅 20:36).

예수님께서는 이 부활 생명의 **특성**을 주장하신 것 이외에, 두 번째로 부활의 **사실**을 주장하셨다. 예수님께서는 이를 위해 성경과 하나님의 능력에 호소하신다. 예수님께서 인용하신 성경은 부활에 대해 간접적으로만 증언해 주고 있다.

"나는 아브라함의 하나님이요 이삭의 하나님이요 야곱의 하나님이라"(출 3:6).

예수님께서는 이 구절을 다음과 같은 주장과 연결시키셨다.

"그는 죽은 자의 하나님이 아니요 산 자의 하나님이니라."

요점은 부활에 대한 신앙이 하나님에 대한 신앙에 근거하고 있다는 사실이다. 그러므로 '하나님의 능력'에 호소하는 것은 정체적이며 무시간적인 것이 아니라 하나님 나라를 위하여 일하는 능력과 만물의 완성을 향하여 일하는 능력을 의미한다(참고. 마 6:13b).

여기에서 예수님께서는 아브라함, 이삭, 야곱으로 이어지는 구속사 내에서 자기 자신을 계시하신 하나님에 대하여 말씀하고 계신다. 이 하나님은 자기 백성 가운데에서 자기 자신을 거룩하게 하시며 천지의 하나님으로 자신을 주

---

139) 참고. Greijdanus, *op. cit.*, II, p, 962. 그리고 필자의 *Matth.*, II, p. 120.
140) Strack-Billerbeck, *op. cit.*, I, pp. 888ff; 참고. Menoud, *op. cit.*, pp. 28, 29; 그리고 마가복음12장 25절에 관한 Hauck의 견해, *op. cit.*, p. 146.

장하시는 세상의 창조주이시다.

이러한 사실이 자연스럽게 죽은 사람들의 부활을 암시하고 있다. 왜냐하면 이 내용은 이에 대해 결정적으로 가르치는 본문에서 유추된 것도, 랍비식대로 교묘하게 '제시된' 것도 아니며, 이스라엘 존재의 기원부터 천국의 완성까지 이르는 하나님의 구원 사역의 자명한 원리로 지적되고 있는 까닭이다. 이것은 창조와 구원의 전 계시에 기초한다.

마지막으로, 하나님은 죽은 자의 하나님이 아니라 산 자의 하나님이라는 사실로부터 죽은 자의 부활(즉, 몸의 부활)이 있을 것이라는 사실이 따라온다. 더 이상의 증명 제시가 필요 없는 자명한 결론이다. 이것은 신약성경의 인간관에 전적으로 암시되어 있는 바이다. 신약성경의 인간관에 의하면 몸은 영혼과 함께 인간 존재의 본질에 속한다. 몸은 단순히 영혼의 일시적인 껍데기에 지나지 않거나 영혼보다 열등한 것이 아니다.[141]

우리가 예수님의 설교에 따른 부활 생명의 축복이 무엇인지를 발견하려고 할 경우 다른 어느 곳에서도 상세하고 분명한 '묘사'를 찾을 수 없을 것이다. 다만 전 구원 설교의 경우에서처럼 여기저기에 널려 있는 갖가지 말씀들의 긍정적인 약속만을 발견하게 된다. 복음에는 미래의 대사건들에 관한 어떤 이유든 묵시적 계시들이 존재하지 않는다. 구원은 하나님께서 자기 백성의 은혜로운 연합, 생의 비참으로부터 구출, 약속의 성취, 이 세상의 억압에서 보상 등으로 제시되었다.

팔복에는 부활 생명이 '위로', 의로 '배부름', '자비', '하나님의 자녀의 계시', '하나님을 봄' 등으로 불린다. 기타 여러 곳에서 "아브라함과 이삭과 야곱과 함께 앉으리라"(마 8:11과 병행 구절), "구원함을 얻으리라"(마 10:22 등등), "의인은 해와 같이 빛나리라"(마 13:43), "그의 목숨을 찾으리요"(마 16:25 등), "열두 보좌에 앉으리라"(제자들에 대한 말씀에서, 마 19:28), "결혼 잔치 자리에 앉을 것이

---

141) 이 견해와 비교되는 Menoud, *op. cit.*, pp. 11-21를 참조하라.

다"(마 22:1-14), "너의 주인의 즐거움에 참여하라"(마 25:14-30), "천국을 상속하리라"(마 25:34), 그리고 "새 포도주를 마신다"(마 26:29과 병행 구절)등의 표현을 발견하게 된다.

마태복음 5장 5-예수님께서 **땅**을 가리켜 하나님 나라의 영광이 계시될 장소로 칭하신 것은 특히 의미심장하다. 여기서 "땅을 기업으로 받을 것"(참고. 시 37:11; 사 60:21)은 복음에 의한 점진적인 세상 정복142)이 아니라, 언젠가 세상 끝에 천국이 강림하게 될143) 새 땅에서의 삶144)을 가리킨다.

"이 세상에서 행해지고 있는 하나님의 사역은 교회에서 모든 폭력과 사악을 깨끗하게 하는 것만 아니라, 예수님의 약속을 받은 사람들의 소유로서 땅을 지급하는 것도 포함된다."145)

이러한 관점에서도 복음은 이원론과는 거리가 멀다. 땅은 자연에 대한 철학적 개념으로서의 '자연'이 아니라, 창조함을 받았다는 의미에서 '피조물'이다. 땅은 전능하신 하나님의 창조 의지와 말씀에 기원한다.146) 이러한 까닭에 예수님께서는 누누이 땅에 대한 하나님의 권리와 하나님의 능력을 가르치셨다.

예수님께서는 하나님을 가리켜 '천지의 주재'라 부르셨다(마 11:25; 눅 10:21). 예수님은 땅을 하나님의 '발등상'이라고 칭하셨다(마 5:35). 그래서 천국의 구원은 모든 땅을 하나님의 완전하신 통치에 굴복시키는 것을 의미한다.

이것의 시초로써 예수님께서는 '땅에서' 죄를 사하는 권세가 있음을 천명하셨다(마 9:6과 병행 구절).

예수님께서는 부활하신 후 "하늘과 땅의 모든 권세"를 받으셨다(마 28:18). 또한 "세상의 모든 나라들과 그들의 영광"(마 4:8과 병행 구절)이라는 어구와 주

---

142) 참고. Strack-Billerbeck, *op. cit.*, I, p. 200.
143) Klostermann, *op. cit.*, p. 37.
144) Schniewind, *op. cit.*, p. 42.
145) Schlatter, *Der Ev. Matth.*, p. 136.
146) 참고. Sasse, *TWB*, I, p. 678.

기도문 가운데 하나님의 뜻이 "하늘에서 이루어진 것 같이 땅에서도" 이루어지기를 간구한 곳에서 계시되었다(마 6:10).

하나님 나라의 미래 계시는 인자의 무한한 가능성(단 7:14)과 아울러 우주의 재창조에 관한 예언들(사 65:17; 66:12)과 부합되게 땅에서 완전한 축복의 시작이 일어날 것이다. 땅은 하나님의 구원의 대상이다.

그러므로 미래의 복이 계속해서 영적인 향유나 고양만이 아닌 전 인간의 삶을 포함하는 일종의 기쁨으로 묘사되고 있는 이유를 이해할 수 있다. 이것은 몸과 물질적인 면을 포함하여 전(全) 삶의 구원이 복음 선포의 내용에 속한다는 성경적 창조관과 전적으로 일치한다.[147] 구원이 대파국—이 세상의 '지나감'—을 통과하여야만 하고, 그리하여 글자 그대로 다시 새롭게 되고, 재창조의 성격을 지닌다고 해도 말이다.

미래의 축복에 관한 모든 가르침은 '생명'이라는 말로써 간결하게 요약할 수 있을 것이다(마 7:14; 18:8 이하; 막 9:43, 45). 이외에도 미래의 복은 '영원한 생명'(마 19:16, 29; 막 10:17), '상속받을' 수 있는 것(마 19:29; 막 10:17; 눅 10:25), '받는 것'(막 10:30; 눅 18:30), 그리고 우리가 '들어갈' 수 있는 곳으로(마 18:8; 19:17; 막 9:43) 표현되었다. '생명'이라는 용어를 사용할 경우, 그것은 멸하지 않는 생명을 의미한다.

이 생명은 인간이 자기 자신 속에 간직하고 있는 어떤 '불멸'의 요소가 아니다. 이것은 앞에 열거한 예수님께서 사용하신 언어의 예들에 분명하게 나타난다. 그러나 이 불멸은 죽은 사람들의 부활 시에 하나님께서 그 택한 사람들에게 주시는 선물이다. 이와는 달리, 악한 사람들에게는 영원한 '멸망'이 예비되었다(마 10:28 등).

한편, 영생 얻음은 인간이 하나님의 뜻에 따라 행동하는 양식인 지상 생활과 밀접히 연관되어 있음이 분명하다. 계명들을 성취하는 것이 '생명에 이르

---

147) 이점에 대해서는 H. D. Wendland, *op. cit.*, pp. 77ff. Wendland는 복음에 대한 현대적인 영해를 거부한다.

는 길'(마 7:14)로 명명될 수 있는 까닭이 여기에 있다. 이 생명은 하나님 나라의 선물로서, 하나님의 성령이 가져다주신 아들 됨을 얻기 위한 준비이며 또한 아들 됨과 함께 시작되었고, 하나님께서 자녀들을 아버지로서 돌보심(마 19:29 등)과 관계가 깊다. 지금이라도 현재 살고 있는 사람들 사이에서 '산 자'와 '죽은 자'가 구별된다.

공관복음서에서 '생명'이 항상 미래 종말론적 의미에서 하나님께서 주신 구원의 선물로 언급되고 있긴 하지만, 이 미래적 선물과 지금 이미 주어진 구원(죄 사함, 하나님의 아들 됨, 성령의 은사) 사이의 파기할 수 없는 연결과 통일성이 있음은 틀림없는 사실이다. 둘이 하나요 동일한 천국의 선물들이며, 예수 그리스도 계시의 구원의 큰 행위에 기초하고 있다.**148)**

공관복음서에 기록된 천국 설교에는 부활과 생명의 선포가 단지 암시적인 기독론적 성격을 지니고 있을 따름이다. 그 이유는 그 설교가 그리스도의 죽음과 부활을 '현재를 결정하는 사건들'로 회고할 수 없다는 데 있다. 그렇다고 구원의 미래적 선물들이 천국의 구원 그 자체로서 그리스도 안에서 그 근거와 성취를 찾게 된다는 사실이 제거되는 것은 아니다.

이것은 신약의 구원 선포의 연속에 갖가지 방법으로 표현되었다. 그러나 공관복음에서 영생이 그리스도의 선물로 선포된 곳은 예수님께서 죽은 자를 살리는 이적 행하신 사건이 유일하다(마 9:18 이하; 11:5; 눅 7:11-17, 또한 마 27:52, 53). 그러나 **죽은 자들로부터 살아나신 예수님의 부활**의 열매와 그 결과인 영생은 이내 기독교 케리그마의 핵심과 심장부로서 선포될 것이다.**149)**

마지막으로, 십자가상에서 한 강도가 "예수여 당신의 나라에 임하실 때에 나를 생각하소서"라고 간구하자, 예수님께서 그에게 "내가 진실로 네게 이르노니 오늘 네가 나와 함께 낙원에 있으리라"(눅 23:42, 43)라고 하신 말씀을 특별히 언급하여야 하겠다. 이 문맥에서 이 말씀들이 특별히 중요한 이유는, 천국

---

148) 참고. Wendland, *op. cit.*, pp. 79, 80.
149) 또한 Bultmann, *TWB*, II, pp. 864-867, '$\zeta\alpha\omega$' 항목을 보라.

에 대한 강도의 언급이 예수님께서 '그 나라에 임하실' 때인 메시아적 대미래를 가리키고 있는데 반해, 예수님께서는 그에게 이미 "현존한"(semeron) 낙원의 복을 약속하셨다150)는 데에 있다.

이것은 죽은 자의 부활과 그것과 관계된 천국의 임함이 있기 이전에라도 축복의 자리에 참여할만한 사람들을 위한 중간기 상태가 있다는 사실을 의미한다고 할 수 있다.151) 이와 같은 개념은 예수님 당시의 유대인들 세계에서도 알려졌던 것이며,152) 이것이 바로 부자와 나사로 비유의 근간을 이룬다(눅 16:19-31, 이 비유에서는 축복의 상태가 '아브라함의 품에' 있는 것으로 묘사되었다).

강도에게 하신 예수님의 말씀에서 특히 주목되는 것은 예수님이 사람들을 하늘 영광에 참여하게 하는 절대적 능력과 권위를 가지고 있다는 사실이다. 둘째, "나와 함께"라는 표현이다. 이 표현은 강도가 그리스도라고 공공연하게 고백한 예수님과의 연합을 의미한다. 강도는 예수님께 대한 바른 신앙고백을 함으로써 죽음 직후에 구원의 보장을 받게 되었다. 공관복음서 다른 곳에서는 부활이 이르기 전에 일시적으로 누리는 축복 개념에 대한 가르침이 없긴 하지만, 이 표현의 의미는 분명하다.

하나님 나라의 왕이신 그리스도 안에는 완전한 축복이 있다. 그리스도의 제자들이 이 땅에서 생을 마치게 될 때, 그리스도의 도래와 죽은 자의 부활의 여명이 아직 도달하지 않았다고 하더라도, 그리스도는 이미 그들의 구원이시다. 아무것도, 죽음조차도 그들을 그리스도의 사랑에서 끊을 수 없다(롬 8:38, 39; 참고. 빌 1:23; 고후 5:1-8).

---

150) Zahn, *op. cit.*, p. 701; Klostermann, *op. cit.*, p. 229; Greijdanus, *op. cit.*, II, pp. 1148, 1149를 참조하라.
151) 그러므로 "중간기 단계를 빠뜨려서는 안 될 것이다." 이러한 사상을 표출한 자로서는 M. van Rhijn, *Een blik in het onderwijs van Jesus*, 1924, p. 135. 이 주장은 P. Althaus, *Die letzten Dinge*[5], 1949, p. 143에 의해서 지지되고 있다. Althaus는 여기서 누가복음 23장 43절을 언급하면서 중간기 상태를 논하고 있다. 참고. 또한 O. Cullmann, *Christus und die Zeit*, 1946, 212ff; Ph. H. Menoud, *Le sort des trépassés*, 1945, p. 45.
152) 참고. Strack-Billerbeck, *op. cit.*, pp. 1118, 1130; E. Stauffer, *Die Theologie des N. T.*, 1945, p. 190.

7장 하나님 나라의 복음 III
(계명들)

32. 하나님 나라와 의

앞장에서 성부의 뜻을 행하는 것이 예수님의 설교에서 얼마나 중요한 위치를 차지하고 있는지를 살펴보았고, 그럼으로써 예수님께서 선포하신 하나님 나라 복음의 범위 내에서 도덕적 명령의 총체적인 의미를 밝힐 수 있게 되었다.[1] 이제 예수님의 계명들의 내용과 의미를 좀더 자세히 검토할 과제에 직면하게 되었다.[2]

그 첫 질문으로, 어떤 점에서 예수님의 계명들의 내용이 천국 사상에 의해 결정되는지를 알아보자. 다시 말해서, 이 계명들의 특별한 의미를 이루는 것이 무엇인가? 피상적인 견해만으로도 이 둘의 형식과 특성에 있어서 어떤 통일성과 특별한 성격이 있음을 알 수 있다. 하지만 이것을 좀더 자세히 규명하는 것이 좋을 것이다.

예수님께서는 이 계명들에서 요구하신 것을 친히 일반적인 특징으로 요약하기도 하셨다. 이 가운데 가장 중요한 것은 마태복음의 산상설교에 등장하는 '의'(dikaiosune)에 관한 가르침이다. 마태복음 5장 21-48절에서 대조를 이루면서 가르치신 모든 내용은 제자들이 천국에 들어가기 위해(5:20) 필요한 '의'를 묘사한다.

마태복음 6장 1절에서도 출발점은 '의' 사상이며, 6장 33절에서는 무엇보다도 필요한 것이 "먼저 하나님 나라와 그의(하나님의) 의를 구하라"는 말로 요약되었다. 다른 곳(마 5:10)에서는 의가 핍박의 원인으로 명명되었고, 이러한 핍박을 당하는 사람들에게 천국이 약속되었다. 이 모든 본문들에서[3] 의는 천

---

1) 본서 제29항을 보라.
2) 이 주제의 진수는 필자의 논문 *De strekking der bergrede naar Mattheüs*, 1936에서 논의되었다. 하지만 이 논문에서 논의한 것을 여기서 다 언급할 수는 없다. 왜냐하면 예수님의 계명들은 산상설교 그 이상을 의미하며 또한 본서의 목적은 예수님의 도덕적 설교를 간략히 논의하는 것으로 그치려 하고 있기 때문이다.

국에 들어가기를 원하는 모든 사람들에게 부과된 하나님의 요구의 총체를 의미한다.

이 선언들은 또한 '하나님 나라'와 '의'의 밀접한 관계를 보여준다. 마태복음 6장 33절에서는 하나님 나라와 의가 중언법(重言法)의 형식으로 언급되었다. 5장 10절의 "의를 위하여"라는 구절은 다른 곳에서 "하나님 나라를 위하여"(눅 18:29), "나와 복음을 위하여"(막 10:29), "내 이름을 위하여"(마 19:29)라는 구절로 대치되었다.

그러므로 하나님 나라와 의는 예수님의 설교에 있어서 동의어라고 한다면 이는 옳은 말이다.[4] 이 중 어떤 개념도 다른 것을 배제하고 생각할 수가 없다.

이러한 사실로 인해 예수님의 계명들의 총체적인 의미에 관한 질문을 좀더 집요하게 할 필요를 느낀다. 만약 예수님께서 요구하시는 의가 하나님 나라의 의라면, 그것의 일반적인 성격은 과연 무엇이겠는가? 또한 어떠한 의미에서 의 개념의 내용이 하나님 나라 개념에 의해 결정된다는 말인가? 여기서 복음서에서의 '종말론'과 '윤리'의 관계에 대한 질문에 직면하게 된다.

하나님 나라에 대한 **관념론적 개념**에서 출발하여 예수님의 계명들을 해석하려는 시도는, 하나님 나라는 인간 영혼의 무한한 가치와 관련이 있어서 예수님의 계명들이 인간성의 이상에 의해 규정된다는 개인적인 의미의 관념론이든지, 아니면 하나님 나라는 인간 사회의 새로운 이상적 형태이며, 예수님의 계명은 그 나라의 실현을 위해 고안된 것이라는 총체적 의미의 관념론이든지 간에 즉시로 제거되어야만 한다.

이 같은 견해는 복음이 하나님 나라에 관하여 가르쳐 주는 것에 상반될 뿐

---

3) "의에 주리고 목마른 자"란 구절이 상이한 의미를 지니고 있음은 이미 지적한 바이다. 참고. 본서 제24항. 또한 우리는 마태복음 6장 33절의 (하나님의) '의'가 하나님의 나라에서 공의를 획득하게 하는 하나님의 구속적인 계시로 해석되어서는 안 되는지 물어볼 수도 있다. 널리 알려진 견해인, '의'가 하나님께서 요구하시는 생활의 행위를 의미한다는 생각을 선호하긴 하지만, 위의 견해를 취하는 것이 불가능하지는 않는 듯하다.

4) 참고. K. L. Schmidt, *TWB*, I, p. 583, 그리고 H. D. Wendland, *op. cit.*, p. 72.

만 아니라, 예수님의 계명들의 요지를 철저히 왜곡시키는 견해이다. 한두 가지의 예를 들어보자.5)

우리는 살인과 간음에 대한 예수님의 심오한 견해가 예수님께서 인간의 속성을 존중히 여기시고 여성들의 가치를 높이 평가하셨다는 견지에서는 설명될 수는 없다고 지적할 수 있다. 이 같은 설명은 문제의 본질을 잘 다루지 못한 것이다.

그 주제를 다룬 논의에서 결론을 이끌어 내는 것이 가능하다면, 인간의 속성에 대한 예수님의 고매한 견해에 반대되는 결론을 이끌어 내기에 충분한 계명들을 인용해야 할 것이다.

왜냐하면 예수님께서는 화내는 것을 금하셨고, 이혼장을 근거로 자기의 아내를 학대하고 이혼하는 행위 제반을 금하셨을 뿐만 아니라, 우리로 하여금 남이 때릴 때 맞으며, 무엇을 달라고 할 때 주라고도 명령하셨기 때문이다(마 5:39 이하).

예수님께서는 아울러 누구든지 자기의 아내와 아이들을 궁지에 버려두어야 할 상황에 대해서도 말씀하셨다(마 19:29 이하). 예수님께서는 어떤 사람들이 '개들'이라는 이유로 그들에게 거룩한 것을 주지 말아야 한다고 말씀하셨다. 또한 그분은 "너희 진주를 돼지 앞에 던지지 말라"(마 7:6)고 말씀하셨다. 이러한 계명들의 요점은 다음과 같다.

즉, 자기의 목숨, 아내 및 결혼을 포함한 온갖 종류의 '가치 있는 것들'이라도, 필요하다면 하나님 나라를 위해 희생해야 한다는 것이다. 하지만 예수님의 계명들의 내용을 결정하는 것은 이러한 가치가 아니다. 오히려 이와는 정반대이다. 하나님 나라야말로 지고의 선이며, 모든 인간적인 가치, 관심사, 이상들 위에 있고 그것들을 무색하게 한다. 예수님께서 제자들에게 요구하신

---

5) 이 이상적인 견해들은 한편으로는 Harnack, Grimm, Weinel, Baumgarten 등과 같은 사람들과 다른 한편으로는 Tolstoi, 사회적인 예수상, 사회 복음 등등을 주장하는 사람들이 제시했다. 이에 대한 상세한 논의를 위해서는 필자의 *De strekking der bergrede*, pp. 192-204, 218-233을 보라.

'의'는, 그것이 인간적인 가치들을 주장하기 때문이 아니라 그 의가 하나님 나라를 위하여 이 모든 것들을 철저히 희생시키기를 요구하기 때문에, '그 나라의 의'가 될 수 있다.

예수님의 계명들의 내용을 결정하는 것은 그 나라의 절대적인 **하나님 중심적** 성격이다. 특히 그 계명들의 철저한 요구는, 삶의 전 영역이 하나님 중심적 관점에서 주관되어야 하고, 모든 것을 이 단일 목표와 균형을 이루도록 해야 할 것을 의미한다.

동일한 것이 예수님의 계명들에 반영되어 있는 하나님 나라의 집합적 사상에도 그대로 적용된다. 일례로, 예수님께서 제자들에게 그들의 권리, 소유, 혼인을 포기하라고 명하셨을 때(마 5:38 이하; 눅 12:33; 마 19:12), 이 계명들은 새 사회 질서의 기반이 되는 것들을 의미한 것이 아니었다. 반대로 예수님 자신이 이러한 제도들(권리, 보답, 재산, 결혼 등)이 **활동하는** 사회의 기반을 친히 놓으셨다.

그러나 이제 하나님의 명령대로, 또한 그 나라를 위해 예수님께서는 그의 제자들이 그들의 권리, 관심사, 이익 보호를 포기하기를 원하신다. 그는 하나의 사회 질서를 다른 것으로 대체하기를 원치 않으신다. 사람의 능력, 환경, 사회 질시, 또는 자기의 깃이라고 주장할 만한 모든 것이 하나님 나라의 내조건의 지배를 받아야 함을 천명하신다.

그분은 권리와 자기 부인, 재산 소유와 그것을 희생할 각오, 결혼과 금욕을 대조시킨다. 이 말은 하나님 나라는 제물을 소유하지 아니하고, 권리가 없고, 금욕 생활로 이루어졌다는 의미가 아니다. 하나님 나라는 인간의 가치 구조와 관심사보다 훨씬 더 고상하다. '그 나라의 의'는 우리들에게 모든 것이 그 의의 지배를 받아야 할 것을 가르친다.

예수님께서 선포하신 하나님 나라와 하나님의 계명들의 내용 사이의 관계를 앞에서 언급한 것처럼 인본주의적 전제들에 근거하여 해석하는 일들은 즉시로 거부되어야 한다. 예수님의 계명들에 대한 철저 종말론적 개념 역시 부당하다. 철저 종말론도 '하나님 나라'와 '의' 사이의 밀접한 관계를 설정하긴 하지만, 그 경우 하나님 나라는 만물의 마지막을 의미한다. 왜냐하면 철저 종말론은 모든 지상의 권리와 관심사와 쾌락 등의 가치를 철저히 부정하며, 많은 경우에 있어서 하나님 나라로 이끄는 의에 부정적인 의미를 부과하고 있기 때문이다. 이런 의미로 예수님께서 천국을 위하여 자기를 부인할 것을 요구하신 것과 그분의 급진적인 계명들의 일반적인 내용을 설명할 수 있다는 것이다.

이러한 종말관의 비조인 요하네스 바이스는 이것과 관계하여 '예외적인 법령'을 주장하였고, 예수님께서 처하였던 상황을 전쟁 상태에 비교하였다. 전쟁을 치르는 동안에는 정상적인 생의 과정이 일시적이나마 정지된다. 비정상적인 것이 '정상적'인 것이 되며, 평화 시에 중요하고 바람직하던 것들이 하나의 커다란 관심인 전쟁의 승리[6]에 필요하도록 사용되어야만 한다는 것이다.

슈바이처는 예수님의 계명들이 '임시적 윤리'라고 말함으로써 이 개념을 도식화하였다. 즉, 계명들은 만물의 마지막이 도래하기 전 그가 가능하다고 간주한 짧은 간격에 필요한 윤리[7]라는 것이다.

복음에 대한 철저 종말론적 해석에서 예수님의 계명들을 이런 식으로 해석한 것보다 더 문제를 일으킨 것이 없다. 이 계명들의 내용들 가운데 이 세상이 신속하게 종말을 고할 것을 다루는 부분은 아무 데도 없기 때문이다.[8]

---

[6] J. Weiss, *Die predigt Jesu vom Reiche Gottes*², 1900, p. 139.

[7] A. Schweitzer, *Die Geschichte der Leben Jesu Forschung*⁴, 1933, pp. 594ff; 613ff; *Das Messianitäts-und Leidens-Geheimnis*², 1929, p. 19.

[8] 잘 알려진 비종말론적 동기의 예는 마태복음 6장 34절에서 발견된다. "그러므로 내일 일을 위하여 염려하지 말라. 내일 일은 내일 염려할 것이요 한 날 괴로움은 그날에 족하니라." 만일 예수님의 윤리가 철저하게 종말론적으로 결정이 되었다면 우리는 여기서 "내일은 끝이 날 것이요" 또는 "내일 하나님 나라가 임할 것이요"라는 문구를 예상하게 된다. 이 점에 대하여 J. H. Leckie는 특기할 만한 의견을 표출하였다(*The World to Come and Final Destiny*, p. 56). "만일 예수님께서 종말이 가까이 다가왔다는 확신 속에 있었더라면 이것이야말로 그가 사용할 수 있는 가장 강력한 논조가 될 것이다. 하지만 예수님께서는 사물들이 지나간 날들에 일어났던 것처럼 다가올 날들에도 그렇게 될 것과 인간의 옛 감동적인 경험이 장차도 계속 되풀이 될 것

이것은 특히 가장 '과격하다'고 할만한 계명들과 가장 특징적인 '종말론적 윤리'의 예에서 두드러지게 나타난다. 원수를 사랑하고 악을 대적하지 말라는 계명들(마 5:43 이하)이 대표적인 예이다. 이 계명들에서는 위기의식이 부재해 있다.

예수님께서는 제자들이 천부의 자녀들처럼 보여야 한다는 동기("이는 하나님이 그 해를 악인과 선인에게 비취게 하시며 비를 의로운 자와 불의한 자에게 내리우심이니라")에 근거하여 원수에 대한 사랑을 명하셨다. 제자들이 스스로 원수를 "갚지 아니하고", 자기애(自己愛)를 발동해서는 안 되는 이유가 세상에 종말이 다가오기 때문이 아니라, 죄인들에 대한 천부의 행동 때문이다.

이러한 동기는 종말론적인 상황에서 유출된 것이 아니다. 세상이 죄 가운데 떨어졌을 때부터 존재해 온 것이다.

동일한 사실이 예수님께서 여러 차례 말씀하신 하나님의 뜻의 대강령(즉, 사랑의 계명)에서도 발견된다(마 7:12; 22:34-40; 막 12:28-31; 참고. 눅 10:27, 28; 막 12:32-34). 이 사랑의 계명은 근본적으로 종말론적인 정신과 태도로써 명쾌하게 설명될 수가 없다. 오히려 예수님께서는 이 사랑의 계명을 종말론적인 상황에서만 아니라 모든 세대에 걸친[9] 인생의 거다란 계명으로서 유효한 하나님의 뜻의 요지요 내용임을 지적하셨다.

이런 점에서 예수님의 계명들의 전 구조를 임시 윤리나 예외적인 법령으로 특징짓는 것은 그 계명들의 핵심점을 지적하지 못한 것으로 판명된다. 그리고 예수님의 설교를 하나님 나라의 급박한 출현의 기대에서 기인한 것으로 간주하는 사람들이 '종말론'과 '윤리'의 관계를 점점 이런 식으로 연결하기를 거부하고 있다[10]는 것은 납득할 만하다.

임을 암시하는, 가정적이요 친숙한 사상에 그분의 주장의 근거를 삼는 것으로 만족하셨다." H. A. Guy, *The New Testament Doctrine of the "Last Things,"* 1948, p. 69에서 재인용. '하나님 나라'와 '염려를 해서는 안 되는 문제' 사이의 관계에 대해서는 본서 제30항을 보라.
9) 마지막에 언급된 사실은 이미 Weiss에 의하여 인정된 내용이다. 그러나 이 견해는 그의 추종자들 중 몇 사람에게서 강한 반대를 받고 있다.

예수님께서는 여러 차례에 걸쳐 하늘의 보화 또는 지옥의 화를 비교하시면서 순간적이고 지상적인 것들의 상대성에 호소하시면서 준엄한 요구를 하셨다(가령, 마 5:29, 30; 5:25, 26; 19:12, 21). 더욱이 천국 도래의 기대야말로 예수님의 계명들에 순종하고 이생의 보화들을 포기할 수 있는 능력 있는 자극제가 된다는 사실을 부인할 수 없다.

하지만 만약 예수님의 계명들을 지상의 일시적인 삶의 상대적인 가치에 호소하여 설명하려 한다면 그 계명들의 심오함에 심각한 오류를 범하게 될 것이다. 마태복음 5장 13, 14절의 "너희는 세상의 소금이라……너희는 세상의 빛이다"라고 선언하는 말씀은 지상의 삶의 상대성만이 아니라 그것의 보존과 촉진 역시 제자들에게는 동기들로서 제시되었음을 보여준다.

마지막이면서 참으로 중요한 요점은 이렇다. 이 '종말론적 이해'는 이제까지 여러 차례 논의해 왔던 사실을 무시하고 있다. 즉, 예수님께서 요구하신 착한 행실은 도래하는 하나님 나라를 위한 예비일 뿐만 아니라 그 자체로 이미 하나님 나라의 현존을 증시하고 있다는 사실이다. 이 '착한 행실'과 '의'를 행하는 것이 '하나님의 뜻'이다. 이렇게 '하나님의 이름이 거룩히 여김을 받음'으로써 하나님의 나라의 도래가 현시된다.[11]

예수님께서 요구하신 의의 규범들은 하나님 나라에 대한 지상적 관념이나 그 나라의 내세적이며 초월적인 특성에 근거하고 있지 않다. 예수님의 계명들에 표현된 하나님의 뜻은 어떠한 피조적인 가치들에 종속되지도 아니하고, 그것들에서 기인되어서도 안 된다. 그것들을 부정하고 존재하는 것도 아니다. 하나님의 뜻은 오로지 하나님 자신의 말씀에 달려 있다.

예수님의 '윤리'는 '좋은 것들'에 관한 교리나 금욕주의로 이루어진 것이 아니다. 예수님의 윤리는 완전한 의미에서 **순종**의 '윤리'이다. '의'와 의라고 일컬을 수 있는 것의 기원은 항상 하나님의 말씀에서 찾아야 한다. 이러한

---

10) 참고. Bultmann, *Jesus*, pp. 177-119.
11) 참고. 본서 제29항.

근본적인 사상은 예수님께서 누누이 말씀하신 다음의 특기할 만한 용어의 대전제이다.

즉, 더 이상의 설명이 없는 '하나님의 뜻'에 관하여 언급하심(마 7:21; 12:50; 18:14; 21:31; 눅 12:47, 48), '계명' 또는 '하나님의 계명들'(마 15:3; 막 7:8, 9; 마 19:17; 막 10:19; 눅 18:20), '하나님의 말씀'(마 15:6; 눅 11:28) 등이다. 인간은 이 계명들을 '성취하여야' 하며, '행하고', '지켜야' 한다. 또한 이것은 알려진 것, 또는 적어도 알려질 수 있는 것으로 언급되었다.

그러므로 만일 예수님의 어느 계명들에 의해 규정되었느냐고 묻는다면, 그 궁극적인 대답은 바로 이것일 것이다. **하나님의 율법에 계시된 그분의 뜻에 의해서**라고. 이것이 바로 산상설교의 가르침의 의미이다.

"내가 율법이나 선지자나 폐하러 온 줄로 생각지 말라 폐하러 온 것이 아니요 완전케 하려 함이로다"(마 5:17).

이 율법 '성취'의 의미가 무엇인지에 대해서는 다음 장(章)에서 좀 더 자세히 살펴볼 것이다. 하지만 여기서 우선 강조하여야 할 것은 바로 예수님의 윤리적 설교가 언약 백성인 이스라엘에게 주신 하나님의 뜻의 계시인 율법에 그 깊은 근거를 두고 있다는 사실이다.

그리고 이러한 사실은 마태복음 5장 17절에만 나타나는 것이 아니라, 장차 살펴보게 될 우리에게 전해 주신 예수님의 모든 가르침에서 두루 나타난다. 예수님의 계명은 율법, 곧 유일한 율법이요, 율법의 의미와 목적은 또한 예수님의 계명들의 의미요 목적이다.

'하나님 나라'와 '의'가 서로 연관되었다고 해서 하나님 나라가 예수님께서 선포하신 의에 표현된 새로운 윤리 규범을 제시하고 있다고 할 수 없는 까닭이 바로 여기에 있다. 하지만 이 두 개념 간의 관계는 하나님 나라의 설교에서 찾아야한다. 하나님 나라 설교는 예수 그리스도 안에 나타난 하나님의 오심의 설교이다. 또한 이 설교는 하나님의 뜻의 계시를 하나님 나라 도래에 대한 중요한 시금석으로 심각하게 취급하고 있다. 이 계시는 예수님에 의하여 여러 차례 율법과 선지자들의 글에 규정된 것으로 언급되었다.

그러므로 누구든지 예수님의 계명들의 **하나님 중심적**인 특성에 대하여만 아니라, 예수님께서 선포하신 의의 **신율성**(神律性)에 대하여서도 말할 수 있다. 이것은 하나님 나라에 대한 온갖 인본주의적 사상들에 대조되는 의미에서 그러하다. 하나님의 뜻은 율법의 계시에 표현되었다. 이러한 까닭에 하나님 나라 설교는 율법 설교이기도 하다.

이제 우리는, 예수님께서 그리스도로서 천국 도래를 큰 구원의 **때의 성취**요 **성경의 성취**(막 1:15; 눅 4:21)로 선포하셨을 뿐만 아니라, **율법의 성취**를 예수님의 메시아적 도래의 목적과 천국 복음의 내용으로 지대한 강세를 두었다고 해서 전혀 놀랄 필요가 없을 것이다.

33. 율법의 완성

예수님께서 요구하신 의의 의미를 정확하게 이해하기 위해서, 먼저 그분의 계명들의 특성을 율법의 완성이라고 좀더 상세히 정의해야 할 것이다. 그 다음으로 예수님과 구약성경에 기록된 율법의 관계가 명확히 언급된 본문들을 다루어야 한다. 이미 앞에서 언급한 바 있는 마태복음 5장 17절 이하는 이에 대한 대단히 중요한 본문으로 간주될 수 있다. 그러나 이 말씀은 독립되어 있거나 다른 본문들과 상관없는 말씀이 아니다.

먼저 마태복음 5장 17절의 핵심 사항을 지지하는 일련의 참고 구절들을 열거하여야 하겠다.[12] 예수님의 생애는 어린 시절부터 율법에 복종하는 삶이었다. 이에 관한 누가복음의 기록들은 이 의미를 확실히 보여주고도 남는

---

12) 참고. Gutbrod, *TWB*, IV, p. 1053ff, 'νομος' 항목. 그리고 A. A. van Ruler, *De vervulling van de wet*, 1947, pp. 327ff.

다(눅 2:22 이하). 예수님의 일련의 행위들 역시 율법의 조항들과 부합되는 것들이었다.

성전에 올라가심, 명절들을 지키심, 안식일 문제, 성전세를 지불하심(마 17:24 이하), 율법에 규정된 의복을 입으심(마 9:20; 14:36), 그분이 치유한 나병 환자를 제사장에게 보이라 명하심(마 8:4), 성전 건물을 이득의 대상으로 삼는 사람들에게 대항하여 성전의 거룩함을 변호하심(마 21:12 이하13); 막 11:16) 등등.

이것과 관련한 잘 알려진 구절을 언급할 수도 있다. 예수님께서는 수세시 세례 요한에게 말씀하셨다.

"우리가 이와 같이 하여 의를 이루는 것이 합당하니라"(마 3:15).

이 구절에 율법이라는 단어가 분명하게 언급되지 않은 것은 사실이다. 그러나 "의를 이루는 것"이라는 문구는 확실히 예수님(그리고 세례 요한)이 공생애를 시작하기에 앞서 율법과 선지서에 기록된 하나님의 요구를 암시하고 있는 것이 분명하다. 그러므로 "의를 이루는 것"이라는 문구는 예수님의 고난과 죽음을 비롯한 그분의 메시아적 대리 사역이 하나님의 율법의 완성으로 간주된다는 사실을 알려주는 대단히 중요한 구절이다. 하지만 이 의미는 공관복음서 케리그마에 표현된 범위 내에 국한된다.14)

그래도 예수님의 교훈에서 **여타의 것들**을 하나님의 계시된 율법과 관련시

---

13) 참고. 필자의 *Matth.*, II.
14) 율법의 성취와 관련된 공관복음서의 자료들에 대한 Van Ruler의 주해는 주경과 구속사적 관점에서 볼 때 귀중하고도 심오하다. 그러나 그는 Gutbrod(*op. cit.*, pp. 1053ff)가 예수님의 메시아적 속죄를 하나님의 공의와 하나님의 율법의 만족으로 충분히 설명하지 않았고, 또한 골고다 위에서 당하신 예수님의 희생적인 행위를 하나님의 법의 거대한 천명 그 자체라고 밝히지 않았다고 하여 Gutbrod를 비난한다(*op. cit.*, 327-367). 이 진리가 공관복음서 케리그마에 암시되어 있음은 의심할 바 없는 사실이다(본서 제23항을 참조하라). 하지만 해석학적으로는 이 진리가 '율법의 완성'에 대한 공관복음서의 선언으로써는 제시될 수 없다. 그것은 이 선언들이 이 진리에 대해서는 침묵하고 있다는 사실에 기인한다. 여기서(그리고 또 다른 곳에서) 해석과 계시의 역사는 그 자체의 임무, 좀 더 정확히 말해서 신조의 분명한 증명을 위해서 그 소임을 잘 감당해야 한다.

키고 있음을 지시하는 구절들이 수없이 많이 있다. 예수님께서 그의 계명들의 내용이 율법과 선지자의 대강령임을 가르치신 마태복음 7장 12절 이외에도 예수님이 젊은 부자 관원과 나눈 대화는 특히 중요하다. 젊은 관원이 예수님께 "선생님이여 내가 무슨 선한 일을 하여야 영생을 얻으리이까?"라고 여쭈었다. 예수님께서는 그에게 "······계명들을 지키라"(마 19:17)라고 대답하셨다. 마가와 누가는 "네가 계명을 아나니"(막 10:19; 눅 18:20)라는 대답을 첨가하였다. 그리고 예수님께서는 "네 이웃을 사랑하라"는 계명과 함께 십계명의 일부를 반복하셨다(레 19:18). 그렇다면 이 본문들이 주는 교훈은 천국에 들어가기 위해서는 율법을 완성해야 할 필요가 있다는 사실이다.

그리고 계속되는 대화 속에서 젊은 관원은 예수님으로부터 그가 가진 모든 소유를 팔아 가난한 자에게 주라는 명령을 받는다. 그러나 이 요구가 율법이 우리에게 행하기를 요구하는 수준을 전혀 능가하는 것이 아니다.[15] 오히려 그렇게 하는 것이 율법의 실제적인 적용이다.

여기서도 중심 문제는 완전하게 되는 것, 즉, 지속적으로 선을 행하는 것이다.[16] 이 일이 예수님께서 요구하시는 율법을 지키는 것에 불과하고, 천국에 들어가기에 필요한 것을 행하는 것에 지나지 않는다고 해도 말이다(마 19:24).[17]

더욱이 예수님께서 모든 계명들의 대강령이라고 반복해서 말씀하신, 하나님을 사랑하고 이웃을 사랑하라는 계명은 바로 율법의 요약이다(마 7:12; 22:40, 또한 막 12:34; 마 24:12을 비교). 이러므로 예수님의 가장 과격한 계명들이라도 항상 사랑을 구체적으로 이행하는 것(가령 마 5:38 이하, 43 이하)가운데 있다. 이것들은 새로운 종류의 의인 의에 반대되는 사랑을 보여주는 것이 아니라 예수님

---

15) 참고. 또한 Gutbrod. "이것(즉, 율법에 계시된 하나님의 뜻)을 넘어서서 예수님에 의하여 성취될 것이라고는 하나도 없다"(Darüber hinaus gibt es keine etwa von ihm zu vertretende Güte). *op. cit.*
16) 참고. 본서 제29항.
17) 참고. 좀 더 상세한 논의를 위해서는 필자의 *Matth.*, II, pp. 61ff를 보라.

께서 율법과 선지자의 요구로 선포하신 것들을 표현하는 것에 지나지 않는다. 이 계명들에 순종하는 것이 바로 율법의 완성이다. 이러한 점에서 우리는 왜 예수님께서 서기관들과 바리새인들의 교훈과 율법 준수를 그렇게도 신랄하게 비판하셨는지를 이해하여야 한다. 그 이유는 이렇다. 율법의 완성과 관련한 예수님의 설교는 죄 사함만큼이나 반제적인 동기로 점철되어 있음이 명백하기 때문이다.[18]

우리가 제기하려는 질문은 다음과 같다. "예수님께서 이 율법에 계속 호소한 의미가 무엇인가?" 또한 "예수님께서 자신이 이 땅에 오신 이유가 율법과 선지자를 완전케(plerosai) 함에 있다고 하시면서(마 5:17) 산상설교의 반제적인 말씀을 이끌어 내신 본의가 어디에 있는가?"이다. 이 질문에 대한 대답은(만일 그 대답을 얻어 내는 것이 가능하다면) 예수님의 전 윤리적인 설교를 개관한 후에라야 그 충분히 얻어낼 수 있을 것이다. 그럼에도 마태복음 5장 17-19절에 인용된 말씀들은 대단히 중요하다. 이 총괄적인 선언은 그 자체가 모호하지 않을뿐더러 전후 문맥과도 일치하기 때문이다. 이러한 이유로 이 본문의 신빙성을 부인하는 판단이 있다면 가차 없이 제거해 버려야 할 것이다.[19]

마태복음 5장 17절의 온전케 함(plerosai)과 관련하여 주목할 수 있는 첫 번째 사실은 여기에 외적 권위의 의미로 제시된 '율법'의 의미가 충분히 드러났고, 특별히 17절의 논리적인 귀결로 볼 때 더욱 그러하다는 점이다(참고. 눅 16:17). 그러므로 하나님의 뜻에 대한 우리의 지식의 근원으로서 율법을 '마음의 새로운 성향', '양심' 등으로 대체하는 데 있어 문제는 전혀 없다. 또한 이 본문이 마치 율법의 수량적인 보충을 의미하는 것처럼 설명하는 어떤 해석도 본문의 의미를 정당하게 판단하는 것이 아니다.

예레미야스는 마태복음 5장 17절을 바로 이런 의미로 이해하고 있다. 예레미야스는 예수님께서 '보충적이며 궁극적인 하나님의 뜻'의 전달자로서 자

---

18) 참고. 본서 제27항.
19) 참고. 이 점에 대해서는 *De strekking der bergrede*, pp. 155ff.

신을 '부분적인 하나님의 뜻'의 전달자인 모세와 대조시키고 있는 것으로 생각했다.[20] 그러나 '완성'은 '하나님의 뜻에 대한 우리들의 지식의 근원으로서의 율법 완성'이 아니라 율법의 요구에 대한 효과적인 주장을 의미한다. 이 용어는 내용물로 가득 찬 그릇을 암시한다. 율법의 '그릇'은 정당한 분량을 가졌다. 이 목적을 위해 예수님께서 오신 것이다. 그리고 이 분량은 자연적으로 완성되어가는 율법의 요구를 이루고 있다.

이것과 관련하여 몇 가지 중요한 문제가 제기된다. 첫째, '율법과 선지자'라는 문구가 요구뿐만 아니라 약속(그 다양한 약속들 중 메시아에 관한 약속)을 의미하며, 예수님께서 이것을 성취하기를 주장하셨는지에 관한 물음이 제기된다. "율법과 선지자"라는 말 자체가 이 문제에 대한 해답을 제시해 주지는 않는다. 왜냐하면 이 말은 하나님의 뜻을 아는 지식의 유일한 근원(마 7:12)만이 아니라 약속(마 11:13; 눅 24:44)을 의미할 수도 있기 때문이다.

필자의 생각으로는 전후 문맥이 분명하게 '율법'뿐만 아니라 '선지자(들)' 하나님의 명령을 언급하고 있다고 판단된다. 5장 17절은 '착한 행실'을 다루고 있는 16절을 설명한다. 그리고 이 말씀을 서론으로 시작하는 마태복음 5장 21-48절의 전 문단은 신적 명령을 다루고 있다.

그러므로 "율법과 선지자"를 산상설교의 나머지 부분(마 7:12과 22:40)과 동일한 의미로 이해해야 한다고 생각한다(이 **두 계명들** 모두 율법과 선지자의 대강령이다). 이것은 18, 19절의 율법만을 언급한 곳에서도 분명히 드러난다.

---

20) Jeremias, *TWB*, IV, p. 872, 'Μωυσης' 항목. Jeremias는 마태복음 5장 17절의 예수님의 말씀을 아람어로 인용하면서 탈무드(Schabbath 116b)를 언급한다. 그는 이말씀에 plerosai로 번역된 단어가 '첨가하다'(to add to)는 뜻의 아사프(히, asaph)라고 한다. 그러나 탈무드가 예수님께서 원래 사용하신 표현을 확정짓기 위한 최종 판결자로서 사용된다고는 할 수가 없다. 더군다나 탈무드가 복음서의 맥락(위의 본문을 보라)과 상충될 경우는 더 말할 나위가 없다. 게다가 탈무드는 예수님의 말씀을 복음서와는 전혀 이탈된 형태로 제시하고 있다. Billerbeck의 번역에 따르면(*op. cit.*, I, p. 242), 이 본문은 다음과 같다. "나 복음은 모세의 토라(Torah)로부터 이탈하기 위하여 온 것이 아니라, 거기(토라)에 첨가시키기 위하여 왔다." 하지만 Jeremias는 확실히 "폐하러"(katalusai)를 '이탈하다, 떼다'로 해석하려 하지 않는다.

두 번째 문제는, "율법의 '완성' 이라는 말로써 예수님께서 그의 메시아적 사명이 율법에서 나온 것이며 율법에 순종하는 것이었음을 의미하셨겠는가?" 하는 것이다. 아니면 그분의 교훈 단지 율법의 진정한 내용과 목적을 언급하는 것에 불과했는가의 문제이다.

이 문제는 다양한 형식으로 제기되었으며, 그 대답 또한 가지각색이다. 칼빈은 예수님의 '교훈' 과 그분의 '생애' 를 구별하면서, 그리스도께서는 그분의 완전한 생애 때문에 자기는 율법을 완성하기 위하여 왔노라고 말씀할 자격이 충분히 있으면서도 그분의 '생애' 가 아니라 '교훈' 을 말씀하셨다[21]고 주장한다.

클로스터만은 실천적인 성취와 이론적인 성취에 대하여 언급했다. 실천적인 성취로 해석하는 것이 19절 — '행하며 가르치는 것' 과 '버리고(어기며) 가르치는 것' 과의 대조 — 에 더 적합하지만 19절에 이은 21-48절에 율법의 **이론적인** 성취가 있다고 생각한다.[22]

반 룰러(Van Ruler)는 마태복음 5장 17절에 근거해 율법의 완성이 '그 의미에 있어서만 아니라 그 사실에 있어서도 일어나는' 행동임을 주목하였다.[23] 그리고 바로 연이어서(특히 마 5:17을 근거한 것이 명백한데) '완성' 이란 단어의 진정한 의미는 '관념론적 영역이 아니라 종말론적 역사의 영역에서' 발견된다고 부언하였다.

그러한 언급은 '정신적, 합리적 내용' 에 우선 관계되지 않고 '일어난' 어떤 것에 관계한다는 것이다. 완성은 '메시아적 범주' 에 속한 것이며, 율법의 완성은 예수님의 오심과 사역 속에서 완성되었다. '교리적으로 말해서, 예수님의 수동적이며 또한 능동적인 순종과 그분의 속죄와 성화의 사역 속에서' 완성되었다.[24]

---

21) "Etsi Christus, qua juit vitae perfectione, iactare merito poterat, se venisse ad implendam Legem, hic tamen de doctrina agitur, non de vita, ed." Tholuck, I, p. 143.
22) *Das Mattheus-ev.*, p. 40.
23) A. A. van Ruler, *De vervulling van de wet*, 1947, p. 305.
24) *Op. cit.*, p. 320.

필자는 이 문제를 다루는 칼빈의 신중한 태도를 주목하는 것이 필요하다고 생각한다. 산상설교 중 이 부분에서 예수님께서는 특별히 메시아의 권위를 가지고 하나님의 뜻을 **공포하셨음**을 본다(마 7:28, 29). 이러한 사실은 산상설교 전체에 걸쳐 두루 보여지지만 특별히 옛 사람(곧 옛 랍비들)이 가르치신 것들과 논쟁을 벌이시는 대구법적 부분에서 더욱 두드러지게 나타난다.

이런 점에서 이 본문은 예수님의 '생애'가 아니라 '교훈'과 더 관계를 맺고 있다고 할 수 있다. 그렇다고 이 말은 곧 대조가 있다든가, '완성 이론'에 대해서만 생각해야 한다는 것을 의미하지는 않는다.

예수님께서 5장 19, 20절 말씀에서(참고. 마 23:3) 유대의 율법사들의 가르침뿐만 아니라 그들의 생활양식까지 반대하셨던 것처럼, 예수님 자신의 가르침과 생활양식은 일치되어 있다. 그러한 까닭에 율법의 완성으로서 예수님의 생활은 동시에 그분의 제자들에게는 하나의 교훈이기도 하다(마 11:29). 그러나 '수동적'인 순종과 '능동적' 순종에 속하는 대리적 요소는 마태복음 5장 17절에 생략되어 있다.

하지만 두 번째로 우리가 명심해야 할 사실은, 제자들의 생활과 관련하여 예수님의 율법 완성이 단순한 '말씀'이나 '법규'만의 문제가 아니라 행동이요 선물이라는 점이다. 이것이 이제부터 논의할 주제이다. 예수님의 복음 선포는(그리고 율법의 완성 역시) 효과적인 말씀이다. 복음 선포로 말미암아 예수님의 제자들은 성부와 교제를 나눌 수 있는 위치에 나아간다. 그것으로 부자(父子) 관계가 탄생하며, 그들이 천부의 자녀로서 능히 살 수 있게 된다.[25]

그러므로 율법과 선지자의 완성에 관한 말씀을 새 언약의 약속을 의미한다고 이해하는 것은 예수님의 설교의 전체 성격과 완전히 부합한다.[26] 새 언약에 의하면 하나님께서는 그분의 율법을 자기 백성들의 마음에 기록하실 것이

---

25) 참고. 본서 제29항.
26) 마태복음 5장 17절을 해석함에 있어서 이것은 항상 옳게 지적되어 왔다. 참고. 가령 Calvin, *op. cit.*; Schniewind, *Matthäus*, p. 52; Barth, *Kirchliche Dogmatik*, II, 2^2, 1946, pp. 766ff.

며, 이럼으로써 하나님 자신이 율법 완성에 해답이 되신다(렘 31:31 이하).

이러한 사실이 마태복음 5장 17절을 주해하면서 율법에 대한 예언적, 메시아적 **해석**에 주로 관심을 기울였던 것과, 이것과 일치하여 예수님의 제자들에게 책임을 요구하는 사실을 손상시키지는 않는다. 이제 이 말이 과연 무엇을 의미하는지에 대해 특별히 모든 주의를 기울여야 할 것이다.27)

예수님이 율법을 결정적으로 주해하시고 유대 서기관들에게 신랄한 비판을 가하신 것은 종종 율법 그 자체에 대한 비판 포함하고 있다고 주장되어 왔다. 그것이 문자적인 비판이 아니라면 적어도 은근한 비판이라도 말이다. 그래서 율법에 관한 예수님의 직접적인 선포들은 그의 계명들의 실제 내용과 전혀 부합하지 않는 사상들이라고 생각하게 되었다. 이러한 견해는 특별히 (율법에 대한 명쾌한 주장인)28) 마태복음 5장 17-20절 말씀이 반제적 선언인 21-48절 말씀과 불일치하다는 사상에 근거를 두고 있다.

이 주장을 논박하기 위해서 다음의 사실들29)을 주목할 필요가 있다. 먼저, 이 반제적 표현들은 율법 그 자체가 아니라 직접적으로 율법사들의 율법 해석에 해당하는 것들이다.

이것과 관련하여 '옛 사람에게'(tois archaiois)라는 말의 번역을 살펴보자(마 5:21 이하). 필자는 이 말이 '옛 시대 사람들에게'(to them of old time)가 아니라 '옛 시대 사람들에 **의하여**'(by them of old time)라고 번역해야만 한다는 점이 논

---

27) 필자가 Schlatter의 해석이 마태복음 5장 17절의 특별한 의미를 잘못 제시한다고 생각한 까닭이 여기에 있다. Schlatter는 율법의 완성을 오로지 예수님의 메시아로서 순종으로만 이해한다. "예수님께서는 자신이 오신 목적을 성경의 계명들을 이행하고 그 모든 계명들에 순종하는 것으로 간주하신 한에서 군중들이 성경에 불순종하였으며 또한 그것에 순종할 수 없다는 점을 명백히 하셨다. 예수님의 (오신) 목적은 다른 이들이 행하고 또한 행할 수 있는 것을 초월하는 데 있다. 이제까지 하나님의 율법은 위반된 채로 있었다. 그러나 지금은 하나님께서 명하신 것을 행하는 자가 임하였다." *Der Ev. Matth*., 1933, p. 154.
28) 참고. 가령 H. J. Holtzmann, *Handbuch der Theologie des N. T.*, I, p. 204; W. C. Allen의 마 5:17-20에 대한 고찰, *op. cit.*, p. 45; Klostermann, *op. cit.*, p. 40; C. G. Montefiore, *The Synoptic Gospels*, II², p. 29.
29) 보다 자세한 설명을 위해서는 필자의 *De Strekking der bergrede*, pp. 153-174를 참조하라.

의의 여지가 없는 명백한 사실이라고 믿는다. 여기서 옛 사람들이란 할라카 (halacha. 랍비들에게 있어서 성문화된 율법과 구전(口傳) 율법 해석의 권위 있는 방법 중의 하나로서, 수세기의 전승을 거쳐 할라카라는 랍비 문서가 탄생하게 되었다. 이것은 하가다라는 다른 종류의 해석과 더불어 율법 해석의 쌍벽을 이룬다. 할라카 해석의 특징은 법적 구속력을 지닌다.—옮긴이)로써 율법 해석을 한 사람들을 의미한다. 예수님 당시 서기관들의 교훈은 이러한 해석에 힘입은 바가 크다.

이러한 의견을 지지 할만한 다음의 주장들을 인용할 수가 있다.

1) 예수님께서는 기록된(gegraptai) 것(성문법)이 아니라 말하여진(errethe) 것(구전)을 인용한 반면, 18절에서는 율법에 대하여 문자(일점일획)로 표현된 것으로 말씀하셨다는 사실이다. 그러나 말하여진 것이라는 어구로써 예수님께서는 서기관들이 백성들에게 구전으로 가르친 것을 의미하셨다. 이것은 '옛 사람'들이 가르친 율법의 전통을 가리킨다.

2) 호이 아르카이오이(οι αρχαιοι. 옛 사람들)에 뒤따르는 언어적 사용례는 옛 랍비들 또는 전통의 전수자들을 가리키고, 옛 수령자들을 가리키고 있지 않음이 분명하다. 다른 문맥에서 아르카이오이는 율법의 문제가 아닌 경우 옛 선지자들을 의미하고 있음(눅 9:8, 19)도 사실이다. 하지만 율법과 관련하여 '옛 사람들'이 언급될 때, 적어도 유대인들의 문서에 있어서, 이들은 서기관들을 의미한다.

탈무드(Talmud. 랍비들의 전통을 통해 발전해 온 할라카를 수집해 놓은 미쉬나에 대한 주석.—옮긴이)의 각 책들과 미드라쉼(Midrashim. 랍비 문학에서 문자적인 성경 주석을 총칭하는 말. 내용상 할라카적 미드라쉼과 하가다적 미드라쉼이 있고, 형식상 주해적, 설교적, 설화적 미드라쉼이 있다.—옮긴이)에는 '옛 사람들의 말씀들'이란 언급이 반복적으로 등장한다. 이들의 말씀들이 토라(Torah, 율법 또는 모세 오경)에 대치된다고 생각하는 사람들에 대한 경고가 있다(가령 Tanchuma 202a에는 "누구나 '나는 옛 사람들의 계명이 율법에 속하지 않았다는 핑계로 그들의 계명을 지키지 않겠다'고 말하지 말지니라"라는 글이 나온다). 이들의 말과 선지자들의 말씀은 동등한 위치에 놓인

다.30)

이것들을 근거로 예수님께서 "옛 사람"이라고 말씀하셨을 때 이는 율법을 받은 '우리들의 조상들' 31)을 의미하였을 것이라고 추측해서는 안 된다. 이 말은 예수님께서 반대하셨던 학식 있는 랍비들을 지칭했음이 분명하다.

3) 이것은 마태복음 15장 2절에 예수님께서 '장로들의 유전'과 하나님의 율법을 대조시키신 것(3절)에서 확증된다. 이 본문에서는 옛 사람(archaioi)이 아니라 장로들(presbuteroi)이 언급되어 있는 것이 사실이지만, 이 두 용어 사이에는 어떠한 전문적인 차이도 존재하지 않는다. 두 경우 모두 유대의 제케님(히. zeqenim, 연장자, 노인)을 언급하고 있음은 의심의 여지가 없다.32)

4) 우리의 의견이 결정적임을 증언하는 다른 주장은, 예수님께서 인용하신 "말한 바"라는 구절이 대부분의 경우 구약성경에서는 이러한 형식으로는 발견되지 않는다는 사실이다. 예수님께서 인용하신 구절은 여러 가지 다른 요소들이 첨가되었고, 적어도 한 경우에서는 구약성경에 상치된다는 것이 분명하게 드러난다(마 5:43). 이 인용들은 율법에서 적절히 인용된 것이라기보다는 율법의 **교훈적** 성격, 해석, 할라카를 전달해 주고 있음이 분명하다.33)

5) (옛 사람)에 의하여 말하여신 것과 상반되게, 예수님께서는 자신의 주상을 상하게 천명하셨다. "그러나 나는 너희에게 말하노니." 이 반제적 표현은 옛 시대에 말하여진 내용과 지금 말하고 있는 것에 관한 것뿐만 아니라, 그와 같은 '말을 하는' 당사자들인 예수님과 '옛 사람'과도 관계가 있다.

그러나 이 대구(對句)는 형식에서만 아니라 서로 반제적인 계명들의 내용에

---

30) 참고. Strack-Billerbeck, *op. cit.*, I, p. 693; 또한 p. 692 그리고 p. 254.
31) 예컨대, Delling, *TWB*, I, p. 485의 'ἀρχαιος' 항목.
32) 참고. 마 5:21과 15:2에 대한 Strack-Billerbeck의 고찰, *op. cit.*, p. 254와 p. 691.
33) 이러한 주장은 비록 누군가가 '옛 사람'을 율법의 수령자들로 설명한다고 하더라도 설득력이 있다. 그러한 경우에라도 그는 율법 그 자체가 아니라, 그들이 받은 율법의 설명에 나타난 교훈을 생각해야 하기 때문이다. W. Geesink, *Gereformeerde Ethiek*, I, 1931, p. 457.

서도 표현되었다. 말하자면 예수님께서는 율법에 반대한 것이 아니라, 율법에 대한 피상적 이해, 그 요구의 평가절하 등에 반대하셨던 것이다.34) 이것은 마태복음 5장 22-26절, 27-30절, 43-48절에 기록된 대로 율법과 관련된 언급에 분명히 나타난다.

그리고 예수님께서 이혼장, 맹세, 원수 갚는 일 등에 이의를 표명하신 것과 관련하여(마 5:32, 34-37, 39-42), 예수님의 계명들이 순전히 형식적인 관점에서 판단된다면, 예수님과 모세 사이의 갈등이 있을 뿐이다. 왜냐하면 이혼을 금지하는 경우에, 예수님은 모세에 호소할 수 있기 때문이었다(참고. 마 19:8). 게다가 이혼장 제도는 죄(이혼)를 인정해 주는 것이라기보다는 민법에 있어서 이혼할 길을 터준 것에 불과하고 어떤 한계 내에서만 그것을 지키도록 하였던 것이다.

예수님께서는 죄 때문에 필요하게 된 이러한 시민 질서를 공격하지 않으셨다(마 19:8). 하지만 예수님께서는 이 민법이 하나님의 계명을 완성한 것이 아님을 분명히 하셨다. 동일한 것이 보복법(ius talionis)에도 적용된다. 필요하다면 강제적으로라도 적의를 유지해야 할 임무는 사회의 위정자들에게 맡겨졌다. 그러나 이것이 사랑의 요구를 무효화시키지는 못한다. 또한 이것은 이 요구에 순종하기보다는 하나님의 신원하심에 호소해야 할 책임이 있는 주제도 아니다.

맹세를 금한 문제에 있어서도 예수님께서 하나님의 전지(全知)에 호소하는 구약성경의 모든 맹세에 이의를 제기하셨음을 의미하는 것으로 받아들여서는 안 될 것이다. 예수님께서는 맹세의 **왜곡된** 실천에 반대하셨고 진리를 말할 때는 꾸밈없이 그리고 율법과 선지자들의 의도에 부합해야 한다는 사실을 매우 강조하셨다. 산상설교의 반제적인 부분에서 율법의 완성이 (율법의) 단순한 반복과는 다른 어떤 것을 의미하는 것이 확실할지라도, 이 계명들에서 예수님께서는 율법을 규범적인 요구로 평가하기를 원하셨다는 것에는 일말의

---

34) 참고. 필자의 *De Strekking der bergrede* pp. 167-174에 들어 있는 논의를 보라.

의심의 여지가 없다. 그러므로 예수님은 여기서 하나님의 율법을 정정하시거나 완수하시는 것이 아니라, 그것을 변호하고 보호하신다.

동일한 물음에 대해 논의할 부분들이 더 있다. 예수님께서 '옛 사람들'의 전통과 하나님의 율법을 상반되는 위치에 두신 것이 강조되어 기록된 마태복음 15장 2, 6절과 마가복음 7장 5절 이하를 이미 언급한 바 있다.

예수님께서는 경제적으로 힘든 상황에 계신 부모님들을 봉양할 의무를 제한한 유대인들의 외식('고르반'의 경우, 막 7:11; 마 15:5)을 폭로하셨다. 또한 그의 제자들이 '장로들'의 정결 예식을 지키지 않는다는 바리새인과 서기관들의 비방에 대해 반박하셨다.

예수님의 대답은 서기관들의 율법조항들만이 아니라 정결과 부정에 관한 모든 의식적인 관념을 총괄적으로 폐지하시는 듯하다. 이것은 "무엇이든지 밖에서 사람에게로 들어가는 것은 능히 사람을 더럽게 하지 못하되 사람 안에서 나오는 것이 사람을 더럽게 하는 것이니라"(막 7:15, 16)의 선언과 계속해서 언급된 이 선언에 대한 충분한 설명에 적용된다(마 15:10-20; 막 7:14-23).

하지만 전체 문맥을 고려하면 예수님께서 그같은 임시방편으로 모든 정결의식법을 폐하시 않으셨음이 분명하나.[35] 정결과 불결에 관한 그분의 말씀들을 의식적 정결에 속하는 모든 것에 대한 공격으로 간주해야 한다면, 레위기 11장의 음식물에 관한 규례만이 아니라 제사장의 정결에 관한 율법도 포함시켜야 한다.

그러나 예수님께서는 어느 곳에서도 성전 봉사와 의식적 정결에 관한 규정들을 거부한 적이 없으시다. 예수님은 친히 이 규정들을 지키셨으며, 다른 사람들에게도 이를 지키기를 요구하셨다(참고. 마 8:4; 23:23; 눅 2:22). 그래서 '옛 사람들'의 규례를 그들이 어떻게 해석하였는지에 대한 논쟁이 일어나게 된 것

---

35) 어떤 저자들은 마가복음 7장 19절 하반부를 "그리하여 그는 모든 고기들을 정결하다고 선언하였다"라고 번역한다. 그러나 katharizon은 ekporeuetai의 연속으로 취급해야 한다. 소화의 과정은 동시에 음식물의 정결화이기도 하다.

이다. 예수님의 제자들은 옛 사람들의 규율들을 준수하지 않았고, 예수님은 이들을 변호하셨다. 다른 한편, 더럽히는 것과 더럽히지 않는 것에 관한 예수님의 말씀은 아주 대략적으로만 언급되어 있다. 그렇기 때문에 예수님께서 모세 율법에 기록된 의식적인 정결 규례를 지키셨다고 하더라도, 그 말씀의 결과는 '장로들'이 정결 규례를 세분화한 것과 다름없는 규례들을 지칭하시는 것처럼 보인다.[36]

그러나 예수님의 말씀과 행위 사이의 모순되어 있어 보이는 것도, 예수님의 말씀의 의미를 올바로 이해하게 되면 곧 사라져 버린다. 그분은 정결과 음식물에 관한 모세 율법을 폐지하기를 원하신 것이 아니었다. 그러한 율법이 아무 의미 없는 것이라고 일축해 버리시려는 것도 아님이 분명했다. 예수님께서 이 말씀을 하신 이유는, 죄인이 이러한 식으로 하나님 앞에서 참된 정결을 얻을 수 있다는 망상을 없이 하려는 데에 있었다.

예수님께서는 여기서의 중심문제가 인간의 전 행동과 행동 정지를 결정하는 것이 바로 인간의 **마음**임을 보여주셨다. '음식'과 '마음'은 '서로 상관이 없는 것들'이다. 음식과 몸의 정결이 하나님의 전체 율법의 한 위치를 담당하고 있음을 부인할 수 없다. 그러나 이 율법 자체는 하나님 앞에서 어느 누구도 정결케 할 능력이 없다.

예수님의 비난은 이스라엘의 공중 예배와 관련하여 내린 선지자들의 부정적인 평가와 거의 일치한다(참고. 사 1:11 이하; 58:5 이하; 렘 6:20; 14:12; 암 5:22; 미 6:7; 시 50:8 이하). 선지자들의 비난 역시 공중 예배를 폐지하려는 것이 아니었음이 확실하다. 선지자들의 비난은 중생하지 않은 마음과 회개하지 않은 생활로 예배에 참석하는 한, 그 예배가 하나님 앞에서 아무런 가치가 없음을 보이려는 데 있다. 동일한 교훈이 산상설교에서도 발견된다(마 5:23, 24, "먼저 화해하고

---

36) Schniewind, *Das Ev. nach Markus*, pp. 99-101. "이 구절(15절)은 참으로 구약 전 의식 규례를 타파하는 말씀이다."("In Wahrheit sprengt der Vers(15) die ganze alttestamentliche Kultusgesetzgebung.")

예물을 드려라").

이것이 바로 정결에 관한 예수님의 말씀의 의미이다. 예수님 자신은 의식적인 정결과 윤리적 정결과 같은 추상적인 용어를 사용하지는 않으셨지만, 필자는 이 두 가지 정결을 구별할 만한 충분한 이유가 있다고 생각된다. 이 두 정결을 구별하는 것이 대조하는 것은 아니라 할지라도 이 구별은 둘 사이에 등급의 차이가 있음을 시사한다. 그러므로 윤리적인 정결만 있으면 되고 의식적인 정결은 불필요한 것으로 간주해서는 안 된다. 의식적인 정결은 그것의 종교, 윤리적인 기반에서 분리될 수 없기 때문이다.

예수님과 바리새인 사이의 또 다른 논쟁은 문제의 해결을 이러한 방향에서 찾아야 된다는 우리의 의견을 확증해 준다. 이 논쟁은 예수님께서 **세리들과 함께 식사를 하심**에서 비롯되었다(마 9:9-13). 여기에서도 문제의 핵심은 유대의 규율의 정당성에 관한 것이었다.[37] 예수님께서는 함께 듣는 사람들에게 선지자의 말씀을 상기시키셨다.

"내가 긍휼을 원하고 제사를 원치 아니하노라"(마 9:13; 참고. 호 6:6).

이 인용문은 이 시점에서 대단히 의미심장하다. 이 인용문에서 예수님과 바리새인들 사이에 발생한 논쟁이 제기되고 있다. 이 인용문은 안식일에 관한 논쟁을 벌이는 마태복음 12장 7절에도 나타난다. 이 말씀은 정결에 관한 예수님의 말씀의 뜻을 설명해 주기도 한다.

'세리와 죄인들'과 함께 식사를 하는 문제에 있어서나 안식일에 관한 논쟁에 있어서 핵심 문제는 희생 제사 중 하나(즉, 성전 봉사)가 아니었다고 말할 수도 있다. 그러나 예수님께서는 호세아의 예언에 비추어 이 문제에 관한 바리새인들의 주도면밀함과 그들의 열심을 주시하셨다. 예수님은 (단순히 건강부회식으로 오해한 것에 대해서가 아니라) 그들의 어떤 태도를 폭로하였다. 그래서 그분은 (마가복음 7장 6, 7-행한 것처럼) 일반적인 예언적 주제를 들어 그의 대적자들을 비

---

37) 참고. Strack-Billerbeck, *op. cit.*, I, pp. 489ff.

난하셨다.

예수님께서는 (손으로 성전까지 가져갈 수 있는) 제사와 마음에 관련되어 있는 긍휼, 친절, 사랑을 대조하신다. 여기에서도 예수님께서 희생 제사를 단순히 외형적인 것이라고 하여 무시한다든가 거부해 버리는 것이 아니라, 오직 외형적인 형태만 남은 의식(Cultus)과 마음이 없는 의례만을 유지하고 있는 종교를 정죄하신 것으로 이해해야 한다. 반제적인 대조는 절대적인 형태로 되어 있다.

"내가 긍휼을 원하고······ 제사를 원치 아니하노라."

하지만 이것은 상대적인 의미를 지닌다. 이것은 매우 자주 등장하는 문체의 형식이다(참고. 욜 2:13; 요 6:27). 곧 반제의 전반부의 용어가 후반부가 없이는 존재할 수도 없고, 후반부를 통해서만 그 진가를 알 수 있음을 의미한다.

그러나 '제사'와 '긍휼'이 마치 살인과 증오의 경우처럼 서로 행위와 성향의 관계를 갖는 것은 아니다. 여기서는 단지 윤리와 의식이라는 두 별개의 영역이 있을 뿐이다. 예수님의 비난은 이 둘을 분리시키려는 데 있는 것이 아니라, 율법의 통일성을 계시하여 윤리적인 영역이 의식적인 영역에서 없어서는 안 될 기초가 됨을 보여주시려는 데에 있다.

예수님께서 바리새인들에게 화를 선언하신 마태복음 23장만큼 이 관계를 명쾌하게 제시하고 있는 곳은 없을 것이다(참고. 눅 11:39 이하). 이 전체 말씀은 서기관들과 그들의 율법 준수에 대한 예수님의 태도를 이해하는 데 더없이 중요하다. 마태복음 23장은 예수님께서 그들이 '모세의 자리에 앉았고'(23:2) 그 권세를 행사할 권리를 가지고 있음[38]을 인식하시는 대단히 적극적인 선언으로 시작된다. 이 본문에서 예수님이 모세의 율법을 반대하고 계시다고

---

38) 3절의 "그러므로 무엇이든지 저희의 말하는 바는 행하고 지키되, 저희의 하는 행위는 본받지 말라"는 내용을 주해하는 것은 무척 어렵다. 이것을 예수님께서 16-22절에 언급하신 것과 같은 그들의 규율들을 염두에 두고 계신 것이라고 이해할 수는 없을 것이다. 참고. 또한 필자의 *Matth.*, II, pp. 130ff.

생각한다면 오해다. 대신 우리의 특별한 관심을 끄는 23절에서부터 시작해 보도록 하자.

다시 문제는 "너희가 박하와 회향과 근채의 십일조는 드리되"라는 광범위한 의미에서 의식법에 속하는 계명의 의미를 규명하는 일일 것이다. 예수님께서는 이 본문이 신명기 14장 22절 이하에 대한 극단적인 엄격한 설명인 양 반대하지는 않으신다. 대신 그분은 '율법의 더 중한 바 의(judgment)와 인(mercy)과 신(faith)'을 지적하신다.

'더 중한'(ta barutera)이란 표현은 이 계명들이 완성하기에 더 어렵고, 그리하여 고도의 노력을 요한다는 것을 암시하지 않는다. 이 말의 뜻은 이 계명들이 율법의 가장 비중이 있고 가장 결정적인 부분을 대표한다는 데에 있다.39) 율법에 있는 모든 것이 동일하게 비중이 있는 것은 아니다. 율법의 완성은 우리가 하나님의 계시 그 자체가 가르치는 영적인 **분별**을 알고 실천하는 것을 의미하기도 한다(참고. 마 23:23; 미 6:8; 슥 7:9). 이 말은 행동이나 외적인 수행, 의식적인 것들이 중요하지 않다는 의미가 아니다. 예수님께서는 계속해서 "그러나 이것도 행하고 저것도 버리지 말아야 할지니라"라고 말씀하셨다.

가장 중요한 것은 무엇을 외적이며 의식적인 것의 기초인 마음의 올바른 성향에 둘 것인가에 있다. 예수님께서는 윤리적인 것을 의식적인 것에 적대적인 것으로 생각하지 않으셨다. 전자를 후자의 필요불가결한 것으로 간주하셨다. 그리고 이러한 의미에서 이것을 율법의 가장 요긴한 부분으로 삼으셨다.

마지막으로 **안식일** 준수와 **금식**과 관련된 본문들을 논하여야 하겠다. 이미 호세아 6장 6절의 중요한 주제를 언급했다. 그러나 이것만이 유일한 본문은 아니다. 다른 곳, 즉, 손 마른 사람을 치유하신 경우에서도 예수님께서는 자신이 안식일 규정을 어기는지 책잡으려고 하는 사람들에게 다음과 같이 질문

---

39) 참고. 이 같은 언어학적 사용례에 관하여서는 Schlatter의 *Der Ev. Matth.*, p. 679를 보라.

하셨다.

"안식일에 선을 행하는 것과 악을 행하는 것, 생명을 구하는 것과 죽이는 것 중 어느 것이 옳으냐?"(막 3:4; 눅 6:9).

누가복음 13장 15절 이하에는 예수님께서 그들이 안식일에 소나 나귀 돌보는 것을 비난하시면서, 사탄에게 매인 바 된 아브라함의 딸을 안식일에 이 매임에서 푸는 것이 어떻겠느냐고 물으신다. 동일한 대답을 안식일에 고창병 든 사람을 고치고 서기관들과 바리새인들에게 해주셨다(눅 14:1-6).

예로 든 본문들에서의 논쟁은 하나님께서 주신 안식의 날의 성격과 특징에서 비롯된다. 이 날은 생명을 억압하거나 파괴하기 위함이 아니라, 생명을 구원하기 위하여 주어졌다는 것이다(참고. 막 2:27). 더욱이 이 경우들에서 안식일에 관한 모세 율법을 위반한 사실이 드러나지도 않는다.

그러나 후기 유대교적 견해에서 발전된 문제점은 율법의 문자에는 관심을 기울이면서도 하나님의 율법을 완성하지 못하고 도리어 파괴해 버리는 경향에 빠지게 된 데에 있다(참고. 요 7:22-24).

제자들이 안식일에 밀 이삭을 잘라 먹은 사건에 관하여 세 복음서가 제시하는(마 12:1-8과 병행 구절) 안식일에 관한 논쟁 이야기는 조금은 다른 점을 보여준다. 이 경우에서도 문제의 핵심은 모세의 규례 그 자체[40]가 아니라 안식일에 관한 율법의 전형적인 **해석**의 위반이었다. 그렇지만 예수님께서는 그의 제자들이 받은 비난에 대해 좀더 포괄적인 경우를 들어 대답하신다. 그분은 기록된 것("너희가 읽어보지 못 하였느냐," 마 12:3과 병행 구절), 즉, 다윗이 금지된 진설병을 먹은 사례를 들어 설명하셨다.

여기에 메시아 주제에 대한 분명한 예가 있다. 다윗은 여호와의 기름부음 받은 자로서 진설병을 먹은 것이며, 그가 떠난 길은 거룩한 길이었기 때문이다(삼상 21:5).[41] 이와 유사하게 예수님께서는 안식일 계명의 명문(明文)을 어긴

---

[40] 손으로 이삭을 따서 비비는 행위(눅 6:1)는 모세 율법에 의해 금지된 추수 형태로 설명된다(출 34:21).

제사장들을 언급하시면서, 그래도 그들은 결백하다고 간주해야 한다고 주장하셨다. 그리고 부언하셨다.

"내가 너희에게 이르노니 성전보다 더 큰 이가 여기 있느니라"(마 12:6).

이것은 예수님께서 자기 자신의 위대함과 하나님께서 자신에게 부여하신 메시아적 사역에 호소한 것이 분명하다. 만일 형식적인 의식 법규들이 자신이 신적 권위를 가지고 제시하신 목적과 상충된다면, 예수님은 자신이 위대하고 메시아적 사명을 가지고 있다는 이유로 인해 이러한 의식법들을 지키지 않아도 되었다.

비슷한 경우가 자신의 아들 됨을 근거로 예수님이 아버지 집에 세금내야 할 의무가 면제된다는 사실을 주장하고 있는 마태복음의 말씀(마 17:24-27)에서 발견된다. 안식일과 관련한 앞의 언급들을 다음과 같은 말로 요약할 수 있다.

"인자는 안식일의(마가복음에는 '안식일에도' 라고 기록되어 있음) 주인이니라"(마 12:8).

그러므로 인자이신 예수님께서는 하나님께서 그에게 주신 권위로 자신을 안식일의 주인이라 칭하시고, 안식일의 주인다운 행동을 하셨다. 그분은 그렇게 하심으로써 자기가 아버지의 뜻을 거역하는 것이 아니라 성경 자체와 일치해 그 뜻을 성취하고 있다고 밝히셨다.

마지막으로, 율법 완성에 대한 메시아적 주제는 금식에 관한 예수님의 말씀인 "혼인집 손님들이 신랑과 함께 있을 동안에 슬퍼할 수 있느냐"(마 9:15 이하)는 구-좀 더 포괄적인 의미로 발견된다. 이 금식에 관한 교훈 바로 직후에는 낡은 옷과 생베 조각, 새 술과 낡은 가죽 부대에 관한 말씀이 뒤따른다. 우리는 바리새인들이 제정한 금식이 모세 율법에 기초한 것이 아님을 명심하여야 하겠다. 그러나 예수님께서 이러한 이유 때문에 바리새인들의 비난을 물리친 것이 아니다. 다른 곳에서 예수님께서는 어떤 형태의 금식이라도, 그것

---

41) 참고. C. F. Keil, *Die Bücher Samuels*, 1875, p. 17.

이 당대에 실행하는 것이었든지(마 6:16-18), 아니면 장래에 실행될 것이든지 간에(마 9:15 하반절) 금식 그 자체를 부인하지는 않으셨다.

금식에 관한 예수님의 말씀의 중요성은 바로 그분이 구원의 역사적 상황에 비추어 하나님께 대한 형식을 갖춘 예배와 그분을 섬김에 필요한 예배 양식 제반을 원하신다는 것과 예수님께서 이 예배가 구원의 역사적 상황에 의거하여야 할 것을 밝혔다는 데에 있다.

지금은 완성의 단계요, 신랑이 함께 있는 때이며, 옛 것(palaion)이 지나가고 새 것(neon 또는 kainon)이 도래한[42] 때이다. 그러므로 새 시대는 모든 것, 심지어 예배 양식조차도 지배해야 한다. 이러한 이유로 심판이 임박한 것을 알고 슬픔과 회개의 표시로 금식하는 것이 요한의 권고의 주제이기도 하다.

옛 것을 고수하는 것은 이미 시작된 구원 시대와 완성되어 가고 있는 구원의 선포를 오해하고 무시하는 것을 의미한다. 여기서도 예수님께서 반대하신 것은 율법이나 율법의 부수적인 어떤 종교 형태의 준수가 아니라 근본적으로 새 것을 인식하지 못한 채 옛 것을 지키려는 불신앙적인 기계적 옹호였던 것이다.

이 말씀들이 우선 금식을 언급하고 있고, 예수님의 오심으로 시작된 (부분적이나마) 메시아의 희락의 때를 특징짓고 있지만, 특별히 낡은 가죽 부대에 담은 새 술에 관한 마지막 말씀이 매우 총괄적인 의미를 지닌다는 것은 부정할 수 없다. 대단히 중요하고 전 포괄적인 표준이 제시된 곳이 어딘가에 있다고 한다면, 바로 이곳일 것이다. 이는 금식의 의미에만 아니라 구약의 예배 방식의 전 존재와 그 가치에 있어서도 대단히 중요하다.

그러므로 이 진술은 마태복음 5장 18절의 "천지가 없어지기 전에는 율법의 일점일획이라도 반드시 없어지지 아니하고 다 이루리라"는 말씀의 보충으로

---

[42] 참고. Behm, *TWB*, III, pp. 451ff. "kainos는 전혀 다르고 기이한 것의 본질이며 마지막 시기에 도래할 어떤 것이다." "더욱이 새 것에 관한 비유나 옛 것에는 맞지 않는다는 가르침 비유 등(막 2:21ff)은 예수님의 메시지의 전혀 다른 성격을 지적한다."

인식되어야 할 것이다. 이 구절 중 메시아적 관점에서 가장 중요하다고 생각되는 부분은 바로 "다 이루리라"는 말이다. 비단 선지자들뿐만 아니라 율법 역시 예수님의 오심으로써 완성되며, 이 둘은 그와 같은 완성의 관점에서 이해되어야 한다.

그래서 마태복음 5장 18절의 선언은 누가복음에서 매우 특기할 만한 위치를 차지하고 있다. 누가복음 16장 16, 17절에서는 이 말씀 앞에 "율법과 선지자는 요한의 때까지요 그 후부터는 하나님 나라의 복음이 전파되어 사람마다 그리로 침입하느니라"라고 기록되어 있다.

한편, 누가복음에서도 율법의 항존적인 성격이 지적되어 구원의 완성이 시작된 후에도 율법은 계속되지만, 율법의 완성은 '새 것'이 도래하였다는 사실에 비추어, 그리고 그 사실과 밀접한 연관을 가지고 이해해야 한다.

누가복음 16장 16, 17절 말씀과 마태복음 9장 14절 이하의 말씀을 포함해 복음서의 어느 곳에서도 모든 종류의 구약의 규례들의 잠정적인 중요성만 언급된 적은 없다. 특히 하나님을 섬기는 양태에 있어서 지나가는 말로라도 그것의 임시성을 언급한 곳이 없다(마 27:54; 24:2의 병행 구절들을 비교해 보라).

그러니 마태복음 9장 16절 이하에 표현된 것처럼 메시아적 완성 주제는 그 결과가 미래에까지 미치는 광범위한 주제이다.[43] 이 구절에서도 '완성'(또는 성취)과 '임시성'은 병행한다.[44] 이 임시적인 완성은 아직 성취되지 않았다. 예수님께서는 여전히 고난을 받으시고, 죽으시고 죽음에서 부활하셔야만 한다. 이 모든 것이 신적 예배의 의미와 형식의 상호결정 요소이다. 이것이 구약적 형태로 나타났을 때에도 예수님께서는 이를 폐하지 않고 그것을 완성하셨다.

그러나 이제 **'율법의 완성'**은 율법에 대한 구약의 문자적인 명문(明文)과

---

43) 참고. Behm, *TWB*, IV, p. 902, 903, 'νεος' 항목; Hauck, *Das Ev. d. Mark*, 1931, pp. 38, 39.
44) 참고. 막 2:18-22에 관한 Schniewind의 견해를 참고하라. *op. cit.*, pp. 60, 61.

그리스도 안에 계시된 구원의 의미 모두의 규범을 필요로 하고 있음이 분명해졌다. 이것이야말로 하나님을 예배하는 태도와 관련하여 예수님의 말씀으로부터 명확하게 유추해낼 수 있는 중요한 주제이다.

율법에 대한 예수님의 태도와, 그분이 선포하신 율법의 완성의 사실적 의미에 관해 지금까지 논의해 온 것들을 요약하면서 다음의 사실들을 지적해야만 하겠다.

먼저 예수님의 도덕적 교훈의 기본적인 구조로서 '율법의 윤리와 마음의 윤리' 두 개념은 서로 상반되는 개념들이라는 견해를 거부해야만 한다.[45] 예수님께서 여러 차례에 걸쳐 하나님을 기쁘시게 하기 위해서는 율법의 외형적인 나타남과는 반대로 마음의 성향이 어떠해야 하는지가 더 중요하다고 강조하신 것이 사실이다. 예수님은 선한 행실의 가능성은, 특히 나무와 열매에 관한 가르침에서 발견할 수 있는 것처럼, 마음의 선한 성향에 달려 있다고 말씀하셨다(마 7:17 이하, 12:33 이하).

그러나 예수님에게 하나님의 율법이 지식의 외적인 권위요 근원이라는 이유로 폐지하려는 의도는 조금도 없었다. 더군다나 예수님의 말씀은 이 율법을 인간의 착한 성향으로 대체해야 한다는 의미도 아니다. 예수님께서 바리새인들이 율법의 지구에 얽매여 백성들에게 살인, 간음 등 외적인 행동만을 가르치며, 악의 진정한 근원인 마음의 성향을 지적하지 않았다고 그들을 비난하셨을 때, 그분은 율법의 배후에 있는 다른 의미를 찾으려는 것이 아니라 율법 자체의 깊은 의미와 목적과 아울러 마음의 성향을 주장하려 하셨다. 마음의 성향은 그것이 어떤 방식으로 나타나든지 간에 율법을 초월한 어떤 속성이 아니라, 율법과 관련을 가지며 율법이 요구하는 것과 동일한 것이다.

예수님께서 요구하신 전적인 순종인 사랑의 계명에서만큼 이러한 사실이

---

45) Hermann의 신학 때문에 이 견해는 폭넓은 지지층을 형성해 왔다. 무엇보다도 H. J. Holtzmann 학파에서 이 견해는 특히 신약 신학에 지대한 영향을 끼쳤다. 필자는 *De strekking der bergrede*, pp. 146ff과 Van Ruler, *op. cit.*, pp. 337ff에서 이 견해를 반박했다.

명쾌하게 나타나는 곳은 없을 것이다. 모두가 주지하다시피 이 계명은 자주 **율법과 선지자**의 대강령으로 표시된다. 유사한 방법으로 "마음을 다하고 성품을 다하고 힘을 다하여"라는 표현도 **율법**에서 빌려온 것이다(신 6:5).

현대에 제기되는 문제들에 따르면 사랑과 같은 마음의 성향은 "명령해서 이루어질 수 있는 것이 아니며" 예수님의 계명들은 자율 및 타율, 외향적, 내향적 권위 구조에 귀착된다고 하는데, 이러한 주장들은 복음과는 전혀 거리가 먼 이야기들이다.

마음의 성향은 선한 행위의 조건에 필수불가결하다. 그 이유는 마음의 성향이 율법의 규례에 포함되어 있으며, 하나님께서 자기 뜻의 계시로써 이를 명하셨기 때문이다. 율법의 신율성은 율법과 밀접한 관계를 가지고 있다. 그리고 율법을 복음으로부터 제거해 내려고 시도하는 사람이 있다면 그는 율법이 복음과 부정할 수 없는 지속적인 유대 관계를 갖고 있음에 실망하게 될 것이다.

그러므로, 율법의 완성을 제의가 윤리로 바뀌었다는 사실에서 찾는다면 표적을 빗나가게 될 것이라고 말할 수 있다. 이것이 두 번째 핵심이다.

예수님께서는 한 구절이 아닌 여러 곳에서 윤리 없는 의식이 설대석으로 불충분함을 보이셨다. 또한 명백하게 윤리를 형식적인 의식 행위보다 위에 두셨다. 그러나 예수님 자신은 하나님의 율법이 의식과 윤리 모두를 포함하고 있음을 아셨고, 어느 곳에서도 의식을 그런 식으로 거부하지 않으셨다.

예수님은 모든 종류의 율법주의적인 과장이나 (안식일에 관한 율법의) 기계적인 이행에 반대하여 종교적인 어떤 형식적인 준수보다 행위의 **의미**를 주장하셨다. 그러면서도 그분은 그와 같은 종교적 형식을 규정하고 있는 율법의 분명한 의미에 호소하신다.

신랑에 관한 말씀에서 들을 수 있는 메시아적 주제는 특히 중요하다. 여기에는 금식과 같은 종교적 관습은 예수님의 오심으로 말미암아 완성이 도래하였기 때문에, 예수님은 그 관습이 비록 임시적이기는 하지만 구시대의 것으로 간주되어야 한다고 선포하셨다. 그러므로 율법의 완성은 '여분의' 의미를 띤다. 이 주제는 예수님의 말씀에 단 한 번 등장하는데(비교. 마 27:51), 이것은 윤리적 원리의 결과가 아니라 구속사적 원리의 결과이다. 윤리와 의식은 그 성격상 하나님의 뜻의 전 계시에 속한다. 그리고 여타의 모든 신적 계시와 마찬가지로 윤리와 의식은 그리스도의 오심으로 시작된 구원의 도래와 때의 성취에 비춰 해석된다.

세 번째, 예수님께서 과격한 사랑의 법을 시민법의 영역과는 대치되는 위치에 두셨다는 주장을 거부해야만 한다. 이러한 견해 역시 예수님의 윤리적인 설교와 상관없는 계획에 기초하고 있다.

예수님께서 시민, 정치, 사회적인 계명들과 같은 방법으로 하나님의 명령을 지적하지 않았고, 사회의 보복법(가령, 이혼)을 들어 자기의 행동을 결정하는 사람들이 이것을 기화로 그들의 생활에 적용해야 하는 하나님의 준엄한 요구를 회피할 수 있었다는 것은 참말이다.

그렇다고 해서 이것이 곧 예수님께서 사회 법질서에 반대하셨고, 그분의 윤리적 설교의 요지를 (창조부터 기인하고 죄 때문에 필요해진) 법령들과 함께 (사랑의) 계명들과는 현저히 다르다는 사실에서 찾아야 한다는 의미는 아니다.[46] 예수님께서 하나님의 본의("본래는 그렇지 아니 하니라." 마 19:8)를 언급하심으로써 죄의 영향을 받기 이전의 창조 질서를 회복하셨다는 것은 사실이다.[47] 그러나 율법이 인간의 죄를 전제하는 한,[48] 예수님께서 율법을 '폐하셨다' 는 말은 사실이 아니다. 예수님께서 그와 같은 법령들을 주신 이유가 죄를 억제하고 죄를 용인하지 못하게 함에 있기 때문에 이들을 거부하신 것이 아니다.

어거스틴(Augustine)은 이것을 '죄에 빠지지 않게 하는 길'(limes non fomes peccati)이라고 표현했다. 예수님께서 진정 거부한 것은 참되고 본래의 신적 계

---

[46] 이에 대한 Brunner의 견해와 복음서의 빛 아래서 볼 때 이 견해의 부당함에 대해서는 필자의 *De strekking der bergrede*, pp. 210ff, 235ff를 각각 참조하라.
[47] Gutbrod, *op. cit.*, p. 1056.
[48] Gutbrod, *op. cit.*

명에서 떠난 (율법의) 적용과 (랍비들의 해석과 같은 여타의 가르침과 같은) 교훈들을 의지하는 것이었다.

이와 같은 여러 견해에 따르면 율법의 완성은 예수님으로 인한 율법이라는 범주의 폐지 또는 율법의 어느 한 부분을 희생시키고 율법의 내용 중 일부분이 폐지된 것으로 간주된다. 그러나 율법에 대한 예수님의 태도는 일정불변하고 절대적으로 긍정적이라고 해야 할 것이다.

이것의 의미는 산상설교에서 옛 사람과 대조한 말씀에서 명백히 드러난다. 마태복음 5장 21절 이하에서 예수님께서는 율법의 의미를 그 적용상 **실례들**을 들어 설명하신다. 여기에 든 예들은 '새로운 독립된 계명들'로서나 성문화된 율법과 유리된 별개의 것으로 간주되어서는 안 된다. 오히려 전 율법의 범위 내에 있는 것으로 인식해야 할 것이다.

예수님께서는 새로운 설명이나 윤리적인 요강을 발표하신 것이 아니다. 그분은 계시된 하나님의 율법의 깊이를 인식할 수 있는 심오한 통찰력을 부여하셨다. 이 모든 독립된 계명들의 정당성이 배타적이지 아니한 이유가 바로 이것이다.

이 세 낱말이 하나님의 모든 경륜을 의미하거나 율법과 생활의 복합성을 포함하고 있는 것은 아니다. (예수님께서 율법을 성취하신) 어떤 선언들을 그분이 질적으로 동일하게 행하고 있는 말씀들이나 행위들과 대조한다는 것은 그리 어렵지 않을지도 모른다. 율법을 성취하지만 말과 행동을 다르게 하는 것이 이에 해당한다.

예수님께서는 맹세가 악에서 나왔다고 하여 맹세를 금하셨다. 하지만 예수님 자신은 맹세한 적이 있으시다(마 26:64). 예수님은 어느 사람이 자기 형제에게 "어리석은 놈"이라고 말한다면 지옥 불에 빠질 것이라고 말씀하셨으면서도 자신은 바리새인들과 서기관들을 가리켜 어리석은 놈들(과 소경)이라고 부르셨다.

뿐만 아니라 그들의 외식을 질책하는 곳에서 그들을 이런 식으로 묘사하셨다. 마태복음 23장 19절에는 소경으로 묘사되어 있다. 그 밖의 여러 곳에서도 유사한 묘사가 발견된다.

이와 마찬가지로, 예수님께서는 제자들에게 "누구든지 네 오른편 뺨을 치거든 왼 편도 돌려 대라"고 명하셨으면서도, 자신은 가야바 앞에서 재판을 받는 도중 누군가 자신의 얼굴을 쳤을 때 항의하셨다(요 18:23). 이 모든 것은 예수님의 계명들의 성격이 율법의 구체적인 적용이며, 하나님의 모든 계시된 율법과 연관을 가지면서 그 빛 아래에서 해석되어야 한다는 사실을 반영한다.

이러한 까닭에 율법에 대한 예수님의 평가와 율법 성취에도 불구하고 예수님께서는 구약 선지자들의 비평과 비슷하게 율법에 대해 비평적인 태도를 취했다고 말하는 것은 옳지 않다.[49] 이 같은 이론을 주장하는 사람들은 예수님의 태도가 살아계신 하나님이 실존 세계에 새로이 들어오신 결과였기 때문이라고 생각한다. 그들은 이것을 주장하기 위하여, 예수님께서 참된 신적 요구에 대한 여지를 남기려고 어떤 계명들에 순종할 의무를 폐지하시려는 듯이 보이는 성경 구절들을 예로 든다. 그러나 이것은 율법이 아니라 그 적용에 대한 비판이었다.

예수님께서는 제사가 아니라 긍휼을 요구하신다. 예수님은 의와 인과 하나님의 뜻 요구들을 십일조를 바치는 문제와 같은 율법의 세부적인 것과 대조시킨다. 이 모든 것은 예수님께서 율법을 비난하기 위해서나 어떤 계명들을 제거하기 위해서, 하나님에 대하여 새로이 말할 여지를 남기려는 목적으로 말씀한 것이 아니었다. 반대로 예수님께서는 이 요구로써 **율법의** '더 중한 문제'를 분명히 하셨다(마 23:23). 더욱이 예수님은 산상설교에서 모든 계명들을 하나의 대강령으로 집약하였다.

---

[49] Van Ruler, *op. cit.*, p. 345. 이것과 관련하여 그는, "자신의 소유를 절대로 포기하지 않으시는 살아계신 하나님의 자기 계시로서 계시의 유동성의 순간"에 대하여 언급하고 있다. 그는 계속하여 이 하나님은 "그분의 율법을 스스로 또한 그분의 고유의 방법으로 보존하시는" 분이시라고 말한다.

"그러므로 무엇이든지 남에게 대접을 받고자 하는 대로 너희도 남을 대접하라"(마 7:12).

이 말씀의 근저에는 그가 앞서 (율법에 규정된) 보복법의 폐지에 관하여 하신 말씀이 있다. 그러나 경우에 있어서도 예수님께서는 율법을 초월하거나, 재판권의 원리인 보복법을 폐지하려고 하시지 않으셨다. 율법을 성취하시기만을 바랄 뿐이었다. "이것이 율법이요 선지자니라."

그러므로 그분이 율법의 문구에 호소하는 것을 거부하셨을 때에도, 율법에 대한 비판이나 그 폐지에 대한 문제는 없는 것이다. 이와 같은 거부는 다시금 예수님 편에서 율법에 호소하는 것으로 나타나기 때문이다. 단지 한 가지 사실, 그러나 대단히 중요한 사실에서만은 율법이 보류되어 왔다. 율법의 내용이 예수님의 도래로 말미암아 시작된 구원 실행의 의미와 더 이상 어울릴 수 없다는 사실이 그러하다.

이것은 계시의 '가변성' 때문이 아니라 구속사의 **점진성** 때문에 그런 것이다. 구속사의 흐름에 있어 구약의 율법은 성취의 조건 하에 놓여 있다.[50] 여기서 '율법 비평'이라는 용어가 문제는 아니다. 예수님과 바리새인들 사이에는 기존 율법에 대한 죄신의 입증할 수 있는 의미만이 있을 뿐이다. 그러므로 예수님의 윤리 설교는 그의 독특한 율법 해석에 관해서만 독특하다.[51]

그렇다고 해서 이 말이 예수님의 윤리 설교가 율법의 반복(deuteronomium)을 의미한다고는 할 수 **없다**. 예수님의 계명들에는 구약성경 어디에서도 그 병행구를 찾아 볼 수 없는 율법의 요구를 구체화하는 표현이 있다. 예수님께서 바리새인들과 서기관들의 부정확한 성경 해석을 거절하시면서 여러 종류의 예들을 사용하여 율법의 의미를 확증하신 경우가 그렇다.

---

[50] 이러한 관점의 중요성은 이스라엘의 시민법에서도 분명히 나타난다. 그 시민법의 정당성은 구원의 계시로 말미암아 도달한 단계와 이스라엘의 국가적 존재의 특별한 성격을 고려하지 않는다면 옳게 확립될 수 없다.

[51] 참고. G. C. Berkouwer, *Geloof en heilging*, 1949, p. 185.

모세는 살인에 대하여 언급했으나, 예수님은 조롱하거나 화를 내는 문제까지 언급하신다. 모세는 이웃 사랑에 대하여 말했으나, 예수님은 원수의 사랑에 대하여 말씀하신다. 이렇듯이 율법을 낱낱이 적용하신 예수님의 의도를 좀더 면밀하게 연구해 본다면, 이 율법 완성의 특징을 하나로 형식화시키기가 얼마나 어려운지 드러날 것이다. 명백한 범행에 관한 율법을 해석한 경우에 있어서 예수님은 마음에 품은 생각을 언급함으로써 그것이 율법에 동일하게 적용될 수 있다고 주장하셨다(마 5:27, 28).

또 다른 예에서 예수님께서는 율법의 특수한 계명에 언급된 죄는 금지되어야 할뿐만 아니라 우리에게 의를 행하라는(마 5:23-26) 율법의 '적극적인 면'에 관련된 책임이 있음을 지적하셨다. 예수님께서는 여러 차례에 걸쳐 '옛 사람들'과 서기관들이 백성들에게 가르쳤던 것과는 다른 율법의 규정에 호소하셨다. 율법에 의하여 규정되어 권세자들에게 맡겨졌던 보복법의 적용과는 달리, 예수님께서는 율법이 가르치는 바 사랑의 계명의 결과들을 강조하셨다(마 5:38 이하). 이와 비슷하게, 맹세에 관한 특정 성경 말씀에 기초하여 진실성의 요구를 충족시키기 위해서는 맹세해야 한다고 지나치게 주장하는 사람들의 견강부회를 반대하셨다(마 5:33 이하).

모세 율법에 마련된 이혼을 허락하는 주장들은 절대적인 부부의 충절의 요구에 위배된다(마 5:31 이하; 19:3 이하). 율법의 '더 중한 것'을 수행할 요구는 문자에 얽매인 의식법과 제의법 준수보다도 우월한 위치에 있다(마 23:23 등). 예수님께서 그분의 계명들에서 나타내 보이신 율법의 완성은 종종 특정한 죄의 심오함과 정밀함, 그 죄의 근원과 기원에까지 파고들어간다. 다른 곳에서는 율법 완성이 죄와 의의 원자적인 개념을 거부하며, 하나님의 **모든** 계명들 전체의 **본래 의미**에 하나님의 계명을 정립시킨다. 예수님께서는 율법을 지지하고 완성한다고 주장하신다.

매 경우 율법 해석, 즉, 율법에서 나온 하나님의 뜻을 아는 지식은 당대의 유대 교사들의 율법 해석을 능가하는 요구들을 만족시켜야만 한다. 그러므로 문제는 여러 율법에 있는 것이 아니라 율법 해석에 있다. 문제는 "예수님께서 요구하시고 실행하신 해석이 과연 어떤 것들로 이루어져 있는가"에 있다.

반 룰러는 여기서 특기할 만한 형식을 사용한다. 예수님의 율법 해석의 특성은 인간이 율법에 의하여 '공개된 실체'에 놓인 사실에 있다는 것이다. 이 말의 뜻은 그리스도가 우리를 **우리의 이웃**과 한 데 묶어 놓았을 뿐만 아니라 무엇보다도 인간은 항상 그리고 어디서나 **하나님 앞에** 서 있다는 것이다. 비록 율법에서 유추된 것이라고 해도 모든 윤리 제도가 타락했지만 말이다. 이 말이 시사하고 인간에게 요구하는 바는 어떤 식으로든 말로써는 표현할 수 없으며, 더군다나 율법으로써 표현하기가 불가능하다는 것이다.

하나님은 '파악될' 수 없는 분이시다. 하나님과 그분의 계명과 마주치는 것은 율법에서는 발생하지 않는다. 오직 하나님께서 인간 실존에 들어오심으로써만 가능하다.52) 비록 율법의 형태가 하나님께서 인간 실존에 들어오시는 어떤 특수한 **양상**이라고 하더라도 말이다.

이러한 이해는 다음의 중요한 진리를 담고 있다. 즉, 하나님의 뜻은 독립되고 구체적인 상황을 일일이 다 설명하지는 않는다는 것과 하나님은 인간으로 하여금 하나님 자신이 **행하시는** 것뿐만 아니라 하나님의 뜻을 **아는 것**에도 책임 있는 결정을 내리도록 하셨다는 사실이다.

하나님의 율법은 인생의 매 상황을 설명하는 교과서가 아니며, 사례마다 하나님의 뜻을 알기 위하여 문의할 때나 필요한 상황 준칙이 아니다. 이보다도 율법은 인간으로부터 하나님의 뜻을 아는 **지식**에 대한 영적 분별력과 판단을 요구하며, 인간을 그러한 지식에로 이끌기를 원한다.

그렇다고 해서 율법에 대해 영구하고 보편적으로 타당한 예인지 아닌지 의문을 품거나 구체적인 특성을 지닌 하나님의 계명들에 대해 의문을 품는다는

---

52) 참고. Van Ruler, *op. cit.*, pp. 348ff; Van Ruler의 견해는 주로 Gutborod의 주해에 근거하고 있다. *op. cit.*, pp. 1055ff.

의미는 아니다. 하나님의 율법은 하나님의 뜻의 몇몇 적용들과 실제적인 예들, 또한 전범들만이 아니라 행동과 요체들과 일반적인 원리들에 대한 명쾌한 기본선을 제시한다.

이런 점에서 십계명은, 적어도 부분적으로나마 이러한 실제적인 적용의 특성을 지니고 있는 산상설교의 계명들과는 그 성격이 전혀 다르다고 하겠다. 이러한 사실은, 구약 율법에 대해서도 그렇지만 하나님의 뜻을 아는 지식이 영적 판단과 분별력의 문제라는 것과, 예수님과 바리새인들 사이의 반제에서 이러한 구별이 여러 차례에 걸쳐 진정한 문제로 제기되었다는 사실을 파괴하지 않는다.

예수님께서 지속적으로 율법의 특정한 선언들에 호소하기를 거절하셨지만, 이 거절이 율법 안에 있는 신적 계시가 '주어진 것' 또는 '고정'을 언급한다면, 이것은 복음과는 이질적인 문제들이 될 것이다. 왜냐하면 바리새주의는, 그 자체가 하나님과 율법에 기록된 원리들이나 일반적인 규율들로부터 유추해낸 것인 까닭에, 전혀 오류가 없다고 판정할 수 있다는 것이다. 그러나 실제로 바리새주의는 맹렬한 비난을 받았다. 그 이유는 바리새주의를 고수함으로써 율법의 진정한 의미와 심오한 뜻이 그 효력을 상실했기 때문이다.

복음서 전체에 걸쳐 예수님께서 율법을 강조하는 유대교를 가리켜 하나님의 '공개된 실체'의 허용할 수 없는 차단이라고 비난하는 구절이 단 한 군데도 없다. 오히려 그분의 전 가르침은 하나님의 율법 속에 계시된 하나님의 뜻의 살아 있는 실체에 대한 사상으로 점철되어 있다. 예수님은 율법으로부터 하나님의 '공개된 실체'에 호소하지 않으시고, 율법에 있는 이 실체를 지적하신다.

그가 가끔 되풀이하여 제기하시는 꾸짖음은 그들이 너무 율법에 충실하기 때문이 아니라, 그들이 율법에 참되게 충실하기를 거절했기 때문이다(마 15:6; 9:13 및 기타 여러 구절들에서 발전됨). 유대교를 신봉하는 사람들이 이렇게 율법에 충실하기를 거절한 가장 기본적인 원인은, 유대교가 율법을 살아 계시는 하나님으로부터 분리하여, 율법을 단지 형식주의와 학적 연구의 주제로 만들어 버린 데에 있다.

이와는 대조적으로 예수님께서는 그의 제자들을 하나님의 뜻을 알도록 하기 위해 하나님 자신에게로 이끄셨다. 그들은 그들이 천부의 자녀인 것을 보여주어야만 했다. 이러한 만남은 율법을 하나님의 뜻의 해석이요 하나님의 뜻을 기록한 것으로, 또한 살아계시고 거룩하신 하나님에게서 나오는 인격적인 훈계로 인식하는 곳에서 일어난다. 예수님의 율법 완성의 특색은, 그가 인간으로 하여금 율법의 한계를 초월하여 생각하도록 허용한 데 있는 것이 아니라, 이러한 한계들 안에서 인간으로 하여금 하나님의 뜻을 아는 일에 책임을 지도록 하는 데 있다.

만일 예수님의 율법 성취에 나타난 특별한 성격이 무엇이냐고 묻는다면, 그 대답은 이렇다. 하나님의 뜻을 아는 지식의 근원으로서 율법의 제한된 중요성을 지적하는 데 있지 아니하고, 이보다는 율법 요구의 전체적이고도 전포괄적인 성격에 대한 예수님의 정당성 부여에 있다고 해야 한다.

다른 어떤 것이 아니라 바로 이것이 예수님께서 그분의 계명들을 통하여 율법 요구의 급진적 개혁을 단행하신 의미이다. 또한 이러한 반제가 야기된 출발점이기도 하다.

"만일 너희 의가 서기관과 바리새인보다 더 낫지 못하면"(마 5:20).

예수님께서 요구하신 이 '더 낫다'(excess)는 말은 율법이 제공하는 것보다 더 많은 상황에 우리가 직면한다는 수량적인 의미가 아니라, 율법의 요구가 서기관들이 제안한 율법에 대한 대단히 정교한 해석보다도 더 깊이, 그리고 더 풍성하게 나아간다는 질량적인 의미로 이해된다. 이와 같은 성취가 포함하는 범위는 넓이만이 아니라 깊이의 차원이기도 하다.

그러므로 하나님의 율법의 전체적인 특성이 가리키는 바는 예수님께서 보이신 율법 해석의 모든 예들의 일반적인 경향이다. 이 같은 예는 마치 율법의 전 포괄적인 요구를 계시하는 율법의 종단면(vertical section)과도 같다. 그리하여 살인은 증오와 말다툼에서, 간음은 불결한 음욕에서 그 유래를 찾으며, 사랑의 계명은 내적, 외적으로 모두 철저한 행동을 요구한다. 그래서 젊은 부자 청년에게 그가 가진 모든 것을 팔아 가난한 자에게 주라(마 19:21)는 요구가 주어진 것이다(눅 12:33에는 이에 대한 일반적인 형식이 있다).

이것이 바로 예수님께서 원하시던 '온전함'이다. 망설임 없이 그의 존재와 그가 가지고 있는 모든 것을 다 드려 하나님의 뜻에 무조건 굴복하는 것이다. 이것이야말로 무엇보다도 하나님을 사랑하고 이웃을 자기 몸과 같이 사랑하라는 율법의 가르침에서 추론할 수 있는 의미이다.

구트브로드(Gutbrod)는, 이 강령이 율법 속에 포함되어 있는 여러 가지 계명들에 대한 체계적인 명료성을 갈구하는 바람에서 설명될 수 있는 것이 아니며, 이 강령의 기원이 '장난삼아 조립하기를 좋아하는 경향' 탓에 있는 것이라고 설명해서는 안 된다고 바르게 관찰하였다. 더욱이 이 강령은 자칫하면 "율법을 약화시키거나 그것을 해가 없는 것으로 만들기가 쉽다"고 생각되기가 쉽다.

그러나 사실은 정반대이다. 그것은 율법을 철저하게 하는 데 이바지한다.[53] 이것이 바로 "네 마음을 다하고 목숨을 다하고 뜻을 다하여"(마 22:37)라는 문구와 "네 이웃을 네 몸과 같이"라는 문구에 나타나 있는 바와 같이 복음서에 나타난 '사랑' 개념의 의미이다.

사랑 개념의 의미는 마태복음 6장 24절(참고. 눅 16:13)의 "한 사람이 두 주인을 섬기지 못할 것이니 혹 이를 미워하며 저를 사랑하거나 혹 이를 중히 여기며 저를 경히 여김이라 너희가 하나님과 재물을 겸하여 섬기지 못하느니라"라는 말씀에서 가장 명백하게 나타난다. 그리고 마태복음 10장 37절(참고. 눅 14:26)의 "아비나 어미를 나보다 더 사랑하는 자는 내게 합당치 아니하고 아들이나 딸을 나보다 더 사랑하는 자도 내게 합당치 아니하고"라는 말씀에서도

---

53) *Op. cit.*, p. 1055.

사랑의 개념이 발견된다.

이 말씀들에서 얻을 수 있는 결론은 예수님께서 복음서에서 요구하시는 '사랑'이란 철저한 선택에 기초하고 있다는 사실이다. 이 말은 늘 사용되는 표현인 '회심'의 다른 말이다. 이것은 마치 종이 자기 주인의 임의에 맡기는 것과 똑같이 의지의 완전한 굴복을 의미한다. 이러한 사랑을 위해서 '경쟁'이나 타협과 싸워야 하며, 사랑을 실천하는 데 방해되는 '장애물'을 제하고, 전적인 사랑의 봉사를 못하도록 막는 다른 모든 마음 쓰는 것들을 제거하라고 한 까닭이 여기에 있다. 이것은 마태복음 6장에서 사랑에 관한 말씀을 하기 전에 주신 눈에 대한 비유의 의미이기도 하다.

"눈은 몸의 등불이니 그러므로 네 눈이 성하면 온 몸이 밝을 것이요, 눈이 나쁘면 온 몸이 어두울 것이니, 그러므로 네게 있는 빛이 어두우면 그 어두움이 얼마나 하겠느뇨?"(마 6:22, 23; 참고. 눅 11:34-36).

이 본문은 '건실한 것'(haplous)과 '악한 것'(poneros)의 대조와 관련된 말씀이다. 이 본문에서는 '그 기능상 방해되는 것과 방해되지 않는 것'을 가리킨다. 눈이라는 기관이 제 기능을 적절하게 발휘할 수 없다면 그 눈이 사람에게 세 할 일을 다 할 수 없는 것처럼, 마음이 나뉘고 미움에 상반되는 두 가지 것들을 추구하고 있는 사람 역시 그러하다(마 6:21). 하나님을 섬김에 있어서의 관건은 일관성 있고 완전하고 아무 주저함 없이 섬길 준비를 하는 것이다. 이것이 바로 예수님께서 요구하시며 율법에 담긴 내용이요 율법의 대강령인 사랑이다.

그러므로 사랑에 덧붙여진 "네 마음을 다하여……"는 위에 언급된 선언들에서 대구법적으로 기록된 것들을 적극적인 방법으로 표현한다.

이웃 사랑의 명령 역시 전혀 다르지 않다. 이웃을 사랑하는 온갖 방식에 있어서도 하나님의 뜻에의 완전한 굴복이 필수적이다. 이웃 사랑은 사랑의 대상의 종류에 따라서 달라지는 동정과는 다르다. 왜냐하면 예수님께서 요구하시는 사랑은 자기의 **이웃**에 대한 사랑으로서, 이것은 인류에 대한 일반적인 사랑을 가리키는 것이 아니기 때문이다. 이웃 사랑은 골라잡거나 선택하는 사랑이 아니다. 그 사랑은 우선적으로 사랑의 **대상**에 대하여 제한을 두지 않으면서 하나님의 뜻과 인도를 받아가는 사랑이다. 선한 사마리아인 비유(눅 10:29-37)에서 비할 데 없이 아름답게 묘사되어 있는 것처럼, 이웃은 하나님께서 우리가 살아가는 상황에 심어 놓으신 사람이다.

이러한 개념은 원수를 사랑하라, 핍박하는 사람들을 위하여 기도하라, 우리를 미워하는 사람들에게 선을 행하라, 그리고 우리를 저주하는 사람들을 축복하라는 예수님의 계명들에서 절정을 이룬다(마 5:43-48; 눅 6:27, 28, 32-36). 이 말씀은 사랑할만한 요소가 전혀 없는 행동을 하는 사람들, 또는 그들에게 베푸는 동정마저 소멸시키는 사람들에게 해당된다.

하지만 예수님의 말씀에 의하면 하나님의 율법이 요구하는 사랑이 무엇인지 명확히 이해된다. 이것은 마음이 하나님께로 향해 있을 때에만 가능하다. 이것은 하나님께서 그의 자녀들에게 요구하시는 어떤 섬김을 수행하는 순종이며, 마음과 뜻의 전적이며 방해받지 않는 복종을 전제한다.

마지막으로, 동일한 교훈이 "네 몸과 같이"라는 문구에서도 나타난다. 이것 역시 자신을 사랑할 '의무'에서 자기의 이웃 사랑을 추론하는 것이 가능한 것처럼 어떤 동기나, 이웃 사랑을 자기 사랑으로만 한정하는 어떤 제한이 아니다. "네 몸과 같이"라는 말은 사랑의 요구가 어떤 의미에서 한계가 없다는 것을 지시한다.

사람은 누구나 자신의 행복을 추구하고 자신의 이익을 변호하는 일에 무척 자발적이다. 이와 같이 그의 이웃에게 마음을 써주어야 하며, 마태복음 7장 12절 이하의 황금률에 표현된 것처럼 "그러므로 무엇이든지 남에게 대접을 받고자 하는 대로 너희도 남을 대접해야" 할 것이다(참고. 눅 6:31). 이것은 이웃 사랑이 '자발적이며' 나뉘지 않은 마음에서 나와야 하고, 이러한 사랑은 하나님을 전심으로 섬기려하고 자신을 하나님께 굴복시키는 데서 기인한다. 그럴 경우에만 이웃 사랑은 가능하다.

하나님과 우리의 이웃 모두에게 해당되는 **이러한** 사랑이 율법에 담겨있는 중요한 내용이기 때문에, 하나님의 뜻을 표현하는 예수님의 계명들은 이처럼 철저한 성격을 띤다. 이것을 한 마디로 다음과 같이 표현할 수 있을 것이다. **"예수님께서 이룩한 율법 완성은 비교할 수 없는 방법으로 율법이 요구하는 순종이라는 사랑의 성격을 제시함에 있다."** 이 진술에서 사랑은 전체적이며 전 포괄적인 자기 굴복으로 이해된다.

지금까지 언급한 것을 토대로 다음과 같은 결론을 내릴 수 있다. 예수님께서 의도하신 율법 성취와 그의 계명들의 요지는, 특별히 윤리적인 측면의 배후에 있는 것을 매우 분명하게 언급하며, 하나님의 뜻 순종에 놓인 종교적인 뿌리에 초점을 맞추고 있다.

이것은, 불트만과 여타의 학자들이 주장하듯이 예수님의 계명들과 설교의 다른 부분에서 진정한 문제가 항상 결단의 문제라고 이해하는 점에서, 대단히 중요한 요소이다. 예수님의 계명들이 결단에 이르고 권고 그 이상이라는 것은 의심할 바 없는 사실이다. 그 계명들은 순종을 요구하는 진실한 계명들이며, 그 계명들로 말미암아 이러한 결단이 없이는 순종과 율법 완성의 가능성이 전혀 없다는 점이 분명해졌다. 이것이 바로 계명의 급진성의 의미이다.

이러한 까닭에 율법 완성에 관한 예수님과 바리새인들 사이의 큰 반제는 어떤 특정한 윤리적 구조로 표현될 수 없다. 왜냐하면 이 완성은 인간이 하나님 앞에 서 있다는, 거대한 윤리 이전의 결단에 집중되어 있기 때문이다.

또한 이것은 왜 예수님께서 공적인 유대교의 특징을 가리켜 '외식' 하는 사람들이라고 반복해서 말씀하셨는지(마 6:2, 5, 16 등등)에 대한 설명도 된다. 이 표현은 여기서 논의하고 있는 문제를 밝혀준다. 왜냐하면 외식을 어떤 주관적인 성실성이 결여되어 있는 통속적이고 의식적으로 외식하는 태도로 이해해서는 안 되기 때문이다. 이와 같은 태도가 예수님께서 종종 사용하신 특징들 속에 암시되어 있다고 해도 말이다.

이 단어가 의미하는 내용에 대해 사람마다 의견이 일치하지 않는 것은 좀

더 깊은 곳에 있다. 그 불일치는 사람이 그의 동료들의 견지에서 어떻게 보이느냐 하는 것과 하나님 앞에서 어떤 존재인가 하는 것 사이에 의견 차이 때문에 발생한다.[54] 인간은 온갖 종류의 규율들과 계명들을 철저히 지키면서도, 자신을 하나님께 복종하지 않는다.

진정한 문제는 복음서에 여러 가지 방법으로 서술된 **종교적** 성격에 관한 문제이다. 가령 마태복음 15장 8, 9-예수님은 "이 백성이 입술로는 나를 존경하되 마음은 내게서 멀도다 사람의 계명으로 교훈을 삼아 가르치니 나를 헛되이 경배하는 도다"라고 지적하신다.

이러한 관점에서 볼 때 율법의 완성은 **마음의 문제**임을 알 수 있다. 그러나 이 말은 우리의 마음이 하나님의 뜻을 아는 우리의 지식의 근원으로 향상되었다는 것을 의미하지는 않는다. 율법의 완성이 마음의 문제라는 말은 율법 성취의 유일한 가능성이 우리가 하나님께 회심한 것에 달려 있으며, 이러한 회심이 없이는 율법을 위하는 열심이 외식임을 의미한다. 회심은 우리가 마음이 하나님으로부터 멀리 떨어져 있음을 전제한다.

다른 곳에서 예수님께서는 '바리새인들과 서기관들의 누룩', 즉, 그들 '교훈' 의 편만한 원리에 대하여 말씀하셨다(마 16:6, 12). 바리새인들이 모세 율법의 지지자들이었고 지금도 그러한 사람들로 인식되어야 한다고 할지라도, 그들의 교훈을 지배했던 정신은 유해한 것이었다. 왜냐하면 그 정신이란 앞에서 언급한 것처럼 외식의 정신이었기 때문이다. 이것이 바로 예수님과 서기관들 사이의 관계를 좌우했던 율법 성취에 대한 커다란 종교적 대립이었다.

마지막으로, 이러한 사랑은 성부의 뜻을 행하는 유일한 근거요 선결 조건일 뿐만 아니라, 하나님의 뜻을 아는 참된 영적 **지식**이기도 하다. 이 큰 사랑의 전제 없이는 하나님의 뜻은 닫힌 책으로 남는다. 그 뜻을 배우는 자가 그 뜻을 행한다고 하더라도 그렇다. 이러한 관점에서 예수님께서는 누가복음 11장 52-율법사들이 '지식의 열쇠', 즉, 하나님의 뜻을 올바로 아는 데 선결

---

54) 참고. Cremer-Kögel, *Bibl. -theol. Wöterbuch*[11], 1923, p. 638.

조건을 탈취해갔다고 말씀하셨다.55) 유대인들의 언어 사용례로 미루어56) '지식'(히브리어, da 'at)이라는 단어가 하나님의 뜻을 아는 지식을 언급하고 있음이 확실하다. 율법사들은 그 열쇠를 탈취했다. 이 말은 그들이 하나님의 뜻을 가렸음을 의미한다.

전체 문맥에 비춰 볼 때, 이 열쇠는 마음의 올바른 성향, 즉, 자아의 복종과 사랑 이외의 다른 어떤 것을 의미할 수가 없다. 만일 이러한 사랑이 부재하고 더 이상 백성들에게 전체 율법의 완성에 사랑이 중요한 것으로 가르쳐지지 않는다면, 지식은 모호해질 것이며, 천국으로 들어가는 길은 완전히 막히게 될 것이다.

예수님께서 밝히신 율법의 완성이 그분이 오신 목적과 메시아적 임무에 속한 것이었음을 논의한 후, 이와 같은 율법 완성의 **메시아적인 특성**이 어떠한 요소들로 구성되어 있는지를 해결해야 하는 문제에 직면하게 되었다.

어느 유대인이 언급한 바에 따르면, 예수님의 교훈이 근본적으로는 유대교에서 파생되었고 유대적인 윤리로 특징지워질 수 있기는 하지만, 예수님의 교훈은 더 이상 유대교적이라고 할 수 없는 극단적인 경향으로까지 가버렸으며, 이제는 비유대적이 되어버렸다고 한다. 이런 까닭에 유대인들은 유대교와는 정반대로 급선회한 이 영적 유대교를 용납할 수 없었다는 것이다.

그리하여 우리는 이른바 유대교가 (예수님께서 전하신 교훈처럼) 그 원형에 있어서는 기독교를 탄생시켰지만, 그 딸(기독교를 가리킴. 옮긴이)이 자기 어머니(유대교

---

55) 필자는 ginoseos를 동격의 소유격(그렇다면 열쇠가 곧 지식이라는 말이다)이 아니라, 목적의 소유격(지식으로 이끄는 열쇠)으로 읽는다. 아울러 Jeremias, *TWB*, III, pp. 746, 747, 'κλεις' 항목을 비교해 보라. 52절 하반절이 천국에 들어가는 문제에 대하여 언급하고 있음은 사실이다. 그러나 이것은 곧 '그 열쇠'가 천국의 열쇠를 지칭하고 지식의 열쇠를 지칭하는 것이 아니라는 의미는 아니다. 이와는 반대로 '열쇠'라는 용어의 절대적 사용은 비록 좀더 상세히 '지식'으로 정의되긴 하더라도 그것을 지식에 이르는 열쇠(a key to knowledge)로 이해하는 것이 더 명확한 듯하다.
56) 참고. Bultmann, *TWB*, I, p. 700, 701, 'γινωσκω' 항목.

를 가리킴. 옮긴이)의 가슴에 안겨 그 젖이 말라 더 이상 나오지 않는다고 그녀의 어머니를 질식시키려 하였을 때, 자기의 딸과 의절하고 말았다는 특기할만한 현상에 직면하게 된다.57)

유대인들이 예수님을 배척한 역사적인 문제는 차치해 두고라도, 이러한 판단에는 예수님의 계명들이 하나님께서 이스라엘에게 계시하셨던 율법의 완성을 그 목표로 하고 있다는 사실이 포함되어 있다. 다른 한편, 이 계명들은 여호와의 율법에 대한 구약성경과 유대교의 표현과 묘사로써는 찾기 힘든 요구들에 구체적인 형식을 제공하고 있다. 그러므로 예수님이 구약을 초월해 있다고 말하는 것은 이러한 가르침을 올바로 표현한 것이라고 볼 수 없다.

그래서 신명기 6장 5절에 "마음을 다하고 뜻을 다하고 힘을 다하여 네 하나님 여호와를 사랑하라"는 말씀과 이스라엘은 마음과 혼과 힘을 다 드려 그들의 하나님을 사랑하라고 했고, 레위기 19장 18절의 "원수를 갚지 말며 동포를 원망하지 말며 네 이웃 사랑하기를 네 자신과 같이 하라 나는 여호와니라"라고 하신 말씀에서 증명되듯이, 아무도 예수님께서 실제로는 구약성경을 뒷전에 두었다고 말할 수는 없을 것이다. 예수님께서 삶에 대한 구체적이며 실제적인 적용을 인용하신 것이 바로 이 일반적인 선언들인 까닭이다.

우리가 말할 수 있는 것은, 예수님께서는 구약성경에서 말씀을 인용하셨다는 사실과, 그럼으로써 예수님의 계명들은 구약성경에 의하여 특징지워지고, 그 가르침은 구약성경의 **핵심**과 **일맥상통**한다는 사실이다. 더욱이 예수님의 계명들의 형식은 구약성경에서는 그 병행구를 찾아볼 수 없는 그런 것이다.

이 사실은 설명 그 이상의 교훈을 암시한다. 여기서 기억해야 하는 사실은, 하나님 나라의 구원에는 마음이 새롭게 됨과, 하나님께서 그분의 율법으로 선포하신 모든 것들을 자기 백성들의 마음 속에 기록할 것이라는 새 언약의 성취가 포함되어 있다는 것이다.

그러므로 이 관점에서 사랑의 계명의 자리와 형식과 관련된 구약성경과 예

---

57) Joseph Klausner, *Jesus von Nazareth²*, 1934, p. 523, 참고. 또한 pp. 529ff.

수님의 설교 사이의 차이점을 관찰해야 할 것이다. 그리스도 안에 계시된 하나님의 은혜는 사랑의 계명을 지고의 결론에까지 인도한다. 예수님의 계명들과 복음에 의해 선포된 구원은 동전의 양면과도 같다. 여기에 그의 죽음에 대한 충분한 메시아적 의미인 예수님의 모든 계명들이 요구하는 바 사랑의 계명의 성격이 드러난다.

사랑의 요구는 정신적인 영역과 실존적인 영역 모두에 나타나며, 비단 율법만이 아니라 마음까지도 드러낸다. 이 계명은 문자만큼 그 정신도 언급하고 있다. 예수님의 계명은 요구이면서 동시에 선물이다. 이 둘(요구와 선물)은 서로가 서로를 결정한다. 율법의 완성 면에서, 마음은 생명의 근원이 나오는 좌소와 율법의 요구가 집중되어 있는 중심으로 계시되었다.

역으로 말해서, 율법의 깊이는 하나님의 자녀들의 마음이 그리스도의 은혜로써 열린 곳에만 계시된다. 사랑의 선물만이 율법을 아는 지식을 주기 때문이다. 그러므로 예수님의 전 설교에서 그런 것처럼 율법의 완성은 말씀과 행동이다. 천국 복음 전파는 예수님의 입에서 가장 높고 가장 깊은 의미를 갖는다.

34. 사랑의 요구의 적용

율법과 관련된 예수님의 교훈은 일반적인 이론적 강해가 아닌 율법의 매우 구체적인 사례와 적용들로 구성되어 있다. 율법을 복음의 빛 아래에서 그 정당성의 성격과 범위를 고찰하여야 할 것을 지시하는 말이다. 이 점은 무엇보다도 중요하다. 그것은 계명들이 사랑의 계명의 근본적인 특성을 비교할 수 없이 계시하고 있으며, 계명들을 어떻게 인간 사회에서 효과 있게 수행할 수 있을지에 대한 문제를 제기하는 까닭이다. 이러한 문제야말로 일반적으로는 예수님의 계명들에 대해서 그랬고, 특수하게는 산상설교에 대해 항시 논의되어 왔고, 아직도 여전히 논의되고 있는 문제이다.

여기서의 주요 관점은 그것들(예수님의 계명들과 산상설교)의 **실행 가능성 문제**에 있다. 본 강해에서 이(실행 가능성) 범주는 거의 필요가 없는 것임이 드러났다. 우리는 자연적으로 가능성에 관한 주관적인 문제가 아니라, 복음서에 게재된 예수님의 계명들의 실행의 필요성에 관심이 있다.

그렇지만 이 계명에 믿음으로 기꺼이 순종하고자 하는 사람이라면 가능한 한 정확히 이 계명들의 구체적인 의미를 이념화할 것이다. 특별히, 적대자에 관대함을 요구하는 계명(마 5:25 이하; 참고. 눅 12:57-59), 맹세를 금하는 계명(마 5:33-37), 보복과 이에 부수적인 '무방비'에 관한 계명(마 5:38-42; 참고. 눅 6:29-30), 그리고 원수 사랑의 계명(마 5:43 이하; 참고. 눅 6:27 이하) 등과 같이 산상설교의 기본적인 계명들과 관계가 있다.

이것과 동일한 물음이 예수님께서 젊은 부자 관원에게 가진 모든 것을 팔아 가난한 사람들에게 주라는 요구(마 19장)에서도 제기된다. 이 요구는 누가복음 12장 33-"너희 소유를 팔아 구제하라"는 일반적인 형식으로 등장한다. 네 소유를 팔라는 계명들은 특별히 재산을 언급한다. 나중에는 예수님께서 부(富)와 부자들에 대하여 말씀하신 다른 교훈들과도 연관을 맺는다.

"약대가 바늘귀로 들어가는 것이 부자가 하나님 나라에 들어가는 것보다 쉬우니라"(마 19:24 이하)라는 교훈, 보물을 땅 위에 쌓아 두는 것에 대한 경고(마 6:19 이하), 어리석은 부자 비유(눅 12:16 이하), 하나님과 재물을 함께 섬기는 것에 대한 경고의 말씀(마 6:24; 참고. 눅 16:13), 그리고 부자와 나사로 비유(눅 16:19-31) 등, 그 외에도 이와 유사한 교훈들이 이에 속한다.

특히 누가복음은 부와 재산에 대해 경고하는 듯이 보이는 여러 선언들로 가득 차 있다. 이러한 해석을 지지해 줄 만한 말씀으로서 인용할 수 있는 것은 누가복음의 팔복의 "~하는 자는 화가 있을진저" 등으로 표현된 여러 구절들이다. "너희 지금 부요한 자는 화 있을진저", "너희 이제 배부른 자는 화 있을진저" 등등.

이것과 관련하여 제기되는 질문은 다음과 같다. 과연 예수님께서는 제자들에게 재산을 전혀 갖지 말라고 금지하셨는가? 아니면 그들에게 누구나 재산을 공평하게 나누어 가질 것을 주장하셨는가? 이 맥락에서 제기될 수 있는 문제들을 다 논의할 수는 없다. 더군다나 앞에 인용한 모든 본문들에 대해서도 상세하게 설명할 수가 없다. 다만 다음의 몇 가지 사실들만은 지적해야겠다.

1) 필자는 예수님의 계명들이 대체로 어떤 한정된 타당한 영역에만 해당한다는 견해는 거부되어야 한다고 생각한다. 이 견해에 따르면, 계명들은 예수님이 복음 전파를 위해 선택하신 제자들의 생활, 또는 좀더 안전하고 좀 더 완전한 길을 따라 천국에 들어가기를 원하는 사람들의 생활에나 적용될 뿐이라는 것이다(그렇다면 예수님의 계명들을 '복음을 전하라는 충고' 정도로만 인식되어야 한다는 것이다).

또한 어떤 사람들은 예수님의 계명들의 유효 영역을 어떤 '직'(職)의 영역과 구별되는 '인격적인' 부분과 같은 인간 생활의 어떤 특정한 부분에서 찾거나, 그리스도 교회 내에서 사귐을 갖는 신자들 사이의 상호 관계에서 찾기도 한다.

필자는 계명들의 타당한 영역을 제한하는 이 같은 견해들은 **복음**서의 지지를 받지 못한다고 본다. 복음서는 하나님의 율법의 유효 영역에 제한을 두는 모든 요소들을 지속적으로 제거하고 있다. 복음서에는 외식과 '바리새인들의 누룩'에 대한 경고만큼이나 하나님의 율법의 요구에 대한 '지리적인' 회피에 대해서도 엄히 경고하고 있다.

적은 무리만이 아닌 모든 사람들이 좁은 문과 좁은 길을 통과해야 한다. 개인적인 책임만이 아니라 어떤 직분에 대한 책임 역시 천국의 의의 통제를 받아야 한다(눅 3:10-14; 19:18). 교회 내에서, 또한 같은 마음을 가진 사람들 간의 관계뿐만 아니라 자기의 원수들과 핍박하는 사람들의 손에 의해 고난을 당하는 경우도 예수님의 지속적인('완전한') 사랑의 계명들을 충족시켜야만 한다(마 5:43-48).

2) 하나님의 율법에 대한 예수님의 구체적인 적용들을 '새 율법'으로 해석하는 것은 잘못된 인상을 줄 수가 있다. 이러한 적용들은 누구나 모든 환경에서 따라야 하는 일반적인 규율이 아니라고들 한다. 이와 같은 견해는 복음서가 예수님의 생애와 그분의 제자들의 생애에 관하여 부여하고 있는[58] 일반적인 모습과 상충된다.

또한 이 계명들의 성격을 잘못 전달해 줄 여지가 있다. 많은 계명들(과 정확히 말해 이 계명들의 '실행 가능성'에 대하여 의문을 제기하는 사람들)은, 율법의 특수 원리들이 단지 이 율법을 매우 신중하게 취급할 경우에만 적용될 수 있는 **예들**에 불과하다고 하는데, 특히 마태복음 5장 21-48절의 상당한 논란이 되고 있는 계명들에 적용된다고 한다. 이 이론에 의하면 계명들은 예증적인 가치만을 지닐 뿐이다.

물론 계명들의 정당성은 율법의 그것과 또는 계명들이 적용될 수 있는 율법의 원리와 동일하다. '무방비'에 대한 계명들, 자기 원수 사랑에 대한 계명처럼 여기에 예로 든 사랑의 계명들은 그 자체로써는 항상 자기 자신이 어떤 요구나 어떤 억압 하에 놓여 있어야 함을 의미하지는 않는다.

하지만 하나님의 율법에 구체화된 다른 계명들과 원리들이 있다. 살인을 금한 계명과 병행하여, 권세자들에게는 필요하다면 칼을 사용하여서라도 정의를 수호하라고 요구하게 되기도 한다. 자기가 말한 것의 확실함을 증거하고 그가 약속한 대로 실행할 것을 과시하기 위해 쓸데없이 맹세를 남발하지 말고 진리를 말하라는 계명과 사회의 불신실함에서가 아니라 자신이 하나님 앞에서 살고 있다는 고백에서 나오는 **거룩한** 맹세도 있다.

이것은 인간의 삶과 죄의 권세의 복잡함을 고려한 하나님의 계시된 율법의 복잡함에서 비롯되었다. 율법을 적용함에 있어서 예수님께서 이러한 다양한 형태의 복잡성을 부인하셨거나 일축하셨으며, 그리하여 의의 총체성을 생활의 몇몇 기본적인 규율들로 축소시켰다는 사상은 분명히 이 계명들의 분명한

---

58) 참고. 필자의 *De strekking der bergrede*, pp. 229ff.

성격과 상충된다. 예수님께서는 이 복잡성과 하나님의 계시된 율법의 복잡한 내용을 향해 경고하신 것이 아니라, '외식적으로' 하나님의 율법에 호소하는 사람들의 태도를 경고하셨다.

3) 이 모든 것과 관련하여, 예수님께서 여러 개의 특별한 명령을 내리실 때 사용하신 그분의 설교의 독창적인 형식을 설명해야만 한다. 예수님의 말씀은, 발생할 수 있는 예외적인 규칙과 같은 진리의 또다른 측면을 전혀 언급함이 없이 진리의 특정 면만을 강하게 부각시키는 일방적인 성격을 지녔다고 말할 수 있으며, 또한 상당히 모순적이라고도 할 수 있다.

이러한 사실은 예수님의 여러 계명들의 범위 안에서 얼마든지 증명될 수 있다. 마태복음 5장 16-예수님께서는 우리의 착한 행실을 사람들에게 '보여야 할 것'이라고 명하셨다. 하지만 마태복음 6장 1-제자들에게 "사람에게 보이려고 그들 앞에서" 의를 행치 않도록 주의하라고 말씀하신다. 마태복음 7장 1-예수님께서는 "비판을 받지 아니하려거든 비판하지 말라"고 하셨고, 7장 6절에서는 제자들에게 "거룩한 것을 개에게 주지 말며 진주를 돼지 앞에 던지지 말라"고 이르셨다.

이 마시막 구절은 예수님의 제자들을 그들의 동료들과 뚜렷이 구별하며 판단한 것을 암시한다. 여기서 이율배반의 문제가 아닌 진리와 하나님의 요구의 각기 다른 면들을 제시하려고 한다. 이 모든 것은 단 한마디 말이나, 단 하나의 문맥으로 언급될 수는 없다. 여기서도 "들을 귀 있는 자는 들을지어다!"라는 법칙이 성립된다.

이 같은 고찰들이 예수님의 교훈이 지니는 형식의 특별한 성격을 충분히 인식하지 못한 채 계명들을 '외식적으로' 주해할 목적으로 사용될지도 모르겠다. 이렇게 되면 정말 터무니없는 일방적인 해석에 도달하고 만다. 과격한 계명들에서 모든 것이 항상 하나의 사실, 즉, 하나님의 율법이 요구하는 의로써 표현된 (앞서 언급한 의미의) 사랑의 특성에 초점이 모아진다. 하나님의 뜻의 깊이와 범위를 제한하려고 세워진 임의의 장애물들은 한 방 얻어맞게 된다.

예수님의 말씀은 불꽃같아서, 하나님의 법에 대해 발언하신 것은 다른 것들과 나란히 놓일 수 없다. 어떤 장애물이나 예외 법칙이 그 앞에 나설 수 없다. 예수님의 말씀은 율법이요, 하나님의 뜻의 성취된 계시이다. 이것이 의의 근본적인 형식을 결정한다. 그리고 이 빛을 따라 율법 적용의 정당성을 이해하고 판단해야 한다.

4) 위에서 언급한 내용은 재산에 대한 예수님의 교훈, 자기 권리의 포기, 사회생활과 정치생활의 조직을 지지하는 적극적인 교훈들의 부재, 소극적 또는 혁명적인 경향에 치우치는 교훈의 부재, 그리고 예수님의 '윤리'의 '비(非)문화적' 특징에 대한 교훈을 올바로 이해하는 초석이기도 하다. 이 모든 것은 예수님께서 계속해서 호소하였던 계시된 하나님의 법인 구약과 분리될 수 없다.

이러한 점에서 공의, 즉, 처음부터 있어 왔고 죄 때문에 제정된 법령들에 대해 매우 긍정적인 평가를 하게 된다. 예수님께서는 이 모든 것들을 폐하거나 가치절하하지 않으셨다. 가령 예수님께서 결혼을 하나님께서 '창조 시에' 제정하신 나눌 수 없는 연합(마 19:6-9)으로 말씀하신 경우와 우리들에게 "가이사의 것은 가이사에게 바치라"(마 22:21)고 명령한 말씀들에서 볼 수 있다.

그러므로 메노나이트 교도들, 여러 이단 종파들, 톨스토이 그리고 여타의 사람들이 이 법령을 철저히 가치를 하락시키는 데까지 몰고 가거나 금욕주의에까지 나아간 것과 같이 산상설교의 계명들을 철저히 율법적으로 이해하는 것은 예수님의 교훈의 근본과는 상충된다. 이와 같은 급진성이 '복음주의적' 기독교라든가 '산상설교의 기독교'로 대표될 수 있다고 하더라도 말이다.

하나님은 천국에 들어가는 사람들의 아버지이시다. 이 하나님에 의해 세상이 창조되고 보존된다는 것을 믿는 믿음에 근거한 일상생활에 대한 예수님의 태도는 근본적으로 적극적인 태도이다. 이러한 까닭에, 현 세대가 존속하는 한, 일상생활을 진작시키고 영위하도록 허락되었을 뿐만 아니라 적극적으로 참여하라고 명령되기도 한다.

신자들은 하나님의 손에서 나오는 일상생활의 선물들을 받을 수 있다. 이 뿐 아니라 '축복' 개념은 구약에서만큼 신약에서도 유효하다. 한 마디로 말해서, 하나님의 계시된 뜻에 비추어 이 '계율들'에 따라 사는 생활은 가령 교회, 개인 생활 등 일상생활 밖에서 행한 것과 같은 정도의 '의'에 속한다.

하나님의 뜻에 순종하면서 이 사회를 **위해** 바친 희생은 재산, 권리, 제반 혜택과 관련하여 이 사회에서 보장받은 것을 희생시키는 것과 비교해서 결코 덜 위대하다고 할 수 없다. 여기서도 철저하게 자발심에서 우러나온 섬기려는 마음인 사랑이 바로 율법의 완성이라는 법칙이 유지된다.

5) 그렇지만 예수님의 계명들은 구약성경보다 훨씬 더 지상생활과 거기에 있는 재물들의 상대성과 그것에 마음을 두는 것의 위험성을 강조하고 있다. 그 이유 중의 하나는 종말론적 천국 주제에 있다. 하늘에 있는 보화를 기대하면 지상의 보화의 찬란함은 빛을 잃는다. 신약성경에는 구약성경보다는 훨씬 더 명확하고 강조적으로 천국의 실체가 만물의 마지막에 임박한 도래로서 선포되어 있고, 순간에 불과한 지상생활은 더 강한 조건들에 귀속되어야 할 것이라고 기록되었다.

여기에는 마치 만물의 질서에 대한 기대 때문에 창조에 대한 신앙과 신사들에 의해 수행되어야 할 과업에서 그 힘과 가치가 상실되는 것과 같은 이원론은 존재하지 않는다. 오히려 이 사실 때문에 결점이 있는 지상생활의 조건이 하나님의 새롭게 하시는 활동에 의해서만 구원함을 받을 수 있다는 진리를 깨닫게 된다.

우리는 하나님을 위해 목숨을 잃음으로써만 그것을 발견할 수 있다. 이런 의미에서 목숨을 포기함으로써만 그것을 유지할 수 있다. 도래할 나라의 극히 중요한 실체와 세상에서 사물들의 현재 형태의 포기야말로 예수님의 현세에 대한 평가의 기초가 된다. 현세대에 대한 모든 긍정적인 가치 평가에도 불구하고, 재물을 땅에 쌓아두고 하나님께 대하여 부요하기를 거절하는 것은 늘 경고의 대상이다(눅 12:21).

6) 하지만 이것이 가장 탁월한 관점은 아니다. 마지막에 언급한 견해, 즉, 땅에 있는 보화와 관련된 내용은 종말론적인 주제가 아니라 종교적인 주제에서 찾아야만 한다. 이 견해는 이 땅 위에서 행해질 수 있는 모든 주장들의 끝이 있을 것이며 그 마지막이 가까웠다는 확신에 기반하지 않는다. 하나님께서 생명의 주인이시며 그렇기 때문에 그분의 은혜로 말미암지 않고 그분에게 드리지 않은 생명은 잃은 생명이라는 믿음에서 그 교훈에 접근해야 한다는 말이다.

이 사실은 부자와 나사로 비유(눅 16:19-31)에 매우 명쾌하게 서술되었다. 부자에게 특별한 죄나 눈에 띄는 죄가 있다는 언급은 없다. 하지만 부자는 지옥의 고통 중에서 그의 눈을 들어본다고 기록되었다. 더 이상의 설명이 없이, (서술) 과정의 문제로서 피할 수 없는 어떤 것인 양 서술되었다. 이것은 그의 부(富) 때문이 아니다. 그의 생활의 전 과정이 "한 부자가 있어 자색 옷과 고운 베옷을 입고 날마다 호화로이 연락하는데"(눅 16:19)라는 말로 요약될 수 있다는 사실 때문에 그렇다.

부자와는 대조적으로, 가난한 사람은 궁핍한 것으로 묘사되었다. '나사로'라는 이름의 뜻은 '하나님의 도우심', '하나님의 은혜에 의존해 있는 자', '하나님 이외의 다른 피난처가 없는 자' 이다. 부자와 나사로의 근본적인 차이는 바로 이 철저한 **종교적인** 대조(즉, 반제)에 있다. 부자의 생명을 잃은 상태와 거지 나사로의 구원은 무덤을 넘어 그들이 어떠한 평가를 받았는가에서 **드러났다**. 부자의 생명은 지상의 보화를 추구하는 데에만 관심이 있었으며, 나사로의 생명의 기조에는 하나님의 도우심이 있다. 죽음 후에 두 사람의 모습과 실체는 영원히 분리되었다.

그러나 부자가 고통 중에서 하나님의 계획에 대해 항의할 때 그는 사람을 회개에로 이끌 수 있는 유일하고 감히 능가할 수 없는 권위자로서 모세와 선지자들을 언급하였다. 물론 부자가 나사로를 그의 다섯 형제들에게 보내어 그들에게 엄히 경고하게 해달라고 겸손하게 청원한 것처럼 보일지라도 말이다.

이것은 하나님과의 올바른 관계를 결정하고 그의 계명들에 따라 사는 삶의 비밀인 만물의 마지막이 가까움을 깨닫는 도리만이 아니라 하나님께서 처음부터 계시하시고 명령하셨던 모든 것을 믿는 신앙을 가리키는 말이다. 율법이 요구하는 하나님 사랑과 이웃 사랑에 대한 관심만이 부, 가난, 자기의 권리에 대한 주장에 관한 예수님의 부정적인 듯이 보이는 모든 말씀들의 기초로 되어 있다. 이것이 예수님께서 이러한 사랑을 위협하는 영원한 존재가 바로 부(富)라는 사실을 보여준다고 할지라도 말이다.

7) 마지막으로, 예수님의 설교에 다양한 방법으로 표현된 율법의 구체적인 적용들이 지니는 의미와 정당성을 모색하면서, 우리는 모든 계명들의 과격함은 다른 것이 아니라 오직 자기희생과 철저히 남을 섬기려는 자원인 사랑의 종교적인 과격함이라는 것을 발견하게 된다. 그러므로 어떤 종류의 이원론적인 해석이라도 배제되어야 한다.

동시에 이 과격함은 모든 천국 설교가 하나님 중심이라는 대주제에 영향을 끼치지 않고는 완화될 수 없다는 사실을 인정해야 한다. 예수님의 계명들은, 하나님의 세시된 율법이 그 구체적인 요구로써 이해되고 성취될 수 있다는 수준만을 지적할 뿐이다. 그리고 이 수준이 대단히 높은 것은 그리스도 안에서 계시된 하나님 나라의 은혜와 구원의 수준인 까닭에 그렇다.

이 수준에서 예수님의 계명들은 사랑이라는 거대한 원리의 구체적 적용들로서 의미가 있고 의무감이 있다. 또한 이것은 사랑이 율법 그 자체는 아님을 암시한다. 사랑은 율법 완성의 선결조건이며 뿌리이다. 그러나 사랑은 하나님의 뜻의 표현인 하나님의 법에 의해 지시를 받고 인도를 받는다. 사랑은 계시된 하나님의 법의 적용들인 예수님의 계명들의 인도를 받기도 한다.

그러므로 확실히 예수님의 계명들에는 어떤 구체적인 상황에서 하나님 나라의 자녀들이 어떻게 행동해야 할지를 가리키는 내용들이 포함되어 있다. 그 계명들의 형식이 모순되는 것처럼 보이고 그것들을 해석하려면 반드시 율법에 비추어 해석해야 되기는 하지만, 그래도 예수님의 계명들은 법칙들을 제시하며 예외가 없다!

그 계명들은 실제로 남이 우리의 **뺨**을 때리도록 내버려두라든가, 되돌려 받을 것을 생각하지 말고 꾸어 주라든가, 원수를 사랑하라든가, 심지어 예수님을 따르는 데 방해가 되는 모든 것들을 희생시키라는 등의 실천적인 태도를 요구한다. 여기에 다른 모든 것들이 언급되지 아니하였다는 사실과 이것이 사회를 붕괴시킬 목적이 아니라고 해서 이 계명들의 힘과 신중한 성격을 감소시킬 수는 없다.

또한 **사랑이 없이도** 우리가 "가지고 있는 모든 것으로 구제하고 또 몸을 불사르게 내어줄" 수 있을지도 모른다(고전 13:3). 그러나 예수님의 말씀에 부합하도록 우리의 행위의 '유익'의 양을 결정하는 것은 광신적인 율법 고수가 아니라 사랑이다. 예수님께서 율법의 요구를 구체화하신 것은 그분이 모순을 즐기시기 때문에서가 아니라 율법의 **참된 특성대로** 율법을 완성하시기 위함에서였다.

이것으로써 모든 의문들이 풀리지는 않는다. 또한 모든 윤리적 결단들이 필요 없게 되지도 않는다. 그러나 뿌리가 드러나고, 요구와 은혜, 즉, 천국의 은혜와 요구인 '회개에 합당한' 열매들이 지적되었다. 그리고 마지막으로, 우리는 **율법의 범위 내에서** "들을 뒤 있는 자는 들을지어다", "사람으로는 할 수 없으되 하나님으로서는 다 할 수 있느니라"라는 음성을 듣는다(마 19:26).

8장
하나님 나라의 도래와 교회

35. 일반적인 견해들

3, 4장에서 살펴보았듯이 하나님 나라가 이 세상에 임할 때 취하는 가장 중요한 형식들 중 하나가 복음 선포이다. 그 복음 선포의 **내용들**에 대해서는 5장에서 7장에 걸쳐 논의했었다. 이제 살펴보아야 할 문제는 예수님의 선언들 중 이 복음 선포의 결과들에 관한 것이다. 하나님 나라가 이 세상 안에 임할 때 발생하는 일에 대해서 좀더 명확한 빛을 비춰주는 선언들이 있는지의 문제이다.

물론 이 주제는 일반적인 의미에서 이미 씨 뿌리는 자, 밭에 뿌려진 가라지, 고기를 모으는 그물, 자연적으로 자라나는 씨, 겨자씨, 누룩 등 여러 비유들에서 다루었다(참고. 제5장). 이 비유들은 각각 말씀과 생명력 있는 복음 선포의 능력으로 인한 사역과 열매들을 다룬다. 이 비유들이 하나님 나라의 도래와 그 나라의 현재성에 관해 매우 중요한 지적을 하고 있는 것이 사실이지만, 그 설교의 과정과 결과들을 드러내는 형태는 일반적인 용어로 희미하게 윤곽 잡혀 있을 뿐이다. 그러므로 제4장 이후의 내용을 한 단계 뛰어넘어 이 점에서부터 연구를 계속해 나가야 할 것이다.

여기서 가장 크게 부각되는 문제는 예수님의 설교 중 교회 개념의 위상(位相)에 관한 문제, 좀더 정확히 말해서 예수님의 하나님 나라 설교의 관점에서 본 마태복음 16장 18절 이하와 18장 15절 이하에 등장하는 에클레시아 (ekklesia, 교회) 선언들의 의미에 관한 내용이다.

예수님께서 퍽 오랜 기간[1] 선포하셨던 하나님 나라에 대한 특정한 해석 때

---

[1] 이 문제에 대해 1880-1930년 사이에 대두된 가장 대표적인 견해들이 Olof Linton의 *Das Problem der Urkirche in der neueren Forschung*, 1932, pp. 157-183에 잘 개괄되어 있다. 최근의 논문을 들자면 R. Newton Flew의 *Jesus and His Church* (1945)와 W. G. Kümmel의 *Kirchenbegriff und Geschichtsbewusstein in der urgemeinde und bei Jesus (Symbolae Biblicae Upsaliensis*, Heft1*)* (1954), 그리고 Nils Alstrup Dahl의 *Das Volk Gottes*, 초대 기

문에 많은 저자들이 그 선언들의 신빙성을 대체로 부인하는 경향이 있었다. 이것은 하늘나라의 일반적인 성격이 에클레시아 사상과 불일치하는 것으로 여겨졌다. 이를테면 자유주의 신학은, 어느 정도 조직을 갖춘 외형적 모임으로서 교회가 전적으로 예수님이 예상했던 영역 밖의 것이었다고 주장했다. 그 주장은 다음과 같이 계속된다.

예수님은 각 개인에게 따로 전해져 자신과 함께 시작되는 '내적' 종교의 선지자가 될 작정일 뿐이었다는 것이다. 다만 (예수님께서 십자가에 달리신 후) 역사 발전의 과정 속에서 그분의 종교는 외형적인 공동체들과 조직체들 내부에서 대두된 사회적인 의미를 띠게 되었다고 한다.

예수님의 설교가 처음부터 어떤 공동체를 지향했던 것은 물론 사실이다. 하지만 그것은 하나의 이상적이고도 내면적인 성격을 띤 공동체, 즉, 저편의 교회(jenseits-Kirche)였다는 것이다.[2] 외형적이며 조직된 단위로서의 교회는 예수님의 사상과 설교 세계에 있어서는 전혀 낯선 것이었다. 인간적이며 사회학적인 현상은 철저히 제2차적인 성격을 지녔다. 교회가 인간 공동체를 중심으로 삼게 된 기원은 예수님께서 십자가에 달리신 후 수십 년 동안 형성되다가 나중에 연합된 지역 교회들(ekklesiai) 속에서 찾아야 한다. 이러한 연합 과정은 3세기에 가서야 비로소 최종단계에 이르게 된다.

이와 마찬가지로 교회 안에서의 리더십도 그리스도께서 정하신 어떤 권위에 근거한 것이 아니라 부분적으로는 하나님의 직접적인 (카리스마적인) 은사에, 부분적으로는 특정한 개인 구성원들에 대한 민주적 권위 이양에 근거하였다. 나중에 가서야 이러한 카리스마적인 지도권이 법적 지분 개념으로 바뀌었다.

독교의 교회관에 대한 논문(*Skrifter utgitt av Det Norske Videnskaps-Akademii Oslo*)(1941), A Oepke의 *Jesus und der Gottesvolkgedanke, Luthertum* März/April 1942, pp. 33-62; A Oepke, *Der Herrnspruch über die Kirche Mt.* 16. 17-19 *Studia Theologica*, 1949-1950, pp. 110-165; 그리고 더 들자면 F. M. Braun의 개괄서 *Neues Licht auf die Kirche*, 1946이 있다.

2) 참고. Linton, *op. cit.*, pp. 3ff; Braun, *op. cit.*, p. 40.

물론 리더십에 대한 이러한 견해가 자유주의 복음비평학에서조차 반박되지 않은 채 그대로 보존되지는 않았다. 이를테면, (F. C. 바우르의 인도아래) 튀빙겐 학파는 예루살렘 교회와 바울이 이방 지역에 세운 교회들 사이에 대립이 있었다고 추측한다. 예루살렘 교회는 사도들이 현존해 있었던 이유로 조직체 내에 좀더 정통성을 지닌 권위자가 있었던 반면에, 이방 교회들은 전적으로 카리스마적 권위에 기초해 있었다는 것이다.[3] 이러한 대립 선상에서, 예루살렘에서는 교회를 이스라엘의 연속, 즉, 참 이스라엘로 인식한 반면, 바울은 영적인 '그리스도의 몸' (soma tou Christou) 개념을 교회의 기초로 인식했던 사실이 내포되어 있다. 그래서 예루살렘 교회의 이러한 교회관과 관련하여 교회의 기초에 대해서 12라는 숫자(예수님의 제자들의 수)의 특별한 의미가 거듭 중요시되었다. 그렇지만 대표적인 학자들이 동의하듯이, 예수님은 교회와 아무 상관이 없으며, 마태복음 16장 17-19절의 에클레시아 선언은 신빙성이 없다는 사실에는 변함이 없다.

교회에 관한 예수님의 선언의 신빙성을 부정하려는 시도가 자행되는 와중에 복음에 대한 종말론적 해석은 자유주의의 영적 천국관 이상으로 큰 역할을 했다. 이 해석에 의하면 예수님께서 장차 교회가 생겨나 조직될 만큼 지상에서 발전하리라는 사실을 염두에 두고 있었다는 것은 전혀 문제 밖의 일이라는 것이다.

철저 종말론 해석의 비조격인 알버트 슈바이처가 마태복음 16장 18, 19절에 나오는 예수님의 선언의 신빙성을 변호한 것은 사실이다. 그러나 그의 견해로 볼 때 이 말씀들은 경험적 교회와는 아무런 관계도 없는 것들이다. 여기서 언급된 교회

---

3) 이 견해는 다음 저서들에서도 소개된다. K. Holl, *Der Kirchenbegriff des Paulus in Seinem Verhältnis zu dem der Urgemeinde*, 1921, 그리고 M. Goguel의 *Origine et nature de l'Eglise*, Paris, 1939에 나오는 '*L'Idée de l'Eglise dans le Nouveau Testament*', 또한 Braun, *op. cit.*, p. 44, 56-58, 그리고 A. Verheul, *De moderne exegese over apostolos*, Sacris Erudiri, I, 1948, pp. 380ff도 참조하라.

란 시간의 끝에 나타나 하나님 나라와 일치될 선재적(先在的) 교회를 가리킨다.⁴⁾ 그러나 슈바이처와는 달리 마태복음 16장에서는 의문의 여지없이 '경험적 교회'가 언급되어 있다고 생각하면서도 하나님 나라에 대한 종말론적 해석을 고집하는 사람들도 마태복음 16장 18, 19절 말씀의 신빙성 문제를 가지고 씨름할 수밖에 없다. 그 예로 불트만은 이렇게 말한다.

"예수님께서 하나님의 통치의 임박한 도래를 선언하셨다는 것은 사실이다.……그분의 선언은 종말론적 설교였고 그분의 오심과 사역은 일종의 종말론적 현상이었다".

불트만은 계속해서 다음과 같이 주장한다.

"도대체 예수님이 어떻게 미래에 생길 자기를 좇는 이들의 조직된 공동체에 대한 생각을 할 수 있었겠으며, 더구나 베드로를 교리와 치리를 맡을 자로 세울 수 있었겠는가!"

이제 하나님의 통치의 도래는 이전에 발휘되던 그 능력으로 스스로를 선포한다. 이제 '매고 푸는' 것이 교회의 유지를 위해 필요한 척도가 되는 시기가 처음으로 있게 될 것인가? 그러나 바이스 이래로 이런 질문은 더 이상 실제로 제기될 필요가 없게 되었다.⁵⁾

마태복음 16장 17-19절에 나타나는 대로, 예수님의 하나님 나라 설교 안에서 교회의 위상(位相)을 설정하는 대신, 예수님께서 선언한 인자의 파루시아(parousia)가 시간이 지나도 성취되지 않은 데서 파생된 결과가 교회라고 생각하는 것이다. 그렇다면 교회는 하나님 나라의 도래를 헛되이 기다리고 있던 사람들이 역사가 흘러가는 동안 어떤 조직체를 형성하는 일 외에 다른 대안을 선택할 수 없었던 사실에 그 기원을 두는 셈이다. 이것이야말로 예수님의 설교와 실제 역사 사이의 커다란 모순이다. 즉, 예수님은 하나님 나라를 선포

---

4) *Gesch. der Leben-Jesu-Forschung*, p. 416.
5) *Die Frage nach der Echtheit von Mt.* 16:17-19, *Theologische Blätter*, 1941, p. 273.

했지만, 실제로 도래한 것은 교회였다는 것이다.[6]

비평학자들에 따르면, 마태복음 16장 18, 19절의 신빙성을 부인하는 종말론적 주장은 예수님의 설교 중 마태복음 16장과 18장을 제외한 그 어느 부분에서도 '교회'나 그분의 교회가 언급되지 않는다는 사실로 확증된다고 한다. 통계적인 사실일 뿐만 아니라 그 단어가 가리키는 실제 자체도 그러하다는 것이다. 간단히 말해서 공관복음에서는 에클레시아라는 개념 자체가 낯선 것이라고 주장한다.

"한 마디로, 교회와 관련된 단어와 개념은 주께서 원래 하신 말씀과 낯설다."[7]

이런 주장은 비단 철저 종말론적 견해에 의해 진척된 것만은 아니다. 예수님께서 자신의 인격과 말씀 속에서 하나님 나라의 임재를 바라보았음을 인정하는 큄멜 같은 사람도 예수님께서 제자들로 구성되는 한정된 사회를 생각했다는 견해를 뒷받침해 줄 자료가 충분하지 않다고 생각한다. 더구나 그 정도의 자료를 가지고는 예수님께서 자신의 부활과 파루시아의 중간기에 교회 공동체를 세우기를 원하셨다는 견해도 정당화되기 어렵다는 것이다. 다만

---

6) A. Loisy, *l'Evangile et l'Eglise*. 1902, p. 111; 참조, M. Werner, *Die Entstehung des christlichen Dogmas*, 1941, pp. 74이하. Michalis도 비록 그의 후기 저작 *Der Herr verzieht nicht die Verheissung* (1942)에서 슈바이처와 베르너의 철저 종말론을 날카롭게 비판하지만, 초기 저작 *Reich Gottes und Geist Gottes nach dem Neuen Testament* (1930)에서는 이 견해를 지지하는 듯하다(참조, p. 20).

7) Bultmann, *op. cit.*, p. 268.

8) *Verheissung und Erfüllung*, pp. 84, 85, Kümmel은 그의 저서 *Kirchenbegriff und Geschichtsbewusstein in der Urgemeinde und bei Jesus (Symbolae Biblicae Upsaliensis, Heft 1)*, 1943에서 이 견해를 상세히 변호한다. Dahl도 그들과 함께 마 16:18의 신빙성을 부인할 자세는 되어 있지 않더라도, 여기서 예수님이 참 이스라엘로서 하나님 백성의 조직에 대해 말씀하신다는 생각에는 반대한다. 예수님은 제자들을 참 이스라엘의 대표자들로 생각하셨다는 사실을 그분이 그들의 공동체 내에서 한 메시아적 백성, 참 이스라엘, 또는 교회를 인식하셨다는 의미로 해석되어서는 안 된다(*op. cit.*, p. 163). 그런 개념이 참으로 드러나는 한에 있어서 그것은 미래의 종말론적 교회에 해당하는 것이며, 현재의 경험적 그리스도의 교회와는 무관하다(*op. cit.*, p. 162). 마 16:18을 신빙성 있는 것으로 볼 수 있는 유일한 방법은 에클레시아를 세우는 일을 종말론적 하나님 나라 안에서의 공동체에 대한 상징적 지적으로 이해하는 것뿐이다(p. 165).

복음서에서 예수님께서 말씀하신 것은 어떤 새로운 교회가 아니라 장차 도래할 메시아인 자기 자신을 중심으로 세워질 사람들의 어떤 공동체라는 것이다.[8]

이러한 교회 선언의 신빙성을 부인하는 두 가지 대표적인 주장에 덧붙여서 때때로 다른 두 주장이 대두되기도 한다. 그 중 첫 번째 주장은 심증(心證)의 성격을 띤다. 즉, 베드로란 이름이 띠고 있는 의미는 그의 불완전한 성격과 일치하지 않는다는 주장이다. 두 번째 주장은 만일 예수님께서 베드로에게 그러한 권위를 부여하셨다면 초기 기독교 공동체 안에서 베드로가 그만한 권위적 위치를 차지하고 있었어야 했을 텐데 사실은 그렇지 못했다는 주장이다.[9]

나중에 소개한 두 가지 주장은 별로 중대한 문제는 아니다. 왜냐하면 베드로는 자기의 인물됨에 의해서가 아니라 주님께 대한 고백에 기초하여 그 이름을 받았기 때문이다.[10] 만일 예수님께서 베드로에게 부여하신 권위가 후기 기독교 교회 안에서 차지한 그의 위치와 다르다고 주장한다면 이러한 주장은 마태복음 16장을 다음과 같이 잘못 해석하는 데서 비롯된다.

즉, 한편으로는 본문이 말하고 있는 것보다 더 독점적인 권위를 베드로에게 부여하며,[11] 다른 한편으로는 후대 역사에 반영된 베드로의 위치가 처음에 그에게 부여한 중요성을 제대로 평가하지 못한 상태로 이해한 데서 비롯된다. 그 외에도, 마태복음 16장 18-베드로에게 부여된 권위가 후기 기독교 사회 내에서의 상황과 다르다고 한다면 기독교 사회에서 어떻게 그러한 선언이 생겨날 수 있었는지 이해할 수 없게 될 것이다. 이 선언이 예수님과 무관하며 신빙성 없는 것이라면 그것은 반드시 베드로가 매우 두드러진 위치를

---

9) 참고. Linton, *op. cit.*, p. 175. 그는 여기서 통계적(본문 참조), 종말론적, 교회사적(초대 교회에서의 베드로의 위치), 심리학적 주장 등 4가지 주장에 대해 언급한다. K. L. Schmidt는 *TWB*, III, p. 524의 εκκλησια항목에서 이러한 분류를 채택한다.
10) 참고. Linton, *op. cit.*, p. 182. 그리고 Braun, *op. cit.*, p. 83.
11) 참고. 제37항.

차지하고 있었을 바로 그 공동체의 산물일 수밖에 없기 때문이다. 여기서는 사건에서 발생한 이후의 예언에 관한 문제가 생기지 않는다. 사건들이 없기 때문이다!

마지막으로 마태복음 16장 18절의 에클레시아 본문의 신빙성 여부는 본문 비평과 문학적 견지에서 상당 기간 공격을 받아 왔다는 사실을 언급해야겠다. 사람들은 베드로와 교회에 관한 구절이 마태의 원문에는 없었고 다만 2세기 후반 이후에야 삽입되었을 것이라고 추정한다(그러니 결과적으로 삽입절로 여겨진다).[12]

그러나 이러한 견해는 점차 설득력을 잃어 왔다. 논쟁의 초점이 되는 마태복음 16장 17, 18절(또는 마 16:18만 하더라도)의 본문이 모든 헬라어 사본들과 모든 고대의 역본들에 나타난다는 사실과, 복음서 안에서 이 문단이 셈족어의 색채를 강하게 띠고 있다는 사실 때문에 이 구절이 마태의 본문에 속하지 않는다고 감히 추정할 수 없게 된 것이다.[13] 따라서 본문 비평의 근거에서 옹호되던 삽입절은 이미 파기되었다고 해도 괜찮다.[14]

또한 마가복음이나 누가복음에서 찾아볼 수 없는 교회 선언을 마태복음에서만 다루고 있는 현상을 이 선언이 예수님께 기원을 두지 않고 있고 다른 방법으로 옛 팔레스타인 전승에 삽입되었다는 증거로 제시하는 것도 불가능하다. 비평학자들은 이와 다른 경우에 있어서는 어떤 전승이 공관복음 중 한 복

---

12) Harnack, Resch., Grill, Guignebert, Schnitzer, Soltau, 그리고 그 이외의 사람들이 이러한 가설을 이용하여 제기한 주장들에 대해서는 Linton, *op. cit.,* pp. 159 이하를 참조하라.
13) 참고. Bultmann, *Gesch. d. syn. trad.*[2], pp. 148ff.
14) 참고. Schmidt. *TWB*, III, p. 523, 'εκκλησια' 항목.
15) 참고. Linton, *op. cit.,* p. 158; Schmidt. *op. cit.*; Bultmann은 이렇게 말한다. "물론 마태(그리고 누가)복음 중 특별한 내용에는 신뢰할 만한 고대 전승에서 따온 주님의 말씀들이 있을 수 있다." 그는 다음과 같이 덧붙여 말한다. "그러나 이것은 각 구별된 경우에서만 사실로 인정되어야 한다. 그리고 그 기준은 그 구절이 마가복음과 예수님의 원초적 발언 안에 보존되어 있는 기록들에 근거하여 원문으로 인정할 수 있는 설교, 개념적 내용, 그리고 주의 말씀에 대한 관련성에 부합되어야 한다는 사실임이 분명하다." *Die Frage nach der Echtheit, op. cit.,* p. 268. 하지만 ('부합되는', '인정될 수 있는'이란 표현에서 보듯이) 그러한 기준은 극히 주관적인 것임이 분명하다.

음서에만 소개된다는 이유만으로 그것을 신빙성 없다고 일축하지는 않기 때문이다.15)

그러므로 에클레시아에 관한 여러 선언을 신빙성 없는 것으로 비평하는 최근의 입장은 다만 그 선언들의 내용에서 추론해 낸 사색에 의존할 뿐이라고 결론지을 수 있다. 그 사색은 다음 두 가지 논지로 압축된다.

첫째, 에클레시아 개념은 예수님의 전체 설교 내용에 낯설다.

둘째, 에클레시아 개념은 복음의 종말론적 특성과 모순된다.

한편, 과거 한동안은 이렇게 예수님의 설교에 나타난 에클레시아 개념을 최소화하는 해석이 기존 해석에 대해 첨예한 반동을 일으켜 새로운 공감대를 형성했으나, 이번에는 이 개념을 긍정하는 방향으로 새로운 반동이 일어났다. 그것은 마태복음 16장 18절의 신빙성 변호에만 국한되지 않고 이 본문의 기저에 깔려 있는 보편적 개념이 예수님의 하나님 나라 설교의 총화라고 주장하는 적극적 해석이다.

이 해석은 철저 종말론의 견해와는 대조적으로 예수님께서 자신의 사명과 사역 속에서 하나님 나라의 임재를 바라보았다는 대다수 사람들의 주장에 밀접히 연관된다. 이 해석은 교회를 현재 그 모습을 드러낸 메시아의 백성으로 이해한 교회 개념에 자연스럽게 명백한 근거를 제공해 주었다. 여기서 카텐부쉬(Kattenbusch)의 해석은 상당한 영향력을 행사한다.16)

> 카텐부쉬는 마태복음 16장의 에클레시아 선언들의 신빙성 문제를 강력히 변호하며, 다니엘 7장에서 말하는 인자로서 예수님의 의식에 근거하여 예수님의 설교 가운데서 교회 개념의 기원을 찾는다. 카텐부쉬에 의하면 예수님의 자기 계시 안에서

---

16) F. Kattenbusch, *Der Quellort der kirchenidee*, in. Festgabe A. V. Harnack, 1921, pp. 143-172; *Der Spruch über Petrus und die kirche bei Matthäus*, in. Theol, studien und kirtiken, 1922, pp. 96-131; *Die Vorzugstellung des Petrus und der Charakter der Urgemeinde zu Jerusalem*, in. Festgabe Karl Müller, 1922, pp. 322-351.

이 인물(인자)은 예수님께서 자신과 동일시한 개인을 의미할 뿐만 아니라, 다니엘서의 같은 장에서 언급하고 있는 '지극히 높으신 성도들의 무리'를 대표하기도 한다. 이것이 바로 예수님께서 스스로 이런 의식 속에서 사셨을 뿐만 아니라 자기를 따르는 사람들 중에 이러한 백성 개념을 실현하고자 하셨던 이유이다.[17] 그리고 이것이 교회 사상의 기원이다. 카텐부쉬는 바실레이아(basileia)와 하나님의 백성들 간의 관계를 바실레이아가 하나님의 백성에게 **주어졌다**는 식으로 설명한다(다니엘서에서 인자에게 권세가 주어지는 것과 마찬가지로). 인자가 세상에 온 주요 목적이 섬기기 위함이었던 것과 마찬가지로 바실레이아 역시 사랑, 즉, 봉사와 자기희생으로 이루어진다.[18]

더 나아가 카텐부쉬는, 우리가 '하나님의 백성' 개념에서 멈춰서는 안 되며 마태복음 16장 18절 이하의 말씀에 근거하여 예수님께서 실제로 하나의 에클레시아를 세우셨다고 생각해야 마땅하다고 주장한다. 그는 에클레시아란 용어를 아람어로 '케니쉬타'라고 부르는 일종의 종교이며 예배적 공동체로 이해한다. 그래서 예수님은 베드로를 중심으로 한 그의 제자들을 유대교 테두리 내에서 하나의 '특별한 회당'으로 조직하기 원하셨다고 한다.[19] 그리고 마태복음 16장에서는 아직 미래적인 일로 나타나지만(oikodomeso, "내가 …… 세우리니"), 최후의 만찬 시에 이르러서는 이 에클레시아가 실제로 형성되었다고 한다.[20]

카텐부쉬는 예수님께서 미래에 초대 교회와 같은 조직된 교회가 나타날 것을 염두에 두고 계셨는지를 묻는 질문에 대해서는, 예수님께서 미래를 어떻게 기대하셨는지 우리가 알고 있는 것에 근거해서 말하자면, 이 질문에 부정적으로 대답할 근거가 없다며 우회적으로 답변한다.[21]

---

17) Der Quellort, *op. cit.*, pp. 160, 161.
18) *Op. cit.*, pp. 162.
19) *Op. cit.*, p. 166.
20) *Op. cit.*, p. 169.
21) *Der spruch über Petrus, op. cit.*, pp. 117ff.

카텐부쉬의 견해는 광범위한 지지층을 형성했으며, 다른 사람들에 의해 갖가지 방법으로 다듬어지고 보완되었다.22) 그러는 동안 기독론적 주제가 거듭해서 전면으로 나선다. 한 백성이 메시아에게 속한다. 교회는 사람들의 뜻에서 도출되어 나온 단순한 사회적 현상이 아니라 메시아 백성의 당연한 나타남이다. 이렇듯 많은 저자들이 특히 다니엘서 7장에서 이 메시아 백성 사상을 끌어 낼 수 있다고 생각한 카텐부쉬의 발자취를 따른다.

그러나 다른 한편으로는 하나님의 백성 사상을 뒷받침할 좀 더 광범위한 근거가 모색된다. 글뢰게에 의하면, 복음서의 에클레시아 사상은 장차 나타날 교회인 구약성경의 **'남은 자'** 사상의 연속으로 보아야 한다고 주장한다.23) 그는 이 주장을 뒷받침하기 위해 구약성경의 남은 자(shaar와 sheerith. 사 10:22; 14:22 참조) 개념을 상세히 논한다. 이렇게 신약성경의 "교회"를 이스라엘의 "남은 자"와 동일시하는 그의 견해를 다른 사람들도 따르고 있다.24)

하지만 그 중 외프케 같은 이는 예수님께서 에클레시아 사상을 유독 남은 자 개념이나 다니엘서 7장에서만 이끌어 내었다는 견해에는 반대한다. 구약성경의 일반적이고도 중심 개념은 남은 자가 아닌 하나님의 백성 사상이라는 이유에서이다. 그는 이러한 하나님의 백성이라는 중심 사상이 신약성경의 에클레시아 사상의 기초라고 하는데, 이와 관련한 더 자세한 주장은 외프케의 복음 연구서에 소개되었다.25)

예수님의 설교 가운데 에클레시아 개념이 지니는 기독론적이며 구속사적 근거들과 병행하여, 마태복음 16장에 소개되는 교회 개념이 오직 그 본문에

---

22) 참고. G. Gloege, *Reich Gottes und Kirche im N. T.*, 1929. p. 262; H. D. Wendland, *op. cit.*, pp. 165ff; J. Schniewind, *Das Ev. nach Matth.*, 1937, p. 184. O. Cullmann, *Christus und die Zeit*, 1946, p. 132; A. J. Bronkhorst, *Schribt en Kerkorde*, 1947, pp. 20ff; 그리고 특별히 K. L. Schmidt(참고. 이하 내용).

23) Gloege, *op. cit.*, pp. 212ff, 241ff.

24) '남은 자 '개념을 반복해서 다루는 위에서 언급한 저서에 덧붙여 Newton Flew, *op. cit.*, pp. 39ff를 참조하라.

25) *Jesus und der Gottesvolkgedanke*, *op. cit.*, pp. 45ff; 58ff.

만 나오는 고립된 개념이 아니라는 사실을 증명하기 위해 복음서에서 여러 가지 주장이 인용 추론되었다. 이와 같은 통계적 주장은[26] 예수님께서 자주 사용하신 양 무리 비유로써 뒷받침된다(마 26:31; 요 10:16, 참고. 고전 9:7). 예수님은 제자들을 '적은 무리'라고 부르시거나(눅 12:32), 요한복음의 표현대로 '내 교회' 표현과 동일한 '내 어린 양', '내 양'으로 부르신다(요 21:15, 16).[27] 학자들 간에는 열두 제자들의 구성에 대해서도 참 이스라엘의 대표자들, 에클레시아의 핵, 또는 생장 세포 등의 특별한 용어가 자주 사용 되고 있다.[28]

마지막으로 마태복음 16장 18절에 대해서 특별히 슈미트의 연구를 눈여겨볼 만하다. 슈미트는 카텐부쉬를 계승하여 자신의 개념 정립을 위해 매우 상세하고 폭넓은 사전적인 자료들을 수집했다. 그에 의하면 예수님께서는 카할(qahal) 또는 케할라(qehalah)가 아닌 아람어 케니쉬타(qenisheta)를 사용하셨다고 한다.

카할이나 케할라라는 용어는 구약성경에서 일반적으로 하나님의 백성을 가리키는 데 사용되었다. 케니쉬타 역시 그런 의미로 사용될 수 있다. 그러나 이에 더하여 케니쉬타는 보편적 개념 이외에도 이런저런 식으로 세워진 개별적 회당 공동체를 가리키기도 한다. 예수님께서는 자기를 좇는 사람들을 비록 유대교 내에 존속하지만 그 속에서 참 하나님의 백성의 자태를 분명히 드러내는 하나의 특별한 회당 공동체로 세우기를 원하셨던 것 같다.[29]

이상의 내용을 정리해 볼 때, 개신교 저자들 사이에 형성된 새로운 공감대에 대해 말하는 로마 가톨릭 저자 브라운의 견해를 지지할 수 있다. 브라운은 린톤의 견해를 따른다. 즉, 하나님 나라는 미래적인 것이지만 메시아 안에서 현

---

26) 참고. 위의 내용.
27) K. L. Schmidt. *TWB*, IV, p. 524. 'εκκλησια' 항목. 그러나 T. Zahn의 *Das Ev. des Matth*., 1922. p. 547도 함께 참조하라.
28) Schmidt. *op. cit.*, 참조, Braun, *op. cit.*, pp. 62, 69-75, 160.
29) 참고. Schmidt, *TWB*, III, pp. 529, 그리고 저자가 이 항목 서두에 언급한 초기 작품들, Bronkhorst는 Kattenbush와 Schniewind의 주장을 거의 답습한다. Bronkhorst, *op. cit.*, pp. 20ff.

존하기도 한다. 그러므로 에클레시아는 종말론적 실체일 뿐만 아니라, 동시에 그리스도 안에서 나타난 경험적 실체이다. 그것은 카리스마적 현상이 아니다. 에클레시아의 조직은 그리스도께서 제자들을 부르실 때부터 시작되었다.

따라서 그리스도께서 마태복음 16장에서 교회를 세우겠다고 하신 말씀은 구자유주의의 견해나 최근 종말론의 견해와는 달리 본문에 기록된 문자적 의미 그대로 사실로 인식해야 한다.[30]

36. 바실레이아와 에클레시아

우리 입장에서 볼 때 최근 복음서 연구의 대단히 중요한 결과들 중 하나는 예수님의 천국 설교에서 에클레시아 사상이 차지하는 유기적 위치가 거듭 인식되면서 에클레시아란 단어를 담고 있는 두 분문(마 16:17-19; 18:15-20)이 더 이상 고립된 본문으로 취급되지 않게 되었다는 사실이다. 이 사실은 어느 정도 바실레이아 개념을 다시금 좀더 정확히 이해하게 되었기 때문이기도 하다.

사유주의의 방식에 따라 바실레이아 개념이 영적인 의미로 해석되고 본래의 메시아적-종말론적 성격이 제거되는 동안에는, 에클레시아 사상이 복음에서 어떠한 이론적 근거도 형성할 수 없었다. 그리고 급진적인 종말론의 방식에 따라 바실레이아가 철저히 미래적인 어떤 것으로 이해되는 동안에는 에클레시아를 메시아가 잠정적으로 세운 제도로 이해할 여지가 없었다. 전자와 후자 모두 바실레이아가 지니는 메시아적이고도 현재적인 의미를 재인식하게 되었을 때 비로소 연결될 수 있었다. 그렇다고 해서 모든 '종말론적 주장'을 반박하는 것은 아니다. 지금 우리는 예수님의 설교의 미래 조망에 관한 질문에 답하고 있는 것이 아니기 때문이다.

---

30) 참고. Braun, *op. cit.*, pp. 93ff.

하지만 바실레이아의 성취가 예수님의 오심과 더불어 시작되었다는 사실은 원칙상 에클레시아를 역사의 종국에서 뿐만 아니라 역사 과정 안에 실재하는 하나의 사실로 인정할 여지가 있음을 의미한다(아마도 이것을 선험적 필요성이라 할 수 있을 것이다). 그리고 이 사실이 우리가 여기서 다루어야 할 '바실레이아와 에클레시아' 문제의 근간이 된다.

예수님에 의해 바실레이아가 성취된 순간부터 그것이 완성될 종국까지의 역사 과정의 길이에 관한 문제는 일단 제2차적인 문제이다. 그 문제는 차후에 논의할 것이다. 이러한 바실레이아-에클레시아의 관계에서 예수님의 오심과 사역을 원칙상 성취로 인정하게 됨으로써 종말론적 선언들을 발판삼아 마태복음 16장의 에클레시아 본문의 신빙성을 더 이상 무조건(a priori) 부인할 수 없게 되었다.

이 사실은 판도가 뒤바뀌었음을 의미한다. 그 선험적인 내용은 '새로운 공감대' 편에 놓이게 되었다. 그래서 에클레시아 본문은 전제 없이 신빙성 있는 것으로 받아들여지게 되었다.

우리는 예수님의 하나님 나라 설교의 맥락에서 에클레시아 사상의 위치를 정확히 규명하고자 한다. 에클레시아는 복음 설교로 말미암아 하나의 공동체로 연합되어 온 사람들의 이름이다. 먼저 지적되어야 할 사항은 바실레이아 개념이 그 어디서도 이러한 에클레시아 사상의 의미로 나타나지 않는다는 점이다. 더 나아가 바실레이아는 이 땅 위에 임시로 출현한 하나님 나라가 교회의 형태와 조직으로 구체화될 것이란 개념으로도 사용되지 않는다.[31]

물론 때때로 이 두 개념은 거의 나란히 놓이는 듯 보이기도 하는 것이 사실이며, 그것을 가리켜 '국경 분쟁'이라 할 수도 있을 것이다. 그 이유는 우선

---

[31] 잘 알려진 대로 이 견해는 Augustine의 『신의 도성』의 영향으로 많은 사람들에 의해 지지된다. 참조, J. Wytzes, *Augustinus' De Staat Gods*, 1947, p. 13, "어거스틴은 하나님 나라를 조직된 인간 공동체와 떼놓고 생각하려는 경향을 보여준다. 이 나라 가운데 한 적은 부분만이 이 땅에서의 '나그네 길'에 해당하며, 여러 구절들에서 추론해 볼 수 있는 대로 이 부분은 현세의 구체적인 가톨릭교회이다." 참조, Newton Flew, *op. cit.*, p. 30.

복음서에서 바실레이아 개념이 매우 복합적인 어의(語義)로 사용되는 데에 기인한다.

앞에서 하나님 나라라는 용어가 전 우주와 관련된 하나님의 성취와 완성 사역뿐만 아니라, 이 모든 것을 포괄하는 과정 가운데서 드러나는 여러 국면들을 가리키는 데도 사용될 수 있음을 살펴본바 있다.[32] 그러므로 이러한 신적 행위가 발휘되고 그 나라의 복이 누려지는 영역은 하늘나라 또는 하나님의 바실레이아라고 불린다. 이 사실을 잘 나타내주는 예들은 "천국에 **들어가다**", "천국에서는 (즉, 안에서는) 극히 작은 자라도 저보다 크니," "천국 문을 사람 앞에서 **닫고**"라는 말씀들이다 (참고. 마 5:20; 11:11; 23:13). 그러한 말씀들 중에는 마태복음 11장 11절, 18장 3, 4절, 마가복음 10장 15절과 같이 예수님께서 천국의 현재성에 대해 말씀하고 계심을 분명히 짐작할 만한 구절들도 있다. 그러나 그런 표현들이 구체적으로 어떤 사상과 관계되는지 단정적으로 말하기란 쉬운 일은 아니다.

다만 분명한 것은 이 본문들에서 바실레이아 개념의 어떤 특정한 파생된 의미를 대하고 있다는 사실이다. 공관복음에서 바실레이아 개념이 중심적이고 보편적인 의미를 지니고 있는 까닭에, 그 개념을 명쾌히 규정하지 않으면서도 하나의 커다란 사건과 밀접한 관계를 부여할 의도로 여러 관계 설정이 되어 있다.

예수님께서 천국에서 큰 자와 지극히 작은 자에 대해서 말씀하실 때, 그 말씀들이 마태복음 11장 11절, 18장 4절(참고. 5:19)에서와 같이 현존하는 또는 현재 가능한 실체를 가리킬 때, 그 말씀 안에서 뚜렷이 윤곽 잡힌 공간 개념이 의도되어 있는지, 즉, 사람이 그 안으로 들어가고 크기도 하고 작기도 하는 능력과 구원의 영역에 뚜렷한 공간 개념이 의도되었는지의 여부와, 특정한 사람들로 구성되는 공동체 문제가 있는지의 여부를 발견할 수 있다.

우리의 견해로는 과연 바실레이아라는 단어가 다소 판에 박힌 문구이며 모호한

---

32) 참고. 제5항.

의미를 띠고 있는지, 그리고 '천국에 들어간다' 라는 식의 표현이 그리스도의 초림과 더불어 시작된 구원의 성취 안에 참여함을 의미하는지 그 가능성을 신중히 검토해야 한다고 생각한다. 따라서 바실레이아란 단어의 파생적 용례가 때로는 교회를 가리킬 수도 있다는 사실은 (즉, 천국의 구원이 베풀어지고 천국의 의가 보존되는 영역이나 공동체로서의 교회를 가리킬 수도 있다는 사실은) 사실적 근거에서 불가능한 것으로 여겨서는 안 될 것이다.

그러나 바실레이아가 교회를 가리키기도 하는 것이 분명하다면 바실레이아란 개념은 곧 모호하지도 않고 실용적이며 구체적인 의미를 띠는 새로운 용어로 환치되었을 것이다. 하지만 사실은 그렇지 않다. 더욱이 공관복음을 제외한 신약성경 그 어디서도 교회를 바실레이아라고 일컫지 않는다.

몇몇 본문의 경우에는 언어적 용례가 그리 명확하지 않다고 할 수는 있다. 그렇다고 해서 그 본문들을 한 개념에서 다른 개념으로 전환하는 증거로 인용할 수 없다. 왜냐하면 예수님께서 "천국 **안에 있다**"라든가 "천국 **안으로 들어간다**"라는 식의 말씀을 하실 때 그런 표현이 이미 성취된 어떤 실체의 의미로 받아들여져야 하더라도, 예수님께서는 그 말씀을 분명히 어떤 특정한 사람들의 공동체에 참여하거나 가입한다는 식의 의도로 말씀하지 않으셨기 때문이다.

"천국에서 지극히 작은 자 또는 지극히 큰 자"라는 표현도 그와 마찬가지이다. 이 본문이 전적으로 어떤 현재적 실체를 가리키고 있는 것이 사실일지라도, 그것은 크든 작든 신자들의 조직된 공동체를 의미하는 것으로 받아들여질 수 없다. 적어도 우리가 교회 공동체라고 할 때에는 신자들이 세상에서 행하시는 하나님의 구원 활동의 대상 또는 기관이 되는 여러 방법을 생각해야 할 것이다.

그러나 실질적 의미에서 그 안에서 한 부분을 이루고 있는 사람들의 총체 사상과 공동체 사상은 그리 먼 개념이 아니다. 그러나 이 선언들과 그와 유사한 선언들(참고. 마 5:20; 11:11 등)에 근거하여 공동체를 의미하는 분명한 사상이나 고정된 개념을 이끌어 내는 것은 불가능하다.

이제 여기서 언급해야 할 두 번째 말씀 군(群)은 이 책 앞에서 언급한 바, 말씀의 작용을 다루고 따라서 장차 올 교회 사상을 강하게 시사해 주는 비유들이다. 그런 이유에서 칼빈 같은 사람은 그 비유들 중 밭에 뿌려진 가라지 비유나[33] 물고기를 모으는 그물 비유[34] 같은 것들을 교회에 적용하려고 노력했다. 현대 개신교 해석학자들 중에서는 현시대에 있어서 바실레이아를 에클레시아 사상과 동일시하는 사람도 있다.[35] 이와는 대조적으로 심지어 로마 가톨릭 해석학자들마저 예수님의 교훈에서 바실레이아를 이런 식으로 해석하는 것에 반대한다.[36]

우리는 이 책 앞부분에서 이 비유들을 논하던 중 이미 가라지 비유나 물고기를 모으는 그물 비유의 주제가 **교회 안에** 악한 사람들과 선한 사람들이 섞여 있는 것이라는 견해를 접한 바 있다.[37] 그리고 예수님의 교훈을 해석하며 설명했듯이, 이러한 적용은 주저 없이 거부되어야 한다. 사실상 이러한 사실은 악인들과 선인들이 함께 자라고 있는 밭이 **세상**(그러므로 교회가 아님. 마 13:38)이라는 분명한 선언에서도 드러난다.[38]

---

33) "Quare hic meo iudicio simplex est parabolae scopus. Quam diu in hoc mundo peregrinatur Ecclesia, bonis et sinceris in ea permixtos fore malos et hypocritas" ...... ed. Tholuck, II, 1833, p. 14.
34) "......Evangelii praedicationem scite comparat verriculo sub aquis demerso, ut sciamus praesentem Ecclesia statum con fusum esse," op. cit., p. 21.
35) 참고. Newton Flew, p. 20.
36) Joseph Schmidt는 Das Evangelium des Markus, 1933, p. 64(겨자씨 비유와 관련하여)에서 이렇게 말한다. "복음서에 의하면 교회는 땅 위의 하나님 나라가 아니다."("Die Kirche ist nach dem Evangelium nicht das Gottesreich auf Erden")
37) 참고. 제19항.
38) 우리의 견해로는, 이 관계 속에서 다소 불확실성의 소지가 될 수 있는 표현은 오직 마 13:41의 "인자가 그 천사들을 보내리니 저희가 그 나라에서......거두어 내어"라는 세상 끝에 될 일에 대한 선언뿐이다. 그러나 여기서 우리는 제19항 각주 85에서 소개한 이 본문에 대한 우리의 입장을 제시할 수 있다. 거기서 바실레이아는 교회를 의미하지 않고, 더 일반적으로 이미 뿌려진 좋은 씨에서 나온 모든 것들을 의미한다고 말했었다.

겨자씨 비유도 이러한 관계에 입각하여 다루어야 한다. 라그랑즈는 마가복음 4장 비유가 교회의 특수한 성격들을 제시하지 않고 있기 때문에 교회의 분명한 선언으로 볼 수 없다고 말하며 지나가지만, 겨자씨 비유에 대해서는 의문의 여지없이 교회를 가리키는 비유라고 지적한다. 그처럼 조그만 씨가 나중에는 매우 큰 어떤 것으로 자라기 때문이라는 것이다.[39]

이 책 앞부분에서 이미 살펴본 대로 겨자씨 비유에 대한 해석은 매우 분분하다.[40] 이 비유의 비교점을 보잘것없는 시작과 (종말론적) 완성 사이의 차이점에서 뿐만 아니라, 작은 것에서 큰 것으로 성장 발전하는 데서 찾는 사람들의 견해에도 동의했다. 그러나 문제되는 것은 그 발전을 어떤 식으로 생각해야 하는가, 지극히 작은 것에서 매우 큰 것으로 발전한다는 것이 정확히 무엇을 가리키는가라는 점이다.

이 문제에 대해 자연적으로 어떤 '제도'를 생각하게 된다든지, 역사상의 여러 현상에 비추어 이 제도는 교회일 수밖에 없다든지 하는 생각은 지나치게 로마 가톨릭 교회관의 영향 받은 것으로 보인다. 오히려 어떤 외형적 공동체의 발전에 관한 문제라면 겨자씨 비유보다는 누룩 비유가 더 적격이다. 물론 겨자씨 비유에는 양(量)적 개념이 전면에 나타나 있는 것이 사실이다. 그리고 바로 이 점에서 양적 개념이 가리키고 있는 것이 천국 구원에 참여하는 사람들의 숫자를 가리키는 지에 관한 문제가 생긴다.

뉴톤 플류(Newton Flew)는 이 비유를 상세히 설명하는 중에, 가장 우선적으로 생각해야 할 것이 예수님의 생애에 나타난 하나님의 행위의 총체라고 주장한다.[41] 겨자씨가 가리키는 것은 최초로 천국 구원에 참여한 소수의 사람들이 아니라, 예

---

39) M. J. Lagrange, *Evangile selon Saint Marc*, 1947, p. 122. 그는 덧붙여 말한다. "사람은 그 광대해질 어떤 제도(institution)로 생각하려는 마음을 자연스럽게 갖게 된다." 이 점에 대해서는 위에서 인용한 로마 가톨릭계 저자 Joseph Schmidt의 언급인 각주 36)을 참조하라.
40) 참고. 제21항.
41) *Jesus and His Church*, 1945, p. 27.

수님의 행위와 사역, 그의 말씀과 모습의 보잘것없는 성격이라는 것이다. 플류 역시 겨자씨가 자라서 된 큰 나무에 새들이 둥지를 짓는 전경을 놓고 세세한 해석을 가한다. 겨자씨 비유의 이러한 특징은 이미 잘 알려진 대로 다니엘 4장 12절과 에스겔 31장 3, 6절(참고. 12절)의 이상과 연관된다. 그 이상에서는 새들이 민족을 상징했었다. 그렇다면 이 비유에서 새에 관한 사항을 비슷한 방식으로 해석해야 할까? 뉴톤 플류는 그것이 가능하다고 생각한다.

만일 말씀 선포가 큰 결과를 낳게 된다면 어떻게 그 결과가 예수님의 제자들 무리에 사람 수를 조금 더하게 하는 정도에 그칠 수 있겠는가? 이런 이유에서 플류는 예수님께서 이 비유로써 장차 하나의 공동체를 불러 모으실 계획을 보여주신다고 추측한다.[42]

물론 이 비유는 그리스도께서 오심으로써 대수롭지 않은 듯 시작한 어떤 것이 지니는 계속적이고도 세계적인 중요성에 관한 내용을 다룬다. 완성을 향한 신적 사역의 진행 과정은 이미 이 시작 속에서 관찰될 수 있으며, 장차 만물이 회복될 때 누구든지 중요하다고 인정하지 않을 수 없는 형태로 드러날 것이다. 이 진행 과정에는 그 나라를 상속할 모든 사람들의 구원이 포함되어 있음이 분명하다.

그러나 필자가 생각하기에 그러한 의미가 과연 이 비유 안에서 '공중의 새들'로 표현되었는지를 결정하기는 쉽지 않다고 본다. 어쨌든 이 특수한 측면에서 예수님께서 세우고자 하셨던 사람들의 새로운 공동체 사상을 이끌어 내는 것은 좀 무리인 듯하다. 그 외에도 장차 올 천국의 영광은 허다한 많은 사람들로 나타나기도 하겠지만 하나님의 우주적인 구원 사역으로도 나타날 것이란 점에서 볼 때, 겨자씨 비유를 단지 사람들의 외형적 공동체로만 보는 것은 억지 같아 보인다.

---

42) *Op. cit.*, p. 28.

이처럼 이 비유의 주된 사상은 에클레시아라는 공동체 개념으로 한정되기에는 대단히 보편적인 성격을 띠고 있다. 예수님의 설교에는 이 에클레시아 사상이 중요한 시각에서 따로 다루어지고 있다.

복음서에서 바실레이아라는 단어가 '교회'의 의미로 쓰이는 곳은 없다고 하더라도[43] 에클레시아 사상은 예수님의 설교와 자기 계시의 관점으로 볼 때 매우 핵심적인 요소이다. 이 사실은 최근에야 비로소 올바로 강조되고 있다. 그러나 아무리 강조된다고 하더라도 꼭 정확하게 해석되는 것만은 아니다. 우리의 견해로는 복음서 안에 나타난 에클레시아 사상의 기원에 대한 명료한 해석이 아직까지도 모든 점에서 흡족하게 이루어지지는 않았다.

이 사실은 특히 에클레시아 사상의 기원과 인자 사상의 기원을 모두 다니엘 7장에 두는 카텐부쉬의 견해에 적용된다. 에클레시아가 이런 식으로 예수님의 자기 계시와 하나님 나라 설교의 종합적인 부분으로 재인식되긴 하지만, 우리의 입장으로 볼 때 여기서 추구된 관련성은 복음서에 나타난 에클레시아 사상을 설명하기에는 너무 불명확하고 억측이다. 다니엘 7장만 하더라도 과연 인자가 '지극히 높으신 자의 성도들'의 상징적인 대표자인지가 심각하게 질문되어질 만하다.[44]

카텐부쉬의 견해에 더욱 부정적인 답을 하게 되는 결정적 요인은 복음서 어느 부분에서도 예수님께서 인자를 그렇게 집합적인 개념으로 말씀하지 않으신다는 사실이다. 예수님은 이 칭호를 다만 자신에게, 즉, 자신의 개별적 인격에만 국한시켜 적용하신다.[45]

다니엘 7장에 따르면 인자와 '지극히 높으신 자의 성도들' 간에 밀접한 관계가 있을 수 있으며,[46] 그 본문이 메시아의 백성에 관한 사상을 담고 있을

---

43) 참고. H. A. Guy, *The New Testament Doctrine of the "Last Things,"* 1948, p. 71.
44) 참고. G. Ch. Alders, *Het boek Daniël*, 1928, pp. 134ff, p. 140.
45) 이 점에서 Kattenbush와 그밖에 사람들에 대한 Bultmann의 비판은 우리 견해로 볼 때 반박할 수 없는 것이다. *op. cit.,* 특히 p. 277. 참조, Oepke, *Jesus und der Gottesvolkgedanke, op. cit.,* p. 59.

수 있지만, 절대적인 의미로든 부분적인 의미로든 이 두 대상을 동일시 할 수는 없다.

그리고 복음서에서는 하나님의 백성을 '지극히 높으신 자의 성도들'로 표현한 적이 없는 까닭에 예수님의 하나님 나라 설교에서 에클레시아 사상의 출발점을 꼭 다니엘 7장에서 찾아야 할 필요는 없다고 본다.[47]

글뢰게나 다른 이들을 변호하는 바, 예수님께서 에클레시아 개념을 가르치시기 위해 이스라엘 백성의 '남은 자'(사 10:22 이하에 의하면 유일한 구원 대상임) 예언을 언급하셨다는 견해도 마찬가지이다. 남은 자 예언 그 자체는 정확한 것이지만, 그 예언만을 에클레시아와 일치시키는 특수한 해석은 복음서에서 어떠한 근거도 갖고 있지 못하다.[48] 이들의 견해는 복음서 어디에서도 언급되지 않은 이 '남은 자'에 집중된다는 바로 그 이유 때문에 예수님의 설교에는 에클레시아 사상이 들어 있을 여지가 없다고 주장하는 사람들을 납득시키지 못하는 것이다.[49]

우리는 에클레시아 사상의 기원에 대한 특수한 해석이 복음서에 충분히 근거해 있지 않으므로 하찮은 것이라고 평가한 외프케를 지지한다. 바실레이아에 대한 예수님의 메시아적 설교에는 위와 같은 구약성경의 몇몇 부분에 나오는 사상보다는 하나님의 백성 사상에 훨씬 더 지배적이며, 설교의 중점 역시 그러한 특정한 관계(남은 자와 에클레시아)보다는 하나님의 백성 사상에 훨씬 더 집중되어 있기 때문이다.

에클레시아 사상 안에는 먼저 **메시아적** 관점이 전제되어 있다. 백성 없는 메시아 개념은 생각할 수 없다. 이 사실은 급진적인 종말론 학파를 포함한 모

---

46) 참고. Alders, *op. cit.*, p. 140.
47) 단 7장에 호소하는 Kattenbush에 대한 Newton Flew가 한 말. "에클레시아 사상은 여러 줄기의 시냇물들이 흘러들어가 형성된 하나의 큰 호수로부터 깨끗해진 상태로 흘러나오는 하나의 강과 같다고 말하는 것이 아마 더 옳을 것이다," *op. cit.*, p. 36.
48) 참고. Oepke, *op. cit,* . p. 45.
49) Bultmann은 Gloege의 해석을 하나의 "환상적인 체계"라고 부른다. *op. cit.*, 특히 p. 274.

든 사람이 인정하는 사실이다.[50] 또한 하나님 나라에 속하는 사람들이 하나의 공동체, 즉, 하나님 나라 공동체를 형성한다는 사실도 그와 마찬가지다.[51] 이것은 메시아적 바실레이아 설교 전체를 뒷받침해 주는 하나의 전제일 뿐만 아니라 복음서 안에서도 발견할 수 있는 내용이다. 나아가 마태복음 16장의 에클레시아 선언 가운데 '내'(교회)라는 소유 대명사는 이러한 의미를 지닌다. 이 대명사는 많은 학생이나 추종자를 자기 주위에 모았던 어떤 선생이나 선지자 입장의 '내'와 동일시될 수 없으며, 추종자를 조직하여 새로운 종교를 창설하는 사람 입장에서의 '내'와 동일시될 수도 없다. 그것은 몸소 은혜를 베풀고 다스리는 백성에 대해 말하시는 메시아의 '내'이다.

공관복음서에서는 그러한 용어가 드물게 사용되긴 했지만(그러나 마 1:21, "자기" 백성; 13:41, "그(의)" 나라를 참조하라. 이 두 경우 모두 소유 대명사가 메시아를 가리키는 말로 사용된다), 메시아가 대상으로 삼아 사역하고 응답하고 연합시키시는 자기 백성 없이는 메시아란 존재할 수 없다는 생각은 공관복음서 모든 곳에 배경으로 깔려 있다. 메시아께서 "하늘에 계신 내 아버지 앞에서 시인할 것"이라고 말하시는 대상이 바로 그들이다(마 10:32, 33). 그분은 그들을 자기 '형제들'이라고 부르신다(마 12:50; 25:40). 그들은 신랑(메시아)의 '자녀들(손님들)'이다(마 9:15).

종말론 학파의 입장에서는 이 '메시아의 백성'이 예수님이 기대하셨던 인자의 파루시아 때까지 나타날 수 없는 순수한 종말론적 실체라고 주장하고 싶어 한다. 따라서 예수님 자신뿐만 아니라 그와 함께 있는 제자들조차 이 세상 속에서 그런 메시아의 백성을 불러 모을 사명을 부여받지 않았다고 한다. 그들은 단지 임박한 큰 결단으로서 그 나라의 도래를 설교해야 했다는 것이다.[52]

---

50) 참고. Bultmann, "이것은 말할 것도 없이 명백하다." *op. cit.*, p. 277.
51) "종말론적 교회 개념은 단순히 예수님의 천국 설교로 거슬러 올라가는 것이 아니라 이미 유대교 사상에 기존해 있었다"("*Der Begriff einer eschatologischen Gemeinde geht nicht erst auf Jesu Reichspredigt zurück, sondern ist schon jüdisch*"). Bultmann, *op. cit.*, 특히 p. 275.

이 이론은 종말론적 원칙을 복음서 전체에 적용시키는 까닭에 예수님께서 오신 일이 지니는 성취의 성격과 모순된다. 이 사실을 제쳐둔다고 하더라도 종말론 학파의 주장은 자기 백성을 모으시는 예수님의 메시아적 사역에 관한 복음서의 분명한 어조를 조금도 바로 해석하지 못하는 셈이다. 예수님께서 '지명된 메시아'로서 뿐만 아니라 이미 오신 인자로서 사역하고 말씀하셨다면 그분은 자기 백성을 모으는 일을 이미 생각하고 계셨음이 분명하다.53)

복음서를 볼 때 예수님은 자신의 메시아적 사명 속에 포함되는 '선택하고 모으는 일'을 전적으로 미래 종말론적 의미로만 말씀하지 않으셨다. 예수님께서는 그 일을 이 세상에서 행하시는 사역의 결과로도 말씀하시는 것이 분명하다. 예를 들어 보자.

예수님께서 사람들 가운데, 가장 친밀한 관계를 맺고 있는 사람들에게까지 불화를 주려고 오셨다고 말씀하신다(마 10:34-36, 참고, 눅 12:51-53). 또한 사람들 가운데서 자기 백성을 선택하실 의도로 "나와 함께 아니하는 자는 나를 반대하는 자요 나와 함께 모으지 아니하는 자는 헤치는 자니라"(마 12:30; 눅 11:23)라고 말씀하신다. 그리고 예수님의 제자들 집단에 속하면서도 그분을 좇지 않는 사람은 그 누구도 예수님의 이름을 사용하지 못하게 하자는 어느 제자의 지나친 열심에 대해서 "우리를 반대하지 않는 자는 우리를 위하는 자니라"(막 9:40; 눅 9:50)라고 말씀하신다.

두 경우(즉, 선택하고 모으는 일) 모두가 가리키고 있는 것은, "나와 함께 모으는" 또는 소극적이긴 하지만 "우리를 위하는"(여기서 우리라는 복수형이 사용된 것을 주의하라. 예수님과 그의 제자들은 세상 안에 있게 될 하나의 공동체의 요인을 나타내주기 때문이다)이라는 구-분명히 언급된 바, 사람들을 자기에게로 인도하시는 예수님의 메시아로서의 사역의 **효과**이다. "나를 좇는"(마 10:38; 눅 14:27 등)이라는 예수님의 표현도 이것과 관련하여 지적해야 한다. 그 표현은 예수님과 함께 살던 소

---

52) 참고. Bultmann, *op. cit.*, p. 275.
53) 참고. 제13항.

수의 제자들에게 뿐만 아니라 은유적 의미에서 말씀을 듣는 모든 사람에게도 해당된다.[54)]

열매를 찾고 사람들을 모으는 등 예수님께서 메시아로서 친히 행하신 일들은 부분적으로는 제자들의 사역에도 해당된다.[55)] 이 책 앞부분에서[56)] 추수밭으로 보냄을 받은 일꾼들에 관한 말씀(마 9:37, 38)이 예수님의 말씀을 믿는 사람들의 미래 종말론적 모임이 아닌 현재적 모임을 가리킨다는 사실을 살펴본 바 있다. 그러므로 이 일꾼들은 예수님께서 하시는 일을 돕고 그 일을 계속해서 해 나가는 사람들이다.

어떤 이들은 장차 올 하나님 나라를 바라보면서 베드로가 교회를 조직하고 교육과 치리를 감당할 사명을 받는다는 것은 불합리하다고 생각한다. 그러나 조직이라는 제2차적인 문제를 제쳐두고라도, 예수님께서 처음부터 제자들에게 자기를 믿고 나올 사람들을 선택하여 모을(단지 하나님 나라를 선포하는 것 이상의 의미를 내포하는) 특별한 권세를 주실 것을 약속해 오셨던 사실을 잊어서는 안 된다.

그래서 예수님께서는 제자들을 부르는 상황에서도 "내가 너희로 사람을 낚는 어부가 되게 하리라"라고 말씀하셨던 것이다(막 1:17; 마 4:19, 참고. 눅 5:10). 마찬가지로 무리를 먹이신 이적(막 6:36 이하; 8:1-10)과 제자들에게 "너희들이 (그들에게) 먹을 것을 주라"고 하신 말씀도 제자들이 장차 맡게 될 사명을 가리키는 뚜렷한 상징적 의미를 지닌다.[57)] 장차 제자들은 예수님의 메시아적 전통을 예수님을 대신하여 사람들에게 전하고 나누어 주게 될 것이다.

더구나 장차 제자들이 받을 고난에 대해 언급하는 말씀들이나(마 10:16, 17-25; 눅 12:11 이하; 막 13:9-13 이하) 제자들과 유대 관원들 사이에 생기게 될 간격을

---

54) 참고. Kittel, *TWB*, I, pp. 214, 215, 'ἀκολουθεω' 항목.
55) 참고. R. Liechtenhan, *Die urchristliche Mission*, pp. 19ff.
56) 참고. 제21항.
57) 참고. 필자의 *Matth.*, I, pp. 275ff.

가리키는 말씀들은 그것을 단순히 사건에서 발생한 예언들로 설명하기를 원치 않는 사람이라면 누구에게든지 예수님께서 제자들 안에서 그리고 제자들을 통해 자신의 메시아 사역을 계속하시고 따라서 그분의 씨를 퍼뜨리고 추수를 준비하고 있다는 것으로 보일 것이다(마 13장; 막 4장). 즉, 예수님은 그 나라를 선포하실 뿐만 아니라 이 땅에 메시아 자신의 종말론적 교회를 미리 모으고 계신다.

복음서에 기록된 예수님의 사역들을 종합해 볼 때 우리는 예수님께서 (천국의 기업을 약속하신) 제자들로 구성된 하나의 공동체를 세우셨으나, 그 공동체를 교회 형성의 시작으로 여길 수 없다는 견해58)를 도저히 수긍할 수 없다. 물론 그리스도께서 이 땅에 계실 동안 베푸신 이 공동체에 대한 계시는 그분의 자기 계시와 일치했으며, 따라서 그것이 하나의 조직된 메시아 교회라는 뚜렷한 성격을 띠지 않았던 것은 사실이다. 그러나 그분의 말씀을 받은 사람들은 본질적으로 다름 아닌 그분의 백성들, 즉, 메시아의 백성들이었다. 그리고 그것은 제자들이 예수님을 공식적으로 메시아로 고백한 뒤 예수님께서 친히 죽으시고 부활하실 것을 선언하신 터 위에서 곧바로 자신의 에클레시아에 관해 성식으로 말씀하시는 사실과 전적으로 일치한다.

예수님의 제자들이 예수님을 메시아로 고백한 그 순간에 그분의 교회도 그와 같이 스스로 모습을 드러낼 것이다. 이처럼 교회는 예수님을 메시아로 믿는 신앙고백과 밀접히 연관되어 있으며 그 고백으로부터 자연스럽게 이어져 나온다.

이러한 메시아적 관점과 이미 예수님의 오심으로 나타난 일, 즉, 메시아적 교회의 구성에 덧붙여서, 언약 백성이면서도 믿지 않는 이스라엘의 배척과 **하나님의 백성의 새로운 구성**에 대한 논의가 반드시 수반되어야 한다. 하나님과 그분의 백성 이스라엘 간의 특별한 관계는 복음의 기초 가운데 하나이

---

58) Dahl, *op. cit.*, pp. 158-167; Kümmel, *op. cit.*, p. 85.

다. 이런 이유에서 예수님은 가난한 사람들을 복 있는 자라고 선언하셨다. 그들이 참된 하나님의 백성을 대표하기 때문이었다. 또한 이런 이유에서 예수님께서 메시아로서 베푸시는 긍휼이 이스라엘 집의 잃어버린 양들에게 향한다. 우리는 혈통적 이스라엘을 대신하여 복음을 믿는 사람들이 주님의 양들, 아브라함의 자손 그리고 천국의 자녀들이라는 의미에서 그 기본적인 사상이 전환되는 것을 이미 살펴본 바 있다.[59]

이러한 결과는 지금 우리가 논의하고 있는 문제에 있어 대단히 중요한 요소가 된다. 이렇게 이스라엘이 저버림을 당하고 하나님의 백성이 새로 구성되는 것은 단순히 종말론적 미래에 발생할 어떤 사건이 아니라 예수님의 오심과 더불어 이미 실현되기 시작한 사건이기 때문이다.

첫 번째 점, 즉, 이스라엘이 저버림을 받은 것에 대해서 특별히 악한 농부 비유를 언급하고자 한다(마 21:43-46). 이 비유는 이사야 5장 2절과 매우 비슷하게 시작되다가 곧바로 이스라엘이 주님의 특별한 포도원이라는 사상에 집중된다. 그리고 이 비유의 주제가 그리스도(포도원 주인의 아들)를 저버림으로써 이스라엘이 자초한 심판이다.

여기서 세 복음서 저자가 모두 "건축자의 버린 돌이 집 모퉁이의 머릿돌이 되었나니 이는 여호와의 행하신 것이요"라는 시편 118편을 인용하고 있는 것은 매우 주목할 만한 일이다. '건축'이라는 행위는 하나님의 백성 이스라엘에게 쏟아진 특별한 관심을 의미한다.[60] 이 일은 하나님의 명령과 감독 하에 이스라엘의 지도자들(건축자들)에 의해 이루어진다.

그러나 건축자들은 하나님께서 작업의 가장 중요한 부분으로 설계해 놓으신 모퉁이 돌을 저버린다.[61] 이것은 다시 예수님을 메시아로 인정하기를 저

---

59) 참고. 제25, 26항.
60) 참고. 하나님의 백성과 관련한 '세우다'라는 개념, P. Bonnard, *Jésus-Christ édifiant son Eglise*, 1948; 관련 점, pp. 14ff.
61) "모퉁이 돌"에 대해서 Jeremias의 *TWB*, IV, pp. 272ff, 'λιθος' 항목을 참조하라.

버림을 의미한다. 그러나 하나님은 그분을 만물 위로 끌어올리실 것이다. 그렇게 함으로써 이스라엘을 자기 백성으로 세워가시는 하나님의 놀라운 사역이 메시아 안에서 성취된다. 그러나 이 일은 믿지 않는 이스라엘과 하나님의 백성임을 자처하는 그들이 지도자들을 저버리지 않고는 이루어질 수 없다. 마태복음은 시편 118편 인용문에 이어 이렇게 덧붙여 말한다. "그러므로 내가 너희에게 이르노니 하나님 나라를 너희는 빼앗기고 그 나라의 열매 맺는 백성이 받으리라"(마 21:43). 여기서 '백성'이란 단어는 어느 특정한 '민족'이 아니라 하나님께서 옛 이스라엘을 초월하여 하나님 나라 구원을 베푸실 하나님의 새 백성을 뜻한다.[62] 이러한 문맥에서 하나님 나라 개념과 메시아께서 새로 모으실 하나님의 새로운 백성으로서 하나님의 백성 개념을 발견한다. 하나님 나라 계시는 구속사 안에서 이스라엘을 대신할 한 백성의 형성을 가리키고 있음이 분명하다.

동시에 이 다른 백성, 즉, 하나님의 새로운 백성은 미래 종말론적 용어로뿐만 아니라 미래 역사적 의미로도 표현되고 있다. 그것은 (천국의) 열매를 맺는 백성, 즉, (천국의) 복음을 듣고 회개하여 스스로 하나님의 새로운 백성이 되었음을 현실로 드러내는 백성에 관한 계시이다. 예수님께서 제자들을 한 무리 또는 양떼라고 하시는 본문들(눅 12:32; 막 14:27)은 이런 견지에서 이해되어야 한다. 여기서 중요한 것은 (예수님이 그분을 따르는 사람들을 하나의 공동체로 모으신다는) 사회적 관점이라기보다는 구속사적 관점이다.

그 무리는 지금 예수님에 의해 모아지고 장차 이스라엘의 새로운 열두 지파로서 열두 사도에 의해 다스려질 하나님의 백성을 의미한다.[63] 제자들의 수 열둘은 제자들이 혈통적인 이스라엘 백성에게 구원을 전하는 이들이란 사실,[64] 또는 그들이 하나님의 종말론적 백성의 예표라는 사실[65]에서뿐만 아

---

62) 참고. Schniewind, *op. cit.*, p. 212.
63) 참고. 제25항.
64) Bultmann, *op. cit.*, 특히 p. 275.

니라 그들 가운데 처음부터 예수님의 말씀에 의해 소집된 교회가 구현되는 사람들이란 점에서 그 당시로서도 이미 일종의 대표적인 의미를 지닌다. 이처럼 그들은 여러 면에서 새로운 교회의 기초로 여겨질 수 있다.

이 모든 사실은 처음부터 하나님의 새로운 백성의 형성 사상이 예수님이 메시아로서 행하시는 사역에 방향을 제시하고 성격을 결정해 주었음을 분명히 입증해 준다.

그렇다고 해서 에클레시아 사상을 공식적으로 활동하는 어느 정도 조직되고 한정된 공동체의 의미로 완전히 정당성을 부여하게 되었다는 말은 아니다. 그러나 그 상태에 이르기 위한 길은 이미 여러 면으로 닦여져 왔다. 옛날부터 하나님과 이스라엘 간에 설정된 언약 관계는 에클레시아 개념으로 표현되어 왔기 때문이다.

대부분의 저자가 동의하는 바 히브리어 카할 또는 케할라든, 카렌부쉬, 슈미트 등이나 다른 저자들이 주장하는 아람어 케니쉬타는 모두[66] 마태복음 16장에서 사용된 헬라어 에클레시아의 근거로 인식될 수 있다. 두 경우 모두 그 기본 사상은 하나님의 언약 백성들의 모임이다. 이처럼 예수님께서 에클레시아에 대해 말씀하실 때는 전적으로 하나님께서 자신의 소유로 주신 백성을 향한 복음 선포의 영역 내에서 하셨다.

메시아의 백성 사상이 예수님의 출현과 사역의 메시아적 성격에서 자연스럽게 귀결되는 것과 마찬가지로, 그에 못지않게 본질적인 주제인 언약과 하나님의 백성 사상도 자연스럽게 에클레시아의 출현으로 이어진다. 이 메시아적 측면과 언약적 측면과의 연관성은 '내 교회'란 말로 표현된다. 하나님의 백성은 메시아의 백성이다. 그리고 바꿔 말해서 예수님을 메시아라고 고백하

---

65) 참고. Dahl, *op. cit.*, p. 158, "열둘은 역사를 거슬러 올라가 열두 지파를 가리킬 뿐만 아니라 종말론적 백성을 가리키기도 한다"(*"Die zwölf weisen nicht nur auf das geschichtliche zwölfstammenvolk zurück, sondern auch auf das eschatologische voraus"*).

66) Schmidt도 역시 카할 여호와(즉 여호와의 총회) 개념을 포기하려고 하지 않으나, 케니쉬타 개념으로부터 그것에 특별한 의미를 부여하려고 한다.

는 사람들은 새 이스라엘이다.

그러므로 에클레시아는 참된 하나님의 백성으로서 메시아가 오신 이래 잠정적으로 하늘나라의 선물들을 이미 받고, 장차 인자의 파루시아(재림)때 완성의 상태 가운데 들어갈 사람들의 공동체이다. 우리의 견해로는 이것이 예수님의 천국 설교에 바탕으로 깔려 있는 일반적인 기조이다.

지금까지 언급한 내용들을 근거로 우리 나름대로 바실레이아와 에클레시아 간의 관계를 정리해 보자. 두 근본 개념들 간에는 연관성과 차이점이 분명히 드러난다. 즉, **바실레이아는 그리스도 안에서 성취되고 완성되는 하나님의 큰 구원 사역이며, 에클레시아는 하나님에 의해 선택되어 부르심을 받고 바실레이아의 복을 누리는 백성들이다.**

이론상으로는 바실레이아가 에클레시아 앞에 온다. 그러므로 바실레이아가 내용상 에클레시아보다 훨씬 더 포괄적이다. 그것은 만물을 포괄적으로 조망하며, 모든 역사의 완성을 의미한다. 온 우주적 차원을 지니며 은혜와 심판을 동시에 가져오며, 시간과 영원을 채운다.

에클레시아는 이 거대한 드라마 속에서 하나님의 선택과 언약을 힘입어 그리스도 안에서 하나님 편에 세움 받은 백성들이다. 그들은 하나님의 약속을 받은 사람들로서 복음 선포에 의해 이 땅에 모습을 드러내어 함께 모이며, 현재뿐만 아니라 마지막 날에도 그 나라의 구원을 상속할 것이다. 바로 이것이 하나님 나라가 에클레시아 안에서, 즉, 그리스도 안에서 그분을 통하여 언약되고 이미 주어지기도 한 구속과 구원이라는 큰 은혜 안에서 나타나는 이유이다.

그러므로 바실레이아와 에클레시아는 결국 같은 것이 아닌가라는 질문은 더 이상 필요가 없다. 바실레이아는 우리의 모든 관심을 하나님께로, 그분의 최상의 뜻으로, 그것을 이루어 가시는 능력으로, 즉, 가장 포괄적인 의미에서 하나님의 덕(德)으로 집중시킨다. 에클레시아는 어느 한정된 범위, 즉, 인간이 관계되는 한에서 바실레이아의 구원론적 목표가 된다.

에클레시아가 점차적으로 바실레이아를 대신하게 되었다고 말하거나, 그리스도 자신은 그 나라를 출범시키기 위해 오셨으나 그것을 대신하여 교회가 생겨났다고 말하는 것은 교회의 기대와 사역의 모든 부면을 둘러싸고 있는 항구적인 종말론적 개념을 전적으로 오해하는 소치이다. 그것은 또한 교회 자체도 포함되는 하나님의 구속과 심판의 보편성에 대한 오해이다.

동시에 그리스도께서 선포하신 바실레이아 사상은, 바실레이아가 오직 현재적이고 영적이거나 아니면 오직 미래적이고 종말론적이거나 둘 중의 하나이기 때문에 에클레시아 개념과 양립할 수 없다고 주장하는 것은 전혀 근거가 없다. 구원은 메시아적이면서도 동시에 역사적인 성격을 띠고 있기 때문이다. 그것은 메시아적인 까닭에 한 백성이(새 이스라엘, 언약의 백성) 없이는 이해될 수 없다.

그리고 그 구원은 이미 역사 속에서 실현되고 있는 까닭에 에클레시아는 종말론적일 뿐만 아니라 역사적인 성격을 지닌다. 에클레시아는 바실레이아 계시의 산물이다. 바꿔 말해서 바실레이아는 에클레시아 없이는 이해될 수 없다. 후자가 전자에 합병되지 않은 채 후자는 전자와 떼려야 뗄 수 없다.

사람들은 에클레시아와 바실레이아 사이의 관계를 도식화하기 위해 많은 시도를 해왔다.[67] 그러나 과연 그와 같은 도식화 과정이 가능한지는 의문이다. 에클레시아는 모든 면에서 바실레이아의 관점으로 조망될 수 있기 때문이다. 에클레시아는 바실레이아의 구원을 기다리는 사람들의 하나의 공동체이다. 바실레이아가 이미 현존하는 실체인 한, 에클레시아 역시 바실레이아의 선물과 능력이 부여되고 그것을 누리는 곳이다.

더 나아가 에클레시아는 바실레이아의 도구로서 예수님을 그리스도로 고백하고 그분의 계명을 순종하며 세계만방에 복음을 전하는 선교 사역을 감당

---

67) 참고. Braun, *op. cit.*

하도록 부르심을 받은 사람들의 모임이다. 모든 면에서 교회는, 그 자체가 바실레이아이거나 그것과 동일시되는 일 없이, 하나님 나라의 계시와 발전과 미래에 둘러싸이고 추진된다.

37. 기초와 권위

에클레시아 개념으로 표현된 일반적인 사상이 예수님의 천국 설교에서 유기적이고도 종합적인 위치를 차지하고 있음이 분명하므로 이제 에클레시아에 관한 선언의 구체적인 내용(마 16장; 18장)을 논의할 수 있게 되었다. 마태복음 16장 17-19절에 소개되는 내용이 그 중 가장 분명하므로 이 부분을 논의의 출발점으로 삼기로 하겠다.

여기서 제기되는 첫 번째 질문은 예수님께서 "너는 베드로라 내가 이 페트라(petra, 반석) 위에 내 에클레시아를 세우리니 음부의 권세가 이기지 못하리라"라고 말씀하실 때 이 말씀 속에 담긴 의미가 무엇이었을까 하는 점이다. 본문의 교회는 그냥 일반적인 의미의 하나님의 백성(즉, 메시아의 백성)을 암시하는가, 아니면 카텐부쉬, 슈미트 그리고 그 외에 사람들이 추측하는 대로 '메시아-예수님-회당' 과68) 같은 이 백성의 어떤 특수한 형태로 생각해야 하는가?

그들은 이 에클레시아를 전체 유대 사회의 테두리 안에서 예수님의 제자들이 세울 하나의 구별된 조직으로 이해한다. 그들의 주장을 본문에 적용해 볼 때 적어도 마태복음 16장 18절에 관한 한 우리의 선택은 그리 어렵지 않다. 무엇보다도 먼저 '구별된 회당들'(즉, 기존의 회당과 구별되는)이 실제로 존재했었는지가 의문시되기 때문이다. 따라서 슈미트가 근거로 제시한 문자적 용례는

---

68) 참고. Schmidt, *TWB*, IV, p. 530.

사실과 거리가 멀다.69) 더 나아가 에클레시아=케니쉬타="특별한 회당" (Sondersynagoge)이란 등식으로 구체화70)시킬 만한 실제적인 근거를 찾을 수가 없다.

지금까지 진행되어온 논쟁은, 만일 에클레시아가 '하나님의 백성'을 뜻하는 단어로 받아들여진다면 교회를 '세운다'는 말은 뜻이 분명치 않은 하나의 은유어라는 데까지 발전해 온 것이 사실이다. 에클레시아를 케니쉬타로 이해한다면 이러한 반박은 제거될 것이다. 왜냐하면 케니쉬타는 동시에 회당 건물을 뜻할 수도 있기 때문이다.71) 그러나 이러한 해석도 아래와 같은 반박을 면치 못한다.

1) 교회를 '세운다' 라는 은유적인 표현은 회당 건물을 연상하여 사용한 표현이 아니다. 이미 구약성경에서 하나님과 그분의 백성 이스라엘 간의 특별한 관계를 다룰 때 사용되었다(참고. 렘 12:16; 18:9; 24:6; 31:4; 42:10; 암 9:11; 엡 2:20; 유 20). 이처럼 성경에서는 이스라엘을 하나님의 '건물' 이나 하나님의 '집', 하나님의 '밭'72)으로 은유하는 예가 상당히 자주 발생된다(참고. 고전 3:9). 따라서 '건물' 개념으로 표현되었다고 해서 마태복음 16장의 에클레시아란 단어를 특별한 의미로 억지 해석할 필요는 없다.

그보다는 에클레시아란 단어에 하나님 또는 메시아께서 '자기 백성'으로 연합시키신 사람들의 모임이란 일반적인 의미를 부여하는 방식으로 '세운다' 란 말과 에클레시아를 조화시키는 것이 옳다.73)

2) 에클레시아를 '음부'의 권세(또는 대문)와 대조시키는 마태복음 16장의 전체 문맥은 회당 공동체를 넘어서는 더 광범위한 관점을 제시한다. 본문은 지옥 권세가 에클레시아 주위를 둘러싸고 위협하고 있다는 사실을 매우 함축적이고도 관념적

---

69) 참고. Bultmannd의 비평, *op. cit.*, p. 269. A 54.
70) 참고. 각주 66).
71) Schmidt, *op. cit.*, Bronkhorst도 *op. cit.*, p. 26의 각주에서 그러하다.
72) 이 개념들에 대해서는 Bonnard의 *op. cit.*, pp. 11ff를 참조하라.
73) 참고. Bonnard, *op. cit.*, p. 27.

인 방법으로 시사한다. 에클레시아를 반석 위에 세운다는 은유어가 어떤 식으로 이해되든지 간에[74] 우리의 입장에서 볼 때 회당을 세운다는 식의 생각은 전혀 엉뚱한 것이다.

3) 마지막으로, '특별한 회당' 이라는 해석의 부당성은 다음과 같은 사실에서도 분명히 드러난다. 즉, 은유적 표현에서 뿐만 아니라 예수님과 후기 기독교 교회의 사상 세계 내에서도 메시아의 백성(또는 새 이스라엘)은 유대교 테두리 내에 세워질 한 회당 공동체 역할을 하지 않았다. 오히려 옛 백성을 대신해야만 했다. 실제로 옛 백성을 대신하게 된 하나님의 새로운 백성으로 간주되고 있다.[75]

우리는 당연히 마태복음 16장 18절의 에클레시아를, 칠십인역이 거의 언제나 에클레시아로 번역하다시피 한, 구약성경의 '카할' (qahal)의 일반적인 의미로 번역해야 한다. 이 단어는 어떤 종교적인 의미로 사용될 때는(예, '여호와의 카할', qahal YHWH, 즉, 여호와의 총회) 하나님에 의해 선택되고 다른 민족들과 구별되는 연합되고 통일된 백성이라는 의미를 지닌다.[76] 이에 해당하는 헬라어는 '라오스' (laos)로서 (하나님의) 백성, (언약) 백성 등을 뜻한다.

여기서 예수님은 특정한 조직 또는 일반적 조직을 조금도 언급하지 않은 채 자기 교회, 자기 백성에 대해 말씀하신다. 이처럼 본문은 그 단어의 이상

---

74) 이것은 '음부의 권세' (또는 대문) 개념에 달려 있다. Schniewind의 마 16:18 해석을 참조하라. 그는 성전을 엡 2:20-22과 벧전 2:4 이하의 의미로 생각한다(*op. cit.*, p. 84). Dahl도 성전에 대해 말하며 Jeremias의 견해를 참조하여 페트라를 하층 세계의 물결을 통제하는 우주적 바위로 설명하고 싶어 한다. *op. cit.*, p. 165. Bonnard도 같은 생각을 지니고 있다(*op. cit.*, pp. 26ff). 우리가 볼 때 이것은 매우 의심스러운 해석이다.
75) 참조. Oepke, *Jesus und Gottesvolkgedanke, op. cit.*, pp. 45, 46.
76) 참조. K. L. Schmidt, *TWB*, III, p. 531, 'ἐκκλησια' 항목. 필자의 견해로는 Bultmann의 반박대로, 카할이 이런 의미에서 주로 의식(儀式) 용어라는 주장은 의심의 소지가 있다고 본다. 오히려 그것은 하기오스(αγιος)개념처럼 주로 언약 안에서 주님께 의해 구별되고 선택된다는 사실을 가리킨다고 보아야 할 것이다(참조, 신 9:10; 10:4). 그리고 여기서 예배 공동체에 관한 그 의미가 파생된다(시 22:23, 26 등). 참조. 필자의 논문, *De Heiligheid der gemeente volgens het Nieuwe Testpment, Vox Theologica*, 1948, 18th year, No. 6. pp. 187-194.

적 의미(즉, 백성의 의미)로서 에클레시아에 관한 것이다.

예수님께서 에클레시아를 세우는 일을 미래시제로 말씀하신다는 사실을 주목할 필요가 있다. 이 말은 교회가 오직 미래가 되어야 비로소 시작될 것이라는 의미가 아니다. 우리는 예수님께서 **이 페트라(반석) 위에** 자기 교회를 세우실 것을 말씀하신 점을 명심해야 한다. 오직 이런 의미에서의 미래의 일이었다.

이것과 관련하여 예수님께서 최후의 만찬 제정[77]이나 자신의 죽음과 부활[78]을 교회 형성의 시작으로 언급하고 계시다는 견해를 반대한다. 그렇다면 '이 반석 위에'란 말에 어떤 의미를 부여해야 할 지 분명하지 않을 것이기 때문이다. 본문의 주제는 분명히 베드로(그의 사역) 위에 기독교 교회를 세우는 일이며, 그것은 예수님께서 죽으시고 부활하신 후에야 시작될 것이었다.[79]

잘 알려진 대로, 많은 개신교 해석학자들은 페트라란 단어가 의미하는 바가 사람 자체가 아닌 믿음,[80] 즉, 베드로의 고백이나 사역이라고 생각해 왔다. 이 해석은 로마 가톨릭의 교회관에 대한 매우 있음직한 반응이었다. 다른 주석가들은 여기서 좀더 비약하여 본문의 '이 페트라'를 그리스도 자신[81] 또는 그분의 메시아 신분이나 하나님의 아들로서의 존재[82] 등을 가리키는 말로 이해했다. 그들은 본문(마 16:18) 중 페트로스(petros, 베드로)에서 페트라

---

77) Kattenbush, *Der Quellort, op. cit.,* pp. 168ff.
78) Wendland, *op. cit.,* pp. 193ff; Bultmann, *op. cit.,* p. 272.
79) 참고. Cullmann, *Königsherrschaft Gottes und Kirche im N. T.*, 1941, p. 22.
80) Calvin의 주장이 그러하다. 그는 시몬이나 다른 신자들 모두 그리스도를 믿는 믿음 위에서 거룩한 연합을 이루고 세워지며 하나의 영적인 건물로 모양이 갖춰지기 때문에, 베드로라는 이름은 시몬이나 다른 신자들 모두에게 적용될 수 있다고 주장한다. 예수님께서 이것이 모든 교회의 공통의 기초가 될 것이란 말씀으로써 베드로를 중심으로 세계의 모든 성도들을 모으기를 원하셨기 때문이라는 것이다. ed. Tholuck, II, 1833, p. 107.
81) Luther도 그러하다. *Responsio ad librum Ambrosii Catharini*, 1521. 참고., K. L. Schmidt, *Die Kirche des Urchristentums, in. Festgabe für Adolf Deissmann*, 1927, pp. 298ff 참조, Braun, *op. cit.,* pp. 86ff.
82) Strack-Billerbeck, *op. cit.,* I, p. 732.

(petra, 반석)로 변경된 것을 그러한 견해를 뒷받침해 주는 근거로 제시한다. 그리고 두 번째 용어 '페트라'(페트로스도 아니며, 단순히 대명사 '너'도 아님)는 표면적으로는 베드로의 고백을, 배경으로는 베드로의 인격을 가리키는 표현으로 설명한다.[83]

우리의 견해로는 그러한 설명은 전혀 설득력이 없으며 본문 이해와 거리가 멀다. '페트라'란 단어의 용도를 잘 설명하려면 그 단어의 원래의 의미를 이해해야 한다. **페트로스**가 '**돌**'을 뜻하는 일반적인 의미를 지니고 있음에 비해, **페트라**는 '**바위**'(반석)를 뜻한다.[84] 그러나 페트라란 단어에 쓰인 여성형 접미사는 시몬을 가리키는 이름으로서는 적당하지 않았으므로 그 대신 유사한 의미의 페트로스라고 불린다. 그러나 본문에서처럼 고유 명사가 다시 실명사로 될 때에는 페트로스는 페트라로 바뀌어야 한다.[85] 그러므로 가장 자연스러운 해석은 페트라를 단순히 페트로스의 반복으로 보는 것이다. 이 문맥에서 그리스도께서는 페트라란 말로 분명히 베드로를 지적하고 계시다.

베드로가 어떻게 예수님께서 그 위에 자기의 교회를 세우실 반석이 될 수 있는지의 문제는 대답하기 그리 어렵지 않다. 베드로는 한 사도로서, 즉, 자기가 보고 들은 바를 증언하는 증인으로서 그리고 그리스도의 영광을 고백하는 자로서 반석이 될 것이다.[86] 그것은 베드로가 후대의 신자들이 연합되어야 할 새로운 건물의 머리돌이 될 것이기 때문만은 아니다.[87] 베드로 위에 교

---

83) 참고. Grosheide, *op. cit.*, p. 200.
84) 참고. Preuschen-Bauer, *op. cit.*
85) 참고. Zahn, *Das Ev. d. Matth.*, pp. 539, 540. Zahn도 두 단어의 어근이며, 두 경우 모두 예수님에 의해 사용된 듯한 아람어 케-파에 대해 언급한다.
86) 참고. H. Bavinck, *Gereformeerde Dogmatiek, IV⁴*, 1930, p. 320, "'이 페트라'란 말은 베드로의 인격을 가리킬 수 있을 뿐이다. 그는 하나의 바위이며, 그 사실은 그가 예수님을 그리스도로 고백함으로써 실제로 증명되었다."
87) 위에 소개한 Calvin의 인용문, Zahn, *op. cit.*, p. 545, 그리고 Wendland, *op. cit.*, pp. 175, 180에서도 이런 견해를 보게 된다. 그러나 본문에서 베드로는 초석(礎石)이라 불리지 않고 그 위에 집 전체가 세워질 바위라고 불린다.

회가 세워진다는 것은 사도로서 베드로의 미래 사역 이외의 다른 어떤 것을 의미할 수 없다.

본문에 언급된 인물이 다른 제자가 아닌 바로 그였다는 사실은 그가 예수님의 질문에 그리스도에 대한 신앙 고백으로 답변하는 상황에서 분명히 드러난다. 다른 한편으로, 이 사실은 베드로가 제자들 가운데 차지하고 있었던 것으로 보이는 대표적 위치와도 일치된다(참고. 마 10:2; 17:1; 17:24; 18:21; 행1:15; 2:14; 갈 1:18; 2:7-9).

이러한 배경 하에서 그리스도는 베드로 위에 자신의 교회를 세울 것이라고 친히 말씀하실 뿐만 아니라 베드로에게 '천국의 열쇠'와 땅과 하늘에서 '매고 푸는' 권세를 부여하신다는 잘 알려진 말씀으로써 특별한 의미에서의 베드로의 권위를 우회적으로 말씀하셨다. 열쇠를 주신다는 것은 특별한 능력을 주신다는 의미이다. 이 경우 그것은 천국과 관계되는 능력, 즉, 천국을 열고 닫을 수 있는 능력을 가리킨다(참고. 마 7:23; 23:13; 25:21 이하; 25:34). 여기에는 문지기에 대한 암시가 없다.[88] 여기서 열쇠는 오히려 주인에게 열쇠를 받아 이제 집안 내부의 일과 집으로 들어오는 것을 관장하는 임무를 맡은 일종의 관리인을 암시한다(참고. 사 22:22; 계 3:7).[89]

그러나 중요한 것은 베드로가 하늘나라에 관한 권위를 받았다는 사실이다. 이 권위는 천국에 합당한 사람들을 판단해 그 안으로 들어가게 하는 권위 이외에 다른 어떤 것일 수 없다(참고. 마 23:13; 계 3:7; 1:8). 이것은 분명히 교회를 의미하지도 않으며, 교회와 하나님 나라를 동일시하는 것을 의미하지도 않는다.[90] 이 선언들 안에는 그 두 가지가 명백히 구분되어 있다.

---

[88] Kattenbush의 주장이 그러하다. *Der Quellort der Kirchenidee, op. cit.*, p. 167. A 1. 그러나 그의 *Der Spruch über Petrus und die Kirche bei Matthäus, Neutestamentlich Forschungen* (Theol, Studien und Kriken의 부록), 1922, p. 121.

[89] 참고. Jeremias, *TWB*, III, p. 749, 'κλεις' 항목.

[90] 이런 견해를 Zahn, *op. cit*에서 보게 된다. Jeremias, *op. cit.*, p. 750도 참조하라.

그렇기 때문에 열쇠의 권세는 베드로에게 성경 해석권이 부여되었다는 사실[91]을 의미할 수 없으며, 심지어 베드로가 예수님의 죽으심 이후에 유대 서기관들과의 논쟁에서 '기독교 교회의 최초의 신학자' 로서 선두에 서게 될 것임[92]을 의미할 수도 없다. 또한 베드로가 그리스도의 영적 은사들을 교회에 나누어 줄 능력을 받게 될 것[93]이라는 의미도 아니며, 단순히 그가 복음을 선포할 사명을 위임받았음을 의미하는 것[94]도 아니다.

그러한 모든 설명은 열쇠의 능력을 행사하는 데 없어서는 안 될 전제 조건들을 내포하는지는 몰라도 베드로의 권위에 관한 구체적인 성격을 제대로 표현한 것은 아니다. 베드로는 그리스도께로부터 천국을 열고 닫을 수 있는 권위를 부여받았다. 이것은 그가 심판 날(마 7:23; 25:34)에 그리스도를 대신하게 될 것을 의미하지는 않는다. 그보다는 이미 이 땅에서 천국에 들어갈 자와 그렇지 못할 자를 판단할 자라는 칭호를 부여받았음을 의미한다.[95] 그러므로 여기서 의미하고 있는 바는 판단의 권위이다.

이 사실은 다음과 같은 19절 후반의 말씀으로 설명된다.

"네가 땅에서 무엇이든지 매면 하늘에서도 매일 것이요 네가 땅에서 무엇이든지 풀면 하늘에서도 풀리리라."

'매다' 라든가 '풀다' 라는 단어는 '권위를 가지고 결정하다' 란 뜻을 지닌 랍비들의 전문 용어이다. 이 단어들은 랍비들의 교리적 권위를 가리키는 용

---

91) Kattenbush는 '천국 열쇠' 란 말을 천국을 열어주는 성경으로 이해한다. *Der Quellort, op. cit.,* pp. 120ff, 126.
92) A. J. Bronkhorst, *Schrift en Kerkorde*, 1947, pp. 36, 37.
93) Jeremias, *op. cit.,* p. 750.
94) 참고. E. Schweizer, *Das Leben des Herrn in der Gemeinde und ihren Diensten*, 1946. p. 92, 그리고 그곳에 인용된 저서.
95) 우리의 견해로는 마태복음 16:18이 Jeremias와 그 외 사람들이 주장하는 대로 23:13의 유추에 따라 설명되어져야 하는지는 매우 의심스럽다고 본다. 마태복음 23:13에서 "천국 문을……닫고"라는 말은 사람들로 하여금 천국에 들어가지 못하도록 방해하는 (즉 교리와 행위로써) 구체적 장애물을 세워 놓는 것을 말한다. 하지만 마태복음 16:18에는 천국에 들어가는 일에 대한 어떠한 권위나 권위적 태도의 문제가 없다.

어로 사용되었다. 그 용례에 의하면 '매다' 는 위법임을, '풀다' 는 합법임을 선언하는 뜻을 지닌다.96) 이것이 가장 평범한 의미이다.

이런 의미와 아울러 또다른 의미를 찾아볼 수 있다. 그것은 이를테면 금지 ('매다')해 놓고서 그 금지를 해제('풀다')하는 것으로서, 회당에서 추방하거나 추방을 철회하는 것을 의미했다. 그러나 랍비 문학에서는 이런 용례가 드물다.

마지막으로, '매고 풀다' 란 말은 좀더 일반적으로 '하나님의 심판에 넘겨 줌'과 '그 심판에서 면제해 줌'을 의미할 수도 있다.97) 마태복음 16장 19절의 경우 가장 안전한 해석 방법은 바로 위에서 언급한 것과 연관짓는 것이다. 즉, 천국에 들어가는 일에 대해 정죄나 사면을 내린다는 의미로 해석하는 방법이다.

하늘의 실체는 땅에서 매고 푸는 이러한 행위와 일치할 것이다. 베드로에게 하늘에 들어가리라고 약속받은 사람은 결국 그리로 들어가게 될 것이지만, 천국이 닫혔다는 말을 듣는 사람은 결국 그것이 자신에게는 닫혀 있음을 발견할 것이다. 이처럼 본문에서 문제시 되는 일반적인 관점은 천국에 받아들이고 천국에서 추방하는 것에 대해 베드로에게 부여된 판결권이다.

그러나 마태복음 18장 18절의 선언을 포함시켜 생각한다면 위의 결론이 그 단어들의 본의를 충분히 표현했다고 할 수는 없다. 잘 알려진 대로, 마태복음 18장 18절에서도 매고 푸는 일에 대한 가르침이 마태복음 16장 19절과 거의 같은 단어로 반복된다. 하지만 이 경우에는 '너희' 라는 복수형이 사용된다. 더구나 18장 18절의 말씀은 좀 더 구체적인 상황을 배경으로 한다. 잘못을 범한 형제에게 취해야 할 태도 중 마지막 단계를 말씀하시는 상황에서 이 '매고 푸는' 단어가 나온다.

예수님께서는 개인적인 충고나 다른 사람을 데리고 가서 충고해도 소용이

---

96) 참고. Strack-Billerbeck, *op. cit.*, I, pp. 738ff; F. Büchsel, *TWB*, II, pp. 59ff, 'δες' 항목; Jeremias, *op. cit.*,

97) Jeremias는 Schlatter의 예증에 따라 특별히(탈무드 어떤 부분에서 사용된) 이 용법을 지지한다.

없을 경우에는 "교회에 말하라"고 원칙을 정해 주신다. 여기서는 '교회' 란 단어가 마태복음 16장 18절에서보다 더 구체화된 의미를 지니고 있음이 분명하다. 마태복음 16장에서는 교회가 일반적이고도 이상적인 의미를 지니고 있는데 비해, 여기서의 교회는 분명한 '주소'를 지니고 있다. 즉, 구체적인 사건에 대해 자체의 주장을 할 수 있고 반영될 수도 있는 (참고. "교회의 말도 듣지 않거든") 구체적인 위치를 형성한다. 이 교회에 불순종하는 자는 누구든지 '이방인과 세리'와 같이 여김을 받게 될 것이다. 그런 뒤에 '매다'와 '풀다'라는 단어가 반복된다.

이런 배경 하에서 이 단어들은 분명히 마태복음 16장 19절보다는 18장 18-더 구체적인 의미를 지닌다. 이 경우에는 지역 교회의 활동과 매우 긴밀히 연관되기 때문이다. 그래서 매고 푸는 일이 틀림없이 교회 안에서 교인들을 대상으로 효력을 발휘하는 권징의 권위를 가리키기도 한다. 18장 17절과 관련지어 생각해 볼 때 이 두 단어는 교회에서 축출하거나 다시 받아들이는 일도 의미하는 것이 분명하다. 16장 18절의 일반적인 관점에 구체적인 관점이 포개어진 셈이다.

이 두 문맥은 서로 대립되는 것이 아니라 상호 보완된다. 에클레시아는 그 나라 안으로 들어가리라는 약속을 받은 사람들의 공동체이기 때문이다. 그러므로 천국에서 추방되는 것은 교회에서 추방되는 것을 내포하며, 그 반대의 경우도 마찬가지이다.

이 두 경우 모두에서 초점이 되는 것은 이 땅에서 시행되고 하늘에서 확증되는 권징과 판결의 권위이다. 이 권위는 분명히 교리적 권위로부터 분리될 수 없다. 어떤 의미에서 치리의 권위는 교리의 권위에 근거하기 때문이다. 그렇지만 '매다'와 '풀다'라는 단어의 원래 용법 때문에 우리는 이 선언들이 권징과 판결의 권위와 관련된다고 생각하며, 이 두 본문을 설명하면서 이러한 판결적 의미를 삭제하려는 모든 특정한 시도[98]가 예수님의 선언이 지니는 본질적 의도를 파괴하는 것이라고 본다.

이로써 베드로 이후에 등장한 사람들, 즉, 넓은 견지에서 베드로의 수고로 세워지게 된 '교회'에 베드로의 권위를 적용하는 큰 쟁점이 되는 문제를 다루게 되었다.

로마 가톨릭 신학이 '성경에 근거한 교황권'을 말할 때 본문을 거론하는 것은 이미 잘 알려진 사실이다.[99] 이러한 주장은 베드로와 그의 권위에서 나온 **사도권 계승** 사상과, 베드로가 다른 사도들과 전체 교회에 대해 지녔던 교권적 위치 사상에 근거한다. 이와 반대로 개신교 해석학자들은 마태복음 16장 18절이 사실상 베드로 자신에게만 해당되며 그의 계승자들에게는 해당되지 않는다고 주장해 왔다.[100] 다른 이들은 이 권위를 다른 사도들에게까지 적용시키지만, 그 권위의 절대적으로 단회적인 성격을 강조한다.[101]

---

98) 우리의 견해로는, 만일 그 열쇠가 지니는 권위를 복음 전파에 의한 구별만으로 이해한다면 그러한 주장이 대두된다고 본다. H. D. Wendland의 견해가 그러하다(op. cit., p. 180). "이 메시지를 받는 태도에 따라서 그것은 천국 안에 들어가게도 하고 천국에서 배척되기도 한다. 그러므로 종말의 교회에 참석하든지, 또는 거기서 분리되든지 하게 된다. …… 사도의 권위는 어떤 법 집행에 근거하지 않고 사도 자신에게 위임된 새로운 교회를 창출해 가는 천국 메시지에 근거한다." 마태복음 18:18의 내용은 이런 견해와 조화되기 어렵다. Wendland는 그것을 "초대 교회의 실제적 경험이 그 본문의 편집에 영향을 끼쳤다"는 식으로 생각한다(op. cit., p. 183), R. Newton Flew도 Jesus and His Church (1945, p. 97)에서 이런 해석으로 기운다. "매고 푸는 것은 심판의 선포였던 사도적 설교의 피할 수 없는 결과였을 것이다." 그렇다면 그 구절은 누가복음 10:16의 "너희 말을 듣는 자는 곧 내 말을 듣는 것이요 너희를 저버리는 자는 곧 나를 저버리는 것이요"란 구절과 병행절이다. 이러한 견해는 K. Barth의 De apostolische geloofsbelijdenis, (K. H. Miskotte 정리), 1935, p. 172에서도 발견된다. "그 단어(천국 열쇠)는 만일 교회의 직무와 사명의 확대로 받아들여진다면 이해 불가능하게 된다. 오히려 그것은 권위와 효과가 언급된다는 의미에서 유효화 될 수 있는 유일한 것, 즉 하나님의 말씀의 사역을 정의(定義)한 것이다. ……" 이와 같은 Barth와 다른 이들의 견해에 대한 반박으로서, A. A. Van Ruler의 Religie en Politiek, 1945, pp. 97ff를 참조하라.

99) 이것이 Braun이 자신의 견해를 표현하는 방법이다. op. cit., p. 90.

100) K. L. Schmidt도 그것을 강조한다. Die Kirche des Urchristentums, in. Festgabe für Adolf Deissmann, 1927, p. 300.

101) 참고. Schniewind, Matth., p. 185; Grosheide, Matth., p. 202. "여기서 예수님께서 베드로에게 말씀하신 바는 교회의 모든 구성원이나 심지어 교회의 임직을 맡은 모든 사람에게 적용될 수 없고, 오직 아주 분명하게 사도들에게만 적용된다. 그들은 에클레시아를 인도하기 위해

위에서 논의한 내용에서 우리는 베드로가 다른 제자들(과 속 사도들) 사이에서 차지했던 두드러진 위치를 지적했으며, 그 결과 동료들 중에서 그를 으뜸(primus inter pares, 참고. 마 10:2)으로 말할 수 있었다. 하지만 교회에 관한 예수님의 가르침이 마태복음 16장 18절의 선언 하나로만 국한되지 않음을 인정한다면 베드로 **혼자**만, 또는 그가 **탁월한** 존재로 교회의 반석이나 기초로 일컬어질 수 있다고 주장하기란 불가능하다. 더구나 천국 열쇠의 권세가 베드로에게만 독점적으로 부여되었다는 말도 증명할 수 없는 것으로 남는다.

여기서 두 가지 사상이 문제시된다. 즉, **기초**와 **권위** 사상이다. 두 경우 모두에서 베드로는 다른 제자들을 대표하는 사람으로 이해되어야 할 것이다. 반석-기초라는 문제에 대해서 에베소서 2장 20절, 요한계시록 21장 14절과 같은 구절을 지적하는 것으로도 충분하다. 거기서는 모든 사도들은 교회의 기초라고 불린다. 이 두 본문이 마태복음 16장 18절에 대한 직접적인 해석은 아니지만 각각 이 문제와 관련하여 사도적 설교에는 불확실성이 없었음을 보여준다.

베드로 이외의 다른 제자들도 교회의 기초로서의 중요성을 다 함께 **공유했다**(참고. 갈 2:9). 이런 점에서 **수위권**(베드로에게 교황권이 있다는 이해)을 틀먹일 수는 없다. 참으로 베드로와 다른 제자들은 교회의 기초로서 그들 자신의 중요성에 대한 단회적이며 양도할 수 없는 지위를 부여받은 것이 분명하다. 이러한 내용이 자연스럽게 반석(기초)이란 단어를 사용하신 예수님의 의도에 함축되어 있다. 이것이 바로 **사도권 계승**이라는 역사 문제를 무시할 수 있는 이유이다. 무슨 일이든 간에 기초가 놓여지는 지점은 그 특성상 양도할 수 없다.

권위에 대한 문제는 이와는 다르다. 여기서도 모든 사도들이 베드로와 동일한 방식으로 그 권위를 공유한다고 언급되었다. 이 권위가 참으로 그리고

계시를 받는다. 우리는 성경에 기록된 그들의 계시의 한계 안에 있다. 불법을 판단하고 천국에서 축출하는 일은 모두 사도들이 제시해 놓은 규칙에 따라 이루어져야만 한다."

실제적으로 사도들의 모든 설교에 적용된다는 사실을(참고. 갈 1:8, 9; 고전 16:22), 요한복음 20장 21-23절과 마태복음 18장 18절 내용 모두 그 권위가 오직 베드로만을 위한 것이 아니었음을 시사한다. 특히 마태복음 18장 18절이 중요하다. 여기서는 베드로에게 부여된 권위를 가리키는 것과 거의 동일한 단어들이 복수형으로 반복되고 있다.[102]

그러나 우리는 한 단계 더 나아가야 한다. '반석'에 관해 언급되었던 것과 대조적으로 그 권위는 사도들에게만이 아니라 전 교회에 부여된다. 예수님의 부르심을 받은 열두 사도들의 직책은 특별한 성격을 지닌 '단회적인' 것처럼 보이지만, 마태복음 18장 18절에 근거하면 매고 푸는 권위가 오직 그들만의 것이었다고 주장하기 어렵게 될 것이다.[103] 이 사실은 그들이 사도로서 사명을 받되 어떤 카리스마적 은사에 의해서만이 아니라 주로 그리스도께서 내리신 명령에 의해 사도의 사명을 받았음을 보여주는 복음 전체를 통해서도 드러난다.

그러므로 로마 가톨릭 교회가 가르치는 사도권 계승 사상을 반박하기 위해서는[104] 특별히 마태복음 16장 18, 19절에 언급된 권위의 적극적인 면들을 강조해야 할 필요가 있다. 다시 말해서 여기서의 문제는 성직 서열 제도에 관한 것이 아니다. 왜냐하면 매고 푸는 사명이 처음부터 독점적으로 베드로나 다른 사도들에게만 부여된 것이 아니라 교회에 부여되었기 때문이다.

이 사실을 체계화하려면 마태복음 18장 전체를 좀더 자세히 연구할 필요가 있다. 마태복음 내에서는 이 본문이 지금 다루고 있는 문제와 가장 연관된 '설교들' 중 하나이다. 마태복음 18장의 특별한 주제는 제자들 사이의 상호 관계이다. 그런데 18장 후반부로 갈수록 이 말씀이 열두 제자에게만 해당되는 것이 아니라(비록 언뜻 보기에는 18장 첫 - "그때에 제자들이 예수께 나아와"라는 시기를 알

---

102) 물론 여기에는 천국 열쇠가 언급되지 않은 것은 사실이다. 그렇지만 그 실제적 의미는 '매고 푸는' 행위에 내포되어 있다.
103) 참고. A. J. Bronkhorst, *op. cit.*, p. 44.
104) 가장 본질적인 반론들은 이미 언급한 Calvin의 마태복음 16:17-19 해석에서 살펴볼 수 있다. Bronkhorst, *op. cit.*, pp. 186-188를 함께 참조하라.

리는 해설이 이 사실을 암시하는 듯하지만)[105] "교회"에도 해당된다는 사실이 거듭 밝혀진다(참고. 17절 이하). 아래의 내용이 "교회"를 위한 원칙으로 불려온 것은 부당한 일이 아니었다.[106]

이 사실은 예수님께서 "나를 믿는 이 소자 중 하나"에 대해 말씀하신 6절에서부터 이미 드러난다. 소자란 더 이상 5절에 언급된 어린아이가 아니라 영적 태도가 어린아이를 닮은 평범한 신자들이다. 10절의 "이 소자 중에 하나도 업신여기지 말라"는 말씀과 12-14절의 "길을 잃은 양을 찾지 않겠느냐"란 말씀도 마찬가지이다. 14절에 나타난 대로("이와 같이 이 소자 중에 하나라도 잃어지는 것은 하늘에 계신 너희 아버지의 뜻이 아니니라"), 목자와 양 비유가 주로 가리키는 것은 누가복음 15장에서처럼 멸망을 자초하는 이스라엘 백성들 중 길 잃은 양이 아니다. 이 비유의 중점은 제자들이 믿는 사람들 가운데 '소자들'에게 쏟아야 할 목자로서의 관심에 있다. 학자들 중에서는 마태복음 18장을 놓고 특별히 양들을 먹이는 목자로서 제자들의 자질에 대해 생각하는 사람이 있다는 것은 사실이다.[107] 하지만 다음에 이어지는 과실을 범한 어떤 형제의 경우를 놓고 베푸신 교훈을 생각해 볼 때, 이 선제의 말씀은 일반적인 신자들, 즉, 교회에 적용해야 마땅한 듯하다. "네 형제"란 표현에서 볼 수 있듯이 15절과 그 이하의 내용이 넓은 관점에서 신자들 사이의 상호 관계에 관련되기 때문이다.[108]

그러므로 17-교회는 개인적이며 은밀한 충고가 아무 소용이 없을 경우에 반드시 간섭해야만 할 실체로 언급된다. 이상의 내용을 종합해 볼 때 마태복음 18장은 거듭 교회의 삶에 관계됨이 분명하다.

---

105) Jeremias는 그렇게 주장한다. (*TWB*, III, pp. 751ff, 'κλεις' 항목)
106) 참고. Zahn, *Das Ev, d. Matth.*, pp. 573ff; Schniewind, *Das Ev. n. Matth.*, pp. 191ff.
107) Jeremias, *op. cit.*
108) Von Soden은 잘못 생각하여 αδελφος가 여전히 '동료 신자', '동향 친구'라는 유대적 어의(語義)에 나타난다고 주장한다(*TWB*, I. p. 145, 'αδελφος' 항목. 우리의 견해로는 그 단어의 기독교적 용도가 매우 분명하다고 본다.

우리의 입장은 이렇다. 지금까지 언급한 내용에 미루어 16장 19절의 권위에 관한 선언은 교회가 예수께로부터 받은 권위, 따라서 교회만 지니는 권위를 가리키는 말씀으로 이해해야 하는 것이 분명하다.

사실상 18장에서는 열두 제자(1절), 믿는 사람들, 교회가 교차 반복된다. 그러나 교회의 기초와 토대로서 사도들의 설교와 그 중요성이 이처럼 독특하고 단회적인 것이었다고 해도 마태복음 16장 18절의 '권위'가 베드로 한 사람에게든 모든 사도들에게든 독점적인 성격을 띠고 있다면 18장의 그러한 교차 반복은 이해될 수 없을 것이다.109) 이것은 마태복음 18장 18절의 선언에 이어 소개되는 다음의 중요한 말씀으로 확증된다.

"진실로 다시 너희에게 이르노니 너희 중에 두 사람이 땅에서 합심하여 무엇이든지 구하면 하늘에 계신 내 아버지께서 저희를 위하여 이루게 하시리라 두세 사람이 내 이름으로 모인 곳에서는 나도 그들 중에 있느니라"(19, 20절).

이 내용을 앞에서 소개한 선언들(참고. 18절과 19절의 "땅에서"란 표현)과 관련지어 이해해야 한다. 이 내용은 열두 사도나 그들 중 몇몇이 함께 모이는 모임뿐만 아니라 앞절에 언급된 일련의 목적을 위해 행동하고 판단하고 기도하기 위해 함께 모인 교회에도 적용되어야 한다. 이것은 20절의 "내 이름으로 모인"110)이란 구절에서도 다시 암시된다.

그 열쇠의 권세는 사도들에게 뿐만 아니라, 고린도전서 5장 2-5절처럼 나중에 소개되는 말씀에서 매우 분명히 나타나듯이 넓은 의미에서 교회와 그 기관들에게도 주어졌다.111)

더 나아가 "두세 사람"이란 언급은, 마치 다른 사람들은 다른 의견을 가지고 있는데도 어떤 임의의 소그룹이 충분한 권위를 부여받을 수 있다는 식의

---

109) "터"와 "터를 닦는 자"란 은유어가 사도들의 글에서 반복되어 사용된다. 에베소서 2장 20절과 고린도전서 3장 30절을 비교하라.

110) 참고. Klostemann, εις το εμον ονομα (내 이름을 위하여), ('교회로서'), *op. cit.*, p. 151.

111) 이 점에 대해서는 특히 F. W. Grosheide, *De eerste brief van den apostel Paulus aan de Kerk te Korinthe*, 1932, pp. 175-180를 참조하라.

개인적인 의미로 받아들여져서는 안 된다. 그런 상황이라면 본문 말씀은 스스로 무효화될 것이기 때문이다. 두세 사람에 관한 말씀의 의미는 그들과 함께 할 다른 신자들이 없는 특정한 장소나 상황에 처해 있을 때 그리스도의 교회로 모인 두세 사람은 하나님의 특별한 도우심을 확신할 수 있으리라는 것이다.[112]

마지막으로 이 말씀들은 그 권세의 성격을 이해하는 방법, 좀더 자세히 말해 그 권세가 발휘되는 방식도 아울러 지적하고 있다. 그 권세가 기능하는 방식은 자동적이거나 무조건적인 것이 아니다. 예수님이 주겠다고 하신 권세는 무오성(無誤性)의 약속이 아니다. 사도들이 서로 일치하고 그리스도와 연합한 상태에서 예수님의 이름으로 행동할 때 그 권세는 사도들과 교회의 판단에 **유효성**을 보장한다.

"나도 그들 중에 있느니라"(마 18:20).

여기서 땅에서 일어나는 일과 하늘에서 일어나는 일 사이에 신비한 일치가 있다. 승천하신 그리스도께서는 그들과 함께 일하시며 그들로 하여금 같은 기도를 하게 인도하신다. 또한 이런 식으로 하나님께서 그들을 인정하신다는 사실을 확신케 하신다. 그리스도의 이름으로 보이고 행동하는 사람들은 그분이 자신들에게 계시하신 말씀에 대해 대단히 큰 책임을 진다. 하나님께서 그들의 판단을 인정하시는지는 그들이 내린 판단이 하나님의 계시된 뜻에 일치하는지에 달려 있다.

바로 이 사실이 예수님의 구원 약속의 전체 성격 안에서 발견되는 대전제이다. 예수님의 이름으로 행한 모든 일이 가납(嘉納)되고 인정되는 것은 아니다. 우리는 마태복음 18장 20절의 약속과 아울러 '땅에서' 그리스도의 이름으로 예언을 하며 그리스도의 이름으로 귀신을 쫓아내고 그분의 이름으로 많은 이적들을 행한다. 그리고 이 모든 일들을 최후의 심판 날에 호소하는 사람

---

112) 참고. 필자의 *Matth*., II, 1946, pp. 47, 48.

들에 대해 경고하는 마태복음 7장 22절의 말씀을 발견한다. '하늘에서' 그들은 '내가 너희를 도무지 알지 못한다' 는 말을 듣는 것이다.

이런 예에서 볼 수 있듯이 성령으로부터 문자(文字)로, 하나님의 권위로부터 인간의 책임으로 그 중점이 변하는 것은 아니다. 그리스도께서는 자신의 교회를 세우실 것이다. 이것은 무조건적인 언약이다. 그러나 그 말씀을 청종할 자세가 되어 있고 그분의 뜻을 이루고 사도들에 의해 닦여진 기초 위에 세워나갈 자세가 되어 있는 사람들, 즉, 그분이 자기의 소유로 '아시는' (마 7:23) 사람들을 통하여 교회를 세우실 것이다.

마지막으로, 복음서에서 교회 조직에 대한 언급을 과연 어느 정도까지 발견할 수 있을까? 이 문제에 답하려고 할 때 막상 교회라는 단어가 지니는 충분한 의미(교회의 직무와 기능과 같은 구비 사항이 관계되는)에 해당하는 조직을 찾아보기 힘들다는 사실을 인식하게 될 것이다. 마태복음 16장은 다만 일반적이고 이상적인 의미의 에클레시아를 언급하고 있을 뿐이다. 이 본문은 교회의 헌장이지 교회 설립을 위한 세부 계획은 아니다.

하지만 이 본문만 놓고 보더라도 에클레시아라는 일반적인 개념이 스스로를 외부로 드러내는 하나의 단일체 개념을 띠고 있다는 사실에는 변함이 없다. 에클레시아는 이상적이며 불가시적 실체일 뿐만 아니라 구체적이고 가시적인 실체이기도 하다. 이것은 사도들이 복음 전도 사명뿐만 아니라 동시에 그 열쇠의 권세도 받은 사실에서 명확해진다. 이 권세로 인해 그들은 이미 이 땅에서 천국에 들어갈 자와 들어가지 못할 자를 구별할 수 있게 되었다.

이러한 권위는 이미 교회의 가시성을 시사해 준다. 마태복음 18장에 이르면 이 사실이 더욱 명확하게 드러난다. 거기서 구체적인 지역 공동체가 신자들의 호소를 받아들여 특수한 경우에는 판결을 내릴 수 있는 곳으로 언급되고 있기 때문이다.

벨하우젠의 노선을 걷는 클로스터만에 의하면 이 본문은 예루살렘 교회를 가리키고 있다고 한다.[113] 그의 주장이 옳다면 본문 내용은 후기 예루살렘 교회의 산물이 되는 셈이다. 하지만 그런 주장이 과연 어떻게 증명될 수 있을지는 떠올리기 쉽지 않다. 본문이 유대적 환경을 전제로 한 것이 분명하기는 하지만 (이방인과 세리라는 표현에서 그 사실을 알 수 있음), '교회' 란 단어는 보다 구체적으로 설명되지 않았다. 그리고 그러한 유대적 배경은 단지 본문만이 아닌 예수님의 모든 설교의 전제이기도 하다. 미래에 대해 말씀하실 때도 그랬다.[114] 더욱이 '두세 사람' 이란 표현은 예루살렘을 우선적으로 가리키지 않는 것이 분명하다.

그러므로 본문의 교회를 예수님께서 죽으신 후 복음이 전파되는 곳이면 그 어디에서든지 세워질 교회로 생각하는 것이 마땅하다. 마태복음 18장에는 교회 조직에 관한 세세한 언급이 되어 있지 않은 것이 사실이긴 하지만, 한 가지 분명한 점은 18장이 16장에서보다 더 분명한 방식으로 교회를 언급하고 있다는 사실이다. 이것은 많은 해석학자들(이를테면, 카텐부쉬)이 마태복음 16장의 에클레시아 선언의 신빙성을 어느 정도 인정하려고 하면서도 마태복음 18장에 대해서는 후대에 첨가한 내용으로 간주해야 한다고 생각하는 이유이기도 하다.

물론 마태복음 18장은 공관복음 어디서도 찾아볼 수 없는 방식으로 표현된 예수님 자신에 관한 말씀을 군데군데 담고 있는 것이 사실이다. 이를테면, "누구든지 나를 믿는" 이란 구절은 본문과 본문의 병행절인 마가복음 9장 42절을 제외하고는 공관복음 그 어디서도 소개되지 않는다. "나도 그들 중에 있느니라" (마 18:20)라는 표현 역시 매우 독특한 표현이다. 여기서 예수님은 승천하신 주님으로서 말씀하고 계시다. 그리고 그 내용은 요한복음에 언급된 제자들을 떠나시며 하신 말씀을 생각나게 한다. 더욱이 18절은 아무런 서론도 없이 지역 교회의 삶에 대해 직접 언급한다.

우리의 견해로는 이 본문은 다른 본문의 경우와 마찬가지로 복음서 저자가

---

113) *Das Matthäusevang.*, p. 151
114) 참고. 제47항 이하.

예수님의 여러 말씀들을 **성문화**(成文化)하면서 어느 정도 영향을 끼쳤을 가능성이 반드시 고려되어야 한다고 본다. 예수님은 교회 밖에서 장차 세워질 교회를 예견(豫見)하며 말씀하셨기 때문에 마태복음 18장의 "그" 교회에 더 이상의 세세한 설명을 덧붙일 필요가 없었다. 더구나 "나도 그들 중에 있느니라"는 말씀은 예수님의 승천을 **예언한** 것이라기보다는 그 승천을 **전제한** 것으로 보인다. 그러한 전제 역시 후기 교회의 역사적 관점에서 성문화되었을 것이다.

다른 면에서 볼 때 첫째, 예수님께서는 교회를 세우실 일에 대해 복음서에 소개된 내용보다 실제로 훨씬 더 많이 말씀하셨을 가능성이 얼마든지 있다. 다른 복음서와 마찬가지로 마태복음에 소개된 예수님의 말씀의 전승은 예수님의 전체 말씀 중 부분적인 성격을 띠고 있는 것이 분명하기 때문이다. 그리고 둘째, 마태복음 18장 19, 20절은 교회 형성의 시초에 대해 언급하는 것이 분명하다 "두세 사람이 내 이름으로 모인 곳에는"이란 구절은 교회가 아직 튼튼한 조직이나 '주소'를 부여받지 못했지만 오직 믿음 안에서, 그리고 몇몇 사람의 모임 안에서 그 자태를 드러내는 상황을 가리킨다. 이런 상황은 교회가 형성될 시기나 교회 조직이 잠정적인 실현 단계에 이른 시기(복음서 저자들이 이 글을 쓸 시기) 모두에 적용될 수 있다.

그러나 중요한 것은 이 내용이 기록된 형식이 아니라는 데 있다. 과연 예수님께서 자기 교회에 대해서, 그리고 자신의 죽음 이후에 이어질 교회의 형성에 대해서 실제로 말씀하셨는지가 문제이다. 이 문제에 대해서는 의문의 여지가 있을 수 없다. 에클레시아 사상은 예수님의 말씀 가운데 하나의 유기적인 위치를 차지하고 있으며, 따라서 천국 복음 안에 첨가된 이질적인 것과는 거리가 멀다. 종말론적 미래로든 역사적 실체로든 모두 그러하다. 에클레시아 사상은 예수님께서 이 땅에 오신 일에서, 그리고 메시아로서 자기 계시 안에서 이미 원칙적으로 드러났었다.

그리고 앞에서 예수님의 고난과 죽으심 이후의 시기에 대한 예언을 다룰 때, 우리는 이미 그리스도의 죽으심과 부활이 지니는 구속사적 의미가 끝을 맺은 것이 아니라 이 땅에서부터 미래로 연결된다는 사실을 이미 살펴보았다. 이처럼 교회로 함께 모이는 것은 예수님의 죽으심으로 끝나지 않고 그 죽으심으로 인해 여러 점에서 사실상 최초로 가능하게 되었다. 이러한 사항들에 대해서는 이 책 마지막 장에서 예수님의 미래 선언들과 관련된 문제들을 다루면서 결론짓게 될 것이다.

38. 사도직과 세례

앞에서 다룬 내용들은 예수님께서 제자들에게 천국 복음을 전파할 사명을 주시면서 하신 선언들을 정리해 볼 수 있는 길을 열어 준다. 이 사명 부여는 에클레시아 사상과 매우 밀접히 연관되어 있었음이 분명하다. 마태복음 16장에 언급된 교회를 세우는 일은 복음 전파와 병행되며 복음 전파의 열매이다. 앞에서 베드로에게 부여된 중요성과 권위를 논할 때 예수님께서 특별히 세자들의 미래 사역을 생각하고 계셨던 사실을 강조한 바 있다.

이제 예수님께서 제자들을 파송하시며 복음 전파 사명을 부여하실 때 하신 많은 말씀을 담고 있는 본문들을 살펴보기로 하자. 먼저 살펴봐야 할 본문은 예수님께서 갈릴리에 계실 때 제자들을 파송하신 일에 관한 내용이다. 마태복음 10장, 마가복음 6장, 누가복음 9장 그리고 70인(또는 72인)[115]을 파송하신 일을 기록하는 누가복음 10장이 이에 해당한다.

제일 처음으로 관심을 끄는 것은 '보내다'(apostellein, 마 10:5; 막 6:7, 참고. 막 3:14; 눅 9:2; 10:1)와 '사도'(apostolos, 마 10:2; 막 6:30; 눅 6:13; 9:10, 참고. 마 10:16; 눅 10:3)의 개념이다. 최근의 연구들은 특히 후기 유대교에 관한 지식에 근거하여 이 전문 용

---

115) 여기서 72인이라는 본문은 아직 원문으로 확증되지 않았다.

어를 면밀히 밝히는 데 집중되었다.

해당 단어(특히, 명사 아포스톨로스)는 먼저 법률적인 영역에서 접근해야 한다. 그것은 어떤 한 사람을 대신하여 행동하고 그를 대표하며 그 목적을 위해 충분한 권세와 권위를 부여받은 특별한 임무를 띤 대사를 뜻한다.[116] 예수님께서 갈릴리에서 사역하실 동안 열두 제자(나중에는 70인 또는 72인)에게 귀신을 쫓아내고 병든 자를 고치며 천국이 가까이 왔음을 선포하도록 권세를 부여하시는 내용을 대하게 된다(마 10:2, 7, 8 그리고 병행 본문). 그들은 전도 여행에서 돌아와 자기들에게 부여된 사명의 성격과 전적으로 일치되게 그들이 행한 일들을 **보고한다**(막 6:30, apanggello, 보고하다. 참고. 눅 9:10).

하지만 아직 항구적인 직분에 대한 문제가 나타나지 않는다. 누가복음 10장의 70인(72인)의 경우와 마찬가지로 그들의 사도직은 여전히 잠정적인 성격을 지닌다. 이런 점에서 예수님께서 베푸신 교훈들(나중에 70인 또는 72인의 경우도 마찬가지로)은 특별한 사명을 가리키되 꼭 항구적이며 보편적인 의미를 지녀야 할 필요는 없다고 생각된다. 이것은 그들이 돈이나 음식 없이 전도 여행을 떠났던 일에서도 볼 수 있다(눅 22:35과 비교해 보면 분명해진다).

더구나 예수님이 죽으신 후 사도들이 복음을 전해야 할 일을 놓고 "이방인의 길로도 가지 말고 사마리아의 고을에도 들어가지 말라"는 금령(마 10:5)에서 결론을 끄집어 낼 수 있는 것도 아니다. 이처럼 이 명령은 그 당시의 시간 및 공간 범위 내에 한정되는 것이었다.[117]

그렇다고 해서 예수님께서 후에 제자들에게 말과 행위로 복음을 전파하라는 항구적이고 지속적인 사명으로 주신 중요한 성격이 이 첫 번째 사명에는 아직 결여되어 있었다는 말은 아니다. 물론 예수님께서 제자들을 전도 여행을 보내며 당부하신 말씀에는 교회 형성의 시작 단계를 암시해 주는 뚜

---

116) 참고. Rengstorf의 "샬라흐"(שׁלח, 보내다)란 단어의 후기 유대적 개념에 관한 요약 주해, *TWB*, I. pp. 414ff.

117) 참고. Rengstorf. *op. cit.*, p. 427.

렷한 언급이 없는 것이 사실이다. 하지만 예수님께서는 제자들에게 이스라엘 집의 잃어버린 양들에게로 가라고 말씀하신다(마 10:6). 즉, 제자들이 예수님을 대신하여 행동하는 목적은 처음부터 하나님의 백성을 함께 모으는 데 있었다.

그리고 이스라엘 백성들을 대상으로 사역할 때부터 이 일은 선별하는 성격을 띠고 있었다. 그래서 그들은 어느 성이나 마을에 들어갈 때 먼저 머물기에 '합당한' 집을 찾아야 했다. 그 집에서 유(留)하되 이집 저집으로 옮겨서는 안 되었다(눅 10:7). 더 나아가 어느 집에 들어가기에 앞서 "이 집이 평안할 지어다"라고 말해야 했다. 만일 그 집이 평안을 받기에 합당하면(마 10:11), '평안의 아들'(눅 10:6, 개역 성경, 평안을 받을 사람)이 거기 있으면 제자들이 간구한 평안이 그에게 머물 것이며, 그것은 그 집에 사는 사람들이 제자들을 영접하고 제자들의 말을 믿는 사실로써 입증될 것이다(마 10:14). 그렇지 않을 경우 제자들이 구한 평안은 다시 제자들에게 돌아올 것이다.

그 평안의 인사가 영접하지 않는 사람들에게는 아무런 구원의 효과를 내지 않을 것이다. 그런 경우에는 그들이 들어간 동네에서 묻은 발의 먼지를 떨어버려야 했다. 이것은 그 동네 사람들과 교제를 끊어 버리는 것을 의미한다. 그렇지만 그들은 "하나님 나라가 가까이 온 줄을 알라"고 말해야 했다(눅 10:11). 그 동네 사람들이 혈육으로는 이스라엘에 속했다할지라도 심판 날에는 차라리 소돔과 고모라가 더 견디기 쉬울 것이다(마 10:15; 눅 10:12).

이 모든 사항이 제자들의 첫 번째 전도 사명의 성격이 하나님의 참 백성을 고르고 모으는 데 있었음을 밝혀준다. 그들이 가는 곳마다 평안(eirene), 즉, 가장 포괄적인 의미에서 구원이 전해진다. 이는 그들이 예수님으로부터 '보냄 받은' 사실이 그들이 빈 복을 단순한 기원으로서가 아닌 영접되든 거부되든 간에 하나의 선물로서의 성격을 지워주기 때문이다. 제자들의 전도로 말미암아 심판 날에 자유롭게 될 사람들이 이미 이 땅에서 드러난다. 그들의 전도로 말미암아 이스라엘 집의 참된 양들이 함께 모이는 것이다.

객관적인 입장에서 볼 때 마태가 제자들의 첫 번째 전도 사명에 이어 예수님께서 부활하신 후 장차 사도들로서 지게 될 사명에 관해 언급하는 예수님의 선언들을 (즉, 17절 이하의 내용) 덧붙여 기록하는 것은 이상한 일이 아니다. 마태복음 28장에 기록된 대강령이 아니더라도 복음은 '보냄을 받은' 또는 '사도'라는 단어를 언급하지 않으면서 이 전도 사명이 장차 그들을 기다리고 있음을 거듭 보여주고 있기 때문이다.

이 사실은 특별히 어떤 주인이 타국에 가 있을 동안 종들에게 자기의 소유를 맡기고 관리하게 하는 비유들에서 나타난다(마 25:14 이하; 눅 19:12 이하). 이 비유들에서 주인과 종인 예수님 자기 자신과 제자들을 가리키고 있는 것이 분명하다. 예수님은 종들에게 자기 소유를 맡기고 관리하게 하여 자기가 돌아올 때 결산한다는 이야기로써 특별히 제자들을 복음 전파 사역에 부르신 사실을 나타내고 있다.[118]

뒤에서 상세히 다루겠지만, 예수님께서 죽음을 당하시기 직전에 하신 공관복음 설교의 중심 사상은 제자들이 예수님께 속하여 그분을 그리스도로 고백한다는 바로 그 이유 때문에 온갖 고난과 박해를 받게 되리라는 내용이다(마 10:7-25; 막 13:9-13; 눅 21:12-17, 참고. 눅 12:11, 12). 예수님께서는 제자들에게 이러한 앞날을 바라보고 두려움 없이 자기 이름을 고백할 것을 권고하신다(마 10:26-33; 눅 21:2-9, 참고. 막 8:38; 눅 9:26).

그리고 예수님은 제자들을 (예수님의 보내심을 받은 사람들로) '영접'한 사람들에게도 그것이 예수님 자신을 영접하는 일이라고 권고하신다. 자기들에게 온 제자를 선지자로 생각하여 선지자로 영접하는 사람들은 모두 선지자의 상을 받을 것이다(마 10:40, 41, 참고. 막 9:41). 예수님은 제자들을 선지자들과 의인의

---

[118] 비록 그 비유들 간에는 상당한 차이점이 있고, 그래서 결과적으로 주인이 종들에게 모든 소유를 맡기는 비유(눅 12장)와 달란트 비유(마 25장)에 나타나는 사상 사이에 큰 차이가 있기는 하지만, 여기서 예수님이 자신과 제자들을 놓고 말씀하시는 것은 분명하다. 참고. Greijdanus, *Lucas*, II, p. 900.

반열에 놓고 대하신다. 그것으로써 사도직의 의미가 세상 안에서 예수님의 사역의 연속임을 분명히 밝히신다.[119]

이 말씀들은 장차 항구적으로 계속될 사도직이 예수님의 모든 설교들, 특히 예수님이 이 땅을 떠나신 이후와 관계되는 설교들의 전제가 된다는 사실을 입증해 준다. 마찬가지 방법으로 예수님은 '그의 이름으로' 활동할 거짓 선지자들에 대해 경고하시며 그들을 전혀 '알지' 못한다고, 즉, 그들이 누구인지를 모르거나 그들에게 친히 권위를 부여하여 사도들로 보내신 일이 결코 없다고 말씀하신다(마 7:21-23).

그렇지만 사도로서 예수님을 대신하여 일할 제자들의 이 항구적인 사명이 **부활 이후**에야 비로소 그들에게 주어졌다는 사실에는 변함이 없다. 부활 이전의 그러한 공식적 사명 부여에 관한 내용을 찾아볼 수 없다. 또한 후에 사도들이 거듭 '예수님의 부활의 증인'으로 변함없이 일컬어지는 사실에서도 볼 수 있다(참고. 눅 24:48; 행 1:22 등). 그때에야 비로소 제자들의 설교는 성경에 따른 성취의 설교로서 성격을 띠게 될 것이며, 그들의 선교는 지역을 초월한 보편적인 성격을 띠게 될 것이다. 그것은 성취가 이미 왔다는 또 하나의 증거가 될 것이다.

이런 식으로 부활하신 주님께서 제자들에게 새롭고 항구적인 권위를 부여해 주시는 일은 선교 명령의 고전적인 본문이라고 할 수 있는 마태복음 28장 16-20절과 마가복음 16장의 결어(15, 16절. 아마 두 번째로 하신 명령인 듯함)와 누가복음 24장 46-49절 말씀에 소개된다.

이 본문들에서 사도라는 단어가 사용되지 않은 것은 사실이다. 그러나 제자들에게 부여된 사명이 그들을 항구적인 사도로 만든다는 데에는 의심의 여지가 없다. 이 세 본문 모두 말씀을 전하는 일에 대해 언급한다. 마가는 그것을 "복음 전파"로 표현하고 누가는 "이 모든 일의 증인"으로 마태는 "제자를

---

119) 참고. Grundmann, *TWB*, II, p. 52, 'δέχομαι' 항목.

삼아"로 각각 표현한다.

여기에 덧붙여 마가는 이적을 행하고 방언을 하며, 위험 앞에서 해를 받지 않을 능력에 대해 언급한다. 누가는 이 사명을 성령께서 강림하실 일과 관련하여 설명한다. 이 세 기록들이 용어나 내용 배열상 꼭 일치하지 않는다고 해서 서로 모순된다거나 영적 배경의 차이점을 갖고 있다고 말할 수는 없다.[120] 오히려 여기서 발견되는 모든 사항은 이 책 앞부분에서 소개한 모든 천국 복음과 전적으로 일치한다. 그것이 자연스런 결론을 이루고 있기 때문에 세 복음서 저자들이 상호 조화를 이루고 있는 것으로 이해하는 것이 마땅하다.

이제 이 명령에서 다음 세 가지 사항을 지적하고자 한다.

첫째, 이 세 복음서의 기록에서 최초로 사명을 받는 사람들은 열한 제자들이었다(참고. 마 28:16; 막 16:14; 눅 24:33, 참고. 행 1:13). 부활하신 주님께서 그들에게 권위를 부여하신 사실을 근거로 볼 때, 이 권위와 함께 부여된 사명이 그들에게만 국한되는 것이 아니라 할지라도, 특별한 의미에서 사도직을 감당해야 할 사람들은 바로 그들이다. 물론 초대교회는 **사도**라는 이름을 제한된 의미로만 사용하였다. 원(原) 사도들은 교회의 기초로서 이 사명을 받았으며 열둘이라는 숫자가 그들이 새 이스라엘의 대표자들이 될 것임을 의미하였기 때문이다.[121] 이런 의미에서 그리스도께서 제자들을 사도들로 인치면서 그들에게 부여하신 사명은 비록 교회가 설교의 내용에 대해서는 사도들에게 종속해 있다 하더라도 교회의 항구적인 사명이라는 데에는 의문의 여지가 없다.

그러므로 에클레시아의 중요성은 그 당대에 하나님의 말씀을 듣고 그것을

---

120) K. Barth는 그의 중요한 논문 *Auslegung von Matth.* 28:16-20, 1945, p. 21에서 마가복음 16장에 소개되는 믿는 자에게 따를 표적에 대한 선언이 이 본문의 정경성에 금이 가게 하는 구절이라고 오해한다. 바르트의 생각대로 이 표적들을 행하는 것이 '의무로 선언되고 있는가?'란 문제는 제쳐 두더라도, 사도행전에 기록된 사도들의 활동은 마가복음 결론부에서 부활 이후의 상황에 대해 말하는 것과 매우 일치한다.

121) 참고. 앞 내용, pp. 336ff.

실천함으로써만 끝나지 않는다. 에클레시아의 사역은 세상을 향한 사역이기도 하다. 이 사역은 그리스도의 부활과 그분의 파루시아 사이의 기간 동안 교회의 구속사적 중요성을 결정해 주는 요인이기도 하다.[122]

둘째, 그리스도께서 분부하신 이 사명의 **목적**은 하나님 나라의 설교를 전체적으로 조망해 볼 때 뚜렷이 드러난다. 그것은 하나님의 백성으로서 오래 전부터 대미래의 약속을 받아 온 메시아의 백성을 함께 모으는 것이다. 이것은 동시에 교회를 세우고 계속 세워나감을 의미한다.[123] 이 일을 위한 중요한 수단은 구원과 심판의 선포를 넘어서는 복음 전파이다. 복음 전파는 제자를 삼고(matheteuein, 마 28:19), 그리스도께서 분부하신 모든 것을 가르쳐(didaskein, 20절), 지켜 행하게(terein) 하는 연속적인 의미를 지니고 있기 때문이다.[124]

지키게 한다는 것은 이 세상에서 에클레시아의 삶을 지칭한다. 교회는 예수님의 모든 명령을 준행하며 유지해야 한다. 특별히 주님의 계명(entole)을 실행하는 것과 관련이 있다. 선교사들이 전파하는 복음 설교의 목적은 단순히 심판으로부터 구원(막 16:16)만이 아니다. 당연한 일이지만 실제로는 너무 자주 간과되는 하나의 적극적인 모든 것을 포괄하는 삶의 변화인 회개이다(마 5:13 이하).

이 명령이 마태복음 28장 20절에 따로 언급되어 있다는 사실은 에클레시아의 삶과 그것이 세워질 민족들의 삶 속에서 맺어져야 할 복음 전파의 항구적이고 지속적인 열매를 가리키기 위함이다. 이것은 더 긴 기간을 필요로 하는 테레인(terein), 즉, '지켜 행하다' 라는 개념에서 나타난다.

---

122) 아울러, J. C. Hoekendijk이 그의 저서 *Kerk en Volk un de Duitse Zendingswetenschap* (1948, pp. 223ff)에서 '기독교 선교의 성경적 배경' 에 관해 쓴 글을 참조하라.
123) 참고. 앞 내용, pp. 341ff.
124) K. Barth는 이 사실을 바르게 강조한다(*op. cit.*, p. 21): "그들이, 그리고 오직 그들만 교회에서 가르쳐야 한다. 예수님께서 그들에게 가르치라고 (지켜 행하게 하라고) 명령하셨기 때문이다. 그러나 교회는 예수님께서 그들에게 가르치라고 명령하신 모든 것을 남김없이 다 가르쳐야 한다. 이것이 우리가 로마 교회에 등을 돌려야만 하는 성경적 원칙이 되는 구절이다. 교회에서 행해지는 모든 가르침은 오직 사도적 설교의 반복으로 이루어져야 한다."

여기서 앞장에서 말했던 말씀의 사역(누룩 비유와 관계하여)에 관한 내용과, 세상에서 살아가는 삶을 위한 항구적이며 적극적, 비판적 원칙이 되는 예수님의 계명에 순종하라는 내용의 마태복음 5장 13, 14절과 같은 말씀들을 기억하게 된다.125)

셋째, 부활하신 주님께서 사도들에게 부과하신 사명의 **보편적** 특성을 지적하고자 한다. 이러한 특성이 부활을 다루는 세 복음서에 모두 강조되어 있다. 마태와 누가는 '모든 민족'(Panta ta ethne)에 대해서, 마가는 '만민'(pase te ktisei, 모든 피조물)에 대해서 언급한다.126) 그 본문들은 모든 민족이 회개하거나 기독교로 개종한다는 의미를 전혀 지니고 있지 않다. 때때로 어떤 선교 이론들이 주장하는 것처럼 '교회'와 '백성들'이 어느 정도 동일시될 수 있음을 의미하지도 않는다.127)

이런 생각은 신약성경 전체의 하나님의 백성의 성격과 모순될 것이다. 그들은 그리스도를 믿는 믿음을 통해 교회로 구성되는 것이지 민족 단위로나 민족적인 유대인으로 구성되는 것이 아니기 때문이다.128) 물론 본문들이 모든 민족의 백성들에 대해 말하는 바는 이 백성들이 "제자가 됨으로써 그들 민족도 사도직과 그 메시지의 영역 내에 들어오도록 하며, 민족의 내면적 중심을 그 민족 안에 존재하는 교회에 두는, 참으로 그 민족의 존속을 위해서 중요한 요소가 된다는 사실을 배제하지 않는다."129)

---

125) 우리가 선교 사명에 관한 최근 논쟁들 가운데 큰 비중을 차지하는 "포괄적 접근" 문제를 주시해야 할 필요가 있는 것은 바로 지상 명령의 이러한 요소 때문이다(참고. Hoekendijk, *op. cit.*, pp. 277ff). 여기서 우리는 "사회 복음주의" 사상이나 교회의 사역이 마땅히 기능을 발휘해야 할 영역을 넘어서는 사상을 경계해야 한다. 반면에, 우리는 모든 것을 포괄하는 천국 복음의 의미를 충분히 이해하여 처음부터 정당한 선교 활동을 시행해야 한다.
126) 주께서 주신 사명이 이렇게 온 인류에게 향한다는 사실은 골로새서 1:23에 의해 뒷받침된다. 참조. Bauer, *Wörterbuch*, p. 715, 그리고 Foerster, *TWB*, III, p. 1027, "κτιζω" 항목.
127) 마태복음 38장 19절 후반부와 20절에 사용된 남성대명사 autous로 봐서도 그러하다. 이 대명사는 민족들이 아닌 일반적인 신자들을 의미한다.
128) 이 이론에 대해서는 J. C. Hoekendijk의 *Kerk en Volk in de Duitse Zendingswetenschap*, 1948, pp. 58ff, 108ff를 참조하라.

그러나 여기서 더 상세한 답변을 요하는 또다른 질문이 제기된다. 예수님께서 **친히** 제자들에게 민족들에 대한 사명을 부여하신 사실을 부인하는 많은 저자들이 있기 때문이다.

이 점에 있어서 많은 사람들이 특수성(이스라엘의 선민사상; 옮긴이)과 보편성(이방인 구원; 옮긴이)이라는 서로 모순된 견해에 입각하여 글을 써왔다.

이를테면 하르낙은 예수님이 종교를 원래의 민족적 토양에서 내재적인 것으로 해방시켰고 유대인이 아니라 보편적인 인간을 그 종교를 전달하는 자로 삼은 까닭에 그의 교리가 성격상 강렬하게 보편적 성격을 띠고 있었던 것이 사실이지만, 예수님 자신은 이방인들 가운데서 선교 사역을 위한 어떠한 결정적인 지침을 제시한 적이 없었음을 보이려고 시도했다. 오히려 예수님은 자신을 유대인에게만 한정시키기를 원하셨고, 결과적으로 이스라엘의 특권적 틀을 극복하지 못했다는 것이다.130)

한편 다른 이들은 종말론적 해석에 근거하여 예수님의 사고 범위 내에는 이방인들 속에 들어가는 선교 개념이 들어 있을 여지가 없다고 주장해 왔다. 슈바이처가 그 중 한 예이다. 그는 마태복음 10장 5, 6절에 근거하여 그런 주장을 펼친다.131) 이와 유사하게, 예수님은 종말론적 사건들이 세계의 중심인 이스라엘로부터 모든 민족에게로 확산되어 나갈 것을 기대하긴 했어도 이방인들에 대한 선교에 대해서는 일체 언급하지 않았다고 주장하는 저자들도 있다.132)

---

129) K. Barth, *op. cit.*, p. 15.
130) A. von Harnack, *Die Mission und Ausbreitung des Christentuns*, I³, 1915, pp. 35-37, 44. 이 주제에 대한 고대 저서의 상세한 개괄을 참조하려면 M. Meinertz의 *Jesus und die Heidenmission²*, 1925를 보라.
131) *Die Mystik des Apostels Paulus*, 1930, pp. 176-178.
132) Bengt Sundkler, *Jésus et les paiens, in. Revue d'Histoire et de Philosophie religieuses*, 1936, pp. 462-499. 그리고 이와 관련하여, N. A. Dahl, *Das Volk Gottes*, 1941, pp. 145, 149, 150; W. G. Kümmel, *Verheissung und Erfüllung*, 1946, pp. 49, 50.

이러한 주장들의 결론은 마태복음과 누가복음에 소개되는 부활하신 주님의 선교 명령을 비역사적인 것으로, 그리고 예수님께서 이미 자신이 죽기 이전에 이방 세계에 대해 하신 말씀들도 후대의 편집으로 여겨야 한다는 것이다.

이런 견해를 주장하는 이들이 특별히 문제 삼는 본문은 베다니에서 어느 여인이 옥합을 깨뜨려 주님의 머리에 향유를 부은 기사중의 "내가 진실로 너희에게 이르노니 온 천하에 어디서든지 이 복음이 전파되는 곳에는 이 여자의 행한 일도 말하며 저를 기념하리라"(마 26:13; 막 14:9)라는 말씀과, 이른바 공관복음의 묵시록이라고 불리는 본문에 소개된 "이 천국 복음이 온 민족에게 증거되기 위하여 온 세상에 전파되리니 그제야 끝이 오리라"(마 24:14, 참고. 막 13:10, "또 복음이 (구속사적 필요에 의해!) 먼저 만국에 전파되어야 하리니")라는 선포이다.

이 문제와 관련해 다음과 같은 내용을 주시해야 한다.

1) 순드클러(Sundkler)와 같은 이는 특수성과 보편성 간의 양자택일이 복음에 적용될 수 없다는 사실을 바르게 강조한다.**133)** 천국의 전체 중심 개념은, 비록 처음에는 이스라엘에게 계시되었고 이스라엘과 관계되긴 했으나, 본질적으로는 보편적 의미를 지닌다. 공간적 의미뿐만 아니라 종족적 의미로 볼 때도 그러하다. 하나님의 통치(령)는 창조된 만물을 포괄하는 하나님의 주권이 장차 다시 한 번 흠이 없는 영광으로 빛나게 될 것을 의미하기 때문이다.

그래서 빌러벡도 종말론적 개념으로서 바실레이아 사상은 자연스럽게 그것의 도래, 즉, 그것의 영광스러운 현시의 목적을 내포하고 있으며, 바로 그 이유 때문에 예수님에 의해 도래하고 설교된 천국 사상과 '세계 선교' 사상은 불가분리의 관계를 맺고 있다고 기록한다.**134)**

세계 **선교** 사상을 제쳐 둔다고 하더라도 장차 올 구원의 보편적 성격은 바실레이아의 본질 중 하나로 남는다. 이러한 모든 사실이 구약성경의 '종말

---

133) *Op. cit.*, p. 470.
134) Strack-Billerbeck, *op. cit.*, I, p. 181.

론'에 기초하고 있다. 구약성경 전체를 통하여 온 세상과 그 안에 속한 민족들이 이스라엘에게 약속된 구원과 연관되어 있다는 사상이 흐르고 있다.135)

이러한 사상은 예수님께서 자신의 사역의 출발점으로 삼으셨던 이사야 40~66장의 예언에 집약되어 나타난다. 이 예언들 안에 구원을 선포하는 이의 모습과 복음 개념을 일종의 케리그마(선포)로 표현하는 기원이 담겨있다. 그리고 이 예언들 속에서 주님의 구원의 성격은 모든 민족을 포괄하는 것으로 분명히 계시된다.

이 모든 사항은 여호와의 종에 관한 예언들 속에서 특히 강조된다. 그리고 그 종이 이스라엘과 모든 민족들로 하여금 주님의 구원을 누리게 하기 위하여 하나님께로부터 선택되었다는 사상을 발견한다(참고. 사 43:1 이하. 이 예언은 마태에 의해 그리스도의 사역에 적용되었다. 참고. 12:18 이하). 또한, 그 종의 고난과 죽음이 그분이 '많은 사람들' (이 예언들의 전체 문맥으로 볼 때 '많은 사람들'을 오직 이스라엘의 테두리 내에서의 불명확한 숫자로 이해하는 것은 옳지 못하다)의 구원의 원인이 되기 위해서 반드시 성취해야 할 피할 수 없는 대속 사명으로 나타난다.

"구약성경 어느 곳에서도 이처럼 세계를 향한 비전이 명확히 표현된 곳을 찾아볼 수 없다. 어느 곳에서도 적극적으로 선교를 위해 수고하라고 이처럼 명확하게 요청하는 것을 찾아볼 수 없다. 고난의 정신으로 말미암아 가장 역동적이고 적극적인 능력을 발휘하는 여호와의 종의 고난 속에서 수동성에 그 적극성이 기초하고 있는 근거를 다른 어느 곳에서도 찾아볼 수 없다."136)

2) 이러한 보편적 경향이 복음의 서두를 필두로 하여 점차 밀도 있게 소개되고 있는 사실을 발견할 수 있다.137) 누가가 예수님의 족보를 아담에게로 거슬러 올라가 기록한 것이나(눅 3:38), 마태가 족보를 기록한 부분에서 의도적으

---

135) 더 자세한 내용은 H. H. Rowley, *The Missionary Message of the Old Testament*, 1944; 그리고 특히 J. Blauw, *Goden en mensen*, pp. 19ff.
136) Rowley, *op. cit.*, p. 64.
137) 참고. R. Liechtenhon, *Die urchristliche Mission*, 1946, pp. 31ff.

로 예수님의 조상 중 이방 여인들을 이름까지 소개해 가며 언급한 것(다말, 라합, 룻, 마 1:3, 5)은 이미 중대한 의미를 지닌다. 예수님께서 탄생하시자 즉시 동방 박사들이 이방 땅에서 예루살렘을 찾아왔고(마 2:1 이하), 시므온은 성전에 모인 사람들 앞에서 "내 눈이 주의 구원을 보았사오니 이는 만민 앞에 예비하신 것이요 이방을 비추는 빛이요"라고 증언한다(눅 2:31, 32). 더 나아가 마태는 예수님의 오심과 사역이 이스라엘에게 약속된 구원에 이방인들도 포함된다는 예언의 성취임을 여러 번에 걸쳐 지적한다(이미 4:15에서, 특히 12:18-21에서 그러하다).

이 문제에 대한 예수님 자신의 설교가 어떠했는가를 보려 할 때, 우리는 많은 사람들이 동, 서로부터 와서 아브라함과 이삭과 야곱과 함께 하늘나라에 앉게 될 것이라는 그분의 예언(이방인인 백부장이 믿음을 표시할 때 하신 예언)과, 아울러 양들이 염소들 가운데서 구별될 민족들에 대한 심판의 묘사(마 25:32과 다른 부분)가 지니는 매우 명확한 보편성의 취지를 지적해야 할 것이다(마 8:11; 눅 13:28).

더구나 예수님께서 나사렛 회당에서 하신 첫 번째 설교는 마치 엘리야와 엘리사 시대와 같이 구원이 이스라엘을 벗어나 이방인들의 몫이 될 수 있다는 함축된 경고를 한꺼번에 담고 있다(눅 4:25-27). 그리고 가다라 지방(마 8:28-34)과 벳새다, 데가볼리 지방 등(막 7:31 이하; 8:22) 영토상으로는 헤롯의 통치 구역 내에 살고 있었지만 이방인들이었던 병자들을 고치신 일도 같은 점을 지적한다. 이런 점에서 나병환자 열 명을 고쳐 주신 후 그 중 사마리아 사람만 되돌아왔을 때 그 상황을 놓고 "이 이방인(allogenes) 외에는 하나님께 영광을 돌리러 돌아온 자가 없느냐?"라고 말씀하신 예수님의 언급은 매우 의미심장하다(참고. 눅 17:11-19).

마찬가지로 보편성의 취지를 담고 있는 다른 말씀들을 살펴보더라도(이를테면, 제자들을 세상의 빛과 소금이라고 부르는 마 5:13, 14과 **세상**을 좋은 씨가 뿌려진 밭으로 지적하는 마 13:38), 이 모든 선언들은 마태복음에 소개되는 임금의 혼인 잔치 비유(마 22:1-14)와 누가복음의 큰 잔치 비유(눅 14:15-14)에서 그 취지가 확연히 드러난다. 비록 이 비유들은 간단하게 동일시될 수는 없지만**138)** 여러 점에서 같은 취지를 지니고 있다.

구원에 초대되었으나 온갖 변명을 대며 거절하는 사람들, 임금이 보낸 사람들조차 함부로 대하고 죽이기까지 하는 사람들 대신에 결국은(누가에 의하면 그 후에 가난한 사람들과 장애인들과 맹인들과 저는 사람들이 초대받았음) 길과 산울가에서 발견된 사람들이 강권적으로 초대되었다. 이 중 마지막 부류의 사람들은 틀림없이 이방인들을 암시한다.[139] 이 일은 의문의 여지없이 유대 민족에 대한 초청이 실패로 끝난 뒤 시작되었다. 구원이 이방인들에게로 전환된다는 명백한 언급이 비유에 나타나 있지 않더라도 그 사실 자체는 부인할 수 없다.[140]

앞에서 논의한 바 있는 악한 농부 비유에도 동일한 사실이 적용된다. 여기서의 선언된 심판은 하나님 나라가 너희(집주인들로 표현되는 유대 민족)에게서 **빼앗아** 그 나라의 열매를 맺게 될 다른 백성(ethnos), 즉, 이방인에게 주어질 것이라는 내용이다. 전체 문맥으로 봐서 유대 민족을 대체할 어떤 새로운 공동체를 의미하고 있음이 분명하다. 이 비유 역시 구원이 이방인에게도 전달될 것임을 의도하고 있다.

하지만 이런 모든 말씀을 종합해 보더라도 분명한 어조로 이방 **선교**를 가리키는 본문은 아직 나타나지 않는다. 그렇지만 앞에서 언급된 마지막 두 비유는 내용상 그러한 사상을 매우 자연스럽게 다룬다. 그렇게 보게 되는 이유는 먼저 큰 잔치(혼인 잔치) 비유의 경우 초점이 주인(임금)이 보낸 사람들에 의해 초청된 사람들에게 있고, 악한 농부 비유도 하나님 나라의 **열매** 맺는 어떤 백성에게 초점을 맞추고 있기 때문이다. 이 열매들은 구원의 선포와 전도를 전제로 하는 믿음과 회개임이 분명하다.

3) 이와 같은 주장은 무수히 많은 수의 단편적 선언들(아무리 그 선언들이 중요하다 할지라도)에서 추유하여 내릴 수 있는 명제이다. 왜냐하면 구원의 보편성이

---

138) 참고. 필자의 *Matth*., II, pp. 109, 110.
139) 이 비유의 해석에 대해서는 제25항을 보라.
140) 참고. Schniewind, *Matth*., p. 214.

구약성경에서 이미 계시되어 왔고 공관복음서에서 여러 가지의 복음 설교의 방법으로 확증된다고 할지라도 구원의 보편성이라는 **이 사실은 예수님께서 오심으로써 시작된 성취의 성격에 근거하기 때문이다.**

이미 앞에서 이 성취의 **방법**이 임시적이며, 예수님의 고난과 죽으심에 기초와 내용을 두는 복음 설교 안에 나타나 있다는 사실을 파악한 바 있다. 이것이 왜 이방인에 대한 복음 선포가 그러한 성취의 자연적인 결과인지를 설명해주는 이유이다. 구원의 보편성은 성취 안에서 실현되며 오직 그 성취의 임시적 성격의 결과로 실현될 수 있는 것이기 때문이다.

순드클러, 다알, 큄멜과 같은 저자들은 이러한 구체적인 성취의 양상을 잘못 파악하며 따라서 예수님의 설교와 보편성 사이의 정당한 관계마저 바로 인식하지 못한다.

이 사실 앞에서 마태복음 10장 5절("이방인의 길로도 가지 말고")과 마태복음 15장 24절 말씀("나는 이스라엘 집의 잃어버린 양 외에는 다른 데로 보내심을 받지 아니하였노라")을 근거로 한 구(舊) 반박론들[141]은 아무런 설득력도 지니지 못한다. 이미 마태복음 10장 5절의 "내어 보내시며"란 어휘가 지니는 임시적이고 특정 지역에 국한된 당대적인 성격에 관해 말한 바 있다. 마태복음 15장 24절도 마찬가지이다. 예수님께서 이방인들에게로 가는 것을 자신의 사명으로 여기지 않으셨다는 사실은 제자들의 나중 사명과 관련하여 아무런 오해의 소지가 되지 않는다.

이미 이사야 53장에서 여호와의 종의 고난과 죽음만이 '많은 사람들'에게 구원을 열어 준다는 진리가 드러난다. 이것은 예수님의 메시아로서 자기 계시 안에서 확증되는 내용이다. 이것은 예수님께서 죽으시기 전까지 그분의

---

141) Kümmel에 의해 반복됨, *op. cit.,* pp. 49, 50.
142) Sundkler, *op. cit.,* pp. 481ff. 시몬(베드로)과 예루살렘을 세계의 종교적 중심지로 이해한 선지서들의 사상은 토라(Torah)와 이 땅의 모든 족속에게 가라는 주님의 말씀 중심 사상으로 이어진다. 이것은 신약성경의 보편적 복음 선포에 바르게 적용되는 이사야 2:2-4과 같은 본문을 볼 때 분명해진다. 참고. G. Ch. Aalders, *Iets over exegese van profetische voorzeggingen,*

설교 대상이 이스라엘에 한정되던 이유이기도 하다. 그 이유를 예루살렘이나 성전을 세계의 중심으로 여기는 구심성 사상에서 찾아서는 안 된다.[142] 예수님께서 죽으시고 부활하셔야만 비로소 이방인들에게 복음이 증거될 수 있었던 것이다. 이러한 사실들은 구약의 예언들과 예수님의 자기 계시 안에 담겨 있으며, 결코 예수님이 죽으신 후 전개된 '비종말론적 상황'의 예기치 않은 결과가 아니다.

이러한 여러 복잡한 요인들 가운데 이스라엘이 취한 복음을 배척한 행위가 하나의 중요한 역할을 한다.[143] 그 당시로서는 이방인들 가운데로 들어가서 복음을 전하고 '하나님의 백성' 개념에 새로 부여된 보편적 내용을 전하기에는 여러모로 부정적인 상황이었다. 하지만 중요한 것은 예수님의 오심과 더불어 시작된 새로운 상황에서, 이 모든 요인들이 구원이 그 당시까지 둘러져 있던 장벽들을 뚫고 나가도록 추진하고 재촉했다는 것이다. 이러한 뚫고 나감은 그리스도의 죽음 이후 분명해졌다.

4) 위 사실을 근거로 할 때 그리스도의 죽으심 이후의 기간에 되어질 구원의 보편적 선포를 말해 주거나(마 26:13; 막 13:10)[144] 그러한 선포를 뚜렷이 명령하는(마 28:16-20; 눅 24:46 이하; 막 16:15 이하) 복음의 재선인들의 신빙성에 대해서는 의심의 여지가 있을 수 없다. 물론 어떤 저자들은 다른 근거들에 의거하여 마태복음 28장 16절 이하의 신빙성을 부인해 왔다.[145] 특별히 '삼위 일체적인 어조'가 본문에서는 '시기상조'이며, 본문의 상황에서 사도행전 15장에

Geref. Theol. Tijdschrift, 1926, p. 5; 그리고 P. A. Verhoef, Die vraagstuk van die anvervulde voorsegginge in verband met Jesaja 1-39, 1950, pp. 275, 332.

143) 이 일이 발생하게 된 여러 가지 동기들에 대해서는 H. Schlier, Die Entscheidung für die Heidenmission in der Urchristenheit, in:Evangelische Missions Zeitschrift, 1942, pp. 166ff.

144) 이 선언들이 예수님께서 자신의 재림을 위해 정해 놓은 시간과 일치하지 않는다는 반론에 대해서는 이 책 마지막 장에서 논의할 것이다.

145) 참고. Liechtenhan, op. cit., p. 42 (그러나 p. 48 이하도 함께 보라); 그리고 W. Flemington, The New Testament Doctrine of Baptism, 1948, pp. 105ff.

기록된 이방 선교에 관한 논쟁을 알 턱이 없었을 것이라는 주장이다.

첫 번째 주장에 대해 생각해 보자. "아버지와 아들과 성령의 이름으로"란 구절은 세례식에 사용되는 어구로 이해해서는 안 된다. 오히려 세례의 중요성을 지적한 말씀으로 이해해야 한다. 그렇다면 이 구절이 "예수님의 설교의 범위에서 벗어나 있었다"고 하면서 그것을 후대의 편집이라고 장담할 수 없다.[146]

두 번째 주장에 대해 생각해 보자. 여기서 이방 선교에 관한 '사명'과 이방인들을 기독교 교회 안으로 받아들일 '방법'을 분명하게 구분해야 한다. 이방인 선교 문제 자체를 놓고 논쟁이 일어난 적은 결코 없었다. 그리고 마태복음 28장 16-20절 말씀은 이방인 가입의 방법에 대해서 말하고 있는 것이 아니다.

두 번째 주장에 대해서는 어떤 식으로든 더 상세히 답변할 수 있다. 모든 민족에게 복음을 전하라는 명령은 여러 면에서 하나님 나라 설교의 유기적이고도 자연스런 귀결이다. 하지만 그 명령을 받은 사도들이 예루살렘, 유다, 사마리아, 그리고 '땅끝'(참고. 눅 24:47; 행 1:8)이라는 명령된 순서에 입각하여 어떤 식으로 모든 피조물들에게 복음 전파 사명을 이행해야 할지를 단번에 이해하지 못했다는 것은 조금도 이상하지 않다. 제자들이 그 방법을 이해하지 못했다고 해서 그 명령이 예수님의 설교의 일반적인 성격에서 자연스럽게 흘러나왔다는 사실 자체가 변하는 것은 아니다.

이 명령은 그 자체로 보든 예수님의 오심과 사역으로 시작된 성취의 전체 과정에서 보든 구속사적 당위인 것이다(참고. δεῖ, 막 13:10). 이 명령은 다가오는 시대의 모든 세계에 그 존재 의미와 목적을 부여한다. 그것은 이 시대, 이 세상 안에서 교회가 반드시 이루어야 할 가장 본질적인 사명 중에 하나이다.

마지막으로, 이런 관계 속에서 **세례 명령**을 상론(詳論)하는 것이 마땅할 것

---

146) 참고. 앞의 내용, p. 369.

이다. 마태복음 28장과 마가복음의 종결부는 이 세례 명령을 선교 사명과 나란히 기록한다. 이 두 본문은 천국 복음 중에서 세례를 **그리스도의 명령**으로 언급하는 처음이자 유일한 본문이다. 이 책 첫 장에서 요한의 세례에 대해서 말했었다. 복음은 그것을 '죄 사함을 받게 하는 회개의 세례' 라고 부른다(막 1:4; 눅 3:3). 요한의 세례는 그의 설교 전체와 마찬가지로 하나의 분명한 종말론적 성격을 띠었었다. 세례는 세례를 받은 사람에게 그가 회심함으로써 '임박한 진노'(마 3:7; 눅 3:7)에 직면해서도 죄 사함을 얻을 확신을 주었다.

최근의 연구들에 따르면 이 세례가 일종의 의식으로서 이른바 개종자들에게 시행해 오던 세례의 연속이라는 사실이 밝혀졌다.147) 하지만 요한은 이방인 개종자가 아닌 유대 민족 내에서 이 세례를 베풀었으며, 그렇게 함으로 인해 구약 시대에 개종자들에게 행해지던 세례와 요한의 세례가 연결된 것은 매우 깊은 의미를 띠게 되었다. 이로 인해 세례는 아브라함의 자손들과 그렇지 못한 사람들을 구분하게 되었으며, 그 결과 새롭고 진정한 하나님의 백성 사상이 전면으로 드러났다(참고. 마 3:9; 눅 3:8).

동시에 요한은 자기의 세례를 장차 오실 메시아의 세례와 대조시켰다. 그의 세례는 물을 가지고 주는 세례였다. 다시 말해서 요한은 오직 상징적으로만 죄를 씻어줄 수 있었다. 그는 자기가 상징적으로 제시하고 있는 것을 자기 마음대로 베풀 재량을 갖고 못했고, 다만 하나님의 이름으로 그것을 약속할 수 있을 뿐이었다(참고. 마 21:25과 병행 본문, 32절). 이에 반해 오실 메시아께서는 성령과 불로써 세례를 주실 것인데, 그것은 장차 임할 구원의 때에 있을 선물과 심판을 동시에 가리키는 것이었다.

물론 요한이 설교 중에 한 이러한 말들은 일종의 상징적인 의미를 띤다. 즉, 그의 세례는 기독교적 세례(물로써 주는)를 가리키는 것이 아니라 메시아께

---

147) 초기 연구들(이를테면, J. Leipoldt, *Die Urchristliche Taufe im Lichte der Relingionsgeschite*, 1928, 그리고 Strack-Billerbeck, *op. cit.*, I, p. 112)에 덧붙여, J. Jeremias, *Hat die Urkirche die Kindertaufe geübt?*, 1949, 그리고 그곳에 언급된 최근 저작들을 참조하라.

서 자기의 영광으로 나타나셔서 시행하실 종말론적 구별을 가리킨다. 그러므로 그리스도께서 성령으로 세례를 주실 것이라는 요한의 예언은 오순절, 즉, 오늘날 실현되었다고 하더라도(행 1:5), 곧 그리스도께서 교회에 제정해 주신 세례라고는 말할 수 없다. 따라서 기독교적 세례의 의미를 요한의 약속에서 이끌어 낼 수 없다.

최근에 쿨만은 기독교 세례를 예수님께서 요한에게 받으신 세례와 밀접하게 연관시켰다. 그는 예수님이 세례를 받으실 때 하늘에서 들려온 소리를 이사야 42장 1절에 대한 언급이라고 올바로 이해한다. 그는 거기서 예수님의 세례가 그분의 죽으심을 가리켰다는 사실을 추론해 낸다. 이사야 42장 1절 말씀부터 시작하는 여호와의 종에 관한 예언에 의하면, 예수님은 자신을 죽음에 넘겨주셔야 했기 때문이다.

예수님께서 요한에게 하신 "우리가 이와 같이 하여 모든 의를 이루는 것이 합당하니라"(마 3:15)는 말씀을 쿨만은 예수님이 모든 사람을 위해 세례를 받으시는 것이며 그로써 그들을 위해 죽음에 뛰어드실 일이 미리 상징되고 있다고 해석한다. 쿨만이 말하고 있는 것은 보편적 세례(Generaltaufe)로서, 그것은 먼저 예수님의 세례 받으심에서, 그리고 그 다음에 그의 죽으심에서 실현된다고 한다.

이로써 모든 사람은 이 사실을 의식하든 의식하지 못하든 간에 그리스도의 죽으심 안으로 세례를 받아왔으며, 기독교 세례의 시행은 그리스도의 몸 안에 수동적으로 포함시키는 행위에 지나지 않게 된다. 그렇다면 믿음은 더 이상 세례의 조건이 아니라 세례의 효과이자 결과이다.[148]

여기서 그리스도께서 고난과 죽음으로 받으신 세례의 의미가 죽으시기 전에 세례에 관해 말씀하신, "너희가……나의 받는 세례를 받을 수 있느냐?"(마 10:38)와 "나는 받을 세례가 있으니 그 이루기까지 나의 답답함이 어떠하겠느냐?"(눅 12:50)라는 두 선언에서도 나타난다는 쿨만의 견해를 아울러 언급해야 하겠다.

---

148) O. Cullmann, *Die Tauflehre des Neuen Testaments*, 1948, pp. 18ff.

그는 이 두 경우 모두에서 그리스도 자신의 임박한 고난을 가리키는 '받을 세례' 란 말이 바른 의미로 이해되어야 한다고 주장한다. 예수님의 고난과 죽음은 이미 요단 강가에서 받으신 세례로 상징되었던 그분의 세례로서, 모든 사람을 위해 받으셨던 '보편적 세례' 라는 것이다. 이 사실은 예수님께서 왜 친히 세례를 베풀지 않으셨는지에 대한 설명도 된다. 그분은 오직 자신이 겪으신 고난과 죽음으로만 세례를 베푸셨다.149)

우리의 입장에서 볼 때 이러한 쿨만의 관점은 한편으로는 건설적이기도 하지만 다른 한편으로는 신약성경과 정면으로 상충되기도 한다. 예수님께서 세례를 받으신 사건이 그분의 낮아지심을 뜻한다는 것은 분명한 사실이다. 이 사실은 마태복음 3장 14, 15절에 표현되고 있으며, 비록 이사야 42장 1절이 꼭 그분의 낮아지심만을 가리키는 것이 아니라 하더라도 그 본문에서 추론될 수도 있다.

설령 그렇다고 하더라도 예수님께서 몸소 세례를 받으신 일이 친히 고난과 죽음에 자신을 내어 주신 일을 상징한다는 사실을 증명할 수는 없다. 왜냐하면 예수님의 세례를 다루는 기사 안에는 그처럼 직접적인 관계를 설정해 줄 만한 근거가 조금도 없기 때문이다. 마가복음 10장 38절과 누가복음 12장 50절을 증거로 제시한다 하더라도 동등성이 아닌 유사성만을 발견할 수 있을 뿐이다.

거기에 '밥티제인' (βαπτιζειν, 세례를 주다)이란 용어가 사용된 것은 참으로 이례적이다. 그러나 예수님이 요한에게 세례를 받으실 때 이미 그 세례를 고난과 죽음으로 이해하셨기 때문에 그 본문들에서도 자신의 고난과 죽음을 세례라고 부르셨다고 추론하는 것은 그리 정당한 일이 아니다. 이 본문들에서 '세례를 받다' 라는 말은 '내려가다', '잠기다' 란 일반적인 은유의 의미로 사용되었다.150) 이는 예수님의 고난만 '세례' 로 일컬어졌을 뿐만 아니라 야고보와 요한이 받아야 할 고난

---

149) *Op. cit.,* pp. 14, 15.
150) 이 문제에 대해서는 Oepke의 *TWB*, I. p. 536, 'βαπτιζω' 항목을 참조하라, 비록 Oepke는 아직 Cullmann의 견해를 논할 수 없었으나, 이미 그와 유사한 (Reitzenstein의) 마가복음 10:38, 누가복음 1장 50절에 대한 해석을 반박한다,

도 그렇게 일컬어지기 때문이다(막 10:39).

마가복음 10장 38절과 누가복음 12장 50- '세례를 주다' 라는 단어가 이례적으로 사용된 것이 어느 정도로 예수님이 요한에게 받으신 세례라는 뜻을 담고 있었는지 정확히 말하기는 어렵겠지만, 예수님의 고난과 죽음을 하나의 '보편적 세례' 개념으로 결론짓기 위해 이 구절들을 사용한 쿨만의 방법은 분명히 받아들일 수 없다.

쿨만은 여기서 마태복음 3장 15절을 언급한다. 그러나 '모든 의를 이루는 것' 은 모든 인류 각각의 사람들을 위해 발생하는 보편적 행위로써 설명될 수 없다. 이것은 예수님의 세례를 양적으로 확대시키려는 시도이다. 하지만 본문에서 말하는 '모든' 이란 말은 질적인 의미를 지닌다. 즉, 성부께서 예수님과 요한('우리')에게 요구하시는 모든 것을 그들이 반드시 이루어야 한다는 뜻이다.

예수님의 세례를, 모든 사람이 자신들의 동의나 믿음이나 식견과는 무관하게 단번에 세례를 받고 그들이 후에 받게 될 세례는 오직 적용과 개별화하는 것일 뿐이라는 일종의 '보편적 세례' 로 규정하는 것은 우리 견해로 볼 때 단순한 지엽적인 해석에 지나지 않는다. 예수님이 요단강에서 받으신 세례는 틀림없이 죄인들과 자신을 하나로 연합시키고 그럼으로써 그 안에 진정한 '보편적인' 어떤 것이 있게 하는 메시아적 행위이다. 이것은 메시아의 입장에서 그의 백성들을 위해 취하신 하나의 행위이다.

그러나 이 본문에 근거해 볼 때 예수님의 세례와 죽으심(쿨만의 말대로 이 세례가 뜻하고 있는)으로 말미암아 모든 사람이 요단강과 갈보리에서 세례 받았다고 주장하기에는 근거가 충분치 못하다.

쿨만의 견해대로 한다면 성경이 기독교 교회의 세례에 대하여 후에 가르치는 것(즉, 그리스도의 죽으심과 합하여 받는 세례, 롬 6:3)은 먼저 모든 사람에게 확대되어 가고 그런 다음에 다시 원점으로 수렴되어 예수님의 세례 기사 안에서 분명하게 되는 셈이다. 그러나 이렇게 세례가 모든 사람에게 확대되는 것이나 로마서 6장에 힘입어 마태복음 3장을 쿨만 식으로 해석하는 것은 모두 마태복음 3장 본문과 병행절의 의미를 왜곡하고 파기하지 않고는 불가능하다.

교회의 기독교적 세례에 대한 바울의 해석은 그리스도의 죽으심과 정당하게 연결되어 있다. 그것은 복음의 전체 내용을 근거로 한다. 그러나 계시 역사에서 먼저 계시된 것을 나중에 계시될 것과 환치하는 것은 올바른 일이 아니며, 따라서 역사를 신학으로 만들려는 시도를 배격해야 한다. 예수님의 세례는 자기 **백성들의** 세례로서가 아니라 그들을 위해 취하신 행위로서, 즉, **그분의** 메시아로서 행하신 구속 행위로 발생한 것이다.

복음이 예수님께서 세례 받으신 일에 대해 언급한 내용을 시간적 차서를 무시하고 확대 해석하는 것을 반대하는 입장은 쿨만이 보편적 세례, 즉, 모든 사람 모든 세계가 예수님의 세례 안에서 세례 받게 될 것이라고 말할 때 더 크게 나타난다. 그러한 견해는 먼저 그리스도의 속죄가 일종의 보편적인 방법으로 모든 사람 모든 개인에게 개별적으로 적용된다는 것인데, 이것은 구속을 메시아의 교회, 새 언약의 백성에게 한정짓는 복음 전체의 취지와 정반대되는 것으로 판단할 수밖에 없다. 그 견해는 세례로 말미암아 하나님의 새로운 백성 안으로 연합한다는 특수한 의미를 빼앗아 버리는 바, 세례가 믿음을 전제로 하되 세례 받은 뒤 믿음의 요청이 따르는 것이 아닌 까닭에, 이 견해도 복음의 취지에서 벗어나는 것으로 판단해야 한다.

이미 요한에게도 세례는 믿음에 기초했으며(마 3:7과 병행 본문), 우리의 견해로는 바울이 이해한 세례의 의미도 그와 동일하다. 비록 이 상황에서 바울에 대해 더 깊이 말할 수는 없지만 말이다. 그것이 부활하신 그리스도께서 분부하신 세례 명령의 의미이기도 하다.

결국 예수님께서 제자들에게 하신 명령의 의미는 명백하다. 그 의미는 이 세례가 의도하고 있는 바, 예수님의 부활과 파루시아(재림) 사이의 기간이라는 시간의 견지에서 볼 때 완전히 밝혀진다.

요한의 세례와 신약적 배경 하의 개종자들에 대한 세례 사이에는 부인할 수 없는 연관성이 있다. 세례는 일종의 정결 행위라는 이미지로 계속 남아 있다. 따라서 세례는 사람들 사이를 구별하는 행위이다. 그것은 세례 받은 사람들을 교회, 메시아의 백성, 새 이스라엘이라는 새로운 공동체 안으로 연합시킨다.

그렇기 때문에 세례를 베풀라는 이 명령은 의심할 여지없이 믿음을 전제로 한다. 마태복음 28장과 마가복음 16장 모두 복음 전파 명령이 세례 명령에 앞선다. 마가복음 16장 16절에 서는 믿음이 분명히 세례에 선행하는 어떤 것으로 언급된다. 하나님의 새로운 백성이라는 전체 사상은 사람들을 새 이스라엘 안으로 연합시키기 위해서 믿음과 회개가 필요하다는 사실을 내포하고 있기 때문이다.

이런 점에서 예수님과 세례 요한 사이에는 아무런 모순이 없다. 믿음을 하나의 전제 조건으로써 그토록 강조한 사람이 다름 아닌 요한 자신이었기 때문이다.

그러나 다른 한편으로 볼 때, 예수님께서 제자들에게 명하신 세례는 요한의 세례의 단순한 연속이 아니다. 요한이 선언했던 '임박한 진노'가 있기까지의 시간의 유예를 제외하면 요한과 예수님 사이에 아무런 개념 변화가 없었다는 듯이 말해서는 안 된다. 이 책 제2장에서 요한과 예수님의 오심 사이의 구원 사역의 차이점이 성취의 범위로 나타난다는 사실을 살펴보았듯이, 세례 문제에 있어서도 예수님과 요한 사이에는 그런 차이점을 지닌다.

세례의 씻음과 정결케 함으로 표현되는 죄 사함은 그리스도의 완성의 사역, 특별히 그분의 고난과 죽으심에 근거한다. 이것이 바울이 "그리스도 예수와 합하여 세례를 받은 우리는 그의 죽으심과 합하여 세례를 받은 줄을 알지 못하느뇨?"라고 말할 수 있었던 이유이다. 이 말은 그리스도의 죽으심이 모든 사람, 심지어 그의 모든 백성을 위한 보편적 세례라는 의미가 아니다. 그리스도의 죽으심은 기독교 세례의 전제이며 근거이긴 하지만 그것이 세례 자체는 아니다. 같은 결론이 뒤에서 살펴보게 될 주의 만찬에도 해당된다.

마찬가지로, 기독교 세례는 그리스도께서 자신을 죽음에 내주신 일에 근거한다. 이것이 예수님께서 왜 친히 세례를 베푸시지 않고 다만 죽으신 후 제자들에게 그것을 명령하셨는지에 대한 이유이기도 하다. 웨프케는 이것이 친히 예비해 오신 메시아의 대속적 죽음에 스스로를 내놓으신 예수님의 전체 성격과 일치한다고 바르게 지적한다.[151] 이런 점에서 교회를 함께 모으는 일은 오직 그리스도의 부활 후에야 비로소 실질적으로 시작될 수 있었다는 점도 아울러 말할 수 있을 것이다.

기독교 세례는 요한의 세례처럼 하나님 나라의 완성과 관계되는 행위일 뿐만 아니라 더 나아가 성취의 시작을 알리는 행위이다. 그리고 이 성취에는 이미 요한이 선언한 성령이라는 종말론적 선물이 포함된다는 사실을 고려해 볼 때 그 선물은 그리스도께서 명령하신 세례와 밀접하게 연관됨을 알 수 있다. 물론 이 말은 세례가 그 선물을 받을 수 있게 해준다는 의미가 아니다. 오히려 정반대이다. 왜냐하면 기독교 세례는 그리스도의 오심으로 시작되고 그분의 죽음으로 확증된 성취가 집행되면서 베풀어진 영적 선물들을 외적(外的)으로 드러내고 인정하는 행위이기 때문이다.

바로 이런 이유에서 역사 과정 속에서 성령이라는 선물이 세례에 앞서 주어지기도 하고 세례 뒤에 주어지기도 하는 현상을 보게 된다(참고. 행 8:16 이하; 10:44, 47 이하). 이처럼 세례는 그리스도의 죽으심과 부활로 인해 베풀어진 구원에 대해 원인적 의미(causative sense)가 아닌 대표적 의미(representative meaning)를 지닌다.

마지막으로 그리스도께서 제자들에게 명하신 세례가 성취의 성격을 띠고 있다는 사실은 "아버지와 아들과 성령의 이름으로(eis to onoma)"란 말씀을 볼 때도 분명해진다. '이름으로'란 말에는 몇 가지 해석하기 어려운 점이 있다. 이 말은 우리가 흔히 사용하는 '누구의 명령과 권위로' 라는 뜻의 '이름으로'

---

151) *Op. cit.*, p. 536.

란 표현과는 관계가 없다.

어떤 저자들은 에이스 토 오노마(εις το ονομα)를 (은행의)계정이라는, '신용계좌'와 같은 헬레니즘 사회에서 쓰이던 은행 용어와 연관짓는다.152) 그렇게 되면 '이름으로' 세례를 준다는 것은 세례 받는 사람이 아버지와 아들과 성령의 계정으로 거행된다는 말이며, 이로써 그는 하나님의 소유로 인(印) 쳐진다는 의미를 갖게 된다.

이에 반해 예레미야스는 본문의 이 표현이 히브리어와 아람어의 레쉠(לשם)이나 레슘(לשום)의 번역어로서 랍비 문학에서는 제사, 물로 씻음 등 의식적 행위의 뜻을 내포한다고 주장한다. 그래서 그는 그 말을 '위하여' 또는 '대하여'라는 말로 번역한다.153)

이것이 사실이든 아니든 어떤 경우이든 간에 아버지와 아들과 성령의 이름으로 세례를 주는 것은 기독교 세례의 성격을 결정짓는 것이 분명하다. 한편으로 세례 받은 사람은 그렇게 해서 하나님께 자신을 드리고 그분의 기업이 된다. 다른 한편으로 이 성삼위의 이름은 그리스도의 오심과 그분의 구속 사역에 의해 성취된 모든 구원을 내포한다. 즉, 아들과 누리는 교제로 성부의 자녀로 양자 삼아지고,154) 그리스도의 죽으심과 부활을 통해 메시아적 하나님의 백성에게 내리시는 성령을 선물로 받는 모든 구원이 성삼위의 이름 안에 내포되어 있는 것이다. 이 모든 사실이 하나님의 이 세 가지 성호 안에서 세례를 받은 사람에게 적용되는데, 그것은 하나의 교리적 신조로만 규정되는 것이 아니라 그리스도와 더불어 시작된 구원의 시행을 특징짓는다.

그러므로 기독교 세례는 예수님의 죽으심과 파르시아 사이의 기간이기 때문에 요한의 세례와는 차이점을 지니는 동시에 충분한 구속사적 의미를 지닌다.

---

152) 참고. Oepke, *op, cit.*, p. 537.
153) J. Jeremias, *Hat die Urkirch Die Kindertaufe geübt²*, 1949, pp. 20, 21.
154) 참고. 제28항.

9장
하나님 나라의 도래와
성만찬

39. 성만찬의 이중 주제

앞장에서 예수님의 설교에서 '하나님 나라가 예수님의 죽으심과 부활 이후의 시대에 지니는 의미'를 가르치는 선언들을 대했다. 이제 그리스도의 죽으심과 더불어 시작하여 그분의 파루시아로 끝맺을 구원 역사 기간에 대한 복음의 여러 관점들을 정리함으로써 연구를 마무리하려 한다. 그러나 이에 앞서 복음서 내에 앞장의 주제와 밀접히 연관되어 있는 반드시 생각하고 지나가야 할 문제가 있다. 그것은 세 복음서가 모두 다루고 있는 성만찬 제정에 관한 문제로서, 독특한 중요성을 띠고 있는 문제이기에 본장에서 별도로 다룰 필요성이 있다(참고. 마 26:26-29; 막 14:22-25; 눅 22:15-20).

교의학에서도 성만찬을 교회와 직접 연관시켜 논의한다. 그것은 당연한 일이다. 성만찬이 처음부터 기독교 교회의 중요한 제도 중 하나로 취급되어 왔다는 사실에는 이론(異論)의 여지가 없다. 복음서 저자들의 최후의 만찬 기사를 보더라도 그 기사를 후대 기독교 교회가 성만찬을 시행하게 된 근거와 출발점으로 지적하려고 한 것이 분명하다(비록 마태와 마가가 성만찬의 형식적인 제도에 대해서는 조금도 언급하지 않고 있지만 말이다). 이 사실은 누가복음의 "너희가 이를 행하여 나를 기념하라"는 이른바 기념 명령에서 분명히 드러난다(바울 서신에서도 그러하다. 고전 11:25).

그러므로 사건들의 역사적 발생 순서에 입각하여 보든 사실의 평면적 관점에서 보든 공관복음 중 핵심적 위치를 차지하는 이 문제를 본장에서 다루는 것이 가장 적절한 일이 될 것이다. 그렇지만 성만찬을 논함에 있어 우리는 교의학이 취하는 방법과는 다른 방법을 취해야 한다. 특별히 하늘나라에 대한 전체 설교의 관점에서 그리스도께서 제정하신 이 제도의 의미를 상고해야 하기 때문이다. 성만찬이 지니는 구속사적 중요성, 다시 말해서 하나님 나라의 성취와 임시적인 성격을 지금까지 논의해 온 모든 사실에 대해 성만찬이 그 안에서 맺고 있는 관계에 특별한 관점을 기울이지 않을 수 없다.

지난 수십 년 동안 매우 방대한 양의 저서들이 이런 관점 하에서 성만찬 문제를 집중적으로 다뤄 왔다. 그 과정에서 종교개혁 시대 이래로 큰 신앙고백적 논쟁거리가 되왔던 주제가 다시금 부각되었다. 즉, 예수님께서 제자들에게 베푸신 떡과 포도주가 그분의 살과 피와 맺고 있는 관계 문제를 놓고 성만찬 제도를 가리키는 구절들의 문자적 의미가 다시 쟁점으로 등장한 것이다. 특히 최근에 성례전 신학에서는 이 관계 문제가 끊임없이 주요 논제가 되고 있다.

하지만 오늘날 논쟁이 되는 범위는 그 어느 때보다 넓다. 오늘날 이 문제는 예수님의 오심과 사역, 특히 하늘나라에 관한 설교 전체의 시각에서 결정된다. 그런 까닭에 성만찬 문제를 다루는 이 장에서 앞부분에서 중심적으로 다뤄온 같은 문제들을 비록 수식된 형태이긴 하지만 또다시 대하게 되는 것은 조금도 이상한 현상이 아니다.

성만찬 제정에 관한 구절들을 좀더 세밀히 분석해 보면 그런 현상이 더욱 분명하게 나타날 것이다. 그 구절들에는 두 가지 주제가 대두되어 있다. 첫 번째 것은 예수님의 **대속적 죽음** 수제로, 이에 대해서는 앞의 몇 장에서 이미 살펴본 바 있다. 여기서 예수님은 자신의 임박한 죽음을 많은 사람들의 죄를 사해주기 위한 대속적 제사라고 밝히신다.

두 번째 주제는 **종말론적** 주제로, 공관복음서 저자 모두가 이 주제를 언급하고 있다. 그 중 누가의 어조가 보다 분명하다. 이 주제는 예수님께서 성만찬과 관련하여 하신 말씀, 즉, (제자들과 함께) 하나님 나라에서 '새 포도주'를 마시겠다는 말씀(마 26:29; 막 14:25, 참고. 눅 22:18)과 하나님 나라에서 유월절이 이루어질 것이란 말씀(눅 22:16)에서 나타난다.

이미 이 책을 기록해 오는 동안 익히 봐왔듯이 예수님의 설교에서 끊임없는 쟁점이 되어온 것이 바로 이 두 주제인 셈이다. 이 논쟁이 왜 특별히 성만찬의 의미에 집중되는지 이해할 만하다.

쟁점이 되는 주요 문제들은 다음과 같다. **첫째**, 대속적 죽음이 과연 예수님 자신에게도 성만찬의 성격을 결정짓는 주제였는가? **둘째**, 예수님께서 설교하신 천국 도래에서 성만찬의 기능은 무엇인가?

원시 복음에서 예수님의 고난과 죽으심이 갖는 속죄의 능력이 전혀 낯선 것이었다는 자유주의의 견해를 여전히 공감하는 사람들이 성만찬의 본의를 수립하는 데 있어 공관복음서의 성만찬 제정 본문들을 신뢰할 수 없다고 생각하는 것은 그리 놀라운 일이 아니다. 그 본문들은 언약의 피, 제사 사상 등을 언급하고 있기 때문이라는 것이다. 이런 이유에서 이 본문들은 신빙성 없는 것으로 주장되기 일쑤였다. 자유주의 신학은 이런 식으로 성만찬에 관한 구절들 속에서 못마땅하다고 추측되는 주제들을 제거하고, 성만찬이 예수님께서 자기 앞에 다가오는 죽음의 시각을 바라보며 제정하신 '고난의 역사 속에서 잊지 못할 순간을 기억하게 하기 위한 일종의 기념 식사'[1]였다는 생각만 남겨 놓았다.

그러나 최근의 많은 학자들은 그리스도의 대속적 죽음의 주제를 동일한 근거에서 거부하면서도 세 복음서에 나타나는 성만찬과 관련한 종말론적 주제를 강조하고 또한 그 주제로부터 성만찬의 본의를 이끌어내고 있다.

특히 리이츠만의 견해는 이러한 사조(思潮) 속에서 하나의 중요한 요인이 되어 왔다.[2] 그는 초기 기독교의 성만찬 식사에서 성만찬의 두 가지 형태 (즉, '예루살렘'식과 '바울'식)를 구분하며, 그 두 가지 형태를 신약성경에서도 발견할 수 있다고 추정한다. 만일 그렇다면 예루살렘식은 예수님께서 죽으시기 전에 제자들과 종종 나누었던 식사의 연속인 셈이다. 유대인들에게 친숙했던 '카브라'(qaburah)가 그러하다. 이것은 유월절 이후 그리스도께서 임재해 계신다는 기쁜 확신 속에서 계속되었는데, 이 때는 포도주를 사용하지 않았다. 이것은 사도행전에 나오는 이른

---

[1] H. J. Holtzmann, *Lehrbuch der neutest. Theologie*, I, 1911, p. 378.
[2] 그의 저서 *Messe und Herrenmahl*, 1926 참조.

바 '떡을 뗌'과 비슷하다.

그 당시 이 식사 교제는 주님의 파루시아가 속히 오기를 기다리는 표현이었고, 그 당시에 그 일이 이루어지기를 기대하기도 했다. 이것이 예루살렘 식이자 종말론적 형태이다. 리이츠만은 이 형태를 D사본의 편집에 나오는 누가의 글에서 발견할 수 있다고 주장한다(D사본에는 19절 후반과 20절이 없다). 따라서 주의 만찬은 유월절 의식과 유월절 제사 개념에서 전적으로 분리되어야 한다는 것이다.

두 번째 형태인 바울식은 떡과 포도주를 가지고 예수님의 죽으심을 기념하고 연상하는 제사 사상으로 대두되었다고 한다. 여기서는 '성만찬의 소재들'이 크게 강조된다. 그 소재들은 그것을 받는 사람들에게 죄 사함과 영생을 주는 성령의 매체가 된다. 마태와 마가의 글은 바울 식과 관련되어 있다. 바울 식의 성만찬에서는 예수님의 대속적 죽음이 핵심 요소이다. 그리고 이러한 형태가 금세 원래의 종말론적 형태를 대신하게 되었다.[3]

이런 유의 가설에 근거하여 예수님께서 만찬을 베풀며 하신 **실제** 말씀들을 재구성하려는 시도가 있다. 클로스터만은 마가복음이 우리들에게 전해준 성만찬에 관한 기록이 그것을 문맥에서 떼어 놓고 본다면 하나의 의식(儀式) 이야기임이 증명된다고 주장한다. 그리고 이 이야기는 원래의 성만찬 의식을 떠올림으로써 그 당시 헬레니즘 세계에서 시행되던 성만찬을 정당화하기 위해 기록된 것이라고 한다. 즉 그 목적이 성만찬 예식을 예수님에게서 유래한 관습으로 나타내고자 함이었다는 것이다.

클로스터만은 자기가 추측한 이러한 마가의 의도를 오직 마가복음 14장 25절(하나님 나라에서 마실 "새 포도주"에 관한 내용)만이 누가복음 22장 14-18절 말씀에 의해 보충되어야 할 초기 전승의 원형이라는 가설로써 일축해 버린다. 이렇게 심하게 잘려 나간 전승에 의하면 예수님은 역사의 종국이 임박했고 하나님의 통치가

---

3) *Op. cit.*, pp. 249ff. 참조, K. L. Schmidt, *Abendmahl im N. T., R. G. G.*, I², 1927, pp. 6-16; E. Käsemann, *Das Abendmahl im N. T. in the anthology Abendmahlsgemeinschaft*, 1937, pp. 60ff.

시작되고 있다는 확신 속에서 살았기 때문에 머지 않은 장래에 제자들과 함께 **하나님 나라에서 메시아의 잔치**(식사)에 참여하게 될 것이라는 예상을 강조해 오신 셈이 된다. 즉, 예수님께서는 기념 의식을 제정할 생각을 조금도 갖고 있지 않았으며, 떡과 포도주를 자신의 살과 피에 연관시키지도 않으셨다는 것이다.

클로스터만은 초기 팔레스타인 교회에서 시행되던 성찬식에서 예수님의 죽음을 기념하는 것과는 거리가 먼 기쁜 소망의 색채가 뚜렷하게 나타난 기록들을 들어 자기의 견해를 세우려고 한다[행 2:46, 여기에는 아갈리아시스(agalliasis)란 단어가 나오는데 이 단어는 하나님 나라의 도래와 관련한 큰 기쁨을 표현하는 데도 사용된다. 참고. 요 8:56-옮긴이].

또한 이러한 초기 성만찬 거행 방법에서 '떡을 떼는' 일만 언급될 뿐 예수님의 피와 매우 밀접히 연관되어 있는 포도주는 전혀 언급되지 않는다는 사실을 또 하나의 증거로 제시한다.4)

그러나 플루이는 (로마이어와 마찬가지로) 이러한 주장을 구성하는 기본 동기 전체가 하나의 악순환을 그리고 있음을 올바로 지적했다. 즉, 사료(使料)에 따라 예수님께서 만찬 시 생각하고 말씀하셨을 것으로, 또는 그렇지 않은 것으로 추측되는 바를 먼저 전제로 삼은 다음 그 문제를 다루는 복음서 본문이 추측된 전제에 일치하지 않으면 그 문제되는 요소는 '교회의 신학' 이라 하여 제거해야 한다는 것이다.5)

그러나 좀더 최근의 저작들 속에서는 많은 이들이 대속적 죽음의 주제와 관련하여 이같은 편견에서 돌아서고 있다. 이사야 53장의 예언에 따라 예수님의 대속적 고난과 죽으심이 복음서에서 종합적 위치를 차지하고 있는 사실과, 성만찬 제정에 관한 전승으로부터 대속적 죽음 주제를 제거하는 일이 불

---

4) E. Klostermann, *Das Maekusevangelium*³, 1937, pp. 146, 147. 비록 Bultmann이 예수님에 대한 진정한 역사 파악의 가능성에 대해 훨씬 더 회의적이었지만, Klostermann은 대체로 Bultmann(*Gesch. der synopt. trad.*² pp. 285-287)을 언급한다.
5) D. Plooy, *Novum Testamentum regnum aeternum*, 1932, p. 11.

가능하다는 사실을 점차 인식해 가고 있다. 그와 동시에 주의 만찬의 종말론적 성격도 더욱 더 강조되고 있으며, 이 두 주제 사이의 관계 문제와 성만찬 제도를 어떤 의미로 보아야 할지의 문제에 관한 논쟁이 되풀이해서 맴돌고 있기도 하다.[6]

주의 만찬에 대한 종말론적 해석 가운데 매우 특징적이면서도 영향력이 있는 것은 알버트 슈바이처의 해석이다. 그의 해석은 그의 말기 저작 『사도 바울의 비밀』(Die Mystik des Apostels Paulus)에서 뿐만 아니라 초기 저작에서도 잘 나타난다. 슈바이처의 견해는 주의 만찬의 성격을 논할 때 대속적 죽음의 주제를 고려한다는 점에서는 리이츠만이나 클로스터만(참고. 위의 내용) 등의 저자들의 견해와 다르다. 하지만 그가 이 요소를, 자신이 가장 중요한 주제로 여기는, 즉, 주의 만찬의 종말론적 의미에 전적으로 종속시킨다는 사실에는 변함이 없다.

대속적 죽음의 주제는 루돌프 오토의 주의 만찬 해석에서 훨씬 더 강조된다.[7] 이 저자도 예수님께서 제자들과 함께 드신 최후의 만찬을 유월절 음식과 관계없는 하나의 종말론적 제도로 설명하는 것이 사실이다. 하지만 예수님이 가지신 메시아로서 자기 인식을 설명하기 위해 이사야 53장의 의미에 특별한 강조점을 둔 결과, 오토는 그리스도의 임박한 고난과 죽음, 그리고 그것이 지니는 대속적 권세가 예수님께서 성만찬을 베풀며 하신 말씀과 행동의 결정적 의미라고 하는 기존 개념에 더욱 밀접히 접근한다.

> 슈바이처는 주의 만찬의 참된 성격을 예수님께서 다른 경우에 제자들과 함께 나누신 음식들과 밀접히 연관시켜 규정하기를 원한다. 그는 그 가운데 가장 두드러진 예를 예수님께서 게네사렛 호숫가에서 이적으로 무리들을 먹이신 기사(막 6:32

---

6) 이런 식의 문제 설정에 대해서는 E. Schweizer, *Das Abendmahl eine Vergegenwärtigung des Todes Jesu oder ein eschatologisches Freudenmahl? Zeitschrift*, 2 Jhrg., 1946, pp. 81ff를 참조하라.
7) 그의 저서 *Reich Gottes und Menschensohn*, 1934, pp. 223-281 참조.

이하)에서 발견한다. 그의 주장은 다음과 같이 계속된다.

후기 전승은 이 식사의 특별한 성격을 몇 조각의 떡으로 그렇게 많은 무리들의 배고픔을 기적적으로 해결해준 사실에서 찾는 잘못을 범했다. 이 식사에서 가장 중요한 것은 예수님이 메시아로 지명된 자로서 많은 사람들에게 이제 막 가까이 온 하나님 나라에서 베풀어질 메시아의 종말론적 축제에 미리 참여케 하신다는 사실이다.

이런 식으로 이 식사에 참여한 사람들은 일종의 의식적 방법으로 하나님 나라의 참여자가 되기 시작했다. 이 모든 것은 아직 그들에게 감춰져 있었다. 그들은 아직 예수님을 메시아로 알지 못했다. 그러나 이 먼저 번 식사 시 감추어져 있던 것이 예루살렘에서 거행된 최후의 만찬 시에 공식적으로 드러났다. 그때에야 비로소 메시아의 비밀이 밝혀지고 제자들의 무리가 하나님 나라에서 새 공동체의 대표로 분명히 불렸던 것이다.

그와 아울러 고난의 주제가 대두되는데, 그것 역시 특별한 어떤 것이다. 하나님 나라는 오직 예수님의 고난과 죽음을 통해서 드러날 것이었다. 그러나 주의 만찬의 **본질**은 예수님께서 자신의 살과 피에 관해 언급하신 것과는 무관하다. 성만찬 의식, 즉, '그 나라를 믿어 함께 모인 사람들 안에서 행해진 예비적인 메시아 식사의 축제' [8])에서 그렇게 언급되긴 했으나 그것이 성만찬의 본질은 아니었다.

이것은 예수님께서 돌아가신 후 사도들과 믿는 사람들이 예수님께서 그들과 함께 최후의 만찬을 거행하던 바로 그 장소에서 그분의 파루시아와 메시아의 식사를 기다렸던 사실에서 분명히 드러난다. 거기서도 그들은 도래할 천국과 그리스도의 파루시아를 기다리며 감사의 음식으로 이 식사를 되풀이했다. 오직 그 후 교회의 신앙이 본래의 종말론적 성격을 상실하게 되었을 때에야 비로소 '떡을 뗌'의 본의도 사라지게 되었다는 것이다.

---

[8]) *Das Messianit?ts-und Leidensgebemnis²*, 1929, pp. 55-57; 참고. 그의 저서 *Geschichte der Leben-Jesu-Forshung*, 4 1933, p. 421; 그리고 *Die Mystik des Apostels Paulus*, 1930, pp. 108과 235ff.

그 후부터 강조점이 그리스도의 살과 피에 참여하는 수단, 즉, 떡과 포도주로 옮겨졌다. 종말론적 개념을 대신하여 헬라적 성례의 의미가 대두되었다.[9]

슈바이처는 주의 만찬에서 고난 주제를 이런 식으로 종말론적 관점과 연결시킨다. 슈바이처가 고난 주제를 용인한 것은 고난과 죽음 사상이 그의 종말론 해석의 중심을 이루고 있기 때문이다.[10] 이것이 슈바이처가 최후의 만찬을 유월절 음식으로 보는 것을 거부하지 않고, 리이츠만이나 그 외의 사람들이 원래의 기독교 성만찬의 두 가지 다른 형태를 '인위적으로' 구분하는 것을 불필요하다고 거부하는 이유이다.[11] 슈바이처에게는 성만찬의 종말론적 성격이 중요한 것으로 남아 있다. 즉 주의 만찬의 본의는 자신의 죽음과 더불어 그 나라가 시작될 것이라는 예수님의 확신에 있으며, 따라서 그 만찬은 하나님 나라에서 먹고 마실 것의 전주라는 것이다.

루돌프 오토는 주의 만찬을 상세하게 논했다. 그의 논의는 누가복음의 최후의 만찬 본문을 철저히 재편성하는 일로부터 시작된다.[12] 오토 역시 예수님과 제자들의 최후의 만찬을 유월절 음식의 시각이 아닌 종교적 식사 교제,[13] 이른바 '카부' 또는 '카부라'라는 더 일반적인 식사의 시각에서 설명한다는 점에서 리이츠만과 일치한다.

이 식사에는 포도주가 필요 없었다. 종교적 봉헌은 (이른바 eucharistia라는) 음식을 축사하는 것으로 이루어졌다. 그러나 최후의 만찬 시 예수님은 포도주를 돌리셨다. 그것은 누가복음 22장 17절에 언급되는 식전에 마시는 포도주로서, 예수님께서는 이 포도주를 돌리시면서 하나님 나라에서 새 포도주를 마실 일에 관한 종말론적 선언을 하신다.

따라서 최후의 만찬 시 그 잔은 피나 언약의 제정과는 무관하다. 그것은 이별의

---

9) *Die Mystik des Apostels Paulus*, pp. 264-284.
10) 참고. 필자의 *Zelfopenbaring en Zelfverberging*, 1946, p. 10.
11) *Op. cit.*, pp. 244, 245.
12) *Op. cit.*, pp. 227ff.
13) *Op. cit.*, p. 235.

잔이며 도래할 그 나라에서 갖게되는 재연합을 기약하는 잔이다.[14)]

그러나 오토에 따르면, 이에 덧붙여 예수님은 죽음으로 부숴질 자기 몸을 상징하는 떡을 나누셨다. 그때 예수님께서 말씀하신 "이것은……내 몸이라"라는 구절은 그분이 언약의 약속 방식으로 제자들에게 하나님 나라를 주시는 내용을 담고 있는 누가복음 22장 29절과 연관되어야 한다는 것이다.[15)] 예수님은 떡을 떼는 일로 '효과적으로 상징된'[16)] 자신의 죽음으로써 제자들에게 그 나라를 물려주신다. 오토는 이러한 그리스도의 고난과 죽음의 터 위에서 나라를 물려준다는 주장을 뒷받침할 만한 증거로 이사야 53장과 54장의 예언을 들 수 있다고 생각한다.[17)]

지금까지 성만찬의 문제를 놓고 대표적 급진파 저자들의 주장을 그들의 최근 작품들을 통해 살펴보았다. 그러나 복음서의 본문과 그 의미를 가지고 이렇게 주제넘게 제멋대로 해석하는 것이 부당하다고 생각하는 저자들도 상당히 많이 있다. 누가복음에 소개된 주의 만찬에 관한 긴 본문을 본래의 형태로 보는 견해는 오랫동안 배척되어 왔으나, 이제 점점 늘어나는 많은 저자들에 의해 사실로 받아들여지고 있는 현상은 참으로 주목할 만하다.[18)]

그러나 이 견해가 변호되지 않는 경우에서도 공관복음이 주의 만찬에 할애하는 역사적 상황은 매우 명백한 견지에서 정확히 연구되어 왔으며, 최후의 만찬에 관한 공관복음의 신빙성도 계속 유지되어 왔다. 주의 만찬의 의미를 복음서 기록에 따라 유월절 음식의 틀 안에서 이해해야 한다는 인식의 경우에는 더욱 그러하다.[19)] 이러한 관점에서 식사하기 전에 행한 축사는 유대인

---

14) *Op. cit.*, pp. 244, 248.
15) *Op. cit.*, pp. 245ff.
16) *Op. cit.*, pp. 255ff.
17) *Op. cit.*, pp. 249ff.
18) E. Gaugler, *Das Abendmahl im N. T.*, 1943, pp. 18ff; G. Sevenster *De Christologie van het N. T.*, 1946, . pp. 123ff; E. Schweizer, *Das Abendmahl*, *op. cit.*
19) J. Jermias와 같은 이들에 의해 상세한 변론이 소개된다, *Die Abendmahlsworte Jesu*^{2}, 1946; Behm, *TWB*, Ⅲ, pp. 726ff 'κλαω' 항목도 참조하라,

의 유월절 의식에서 유래한 것이라고 볼 수 있다. 그리고 공관복음에서 주의 만찬 본문에 나타난 모든 세부 사항들이 다시 검증되고 설명되었다.[20]

여기서 가장 중요한 특징은 예수님과 제자들이 나눈 유월절 음식을 그 모임의 연속인 기독교 교회에서 시행된 성만찬으로 이해하기 위해 한편으로는 종말론적 사상을, 다른 한편으로는 예수님의 죽으심의 의미를 연결하는 방법이다. 최근 대다수의 저자들은 대속적 죽음의 주제를 복음의 핵에 속하는 것으로 인정하고 최후의 만찬에 관한 말씀들 속에서 이 주제를 충분히 바로 해석하기를 원하고 있다.

그러나 많은 이들이 이 음식의 특수한 성격을 종말론적 영역에서 찾고 있는 것도 부인할 수 없는 사실이다. 때때로 이러한 종말론적 해석이 최후의 만찬 시 예수님께서 가까운 장래에 그 나라가 도래하리라고 기대했다는 슈바이처의 사상을 반박하기 위해 시도되곤 한다는 사실은 매우 주목할 만한 일이다. 이를테면 마르쿠스 바르트는 주의 만찬에 관한 그의 연구에서 최후의 만찬이 거행되는 동안 예수님의 생각을 가득 채웠던 것은 (하나님 나라의) 임박에 대한 강렬한 기대였다고 말한다. 그러나 바르트는 슈바이처처럼 이 기대를 환상으로 여기지 않고 예수님이 언급한 그 나라의 도래가 그분의 죽으심에 의해 가능하게 되었고 그분의 부활에서 실현되었다고 주장한다.

그리고 이러한 실현된 종말론의 관점에서 기독교 교회 내에서 행해지는 성만찬을 바라봐야 한다고 말한다. 현재의 시점에서 볼 때 예수님께서 죽으신 이후에 그 나라는 도래했으며, 그분이 말씀하신 '새 포도주'는 마셔졌으며, '유월절'은 성취되었다는 것이다.[21] 이제 예수님은 제자들과 함께 새로운 하나님 나라의 공동체 안에 배설된 식탁에 앉아 계신다. 즉, 예수님의 제자들이 (그들의 왕적 권위의 전조로서) 열두 보좌에 앉아서 이스라엘의 열두 지파를 다스릴

---

20) 참고. 특히 G. Dalman, *Jesu Jeschua*, 1929, pp. 80-166; Strack-Billerbeck, *op. cit.*, IV, 1, pp. 41-76; Jeremias, *op. cit.*
21) Markus Barth, *Das Abendmahl* 1945, pp. 43, 44.

때가 이미 도래했다는 것이다.[22]

  마르쿠스 바르트가 볼 때 위의 내용과 밀접하게 연결된 사실은 이것이다. 주의 만찬 시행이 예수님의 십자가와 죽으심에 집중되어 해석된다면 그것은 전적으로 잘못이라는 점이다. 실현된 종말의 음식으로서 주의 만찬을 대할 때는 기쁨과 해방이 앞서야 하며, 따라서 '성(聖) 금요일, 죄의 고백, 사죄, 장례식 분위기' 등은 피하여야 한다. 그런 태도는 부활의 축제이자 하나님 나라 도래의 상징인 성만찬의 성격을 부인하는 것이다.[23] 그러므로 이런 견해에 동의하는 사람들은 주의 만찬을 새롭게 이해하기 위해 (그리고 동시에 원래의 기독교 사상으로 복귀하기 위해) 노력해야 한다.

  이처럼 실현된 종말론을 주장하는 이들은 종교개혁의 중요한 사상인 성만찬의 예언적 이해를 왕권의 관점으로 대치해야 하는 새로운 시대의 문지방에 서 있다고 주장한다.[24] 쿨만과 같은 저자까지도 비록 조심스러우나마 이런 경향을 띠고 있다. 더구나 그는 최후의 만찬 시 예수님께서 언약한 메시아의 식사가 예수님께서 부활하시고 승천하시기 전에 제자들과 나누셨던 식사로써 부분적으로 성취되었다고 생각한다.[25] 그리고 원시 기독교 교회의 성만찬은 특히 부활이란 관점에서 시행되었다고 생각한다.

  이러한 비교적 보수적인 해석들 안에서는 '실현된' 종말론으로서의 종말론적 해석이 중요한 역할을 하고 있으며, 그 대신 주의 만찬에 내포되어 있는 대속적 죽음 사상은 배경으로 전락해 버린다. 다른 이들은 더 나아가 통합을 시도하면서 떡과 포도주와 죽음으로 내어주신 예수님의 살과 피 사이의 관계를 더욱 강조한다.[26] 이 장 후반부에서 이 견해를 좀더 자세히 다룰 것이다.

---

22) J. Plooy, *Het heilig Avondmaal in het N. T.*, in. *Kerk en Eredienst*, 1947, pp. 5ff.
23) M. Barth, *op. cit.*, pp. 55, 57, 43ff.
24) Plooy, *op. cit.*
25) O. Cullmann, *Urchristentum und Gottesdienst*, 1944, pp. 14, 15.
26) Gaugler와 E. Schweizer가 그러하다. cf, L. D. Poot, *Het Oud-Christelijk Avondmaal*, 1936, 그리고 M. H. Bolkestein, *Het heilig Avondmaal*, 1947.

40. 성만찬의 구속사적 의미

이제 주의 만찬 제도 자체에 관한 공관복음서의 내용을 집중적으로 살핌으로써 예수님의 오심과 사역으로 시작된 구원 경영의 관점에서 이 만찬의 보편적 의미를 성찰할 시각을 얻고자 한다. 그러기 위해서는 **이러한 전승에서 발견되는 다양성 문제**를 살펴보지 않을 수 없다. 이 다양성에 관한 논의는 바로 주의 만찬의 일반적 성격을 규정하는 일에 중요한 관건이 된다고 판단되므로 그냥 넘어갈 수 없다.

마가복음과 마태복음의 성만찬 제정 본문에 나타나는 차이점은 그리 문제시되지 않는다. 사실상 지금 다루고 있는 다양성 문제와 무관하게 이 두 본문은 거의 동일한 이야기를 하고 있으며 실제적 차이점을 띠고 있지 않다. 굳이 두 본문 사이의 차이점을 들자면 이른바 잔에 관한 말씀이다. "이것은 많은 사람을 위하여 흘리는 바 나의 피 곧 언약의 피니라"에서 마태가 "죄 사함을 얻게 하려고"란 구절을 더 붙이고 있는 것뿐이다. 이로써 마태는 마가보다 보다 분명하게 예레미야 31장 31절 이하의 새 언약에 관한 예언을 언급하는 셈이다.

그러나 여기에 누가의 글(22:14-23)을 포함시키면 문제가 달라진다. 우선 원문의 신빙성에 관한 매우 중대한 문제가 생긴다. 몇몇 사본들과 옛 역본들에는 누가복음의 19절 후반과 20절이 생략되어 있기 때문이다. 거기서는 갑자기 "이것은……내 몸이라"는 말로 중단되며, "너희를 위하여 주는……너희가 이것을 행하여 나를 기념하라"(19절 후반)는 구절이 20절의 잔(盞)에 관한 구절과 함께 생략되어 있다. 생략되어 있는 구절들은 최후의 만찬과 예수님의 고난과 죽으심 간의 연관성을 가리키는 것들이다.

그 결과, 주의 만찬에 대한 말씀의 대속적 죽음의 주제를 부수적인 것으로 여기는 사람들은 종종 그 본문이 생략되어 있는 누가복음 사본을 근거 자료로 사용한다. 하지만 최근에 들어와서는 문제가 되는 구절의 신빙성에 찬성하는 주장들이 더 지배적인 듯하다.

우선 들 수 있는 사실은, 오래되고도 중요한 사본들 중 대다수가 생략되지 않은 본문을 싣고 있다는 점이다. 생략된 부분은 오직 이른바 서방 사본[27] 전승의 한 지류에서만 발견될 뿐이다. 이 사실만 놓고 보더라도 이미 긴 본문의 신빙성이 강하게 긍정된다고 하겠다. 그래서 예레미야스는 다음과 같이 바르게 지적한다.

"만일 짧은 본문이 원래의 것으로 여겨진다면 그것은 전승사의 견지에서 볼 때 가장 가능성이 희박한 것에 호소하게 되는 것을 의미할 것이다. 그렇다면 누가의 본문에 관한 한 D사본과 몇몇의 구 라틴역과 시리아역을 제외한 모든 사본에 후대의 삽입이 가해졌다고 추정해야 할 것이기 때문이다."[28] 그 외에도 짧은 본문을 담고 있는 사본들에는 상호 불일치하는 예가 있는데(어떤 사본은 19절 전반부 뒤에 17, 18절을 연결한다.), 이것은 D사본의 필사자가 그것이 원문을 대변할 수 없었음을 자각하고 있었다는 하나의 증거라고 할만하다.

이 사실에도 불구하고 짧은 본문을 원문으로 간주하는 학자들이 많이 있다. 그 이유는 주의 만찬 제정을 고린도전서 11장 24, 25절 말씀과 완전히 일치되는 내용으로 기록하는 긴 본문보다는 19절 전반에서 갑자기 중단되는 짧은 본문이 설명하기 훨씬 어려우며, 따라서 설명하기 쉬운 누가의 긴 본문을 고린도전서에서 따온 것으로 주장할 수 있는 여지가 있기 때문이다. 그런 이유에서 긴 본문은 종종 바울(그리고 마가)에게서 인용한 편집으로 여겨지곤 한다.

그러나 짧은 본문의 신빙성 역시 설명하기 어려우며, 누가의 긴 본문이 바울의 글

---

27) D문서를 제외한 모든 언설(uncial, 둥글고 큰 글자로 기록된 헬라어나 라틴어 사본)들이 긴 본문으로 되어 있다. 이에 대한 자료에 대해서는 다음 저서들을 참조하라: A. Merx, *Die vier Kanonischen Evangelien,* II, 2, 1905, pp. 432ff; J. Jeremias, *Die Abendmahlsworte Jesu²*, 1949, pp. 67ff.
28) *Op. cit.,* p. 70. 참조, E. Gaugler *La Sainte Céne* (par. G. Deluz, J. Ph. Ramseyer, E. Gaugler), 1945, pp. 56ff.

과 일치한다고 해서 전자가 후자에 의존하고 있다고 말할 필요도 없다. 그것은 누가의 긴 본문과 고린도전서의 본문이 형식은 거의 같으나 각각 독자적으로 기록되었다고 할 수 있는 고정된 구전(또는 의식) 전승이었다고 설명될 수 있을 것이다. 이런 사실을 떠나서라도 본문의 증거 가치는 긴 본문 편이 더욱 강하며 점차 많은 저자들이 긴 본문을 원문으로 채택하고 있는 것이 사실이다.[29]

위에서 논의한 것들을 종합해 볼 때 우리는 긴 본문 쪽을 택하게 된다. 이 사실이 의미하는 바는 이렇다. 누가복음에 소개되는 대속적 죽음의 주제가 마태복음이나 마가복음 못지않게 주의 만찬의 상호 결정 요인임이 분명하다는 것이다. 그리고 고린도전서 11장 24, 25절에 따르면 이 구절들의 내용이 우리에게 전래되어 온 주의 만찬에 관한 가장 오래된 전승에 속하기 때문에 더욱 더 전력을 기울여 긴 본문 쪽을 택하는 것이다.

누가복음에 나오는 주의 만찬에 관한 기록을 마태복음과 마가복음의 기록과 비교해 볼 때 구조에 있어서 상당한 차이점을 발견하게 된다. 그리고 긴 본문 쪽을 택할 때는 그 차이점이 더 심해진다. 따라서 이 차이점은 성만찬의 일반적 성격을 결정하는 데에 중요한 관건이 되지 않을 수 없다.

도식적인 방법으로 세 기록들을 차례로 나열해 보면 차이점을 한 눈에 볼 수 있다.

---

[29] 이에 찬성하는 이들과 반박하는 이들에 대해서는 Jeremias의 *op. cit.*, pp. 75, 79, 80에 개괄되어 있다. 그는 이 책 재판에서 긴 본문을 옹호하는 저자들을 더 소개한다. S. Greijdanus도 19절 후반과 20절의 신빙성에 대한 상세한 논의와 옹호론을 제시하며(*op. cit.*, II, pp. 1045-1050), D. Benoit의 *Le récit de la cene dans Lc.* XXII, 15-20, *Revue Bibloque*, 1939, pp. 357, 393에 호소한다. 이 본문의 신빙성에 대해서는 E. Schweizer, *Das Abendmahl, in. Theol. Zeitschr.*, 1946, pp. 81ff; E. Gaugler, *Das Abendmahl, in N. T.*, 1943, p. 20; G. Sevenster, *Kerk en Eredienst*, 1 Jg., 1946을 참조하라.

마태복음 26:26-29	마가복음 14:22-25	누가복음 22:15-20
		15. 이르시되 내가 고난을 받기 전에 너희와 함께 이 유월절 먹기를 원하고 원하였노라
		16. 내가 너희에게 이르노니 이 유월절이 하나님 나라에서 이루기까지 다시 먹지 아니하리라 하시고
		17. 이에 잔을 받으사 사례하시고 가라사대 이것을 갖다가 너희끼리 나누라
참고. 29절	참고. 25절	18. 내가 너희에게 이르노니 내가 이제부터 하나님 나라가 임할 때까지 포도나무에서 난 것을 다시 마시지 아니하리라 하시고
26. 저희가 먹을 때에 예수께서 떡을 가지사 축복하시고 떼어 제자들을 주시며 가라사대 받아 먹으라 이것이 내 몸이니라 하시고	참고. 22절	19. 또 떡을 가져 사례하시고 떼어 저희에게 주시며 가라사대 이것은 너희를 위하여 주는 내 몸이라 너희가 이를 행하여 나를 기념하라 하시고
27. 또 잔을 가지사 사례하시고 저희에게 주시며 가라사대 너희가 다 이것을 마시라	참고. 23절	20. 저녁 먹은 후에 잔도 이와같이 하여 가라사대 이 잔은 내 피로 세우는 새 언약이니 곧 너희를 위하여 붓는 것이라
28. 이것은 죄사함을 얻게 하려고 많은 사람을 위하여 흘리는 바 나의 피 곧 언약의 피니라	참고. 24절	
29. 그러나 너희에게 이르노니 내가 포도나무에서 난 것을 이제부터 내 아버지의 나라에서 새 것으로 너희와 함께 마시는 날까지 마시지 아니하리라	참고. 25절	참고. 18절

누가(19, 20절), 마태(26-29절), 마가(22-25절)등 병행 본문 사이에 발견되는 비교적 작은 차이점들은 접어두더라도 누가가 마태와 마가의 글에 없는 도입부(15-18절)를 소개하고 있는 사실을 분명한 차이로 들 수 있다. 이것은 몇 가지 점에서 주목할만한 차이점이다.

우선 이 도입부에는 '종말론적 주제'가 초두부터 두 번씩이나 전면에 나타나는데 반해, 마태와 마가는 주의 만찬에 관한 본문 말미에 그것도 단 한 차례만 언급할 뿐이다. 누가복음 22장 14-18절 말씀에서 진하게 표기한 구절을 비교해 보라.

"때가 이르매 예수님께서 사도들과 함께 앉으사 이르시되, '내가 고난을 받기 전에 너희와 함께 이 유월절 먹기를 원하고 원하였노라 내가 너희에게 이르노니 **이 유월절이 하나님 나라에서 이루기까지 다시 먹지 아니하리라**' 하시고"(눅 22:14~16).

"이에 잔을 받으사 사례하시고 가라사대 이것을 갖다가 너희끼리 나누라 내가 너희에게 이르노니 **내가 이제부터 하나님 나라가 임할 때 까지 포도나무에서 난 것을 다시 마시지 아니하리라** 하시고"(눅 22:17,18).

앞에서 밀했듯이 이 도입부는 다른 두 공관복음에는 소개되지 않았고 두 복음서와는 달리 종말론적 관점이 강조되어 있다. 종말론적 성만찬 형태를 가장 오래된 것으로 여기고 누가복음의 도입부를 복음서의 가장 원본에 가까운 부분으로 여기며 마태와 마가의 글의 마지막 부분만 같은 수준으로 놓는 사람들은 특별히 이 이유 때문에 성만찬을 두 가지 형식으로 구분 짓는 이론을 변호한다.

우리의 입장에서 볼 때 대속적 죽음의 주제로부터 종말론적 주제를 구별하려는 시도는 전적으로 임의적인 것이기는 하지만, 누가복음이 종말론적 관점을 강조한다는 지적만큼은 충분히 검토해야 할 것이다. 누가의 전승이 다른 복음서 저자들의 전승보다 사건들의 역사적 과정을 더 정확하고 상세하게 기록하고 있다는 지적들이 있기에 더욱 그러하다.

이것은 누가와 마태(그리고 마가) 사이의 두 번째 차이점과 연결된다. 누가는 예수님께서 잔을 돌리신 일을 두 번 언급한다. 첫 번째는 식사 시작과 동시에 언급되는데(17절), 이것은 예수님의 피와 관련되지 않고 다만 예수님이 하늘 나라에서 포도주를 마실 일과 연결된다. (18절). 뒤에서 누가는 다시 잔에 대해 언급한다(20절). 여기서 누가는 다른 공관복음서들이 서술하는대로 그것을 예수님의 새 언약의 피에 관한 말씀과 관련짓는다. 반면에 마태복음과 마가복음에서는 오직 종결부에서 잔을 돌린 일을 언급한다. 마태와 마가는 그것을 "이것은……나의 피 곧 언약의 피니라"라는 말씀과 종말론적 관점('새 포도주'를 마실 일) 모두에 연관시킨다.

누가가 마태와 마가보다 사건을 더 정확히 기록한다고 추정하는 근거는 누가가 사건을 더 세밀히 기록했음을 보여주는 **잔을 두 번** 언급한다는 사실과, 이미 처음부터 첫 번째 잔과 관련하여 '포도나무의 열매'를 언급하고 있기 때문이다. 이 구절은 유대적 유월절 규례로 내려오던 전통적 표현이었다. 그 규례에 의하면 이 표현은 한 집의 가장이 식사 후에 돌리던 잔을 가지고 축사할 때가 아니라, **첫 번째 잔**을 돌리며 축사할 때 사용되었기 때문이다[30](마태와 마가는 그 표현이 **식후에** 발생한 것으로 언급한다).

만일 누가복음에 잔에 대해서 한 번 이상 언급된 것이 본문을 두 번 기록하는 착오에 기인한 것이 아니라 보다 상세한 사건 기술에 근거한 것으로 바르게 추정한다면, 그리고 이에 관한 더 깊은 연구 결과를 전제하고 '포도나무의 열매'를 유월절 의식에 대한 암시로 받아들여도 괜찮다면, "이 유월절이 하나님 나라에서 이루기까지"란 말씀과 "하나님 나라가 임할 때까지 포도나무에서 난 것을 다시 마시지 아니하리라"란 말씀(종말론적 관점)은 모두 식사가 시작될 때 언급되었다고 생각하는 것이 옳다. **그러므로 예수님께서 하나님 나라에 관해 이 두 가지를 언급하시며 제자들과 함께 최후의 만찬을 들기 시작하셨다고 결론지을 수 있다.**

---

30) 참고. Strack-Billerbeck, *op. cit.*, IV, 1, p. 62 sub c.

그러므로 예수님의 성만찬에 관한 말씀들과 기독교 교회를 위한 주의 만찬의 제정을 예수님의 설교의 일반적 구조 속에서 생각해야 한다는 것이 분명해진다. 또한 종말론적 관점이 주의 만찬의 성격을 결정하는 데 매우 중요하다는 것도 분명해진다.

사실상 종말론적 관점은 누가복음에서만 나타나는 것은 아니다. 마가복음과 마태복음도 "진실로 너희에게 이르노니 내가 포도나무에서 난 것을 하나님 나라에서 새 것으로 마시는 날까지 다시 마시지 아니하리라"(막 14:25)란 말씀을 담고 있기 때문이다. 마태는 여기서 "너희와 함께"란 구절을 보탠다. 이로써 마태는 위와 같은 마가의 글의 의미가 예수님께서 자신의 승천과 영화뿐만 아니라 도래할 하나님 나라에서 제자들과 다시 연합하실 것을 가리킨다는 사실이었음을 명백히 해준다.

그 나라에서는 현재 임시적이고 불완전한 것이 새롭게(완성과 극치 상태를 가리키는 말로 거듭 사용됨) 될 것이며, 누가가 유월절을 먹는 것과 관련하여 "유월절이 하나님 나라에서 **이루기까지**"라고 말하듯이 완성될 것이다.

이 관점의 중요성은 재론할 여지가 없다. 우선 예수님 자신과 관련하여 그러하나. 본문 이외의 어느 곳에서도 예수님께서 자신이 장차 높이 들릴 사실을 확신하시면서 죽음에 임하는 모습이 더 인상적으로 소개되는 곳은 없다. 예수님은 스스로를 내어주고 죽으심으로써 당당하게 메시아 시대를 기다리고 계시다.31) 그러나 동시에 예수님께서 제자들과 함께 나누신 식사는 일종의 예표적인(prefigurative) 성격을 지닌다. 이것은 주의 만찬의 성격 결정에 중요한 요소이다. 식사 시에 일어난 이 일들은 하나님 나라에서 완성될 것이다. 그러나 반대로 하나님 나라에서 누리게 될 충만한 기쁨이 이 식사 안에서 시작되고 미리 맛보아진다. 이처럼 성만찬과 장차 올 하나님 나라에서 먹고 마시는 일 사이의 관계는 단지 상징과 실체의 관계가 아니라 시작과 성취의 관계이기도 하다.

---

31) Schniewind, *Markus*, p. 173.

또 하나의 중요한 특징은 예수님께서 그 제자들을 떠나실 때 장차 올 시대에 먹고 마시는 등 식사의 형식을 띠는 어떤 것을 제정하신다는 사실이다. 즉 하나님 나라의 기쁨과 복을 구약성경의 개념(그리고 후기 유대교의 개념)과 일치하여 상(床)에 둘러앉아 먹고 마시는 것으로 표현하시는 것이다(마 8:11; 22:1 이하; 25:1 이하; 눅 13:28; 22:30 등). 바로 이런 이유에서 제자들이 장차 올 시대를 바라며 식탁에 모인 일을 그들이 그리스도를 향한 같은 믿음을 가지고 함께 모이는 과정에서 우연히 생겨난 연합의 매체로 가정하는 것은 잘못이라고 단언할 수 있다. 오히려 이 식사 개념은 도래한 하나님 나라, 즉, 그리스도에 의해 선포된 복음의 기쁨 안에 그들 모두가 참여하는 것을 나타낸다.

이 모든 사실은 특별히 예수님께서 항구적인 식탁 교제를 제정하여 하신 말씀에 근거를 둔다. 사람들이 어떤 설명을 부가하든지 그 말씀의 일반적 기조는 한눈에 드러난다. 즉, 예수님께서는 이 식사를 자신의 고난과 죽음에 연결시키신다. 그것을 자신의 죽음이 지니는 구원론적 의미가 장차 도래할 에클레시아의 항구적인 식탁 교제뿐만 아니라 제자들이 이 땅에서 시행하는 일상적인 성만찬의 출발점이자 그 내용이 된다는 의미로 말씀하신다.

이미 앞에서 상술했듯이 그리스도의 죽음에는 예수님께서 성취의 실행으로서 그리고 그 나라의 도래로서 선포하신 계시의 토대와 비밀이 놓여 있기 때문이다. 이것이 바로 그리스도의 죽으심의 구원론적 의미에서 제정된 이 식사가 실제로 성취의 식사이며, 그 나라의 구원에 참여하는 식사이며, 매우 값진 진주를 받는 그리고 교회의 삶과 세계사 안에서의 구속의 시작을 알리는 식사라고 하는 이유이다.[32] 한 마디로 말해 그것은 장차 올 천국의 권능을 그리스도의 초림 안에서 발견케 하고 '하늘의 은사'와 성령을 받아 누리게 해주는 식사이다.[33]

결론적으로, 예수님께서 최후의 만찬 시 거듭 밝히신 '종말론적 관점'이

---

32) 이것은 '문화'와 '성례'의 조화에 있어서도 사실이다.
33) 참고. 히 6:4ff.

제자들과 교회를 위해 정해 놓으신 식탁 교제의 성격과 내용의 결정 요인이라는 사실에는 의문의 여지가 없다.

하지만 이것은 밝혀진 사실의 단면일 뿐이다. 우리가 성만찬과 하나님 나라에서 먹고 마시는 일 사이에 예수님께서 설정해 놓으신 관계의 중요성을 충분히 인정한다고 하더라도, 예수님께서는 최후의 만찬 시 그 만찬의 예표적이며 성취적 성격을 우선적으로 가리키기 위함보다는 그 만찬의 **임시적이고 잠정적인** 의미를 분명히 밝히시기 위해 하나님 나라의 도래를 거듭 언급하셨다. 이것이 바로 '종말론적 주제'를 대속적 죽음의 주제보다 앞세우는 현대 저작들의 경향이 예수님께서 만찬을 집행하시는 동안 밝히신 종말론적 관점의 진정한 의미를 오해한 결과라고 확신케 되는 이유이다. 다시 말하지만 이것은 한 편으로 치우친 종말론으로 복음을 해석하려는 데서 오는 그릇된 결과들 중 하나이다.

장차 올 하나님 나라를 언급하는 주의 만찬 본문(특히 누가복음)을 예수님께서 그 나라의 임박성을 매우 강하게 기대하고 있었다는 증거로 인식하거나, 그 나라를(바르트가 슈바이처의 뒤를 이어 주장하는 대로) 사람이 음식 없이도 살 수 있는 시대에 임하기를 기대했었다는 의미로 인식한다면, 그것은 예수님 말씀의 진의를 철저히 곡해하는 것이다. 예수님께서는 그 나라가 도래할 때까지는 더 이상의 유월절을 먹는 일도, 더 이상의 포도주를 마시는 일도 없을 것이라고 말하지 않으셨기 때문이다. 그분은 오직 **그분 자신**이 더 이상 이 땅에서 그 음식을 취하지 않을 것이라고 말씀하셨을 뿐이다.

그 말씀의 진의는 이 모든 것이 (그분 없이) 계속될 것이며,[34] 예수님과 제자들이 하나님 나라에서 함께 유월절 떡을 먹고 포도주를 마시는 일을 다시 시작하게 될 것이란 사실이다. 그러므로 본문에서 도래할 나라에 대한 말씀은 일단 **부정적인** 성격을 지닌다. 예수님은 하나님 나라가 도래할 때까지는 제

---

34) 참고. Kümmel, *Verheissung und Erfüllung*. 1945, pp. 16, 17.

자들과 그 절기를 지키지 않으실 것이다.

이것은 만찬이 진행되던 순간에도 그러했음을 뜻하기도 한다. 예수님으로서는 자신의 죽음이 임박했기 때문에 포도주를 마시는 일과 더 이상 상관이 없었다.[35] 마찬가지로 예수님 자신은 제자들에게 나눠주신 그 떡을 드시지 않았다고 해야 옳다. 예수님께서 제자들에게 받아먹으라고 하신 말씀(마 26:26; 막 14:23)은 그런 방향으로 생각하게끔 해준다.

사실상 음식을 먹으라고 말로써 권하는 것은 그 당시 전통적 관습과는 다른 특이한 일이었으며, 예수님 자신은 떡을 먹지 않으셨고 제자들에게 먹으라고 초대해야 하셨다는 사실로써 설명해야 할 것이다. 유대인들은 유월절 음식을 먹을 때 전통식으로 가장이 가족들 앞에서 먼저 음식을 먹음으로써 식사 시작을 알렸지만, 예수님께서는 이 음식을 직접 드시지 않았기 때문에 말로 신호하실 수밖에 없었던 것이다.[36] 더 나아가 "이것이 내 몸이라"는 말씀에서도 그 사실을 발견하게 된다. 예수님이 상징적으로라도 자신의 몸을 드셨다고 생각하기는 어렵기 때문이다.[37]

사람들이 위의 내용(예수님께서 떡과 포도주를 실제 드셨는지의 여부)을 어떤 식으로 받아들이든지 간에 한 가지 부인할 수 없는 사실은 그 '종말론적 관점'을 나타내는 말씀이 **고별사**로 인식되어야 한다는 점이다. 이것은 본문에 '다시'라는 단어가 되풀이해서 사용되는 사실에서도 나타난다. 특히 누가의 최후의 만찬 기사 도입부에서 분명히 드러난다.

그 도입부에서 예수님은 유월절이 하나님 나라에서 이루기까지 다시 드시지 않을 것인 까닭에 고난 받기 전에 제자들과 그 유월절 드시기를 간절히 원하셨다고 말씀하신다(원문에는 16절에 이유를 나타내는 '왜냐하면' (hoti)이 있어서 16절 내용이 그 유월절 드시기를 간절히 원하신 이유를 설명해 주는 식으로 되어 있다―옮긴이). 즉, 머지

---

35) 참고. Greijdanus, *op. cit.*, II, p. 144; Klostermann, *Das Lukasev.*, p. 288; Dalman, *Jesus Jeschua*, 1929, pp. 141, 142, 144.
36) Dalman, *op. cit.*, p. 128; Jeremias, *op. cit.*, p. 103.
37) 참고. 필자의 *Matth.*, II 1946, p. 188; Zahn, *Das Ev. des Matth⁴*, 1922, p. 695.

않아 제자들을 **떠나셔야** 했기 때문이라는 말씀이다. 이런 점에서 유월절과 예수님의 말씀은 미래를 기약하는 송별의 성격을 띠고 있음이 분명하다.

그렇기 때문에 주의 만찬의 일반적 성격은 하나님 나라의 임박성에 대한 기대나, 그 기대를 예수님의 큰 착오라고 부르는 슈바이처의 견해나, 그 기대가 그리스도의 부활과 기독 교회의 성찬식으로 성취되었다고 보는 견해(즉, 실현된 종말의 견해)로 해석할 수 없다. 예수님 자신은 만찬 시 결코 그런 의미로 말씀하지 않으셨다. 예수님께서 만찬 시 '유월절 완성'과 하나님 나라에서 마시게 될 '새 포도주'에 대해 말씀하실 때 바라보신 것은 인자의 파루시아로 시작될 대미래였다.

여기서 예수님께서 말씀하신 것이 영원한 하나님 나라가 아닌 메시아의 나라를 가리킨다고 해석하면서 메시아의 나라와 영원한 하나님 나라를 구분지을 가능성은 전혀 없다.[38] 그러한 구분 자체가 타당치 않다는 사실을 떠나서라도[39] 누가복음뿐만 아니라 마태복음과 마가복음에서도 예수님은 특별히 **그분의 아버지의 나라**, 즉, 영원한 나라에서 먹고 마실 일을 말씀하고 계시기 때문이다. 더 나아가 우리의 입장에서 볼 때, 그것은 누가와 요한 그리고 사도행전 10장 41-베드로가 말하는 부활 후 예수님과 세사들이 나눈 음식, 이른바 '부활절 음식'을 가리키지도 않는다. 부활 직후 드신 음식들은 메시아의 축제 성격을 띤 음식이 아니라 그리스도의 (육체를 지니신)부활의 실체를 확증하는 성격을 띠고 있었다(참고. 눅 24:41-43). 베드로도 사도행전 10:41에서 그런 의미로 말한다.

또한 이 때 드신 음식, 즉, 떡과 물고기를 '완성된 유월절'로 보거나 아버지 나라에서 마시게 될 '새 포도주'로 보는 것도 불가능하다. 물론 부활 이후의 음식들은 예수님과 제자들 사이에 사귐이 다시 회복되었다는 증거이긴 하다. 그러나 예수님께서 만찬 시 하신 종말론적 말씀들은 분명히 부활 후 있을

---

38) 이것은 분명히 Plooy의 견해이다. art. cit., *Kerk en Eredienst*, 1947, pp. 4, 6ff.
39) 참고. 앞내용 pp. 100ff의 Cullmann의 견해에 대한 논의.

식사 이상의 어떤 것을 가리킨다.

동일한 사실이 기독교 교회의 성만찬 예식에도 적용된다. 이 성만찬 예식을 최후의 만찬의 직접적인 연속으로 생각할 수는 있겠지만[40] 그것을 예수님께서 만찬 시 새 포도주를 마실 것 등의 말씀으로 약속하신 것의 성취로 여길 수는 없다. 예수님께서 죽으신 후 기독교 교회가 부활하신 주님과 갖는 영적 사귐(참고. 마 18:20)으로서 거행된 성만찬은 예수님께서 말씀하신바 "하나님 나라에서 먹고 마실 것"의 예표일 뿐이다. 그것은 예수님의 오심으로 시작된 미래를 향한[41] 구원 역사의 연속이다. 이런 점에서 그것은 예수님께서 최후의 만찬 시 제자들에게 먹고 마시라고 주신 식사의 범위를 사실상 넘어서지 않는다.

물론 예수님의 오심과 더불어 구원은 원칙상 성취되기 시작하였으며 주의 만찬 시에도 원칙상 그 구원이 베풀어졌다고 할 수 있다. 그러나 이 만찬이 지니는 구체적인 구속사적 의미는 주로 예수님께서 계시하신 종말론적 관점에서 찾아서는 안 된다. 오히려 예수님의 대속적 죽음과 관련하여 또는 다른 말로 **예수님께서** 제자들에게 주신 **떡과 포도주에 부여하신 의미**에서 찾아야 할 것이다. 종말론적 관점은 예수님께서 제자들과 함께 나누셨던 마지막 음식에 작별의 성격을 부여한다.

이 사실에 근거하여 성만찬의 항구적 의미를 이해해야 할 것이다. 이는 이 땅에서 예수님께 더 이상 유효하지 않은 것(떡을 먹고 포도주를 마시는 것)이 제자들에게는 허용되었고 그 이후로 지키도록 명령되기까지 했기 때문이다. 예수

---

40) Cullmann은 *Urchristentum und Gottesdienst*, pp. 14ff에서 기독교 교회의 최초의 성만찬은 최후의 만찬으로 거슬러 올라갈 수 있다고 생각한다. 그러나 그는 부활이라는 찬란한 빛 안에서 대속적 고난(대속적 죽음의 주제)이 전적으로 배경으로 물러났으며, 따라서 이 성만찬이 유월절과 승천 사이에 그리스도와 함께 나눈 음식의 직접적인 연속이었다고 생각하며, 후에 바울이 고난 개념을 다시 재구조할 수밖에 없었을 것이라고 추측한다. 우리의 입장에서 볼 때 이 생각은 지나치게 인위적인 가설이다.

41) 그러한 '기대'(Vorwegnahme)의 연속이나 반복을 단지 불합리하다(schlechterdings)고 부를 수 있다고 생각하는 M. Barth와는 대조적으로.

께 해당되는 상황이 제자들의 상황에는 아직 해당되지 않았다.⁴²⁾ 하지만 확실한 것은 이런 규례가 언제까지나 계속되지는 않는다는 사실이다. 제자들에게는 장차 하나님 나라에서 '유월절의 완성'과 '새 포도주를 마시는 일'이 올 것이기 때문이다. 그렇지만 그들은 지금 예수님께서 자기들에게 주시는 음식을 먹고 잔을 마셔야 한다. 그렇게 하되 다만 이런 방식으로 장차 먹고 마시게 될 것이 **주님의 살과 피**라는 것을 반드시 깨달아야 한다.

이것이 예수님께서 드러내시는 위대한 '계시'이다. 이것이 그분의 설교의 절정을 이룬다. 새로운 것을 먹고 마시는 일도, 도래한 메시아의 식사에 관한 말씀도, 또한 그렇게 사귐의 식사 제도를 제정해 주신 일도 아니다. 이 모든 것은 이미 복음 안에서 전제되어 왔고 모든 방법으로 표현되어 왔다. **진정 새로운 것은 그 순간부터 예수님의 몸이 제자들의 음식이 되고 그분의 피가 제자들의 음료가 될 것이라는 사실이다.**

그러므로 한편으로는 성취의 요소가, 다른 한편으로는 잠정적인 요소가 있다. 성취의 요소가 있다는 것은 그리스도께서 제자들을 위해 베푸신 모든 구속과 구원이 성만찬 시 제자들에게 먹고 마시라고 주신 그분의 살과 피 안에 뿌리를 두고 있기 때문이다. 잠정적인 요소가 있다는 것은 예수님께서 그렇게 베푸신 교훈이 장차 그분과 제자들이 하나님 나라에서 먹고 마시게 될 미래의 재연합을 기대하는 것으로서만 발휘되기 때문이다.

그러므로 주의 만찬은 구속의 음식, 구원의 잔, 교회의 떡이다. 성만찬이 그리스도의 죽으심에 근거하고 있기 때문이다. 그러나 주의 만찬은 두 개의 시간, 즉, 시작된 것의 성취와 기대되어진 것의 절정 사이의 중간 시대와도 관련이 있다. 예수님은 제자들이 아직 가야 할 몫으로 남아 있는 길을 다 걷도록 자신의 살과 피를 그들의 음식으로 베푸신다. 그분은 제자들을 역사의 좁은 길로 보내시되, 그들이 의존하여 살 수 있는 충분한 음식을 주시며 보내

---

42) 참고. Behm, *TWB*, IV, p. 734, "κλαω" 항목.

시는 것이다.

그러나 그들이 먹고 마시는 모든 것은 새 나라와 새 포도주, 즉, 기쁨이 충만할 날을 **바라는** 가운데서만 이루어진다. 그러므로 주의 만찬은 바울이 말한바 '주의 죽으심을 오실 때까지 전하는 것' (고전 11:26)으로 남는다.[43]

종말론적 주제를 대속적 죽음의 주제보다 앞세우려는 사람들에 반대하여, 우리는 대속적 죽음의 주제가 주의 만찬에 독특한 의미를 부여한다는 견해를 지닌다. 물론 성취의 완성을 과소평가하려는 것이 아니다. 오히려 이 완성의 전모는 이미 예수님의 대속적 죽음에 암시되어 있다. 그러나 이 대속적 죽음은 성만찬의 성격을 예수님께서 떠나시기 전 제자들과 그 이후의 교회를 위해 제정하신 사귐의 식사로 결정짓는다. 예수님의 부활과 파루시아 사이의 기간 동안 성만찬은 그리스도께서 자기 백성을 위해 친히 내어주신 살과 피, 즉, 그 백성들의 영원한 식량과 음료가 되는 식사를 의미한다. 그 백성들은 그분의 손에서 믿음으로 이 음식을 받아 하나님 나라에서 같은 지체가 된 백성들과 함께 새 포도주를 마실 때가 오기까지 먹고 마시게 될 것이다.

이제 복음서 안에서 예수님께서 중심으로 설정해 주신 '대속적 죽음의 주제'가 성만찬 안에서 어떻게 기능하는지를 살펴봐야 할 것이다.

41. 최후의 만찬 시 예수님께서 보이신 행동의 성격

이제 우리가 살펴봐야 할 가장 우선적이고도 중요한 문제는, 하나님 나라에서 완성된 사귐이 있기 이전의 기간 동안 예수님께서 자신의 살과 피를 어떻게 제자들에게 그리고 그들 안에서 교회에게 양식과 음료로 주시는지에 관한 문제이다. 그러므로 예수님께서 최후의 만찬 시 "이것은……내 몸이라"라

---

43) 참고. 필자의 *Woord en Sacrament* (*Het Avondmaal* 중에서), 1949, pp. 32, 33.

고 말씀하시며 떡을 떼고 포도주를 부어 제자들에게 나눠먹도록 하실 때 취하신 행동의 성격을 더 깊이 분석해야 한다.

가장 먼저 떠오르는 문제는, 주의 만찬과 유대인의 유월절 식사와 연결된 성만찬과 관련한 행동들의 관계를 파악하는 일이다. 앞에서 말한 바와 같이 [44] 그러한 관계의 역사성은 많은 사람들에 의해 부인된다. 그들은 공관복음이 예수님의 최후의 만찬에 관해 기록하고 있는 내용이 유월절 음식을 나눌 때 되어진 일이 아니라고 생각한다. 물론 마태, 마가, 누가 등 복음서 저자들이 예수님의 최후의 만찬을 유월절 음식으로 이해했다는 사실은 아무도 부인하지 않는다. 누가복음에서 예수님은 분명하게 "이 유월절"이라고 말씀하셨고(22:15), 마태복음 26장 17절 이하와 마가복음 14장 12절 이하에서도 "유월절 잡수실 것을 우리가 어디서 예비하기를 원하시나이까"라는 구절로써 유월절 음식을 준비하는 내용을 기록하고 있다. 하지만 다음 두 가지 근거에서 이 기록의 정확성 여부가 쟁점이 된다.

첫째, 주의 만찬이 유월절 식사가 아니었다고 주장하는 저자들은 요한복음 18장 28절과 19장 14절을 통해 유월절 절기가 예수님께서 돌아가시던 바로 그날(그러므로 최후의 만찬이 있던 그 다음날)에 있었다는 인상을 주고 있다고 호소한다. 그렇다면 니산(유대 정력으로는 제 1월 아빕, 양력 3-4월, 참고. 출 12:2; 느 2:1-옮긴이) 15일, 즉, 유월절은 예수님과 제자들이 다락방에 함께 모인 목요일 저녁(즉, 14일 저녁)에 시작된 것이 아니라 예수님이 죽으신 금요일 저녁부터 시작된 셈이다.

둘째, 그들은 공관복음서에 기록된 최후의 만찬을 상세히 검토해 보면 똑같은 결론, 즉, 이 기록에는 아무 데도 유월절 양에 대한 언급이나 유월절 식사 시 관습으로 내려오던 출애굽 기사를 읽었다는 언급이 없다는 결론에 도달할 수밖에 없다고 주장한다. 단순히 '떡'에 관한 언급만 되어 있을 뿐이며 대대로 유월절에 먹던 '무교병'에 관해서는 언급되어 있지 않다. 그리고 마

---
44) 제39항.

태복음과 마가복음에서는 한 차례의 잔이 돌려졌을 뿐인데, 이에 반해 기존의 유월절 식탁에는 적어도 잔이 네 차례는 돌려지던 것이 상례였다.

셋째, 공관복음에 목요일 밤이나 금요일에 일어난 것으로 기록된 사건들은 니산월 15일에는 쉬라는 명령과 도저히 조화될 수 없다(군인들의 행동, 유월절 밤 새벽에 예수님을 정죄한 산헤드린 법정의 개회, 유월절에 예수님께서 십자가에 못 박히신 일, 향유를 산 일, 예수님의 장례 등).[45]

역사성을 묻는 이 질문에 낱낱이 답변할 수는 없어도 만찬 자체에 대한 공관복음 기록에 가해진 반박을 그냥 소홀히 넘길 수는 없다.

먼저 공관복음 기사의 의도는 유월절 식사의 장면을 정확히 기술하려는 데에 있지 않다. 예수님께서 말씀하시고 행하신 특별한 사실들을 이야기하려는 데에 있음을 주목해야 한다. 더 나아가 유월절 식사 규례의 설명은 주의 만찬 기록 안에 전제되어 있거나 그리 중요치 않은 것으로 간과된다는 사실도 아울러 주목해야 한다. 이 사실을 염두에 둔 뒤 본문을 더 자세히 관찰해 보면 본문에 기록되어 있는 개개의 요소들이 분명하게 유월절 식사를 가리키고 있음을 알 수 있다.

> 예레미야스는 이것을 매우 상세히 지적해 놓았다.[46] 그리고 다른 이들도 그의 견해에 동의하여 여러 새로운 주장으로 이 사실을 지지한다.[47] 그 중 다음 내용을 소개하고자 한다.
>
> 예수님께서는 평상시에는 낮에 성전에서 가르치시고 밤에는 예루살렘 시내를 벗어나 산에서 쉬시는 것이 상례였으나, 그 날만큼은 요한복음을 보더라도 예루살렘에서 만찬을 드셨다. 또한 그 날은 한밤중이었지만 혼잡하던 성(城)내 사정을

---

[45] Jeremias, *Die Abendmahlsworte Jesus*, 1949, pp. 7-9. 여기서 예레미야스는 (Renan으로부터 시작하여) 이 견해를 지지하는 79명의 저자들을 소개한다. 위의 주장들은 주로 Lietzmann, *op. cit.*, pp. 211ff에서 인용되었다.
[46] *Op. cit.*, pp. 18ff.
[47] Cf, Behm, *op. cit.*, p. 733.

고려해 볼 때 오직 유월절 **규례**로부터 설명될 수 있다. 유월절 관습에 따르면, 그 절기는 보통 저녁 식사보다 훨씬 늦게 시작되어 새벽까지 계속되었다. 그것은 독특한 축제의 성격을 띤 의식으로서, 사람들은 그 날 식탁에 **기대어 포도주**를 마셨다. 이것은 평상시 행동이 아니라 유월절 규례에 속하는 것이었다. 공관복음이나 요한복음 모두 이러한 사실을 시사해 준다.

뿐만 아니라 공관복음에서 예수님이 떡과 포도주를 주시며 그것의 성격을 부여하시는 방법이 아버지가 가족 앞에서 여러 가지 유월절 규례의 의미를 설명하는 모습을 생각나게 해준다는 사실, 예수님께서 말씀하신 종말론적 관점이 유월절 음식을 앞에 두고 말해지던 이스라엘의 장래의 해방을 바라는 것과 일치한다는 사실, 그리고 누가에 의하면 잔이 적어도 두 번은 돌려졌던 사실, 예수님께서 '저녁 먹은 **후에**' (meta to deipnesai) 잔을 돌리신 사실(눅 22:20) 등이 유월절 규례와 매우 일치한다는 것을 덧붙여 말해야 한다.

그 외에도 '포도나무의 열매'란 말이 유월절 규례에도 나온다는 사실, 랍비 문학에서 '떡'은 무교병을 가리키는 단어로도 쓰이는 사실, "이것을 행하여 **나를 기념하라**"는 말씀도 만찬 후 함께 부르셨던 찬미의 노래('할렐')와 더불어 전적으로 유월절 식사의 일치한다.

공관복음에 기록된 예수님의 마지막 식사를 유월절 잔치로 이해해야 한다는 데에는 의문의 여지가 있을 수 없다. 물론 어떤 저자들은 그 식사가 유월절 전의 경건한 예비적 식사였거나, 종교적 사귐의 식사(카부라)였다고 주장하는 것이 사실이다. 그러나 그런 식사가 관습적으로 유월절 식사 바로 전에 있었는지48)의 여부는 제쳐두고라도, 위에서 언급한 여러 세부 사항들은 그것이 특별히 유월절 식사였음을 가리켜 준다.

이런 이유에서 유대인들의 관습은 니산의 제15일째 날에는 어떠한 노동도

---

48) 이것은 특히 Jeremias에 의해 부인된다(*op. cit.*, pp. 23ff.).

금해졌었다는 주장으로 공관복음 기사의 역사성을 논박하는 것은 불가능하다고 생각된다. 진정으로 그러했다면 무리들이 무기를 가지고 온 일이나, 산헤드린의 회의나, 사람들이 로마군의 법 집행을 구경하러 온 일이나, 예수님을 위해 수의를 구입한 일 등 공관복음에 언급된 모든 일들이 율법에 어긋나는 일이었을 것이다.

그럼에도 복음서 저자들이 그토록 당연한 유대인들의 축제 의식 개념과 상치되는 기사를 기재할 정도로 철저한 오류를 범했다는 것은 (설령 니산 제15일에 쉬는 규례가 유대적 그리스도인들에 의해 변경되었을 가능성이 있다고 할지라도) 도저히 납득되지 않는다. 그러나 이러한 중대한 반론에 덧붙여 달만49)과 빌러벡50)과 같은 학자들은 랍비들의 글에 근거하여 공관복음이 니산 15일에 발생했던 것으로 기록하는 여러 행동들이 유대인들의 규례에 조금도 저촉되지 않았다고 주장한다.

역사적 반론은 요한이 예수님께서 십자가에 달린 날에도 여전히 유월절 음식을 먹어야 할 것이었음을 알리기 위해 19장 14절과 18장 28절을 기록했다는 주장으로 환치되어야 한다. 잘 알려진 대로 여기서 공관복음과 요한복음의 관계에 관한 매우 난해한 문제 중 하나에 부딪히게 된다. 이 점에 대해서 요한복음과 공관복음의 일치성을 증명하기 위한 시도를 요한복음에 그 일치성을 뒷받침 해줄 만한 것이 아무것도 없는데도 인위적으로 조화시켜 보려는 예로 여겨서는 안 된다.

이미 예레미아스의 주장을 언급했다. 그에 의하면 요한복음 13장 1절에 언급된 음식이 분명히 함께 모여 행하는 특별한 축제의 성격을 지니고 있었다. 그러나 우리는 요한복음 13장 1, 2절 말씀에 따라 이 만찬이 유월절 식사였음을 강하게 시사해 준다고 본다. 요한복음 13장 1절은 "**유월절 전에**"(pro de tes heortes tou pascha)란 말로 시작된다. 2절에서는 "그리고 저녁 먹을 때가 되매"(kai deipnou

---

49) G. Dalman, *Jesus Jeschua*, 1929. pp. 80-98.
50) Strack-Billerbeck, *op. cit.,* II, pp. 815-834.

ginomenou, 한글 개역 성경은 3절에 "저녁 먹는 중에"라고 번역함)라고 기록한다. 2절에 언급된 '저녁'을 유월절 식사로 이해하면 이 두 본문은 매우 자연스럽게 조화된다.

물론 1절은 "유월절 **전에**"라고 지적하는 것이 사실이다. 그러나 시간을 가리키는 이 부사는 본동사 '에가페센'(ηγαπησεν, 사랑하시니라)이나 2절 이하의 내용과 연결되어서는 안 되며, 오히려 1절의 '에이도스'(ειδως, 아시고)와 연결되어야 한다. 따라서 그 의미는 유월절 전에 이미 예수님께서 자신의 최후가 가까이 온 것을 아셨고, 유월절 식사 동안 그런 각성 하에서 행동하셨다는 것이 된다. 우리의 견해로는 시간을 가리키는 이 부사(유월절 '전에')가 2절 이하의 내용이 유월절 절기에 되어진 일일 때, 그리고 '데이프논'(저녁 식사)이 유월절 식사 자체를 가리킬 때 비로소 의미를 갖게 된다.

물론 이 저녁 식사에서 유월절이 언급되지 않은 것이 사실이다. 그러나 이 경우에는 말이 없다고 해서 사실도 없다는 논리, 즉, 침묵으로부터의 논증(argumentum e solentio)이 적용되지 않는다. 왜냐하면 본문에는 주의 만찬 제정에 관한 언급도 없기 때문이다. 주의 만찬에 관한 언급이 없다고 해서 복음서 저자가 이 제도에 반발하려고 했다든지, 무시하려고 했다든지, 아니면 주의 만찬을 알지 못했다고 추측하는 것은 당치 않은 일이다. 이 복음서가 기록될 당시에도 성만찬은 분명히 시행되고 있었으며, 그 기원을 예수님의 최후의 만찬으로 삼고 있었다. 여기에서 예수 그리스도의 복음을 역사적으로도 익히 알고 있는 사람들을 위해 쓰인 네 번째 복음서의 특별한 성격을 마주하게 된다.

다른 저자들이 이 문제를 놓고 요한복음과 공관복음 간의 모순으로 추측되는 것을 제거하려고 할 때, 그것을 위해 18장 28절과 19장 14절의 두 '난해한' 두 본문을 니산 15일이 예수님이 십자가에 달린 날이고, 유월절 만찬은 그 전날 밤에 거행되었다는 식으로 설명하려고 할 때, 그들은 제4복음서 저자 자신이 13장 1절 이하에서 암시하고 있는 것이 바로 유월절 식사라는 해석에 근거한다. 결과적으로 18장 28절과 19장 14절은 난해한 점이 있긴 하지만 통상적인 유월절 만찬을 가리킨다고 주장될 수 있다.

요한복음 19장 14절은 그리 큰 문제가 되지 않는다. 왜냐하면 '파라스큐' (παρασκευη, 예비일)에는 31절(참고. 42절)에서 안식일 전날을 의미할 수도 있었듯이 '금요일'을 가리키는 전문 용어로도 이해될 수 있기 때문이다. 그렇다면 소유격 '투 파스카' (του πασχα, 유월절의)는 다만 **유월절 동안**의, 즉, 안식일 전날을 의미할 뿐이다.

진정한 난제는 18장 28절에 있다. 이 구절이 가리키는 시간을 놓고 여러 가지 다른 견해들이 제기된다. 다양한 견해가 있다는 사실은 한편으로는 이 문제가 간단하지 않음을 보여주며, 다른 한편으로는 요한복음 18장 28절과 공관복음 사이의 분명하고도 풀 수 없는 시간적 모순을 놓고 왈가왈부해서는 안 된다는 사실을 보여준다.

가장 단순한 방법은 요한복음 18장 28절의 '파스카' (πασχα, 유월절)를 유월절 양을 먹던 식사라는 의미보다 더 넓은 의미로 이해하는 것이다. 이를테면 쟌은 그것을 유월절 '마쪼트' (mazzoth)를 가리키는 것으로 이해한다.[51] 라이트푸드나 쇼트켄 등의 유대교 전문가들은 탈무드에 근거하여 그 단어를 '절기의 재물을 먹는 것'으로 설명하며, 후기에 많은 지지자들을 확보했다.

우리가 볼 때 이 견해는 긍정할만한 점들을 많이 지니고 있다. 다른 탈무드 전문가, 이를테면 크볼슨(D. Chwolson), 클라우스너(J. Klausner), 스트락-빌러백과 같은 이들은 요한복음과 공관복음에서 말하는 유월절을 각각 다른 한 날에 고정시킬 때 두 복음서 모두 정확한 사실 기록이 된다고 한다. 유대인들 사이에는 유월절을 언제 먹어야 할지 그 날짜에 대한 견해 차이가 있었다고 전해지기 때문이다. 그렇다면 예수님과 제자들은 바리새인들의 견해를 따랐던 것으로 추측되며, 따라서 사두개인들보다 하루 일찍 그 식사를 한 셈이다. 이에 비해 요한복음 18장 28절은 사두개인들의 날짜 계산을 가리키고 있는 듯하다.[52] 이 견해가 옳다면 니산

---

51) Th. *Zahn, Einletung in das N. T.*, II, 3 1924, pp. 518-530.

15일에 되어졌던 것으로 추측되는 여러 가지 행동들을 근거한 반론들(위의 내용을 참조하라)에 다른 해결의 실마리가 던져지는 셈이다. 이 난제에 대해 보편적으로 받아들여지는 해답은 없지만 다음 추측에 따라 후자가 바른 해석으로 여겨져야 할 것이다. 1) 공관복음의 기사는 의문의 여지없이 최후의 만찬을 유월절 식사로 언급한다. 2) 요한복음 13장 1절 이하는 그 자체만 놓고 생각하더라도 충분히 유월절에 관한 기사로 간주될 수 있다. 3) 요한복음 18장 28절은 이러한 일반적 견해와 뚜렷이 모순되는 의미를 지니지 않는다.

우리의 견해로는 역사적 관점에서 볼 때 공관복음의 기사를 논하는 데에는 주의 만찬 제정이 **유월절 식사 도중**에 이루어졌다는 가정에서 시작하는 것 외에 별다른 도리가 없다.

이제 제기되는 문제는 이상의 내용이 예수님께서 만찬 때 하신 말씀의 의미와 이러한 행동들의 특성을 이해하는 일에 어느 정도의 도움이 되는지의 문제이다. 최후 만찬 도중에 보이신 낱낱의 행동들과 비교하기 위해서 유대인들의 유월절을 상세히 연구할 필요는 없다. 다만 살펴봐야 할 것은 예수님께서 그분의 **몸**과 **피**라는 익히 알려진 단어들과 연관지으시는 유월절 음식, 곧 떡과 포도주의 위상(位相)과 의미이다.

떡은 "저희가 먹을 때에"(esthionton auton)란 분사구문으로 언급된다(막 14:22; 마 26:26). 아마 첫 번째 식사(쓴 나무, 푸른 풀과 양념으로 이루어짐)와 유월절 의식(이 때 아버지는 아들의 물음에 대한 답으로 유월절 잔치에 대해 식구들에게 설명하며, 그 뒤 유월절 찬미의 첫 부분을 부른다)이 끝난 뒤 있었던 본식(本食)이 있었을 것이다. 이 식사는 식탁 위에 구워져 놓인 유월절 양과 무교병, 쓴 나물, 삶은 과일류와 포도주로 이루어졌다. 예수님께서 "이것이 내 몸이니라"라고 하신 떡은 유월절 양과 함

---

52) 이 견해들과 이에 대한 반론들에 대해서는 Jeremias의 *op. cit.*, pp. 14, 15를 참조하라.

께 먹던 무교병이었음이 분명하다. 여기서 언급된 '축사'(eulogesas, 마 26:26; 막 14:22; eucahritesas, 눅 22:19)는 본식을 먹기 전에 하는 감사의 말이다.

포도주에 대해서는 마태복음과 마가복음을 볼 때 본식을 먹는 동안 돌렸던 포도주, 이른바 두 번째 잔이라는 인상을 받을 수 있다. 그러나 누가복음 22장 20절(참고. 고전 11:25)을 보면 이 잔은 **식후에**(meta to deipnesai) 취해졌다. 따라서 그것은 **세 번째 잔**으로서 식후에 축사되었고 '축복의 잔' 또는 '감사의 잔'으로 알려졌다(to poterion tes eulogias, 고전 10:16).[53]

예수님께서 떡과 포도주에 자기의 몸과 피라는 의미를 부여하실 때는 전통적으로 아버지가 유월절 규례, 즉, 그 음식들의 하나하나를 출애굽과 관계시켰던 일을 연상하셨던 것이 분명하다. 문제는 예수님이 무슨 의미로 "이것이 내 몸이니라"는 말씀을 하셨는가이다.

달만에 의하면 예수님께서는 떡을 떼실 때 아람어로 '덴 후 구피'(den hu' gupi)라고 말씀하셨는데, 마지막 단어 '구피'(gupi)는 (이것은) '내 몸'(이니라)을 언급하신 것이 아니라 (이것은) '내 자신'(이니라)을 의미할 수도 있다. 어떤 저자들을 이 중 '내 자신'이란 의미를 채택하여 예수님께서 말씀하신 것은 그분의 몸이 아니라 특별히 그분의 인격(person)이었으며, 그로써 장차 제자들이 함께 모여 주의 만찬을 거행할 때 친히 인격으로 임재하실 것을 약속하고자 하셨다고 주장한다.[54]

우리의 생각으로는 이 주장은 잘못된 것이다. 아무리 달만이 아람어 번역을 출발점으로 삼았다 하더라도[55] "이것은 내 몸이니라" 대신 "이것은 내 자신이니라"로 반드시 번역해야 할 필요는 없다. 지금 다루고 있는 부분의 헬라어 본문은 명백히 '소마'(σωμα), 즉, '몸'이라고 말하며, 따라서 그와 다른

---

53) 참고. Strack-Billerbeck, *op. cit.*; J. Jeremias, *Die Abenmahlsworte Jesu*, 2 1949, pp. 48, 49
54) Behm, *TWB*, Ⅲ, p. 735, 'κλαω' 항목. 필자의 견해로는 그는 여기서 Kattenbusch와 Seeberg의 입장에 호소한다. Schniewind, *Markus*, p. 173도 함께 참조하라.
55) 하지만 그것은 Jeremias와 같은 다른 이들에 의해 반박된다(*op. cit.*, pp. 102ff.).

개념을 대표하고 있음이 분명하다. 더구나 그 이하 내용에 소개되는 피에 관한 말씀을 볼 때 이것을 '내 몸'으로 번역하는 것이 당연하다.56)

본문이 말하는 몸과 피는 죽을 때 해체되는 사람의 구성 물질 중 두 요소가 분명하다. 그리고 본문이 이 단어들로써 의미하는 것은 바로 죽음이다. 여기서 예수님의 몸은 "너희를 위하여 주는" 것으로 언급되며(누가복음), 그분의 피는 "죄 사함을 얻게 하려고 많은 사람을 위하여 흘리는" 것으로 언급되는 까닭이다(마태복음, 마가복음). 이렇게 "주는", "흘리는" 등의 표현은 모두 예수님의 임박한 죽음을 가리킨다.57)

이런 이유로 예레미야스가 최후의 만찬의 말씀들을 제사 용어와 연관짓는 것은 정당하다.58) 제사 용어에서는 희생 제물의 살과 피가 거듭 언급되며 "피를 흘리다"라는 표현도 자주 사용된다. 그 외에도 마태와 마가에 따르면 예수님은 자신의 피를 '언약의 피'라고 하시는데, 그것은 출애굽기 24장 8절에 대한 분명한 암시다. 거기서도 '언약의 피'는 백성들 위에 뿌려졌던 희생 제물의 피를 가리켰다.

이제 문제시 되는 것은 예수님께서 이런 식으로 자기 몸과 피를 말씀하심으로써 스스로를 참된 유월절 양으로 지적하시는지의 여부이다. 이런 생각은 많은 학자들에 의해 제기되고 있다.59) 그러나 주목해야 할 점은 본문에는 예수님의 죽음과 유월절 양을 잡는 일 사이의 관계가 그렇게 직접적으로 표현되지 않았다는 사실이다. 우선 명심해야 할 것은 예수님께서 '자신의 몸'에 관해 말씀하신 것이 유월절 양의 고기를 나누어 주실 때가 아니라 떡을 떼어 나누실 때였다는 사실이다.

달만은 그 당시에는 유월절 양을 떼어 나눠 먹는 것과 관련하여 어떤 의식

---

56) Dalman은 그렇게 주장한다. (*op. cit.*, pp. 130, 131).
57) 참고. 막 10:45; 갈 1:14; 딤전 2:6; 딛 2:14. Büchsel, *TWB*, II, p. 168, 'δίδωμι' 항목; Schlatter의 막 20:28 주해, *op. cit.*, p. 602도 함께 참조하라.
58) *Op. cit.*, p. 105; 참고. V. Taylor, *Jesus and His Sacrifice*, 1948, pp. 121, 261.
59) M. Barth, *op. cit.*, pp. 10ff; Jeremias, *op. cit.*, p. 104.

(儀式)이 존속되지 않은 까닭에 예수님이 유월절 양을 출발점으로 삼을 수 없었다고 설명한다. 이런 이유 때문에 예수님은 특별하고 엄숙한 방법으로 나눠주신 떡을 더 좋은 재료로 삼을 수 있었다.

더구나 이미 식탁 위에 놓여 있던 양은 예수님께서 자신과 비교할 수 있는 '도수장으로 끌려가는 어린 양'의 적절한 대상이 되지 못했다. 그것은 이미 축제용으로 쓰이기 위해 조각난 양념된 고기였을 가능성이 높고, 따라서 예수님은 그것을 자신의 몸과 일치시킬 수 없었기 때문이다.[60]

그러므로 식탁 위에 놓인 양고기가 예수님의 몸에 비유되기에는 떼어 나누어진 떡만큼 적절하지 못했다고 확실히 결론지을 수 있다. 고기가 아닌 떡으로써 자기 몸을 가리키신 예수님의 말씀을 놓고 볼 때 예수님의 죽음과 유월절 양을 잡는 일 사이에는 직접적인 연관성이 없다는 것을 부인할 수 없다. 이것은 포도주를 나누는 일에 있어서 더욱 분명히 드러난다.

예수님은 자신의 피에 대해 말씀하시되 유월절 양의 피를 가리키지 않고 **언약**이 제정될 때 **뿌려진** 피를 가리키셨다. 물론 유대 문학에서도 유월절 양의 피를 언약의 피로 가리키는 선언들이 없는 것은 아니다.[61] 그러나 그것은 예외적인 것이고 오직 서기관들의 해석에서만 발견될 뿐이다.[62] 그러므로 결론적으로 말하면, 예수님께서 "이것은……나의 피 곧 언약의 피니라"라고 말씀하실 때 그것은 시내산에서 언약이 제정될 때 주신 말씀을 인용하신 것이 분명하며[63](참고. 히 9:20), 그것을 유월절 양의 피로 보게 할만한 언급은 발견할 수 없다.

이 모든 사실들을 놓고 볼 때, 이른바 성만찬 제정 말씀들을 "예수님께서 가라사대 내 몸은 참 유월절 양의 고기이며 내 피는 참 유월절 양의 피이다.

---

60) *Jesus Jeschua*, pp. 113, 115; 참고. Greijdanus, *Lukas*, II, p. 1056.
61) 참고. Jeremias, *op. cit.*, pp. 80ff.
62) 참고. E. Gaugler, *op. cit.*, p. 38.
63) 참고. Taylor, *op. cit.*, p. 139.

나는 참 유월절 양이다"[64]라는 식으로 해석한다면 엉뚱한 방향으로 빗나가는 셈이다. 물론 신약성경 다른 곳에서 예수님은 참된 유월절 양으로 분명하게 지적되고 언급되기도 한다(고전 5:7; 요 19:36, 참고. 요 1:29, 36; 벧전 1:19; 계 5:6; 12:11). 그리고 유월절 음식 앞에서 하신 그분의 말씀을 볼 때 그러한 지적은 분명히 정당하다. 그러나 이러한 모든 생각에도 불구하고 특별히 "이것은……나의 피 곧 언약의 피니라"라는 말씀은 예수님의 희생적 죽음을 단순한 유월절 제물이라는 관점보다 더 넓은 관점에 놓는다는 사실을 말하지 않을 수 없다. 이런 이유에서 예수님의 죽으심은 유월절 양을 잡는 일의 성취로 간주해야 하지만, 이보다 광범위하게 백성들의 죄를 사해주고 언약 안에서 하나님과 함께 살 수 있게끔 해준 전체 구약의 제사 의식의 성취로 봐야만 한다. 이러한 예수님의 대속적 죽음의 일반적인 성격은 자신의 피가 "많은 사람을 위해" 흘린 피이며, 그로써 예레미야와 에스겔이 선언한 "새 언약"의 길을 열어주는 것이라고 말씀하심으로써 이사야 53장을 연상시키는 데서도 나타난다.

여기서 볼 수 있는 광대하고 중심된 사상은 예수님의 죽음이 전적으로 대속적 제사이며 옛 언약 하에서 상징되어 오던 모든 것의 성취라는 것이다. 그러므로 예수님께서 제자들에게 자신의 살과 피로 먹고 마시라고 주신 것은 모든 것을 포괄하고 모든 것을 성취하는 대속적 제사의 열매이다.

이러한 사항은 성만찬 식탁에서 먹고 마시는 모든 것과 제사의 관계를 바로 인식하는 데에 달려 있다. 이런 점에서 만찬의 의미는 전적으로 유월절 식사의 성격에 의해 결정된다. 유월절 식사에 적용되었던 사항은 이제 주의 만찬의 '성취된' 의미에도 적용된다. 그것은 제 1차적 의미에서 제사 음식, 즉, 새 언약의 음식이다. 다시 말해서 고기와 포도주를 먹고 마시는 일은 일단 치러진 제사에 근거하며, 그 제사의 열매이자 결과이다. 그 제사가 드려졌기 때

---

64) M. Barth, *op. cit.*, p. 13.

문에 이스라엘은 하나님의 구속된 백성으로서 먹고 마실 자유를 부여받는다.

그 첫 번째 개념이 장차 있을 제사를 예상했다는 사실을 제외한다면 주의 만찬에서도 똑같은 일이 발생한다. 그 몸은 아직 '드려지지' 않았고 그 피는 아직 '흘려지지' 않았다. 사실상 예수님은 장차 제사를 치르시기 위해 분주히 준비하고 계셨다. 그렇지만 예수님께서 제자들에게 주신 떡과 포도주를 그들의 생명, 그들의 힘, 그들의 기쁨이라고 부르는 것은 그것이 예수님께서 그들을 위해 치르시게 될 제사의 열매이기 때문이다. 이러한 의미에서 떡은 그분의 몸이며, 잔은 그분의 피를 담고 있다. 다시 말해서, **제자들이 떡과 잔으로 받는 것은 새 언약의 희생 음식과 음료이며, 신약적 희생의 피의 열매들이다.**

그러므로 주의 만찬 시 예수님께서 보이신 행동의 일반적 의미는 유월절 집행과 출애굽기 24장 8절에 대한 언급 모두의 견지에서 봐야 한다는 데에는 아무런 의심이 있을 수 없다. 이는 예수님께서 자신의 희생적 죽음을 자신을 따르는 사람들의 구원의 원천과 원인이 되며 새 언약을 세우는 일이라고 말씀하시기 때문이다. 그리고 예수님은 자신의 몸과 피를 대표하는 떡과 포도주를 나눠주시면서 제자들에게 자신의 죽음으로 이루어질 구원을 누리게 되리라고 확신을 주신다.

여기서 예수님께서 선포하신 하늘나라의 구원이 메시아적 기초 안에서 다시 한 번 밝혀지며, 제자들에게 떡과 포도주로 나눠지는 그 순간에 보고 만질 수 있게 드러난다. 사실상 주의 만찬은 하나님의 극적인 정점 안에서, 그 손의 한 동작 한 동작 안에서 복음 선포의 전체 내용을 그리스도의 희생에 집중시키며 그 옆에 식탁을 놓는다. 제자들은 이 희생 제물의 떡과 포도주에 참여하여 거기서 장차 올 시대를 위한 영원한 열매인 생명과 기쁨을 얻도록 허락된다.

그러므로 어떤 이의 주장대로 주의 만찬석에서 제사 자체가 드려졌으며 따라서 주의 만찬과 제사는 동일시될 수 있다는 식의 주장은 뒷받침할만한 근거가 전혀 없게 된다. 이 만찬은 제사 자체가 아니라 제사의 적용이며 제사의 기념이다.

그러나 조금만 달리 생각하면 곁길로 빠져 다른 (비성경적인) 궤도에 서게 된다. 반 더 류(Van der Leeuw)가 그런 경우에 속한다. 그는 최후의 만찬과 관련된 본문들을 근거하여 다음과 같은 결론들을 이끌어 낸다.

"그분은 자신의 몸인 떡을 떼었으며, 자신의 새 언약의 피인 포도주를 부으셨다.……그분은 옛 언약의 희생의 피를 자신의 피로 대치시키신다. 본질적으로 예수님께서는 자신을 최후의 만찬석에서 제물로 드리셨다. 골고다는 여기서 일어난 일의 완성일 뿐이다."[65]

그리고 반 더 류는 더 나아가 이렇게 말한다.

"예언적 비유의 형식이긴 하지만 예수님은 만찬석에서 '이것은 내 몸이니라, 즉, 이것은 나이니라'는 구체적이고 본질적인 의미로서 제사를 드리신다."[66]

여기서 성례 신학 전체의 기초를 형성하고 있긴 하지만 이미 시내의 근원에서부터 분명하게 물줄기를 달리하는 최후의 만찬에 관한 복음의 근본적인 개념에 직면하게 된다.

주의 만찬은 더 이상 제사도 유월절 음식도 아니다. 그것은 제사 **음식**이다. 그 제사는 식사의 내용이 아니라 전제이다. 유월절 식탁에서 양을 잡지 않았듯이(비록 **먹기는** 하였으나), 예수님도 최후의 만찬 시 비유적인 형태로 자신을 드리시지 않았다. 그분은 오직 제자들을 자신의 생명을 바쳐 드린 희생의 열매라는 매우 생생한 방법으로 권고하고 계실 뿐이다. 최후의 만찬이 유월절 음식의 틀 안에서 이해되는 한 예수님께서 떡과 포도주를 가지고 보이신 행동의 의미에 대해서는 조금도 의문이 있을 수 없다.

---

65) G. Van der Leeuw, *Sacramentstheologie*, 1949, p. 52.
66) *Op. cit.,* p. 54; 참고. p. 36.

물론 반 더 류는 복음의 부인할 수 없는 선언들에도 불구하고 예수님의 최후의 만찬을 유월절 음식으로 인정하려고 하지 않는 것이 사실이다.[67] 그러나 이 틀을 제쳐둔다고 하더라도(그러나 이것은 단순한 도식이 아니라 모든 방법으로 주의 만찬에 관한 기록 전체의 근거로 증명된 것이다), 예수님께서 만찬 시 '예언적 비유의 형식으로' 자신을 제사로 드리느라 분주하셨다는 식의 해석으로는 예수님의 말씀에 대한 정확한 해석을 내릴 수 없다.

예수님께서 "이것은 내 몸이니라"라고 말씀하실 때 그것은 그분이 **떼고 있** 는 것이 아닌 **나눠주고 있는** 것을 가리킨다. 즉, '예언적 비유의 형식으로' 말씀되어진 것은 떼는 행위가 아니라 예수님의 손에서 나누어진 음식이다. 이것은 떡과 관련한 행동을 이해하기에 앞서 근본적인 중요성을 띠는 문제이다. 물론 나중에는 떡을 **떼는** 것이 그리스도의 몸의 '찢어짐'을 의미하는 상징으로 구체화되는 것이 사실이다.[68] 그러나 이렇게 상징을 확대 해석하는 것이 과연 효과적이고 의미 있는 것인지는 매우 의심스럽다.

고린도전서 11장 24절의 "이것은 너희를 위해 찢긴 내 몸이니"(개역 성경, 이것은 너희를 위하는 내 몸이니)란 번역에 호소하는 것은 아무런 의미가 없다. '찢긴' 이란 단어가 원문에는 분명히 없다는 점에서 권위 있는 번역이 아니기 때문이다.[69] 더 나아가 떡을 뗀다는 말은 어느 모로 보나 몸이 갈가리 찢어지는 것을 암시하고 있지 않다. 그것은 평상시 식사 시간에 한 가족의 아버지가 관습적으로 취하는 행동이다. 그때에도 떡을 조각내어 자르지 않고 그냥 떼어

---

67) *Op. cit.*, p. 52. 그는 여전히 Dalman, Billerbeck, Jeremias 등 유능한 유대교 비평가들이 그러한 무리한 복은 재구성에 반대하여 제시한 수많은 자료들에 관해서는 한 마디 언급도 하지 않은 채 Lietzmann의 구 견해 편에 서 있다.

68) Greijdanus, *op. cit.*, II, p. 1054. R. Otto도 여기서 '몸을 찢음'을 강조한다(*op. cit.* p. 250). 그러나 그는 예수님께서 자신의 죽음을 돌에 맞아 죽는 것으로 예상했다고 추측한다. ("also von fackischer Brechung. seines Leibes" 따라서 문자적인 의미 그대로 몸을 찢음), p. 256.

69) 참고. Grosheide의 고전 11:24 주해, *op. cit.*, p. 390 "*Het is een oude glosse om de tekst gemakkelijker Verstaanbaar te maken*"(본문을 훨씬 이해하기 쉽게 만든 것은 후기 편집이다).

나눠주었다.

그 외에도 고기나 몸을 '찢는다'는 개념은 제사 용어상 전혀 낯설다. 제사 행위는 제물의 고기를 찢는 것이 아닌 제물의 피를 뿌리는 것으로 이루어졌다.

마지막으로, 복음서의 다른 곳에서는 예수님이 죽으실 때, (원래의 규례 중) 유월절 양의 경우와 똑같이 그 뼈가 하나도 꺾이지 아니하였음을 강조해서 말하고 있다(요 19:36). 그러나 '떼는 것'이 예수님의 육신에 벌어진 일에 의미 있게 적용될 수 있다고 주장한다 할지라도 주의 만찬 시 이른바 떡에 관한 말씀으로 상징이 표현된 일이 없다는 사실과, 그 말씀에 제사 의식(儀式)의 문제가 있을 수 없다는 사실은 부인할 수 없는 채로 그대로 남아 있게 된다.

이러한 논식은 떡보다는 포도주에 더욱 분명히 적용된다. 예수님께서 "이것은 많은 사람을 위하여 흘리는 바 나의 피 곧 언약의 피니라"라고 말씀하실 때 그 말씀은 포도주를 잔에 붓는 행위를 가리키는 것이 될 수 없다. 그리스도의 피로서 포도주를 나눠주는 일을 가리킬 뿐이다.

또한 포도주를 잔에 붓는 것이 문자적으로 '흘리는 것'(ekkein)을 가리킬 수 없다.70) 반 더 류가 예수님께서 자신의 새 언약의 피인 포도주를 '부으셨다'고 해석하면서 본질적으로 이 식사 중에 자신을 제물로 드리고 계셨다고 추론할 때, 그는 다만 자신의 개인적인 생각을 그것도 매우 파격적인 방법으로 원문에 끼워 맞추고 있을 뿐이다. 본문은 포도주를 잔에 상징적으로 '붓는 것'을 조금도 암시하고 있지 않다. 포도주를 붓는 것과 피를 흘리는 것 간의 병행은 본문 내용이나 문자적 용례 모두에 낯설다. 그 외에도 유월절 의식을 고려해 볼 때 예수님께서 자신의 피를 포도주에 적용시킬 순간에는 이미 포도주가 잔에 담겨 있었다고 추측된다.71)

---

70) Greijdanus는 '잔에 넘치는 포도주'에 관해 말한다(op. cit., p. 1085). 이것은 분명히 포도주와 피 사이의 관계를 '붓는' 행위로 유추함을 가리킨다. 그러나 유월절 의식에는 그러한 '붓는' 행위나 '넘침'에 관한 언급이 전혀 없다. 그리고 에케오(εκχεω)란 단어에 대해서도, 그것이 포도주와 관계될 때는 땅에 쏟다란 뜻이 되며, 따라서 포도주 부대나 잔을 엎지르는 것을 뜻한다. (마 9:17, 참조, 눅 5:37; 계 1:1ff). Preuschen Bauer, op. cit., p. 384.

그러므로 본문에 상징된 것은 그리스도의 자기 제사가 아니라 자기를 따르는 사람들의 생명을 위한 그 제사의 열매들이다.72) 제단이 아닌 식탁이 주의 만찬에 나타난 행동의 성격을 규정한다. 그 제사는 먹고 마시는 일에 앞서는 전제이며, 제사 자체가 이 '알레고리'에 관계되지는 않는다. 이로써 유월절 음식에 대해서든 떡과 포도주에 관한 말씀의 정확한 해석에 대해서든 그와 유사한 어떠한 정의(定義)도 논쟁거리가 될 수 없다.

이것이 주의 만찬과 성육신 간의 관련성을 수립하려는 잦은 시도가 전적으로 공관복음 사상 체계에 낯선 이유이기도 하다.73) 이는 '몸'과 '피'는 어느 면으로 보나 하나님의 말씀의 존재 양식으로서 육신을 대표하지 않으며, 따라서 사람이 예수님의 몸과 피에 참여한다고 해서 그분의 신(神)과 인간으로서의 존재를 나눠갖게 되는 일은 결코 없을 것이기 때문이다.

여기서 그리스도의 몸과 피로써 제자들에게 부여된 모든 것은 그분이 스스로를 죽음에 내어 주신 일이다. 그렇기 때문에 주의 만찬 시 몸과 피 안에 '죄에 대해 십자가에 달림, 화해, 속죄의 열매들'을 초월하는 의미가 담겨 있다고 추측하는 것을 오류라고 생각한다. 어떤 이들은 떡과 포도주의 의미가 단순히 '그리스도의 몸과 피의 열매들'일 뿐만 아니라 '그리스도 자신의 몸과 피' 안에 담겨 있는 종말론적, 영적 실체이기도 하다고 생각한다.74) 그러나 성만찬에서 그리스도의 몸과 피는 지상적, 시간적 상태로든 영화된 상태로든 그런 식으로 나타나지 않는다. 그

---

71) 참고. Jeremias, *op. cit.*, pp. 104, 105. 여기에는 본문에 제사 행위가 상징되었다는 견해에 대한 반박으로 약간의 고고학적 주장이 소개된다.
72) "*Der Tod Christi in seiner Heilsbedeutung*" (구원론적 의미를 띤 그리스도의 죽음), Behm, *TWB*, Ⅰ. p. 173.
73) 이른바 요한복음 6장의 성만찬을 암시하는 듯한 말씀에 대해서는 필자의 논문 *Woorde en Sacrament, in. Het Avondmaal*, 1949, pp. 39ff를 참조하라.
74) G. C. Van Niftrik, *Luther en Calvijn over het Avondmaal*, in. Het Avondmaal, 1949, p. 59. 판 니프트릭은 자신의 견해를 위해 성만찬 제정 말씀에 호소할 수 있다고 추측하지만, 필자의 견해로는 그것은 큰 오류이다.

러므로 그리스도께서 승천하신 후에도 그분의 몸과 피를 받는다는 것은 그분의 영화라는 종말론적 실체를 받거나 그 안으로 들어가는 것을 의미할 수 없다.

주님의 몸과 피를 이런 관계 하에서 파악하는 관점은 그분의 죽으심에 중점을 둔다. 이 범주를 넘어서서 살과 피를 그리스도의 지상적 또는 천상적 존재 형식으로 가리키는 모든 해석은 주의 만찬이 일종의 제사 음식인 상황을 '메타바시스 에이스 알로 게노스'(μεταβασις εις αλλο γενος), 즉, 오전(誤傳)하는 것이며, 성만찬 제정 말씀의 해석 전체를 결정해주는 만찬과 유월절 간의 관계 그리고 만찬과 언약의 식사 간의 관계를 오전하는 것이다.[75]

최후의 만찬 시 예수님의 행동의 논박될 수 없는 뚜렷한 특징으로부터 그분이 성취하기를 원하셨던 목적을 추론할 수 있다. 예수님께서는 이미 선지자들에 의해 약속된 새 언약의 실현인 천국 복음으로 선포하셨던 자신의 대속적 죽음이 이제 제자들에게 구원의 원인과 기초라고 지적하신다. 동시에 이 말씀은 하나의 선언이며 인(印)이기도 하다. 예수님은 그들에게 자신의 몸과 피인 떡과 포도주를 주어 먹고 마시게 하셨기 때문이다. 그리고 그들은 이 모든 것을 규례로 지키고 계승해야 했다. "이를 행하여 나를 기념하라"(눅 22:19)는 과거에 정점을 둔 명령은 부인하기가 어렵다. 그 명령은 주의 만찬을 하나님의 새로운 백성의 언약의 음식으로, 그리스도께서 자기를 위해 모으시는 교회의 음식으로 만든다.

이 새로운 백성은 "많은 사람을 위해"라는 말씀으로도 표현된다. 이 '많은

---

75) 참고. Behm TWB, I, p. 173 'αιμα' 항목 *"Das Interesse des N. T. Hafter nicht an dem Blute Christi als Stoff, sondern an seinem vergossenen Blut, dem ihm als gewaltsam genommenen Leben; 'Blut Christi' ist wie 'Kreuz' nur ein anderer, anschaulicherer Ausdruck für den Tod Christi in seiner Heilsbedeutung"* ("신약성경은 그런 식의 그리스도의 피에는 관심이 없고, 그분의 흘려진 피에, 강포로 빼앗긴 그분의 생명에 관심을 둔다; '그리스도의 피'는 '십자가'라는 말과 같이 구원론적 의미로써 그리스도의 죽으심을 더욱 생생하게 표현하려는 방식일 뿐이다.") 그는 성만찬 제정 말씀에 대해서도 이런 식으로 설명한다.

사람'은 앞에서 이미 규명했듯이 그들 전체의 모임(Gesammtheit)에서 그리스도의 대속적 죽음으로 복을 받는 사람들을 가리킨다. 그들은 예수님께서 대신 죽으시고 자기를 기념하는 만찬을 제정해 주신 하나님의 새로운 보편의 백성이며 메시아의 공동체이다.

결론적으로, 주의 만찬은 주님의 대속적 죽음으로 인해 생성된 구속의 음식, 기쁨의 음식의 성격을 띤다. 말할 것도 없이 그리스도께서 죽음에서 살아나셨기 때문에, 그분이 십자가에 못 박혔을 뿐만 아니라 다시 사신 주님이시기 때문에, 지금도 이 식사의 주인으로 계시기 때문에 가능한 일이다. 그렇지만 십자가 때문에 주의 만찬은 부활의 식사가 아닌 희생적 대속의 식사이다.

성 금요일은 우리의 구원이 이루어진 날로서 우리가 그리스도를 기념하는 일의 초점이 된다. 그날은 그리스도의 죽음이 그 백성의 생명이 된 날이며, 그분의 고통이 그들의 구원이 된 날이며, 그분의 두려움이 그들의 기쁨이 된 날이며, 죽음으로 던져진 그분의 몸과 피가 그들의 떡과 포도주가 된 날이다. 십자가에 못 박히신 그분은 '주리고 갈한 영혼을 위한 영생의 음료'가 되신다. 이것이 바로 그 떡이 구원과 영생의 떡이며, 그 잔이 '구속과 구원의 잔'인 이유이다.

이 모든 것은 여기서 상징되고 드려질 것일 뿐만 아니라 실현되고 확증된 것도 있다는 의미에서 그러하다. 그리스도의 몸과 피는 성만찬의 식탁 안에서 먹고 마시며, 십자가는 그것을 먹고 마시는 회중 가운데 실제적이며 살아 있는 실체가 된다.

그러므로 우리가 복음서에 비추어 더 살펴보려고 하는 것은 바로 이러한 표상과 인(印), 상징과 실체간의 관계이다.

42. 상징과 실체

이제 우리는 "이것은 내 몸이니라", "이것은 내 언약의 피니라"(이 잔은 내 피로 세우는 새 언약이니)란 말씀으로 표현된 이른바 성만찬 제정의 말씀으로 예수님이 떡과 자신의 몸, 잔(포도주)과 자신의 피 사이에 세우시는 관계 문제를 다루게 되었다. 이 문제는 옛날부터 뜨거운 논의의 주제가 되어 왔다. 물론 여기서 성만찬 제정의 말씀을 놓고 방대한 신앙 고백적 노력을 지배했던 모든 해석학적 입장을 다룰 수는 없는 일이다. 다만 해석학적 견지에서 볼 때 "이것은 내 몸이니라"라는 말씀이 떡과 포도주에서 일어난 본질적 변화를 내포하며 예수님의 물리적 몸과 성찬식의 떡 사이의 동질성을 가리킨다는 이론은 더 이상 논박할 가치가 없다.[76] 투토(τουτο, 이것은)에 관한 해석을 다루는 교리서를 보면 이러한 화체설(化體說)의 '증거'를 제시하기 위해 얼마나 무리한 해석이 가해지고 있는지를 알 수 있다.

> 이 투토(τουτο)란 단어는 결국 '이 떡'을 의미할 수밖에 없다. 하지만 예수님께서 곧 이어 "내 몸(이니라)"이라고 하신 후에 "이니라"가 그 의미를 달리하게 되었을 것이다. 제자들은 투토란 말을 들을 때 오직 떡을 생각했을 것이다. 하지만 "내 몸"이란 구체적인 지적이 있은 뒤에는 더 이상 떡을 생각할 수 없게 되었을 것이다.[77] 하지만 해석학적 입장에서 볼 때 이러한 주장은 화체설의 증거가 되는지의 여부보다는 억지 해석인지의 여부가 더 문제시된다 하겠다.
>
> 동일한 사실이 성만찬 제정 시 하신 말씀만을 가지고 문맥과 상관없이 약간의 변경을 가하여 문자적인 해석을 한 구(舊) 루터교의 개념에도 적용된다.[78] 물론 여

---

[76] 본질적인 내용들은 모두 Calvin의 복음서 해석에서 이미 살펴볼 수 있다. 최근의 저자들 중에서 Stauffer와 같은 이는 그리스도께서 최후의 만찬 시 하신 말씀 중 에스틴(εστιν, ~이니라)을 '강조'하는 것에 반대하는 일곱 가지 해석학적 근거를 제시한다(*Theol. des N. T.* pp. 281ff.).

[77] 참고. G. C. Berkouwer, *De strijd on het Rooms-Katholieke Dogma*, p. 244.

기서는 떡이 몸으로 변한다는 등의 생각은 배제되는 것이 사실이긴 하다. 그러나 떡과 포도주 안에서, 그것과 함께, 그 아래서 그리스도의 몸과 피가 단어의 구체적인 의미 그대로 나타난다는 생각은 그대로 주장된다(즉, 그 떡이 곧 그리스도의 몸으로 변한다는 화체설은 부인되지만 그리스도의 몸의 편재성을 주장하며 그 몸의 일부가 떡과 포도주와 함께 공존한다는 생각은 그대로 주장된다). 그것은 떡과 몸이라는 두 가지 물질이 하나로 연합(unio)되는 것으로 인식하거나 그리스도의 몸을 대표하는 떡이라는 물질을 투토(이것)에 적용하는 것이다.

따라서 투토(hoc, 이것)란 단어는 바로 그 떡을 가리키는데, 떡만이 아니라 예수님께서 "내 몸이니라"고 말씀하며 주시는 것, 즉, 떡과 몸 전체를 가리킨다. 이 말씀 중 술어(몸)는 보이지 않고 가치 있는 것을 전면에 내세우는 반면, 주어('이것')는 먼저 가치가 덜하면서 보이는 형식으로, 그리고 볼 수 없는 선(善)을 나타내는 물질을 가리킨다. 이처럼 투토는 보이는 것과 보이지 않는 것 모두에 관계되며, 술어는 오직 몸(떡으로 제유된)만을 가리킨다.[79]

오늘날에는 많은 교리 학자들뿐만 아니라 루터교 해석학자들도 성만찬의 말씀에 이러한 문맥과 상관이 없는 '문자적 해석'이 더 이상 지지될 수 없음을 시인한다. 이를테면 골비처(Gollwitzer)는 최후의 만찬 전체를 놓고 볼 때 제자들 편에서 예수님께서 주시는 것의 의미를 놓고 아무런 질문이 제기되지 않았던 것은 그것이 떡이 아닌 다른 것으로 보게 할만한 여지가 없었기 때문이었다고 바르게 지적한다.

만일 예수님의 말씀이 떡의 '내용'에 관한 언급이었다면 그 자리에서 분명하게 표현했어야 한다. 그 음식만 가지고 볼 때 예수님의 말씀 자체에는 그런 내용이 직설적으로 표현되어 있지 않았기 때문이다. 그것이 바로 예수님께서 더 세세한 언급 없이 이 말씀을 하셨다는 사실 자체가 '몸'을 주어(touto, 이것)의 내용으로

---

78) 참고. H. Gollwitzer, *Coena Domini*, 1937, pp. 8ff. *"Ista verba (hoc est corpus meum) me ceperunt"*라는 Luther의 말을 인용하는 *Abendmahlsgemeinschaft*, 1937, pp. 102ff에서도 마찬가지이다.

79) 참고. Gollwitzer, *Abendmahlsgemeinschaft*, pp. 110. 111; J. Loos, *Het heilig Avondmaal bij de Lutherschen, Kerk en Eredienst*, 1st Jg., 1945, pp. 77ff도 함께 참조하라.

여기는 문자적 개념을 필요로 하지 않았을 뿐만 아니라 더 나아가 그런 개념을 금지하는 이유이다.[80]

이와는 달리, 성만찬 제정 말씀의 상징적[81] 개념에 대해서는 어떠한 반론도 제기될 수 없다. 이 말씀을 하실 때의 상황이나, 예수님께서 육신으로 계신 터에 제자들이 그 말씀에 다른 어떤 의미를 부여할 수 없었던 상황을 고려해 볼 때, 그리고 이 말씀이 평소 예수님의 비유적이며 상징적인 말씀과 전적으로 일치한다는 점에서 그것은 상징적인 개념이었음이 분명하다. 그러므로 떡과 포도주 비유는 이 상황에 대단히 알맞은 것이었다.[82]

더 나아가 헬라어 본문이 에스틴(εστιν, "~이니라")을 포함하고 있다고 해서 사정이 달라지는 것은 아니다. 에스틴은 주어와 술어의 동격 관계를 표현할 수도 있지만,[83] 그와 함께 비교적이며 상징적인 의미를 지닐 수도 있기 때문이다(참고. 마 13:18, 39등). 비유 대상이 주어 자체보다 앞서야 할 필요가 전혀 없다(참고. 마 5:13).[84]

그리고 떡과 포도주가 결코 상징적 의미가 아닌 '실제적' 의미를 띤다는 주장[85]도 타당치 않다. 어느 비유에서든 주로 고려해야 할 것은 비유 주제와 그 대상 간의 물리적 상호 연관성이 아니라 비유를 드는 자의 시각인 까닭이다. 이를테면, 소금은 그 성격상 사람을 상징하고 있지 않지만 예수님께서는 그 둘 간의 특별한 동질성을 간파하시면서 "너희는 세상의 소금이니"라고 말씀할 수 있으셨다(마 5:13).

---

80) Gollwitzer, *op. cit.*, pp. 111, 112.
81) 참고. Calvin, *"Hoc est corpus meum. Quod his verbis panem conseratum fuisse dicunt, ut fieret carnis christi symbolum, non improbo, modo recte hoc nomen ac dextre sumatur,"* Comment. ed. Theoluck, , 1833, p. 312.
82) 참고. Jeremias, *Die Gleichmisse Jesu.* 1947, p. 113.
83) M. J. Lagrange, *Evangile selon Saint Marc 8*, 1947, p. 113.
84) Lagrange, *op. cit.*
85) J. Schmid, *Das Evangelium nach Markus*, 1938, p. 168.

그러나 주의 만찬 제정 전체 문맥을 보면 예수님께서 단순히 떡과 자신의 몸, 포도주와 자신의 피 사이를 비교하시는 것으로 그치지 않고 계심을 알게 된다. 이 선언들은 역시 상징에 해당하는 어떤 의미 있는 행위(즉, 나누어 주는)와 아울러 가져다 먹고 마시라는 권고를 수반하고 있다. 떡과 포도주가(객관적으로 이 상징적인 행위를 떠나서라도) 만찬 분위기상 예수님의 몸과 피와 유사하다는 이유 때문에 예수님의 살과 피인 것은 아니다. 그것은 예수님께서 정하시고 제자들이 이행한다는 그것의 용도 때문에 예수님의 살과 피이다.

다시 말해서, 예수님께서 그것을 특수한 상황과 특수한 의미로 제자들에게 떡을 **나눠**주시기 때문에 그러하다는 것이다. 그리고 그것이 바로 제자들이 이 떡과 포도주 안에서 상징적으로 예수님의 살과 피를 받는 이유이다. 이처럼 **떡과 포도주는 예수님의 살과 피를 그려 주기도 하지만 다른 방법으로도, 즉, 그것을 대표함으로써도 기능을 발휘한다.**

그러므로 떡과 포도주를 받는 사람은 예수님의 살과 피를 받는 셈이다. 물론 이것은 그분의 살과 피를 받을 수 있는 방법, 즉, **그 살과 피의 성격에 준한** 방법에 의해서만 가능하다. 예수님의 살과 피는 우리가 육신의 입으로 먹을 수 있는 음식과 음료가 아니기 때문이다.

그러므로 모든 것은 상징으로 남는다. 이 상징적인 행위가 그리스도의 몸과 피의 상징인 떡과 포도주를 가지고 이루어 놓으신 실체(reality)와 연관되는 면에서 그러하다. 로마 가톨릭과 구(舊) 루터교 해석의 오류는 떡과 몸, 포도주와 피 사이에 밀접한 관계를 설정하는 데 있는 것이 아니라 상징 자체를 실체로 만드는 데 있다. 그들은 상징과 그 상징이 의도하는 실체 간의 관계가 한편으로는 그것을 나눠주시는 행위에서, 다른 한편으로는 그것을 받아먹고 마시는 행위에서 찾아야 한다는 사실을 마땅히 인식했어야만 했다.

떡과 몸 사이의 관계를 이해하는 데에는 오토(R. Otto)의 '그리스도께서 떡을 가지고 보이신 행동의 특별 유형' 이라는 내용의 작품이 유익하다. 그 행동 형태는 일반적인 비유의 유형에 속한다. 지금까지 말씀으로 비유해 오신 주께서 여기서는 비유로 행동하신다. 이 행동은 미래, 즉, 우리 주님의 죽으심을 예기(豫期)하는 것이지만,[86] 동시에 그 예기하고 있는 것을 나눠주는 것이기도 하다. 오토는 그것을 **효과적인 상징**(effective representation)이라고 일컫는다.

이러한 오토의 생각은 예나 지금이나 광범위한 지지층을 형성해온 고전적인 이해와 일치한다. 그것은 칼로 자르듯이 엄밀한 정의를 내리고 있지는 않으나 오히려 그런 이유에서 더 설득력이 있다. 어떤 대상이나 사건(X) 안에 담겨 있는 본질, 속성, 특수성, 저주 또는 축복 등이 X에 관한 어떤 상징으로써 전달되거나 표현될 수 있다는 견해이다. 그러한 상징은 X를 임의로 처리할 수 있는 사람의 의지를 통해 효과를 발휘한다.

상징되는 대상들이나 사건들과 유사성 또는 동질성을 띠고 있는, 특히 효과적인 상징에 적합한 것은 언제나 대상들과 사건들 자체이다. 이러한 유사성 때문에 대상이나 사건들은 자연히 효과적인 상징이란 생각을 이끌어내는 경우가 빈번하다. 그러한 특별한 경우가 본문 상황이다. 음식을 먹고 마시고 거기서 힘을 얻는다는 것은 그것이 상징하는 바, 즉, 그분의 몸과 피의 속성과 기능을 받는 것의 유사(類似)를 내포한다.

그래서 바울은 희생 제물을 먹는 사람들을 가리켜 제단에 참여하는 사람들이라고 말한다. 이는 희생 제물이 제단을 상징하기 때문이다. 그리고 제단에 참여하는 사람은 제단의 거룩하게 하는 능력에 참여하는 자이기도 하다.[87] 다른 곳에서 바울은 어떤 음식을 먹고 그 음식이 주는 힘을 얻는 사람들 간에 나누는 **교제**에 대해 이야기한다(참고. 고전 10:20, 21).

여기서 바울이 말하는 귀신의 상(床)에 참여하거나 주의 식탁에 참여하는 자가 된

---

[86] Otto는 '격렬한 예언'(drastische Voraussage)에 대해 말한다. 왜냐하면 그의 견해로는 떡을 떼는 것이 그리스도의 몸을 찢을 것을 묘사하기 때문이다. 우리의 견해로는 이런 해석은 잘못된 것이다. 그리고 Otto가 그것을 그리스도의 몸이 돌에 맞을 것을 예언적으로 묘사한 것으로 받아들인다는 의미에서 분명히 그러하다. 각주 68을 참조하라.

[87] R. Otto, *op. cit.*, pp. 255-258.

다는 것은 떡, 포도주, 식탁, 음식 등으로 상징된 어떤 실체에 가까이 나아가게 됨을 의미한다.

어느 '물체'가 다른 것으로 전이(轉移)된다는 데에는 의문이나 생각의 여지가 없다. 그러나 그런 식으로 성립된 관계(상징과 실체 간의 관계)는 순수 이성에 속하는 것일 뿐만 아니라 구체적이고 실제적인 어떤 것이다. 그것은 외형적인 상징들에 의해 대표되는 것의 실체와 살아 있는 관계 속으로 들어가는 것이다.

주의 만찬에서 상징과 실체 간의 효과적이고 실제적인 연결 매체를 가리키는 '상징'이란 용어는 오토의 주석에서만 나오는 것이 아니라 광범위한 저자층에 의해서도 사용된다.[88] 그러므로 가장 중요한 일은 이 용어가 오직 상징과 상징 대상 간의 **관계의 성격**만을 표현할 뿐이라는 사실과, 이 용어를 정확히 사용하기 위해서는 상징 대상의 내용을 파악하는 일의 중요성을 인식하는 일이다.

그러므로 여기서 앞부분에서 다룬 예수님의 **살**과 **피** 문제로 다시 눈을 돌려야 할 것이다. 주의 만찬 시 예수님께서 예표적이며 예기적인 방법으로 자신을 제물로 드렸다는 식으로 생각한다면, 떡과 포도주를 가지고 행한 반복된 행위 안에서 **하나의 행위**로 드려진 그리스도의 제사는 매번 구체적이고 현재적으로 상징된다고 생각할 수 있게 되기 때문이다.

이것이 주의 만찬을 일종의 **제사** 개념으로 보며 논의를 시작하는 최근의 많은 저자들의 견해이다. 특히 최근의 로마 가톨릭 신학자들이나 로마 가톨릭으로 전향한 신학자들의 경우에는 더욱 그러하다.

이에 반대하여 주의 만찬 제정에 관한 말씀들에 비춰 볼 때 '상징' 개념은 그리스도께서 자신을 제물로 드린 어떤 제사적 행위를 가리킬 수 없다는 사실을 견지해야 한다. 그것은 오직 신자들에게 나뉘는 것, 즉, 그리스도의 희

---

88) 참고. Van der Leeuw, *op. cit.*, p. 263. 그것은 많은 로마 가톨릭주의자들 (특히 이른바 신비주의 신학자들)이 화체설이라는 껄끄러운 용어를 대체하기 위해 사용하기도 하는 듯하다.

생으로 인해 주어지는 속죄, 죄 사함 등의 열매들에 적용될 수 있을 뿐이다. 이것이 "내 몸"과 "내 피"라는 어구의 분명하고 풍성한 의미이다. 그것은 구속의 음식, 구원의 잔으로서 제사 **후에 베풀어지는 식사** 때 취해질 수 있다.

더 나아가 그것이 이러한 상징을 말씀의 성육신 안에 그 기본 형태를 두는 새로운 신적 창조 행위에 근거한 것으로 인식하는 견해나, 성찬식의 떡과 포도주의 성분이 그리스도의 구원 사역의 실제적 임재를 포함하는 물질로 변한다는 개념으로 인식하는 견해[89]가 복음에 이교 사상을 끼워 넣는 행위의 이유이다. 주의 만찬은 구원이라는 독특한 사실이 현실화 또는 구체화('반복'이란 표현을 피하기 위해 쓰임)되는 것과 관련되지 않고 다만 구체적인 **구원의 확신**과 관련될 뿐이다. 즉, **상징되는 것은 구원의 획득이 아니라 구원의 적용**이다. 우리는 몸과 피 이상 더 나아가서는 안 된다.

이런 의미에서 몸과 피는 주의 만찬 시 오직 믿는 사람들에 의해서 받아들여질 수 있는 것으로서만 나타난다. 이것이 주의 만찬에서 대대로 시행될 수 있는 유일한 것이다. 주의 만찬은 구원을 상징한다. 그리고 그 구원은 예수님의 메시아로서의 권위 있는 말씀에 의해서 베풀어진다. 그것은 주의 만찬이 의하한 방법으로 신적 창조 행위에 의한 말씀의 성육신이라는 신비 안으로 확장되는 것을 의미하기 때문은 아니다. 그것은 그리스도의 사역의 기적에 속하는 것이지 그분의 인격의 기적에 속하는 것이 아니다.

마지막으로, 이것은 (위에서 상징과 실체에 대해 논하고 결론내린대로) 그리스도의 몸과 피의 실체의 근거를 지적해 준다. 그것은 떡과 포도주의 성분이 몸과 피로 변하든지 아니면 떡과 포도주가 몸과 피와 물질적 연관성을 맺고 있든지 간에 떡과 포도주의 성분의 질(質)로 설명되지 않는다. 더구나 떡과 포도주와 그리스도의 자기 제사의 진정한 관계는 그 떡과 포도주를 받는 사람들의 믿음에 근거한다는 식의 주관적인 방법으로 생각하는 것도 용납할 수 없다.

---

89) 참고. Van der Leeuw, *op. cit.*, pp. 249, 268.

제자들은 "가지라", "먹으라", "마시라"는 권고를 받았고, 오직 이렇게 '받음'으로써 주의 만찬에서 그리스도의 몸과 피를 받는다. 그들은 또한 그리스도를 기념하여 이 일을 계속해서 하라고 권고 받는다. 그들은 그리스도의 몸과 피를 먹고 마시는 이 일을 계속해야 했다. 이러한 기념이라는 신앙 행위에서 그들은 그분의 대속적 죽음의 공효를 꾸준히 받아갈 것이다. 다시 말해서 이런 기념 행위로써 떡과 몸의 결합, 포도주와 피의 결합은 계속 존속될 것이라고 생각된다.

그렇다고 해서 이 관계의 실재가 믿음 안에 있고 따라서 전적으로 주관적으로 이루어진다는 것은 아니다. 예수님의 성만찬 제정 말씀은 "이것을 내 몸으로 먹으라" 또는 "이것을 내 몸으로 여기라"는 것이 아니다. **떡과 몸, 포도주와 피의 관계는 그리스도의 말씀 안에, 그분의 명령 안에, 그분이 베풀어 주는 분이시며 주인이라는 사실 안에 놓여 있다.** 그러므로 여기서 모든 것은 **그분의 약속의 신실성**에, 그분의 말씀의 효력과 권위에 근거한다.

예수님은 자신의 '몸'과 '피'에 대해서, 즉, 자신의 대속적 제사의 열매들에 대해서 재량권을 가지고 계신 까닭에 떡과 포도주로 자신의 몸과 피를 상징할 수 있으셨다.

따라서 '성만찬' 과정의 실체, 즉, 상징과 실체 사이의 관계는, 초점이 그리스도로부터 성만찬 소재들로 옮겨지지만 않는다면, 아무리 강조해도 지나치지 않는다. 이는 떡과 포도주가 그리스도의 몸과 피가 되는 이유와 그 범위가 그리스도의 언약에 의해, 그분의 몸과 피를 상징한다는 사실로 국한되기 때문이다. 이것이 구원을 받는 확실성이 그 제도에 따라 먹고 마시는 데 있지 않고, 믿음 안에만 있지 않고, 그러한 성격을 띤 이 상징들을 그리스도의 손에서 받는 데에 있는 이유이다.

그 떡과 포도주라는 소재들의 성격은 언급할 필요조차 없다. 그 소재들이 구원의 매체가 되는 볼 수 있는 방식은 하나님의 말씀에 의해 구원이 전달되는 들을 수 있는 방식과 다른 차원에 있는 것이 아니다. 본질적이고도 유일한 것은 **그리스도의 약속**의 특성이다.

　이것은 그리스도께서, 이전에 마음이 가난한 자는 복이 있다고 선언하실 때와 똑같은 권위로, 죽으시기 전날 밤 제자들에게 알리시고 전해주신 것에 지나지 않는다. 그리고 그분은 제자들과 더불어 자신의 교회도 그 죽으심의 대속적 능력의 참여자로 포함시키신다. 이 사실을 담고 있는 (주의 만찬이라는) 비유 형식은 전 인류를 포괄하는 구속 능력의 발휘라는 점에서 복음 전파에 의한 그들의 구원 확신보다 더 효과적인 어떤 것이 아니다. 중요한 것은 그들이 자신을 죽음으로 내어주심으로써 친히 제사를 드리신 그분의 손에서 구원을 받는다는 사실이다.

　본질적인 것은 복음과 그분의 대속적 죽음 간의 관계이며, 하나님 나라 설교 전체를 그리스도의 죽으심에 기초하는 일이다. 이러한 사실에서 예수님은 친히 최후의 만찬 시 구원을 베푸시는 분으로서 행동하셨으며, 교회도 언제나 '그분을 기념하여' 그렇게 행한다. 예수님께서는 이 모든 사실을 말씀하시되 다른 곳에서 제자들과 영원한 사귐을 확신케 하실 때(마 18:20; 28:20)에 보이신 그 확실성에 근거하여 말씀하셨기 때문이다.

　따라서 교회로 하여금 떡과 포도주로써 그리스도의 죽으심의 대속적 권능에 참여케 해주는 보증은 성찬식 도중 그리스도의 신비한 임재가 떡과 포도주 안에 나타난다는 사실에 있는 것이 아니라 살아계신 그리스도께서 여전히 그 권위로써 자신의 말씀을 보증하고 계시며 다른 이로 하여금 그 이름으로 말하도록 권위를 부여하신다는 사실에 있다.

　그것이 바로 성만찬 제정의 마지막 말씀이 '교회에 관한 말씀' 인 이유이다. 그리스도께서 떠나실 때 주신 이 말씀은 인자가 자신의 영광으로 재림하시기에 앞서 있을 기간의 교회의 존재 양태를 가리킨다. 교회는 그리스도께서 주시는 구원을 효과적으로 확신하는 데 뿌리를 둔 존재로서, 그분이 아버지의 나라에서 자기를 따르는 사람들과 함께 새 포도주를 마실 날이 올 때까지 그분의 손에서 십자가의 열매들을 받아 먹고 마신다.

10장
하나님 나라의 미래

43. 천국의 임박성 기대 문제

이 책의 마지막 장은 복음서에 나타난 '하나님 나라의 미래'에 관한 선언들에 할애되는 것이 마땅하다. 우리는 앞에서 그 나라가 철저히 현재적인 어떤 것이라고 주장하는 다드(C. H. Dodd)의 견해에 반대하여 복음서 전체의 기본 주제들 중 하나로서 그 나라는 미래성도 지닌다는 사실을 정립했었다(참고. 제7항). 이제 취급해야 할 과제는 공관복음에서 그 나라의 미래에 관련된 모든 자료들을 정리하는 일이다.

우리의 입장에서 볼 때 이것은 가장 설명하기 어렵고 따라서 조심스런 태도를 요하는 복잡한 문제이다. 이런 어려움은 이른바 공관복음의 종말론에 대한 주요 해석들을 다루게 될 처음 순간부터 나타날 것이다.

물론 여기서 다루고자 하는 것은 예수님의 설교 중에서 직접적으로 종말을 언급하는 선언들의 취지와 범위이다. '종말론에 관한 논쟁'이 정리되어야 하는 곳이 바로 이 부분이다.

구(舊) 자유주의 신학은 시간을 초월하는 사랑의 설교에서 복음의 본질을 추구했다. 그리고 대미래에 관한 예수님의 선언들을 가능한 한 배경으로 몰아붙이고 예수님과는 무관한 후기 기독교 교회의 산물로 주장했다.[1] 이와는 반대로 종말론적 사조(思潮)는 임박성 기대(Naherwartung)의 사실성으로부터, 즉, **매우 임박한** 대미래의 도래를 유대 묵시 문학적 의미로 자신에게 적용하는 예수님의 기대로부터 예수님의 설교 전체를 설명하려고 시도했다. 그 논지는 다음과 같다.

예수님의 설교는 하나님의 통치가 곧 임박했다는 사상에 의해 지배되었다는 것이다. 예수님의 설교가 이처럼 역사적으로 종말과 미래에 관한 유대교의 대망과 연결되어 있으므로 민족적 소망의 상(像)에 의해 결정되지 않는 것

---

1) 이 책의 서론과, 특별히 F. Busch, *Zem Verstaändnis der synoptischen Eschatologie*, 1928, pp. 3ff에 소개된 구 자유주의 저작의 역사적 조망을 참조하라.

이 분명하다. 예수님은 오히려 유대인들의 종말론 중 우주적 기대를 공유하신다.2) 이와 같은 견해는 ('가까이' 란 단어를 강조하는 방식으로) 바이스 이래 신약성경의 의미, 특히 공관복음 종말론의 의미에 관한 논쟁의 초점이 되어 왔다고 해도 과언이 아니다.3)

더 나아가 이 임박성 기대에 대한 질문들은 (특히 스위스에서 벌어진) 현대 해석학의 논쟁에서 과거 어느 때보다 중요한 위치를 차지하고 있다고까지 말할 수 있을 것이다. 이 책 서론에서 그 나라의 '임박성' 을 역사적 의미가 아닌 초역사적 의미로 설명하려고 하는 이른바 초역사적 해석을 주장하는 사람들이 하나님 나라의 이러한 임박성 기대 문제를 어떻게 삭제해 버리려고 시도했었는지를 살펴본 바 있다. 그러나 초역사적 천국의 '임박성' 개념은 복음의 내용과 일치하지 않았다는 것이 점점 더 분명해졌다. 왜냐하면 복음은 미래를 분명하게 시간적 의미로 말하고 있으며 이러한 시간의 연속성 개념은 복음의 의미를 바꾸지 않고는 제거될 수 없기 때문이다. 그러나 그로써 천국의 임박성 문제는 또 다시 첨예화 되었다.

그렇지만 그 임박성에 관한 선언들(특히 마 10:23; 막 9:1과 병행 분문들, 13:30과 여기서 지적하는 것처럼 다가오는 종말의 시기를 언급하는 듯한 선언들)이 많은 부류의 사람들이 생각하는대로 진정으로 세상의 급속한 종말과 인자의 파루시아를 말하고 있다고 한다면,4) 이 선언들이 예수님의 설교 전체를 하나로 꿰는 중심 관점으

---

2) Bultmann, *Das Urchristentum im Rahmen der antiken Religionen*, 1949, p. 96.
3) 구 자유주의 저작에 대해서는 F. W. Grosheide, *De verwachtin der toekomst van Jesus Christus*, 1907, pp. 7, 8를 참조하라. 최근 저작에 대해서는 E. Masselink, *Eschatologishe motieven in de nieuwe theologie*, 1946, pp. 39ff, 105ff를 참조하라.
4) 다음의 최근 주석을 참조하라. Klostermann, 마 10:23, *op. cit.*, p. 89; 그리고 막 9:1, *op. cit.*, pp. 79, 85; 막 13:30. *op. cit.*, p. 138; Lohmeyer, 막 9:1, *op. cit.*, p. 172(그러나 Lohmeyer는 병행절 눅 9:27에 나타나는 다른 개념을 발견한다. 즉 "영광으로" 오다라는 표현 없이 소개되는 바실레이아는 하나님과 함께하는 신자들의 연합체로 이해해야 한다는 개념); W. C. Allen, 마 13:23, 16:28, *op. cit.*, pp. 107, 183; Gould, 막 9:1, 13, 30, *op. cit.*, pp. 159, 253; Manson 마 10:23, *The Mission and Message of Jesus*, p. 474; Hauck, 막 9:1, 13:30, *op. cit.*, pp. 106, 160; Schlatter, 마 10:23, 16:28, *op. cit.*, pp. 342, 524.

로 여겨져야 하는가 라는 질문이 불가피하게 대두된다.

천국의 임박함을 알리는 선언들을 염두에 두고 복음서 전체를 자세히 관찰해 보면 임박성 기대 문제가 지나치게 단순한 방법으로 서술되어 있음을 발견하게 된다. 이 선언들은 매우 광범위하고 복잡한 본문자료의 한 부분에 지나지 않기 때문이다.

첫째, 예수님의 대미래에 관한 선언들과 자신의 임박한 고난, 죽음 그리고 부활에 관한 선언들 사이의 관계를 들 수 있다. 만일 예수님께서 이른바 임박성 선언들을 하실 때 종말론적 하나님 나라의 궁극적 도래라는 대사건 속에서 예수님의 죽으심과 부활의 역할은 무엇인지, 즉, 그처럼 짧은 기간 내에 발생할 것으로 기대되는 사건들의 연속이 서로 맺고 있는 관계는 무엇인지와 관련된 질문을 피할 수 없게 될 것이다.

둘째, 종말론적 미래상(像)(막 13장, 마 24장, 눅 21장에서 볼 수 있는 공관복음의 묵시록)은 예수님께서 그 나라가 도래하기 이전에 경과하리라고 기대했던 시간의 범위 문제를 대답하기 어렵게 만든다. 그분의 종말에 관한 말씀들이 미래 사건들의 긴 연속이라는 범주 안에, 그리고 긴 시간을 요하는 듯한 상징들 안에 만물의 종말을 설정하고 있기 때문이다. 마가복음 13장 30-말씀과 병행하여 "그러나 그날과 그때는 아무도 모르나니 하늘에 있는 천사들도 아들도 모르고 아버지만 아시느니라"(32절과 병행절)와 "또 복음이 먼저 만국에 전파되어야 할 것이니라"(막 13:10, 병행절)와 같은 말씀들이 소개된다.

이러한 예를 통해 공관복음에 소개된 종말론적 '자료'가 (앞의 여러 장에 걸쳐 하늘나라의 현재성에 대해 말했던 것을 제외하더라도) 대단히 많은 양상을 지니고 있음을 보게 된다. 그러므로 복음의 종말론과 특히 임박성 기대에 관한 모든 논쟁들이 서로 복잡하게 얽혀 있다고 해서 의아해 할 필요는 없다. 여기서 모든 종류의 다양한 견해들을 낱낱이 분석하기보다는 종말론을 두고 진행되는 논의들 내에서 중요한 윤곽들을 지적해 내고자 한다.

1) 예수님의 종말론적 설교를 가장 급진적으로 다루는 입장은 복음서 자체

가 예수님의 생애나 그분의 설교에 대해 신빙성 있는 근거가 되지 못한다고 생각하는 사람들에 의해 제기된다. 그들은 종말론적 자료의 복잡성을 후대 교회의 활동의 결과로 여겨야 한다고 주장한다. 다만 예수님의 선언들 중 몇몇 특정 부분들, 즉, 짧은 기간 내에 그 나라가 도래한다고 선언한 부분들(그 나라가 가까이 왔다고 구체적으로 말하는 부분들)만큼은 역사적인 자료로 받아들여질 수 있다고 생각한다.

이 견해에 의하면 예수님의 죽으심과 부활에 관한 공관복음의 예언들은 이차적인 성격을 지닌다. 다시 말해서, 그런 예언들은 예수님의 말씀의 비종말론적인 역사 과정 때문에 복음서 저자들의 전승이 자체 모순적인 성격을 띠게 되었다고 한다. 브레데의 「복음서에 나타난 메시아 비밀」(*Das Messiasgeheimnis in den Evangelien*)5)에 발표된 이러한 견해는 약간 수정된 형태이기는 하지만 클로스터만6)이나 볼트만과 같은 저자들에 의해서 옹호된다. 이들의 이론에서는 예수님의 임박한 죽음과 부활을 '교회의 신학'으로 일컬음으로써 임박성 기대와 예수님의 임박한 죽음과 부활에 관한 선언들의 상호 관련성 문제가 제거되었다.

똑같은 사실이 공관복음의 묵시록에도 약간의 다른 표현으로 등장한다. 불트만은 우리가 대하는 공관복음의 묵시록을 예수님에 의해 기독교 내에 채택된 유대 묵시 문학이라고 주장한다.7) 그는 콜라니(Colani)가 이미 전(前)세기에 수립해 놓았고 아직도 많은 사람들이 지지하는 한 가설을 지적하면서,8) 역사 중에 실제 존재했던 예수님은 자연이나 세계 열국들에 나타날 징조들(막 13장에 기록된 것과 같은)이나 최후의 심판, 부활, 장차 올 영광 등에 대해서 결코 언급한 일이 없었을 것으로 추정한다. 예수님의 머리 속에는 모든 것이 그때가 오

---

5) 2nd edition, 1913. Wrede의 해석과 그의 해석에 동조하는 급진적, 회의적 조류의 해석에 대해서는 필자의 *Zelfopenbaring en Zelfverberging*, 1946, pp. 10-17를 참조하라.
6) 그의 유명한 공관복음 주석 참조.
7) *Geschichte der synoptischen Tradition*², 1931, pp. 129, 132.
8) 참고. Busch, *op. cit.*, pp. 5ff.

면 하나님께서 다스리실 것이며 그것이 실현될 날이 매우 가까웠다는 한 가지 생각에 집중되어 있었다는 것이다.[9]

2) 두 번째는 임박한 종말의 기대와 예수님의 죽음과 부활의 예언들 사이에 밀접한 관계를 세우려고 시도하는 견해이다. 여기서는 복음서에서 우리에게 전해진 예수님의 설교가 앞의 1항에서 언급했던 해석에서보다 훨씬 더 역사적인 가치를 지닌 것으로 여겨진다. 이 견해의 가장 완전한 형태는 철저 종말론의 비조인 알버트 슈바이처의 견해에서 볼 수 있다.

우선 그는 예수님께서 자기 생애 동안, 즉, 자기 제자들을 전도 여행에 파송할 동안 종말론적 하나님 나라의 도래를 기대했었다고 추정한다. 슈바이처는 그 근거를 마태복음 10장 23절에 둔다. 이 구절을 하나님 나라가 제자들이 여행하는 중에 시작될 것이라는 선언으로 해석하기 때문이다. 그러나 슈바이처는 이러한 예수님의 기대가 실제로 이루어지지 않았다고 판단한다. 이것이 그가 말하는 첫 번째 연기이다. 그래서 그는 그때부터 예수님이 그 나라가 사실상 자신의 고난과 죽음(거대한 Drangsal, 즉, 고통 또는 메시아적 슬픔)으로 강제로 오게 해야만 도래할 것이라는 기대에 점점 더 기울어지게 되었다고 생각한다.

이렇게 슈바이처는 매우 명백하게 예수님의 천국 도래 선언들을 그분의 임박한 죽음과 관련짓는다. 그렇기 때문에 슈바이처는 예수님의 미래관이 자신의 임박한 고난과 죽음에 한정되었다고 이해한다. 예수님은 자신의 죽음이 인자의 파루시아와 동시에 발생할 것으로 기대하고 자신의 메시아로서의 품위를 얻기 위해 고난과 죽음이라는 큰 사명을 감당했다. 종말 이전의 시기를 분명히 언급하는 듯한 선언들은 이런 의미로 설명되어야 한다(막 9:1; 13:30; 마 23:39; 26:64).

예수님의 마음 속에 있던 그 나라의 도래가 자신의 죽음과 영화와 함께 이루어질 것이라는 임박성 기대에서 출발하여 슈바이처는 앞의 여러 장에서 여

---
9) Bultmann, *Das Urchristentum*, pp. 96ff.

러 차례에 걸쳐 설명해 왔던, 예수님의 전 생애와 그분의 설교의 여러 국면들에 대해 그의 유명한 철저 종말론적 해석을 가한다. 그러나 그 출발점은 후기 유대 묵시 문학의 의미와 동일한 하늘나라의 임박한 도래에 대한 기대이다. 이 임박성 기대가 철저 종말론 전체 체계와 그것에 근거한 마틴 베르너의 대작(大作) 안에 기술된 것과 같은 초기 기독교 발전과 교리사에 관한 설명에 적용된다.

견해에 따르면 복음서에서 예수님의 죽음 **이후의** 시기에 대해 매우 분명하게 언급하는 제 선언들이 발붙일 자리가 없다. 이 사실은 공관복음의 묵시록이 예수님의 죽음과 인자의 파루시아 사이의 중간기를 전제하는 한에는 이 공관복음 묵시록에도 적용된다. 그리고 부활에 관한 예수님의 말씀에도 그 사실이 적용되는 것은 물론이다. 임박성 기대는 예수님의 죽음에 한정된다. 슈바이처는 이 임박성 기대를 공관복음 전승의 신빙성을 측정할 척도로 삼는다.10)

슈바이처의 거대한 종말론적 해석학 '실험'(experiment, 그는 자신의 해석학을 이렇게 부른다)은 전반적으로 거의 지지자를 갖고 있지 못하더라도 여러 세부 항목에서는 여전히 매우 강한 영향력을 행사하고 있다.11) 예수님의 생각으로는 자신의 죽음과 인자의 파루시아가 동시에 발생할 것이었다는 그의 견해에 대해서는 더욱 그러하다.12)

---

10) 참고. *Geschichte der Leben-Jesu-Forschung*, pp. 390-433. Schweitzer를 계승한 F. Buri, *Die Bedeutung der neutestamentlichen Eschatologie für die neuere protestantische Theologie*, 1934, pp. 21-29 ; *Das Problem der ausgebliebenen parusie*, *Vox theologica*, 1948. 4, pp. 104-126; M. Werner, *Die Entstehung des Christlichen Dogma's* 1941, pp. 16-79.

11) 참고. J. Jeremias, *Eine Neue Schau der Zukunftaussagen Jesu*, *Theol Blaätter*, 1941, pp. 217-222, "*Die Dinge* (즉, 예수님의 미래 설교 전체를 이러한 천국의 임박성 기대로써 해석하는 일들) *liegen seit A. Schweitzer's Forschungen in die Luft.*" ("이 일들은 A. Schweizer의 연구 이래 지금까지 대단히 큰 영향력을 발휘하고 있다.")

이런 점에서 우리가 앞서 언급한 바 있는 다드의 재해석이 슈바이처의 견해에 매우 가까이 접근해 있다는 사실은 주목할 만한 일이다. 다드가 예수님의 설교 안에 천국 도래의 기대가 담겨있다는 견해를 배척하고, 이런 점에서 다드의 견해가 슈바이처의 견해와 매우 상반되긴 하지만, 다드 역시 예수님이 자기 자신의 미래에 대해 몇 가지 내용을 선언하셨다는 사실을 수긍하지 않을 수 없었다.

다드에 의하면, 예수님은 때때로 스스로를 세상의 심판자로 행동하실 묵시적 인자라고 부르며, 어떤 때는 자신이 죽은 자들 가운데서 살아날 것이라고 주장하셨다고 한다. 그는 예수님께서 스스로 기대하던 미래의 두 사건들 사이의 간격을 바라보지 못하신 듯하다고 생각한다.[13] 그 이유에 대해서는 **예수님 자신에 관한 어떠한 선언들 속에서도 그분이 구름을 타고 오실 일과 자신의 부활 사이를 시간적으로 구분해 놓은 것을 발견할 수 없기 때문이라**고 말한다.

그런 이유에서 다드는 예수님께서 '제 삼일' (부활하신 날)이란 말로 의도한 것은 '인자의 날'이었는데, 후대 교회가 역사 과정 속에서 파루시아가 이루어지지 않자 원래 예수님의 의식 속에 사실상 같은 선상에 놓여 있던 이 두 사건들 사이를 시간적으로 구별[14]했다는 생각을 갖게 되었다. 이런 생각에 근거하여 그는 예수님께서 이 하나의 커다란 사건이 가까운 미래에 일어나리라고 기대했으며, 그때가 오기 전에 예루살렘과 유대에 재앙이 내릴 것으로 기대했다고 추측한다. 따라서 다드는 예수님 자신의 미래 예언에 관한 한 복음의 원래의 의미를 재구성하려고 했던 슈바이처에 매우 가까이 접근하는 셈이다.[15]

그러나 그는 우리가 여기서 대하고 있는 것이 복음의 선언들에 나타나는 어떤 특

---

12) 다른 이들은 예수님의 설교뿐만 아니라 초대 교회의 사상 속에서도 부활이 파루시아와 동일시되었음을 입증하기 위해 노력해 왔다. 다음 저서들 안에 담겨 있는 논의들을 참조하라. H. W. Bartsch, *Parusieerwartung und Osterbotschaft, Evangel. Theologie*, 1947, 1948, pp. 115-126, by W. G. Kümmel. *Das Urchristentum, theol. Rundschau*, 1950, pp. 21ff.

13) C. H. Dood, *The Parables of the Kingdom* 194, p. 98. 이 중간기 개념은 최초로 사도행전 1:8에서 대두되었다고 추정된다.

14) *Op. cit.*, p. 101.

15) *Op. cit.*, p. 103.

별한 성격일 뿐이라고 생각한다. 예수님의 후기 교훈, 특히 계명들은 이전과 전혀 다른 그리고 비종말론적 경향을 띠고 있다는 증거를 보여준다는 것이다. 그리고 그것은, 다드의 말을 빌리자면, 이들 종말론적 말씀과 전혀 조화될 수 없는 것들이다. 다드는 예수님의 자신에 관한 묵시적 선언들을 주로 상징적으로 해석한다.16) 그리고 그 선언들은 어쨌든 실현되지 않은 것이 분명하다고 주장한다.

복음의 임박성 기대에 대한 다드의 견해는 예레미아스에 의해 글로 표현된다. 그는 예수님의 순전히 현재적 실체로서의 하늘나라 설교들과 미래 기대를 구분하는 다드의 견해에 동조하지는 않았지만, 임박성 기대에 관해서는 전폭적으로 찬성하며 받아들였다. 그러나 예레미아스는 예수님의 미래 설교에는 종말의 임박함을 알리는 선언들과 그 종말을 먼 미래로 지적하는 선언들이 나란히 담겨있다고 주장한다. 그리고 그 중 어느 하나를 인정한다고 해서 다른 하나를 신빙성 없다고 할 수는 없다고 한다.

다드와 마찬가지로 예레미야스는 첫 번째로 예수님의 선언들 중 단 하나도 그분의 부활과 파루시아가 차례대로, 시간적으로 구별된다는 식으로 우리에게 전해지지 않았다는 점을 지적한다. 예수님은 언제나 어느 하나에 대해서만 언급하신다. 그리고 두 번째로 예수님은 자신의 부활과 성전의 회복(막 14:58; 마 26:61; 막 15:29; 마 27:40; 요 2:19) 모두를 사흘 후에 또는 사흘 내에, 즉, 단기간 내에 하나님께서 실행하실 것으로 기대하셨다는 점을 지적한다. 예레미야스는 성전 회복이 인자의 날과 함께 발생할 묵시적 사건이기 때문에 제 사흘은 원래부터 인자의 날이라고 분명히 추론할 수 있다고 믿는다. 다만 후대의 교회가 예수님께서 기대하셨던 이 한 가지 사건을 시간적으로 구분해 놓았을 것으로 추측한다. 하지만 위의 내용을 볼 때 예수님은 인자의 날, 따라서 신적 은혜의 새 시대를 매우 임박한 것으로 생각했었다고 결론지을 수 있다고 한다.17)

---

16) *Op. cit.*, pp. 105-110.
17) J. Jeremias, *Eine neue Schau der Zukunftaussagen Jeus, Theol. Blätter*, 1941, pp. 217-222.

해석가들 중에는 마가복음 14장 28절(참고. 16:7)을 가지고 이러한 견해를 변형하여 제시하는 사람들이 있다. 이 말씀에서 예수님은 잡히시기 바로 전에 "그러나 내가 살아난 후에 너희보다 먼저 갈릴리로 가리라"라고 말씀하신다. 그리고 열린 무덤 앞에서 천사들은 이 말씀을 상기시키며 "예수님께서 너희보다 먼저 갈릴리로 가시나니 전에 너희에게 말씀하신 대로 너희가 거기서 뵈오리라"라고 말씀하신다.

그런데 해석가들은 "너희보다 먼저 뵈오리라"는 말을 파르시아를 가리키는 것으로 추정하면서, 이 구절이 변형되지 않은 사실은 이것이 초기에 속한 것이며 원문임을 증명해준다[18]고 판단한다. 로마이어도 같은 견해를 가지고 그것을 예루살렘 형태와 구별하면서, 미래와 인자의 임박한 도래에 관한 강한 종말론적 기대를 지니고 있었던 기독교의 갈릴리적 성격의 증거로 간주한다.[19]

3) 최근 작품들에는 예수님께 기원을 두고 있는 임박성 기대에 이처럼 급진적인 형태를 부여하는 해석과 대조적으로, 그리고 예수님이 설교하신 하늘나라를 앞에서 다루었던 내용과 전혀 다르게 해석하기 시작하여, 결국 그분의 종말론적 선언들에 다양하게 접근하는 해석들이 상당히 많이 있다. 특히 '정통' 종말론 해석에 반대하여 하늘나라가 예수님의 오심과 사역과 함께 현존(現存)했다고 생각하는 사람들의 경우가 그러하다. 이 현재성은 예수님의 이적들과 설교에서, 또는 미카엘리스의 생각대로, 죽은 사람들 가운데서 그분이 부활하신 것에서 그리고 그에 이어 성령을 주시는 일에서 나타난다.[20]

---

[18] Hauck은 *Markus*, p. 194에서 Weiss에 동조하여 그렇게 주장한다.
[19] 참고. E. Lohmeyer, *Das Evangelium Des Markus*, 1937, p. 356(참조, p. 912). 좀더 상세한 내용이 그의 저작 *Galiläa und Jerusalem*, 1936, pp. 10ff에 담겨 있다. N. B. Stonehouse, *The Witness of Matthew and Mark to Christ*, 1994, pp. 39, 114ff, 170ff; 그리고 H. Holtrop, *De verschijningen onzes Heeren te Jeruzalem en in Galilea*, 1947, pp. 161ff를 함께 참조하라.
[20] Michaelis, *Täufer, Jesus, Urgemeinde*, 1928.

예수님 자신의 인격에 대해 기존과는 근본적으로 다른 개념에 뿌리를 둔 복음의 전반적 취지에 대한 이 견해는 인자의 파루시아와 하나님 나라가 영광 중에 도래하는 일에 앞서 있게 될 시기에 대해 다른 견해를 제시한다. 이 견해는 큰 개입이 **이미** 도래했고, 따라서 중간기를 그 나라의 미래가 아닌 이미 도래한 사실 위에 서서 보는 것이다. 쿨만, 큄멜, 슈니빈트, 미카엘리스 등의 작품들에 이러한 기본 주제가 상세히 설명되어 있다.

이 견해로는, 예수님의 죽음과 부활은 더 이상 단순히 파루시아와 그 나라의 미래와의 관련성 안에서만 생각할 필요가 없으며, 그분의 오심과 더불어 시작된 성취의 (잠정적인) 결과와 기초로부터 생각해야 함이 분명해진다. 마찬가지로 그리스도의 죽음과 파루시아 사이의 기간은 더 이상 설명하기 어려운 임박성 기대의 '혼합물'이 아니다. 이 중간기는 이미 시작된 성취의 실현과 지속을 위해 없어서는 안 될 중요한 기간으로 평가되어야 한다.

이렇게 전적으로 다른 관점을 소개하는 데서 한 걸음 더 나아가 이제 미래에 대한 기대 문제는 철저히 판도가 바뀌었다고 말해도 괜찮을 것이다. 이제는 미래에 대한 기대가 더 이상 임박성 기대 문제와 갈등관계에 놓여 있지 않을 뿐 아니라 '신빙성 없는', '교회의 신학'이라는 등의 논시도 의문을 자아내거나 공격 받는 듯 보이지 않기 때문이다.

오히려 주된 문제는 예수님의 오심에 의해 이미 시작된 성취이다. 따라서 이제는 만물의 종말을 가까운 미래로 말하고 있는 듯한 본문들이 미래에 관한 전체 선언들 속에서 난점으로 떠오르게 되었다. 문제는 교회나 사도직, 세례, 주의 만찬 등의 제 문제가 아니라 세상의 시간을 '이 세대'(막 13:30)에 한정시키는 선언들이다.

이 문제에 대해서는 기본적으로 다음과 같은 두 가지 해결책이 있다.

첫 번째는 복음서를 자세히 관찰하면 위와 같이 임박성 기대의 의미로 설명해야 할 구절들이 어느 정도 남아 있는 것이 사실이다. 하지만 그 구절들은 복음서 전체의 취지를 올바로 규정하는 데에 핵심적인 것으로 여겨질 수 없다는 생각이다.

두 번째는 이 종말의 임박성 기대를 주장하는 사람들이 호소하는 본문들에서 예수님은 사실상 하나님 나라의 궁극적 도래라든지 인자의 파루시아에 대해 말씀하고 있지 않다는 생각이다. 이 견해에 따르면 예수님은 다만 자신의 부활에 의해 시작되는 구원의 시대에 대해 말씀하고 계실 뿐이다. 그러므로 종말론적 해석에 의해 임박성 기대라고 불리는 것은 착오나 실수에 기인한 것이 아니라 예수님의 죽음 이후에 곧 발생할 사건들에 관한 언급이었을 뿐이다.

이 두 개념을 좀더 상론해 보자.

a) 최근에 두드러지는 해석은 쿨만이 제시한 설명이다. 쿨만은 베르너가 제시한 종말론적 해석에 반대하여 복음이 분명하게 선언하는대로 그리스도의 나라가 이미 왔다고 주장한다. 바실레이아가 가까이 왔다는 설교가 갖는 신학적 중요성은 그리스도께서 오신 이후 우리가 새로운 '획기적 시대'(epoch)에 살게 되었으며, 따라서 종말이 더 가까이 왔다는 점이다.

물론 신약성경에는 그 종말의 임박성을 한 세대에 국한시키는 본문도 있는 것이 사실이다. 그러나 신약성경 단 한 곳(벧후 3:8)에서만 교정되고 있는 그러한 잘못된 시각은 "천국이 가까이 왔다"는 구절의 신학적 내용을 나타내고 있지 않다고 한다. 그 구절은 그리스도와 더불어 성취가 이미 도래했다는 사실 속에서 모색되어야 한다는 것이 그 이유이다. 종말의 임박성을 한 세대에 국한시키는 오류는 마치 전시(戰時)에 그 전쟁의 승패를 가름하는 결정적인 전투가 치러지고 난 뒤 그 전쟁이 끝날 날을 미리 예상하는 것과 똑같은 심리적인 방법으로 설명되어야 한다는 것이다.

더 나아가 쿨만은 많은 논쟁의 대상이 되어 왔던 다소 모호한 듯한 공관복음서의 세 구절(막 9:1; 마 10:23; 막 13:30)이 이전에 생각하던만큼 그렇게 중요한 본문이 아니라고 판단한다. 그러므로 매 경우에 이 말씀들을 예수님의 죽음에 관련짓는

복음서 저자들의 해석은 고도의 의미로 볼 때 정확하다.[21]

큄멜도 이와 유사한 견해를 지닌다. 그에 의하면 예수님은 자신의 죽음 이후 가까운 미래에 도래할 종말을 기대했다. 큄멜은 막 9:1,[22] 마 10:23,[23] 막 13:30,[24] 종말의 '임박성'에 관한 선언들,[25] 예수님께서 '그날'을 아주 먼 미래에 두고 말씀하지 않았음을 입증해 주는 '잔에 관한 말씀'(막 14:25),[26] '이 세대' 사람들의 부활에 대해 말하고, 사실상 예수님께서 에스카톤(εσκατον, 종말)의 시작을 지나치게 가까이 온 것은 아니지만 그래도 가까이 온 것으로 기대하셨던 사실을 확증해 주는(마 12:41)[27]등의 말씀을 예로 든다.

더 나아가 큄멜은 특별히 예수님의 설교에 몇 차례 표현된 '종말의 절박성', 곧 깨어 있으라는 권고를 지적한다(막 13:34-36; 눅 12:36-38; 마 24:43; 45-51; 눅 18:8. "내가 너희에게 이르노니[하나님께서] 속히 [en tachei] 그 원한을 풀어 주시랴").[28]

예수님께서 그 나라의 도래를 어느 구체적인 시기로 연결시키는 선언들의 경우에는 착오를 범했다는 사실(큄멜의 말대로)이 인정되어야 할 것이다(네 구절 모두에 나타난다. 마 10:23; 막 9:1; 13:30). 그러나 이 사실은 예수님의 설교 중에서 특별히 중요성을 지니지 않는다.

이 세 본문의 측면에는 그 종말의 시기를 알시는 못하시만 급삭한 것으로 일컫는 다른 본문들이나 그 시기는 알려지지 않은 채 남겨져 있어야 한다고 강조하는 본문(막 13:32)이 있다. 이것은 풀 수 없는 하나의 분명한 모순이지만 그 종말의 시기에 관한 문제가 예수님의 입장으로 볼 때는 결코 중심 문제가 아니었던 까닭에 중요하지 않다.[29] 우리는 예수님의 종말론적 설교에서 시간적 개념인 임박성 기대

---

21) *Christus und die Zeit*, pp. 75, 76, 130, 131. 참조, *Le retour du Christ*, pp. 25ff.
22) *Verherissung und Erfüllung*, pp. 14ff.
23) *Op. cit.*, pp. 35ff.
24) *Op. cit.*, pp. 331ff.
25) *Op. cit.*, p. 11.
26) *Op. cit.*, p. 20.
27) *Op. cit.*, p. 24.
28) *Op. cit.*, pp. 29-33.

를 떼어 내야 한다.

그러나 **미래에 대한** 기대는 이와 달리 핵심적인 내용이다. 왜냐하면 오직 이 기대로써만 신적인 성취 사역의 역사적 성격이 유지될 수 있기 때문이다. 대절정이 반드시 온다는 보증이 되는 것은 임박성 기대가 아니라 그리스도 안에서 이루어진 성취의 현재성에 있다.[30]

조금 다른 견해가 슈니빈트의 주석들에 나타난다. 슈니빈트 역시 예수님께서 설교하신 하늘나라의 중대한 현재성으로부터 출발한다. 그러나 그는 예수님께서 첫 세대 제자들이 살아남아 그 마지막 날을 보게 될 것이라고 기대했음을 부인할 수 없는 사실이라고 주장한다. 슈니빈트는 이것을 꼭 '망상'이라고 불러야 한다고는 생각지 않는다. 예수님께서 이런 식으로 말씀하셨을 때는 새로운 세계에 대한 절대적인 확신에 근거하여 말씀하신 것이다.

우리는 '영원'을 우리 식의 철학적 신비적 사유 방식의 언어로 말한다. 예수님과 초기 기독교인들도 그런 방식으로 '올 시대'에 대해 말했다.[31] 여기서 슈니빈트는 '초시간적인' 해석에 접근하는 것 같은 인상을 준다. 그는 다른 구절(마 10:23)을 주석하면서도 도래할 그 나라는 예수님의 말씀과 사역과 함께 이미 시작되었다는 확신을 가지고 비슷한 방법으로 '시간에 대한 변화된 의식'에 대해 말한다. 이것을 사람들이 영원에 대해 생각하는 것처럼 순전히 자기 기만의 경우로 해석해야 할지는 별개의 문제이다.[32]

독특한 해결책이 미카엘리스에 의해 제시된다. 그에 의하면 예수님은 결코 마지막 날이 가까이 왔음을 무리하게 강조하지 않았다. 특히 깨어 있으라고 권고하는 비유들의 경우에 그러하다.[33] 다른 구절들, 공관복음의 묵시 부분에서의 징조들,

---

29) *Op. cit.*, p. 92.
30) *Op. cit.*, p. 25. Liechtenhan도 *Die urchristliche Mission* (1946, p. 14)에서 같은 견해를 주장한다.
31) *Markus*, p. 115. 비록 덜 분명하긴 하나 동일한 생각을 Rengatorf, *Lukas*, p. 108에서도 분명히 볼 수 있다.
32) *Matthäus*, p. 127.
33) W. Michaelis, *Der Herr verzieht nicht die Verheissun*, 1942, pp. 5ff.

예루살렘의 멸망 등에 관한 언급들은 마지막 날이 비교적 멀리 떨어져 있음을 보여준다.

그러나 언제 이 일이 일어날 것인가에 대해서는 아무데서도 답해지지 않는다.[34] 미카엘리스에 의하면 이것은 마가복음 13장 30절에도 적용된다. 거기서도 '이 세대'란 말이 무엇을 의미하는지 분명하지 않으며, "이 일이 다"란 표현 역시 명확하지 않기 때문이다.[35] 더 나아가 마가복음 9장 1절의 경우에는 그 의미가 더욱 모호하다.

그렇지만 이 구절들이 마지막 날에 대해 비교적 정확한 시점을 추정할 수 있는 유일한 부분이다.[36] 여기서 난점은 이런 기록들이 성취되지 않았다는 사실이다. 이것에 대해 뭐라고 말해야 하는가? 미카엘리스는 마가복음 13장 32절을 언급한다. "그러나 그 날과 그때는 아무도 모르나니 하늘에 있는 천사들도 아들도 모르고 아버지만 아시느니라."

이것은 우리가 마가복음 13장 30절과 9장 1절을 읽을 때 발견하게 되는 한계점이기도 하다. 예수님께서는 부활하시기 전 오직 자신의 '부분적 지식'(provisional knowledge)에 기초하여 자신의 재림을 말할 수밖에 없으셨다. 이것이 마가복음 13장 32절이 시사하고 있는 바이나. 그렇다면 예수님께서 왜 마가복음 9장 1절과 같은 선언을 전적으로 삼가지 않으셨는지에 대한 질문이 제기됨 직하다. 미카엘리스는 이에 대해, 우리는 예수님께서 그런 선언을 하시게 된 상황이나 동기들을 알지 못한다고 대답한다.[37]

이상과 같은 여러 견해들이 대체로 서로 일치하는 것은 아니지만, 그래도 모든 견해가 예수님의 선언들에는 최소한이나마 인자의 파루시아와 하나님 나라의 도래에 대해 뚜렷한 고정된 시간이 있다는 추정에 근거한다. 시간적인 관점에서 볼 때 이 구체화된 시간은 착오임이 드러났으며, 어찌 되었든지 이 점에 관한 한 슈바이

---

34) *Op. cit.*, pp. 88ff.
35) *Op. cit.*, pp. 30ff.
36) *Op. cit.*, p. 45.
37) *Op. cit.*, pp. 46ff.

처의 기본 주장을 확인해 주는 셈이다.

그러나 그들은 이에 덧붙여, 복음의 근본 진리를 형성하고 있는 것은 이렇게 대미래의 시기를 구체화하는 것이나 만물의 임박한 종말을 기대하는 것이 아니라 오히려 그리스도이신 예수님의 인격 안에서 그 성취가 이미 도래했고 하늘나라의 완성이 이미 시작되었다는 사실이라고 주장한다.

b) 여기서 언급될 개념들은 이른바 시간을 지적하는 듯한 선언들을 다루는 본문에서 더 상세히 논의될 것이다(참고. 제48항 이하). 현재의 문맥에서는 예수님께서 부활하신 후 제자들에게 나타나신 일과 그때 하신 말씀들(마 28:16-20)에 관해 칼 바르트가 논평을 인용하는 것으로 그치고자 한다.

"주기도문에서 '나라가 임하옵시며' 란 기도는 헛되지 않았음이 분명해졌다. 또한 예수님께서 마가복음 13장 30-하신 '이 세대', 다시 말해서 그 당시 살고 있던 세대가 지나가기 전에 '이 일이 다 이루리라' 는 말씀도 그러하다. '여기(예수님 곁에) 섰는 사람 중에 죽기 전에 하나님 나라가 권능으로 임하는 것을 볼 사람들도 있느니라' (막 9:1)라는 말씀은 사실이었음이 분명해졌다. 제자들이 이스라엘의 여러 도시를 다 다니지 못하여 인자가 왔다는 것(마 10:23) 또한 분명해졌다. 이제 그 인자가 오셨고, 이제 '모든 일' 이 발생했다."[38]

여기서 임박성 기대 문제는 전적으로 사라졌다. 예수님께서 가까이 온 것으로 설교하신 바는 그분의 부활에 의해, 그리고 부활 이후에 실제로 성취되었다.

지금까지 종말론에 대한 이러한 논쟁들을 몇 가지 주요 요소들에 한하여 다루어 보았다. 이제 이런 논쟁의 배경을 문제 삼아 몇 가지 관점들을 요약해 가며 복잡한 본문 자료들을 상론해 가려고 한다.

---

[38] *Auslegung von Matthäus*, 28, 16-20, 1945, pp. 5, 6(참조, p. 11).

44. 부활과 파루시아(재림)

예수님의 하나님 나라 설교가 지니는 일반적인 의미에 관해 이 책 여러 장에서 수립해 온 모든 사항들을 기초하여, 공관복음에서 오직 세계 종말의 임박함에 관한 기대에 일치하는 구절들만을 원문과 예수님 자신의 시각으로 여기는 급진적 견해를 복음에 대한 전적인 그릇된 해석으로 일축해 버릴 수 있다.

오늘날 급진적 해석을 표방하는 이들은 복음을 불트만의 중요한 저서[39]를 통해 영향력을 행사하게 된, 잘 알려진 양식 비평 방법에 종속시킨다. 이 방법은 먼저 복음서의 모든 구절, 모든 비유의 신빙성을 파악하기 위한 조사 작업을 벌이고, 그 결과가 드러난 후에야 비로소 예수님의 설교의 취지에 대한 견해를 밝히는 방법이다.

우리의 입장에서 볼 때 그런 식으로 복음서에 가해진 비평은 오직 전승 자료의 **형식**(form)에서만 이끌어낸 하나의 표준으로 작업했다는 인상을 주는 것이 분명하다. 무엇이 원문이고 무엇이 원래 전승의 간접 형식인지에 대한 결정은 그 전승이 형식보다는 수로 그 **내용**에 근거하는 것이 정낭하기 때문이다. 이런 이유에서 진정한 문제의 초점은 우리에게 전해진 수 많은 전승 자료의 형식의 독창성에 관한 논쟁에 있는 것이 아니라 전승 내용들이 과연 **사실적** 근거에 입각하여 신빙성이 없다고 간주될 수 있는지에 대한 답변에 놓여 있다.

그리고 이러한 관점에서, 어떤 선험적인 방법으로 복음 중 하나님 나라의 철저한 미래적인 기대와 임박한 기대에 일치하지 않는 구절들을 예수님과 무관한 것으로 여겨야 한다고 주장한다면 그러한 주장은 전적으로 독단적인 편견이라고 일컬어야 마땅하다. 왜냐하면 복음서에 담겨 있는 예수님의 선교에

---

39) *Die Geschichte der synoptischen Tradition*², 1931.

관한 모든 말씀은 예수님에 의해 시작된 성취의 사실성과 똑같은 미래적 하나님 나라의 확실성에도 근거하고 있기 때문이다.

그리고 우리는 그 말씀의 '신빙성'을 결정할 다른 어떠한 기준도 가지고 있지 않다. 이 경우 '양식 비평의 표준'이라는 칼은 오직 주관적 전제들 위에서 휘둘러지며, 우리의 견해로는 단지 파괴적일 뿐이다. 성취라는 주제는 복음의 '골격'에 작은 손상도 끼치지 않고 제거될 수 있는 몇몇 산발적인 선언들에만 나타나 있는 것이 아니기 때문이다. 오히려 그 주제는 복음의 핵심이요 골자가 되는, 즉, 예수님은 그리스도이시며 시간과 성경과 율법의 완성자로서 아버지께로부터 보내심을 받은 분이라는 사실 안에 확고히 뿌리를 두고 있다.

그것이 바로 천국 복음에서 예수님의 고난과 죽음에 대한 예언을 임박성 기대와 일치하지 않는다고 하여 사건에서 발생한 예언으로 취급하여 제거하는 것이 불가능한 이유이다. 이 예언들은 단순히 예수님의 설교 중심에서 멀리 떨어져 있는 주변적인 것이 아닌 그 중심과 뗄 수 없는 관계를 이루고 있기 때문이다.

예수님의 자기 계시는 자신이 마땅히 이루어야 할 대사명, 신적 '당위'로 일관된다. 그리고 그 내용은 처음부터 다니엘 7장에 언급된 인자의 권위뿐만 아니라 속죄와 고난의 주제로도 결정되어 왔다. 바로 이 이유 때문에 하나님 나라의 미래에 대한 예수님의 설교를 그분의 고난과 죽음, 부활에 대한 예언과 관련지어 바라봐야 하는 것이다. 그리고 임박성 기대의 전체 개념 역시 선언들에 비추어 해석해야 한다.

여기서 전승에 대한 급진적-회의적 비평과 대조적으로 예수님의 임박한 고난과 죽음의 선언들을 그분의 임박성 기대의 중심 부분으로 이해하려는 견해들, 즉, 말할 나위 없이 슈바이처가 그 중심을 이루고 있는 견해들을 생각하지 않을 수 없다. 그러나 이러한 시도는, 복음을 환상적으로 해석하고 '예수님의 생애'를 재구성함으로써 본래의 의도와 달리 전승의 신빙성에 대한 임박성 기대 옹호자들의 회의론을 약화시키기보다는 오히려 더욱 강화시키고 말았다. 이런 판단은 슈바이처의 철저 종말론 실험 전체의 근거라 부를 수 있는 마태복음 10장 23절에 대한 그의 호소에도 즉시 적용된다.

"이 동리에서 너희를 핍박하거든 저 동리로 피하라 내가 진실로 너희에게 이르노니 이스라엘의 모든 동리를 다 다니지 못하여서 인자가 오리라."

물론 이 구절을 해석하는 일은 간단하지 않다. 그러나 이 본문의 의미가 무엇이든 간에 철저 종말론적 의미의 임박성 기대의 근거는 결코 될 수 없다. 이 구절은 예수님께서 이 땅에 계실 동안 첫 번째로 제자들을 파송하신 시기를 가리키지 않고, 좀더 먼 미래를 가리키고 있는 것이 분명하기 때문이다.

> 이것은 비단 23절만이 아닌 복음서 중 이 내용을 소개하는 문맥 전체에도 적용된다. 16절부터 시작되는 이 내용을 보면, 마태복음 10장에 소개되는 예수님의 설교에서 예수님의 활동이 한 지역 내에 한정되었던 시기인 사실을 고려해 볼 때, 제자들이 총독과 임금들 앞에 끌려갈 것이라는 등 그 당시 제자들을 파송할 시기로 봐서 일어날 수 없는 사건들이 언급되고 있다.⁴⁰⁾
>
> 그 외에도, 만일 예수님께서 16절 이하에 예언된 이러한 사건들이 그 당시에 일어나리라고 실제로 기대하셨다면 전도 여행을 마치고 돌아온 제자들이나 예수님이 왜 "이루어지지 않은 파루시아"에 대해 한 마디 언급도 하지 않았는지 이해할 수 없게 된다. 이렇듯 예수님께서 자신이 죽기 이전에 인자가 도래할 것을 이미 기대해 오셨다는 전체 개념은 너무 환상적이며, 베르너 같은 이가 여전히 그런 주장을 하고 있다는 사실이 놀라울 뿐이다.⁴¹⁾

---

40) 참고. 필자의 *Matth.*, I, p. 201에 소개된 주장들. 다음과 같은 Schatter의 주장도 참조하라(*op. cit.*, p. 337), "Hier wird nicht nur von dem gesprochen was druch ihre Aussendung in die galiläischen Dörfer von ihnen gefordert wird, sondern fiese gibt den Anlasz, um die ganze apostolische Wirksamkeit bis zur Parusie hinaus zu beschreiben"("이 내용은 그들이 갈릴리 마을들로 파송될 때 요구되었던 사항만 언급하는 것이 아니라 파루시아 이전까지 사도들이 해야 할 활동 전부를 언급하기도 한다"); Zahn, *op. cit.*, p. 402; Grosheide, *op. cit.*, p. 125; 참고. Schniewind의 반박, *Matth.*, p. 127.

우리의 생각으로는 슈바이처의 두 번째 기본 명제, 즉, 제자들의 전도 여행 도중에 그 나라가 임하지 않았을 때 예수님은 자신의 자발적인 대속적 고난과 죽음으로써 그 나라를 '강제로' 오게 하고자 했다는 주장도 별로 나을 것이 없다. 복음서에 그러한 '강제'[42)]를 뒷받침해 줄 단 하나의 뚜렷한 근거도 없다는 사실은 제쳐두더라도 예수님께서 모든 종류의 선언들로써 자신의 죽음 이후의 시기에 대해 분명히 말씀하셨다는 것은 의심의 여지가 없기 때문이다.

무엇보다도 이른바 '공관복음의 묵시록'에서 그러하며, 예루살렘 멸망과 성전의 파괴에 대한 예언에서도 그러하다(마 23:38과 병행절; 눅 23:28 이하). 한 경우만 더 언급하면, 장차 신랑(예수님 자신)을 빼앗길 때 금식하게 될 혼인집 손님들(제자들)에 관한 말씀(막 2:18, 병행절)에서도 그러하다. 슈바이처는 자신의 철저 종말론 해석으로 예수님의 임박한 고난과 죽음에 대한 선언들을 설명하기 위해서 고난과 죽음 이후의 시기를 가리키는 모든 말씀들을 2차적인 것으로 선언하지 않을 수 없었다. 그러나 이러한 태도는 그의 광범위한 실험이 실제로 얼마나 불충분한 것인지를 분명히 드러내준다. 그는 가장 중요하고 결정적인 부분에 이르자 스스로 풀겠다고 약속했던 고디우스 왕의 매듭을 잘라 버려야 했다(브르기아에서 고디우스 왕이 맨 매듭을 알렉산더가 풀겠다고 나서서 잘라버린 일을 비유함-옮긴이).

그렇지만 슈바이처의 가설은 여러 점에서 다른 사람에게 영향을 끼쳤고 전

---

41) Werner의 주요 주장은 다음과 같다. 만일 이 설교가 제자들을 파송할 때의 상황과 대체로 일치하지 않는다면 어떻게 그런 내용이 제자들을 파송하는 상황을 기록하고는 부분에 들어 있게 되었는지 도무지 이해할 수 없을 것이다(op. cit., pp. 71, 72). 그러나 복음서 저자들의 역사적 관점에서 보면 이 상황은 분명해진다. 이 글을 기록할 당시 사도들에 대한 박해는 이미 시작되었다. 따라서 이 글의 독자들은 본문을 오해하지 않았을 것이다. 오히려 그들은 예수님께서 제자들을 파송하며 하신 말씀과 도래할 재난의 예언이 왜 서로 섞여 있는지를 훨씬 잘 이해했을 것이다. 왜냐하면 그 당시 사도직과 박해는 떼어놓고 생각할 수 없었기 때문이다. 참고. 필자의 *Matth.*, I, p. 202.
42) 참고. 필자의 *Zelfopenbaring en Zelfopenbaring*, pp. 84, 85.

승 안에서 대체로 의식되지 않은 채 남아있던 특정 현상을 지적해냈다. 이 사실은 분명히 슈바이처에게 영향을 받았다고 할 수 있는 다드와 예레미아스가 호소한 상황에 적용된다. 그것은 예수님의 미래에 관한 말씀에는 자신의 죽음(그리고 부활)과 인자로서의 파루시아 사이에 **시간적인** 구별이 결코 없다는 사실이다.

우리는 전승에 나타나는 어떤 특정한 경향에 의거하여 그리스도가 '사흘' 만에 부활하신다는 것을 파루시아와 동일시하기도 하고 파루시아를 훨씬 먼 미래에 올 것으로 말하는 또다른 경향에 따라 부활과 파루시아를 별개로 이해하는 사람들의 견해를 배척해야 한다. 다드와 예레미아스가 지적한 현상을 긍정하는 편에서 잠시 생각해 본다고 하더라도 어느 한편의 경향도 부활과 파루시아를 동시에 일어날 사건으로 가르친다고 볼 수 없기 때문이다.

사실은 이 두 명제가 각각 참이기 때문에 서로를 입증하기 위해 똑같이 사용될 수 있다. 예수님의 '사흘만에' 부활하리라는 예언이 오직 그분의 파루시아를 가리키는 또 하나의 용어라면, 예수님의 죽으심과 관련하여 언급되는 내용이 이 파루시아가 아니라 유독 부활이라는 사실만을 가리킨다는 것은 이상한 일이다. 반대로, 최종국적인 시기에 일어날 사건들에 관한 선언들에서 인자의 파루시아가 언제나 언급되지만, 사흘만의 부활은 결코 언급되지 않는 사실도 그러하다.⁴³⁾

---

43) 이에 대해서 Jeremias가 "내가……이 성전을 헐고……사흘에 지으리라" 란 구절에 호소하는 것은 부활과 파루시아를 동일시하는 그의 주장에 아무런 뒷받침이 될 수 없다. 왜냐하면 공관 복음에서 이 구절은 산헤드린 앞에서 예수님을 고소하는 사람 편에서 한 '거짓 증거'로 언급되고 있기 때문이다. 반면에 요한복음 2장 21절은 예수님께서 이런 내용으로 하신 말씀을 명백히 '성전 된 자기 육체'를 가리켜 한 것으로 설명한다. 어쨌든지 이 구절은 '사흘'이 원래 '인자의 날'을 의미했음을 증명하기 위해 사용될 정도로 문자적 의미가 뚜렷한 것은 아니다. 또한 마가복음 4장 28절, 16장 17절에 대한 Lohmeyer(그리고 Hauck이나 그 외 사람들)의 해석도 이런 견해를 옹호하는 일에 조금도 기여하지 못한다. 마가복음 14장 28절을 다음과 같은 최근의 해석에 의거하여 부활 이후의 시기를 지적하는 말씀으로 이해하지 않을 이유가 도무지 없

만일 다드와 예레미야스가 도달한 결론을 받아들일 수 없다면, 예수님의 미래 대망의 일반적인 관점을 대할 때 다드와 예레미야스가 지적한 현상도 간과해서는 안 된다. 이 두 사람은 예수님께서 자신의 임박한 죽음과 부활 그리고 자신의 파루시아에 대해 거듭 말씀하셨지만 그분의 예언에서 부활과 파루시아가 한 문맥 안에 연결되어 나타나는 경우는 하나도 없다는 사실을 인식했다.

그 결과 다드와 예레미야스는 특히 예수님의 종말론적 강화에서, 그분의 부활로 인해 시작되는 새로운 중간기를 사실 그대로 받아들이지 않는다. 오히려 그와 반대로 예수님의 죽으심과 부활에 대한 예언들에는 부활에 이어지는 미래에 대한 시각이 많은 경우에 존재하지 않는다. 그러므로 그들은 미래에 관한 예수님의 예언들에는 부활로 시작해서 파루시아로 끝맺는 기간에 대한 분명한 시각을 담고 있는 내용이 없다고 말할 수 있다고 단언한다.

이 현상은 자신을 인자로 선언하신 예수님의 선언이나 그분의 죽음과 부활에 대한 예언들을 모두 후대의 창작으로 간주하는 불트만도 주목했던 내용이다. 불트만은 일련의 예언들(즉, 예수님의 고난, 죽음 그리고 부활에 대한 예언들)이 교회 신학의 후기 헬레니즘적 형태를 대표하는 반면에, 파루시아와 관련된 예언들은 구 팔레스타인적 형태를 대표한다고 하면서, 복음서에서 이 두 형태가 혼합된 것은 훨씬 후기의 일이라고 설명한다.[44)]

우리로서는 예수님께서 자신의 고난과 죽음에 대하여 예언하신 것들이 헬

는 것이다. "이 말씀은 제자들의 입장에서는 아마 이해하지 못했겠으나 말씀 그 자체는 분명한 지적이었다." 예수님께서 살아나신 후 갈릴리로 가실 것과 그곳에서 제자들이 주님을 뵈올 일이 그때 일어날 파루시아를 가리키는 것이 분명하다는 주장은 어떠한 자료에서도 추론할 수 없다. 더 나아가, 이 본문은 예수님께서 부활과 파루시아가 일치할 것으로 말씀하신 것이 아니라 부활하신 이후 그리고 파루시아 이전에 제자들에게 부여하실 중대한 사명을 준비하고 계셨음을 입증해준다. 참조, Kümmel, *op. cit.*, pp. 43, 44; N. B. Stonehouse, *The Witness of Matthew and Mark to Christ*, 1944, pp. 114ff, 170ff; H. Holtrop, *De verschijningen onzes Heeren te Jeruzalen en in Galilea*, 1947, pp. 161ff.

44) R. Bultmann, *Die Frage nach der Echtheit von Mt. 16:17-79*, in. *Theol. Blätter,* 1941, p. 279.

레니즘적 형태를 대표하는 것과는 거리가 멀고, 오히려 앞에서 매우 상세히 수립한 바 구약성경(여호와의 종에 대한 예언)**45)**에 전적으로 뿌리를 둔다는 이유에서 이 가설을 받아들일 수 없다. 우리가 확신한 바로는 예수님의 자기 계시에서 볼 수 있는 특징적인 모습은 그분이 자신을 이사야서의 여호와의 종뿐만 아니라 다니엘 7장의 인자와 동일시한다는 바로 그 사실이었다.

그렇다고 해서 두 다른 인물이 소개되는 사실 자체를 부인하는 것은 아니다. 또한 예수님께서 자신에게 적용하신 예언들이 처음부터 두 가지 구별된 유형으로 나타난다는 사실을 부인하셨다는 것도 아니다. 구약성경의 인자에 관한 종말론적 예언에는 고난과 죽음 그리고 부활의 주제가 없다. 그와 반대로, 이사야 53장의 여호와의 종의 고난과 죽음 그리고 부활에 대한 예언은 인자의 신적 권세 부여와는 다른 성격을 지닌다. 예수님께서는 인자(단 7장)가 반드시 '많은 고난을 받고' '버린바 되어' '죽임을 당하고' (사 53장) 사흘만에 살아나야 하리라는 역설적이고 신비한 말씀으로 이 두 인물을 연결시키셨다. 그것은 인자의 메시아로서 자기 계시에 나타난 새롭고 '혁명적인' 요소였다. 인자는 메시아 이상(마 22:41-46)을 훨씬 초월하셨고,**46)** 그 이면으로는 고난과 죽음으로 들어가는 메시아의 길을 실제로 걸으셨다. "인자가 온 것은 섬김을 받으려 함이 아니라 도리어 섬기려 하고 자기 목숨을 많은 사람의 대속물로 주려함"에 있었기 때문이다(마 20:28).

그러나 이 사실은 인자와 여호와의 종에 관한 예수님의 자기 계시 속에서 연관성이 처음부터 분명했음을 의미하지는 않으며, 그 실제적이고 시기적 연관성이 정확하게 드러날 수 있었다는 것을 의미하지도 않는다. 그보다는 예수님의 메시아로서 자기 선언 전체에 대해 '하나님 나라의 비밀이 주어지지 않은 외인들'(막 4:11)뿐만 아니라 제자들의 눈에도 어떤 베일이 가려져 있었다고 해야 옳을 것이다.

---

45) 참고. 제22항.
46) 참고. 제6항.

제자들의 눈에도 가리워졌다는 말은 특히 다니엘 7장과 이사야 53장의 연관성이라 부를 수 있는 것에 적용된다. 제자들은 베드로의 입을 통해 예수님의 메시아적 영광을 고백하기는 했지만, 그때 예수님께서 계시하신 그분 자신의 고난 받을 일에 대해서는 이해할 수 없었다(마 16:21 이하; 19:23; 막 9:32; 눅 18.34). 이러한 제자들의 인식 부족(눅 24:25)은 예수님의 임박한 고난과 죽음에도 해당되었지만, 그분의 부활에 대해서는 특히 더 했다.

마가복음 9장 10, 11-예수님께서 자신의 부활을 가르치셨을 때 제자들이 "죽은 자 가운데서 살아나는 것이 무엇일까?"라고 서로 묻는 모습을 보게 된다. 이 말은 그들이 이전에 죽은 자의 보편적 부활에 대해 들은 적이 없었다는 뜻이 아니다(참고. 막 12:18-27). 그것은 그들이 "인자가 죽은 자 가운데서 살아나는 것"이 무엇을 의미하는지 이해하지 못했음을 의미한다.[47] 그런 후에 그들은 (이 부활이 있기 전에) 엘리야가 먼저 와야 하지 않느냐고 물었다.

이런 질문으로 보아 그들은 '부활'이 만물의 절정, 즉, 최후의 대부활 때 발생할 부활 이외의 다른 것을 의미할 수 없다는 생각을 가지고 출발한 듯하다. 유대인들의 미래관에는 엘리야가 메시아의 도래와 연관되었기 때문이다. 결과적으로 볼 때 제자들은 그리스도의 부활과 파루시아 사이의 관계를 깨닫지 못했다. 이 사실은 비단 마가복음 9장 9, 10절과 마태복음 17장 9, 10절에만 나타나는 것이 아니라 예수님께서 죽은 자 가운데서 부활하신 사실 앞에서 깜짝 놀라는 그들의 모습을 볼 때도 분명해진다.

이 모든 사실은 여호와의 종의 죽음, 부활과 인자의 파루시아 간의 연관성이 예언들 속에는 나타나지 않았었다는 사실을 입증해 준다. 그 결과 그 관련성은 유대교의 미래 기대 속에 들어있지 않았으며, 예수님의 제자들마저 그분이 죽은 자 가운데서 살아나시기 전까지는 그 사실을 이해하고 받아들이지 못했다. 이러한 인식 부족은 복음서에 나타나는 바, 스스로 '미련하고 선지

---

47) 참고. M. J. Kagrange, *Evangile selon St. Marc 6*, 1942, p. 234.

자들의 말한 모든 것을 마음에 더디 믿는 사람들'이 되게 한 제자들의 주관적인 성향 탓도 있지만(눅 24:25), 한편으로는 예수님께서 높아지시기 전에 주어진 그분의 자기 계시의 성격 때문이기도 하다.**48)**

예수님께서 제자들에게 자신의 임박한 고난과 죽음 그리고 부활을 알리실 때 분명히 드러난 사실은 그들이 그 의미를 이해하지 못했을 뿐만 아니라 예수님께 묻기조차 **두려워했다는** 사실이다(막 9:32). 이렇게 그분의 죽음에는 베일이 둘러져 있었으며, 그것은 그대로 남아있었음이 분명하다.**49)** 누가복음 9장 45절의 내용은 이렇다.

"저희가 이 말씀을 알지 못하였나니 이는 저희로 깨닫지 못하게**50)** 숨김이 되었음이라 또 저희는 이 말씀을 묻기도 두려워하더라"(참고. 눅 18:34).**51)**

이 모든 사실은 예수님의 입장에서도 그들에게 자신의 미래를 충분히 알리지 않으셨다는 의미이기도 하다(참고. 요 16:12). 주님은 부활하시기 전에는 '그들의 마음을 열지' 않으셨다(눅 24:45).**52)**

이 사실들은 여기서 논의하고 있는 내용에 방향을 제시해주는 중요한 지적들을 내포하고 있다. 예수님께서 자신의 미래에 관해 언급하신 예언들에는 처음부터 두 가지 '경향'과 같은 문제가 있는 것이 사실이다. 그 중 하나는 그분의 죽음과 부활에서 끝나고, 다른 하나는 그분의 파루시아에서 끝난다.

---

48) 참고. 필자의 *Zelfopenbaring en Zelfverbeging*, 1946, pp. 42, 86
49) 참고. Lagrange, *op. cit.*, p. 244. "그러므로 예수님께서는 제자들에게 친히 고난 당하실 이유를 낱낱이 설명하시기보다는 그냥 일반적인 예언을 하시는 것으로 만족하신 듯하다. 오직 후에야 제자들은 비로소 이 모든 일들을 이해하게 될 것이었다."
50) ινα(hina). Greijdanus는 이렇게 말한다. "여기서 ινα를 결과적 용법으로 사용하여 '그래서'라고 해석할 수도 있겠지만, 그와 아울러 목적적 용법으로 사용하여 '위하여'라고 해석할 수 있다. 그러면 본문은 '그들로 하여금 깨닫지 못하게 숨김이 되었음이라'(개역성경의 번역과 일치함)로 번역하게 된다. 이는 본문에서 하나님의 섭리와 의도도 함께 봐야 하기 때문이다," Lucas, I, p. 439.
51) 참고. Greijdanus. "이 말씀을 하신 주님께는 장엄한 기운이 감돌았으며, 제자들은 주님의 그러한 태도에 압도되어 그 말씀의 의미를 감히 물을 용기를 잃고 말았다," *op. cit.*
52) 참고. 그리스도께서 부활 이전에 하신 미래 예언의 잠정적 성격에 관한 Michaelis의 견해, *Der Herr verzieht nicht die Verheissung*, 1942, p. 29.

이 두 경향은 각각 저마다 기원을 두고 있으며, 여러 경우에 있어서 나란히 남아 있다.

그렇다고 해서 그것을 모순이라고 해서는 안 되며, 부활과 파루시아가 동일한 사건을 가리키는 두 단어라고 생각해서도 안 된다. 그보다는 인자로서 가지신 그리스도의 영광과 그분의 고난과 죽음이 결합된 것은 그분이 무덤에서 부활하시기 전에는 감추어져 있었고, 제자들도 어쨌든지 한 경향(즉, 예수님의 사 53장에서 따른 자기 계시)이 다른 경향(단 7장에 따른 계시)과 서로 교차한다는 사실을 이해하지 못했다고 해야 옳다.

그분의 고난과 죽음 그리고 부활이라는 대드라마는 현재와 대미래 사이의 예기치 못한 그리고 이해할 수 없었던 중간 극이었다. 물론 예수님의 고난과 죽음에 관한 언급에는 모두 사흘만에 부활한다는 선언과 관련된 말씀이 수반되는 것이 사실이다. 그러나 부활의 의미는 제자들로서는 풀 수 없는 신비로서 감춰져 있었다. 그리고 예수님께서 자신을 요나에 비유하여 말씀하셨다는 것 또한 사실이다.

"요나가 밤낮 사흘을 큰 물고기 뱃속에 있었던 것같이 인자도 밤낮 사흘을 땅 속에 있으리라"(마 12:40, 참고. 마 16:4; 눅 11:29).

그러나 제자들의 입장에서 볼 때 이 말씀들은 일종의 수수께끼와 같은 성격을 띠고 있어서 장차 무엇이 일어날지를 알려주는 데는 조금도 설명되지 않았다.

마지막으로, 우리는 예수님께서 겟세마네로 가시며 하신 말씀과 천사들이 후에 그 말씀에 근거하여 하는 말을 지적해야 한다. 이 말씀들은 그분이 죽기 직전에 언급되었다.

"그러나 내가 살아난 후에 너희보다 먼저 갈릴리로 가리라"(마 26:32, 병행절, 참고. 마 28:7, 병행절).

이 말씀들은 그분이 죽기 직전에 언급되었다. 이상의 내용을 정리해 보면, 우리가 기록으로부터 판단할 수 있는 한도 내에서 부활이 파루시아에 앞서는 획기적인 시기 내에서 어떤 위치를 차지하고 있는지 제자들의 생각에는 여러 면에서 감추어져 있었다는 사실, 예수님 자신도 그들에게 그것을 깨닫지 않게 하시지도 깨닫게 하실 수도 없었다는 사실을 지적하지 않을 수 없다. 예수님께서 곧 죽으실 것이란 생각으로 인해 그들 속에 형성된 어두움이 그 죽음 이후에 있을 미래를 볼 수 없게끔 만든 것이다. 이것은 그들의 인식 부족에 원인이 있었던 것만은 아니었다.

예수님의 죽음은 아직 그것이 일어나지 않아 예수님과 제자들 모두가 경험하지 못한 상태에서조차 예수님을 철저히 버림받게 된다는 두려움으로 억눌렸고(마 26:37 이하, 그리고 병행절 27:46), 제자들도 사탄에 의해 동요되고 있었다(눅 22:31). 그것은 제자들의 생각을 가득 차지하고 있던 경험이었으며, 그들을 목자 잃은 양처럼 흩어 버리고(마 26:31), 신랑을 빼앗아가고(마 9:15), 제자들 중 그 누구도 극복할 수 없을만큼 믿음과 희망에 타격을 준 거침돌과 같은 사건이었다(마 26:31). 그래서 제자들은 예수님께서 부활하시기 전에는 아무도 그 상태에서 헤어 나올 수 없었다.

이 모든 사실은 그들이 장차 도래할 시대를 위해 그리스도께서 부활하실 때 받게 될 새로운 지향점을 잠시나마 전저으로 갖고 있지 않았다는 말과 같다.

여기서 두 가지 사실이 분명해진다(그리고 이 점들에 관심을 집중하는 것은 예수님의 자기 계시와 설교의 전체 구조를 통찰하기 위해 엄청난 중요성을 지닌다). 첫째, 예수님의 죽음과 부활, 그리고 그 일을 놓고 제자들에게 알리신 자기 계시는 그 이전 설교에 전적으로 새로운 방향 전환을 제시하는 것이 아니었다. 이는 예수님의 죽음과 부활이라는 사건이 단지 그분의 부활에 대한 몇 가지 산발적이고 이해할 수 없는 예언들에 일치하는 데 그치지 않고, **더 나아가 그리스도의 오심으로 인해 시작된 성취의 예비적 성격이라는 거대한 주제에 대한 유기적인 결론을 형성하고 있기 때문이다.**

이것은 세례 요한이 식별할 수 없었던, 그리고 마태복음 13장, 16장 18절, 20장 28절, 26장 28절을 통해 면면히 흐르는 '맥'의 절정이다. 그 중 분명한

'이정표'가 되는 사항들만 언급하자면 다음과 같다. 천국은 씨와 같이 임할 것이다, 인자는 씨 뿌리는 자와 같다, 그 설교는 계속해서 집중적이고도 광범위한 결과를 맺고 있다, 하나님의 백성은 계속해서 모아지고 있다, 속죄가 치러졌다, 언약의 피가 '많은 사람'들을 구속하기 위해 흘려졌다 등이다.

그 성취는 예수님의 오심과 함께 시작되었다. 하지만 그것이 아직 만물의 완성은 아니다. 비록 신적이고 역동적이긴 하지만 이렇게 잠정적이고 신비적인 메시아의 성취는 십자가와 부활로 나아간다. 그 안에서 천국의 비밀은 가장 찬연히 드러나기도 하지만 가장 어둡게 가려 있기도 하다. 그러나 십자가와 부활 사건이 실현된 뒤에는 이전에 귀에 대고 속삭여지던 그 비밀이 지붕 꼭대기에서 선포될 수 있게 되었다.

따라서 마태복음 28장 16-20절이 제시하는 시각은 미래에 덮여져 있던 베일이 오직 예수님의 죽음에 의해 벗겨지는 사실을 인정하는 한도 내에서 새로운 지향점을 제시해준다. 그러나 그것을 예수님의 설교 영역 바깥에서 생긴 '부활 신학'으로 여겨서는 안 된다. 그리스도의 부활로 밝혀진 모든 사실은 그 당시 사람들의 기대와는 대조적으로 예수님의 하나님 나라 설교 전체가 출발점으로 삼고 있는 새로운 전제들에 근거한다. 예수님의 설교에 나타난 미래에 대한 지상적인 시각을 논할 때 반드시 충분하게 고려해야 할 것도 바로 이 전제들이다.

물론 이런 시각(부활로 인해 하나님 나라의 현재와 미래가 조망된다는 시각)은 부활 이전에는 분명한 어조로 언급되지 않는 것이 사실이다. 그러나 하나님 나라의 미래적 조망은 이 책 앞부분에서 그리스도 안에서 도래한 것이 임시적인 성격을 띤다고 언급하면서 다룬 모든 내용에 분명히 나타나 있다. 그러므로 세상을 위한 시간의 연속은 마땅히 발생하고 앞으로 드러나게 될 일이 된다.

이러한 복음의 전체 내용을 좌우하는 기본 주제는 역사의 대전환점이 인자의 파루시아와 같은 먼 장래에서 뿐만 아니라 이미 그리스도의 오심에, 특히 그분의 죽음과 부활에 놓여 있다는 사실을 내포한다. 이것이 기본적인 주제인 이유는 예수님의 참되고 현재적인 메시아직에 기초하기 때문이다. 이것이 바로 부활과 더불어 시작하여 파루시아까지 이어지는 중간기가 미래를 지향할 뿐만 아니라 이미 발생한 과거를 지향하기도 하는 이유이다.

이 중간기는 잠정적 성취가 성취되어 가는 현재이다. 즉, 그것은 기다림의 시기이며 아직 성취되지 않은 시기이기다. 그리고 성취의 복음이 전파되고 '많은 사람들'이 그리스도의 고난과 죽음의 열매들에 참여하는 성취의 시기요 교회로 함께 모이게 하는 은혜의 시기이다. 이 성취의 시기의 길이를 뚜렷하게 제시해 주는 말씀이 있는 것은 아니다. 그러나 복음 설교에서 예수님의 고난과 죽음이 핵심적 위치를 차지한다는 사실과 신약의 교회가 세워졌다는 사실은 성취의 시기가 그리스도의 죽음과 더불어 끝난 것이 아니라 그 사건에서 출발점과 전제를 갖는다는 의미가 명백히 내포되어 있다.

그러므로 쿨만이 공관복음에서 시간의 중심은 유대교에서처럼 더 이상 미래(즉, 새로운 시대의 시작으로서의 파루시아)에 놓여 있지 않고 과거, 즉, 그리스도의 오심과 사역 안에 놓여 있다고 주장하는 것은 옳다.53) 그것이 바로 파루시아 문제가 더 이상 유일한 문제가 아닌 이유이며, 천국 복음 설교가 주로 지향하고 있는 것이 미래가 아닌 예수 그리스도 안에서, 특히 시간과 율법과 예언의 성취로서 그분의 죽음과 부활에서 일어난 일을 지향하고 있는 이유이다. 이런 내용들이 예수님께서 부활하시기 이전에 하신 모든 설교에서 비밀 해석에 관하여 부활 사건이 제시해 주는 **첫 번째** 큰 계시이다.

부활 사건이 제시해주는 **두 번째** 계시는 '첫 번째 계시와 동일하다'고 해도 무방한 것으로서, 예수님의 미래 예언(파루시아에 대한 예언)에 담겨 있는 '두 번째 맥'이 십자가와 부활에서 첫 번째 맥(부활만을 가리키는 듯한)과 교차한다는 사실이다. 부활은 여러 면에서 그 이전에는 감추어져 있던 사실을 밝혀 준다.

---

53) *Christus und die Zeit*, p. 71(참고. pp. 126ff; *Le retour du Christ*, pp. 25ff. 참고. 그의 논문 *Das wahre durch die ausgebliebene Parusie gestette neutestamentliche Problem* (Buri에 대한 반론), in. *Theologische*, 1947, pp. 177ff; Kümmel, *op. cit.*, p. 95.

다시 말해서, 부활에는 **여호와의 고난의 종으로서 예수님의 높이우심과 하늘과 땅의 모든 권세를 부여받은 인자로서 그분의 영광 사이에 친밀하고도 뗄 수 없는 연관성이 맺어져 있다.**

이러한 연관성은 비단 하나님께서 예수님을 부활 승천시키시어 자기 우편에 앉히시고 **주와 그리스도**가 되게 하셨다고 분명히 언급하는 이유로 종종 인용되는 사도행전 2장 36절과 같은 구절에만 나타나는 것이 아니다. 그 연관성은, 즉, 그리스도 자신으로서 부활이 다니엘 7장이 말하는 그러한 권세를 친히 부여받았음을 의미함을 인식하셨다는 사실은 "하늘과 땅의 모든 권세를 내게 주셨으니"(마 28:18)라는 부활 이후의 말씀에서 좀더 명쾌히 표현된다.

이 말씀을 다니엘 7장 14절의 예언을 염두에 둔 것으로서, 그 예언 내용뿐만 아니라 그 단어들 자체를 사용하여 하신 말씀이다.

부활은 많은 고난을 당하고 버림 받아야 했던 여호와의 종의 승귀(昇貴)이다. 그러나 그것은 인자의 권세가 철저히 여호와의 종이 스스로를 내어준 일에 기초한다는 사실을 드러내 준 사건이기도 하다. 이 사건은 '구름타고 오실' 대미래를 미리 예시해 준다. 부활하신 예수님의 말씀에는 제자들에게 기도할 것을 가르치는 하늘과 땅 사이에 조화(마 6:10)를 알리는 메아리가 이미 담겨 있기 때문이다.

물론 예수님께서 이미 이 땅에 계시는 동안에도 인자의 권위를 지니고 계셨던 것이 사실이다(마 9:6 등). 그러나 "내게 주셨으니"(부정 과거인 ἐδόθη)란 구절은 예수님께서 땅에서 메시아로 계시된 방법에 변화가 일어난 사건을 가리킨다. 이제 그분의 신분과 영광은 다니엘 7장에서 "인자 같은 이가 하늘 구름을 타고 와서 옛적부터 항상 계신 자에게 나아와 그 앞에 인도되매 그에게 권세와 영광과 나라를 주고"란 표현으로 인자에 대해 말하고 있는 내용과 일치한다.[54]

---

54) 참고. Schniewind, *Matth.*, p. 271; *Auslegung von Matthäus* 28:16-20, p. 13; O. Michel, *Menschenson und Völkerwelt*, in. *Evang. Missions Zeitschrift*, 1941, pp. 257ff.

한 걸음 더 나아가 장차 인자의 파루시아와 함께 나타날 세상의 대 재난과 만물을 새롭게 함을 상징하는 일들이 예수님께서 죽으실 때 그리고 죽음에서 살아나신 후 뒤이어 발생했다는 사실을 덧붙여 말하지 않을 수 없다. 성전에 심판이 내려지고("성소 휘장이……찢어져 둘이 되고"), 종말에 있을 세상의 격동이 나타났고("땅이 진동하며 바위가 터지고"), 죽은 사람들이 다시 살아난 일이 있었다("자던 성도의 몸이 많이 일어나되," 마 27:51-53, 참고. 45절. "온 땅에 어두움이 임하여"). 55)

이 모든 사건들은 부활과 장차 도래할 인자의 파루시아 간의 연관성을 가리켜 준다. 이 사실에서도 부활은 예수님의 자기 계시와 미래에 대한 그분의 예언에 담겨 있는 두 가지 다른 '맥' 사이의 연관성을 밝혀 준다. 예수님께서 죽임을 당하시기 이전에 하신 예언들 안에는 그분의 파루시아가 고난 받고 죽임 당하는 여호와의 종의 부활과 구분되었었다. 그러나 이제 부활하신 후에는 이미 부활 사건 안에서 임시적으로 실현된 파루시아를 부활과 떼어놓고 생각할 수 없게 되었다.

45. 지향점으로서 대미래

기본적으로 예수님의 부활과 파루시아에 관한 예언은 하나의 통일성을 이룬다는 사실이 분명해졌다. 인자의 파루시아에 대한 예수님의 선언은 부활로

---

55) '철저 종말론'을 옹호하는 사람들은 이 기사를 다음과 같이 설명한다. 예수님의 죽음과 부활의 종말론적 의미에 관한 원래 기독교의 기본 교리와 어긋나게 새 시대를 열어 줄 사건들이 발생하지 않자 원래 기독교 교회의 임박성 기대는 예수님께서 죽을 때 어쨌든지 임박한 종말을 분명히 선언해 줄 유사한 징조들이 발생했다는 가정을 필요로 하게 되었다; 참고. Werner, *op. cit.*, p. 90; Buri, *Die Bedeutung der neutest. Theologie*, p. 26. 부리는 이 징조들을 '기대되던 최종적인 우주적 재앙 중 유일하게 남은 것들'이라고 부른다. 이 해석의 중대한 취약점은 복음서 그 어느 부분에서도 예수님의 죽으심과 더불어 우주적 최후의 대재앙이 시작될 것이라는 기대를 지적해 주는 예가 없다는 사실이다.

써 이미 임시적으로 성취되기까지 했다. 그렇다고 해서 예수님의 종말론적 말씀들에서 모든 관심이 하나님 나라의 궁극적이고도 결정적인 도래를 지향하고 있다는 사실을 간과해서는 안 된다.

이미 예수님의 이적과 관련하여 살펴본 바와 같이, 그분이 설교를 시작하실 때는 성취의 실체성이 크게 강조되었었지만, 공관복음의 케리그마(설교) 후반부에서는 모든 관심이 다시 미래로 집중된다. 이 후반부에서는 하나님 나라의 도래가 아직 오지 않은 것처럼 전적인 미래의 의미로 언급되며, 인자의 파루시아(파루시아란 단어가 재림이 아닌 단순한 도래를 의미한다는 사실을 유념하라!)는 마치 그분이 오직 미래의 인물인 것처럼 언급된다.

이러한 '맥'은 복음서 말미의 종말론적 말씀들에서, 이른바 공관복음의 묵시록에서, 그리고 그 부분에서 소개되는 미래에 관한 비유에서 절정에 이른다. 하지만 만일 지금 논의하고 있는 종말론적이고도 묵시론적인 선언들에서 예수님의 설교 가운데 그처럼 지배적인 위치를 차지하는 성취라는 큰 동기를 망각한다면 복음의 통일성을 제대로 깨닫지 못하게 될 것이다.

그것과 아울러 부활의 관점에서 파루시아에 앞서 존재할 세상의 시간, 세상의 새 시대, 즉, 성취의 시대를 바라봐야 한다. 그러나 상황이 이렇다고 하더라도 장차 도래할 새 시대에 관한 예수님의 말씀에 내포되어 있는 대지향점은 다른 무엇보다도 아직 성취되지 않은 인자의 파루시아에서 찾아야 한다는 사실에는 변함이 없다.

이것은 예수님께서 설교하신 하나님 나라의 미래라는 전체 문맥을 놓고 볼 때 그리 새삼스러운 것이 아니다. 예수님께서 초기에 하나님 나라의 도래를 선포하실 때 보이셨던 대전제는 그 성취가 오직 시작되었을 뿐이며, 따라서 임시적인 성격을 띤다는 것이다. 동일한 사실이 예수님의 부활과 더불어 시작된 새 시대(aion)에도 해당된다. 새 시대는 마귀들이 무저갱에 던져지기 '이전의 시대'이다. 죽은 사람들이 무덤에서 일어나고 세계가 새롭게 될 대갱신의 날, 만물이 새롭게 되는 날에 대해서는 단지 **상징들**과 **증거들**만 제시되었을 뿐이다.

그러나 여기서 괄목할만한 진보를 볼 수 있는데, 그것은 부활 이후 복음이 부활 사건 이전에 설교 되었던 내용을 가리고 있던 베일을 벗겨내었고, 따라서 복음은 이제 예수님께서 십자가 위에서 치르신 제사에 근거한 **성취의 복음**으로서 충분히 전면에 나서서(참고. 마 17:9) 이스라엘뿐만 아니라 온 세계에 선포되고 있다는 사실이다. 더구나 장차 오실 이는 물로만 아니라 성령으로 세례를 주실 것이라는 세례 요한의 예언이 임시적으로 실현되고 있다(행 1:5). 그러나 그 나라는 지금도 오직 믿음으로 말미암아 받을 수 있는 복음(막 16:16)과 똑같은 방식으로 온다.

그리고 그 나라에 의해 실현될 완성은 저급한 상태에서 높은 상태로, 또는 적은 것에서 많은 것으로 발전하는 역사적 발전의 성격을 띠는 것이 아니라, 아직도 기다려야 하는 인자의 권능의 역사에 의해 실현되는 성격을 지닌다.

또한 예수님께서 제자들의 삶과 활동(그리고 그들 안에서 교회의 삶과 활동)을 그 나라가 도래함에도 불구하고 나라가 올수록 더욱 드세지는 세상에 남아 있는 강력한 배척의 상황과 관련하여 제시하실 때도 그것은 성취라는 큰 주제와 상치되지 않는다. 특별히 마태복음 10장에서 제자들을 파송하실 때 하신 말씀의 후반부와 미래에 관한 말씀들에서(마 24:9, 13; 막 13:9-13; 눅 12:11, 12; 14:26; 21:12-17, 19), 그리고 제자들로서 그들이 당할 상황에 대해 말씀하실 때마다 그 사명과 상황은 위험하고 협박하는 것으로 묘사된다. 예수님께서는 이미 산상설교 중 팔복을 말씀하실 때 제자들이 그들보다 먼저 이 땅에 왔던 선지자들처럼 모욕과 핍박을 당하게 되리라고 말씀하신다(마 5:11, 12).

그리고 이 예언은 복음서 전반에 걸쳐 발견된다. 양의 옷을 입었지만 속은 노략질 하는 이리인 거짓 선지자들이 그들에게 나올 것이다(마 7:11 이하). 제자들은 이리 가운데 양처럼 보냄을 받는다. 그리고 제자들은 예수님 때문에 모든 사람들에게 미움을 받을 것이기에, 사람들이 그들을 잡아 공회에 넘겨주는 일이 있을 것이기에, 그들은 사람들을 삼가야 한다. 제자들의 주님이 당했던 모든 일을 그들도 당하게 될 것이다. 이는 제자가 그 스승보다, 또는 종이 그 상전보다 높지 못하기 때문이다(참고. 마 10:16-25).

그것이 제자들이 가장 사랑하는 친족일지라도 그들에게 부여된 십자가를 지기 위해서 모두 희생할 각오가 되어 있어야 하는 이유이다(마 10:37 이하; 16:24 이하; 19:29 이하). 제자들은 예수님의 이름을 위하여 장차 환란에 넘겨져(마 24:9) 법정과 회당에서 매 맞고 관장과 임금들 앞에 설 것이며(막 13:9 이하), 심지어 죽임을 당하기까지 할 것이다(마 24:9). 아무데서도 제자들이나 장차 올 교회에 세상의 정복자나 지배자의 역할을 부여하지 않는다. 물론 현세에서도 그들의 자기 희생과 고난에 대해서 보장, 즉, 그들과 뜻을 같이 하는 이들의 사랑과 긍휼을 약속받는 것이 사실이다. 그러나 그들은 핍박을 겸하여 받는다(막 10:29, 30).

또한 예수님의 명령에 순종하고 또 그대로 전하는 사람들에게는 이 땅에서의 삶을 위한 보호와 은혜의 능력을 베푸는 것이 분명하다(마 5:13; 눅 14:34, 35; 막 9:50). 그리고 제자들은 이러한 기대를 가지고 민족들에게 복음을 전할 수 있다(마 28:18). 그러나 그들은 전 세계를 기독교화 한다는 어떤 약속도 받지 않으며, 어떤 신정 정치에 대한 청사진도 받은 바 없다. 오히려 그보다는 고난 중에서 인내해야 할 필요성(마 10:22; 24:13; 막 13:13; 눅 21:19), 분명한 해결책이 없어도 낙망하지 않고 기도해야 할 필요성(눅 18:1-8), 깨어 있어야 할 필요성(마 24:44; 25:13), 신실하고 경성해야 할 필요성(눅 21:34 이하)이 강조된다.

이와 밀접한 관련 속에서 제자들과 교회의 삶과 운명은 거듭해서 종말론적 견지에서 언급된다. 장차 인자가 오신다는 사실이 그들의 투쟁과 역경 전체를 좌우하는 배경이 된다. 그것이 바로 핍박받을 때 제자들의 위안이며(마 10:23), 그들이 끊임없이 기도하는 비밀이며(눅 18:1, 8). 그들이 인내할 수 있는 동기이며(마 10:22), 깨어서 성실하게 일하도록 하는 권고이다(눅 21:36).

물론 인자의 파루시아가 미래 사건이라고 해서 다른 구-뚜렷하게 언급되어 있는 제자들의 사명이 말소되는 것은 아니다. 더구나 제자들이 의거하여 살아야 할 규범은 동일하게 남아 있다. 생명에 대해서, 이 땅에 대해서, 문화에 대해서 충성을 다하는 일에는 어떠한 '중간기의 윤리'나 '예외 규정'이 허용되지 않는다. 예수님께서 제자들에게 그들의 지침으로, 즉, 창조주시요 세상을 보존하시는 하나님의 율법으로 확고히 설정해 주시는 것은 '율법과 선지자들'로서, 생명을 유지하고 발전시켜 가도록 하기 위해 주신 것이다. 그러므로 복음은 철저 종말론의 생각처럼 생명을 누리라고 주시는 그 시간 속에서 생명을 굳게 붙들어 준다.

마찬가지로, 복음은 이 땅을 장차 하나님의 계시가 나타날 영역으로 명명한다. 그러나 모든 것은 이 세상이 잠정적이고 현세적이라는 커다란 조건 속에 종속되며, 제자들은 인자의 오심을 그들의 발길을 향하고 희망과 꿈을 건설해 가야할 진정한 미래의 사건으로 배운다.

여기서 중요하게 봐야 할 것은 특히 복음서 후반(그리고 그 이전에도)에 소개되는 인자의 오심에 대한 언급이 확고하고 실제적 중요성을 띠는 어떤 사건으로 반복되어 나타나는 사실이다. 이 미래에 대한 시각이 얼마만한 기간을 포함하고 있는지는 어느 곳에서도 암시하고 있지 않다. 반면에 예수님의 말씀을 듣는 사람들은 하나님께서 '속히' 그들에게 의를 행하실 것이라는 확신으로 위안을 받으며(눅 18:7), 아울러 정신 차리고 깨어 있으라는 권고를 받는다(마 25:1 이하).

이러한 대미래와 현재 간의 직접적인 연관성이 공관복음 종말론의 문제이며, 특히 우리가 복음의 통일성을 견지하면서 이 책 앞부분에서 규명한 성취 주제를 충분히 바르게 해석하고자 할 경우에는 더욱 그러하다. 쿨만, 큄멜, 리흐텐, 그리고 그 이외의 사람들[56)]은 복음서에 있는 **성취**에 관한 분명한 선언들의 관점에서 볼 때 종말론적 미래의 관점 안에 '기간'이 짧게 설정된 사실을 그리 중요하게 생각할 필요가 없다고 주장해 온 것이 사실이다. 그러나

---

56) 참고. 제43항.

우리는 복음의 '현재성' 과 인자의 파루시아 간의 직접적인 시기적 연관성이 몇몇 개별적 선언들에만 한정되어 나타나는 데 그치지 않고 거듭해서 예수님의 나라에 관한 모든 말씀의 전제인 것으로 보이는 사실을 대하고 있다.

여기서 제기된 문제들을 정확히 볼 수 있는 시각을 얻으려면 단지 몇몇 한정된 구절만 놓고 볼 것이 아니라 인자의 파루시아와 그에 앞서 일어날 상징들과 묵시적 현상들을 모두 포함하여 예수님께서 미래에 관해 상세하고도 분명하게 묘사하시는 전체의 상(像)을 면밀히 조사해야 할 필요가 있다.

46. 시대를 분별함

과연 예수님의 종말론적 선언들이 각각 통일성과 연관성을 지니고 있는지에 대해 갖가지 의문이 제기된다. 어떤 해석가들은 그 나라가 도래하기 전에 발생할 상징들과 인자의 파루시아에 대한 기록을 검토해 보면 복음서에는 뚜렷한 모순 하나가 발견된다고 주장한다. 그들은 복음서의 어떤 부분에는 종말의 임박성을 추론해 볼 수 있는 징조에 대한 사상이 전적으로 배제되고, 파루시아가 갑자기 인성을 취하는, 전혀 예기치 않은 사건으로 묘사된다고 주장한다.

이런 견해를 뒷받침하기 위해 그들은 예수님께서 인자의 날에 대하여 묘사하신 것과 그 나라가 "여기 있다 저기 있다"(눅 17:21-23)고 말하는 사람들의 거짓 위협을 경계하라는 말씀을 지적한다. 오히려 예수님께서는 이러한 '징조들의 종말론' 과는 대조적으로 사람들이 임박한 재앙을 깨닫지 못하고 먹고 마시고 할 때 닥친 홍수와 소돔의 멸망과 비슷하게 임할 파루시아의 급작성을 강조하고 계신다고 주장한다.

그들의 말에 의하면, 이 파루시아에 관한 묘사에는 세세한 징조들이나 미리 경고해주는 사건들이 있을 여지가 없으며, 또한 파루시아에 대한 묘사는 종말에 들어서게 하는 모든 종류의 묵시적 격동(이를테면 막 13장에 언급된 것 같은)[57]과 전적으로 대치된다. 따라서 어떤 해석학자에 따르면,[58] 그러한 묵시적 격동은 사람들에게 가만히 먹고 마시게 할 기회를 주지 않는다고 확실하게 말할 수 있다.

이런 견해에 근거하여 많은 저자들은 특히 마가복음 13장(마 24장, 눅 21장)에 소개되는 다소 가공된 '공관복음의 묵시록'이 예수님께서 직접 말씀하신 내용임을 부인하는 쪽으로 기운다. 그리고 그들은 세세한 묵시적 배경 없이 종말에 대해 말하는 구절들만을 자료로 삼는다.

따라서 우리는 여전히 마가복음 13장의 '신빙성'에 반대하는 견해들을 다루어야 한다. 그러나 이번에는 누가복음 17장 22절 이하(번개의 번쩍임 같이 임할 파루시아와 그 이전까지 사람들의 무관심에 관한 내용)의 선언이 마태복음 24장 26-28절, 37-41절에도 소개된다는 사실을 지적하고자 한다. 이로 보건대, 복음서 저자들은 파루시아의 급박한 도래와 그 이전까지 사람들의 무관심이 같은 장에서 언급되는 파루시아에 앞서 일어날 징조들과 사건들과 상치되는 것으로 생각하고 있지 않다. 그렇더라도 예수님께서 파루시아를 번개의 번쩍임과 비교하시는 것과 "여기 있다 저기 있다"고 하는 것을 배척하시는 것은 좀더 상세히 검토하는 것이 마땅한 일이라고 생각된다.

여기서 논점이 되는 것은 특히 누가복음 17장 20, 21절에 나오는 선언들로서, "하나님 나라가 어느 때 임하나이까"라는 바리새인들의 질문에 대해 예수님께서 대답하신 말씀이다.

"하나님 나라는 볼 수 있게 임하는 것이 아니요 또 여기 있다 저기 있다고도 못하리니 하나님 나라는 너희 안에 있느니라."

그런 다음에 번개의 번쩍임 같이 인자도 자기의 날에 그렇게 오리라는 말

---

57) 참고. H. A Guy. *The New Testament Doctrine of the "Last Things,"* 1948, p. 59. 그는 여기서 T. W. Manson에 호소하여 그렇게 주장한다.
58) 참고. C. H. Dodd, *The Parables of the Kingdom*, pp. 83, 84.

쏨이 이어진다(22-37절).

여기서 모든 문제는 "볼 수 있게 임하는 것이 아니요"라는 말이 의미하는 것이 무엇인지에 달려 있다. 사실 이 구절은 "그 나라의 도래를 인식하기 위해 반드시 전문적인 관측을 필요로 하는 것이 아니다"란 식으로 옮기는 것이 좋을 것 같다.59) 어떤 저자는 여기서 예수님이 하나님 나라가 이미 자신의 도래와 말씀과 사역과 더불어 시작되었던 까닭에 그 나라의 불가시성과 불감지성을 일반적인 방법으로 말씀하신다고 생각한다.60)

그러나 이 견해는 첫째, 만일 그 나라의 도래가 어떤 '가시성'도 띠지 않는다면 현재에 관한 한 이미 예수님의 일상적 설교와 일치하지 않는다는 점에서 옳지 않다(참고. 마 12:28 이하; 13:16 이하 등). 더 나아가 결코 간과할 수 없는 문제로서, 여기서 '보다'(paratereo)라는 말은 일반적 의미대로 감각적으로 인식할 수 있고 볼 수 있음을 가리키는 말이 아니라 매우 독특한 종류의 인식을 가리킨다. 이 단어는 별들을 관찰한다는 의미로도 쓰이는데, 따라서 본문에서 이 단어는 하나님 나라의 도래를 알려줄만한 모든 낱낱의 현상을 조심스럽게 관측하고 탐색하는 행위를 가리킨다.

우리의 견해로는 하나님 나라는 "볼 수 있게(세밀히 관측해야만 식별할 수 있게) 오는 것이 아니요"란 구절은 그 나라의 도래를 인식하기 위해서 꼭 그러한 관측이 필요한 것은 아니라는 뜻으로 받아들여야 한다고 생각한다.61) 이와 같이 해석하면 다음에 이어지는 "또 여기 있다 저기 있다고도 못 하리니"라는 구절과 의미가 잘 연결된다. 이 구절은 다음 문맥에서도 반복되는데(23절), 거기서는 다른 부분과 마찬가지로(막 13:21; 마 24:23) 인자의 날이 이미 왔다는 식으로 지레 단정하고 거짓 경고하는 일에 관계되어 사용된다.

예수님은 본문에서 유대인들 가운데 꼬리를 물고 발생해 온 메시아 운동들

---

59) μετα παρατηρησεως(메타 파라테레세오스).
60) 참고. Greijfanus, *Lukas*. II, p. 830.
61) παρατηρειν에 대해서는 눅 6:7, 14:1, 20:20 등을 참조하라.

과 소문들을 지적하고 계시다. 그 메시아 운동들은 민족적 메시아 이상에 뿌리를 두고 있으며, 종종 그 추종자들로 하여금 이 메시아 이상을 정확하게 이해하기 어렵게 만들어 놓았다. 바로 이런 현상을 "어느 때에"라고 묻는 바리새인들의 질문에서 엿보게 된다. 예수님께서 그들에게 하나님 나라와 메시아의 도래는 "볼 수 있게 임하는 것이 아니요"라는 말로 대답하셨을 때는 우리가 그 시기를 가리키는 징조들을 '주의' 할 필요가 없다는 뜻으로 말씀하신 것이 아니라 민족주의적인 메시아 대망의 추종자들이 지녔던 사상, 즉, 하나님 나라의 도래 **그 자체**는 '보는 사람들'의 눈을 잘 훈련하여야 감지할 수 있는 어떤 것이라는 생각을 배척하신 것이다.62) 하나님 나라는 그처럼 압도적으로 임할 것이기에 누가 따로 가리켜줄 필요도 없고, 의심할 수도 없다.63)

정확히 말해서 이 구절의 해석은 자주 논의의 대상이 되는64) 다음 구절이 어떤 방식으로 설명되는가에 달려 있다.

"하나님 나라는 너희들 중앙에, 또는 너희들 가운데(entos hymon) 있느니라."

이 구절 자체만 놓고 본다면, 이것은 예수님의 자기 인식을 가리키는 말로도 받아들여질 만하다. 그렇게 되면 이 구절은 "하나님 나라는 이미 너희들 가운데(among) 현존하느니라. 누구든지 볼 눈이 있는 사람은 더 이상 의심할 필요가 없다"는 의미로 번역될 수 있다.

이 해석은 예수님의 설교 체계 내에서 보자면 매우 그럴 듯한 것이 사실이지만 그것을 부인할만한 한 가지 중요한 사실이 있다. 즉, 이 문맥에 바로 이어지는 내용은 종말론적 상황 묘사인데, 그런 점에서 복음서 저자가 그 종말

---

62) 필자의 견해로는 바로 그것이 다음과 같은 네덜란드 성서공회의 번역이 본문의 의도를 정확히 포착하지 못하고 있다고 말할 수 있는 이유이다. *"Het Koninkrijk Gods Kommt niet zo'o dat het te berekenen is"* ("하나님 나라는 계산될 수 있는 방식으로 오는 것이 아니요"). Kümmel(*op. cit.*, II, p. 829)과 그 외 많은 저자들이 그렇게 번역한다.

63) Greijdanus, *op. cit.*, II, p. 829.

64) 이 주석들과 아울러 다음을 참조하라. W. G. Kümmel, *Die Eschatologie der Evangelien*, 1936, p. 13. 그리고 *Verheissung und Erfüllung*, p. 19.

론적 상황을 설명하기 위해 20, 21절을 접촉점으로 삼고 있는 것이 분명하다. 이 사실은 다음 절에서(인자의 종말론적 도래가) 동일한 착오(여기 있다 저기 있다 하는)를 반박하는 말씀과 함께 언급된다는 점에서 더 확실해진다.

그러므로 이런 관계 하에서 볼 때 20절과 21-예수님이 종말론적 미래로부터 이미 '성취된' 현재로 관심을 돌리고자 했다는 것은 생각할 수 없는 일이다. 이런 결론은 21절에 사용된 미래 시제("**못하리니**"-neither shall they say)에 의해서도 분명해진다. 따라서 우리는 "하나님 나라는 **너희 안에** 있느니라"라는 구절이 분명히 하나님 나라의 종말론적인 도래를 가리킨다고 본다.

"못하리니"(원문에는 이 말과 함께 이유를 뜻하는 gar, 즉, "왜냐하면"이란 단어가 이어짐)란 말에서 나타난 대로, 그 구절은 왜 그들이 "여기 있다 저기 있다"라고 말하지 못하게 될지, 그 이유를 설명해 준다. 그 나라가 임할 때 그것은 그들 중에, 즉, 더 이상 다른 지적이 필요치 않을 뿐만 아니라 그들이 현저하게 겪게 될 경험으로 임할 것이기 때문이다.

더 나아가 24절은 인자가 임할 것을 번개 이미지를 이용하여 언급한다. 사람들이 이 구절을 해석할 때 종종 '갑자기'란 말을 붙이기도 하지만[65] 본문에는 그런 단어가 들어있지 않을 뿐만 아니라 그 단어를 삽입하면 이 선언의 방향이 바뀌게 된다. 왜냐하면 이 문맥의 논점은 그 나라의 도래의 급작성이 아니라 착오 없이 압도적으로 임하는 성격에 있기 때문이다.[66] 따라서 우리는 본문 전체를 다음과 같이 의역할 수 있다.

---

65) Bultmann, *Jesus*, p. 39, "mit einen Schlage"('번뜩하여'). 참조 Kümmel, *Die Eschatologie der Evangeline*, 1936, p. 11; 그리고 *Verheissung und Erfüllung*, p. 19.
66) Strack-Billerbeck, *op. cit.*, I, p. 954(마 24:27에 대한 해석), "여기서 비유의 초점은 메시아 도래의 급작성이 아니라 모든 사람에게 예외 없이 임하는 심판의 거역할 수 없는 권세의 가시성에 있다." 그는 여기에 덧붙여 이렇게 말한다. 그리고 이것은 눅 17:20, 21의 취지에 대한 해석에 있어서도 중요하다. "이런 표현은 고대 유대 문학에서 찾아볼 수 없는 것이다. 거기서는 대부분 메시아가 이스라엘 백성들에게 자신을 왕과 구속자로 인정해주도록 설득해야만 한다고 되어 있다. 다른 전승에 의하면 과거에 알려지지 않은 메시아를 자기 백성에게 알리는 것이 엘리야의 사명 중 하나가 될 것이라고 한다."

"하나님 나라는 오직 전문적인 안목을 갖춘 사람들만 식별할 수 있는 방식으로 임하는 것이 아니요, 또 그 누구도 '여기 있다 저기 있다' 라고 말할 필요가 없으리니, 그 나라가 임할 때는 하나님의 권능적 대사건으로 너희들 가운데 있게 될 것이다!"[67]

누가복음 17장 20, 21절의 의미가 이렇다면 '징조들'을 배제하거나 그 징조들을 보지 못하도록 한다는 문제가 생길 수 없다. 그러므로 다른 본문에서도 예수님께서 '시대의 징조들'과 파루시아의 도래를 가리키는 사건들에 대해 분명히 언급하실 때 그 안에서 어떤 모순을 지적해내려는 시도는 불필요한 일이다.

또한 이 사실은 파루시아가 번개와 같이 임할 것이라는 말씀과도 모순되지 않는다. 왜냐하면 이 번개의 형태는 파루시아의 급작성을 가리키는 것이 아니라 모든 것을 포괄하고 한 치의 오차도 없는 파루시아의 성격을 가리키기 때문이다. 그리고 그때는 노아의 시대와 같이 임박한 재앙을 조금도 주의 깊게 생각지 않고 사는 많은 사람들이 있을 것이라는 사실도 앞에서와 같은 생각에 비추어 보면 마음을 불안케 할 요인이 하나도 없을 것이라는 증거가 되지 않느냐. 그 사실은 오히려 많은 사람들이 모든 경고를 한 귀로 흘려버리고 그들이 처한 상황의 심각성에 눈을 돌리지 않을 것임을 가르쳐 준다고 하겠다.

그러므로 예수님께서 날카로운 어조로 백성들과 그들의 지도자들을 책망

---

67) 이러한 번역과 해석에는 εντος υμων(엔토스 휘몬)이 강조된다(앞에서 거부했던 해석에서도 그러하다). 물론 다른 이들은 'εντος'를 '안에'(within)로 생각하기 때문에 이런 식의 번역을 거부하는 것이 사실이다. 그들은 그 나라가 내적이며 영적인 어떤 것이어서 사람의 마음속에 현재(現在)한다는 식으로 이해한다(참고. P. Feine, *Theologie des N. T*., 1936, p. 79; Dodd, *op. cit.*, pp. 83, 84). Luther의 번역도 그러하다. 이 번역은 본문의 종말론적 상황(위 내용을 참조하라)을 제거한다는 사실을 제쳐두더라도, 예수님께서 이 말씀을 하시는 대상이 바리새인들이라는 사실로 볼 때도 타당성이 없다. 더 자세한 내용은 Greijdanus, *op. cit.* 를 참조하라. 본문에서 εντος는 마음의 내적 상태를 가리킬 수 없으며, 다만 '너희들 중에, 너희들 가운데'란 의미로 사용된다. 본문에 εν대신에 εντος(이 단어는 신약성경에서 거의 쓰이지 않는다)가 사용된 것 자체가 본문의 의도가 무엇인지를 시사해 준다. 즉 본문의 의도는 너희들 가운데란 뜻이다. 참고. A. Sledd, *The Exposistory Times*, pp. 233ff.

하시는 원인은(눅 12:49-56; 마 16:2-3) 시대의 징조들을 분별하는 일에 대한 그들의 무관심에 있다고 하는 것이 옳다.**68)** 그들은 날씨 문제에 대해서는 자연현상을 보고 판단할 정도로 현명하지만, '이 시대'(ton kairon touton)나 '시대의 징조들'(ta semeia ton kairon)은 분별(dokimazein)하지 못한다. 예수님께서 말씀하시던 그 '시대' 또는 그 '시대들'의 구체적인 성격은 구원이 이미 그리스도와 더불어 그리고 그 안에서 도래했으며, 최후의 심판을 기다리고 있다는 사실이다.**69)** 그러므로 지금 도래하고 있는 것과 그 시대의 징조들에 특별한 관심을 기울여야 했다.

본문은 이 징조들이 무엇인지에 대해서는 분명히 언급하지 않는다. 하지만 그것이 의미하고 있는 것은 분명히 예수님의 사역 안에서(그리고 그 사역에 의해서) 계시되고, 종말의 징조들로 나타나게 된 모든 것임에 분명하다(참고. 마 12:38-42). 이는 예수님께서 이 땅에 불을 내리기 위해 오셨으며(눅 12:49 이하), 가장 친밀한 가족 사이일지라도 그 안에 파탄과 긴장과 분열을 갖다 주기 위해 오셨기 때문이다. 이러한 징조들은 그 시대의 성격이 예수님께서 여기서 언급하시는 예언(미 7:6), 즉, 하나님이 오신다는 선언**70)**대로 심판의 시대임을 알려 준다.

본문의 이러한 내용들은 예수님께서 유대인들의 유행에 따라 대미래의 **날짜 계산**에 대한 언질을 주시는 것을 뜻하지 않는다. 다만 예수님께서는 우리로 하여금 대미래가 가까이 오고 있음을 명심하라고 강하게 명령하실 뿐이다. 그리고 이것이 마가복음 13장의 대종말론적 설교의 주요 취지이기도 하다.

---

68) 마태복음의 이 구절이 원문인지의 여부는 아직 확증되지 않았다.
69) 참고. Grundmann, *TWB*, II, p. 259.
70) 친구들 사이의 불화, 그리고 사람들 사이의 분쟁은 유대 묵시 문학에서도 거듭 종말의 징조로 표현된다. 참고. Strack-Billerbeck, *op. cit.*, IV, 2, pp. 978ff.

47. 마가복음 13장의 종말론적 설교

1) 마가복음 13장(그리고 병행 본문)의 진정성

예수님의 오심과 더불어 나타난 '표적들'과 여전히 기다려지고 있는 '징조들'은 시대의 성격을 일종의 '위기'로 지적한다. 마가복음 13장에 그려진 종말론적 미래의 모습은 그 징조들을 훨씬 상세하게 묘사한다. 이 설교는 공관복음서[71])에서 제자들이 성전의 아름다움에 감탄하는 상황에 뒤이어 기록되어 있다. 예수님께서는 감탄하는 제자들에게 그 성전이 돌 하나도 돌 위에 남지 않고 다 무너뜨려지리라는 말씀으로 대답하신다. 그들이 감람산에 올라가 성전을 마주 대하고 앉았을 때 제자들(마가에 따르면 제자들 중 몇 사람)이 언제 그 일이 일어날 것이며 그 모든 일이 이루려 할 때에 무슨 징조가 있을 것인지 예수님께 물었다.

이 기사에 대해서는 공관복음 저자들 간에 약간의 차이점이 있다. 마가는 "우리에게 이르소서 어느 때에 이런 일이 있겠사오며 이 모든 일이 이루려 할 때에 무슨 징조가 있사오리이까"라고 기록한다(13:4). 누가복음 21장 7절에도 거의 동일한 어조로 이 질문이 제기된다. 그러나 마태는 "우리에게 이르소서 어느 때에 이런 일이 있겠사오며 또 주님의 임하심과 세상 끝에는 무슨 징조가 있사오리이까"라고 기록한다(24:3).

마가와 누가의 글에서 받는 인상은 제자들이 예루살렘의 멸망과 인자의 파루시아라는 대종말론적 사건을 동시에 발생할 사건으로 여기고 있는 듯하다는 점이다.[72]) "이 모든 일", "이루려 할 때", "징조들" 등이 단문(單文)으로 처리

---

71) 이 설교와 예수님의 예언적 종말론적 선언들에 대한 비평사(批評史)에 대해서는 F. Busch의 논문 *Zum Vertändnis der synoptischen Eschatologie; Markus 13 neu untersucht*, 1938을 참조하라.
72) 참고. Greijdanus, *Lukas*, II, pp. 982, 983; Kümmel, *Verheissung*, pp. 39ff.

되고 있는 까닭이다.73) 이에 반해 마태는 제자들의 질문을 상세하게 표현한다. 즉, "무슨 징조가 있사오리이까"라는 질문에는 메시아의 파루시아와 세상의 종말의 시작 이전에 성전이 파괴될 정도로 큰 재앙의 시기가 있을 것이라는 인식이 담겨 있다.74)

예수님께서는 이 질문을 자세한 미래 예언으로 대답하시되, 먼저 인자가 오기 전에 있을 재난에 대해 그리고 파루시아 자체에 대해 말씀하신다.

대부분의 비평 학자들은 이 설교가 예수님에 의해 행해졌다는 사실을 부인한다. 마이어75)에 의하면 이 설교 전체가 예수님과 상관이 없다. 클로스터만도 이런 판단에 동의한다.76) 그들 사회에서 이 설교는 교회가 유대 묵시 자료들을 편집한 것으로 간주되는 것이 보통이라는 것이다.77) 예수님께서 마가복음 13장 1-3절에 묘사된 상황에서 이 설교를 하셨음을 받아들이지 않는 주요 논지는 다음과 같다.

첫째, 14절에 독자들이 언급되는데, 이 사실은 분명히 본문이 어떤 기록된 (묵시적) 자료를 사용하여 제작되었음을 지적해 준다는 것이다. 둘째, 설교 본문 내용이 1-3묘사된 상황과 일치하지 않는다는 것이다. 1-3절은 성전 파괴를 언급하는데 설교 본문은 성전 모독을 종말의 징조로 언급하고 있기 때문이다. 셋째, 설교 본문 자체도 세부 내용이 서로 연결되지 않고 내적인 모순을 띠고 있다는 것이다. 본문은 전반적으로 종말의 시기와 징조들의 문제를

---

73) 참고. Hauck, *op. cit.*, p. 154, "συντελησθαι παντα는 여기서 실제로 전문 용어나 마찬가지이다."
74) 참고. Strack-Billerbeck, *op. cit.*, I, p. 949.
75) Ed. Meyer, *Ursprung und Anfange des Christentums*, I, p. 129.
76) *Markusev.*, p. 131.
77) Bultman, *Gesch. d. syn. Trad²,* I, p. 129, 그리고 다른 많은 이들도 그렇게 생각한다. 어떤 이들은 마가복음 13장의 설교를 한 체계의 유대 묵시 문학 자료로 생각하며, 다른 이들은 각각 여러 자료들을 추리고 종합한 내용으로 간주한다; Kümmel, *op. cit.*, p. 58, 그리고 Lohmeyer, *op. cit.*, pp. 270ff. 이보다 좀더 오래된 저작을 소개하자면, R. H. Charles, *A Critical History of the Doctrine of a Future Life²*, 1913, pp. 278, 284.

논하고 있는 반면 32절에서는 그것과 모순되게 세상의 종말은 아무도 모른다고 선언하기 때문이라는 것이다.

이런 상황은 본문이 유대적 요소와 기독교적 요소로 혼합되어 있음을 증명해 준다. 본문에 2인칭과 3인칭이 뒤섞여 사용되는 현상도 이 설교가 서로 다른 원문에서 이끌어 낸 자료들의 편집이라는 또 하나의 증거라는 것이다.[78]

그러나 자세히 분석해 보면 이런 논지들의 근거가 매우 빈약하며, 이 설교 원 내용의 기원을 예수께 두는 것을 부인할만큼 설득력을 지니고 있지 못하다.

첫째, 거듭 논쟁거리가 되는 14절에 대해서는,[79] 여기 언급된 "읽는 자는"(ho anaginoskon noeito)이란 단어를 복음서 저자나 본문에 사용된 기록된 자료(Vorlage)를 저자가 삽입해 놓은 주의 표시로서 설명할 필요가 전혀 없다고 이해하기도 한다. 오히려 그리스도께서 여기서 인용하신 다니엘의 예언에 주의를 집중시키기 위해 언급하신 의도적인 말씀으로 설명하는 것이 옳다.

물론 본문에는 다니엘이란 이름이 문자로 소개되어 있지는 않지만, 예수님께서 분명히 다니엘의 예언을 염두에 두고 계셨기 때문에 더 긴 설명 없이 '멸망의 가증한 것'에 대해 말씀하실 수 있었다는 사실을 부인할 수 없다. 이것이 바로 마태가 예수님의 이 말씀을 기록할 때 그것이 다름 아닌 다니엘의 글임을 상기시키기 위해 다니엘의 이름과 그곳에 나오는 권고("너는 깨달아 알지니라")를 언급하는 이유이다.[80]

따라서 마가복음 13장 14절도 같은 식으로 이해해야 할 것이다.[81] 비록 다른 이들이 생각하듯이 그 구절이 복음서 저자의 첨어(添語)라고 할지라도, 이 짧은 구절은 예수

---

78) 참고. Klostermann, op. cit.
79) Kümmel도 그러하다(op. cit., p, . 61). 그러나 큄멜은 Klostermann이나 Bultmann보다는 비교적 보수적인 견해를 지닌다.
80) 참고. Grosheide, op. cit., p. 288, 그리고 Schniewind, op. cit., p. 235.
81) 다른 곳에서 αναγινωσκειν은 특정한 성경 본문을 언급함 없이 그냥 구약성경을 읽는다는 의미로 사용된다 (참고. 막 2:25).

님께서 독자들로 하여금 이 말씀에 관심을 갖게 하여 위에서 언급한 사람들처럼 엉뚱한 결론을 이끌어낼 필요가 없도록 표시해 놓은 일종의 신호로 볼 수 있다.[82]

둘째, 이 설교의 도입부와 본론이 서로 모순된다는 주장에 대해 생각해 보자. 우리는 이미 앞에서 3절에 제시된 제자들의 질문이 성전 파괴에만 관계되는 것이 아니라 마지막 날의 종말론적 사건들에도 관계된다는 사실을 지적했었다. 그리고 설교 본문 자체에서 성전 파괴 내용이 다시 언급되어 있지 않지만, 그 내용과 특히 마가복음 13장 14절 이하에 묘사되는 내용은 종말에 있을 대재난의 사건들에 암시적으로 포함된다. 그러므로 본문에 언급된 예수님의 설교를 제자들의 질문과 무관한 내용을 다룬다고 말할 이유가 전혀 없다.

셋째, 예수님의 설교 내용이 내적으로 서로 모순된다는 반론의 경우에도 우리의 생각으로는 사정이 조금도 다르지 않다고 본다. 앞으로 설교 내용을 다루면서 복음서 저자들이 우리에게 전해진 복음서의 형태에 영향을 끼쳤을 가능성에 대해 생각해 보기는 하겠으나, 어떤 납득할만한 근거에서 그 설교를 예수님과 무관하다고 할 수 있는지 도무지 알 길이 없다.

좁은 의미의 공관복음의 묵시적 본문들의 원문성을 잘 인정치 않으려는 사람들도 본문이 예수님의 설교인 사실은 부분적으로 인정한다. 왜냐하면 예수님께서 복음서 다른 부분에서 말씀하는 것과 전적으로 일치하는 온갖 사항들이 이 설교 안에도 나타나기 때문이다. 이를테면 거짓 지도자들에 대한 경고(막 13:6, 그리고 병행절), 고난과 핍박에 관한 예언(13:9, 11, 13, 21-23, 그리고 병행절), 그리고 이런 일들을 보고 깨어 있을 것을 권고하는 말씀들이다.

적어도 그 내용만 놓고 보자면 동일한 사상이 다른 말씀들에서도 등장한다. 마태복음 5장 11절, 10장 28, 38절, 마가복음 10장 35절 이하, 8장 34절 등이 그 예이다. 여기서도 예수님은 제자들이 장차 받을 고난에 대해 언급하신다. 그리고 마태복음 7장 15절과 누가복음 17장 23-예수님은 제자들에게 미혹되지 말라고 경계하

---

[82] Schniewind는 마가복음 13:14을 그렇게 설명한다(*op. cit.*, p. 163). 참고. Lagrange, *op. cit.*, p. 341; Van Leeuwen, *op. cit.*, p. 237.

신다.

성전 파괴에 대한 예언의 경우도 마찬가지이다. 앞에서 여러 번 지적했듯이 이 예언은 사건 발생 후 기록된 예언이 아니다. 만일 그랬다면 성전이 방화(放火)에 의해 파괴되었다는 사실이 언급되었어야 할 텐데 본문은 다만 성전이 무너질 것만을 언급하고 있기 때문이다.[83] 뿐만 아니라 다른 문맥에서도 예수님은 성전이 파괴될 것에 대해 말씀하셨다(마 23:38, 참고. 막 14:57, 58; 요 2:19; 막 15:29).

예수님께서 이 묵시적 설교를 하셨음을 부인하는 마이어조차 돌 위에 돌 하나도 남지 않을 것이라는 예수님의 예언에 대해 "더 이상의 수식이 필요 없었다"고 인정하면서, 이미 제1차 성전 파괴가 있기 전에 성전이 파괴될 것이라고 외치고 다녔던 미가와 예레미야를 비슷한 예로 언급한다.[84]

마가복음 13장의 신빙성에 대한 본격적인 반론은 마지막 기간을 묘사하는 여러 선언들에 집중된다. 이를테면, 마가복음 13장 7, 8절과 병행절(민족들 간의 분쟁과 세계적 사건들), 13장 12절과 병행절(사람들 간의 상호 적대감), 13장 14-20절과 병행절(대환난), 13장 24, 27절과 병행절(인자의 도래) 등이다.

첫째, 이 선언들은 이후에 예수님께서 하신 말씀들 속에 더 이상 나타나시 않는다. 둘째, 이러한 시기의 징조들을 언급하는 선언들은 같은 문맥에서 깨어 있을 것을 권고하는 비유와 함께 언급된, 인자의 날은 아무도 모르며 무관심하고 깨어 있지 않는 사람에게는 그 날이 급작스런 사건이 될 것이란 말씀들과 철저히 모순된다. 그들은 이 두 가지 논지로써 본문을 제2차적인 유대적 기독교의 전승물로 간주한다.[85]

그러나 이러한 비평에 반대하면서 우리는 다음과 같은 사실을 주장할 수밖에 없다. 첫째, 두 번째 비평을 먼저 다루면, 마가복음 13장 전체를 조망해 볼

---

[83] 참고. Schniewind, *Markus*, p. 158; Kümmel, *op. cit.*, p. 59.
[84] *Ursprung und Anfänge*, I. p. 125. Kümmel에 의해 인용된 저서를 참조하라(*op. cit.*, p. 60).
[85] Kümmel, *op. cit.*, pp. 61, 62. 상세한 내용은 R. H. Charles, *op. cit.*, p. 379를 참조하라.

때 그날과 그때는 아무도 모른다는 구절 때문에 이른바 종말에 관한 묵시적 묘사와 깨어 있을 것을 권고하는 말씀들 사이에는 모순이 없다.

본문의 의미는 단순하다. 사람들이 종말이 가까이 왔음을 알려주는 모든 징조들을 보면서도 계속해서 마음의 거짓 평화 속에서 그리고 회개할 마음 없이 살 것이며(참고. 계 9:20, 21), 인자가 오리라는 사실을 받아들이지 않을 것이다. 더 나아가 그날과 그때는 아무도 모른다는 사실은 장차 살펴보게 될[86] 그러한 징조들에 관한 묵시적 묘사의 신빙성을 반박할 만한 아무런 논거가 되지 못한다. 왜냐하면 여기서 모른다는 것은 정확한 시점과 관계되기 때문이다.

이 묵시적 기록 자체에 대해서도 이것을 후기 유대 묵시 문학의 산물로 여길 수 없다. 오히려 예수님께서 자신의 설교에 끊임없이 일치성을 부여하신 구약성경 계시의 빛 안에서 그것을 봐야 할 것이다. 물론 우리가 유대 묵시 문학 내에 예수님의 미래 기대와 관계되는 사항이 내포되어 있다는 사실을 부인하는 것은 아니다. 묵시 문학이 구약성경과 일치되는 한, 묵시문학에는 예수님께서 언급하실 수 있는 모든 자료를 담고 있었다.[87]

그러나 유대 묵시 문학과 예수님의 교훈의 관련성을 충분한 근거를 가지고 말할 수 있을지는 매우 의심스럽다. 오히려 그 작품들의 일반적 성격과 경향을 아는 것은 다만 유대 묵시 문학과 마가복음 13장(그리고 병행 본문)에 소개된 예수님의 설교 사이의 엄청난 차이점을 발견하기 위해서 필요할 뿐이다. 유대 묵시 문학에 나오는 종말의 날짜에 대한 복잡한 사색들이나 기괴하고 세세한 묘사들은 모두 예수님의 설교에 낯선 것들이다. 더 나아가 예수님께서 그 작품들 속에서 빌려온 어떤 단 하나의 요소를 지적해내는 일은 구약성경에서 인용하신 요소들을 지적하는 것보다 훨씬 어렵다.

---

86) 참고. 깨어 있을 것을 가르치는 비유, 제49항.
87) 참고. W. O. E. Oesterley, *The Doctrine of the Last Things, Jewish and Christian*, 1903, pp. 169ff; R. H. Charles, *op. cit.*, pp. 307ff.

우리가 다루고 있는 본문에서 비평 학자들이 예수님의 기원을 무시하고 묵시 문학적 기원을 인정하는 부분들을 살펴보면, 구약성경의 예언들과 거기서 인용한 구절들에 대한 암시들로 가득 차 있는 사실을 알게 된다. 민족이 민족에 대하여 일어날 것에 대한 예언(막 13:8)은 이사야 19장 2절에도 언급되어 있으며, 종말에 있을 기근과 세계적 재난은 에녹서와 에즈라서와 같은 묵시 문학에서만 언급되는 것이 아니라 이사야 8장 21절 이하, 13장 13절, 24장 17절, 에스겔 5장 12절 이하, 요엘 2장 30, 31절, 그리고 그 외에서도 언급되어 있다.[88]

'재난의 시작'(arche odion, 막 13:8)이란 표현은 적어도 단수형으로서는 랍비들의 전문 용어인 듯 보이지만, 이것 역시 구약성경의 용법과 관계된다(참고. 사 26:17; 66:8; 렘 22:23 등).[89] 마찬가지로 가장 가까워야 할 사람들 사이의 상호 적대감에 관한 기사(막 13:12과 병행절)도 미가 7장 6절의 예언을 인용하는 방식으로 기록되며, '멸망의 가증한 것'에 관한 구절(막 13:14과 병행절)도 다니엘서에서 인용된다.[90] 반면에 유대에 있는 사람들은 산으로 도망하라는 표현은 유대 묵시 문학보다는 구약성경에서 훨씬 더 확실히 발견된다.[91]

마가복음 13장 19절(그리고 병행절)의 "하나님의 창조하신 창초부터 지금까지 이런 환난이 없었고 후에도 없으리라"라는 '대환난'을 묘사하는 구절도 묵시 문학 모세의 승천 8장 1절에서만 아니라 다니엘 12장 1절(70인역)에서도 약간 수정된 형태로 나타난다. 환난 날들을 '감한다'란 개념에 대해서는 구약성경[92]이나 유대 문학[93] 그 어디에도 명백한 병행절을 갖고 있지 못하다.

---

88) 참고. Lohmeyer, *op. cit.*, p. 271; Schniewind, *Markus*, p. 159.
89) 참고. Strack-Billerbeck, *op. cit.*, I, p. 950.
90) 참고. 필자의 *Matth.*, II, pp. 149ff.
91) Huck-Lietzmann, *Synopse der drei ersten Evangelien*[9], 1936, 여기서 그는 겔 7:16을 언급한다.
92) Lohmeyer는 이런 개념을 단 9:24에서 끌어온 것으로 생각한다(*op. cit.*, p. 277). 그러나 이러한 관계 설정은 복음을 서로 면밀히 대조, 조사해 보면 오히려 허술하다는 인상을 준다.

마지막으로, 마가복음 13장 34-27절의 파루시아 본문은 전승적 성격을 띤 특징들과 표현들로 가득하긴 하지만 언제나 구약성경으로 거슬러 올라갈 수 있다. 해가 어두워지며 달이 빛을 내지 아니하며 별이 흔들리리라는 예언의 경우가 그러하다(참고. 사 13:10; 24:23; 겔 32:7; 욜 2:10, 31; 3:5). 누가복음 21장 25절("땅에서는 민족들이 바다와 파도의 우는 소리를 인하여 혼란 중에 곤고하리라")에 예언된 민족들의 재난은 시편 65편 7절의 인용인 듯하다. 더 나아가 "하늘에 있는 권능들"이란 구절(막 13:25과 병행절)은 분명히 이사야 34장 4-인용한 것이다. 그리고 인자가 구름을 타고 온다는 표현(막 13:26, 병행절)은 분명히 다니엘 7장 13, 14절의 반영이다.

다른 세부 사항들을 얼마든지 더 언급할 수 있으나 이미 언급해 놓은 것만으로도 예수님의 예언적-묵시적 설교가 후기 유대 묵시 문학이 아닌 구약성경의 예언들에 근거한다는 사실이 분명해진다.[94] 이런 견지에서 볼 때 본문(막 13장과 병행절) 내용은 '객관적인 비평적 사색과 전승사로부터 추론된 결론'이기 때문에 예수님 자신에게 해당될 수 없는 '전적으로 독자적인 전승의 요소들'이며, 그것은 마가가 예수님의 설교를 편집하기 위해 사용했으나 예수님에 관한 다른 모든 전승들과 일치하지 않는 유대적 기독교의 전승임을 대변해 주는 부분이라는 주장[95]을 뒷받침 해줄만한 아무런 근거도 없다.

그것보다는 구약성경의 종말론적 사건들에 관한 기록이 예수님의 설교와

---

93) Strack-Billerbeck이 유대 종말론에서 인용한 본문은 공관복음 묵시록에 언급된 '감하다' 라는 개념의 배경이 될 수 없다. *op. cit.*, p. 953.
94) 이에 대한 증거로서는 F. Busch, *Zum Verständnis der synoptischen Eschatologie*, 1938, pp. 63-120에 소개된 자세한 논의를 참조하라. 그는 마가복음 13장의 표현방식이나 다루는 내용 모두에 있어서 구약성경 전승에 밀접히 연관된다는 결론을 내린다. 그러므로 마가복음 13장은 공관복음 묵시록에 끼어든 '이물질' 이 아니라 그것에 대한 열쇠가 되는 셈이다. Busch는 이렇게 구약성경과 마가복음 13장을 연관지으면서 다른 한편으로는 유대교를 배격한다. 구약성경에서 신약성경으로 이어지는 길은 종말론적 내용에서조차 유대교라는 통로를 지나가지 않는다. 오히려 구약성경과 유대교 문학 사이에는 예수님께서 구약성경을 택하심으로써 분명히 구분된다(*op. cit.*, p. 117).
95) 참고. Kümmel, *op. cit.*, pp. 61, 62.

그분의 묵시적 예언에 깊은 영향을 끼쳤다고 말해야 옳다. 그와 아울러, 후기 유대 묵시 문학과 예수님의 미래 예언 사이에 큰 차이점이 있다는 사실은 그 누구도 부인할 수 없는 일이다. 이런 사실들을 놓고 볼 때, 이 설교가 예수님에게서 나온 것임을 부인하고 그것을 유대적 기독교의 전승물로 설명하는 비평 학자들의 주장이 얼마나 많은 취약점을 갖고 있는지 분명해진다.

이제는 비평 학자들의 두 번째 주장, 즉, 본문의 마지막 날에 관한 내용이 이후 예수님의 설교 안에 나타나지 않는다는 주장에 대해 생각해 보자. 첫째, 예수님께서 설교하시는 가장 중요한 취지는 제자들에게 하늘나라가 미래적인 어떤 것임을 강조하려는 데 있지 않고 오히려 현존(現存)하는 어떤 것임을 가르치려는 데 있다는 사실을 지적해야겠다. 그러므로 이런 대미래에 관한 사실이 공공연히 따로 떼어 논해지지 않는다고 해서 전혀 이상할 것이 없다.

둘째, 이러한 묵시적 사상들이 예수님의 다른 설교 안에서는 발견되지 않는다는 말에는 중요한 유보 조항이 붙어야 한다. 즉, 이 묵시적 사상들은 예수님의 모든 미래 설교의 대전제가 된다고 말하는 것이 더 정당하다. 예수님의 설교 가운데 다니엘 7장의 인자에 관한 예언을 담고 있는 부분을 기억해 보라. 예수께는 이 인자라는 이름으로 예언적 묵시적 미래 기대의 선상에 지신의 도래를 설정하신다.

이런 사실에 근거할 때 그 기대를 약간 다른 식으로 표현한 특징들(오히려 부속물이라고 할 수 있는)을 예수님과 무관한 것으로 일축할 이유가 전혀없다. 더 나아가 다음과 같은 내용들은 마가복음 13장 설교의 하나님 나라의 미래 언급이나 그에 앞서 일어날 사건에 관한 언급들과 동일한 차원의 것임을 발견하게 된다.

즉, 최후의 심판, 장차 올 시대에 있을 혼인 잔치, 불신자들의 쫓겨남, 바깥 어두운데 있음(마 7:21 이하 ; 8:11 이하; 11:20; 12:41 이하), 천사들을 보내 세상을 추수하게 함(13:41 이하; 49 이하), 인자가 자신의 영광으로 인함(마 16:27 이하), 고난과 시험의 당위성(마 10:24 이하; 16:24 이하; 18:7), 세상이 새롭게 될 때 제자들이 이스라엘 열두 지파를 심판함(마 19:28, 참고. 20:23), 부활(마 22:23-33), 예루살렘의 멸망(마 23:37 이하, 참고. 눅 13:1 이하), 예루살렘 여인들에 대한 '재난'(눅 23:29) 등이다.

마가복음 13장과 다른 부분의 예언들 간에 차이점이 있다면 단 한 가지, 즉, 다른 곳에서는 산발적인 본문으로 나타나는 내용을(사실상 여기저기 흩어져 있고 우발적이다) 마가복음 13장에서는 의도적으로 한 문맥 안에서 하나님 나라가 임할 때까지 발생하게 될 일들에 초점을 맞춰 기록하고 있다는 점이다. 그것이 바로 예수님의 설교 중에서 이 사상들을 구별하거나 제거해내는 것이 예수님께서 선언하신 하나님 나라의 미래의 초자연적이고 우주적인 성격에 손상을 주는 일이 되는 이유이다.

그러므로 마가복음 13장 1-27절 말씀에 대한 우리의 결론은 이 본문이 다른 곳에 소개된 예수님의 대미래에 관한 예언들과 유기적으로 연관되며, 따라서 이 설교 내용이 예수님과 무관하다는 주장은 근거가 없고 결국 배척되어야 한다고 결론을 내릴 수밖에 없다. 그런 점에서 우리는 하늘나라의 미래에 대한 예수님의 예언을 알기 위해 다른 부분의 예수님의 설교 못지 않게 마가복음 13장(그리고 병행 본문)도 안심하고 의존할 수 있다.

2) 재난의 시작

이른바 공관복음 묵시록이 예언하고 있는 미래의 성격과 그 과정의 좀더 명확한 상(像)을 정립하기 위해 병행 본문들을 상세히 비교 검토해 보면, 그 내용은 세 가지 다른 군(群)으로 대별된다. 그 중 첫 번째는 '재난의 시작'이며, 두 번째는 대환란, 세 번째는 인자의 파루시아이다.

첫 번째 군(群)은 마가복음 13장 5-8절, 마태복음 24장 4-8절, 누가복음 21장 8-11절에 언급된다. 그 뒤에 이어 세 복음서는 모두 그 시대 신자들의 운명과 그 상황에서 그들이 취해야 할 자세를 권고하는 내용을 기록한다(막 13:9-13; 마 24:9-14; 눅 21:12-19). 이 첫 번째 부분에서는 주로 제자들에게 스스로 미혹되지 말 것을 경고한다. 즉, 종말이 이미 왔다거나 눈앞에 닥쳐왔다는 식으로 **너무**

성급하게 생각해서는 **안 된다**는 것이다(참고. 눅 21:9, "두려워 말라 이 일이 먼저 있어야 하되 끝은 곧 되지 아니 하니라").

물론 많은 사람들이 스스로를 그리스도라고 선언하고 나서는 일이 있을 것이다. 본문 말씀은 유대 민족 가운데서 일어났던 자칭 메시아들의 행위를 가리키는 것이 분명하다. 요세푸스는 예수님의 오심을 전후하여 상당히 많은 거짓 메시아들이 등장했었다고 기록한다. 그리고 A. D. 70년 유대인들의 반란은 메시아의 파루시아가 임박했다는 기대에 크게 영향을 받았던 사건으로 보인다. 132-135년 사이에 일어난 유대인 반란에서 바르 코크바는 자칭 메시아라고 주장했다.[96]

누가복음 17장 23절에 약간 다른 형식으로 표현되는 동일한 경고(앞 내용을 참조하라)가 본문 설교에 더욱 자세히 반복된다(막 13:21-23; 마 24:23-26). 이 사실에서 예수님의 눈에 이러한 잘못된 기대가 얼마나 위험하게 비쳤는지를 살펴볼 수 있다. 예수님 당시 사람들의 머릿속에는 그러한 기대로 가득 차 있었다. 예수님께서는 주의하라는 말씀으로써 이러한 미혹의 세력을 일축하신다. 전쟁이 일어나고 전쟁의 소문이 퍼지고, 한 나라가 다른 나라에 대적하여 일어나고, 지진과 가뭄이 나고, 많은 지역에서 동시에 전염병이 발생하고, 하늘에서 두려운 일들과 큰 징조들이 나타날 때 예수님의 제자들은 당황해서는 안 된다. 이는 이런 일들이[97] '반드시' 일어나야 하지만 그것이 곧 종말을 뜻하는 것은 아니며, 또 종말이 눈앞에 가다왔음을 알려 주는 일도 아니기 때문이다(누가복음!).

그런 현상들은 단지 재난의 시작일 뿐이다. 그리고 예수님께서는 이런 현상에 덧붙여 제자들이 장차 사람들의 손에 받게 될 핍박을 견뎌야 할 일과, 장

---

96) E. Schürer, *Geschich. d. jüdischen Volkes*, I[3, 4], 1901, pp. 660ff, 685; II[4], 1909, p. 604.
97) Greijdanus는 우리에게 요세푸스(*Bell. Jud*., VI, 5, 3)가 기록한 "예루살렘이 멸망하기 전에 병거들이나 무장한 밀집 보병 들 하늘에서 보인 온갖 이상한 현상들"을 상기시켜준다(*op. cit.*, II, p. 987). 참고. Eusebius, *Hist. Eccl*., III, 8.

차 가장 친밀한 혈연 속에서조차 사랑을 찾아볼 수 없게 되고, 한 때 친구들이요 같은 신자들로 보였던 이들이 배반자나 원수들이 될 일을 예언하신다.

이러한 문맥 속에서 마가는 '먼저' 복음이 만국에 전파되어야 할 사실을 말한다. 어떤 저자들은 이 구절이 예수님께 기원을 둔 전승에 속할 수 없기 때문에 이 사실을 두고 왈가왈부할 필요가 없다고 주장한다. 그들의 의중에는 예수님 자신은 이방 선교를 생각한 일이 없었다는 **사실적**(factual) 반박이 부분적으로 깔려 있으나,**98)** 그러한 반박은 마가복음 13장 10절의 원문에는 없던 것이 '여백 사이에' 삽입된 것으로 간주하는 **형식적**(formal) 반박으로 나타난 것이다.**99)**

공관복음서를 비교해 보면 이 설교 내용 구성이 서로 상당히 달라서 복음서 저자들이 이 설교 전체 구조에 끼친 영향을 사실상 무시할 수 없음이 드러난다.

이것은 마가복음 13장 10절에도 적용되는데, 마태복음에도 소개되는 동일한 선언이 마가복음에서는 다소 다른 문맥 중에 위치해 있는 사실이 그러하다. 그렇지만 이 구절은 전혀 다른 문맥 속에 끼어든 이물질이 아니며, 내용상 이 예언의 일반 경향과 전적으로 일치한다. 예수님께서는 제자들이 장차 핍박을 당하고 공회에 넘겨지고 회당에서 매 맞으며 관원들과 임금들 앞에 끌려가게 될 일을 예언하고 계시기 때문이다.

비록 제자들이 나가 그리스도의 증인이 되어야 할 대상인 '이방인들'에 대한 언급(마 10:18)을 제쳐 두고 이 모든 일이 유대 사회 또는 유대 땅 내에서만 일어나리라고 생각한다 할지라도, 이 예언의 대전제는 그들이 복음 사역자들로서 반드시 이러한 일을 겪어야 할 것이라는 사실임에 틀림없다. 마태복음 24장 9절에서는 그들이 모든 민족에게 미움을 받게 되리라고 말하며, 마태복

---

98) 참고. 제38항.
99) Klostermann, *Markusev.*, p. 134. 참고. Kümmel, *Verheissung und Erfüllung*, p. 48; Hauck, *Markus*, p. 155.

음 24장 31절과 13장 27절은 모두 "그 택하신 사람들을 하늘 이 끝에서 저 끝까지 사방에서 모으리라"고 말한다.

따라서 이제 곧 상세히 논의하게 될 마가복음 13장 27절과 마태복음 24장 31절의 관점에서 볼 때100) 마태복음과 마가복음 안에 언급된 이방 선교에 대한 예언은 더 이상 공관복음 묵시록의 문맥에 끼어든 이질적 요소라고 주장할 수 없게 된다. 그러므로 제자들이 예수님을 위해 받아야 할 모든 고난을 참고 견디면 그 과정에서 하나님의 도우심을 경험하게 될 것이며(눅 21:19-8), 결국 거기서 구원함을 얻게 되리라는 재난에 관한 이 말씀의 결론을 본문의 문맥에서 적용시켜도 아무런 어려움이 생기지 않는다.

비록 첫 부분에 언급된 사건들(전쟁 등)과 제자들이 당하게 될 핍박 사이의 시기적 연관성이 분명히 밝혀지고 있지는 않으나, 두 일련의 사건은 부분적으로 중첩되는 것으로 볼 수 있다.

마가는 시기를 지적하지 않은 채 그 두 사건을 하나씩 차례로 언급한다. 마태는 '그때에'(9절, tote)라는 단어를 사용한다. 그러나 누가는 제자들에 대한 핍박이 '이 모든 일이 있기 전에', 즉, 나라가 나라를 대적하여 일어나는 등의 일이 있기 전에 발생할 것이라고 한다. 우리는 이 구절을, 신자들에게 가해지는 핍박은 위와 같은 사건들이 있을 것이라는 뜻으로 설명해도 좋을 것이다.101)

어쨌든 일련의 두 사건들은 최후의 드라마에 앞서 있을 '재난의 시작', 즉, 예수님께서 끝은 곧 되지 아니하리라고 말씀하신 기간을 나타낸다. 이처럼 이 말씀은 모든 민족에 복음이 전파되어야 한다는 말씀을 제쳐두고 성급한 결론을 내려서는 안 된다는 사실을 분명히 지적해 준다.

그러나 이 본문들에는 그러한 미래적 사건들의 기간에 대해 말해주는 바가

---

100) 참고. Sub. C. 와 제51항.
101) 참고. 이 προ τουτων παντων에 대한 Greijdanus의 설명. *op. cit.*, II, pp. 987ff.

없다. 그래서 그레이다누스는, 예수님께서는 제자들을 대상으로 종말 때까지 전 시대에 걸쳐 믿고 나올 모든 사람들을 향해 말씀하고 계시며, 따라서 우리로서는 A. D. 70년 전의 거짓 메시아들을 생각할 필요가 없다고 말한다. 동일한 논리가 누가복음 21장 11절에 언급된 두려운 현상들에도 적용된다. 그레이다누스는 예수님께서 전 시대를 두루 보고 계시며 여기서도 세상의 종말에 발생할 사건들을 포함하여 말씀하셨다고 주장한다.[102]

우리 견해로는 위에서 언급한 본문들로 볼 때 그레이다누스가 예수님의 예언을 수 세기를 포괄하는 미래의 관점에서 제시하는 것이라고 주장하는 것은 정당하지 못하다. 그리고 그 본문들은 언제나 새롭고 강력한 왕들, 징조들, 거짓 그리스도들에게서 장구한 세월에 걸쳐 되풀이해 나타날 '재난의 시작'을 의미하지도 않는다.

의심의 여지없이 예수님께서 제자들에게 종말이 있기 전에 반드시 먼저 일어나야 할 많은 사건들이 여전히 있으므로 성급히 종말을 기대하지 말라고 경고하시는 것은 사실이다. 이 말씀에서는 '몇 년'이 되든지 '몇 세기'가 되든지 그 기간의 '길이'를 추정하기란 불가능하다. 이 사실은 마가복음 13장 10절(만국에 복음이 전파되어야 할 것)의 선언에도 해당된다. 이 선언은 분명히 제자들에게 복음이 만국에 전파되기 전에는 종말이 올 수 없다는 사실을 강조할 목적으로 하신 것이다.

그리고 이 말씀들에 담겨 있는 취지를 오직 복음을 받아들이는 이방인들만으로 제한하여 시간 문제를 삭제해버리려는 것도 옳지 못하다.[103] 오히려 시간의 범위가 의도적으로 "먼저"(마가복음)와 "그제야 끝이 오리라"(마태복음)라는 구절로 표현된다고 이해해야 타당하다.

이것이 바로 우리가 "먼저"를 '우선적으로', '특별히'로 이해하여 제자들

---

102) *Op. cit.*, II, pp. 983, 984, 987.
103) Michaelis는 F. Busch의 *Zum Verständnis der synoptischen Eschatologie* (1938, pp. 87ff)를 따라 그렇게 주장한다(*Der Herr verziecht nicht die Verheissung*, p. 20).

이 무엇보다도 공회 앞에서 재판을 받을 때 이방인들에게 복음을 전해야 함을 기억해야 한다는 의미로[104] 본문을 해석하는 것을 배척해야 하는 이유이다. 이런 해석은 이 문맥에 분명히 나타나 있는 시간의 범위를 제거하고 싶은 심정에서 생겨난 듯하다. 이 말씀들은 만국에 복음을 전파해야 할 일을 가리키며, 이 점에서 예수님께서 "온 천하"라고 말씀하시는 마태복음 26장 13절과 또한 "모든 족속"에 대해 말하는 마태복음 28장 18-20절의 대명령과 전적으로 일치한다(참고. 눅 24:47; 막 16:15, 20).

그러나 제자들에게 내리신 이 명령에서 인자의 파루시아 이전에 해당하는 기간의 **길이**에 대해 어떤 결론을 내릴 수 있다는 말은 아니다. 굳이 측정해 보자면 그것은 **오랜 세월**에 해당되는 것이 분명하다. 여기서 더 나아가서 그 말씀을 듣던 사람들이 수세기를 포괄하는 미래에 대한 안목을 가지게 되었다고 말할 수 있을지는 매우 의심스럽다.

더구나 "온 천하"나 "모든 민족"이란 말은 어떤 외적인 지역과 인종의 의미보다는 내적이며 함축적인 의미를 담고 있다. 이를테면, 마태복음 24장 9-제자들이 "모든 민족"에게 미움을 받을 것이라고 말하는 것이나, 이때로부터 30년 후 바울이 골로새인들에게 쓰는 편지에서 복음이 "온 천하에서도 열매를 맺어"라고 말하는 것(골 1:6)이 모두 그와 같은 경우에 해당한다.

물론 성취라는 면에서 볼 때 예수님의 말씀은 지리적이고도 시간적인 의미에서도 멀리 퍼져나가야 할 중요한 것임에 틀림없다. 그러나 이것은 그 말씀이 수세기를 포괄하는 미래에 대한 안목을 열어주었다는 주장과는 다른 어떤 것이다. 그보다는 그 사실(만국에 복음이 전파되어야 한다는 사실)이 여기서 매우 강한 어조로 말씀되어지고 있지만, 그 말씀의 시간적 의미는 제자들이나 후대 교회들까지 대략적인 추산으로든 미리 점쳐보는 형식으로든 계산되거나 확증될 수 없었다고 말해야 옳다. 사실 예수님께서는 시간적인 면을 계시하지

---

104) Michaelis, *op. cit.*, p. 21.

않으셨다(참고. 행 1:6 이하).

3) '멸망의 가증한 것'과 대환난

이 모든 사실은 공관복음의 묵시록에 언급된 '멸망의 가증한 것'과 대환난에 관한 기사를 생각해 보면 더욱 확연해진다. 이 부분(막 13:14-20; 마 24:15-22; 참고. 눅 21:20-24)은 분명히 더 이상 '재난의 시작에 속하는' 부분은 아니다. 여기서는 이 '멸망의 가증한 것'이 무엇을 의미하는지를 아는 일이 중요하다.

여러 해석학자들은 '유대로부터 도망해야 할' 상황을 놓고, 성전이 더럽혀지거나 파괴되고 그 성전을 사용하던 기독교 교회가 예루살렘에서 도망해야 한다는 식으로 생각해서는 안 된다고 주장한다. 슈니빈트는 이러한 해석이 이 문맥에서 언급하고 있는 세상의 종말과 이러한 도망의 동시성과 모순된다고 말한다. 그는 주장하기를, '멸망의 가증한 것'이 의미하는 것은 적그리스도이며, 여기서 말하는 도망은 마지막 일들에 대한 기대에 따라다니는 항구적인 주제이므로 그것은 어떤 역사적 사건을 생각하는 방향으로 치우쳐서는 안 된다고 말한다.[105] 로마이어도 그와 같은 견해를 지닌다. 그는 '멸망의 가증한 것'을 적그리스도로 생각하며, 그것에 근거해 이 선언에서 어떤 연대기적 자료를 발견할 수 없다고 추론한다.[106]

다른 해석학자들도 여기서 말하는 멸망의 가증한 것을 역사적인 사건으로 취급하

---

105) Markus, p. 163. Schniewind는 그의 마태복음 주석에서 그런 견해를 더욱 견지한다. 그에 의하면 마태는 다니엘의 글을 인용하는 것으로 그치는데, 그 다니엘의 글은 다만 거룩한 곳에 대한 엄청난 모독만을 암시한다. 마태와 마가의 차이점은 마가가 '멸망의 가증한 것'(το βδελυγμα της εθημωσεως)을 남성을 뜻하는 단어(εστηκοτα οπου ου δει)로 말하고 있는 점이다. 이것은 한 인격, 즉 적그리스도를 가리키는 것으로 사료된다. 반면에, 마태는 중성 명사(εστος)를 사용한다. 한편, Schniewind 역시 세 복음서 안에 나오는 말씀들의 전체 의미가 유대 땅을 의도하고 있다는 사실을 인정한다. 그렇지만 세 본문은 어떤 독특한 표현으로 기록되어 있어서 그로서는 그 안에서 예루살렘의 함락이라는 구체적 사건을 식별해낼 수 없다고 한다. 따라서 이 본문도 이 재난과 그리스도의 재림 간의 밀접한 관계를 알려 주는 내용으로 받아들여져야 한다는 것이다. *Matth*., pp. 235, 236.
106) *Op. cit.*, p. 276, 참고. 막 13:14에 대한 Klostermann의 해석, *op. cit.*, p. 135.

지 않는 쪽으로 기운다. 슐라터 같은 이가 그러하다. 슐라터는 예수님의 예언이 그 예언자(다니엘)가 하나님의 전지(全知)에 참여하여 제시하는 예언 개념을 반영하고 있지 않다고 주장한다. 그러므로 예수님이 다니엘의 예언에서 암시받은 것이 바로 성전 파괴의 원인이 된 성전 모독이었다는 생각은 전혀 확실치 않다는 것이다. 슐라터의 주장은 다음과 같이 계속된다.

본문은 멸망의 가증한 것이 서지 못할 곳에 서게 될 경위에 대해서는 더 이상 언급되지 않는다. 그러나 마태복음 24장 16절 이하를 보면 이 성전 모독 사건이 유대인들에 대한 심판과 제자들이 민족적 속박을 벗어버리고 도망쳐 나와야 할 의무에 이어지는 것을 알 수 있다. 이것이 바로 이 예언의 의미라고 한다면 그 사건들의 연대를 추정하는 것은 불가능하다. 유대 전쟁사에서 이 본문에서처럼 기독교인들이 도망해야만 했던 시기에 상응하는 연대가 없기 때문이다. 그리고 유대 민족 역사 안에서도 그러한 사실을 분명하게 지적해낼 수 없다.[107]

쟌은 이 사건의 비역사성을 한층 더 강조한다. 그는 복음서 독자들이 "읽는 자는 깨달을 진저"라는 예수님의 권고를 주의 깊게 새겨들었다면 결코 다니엘서의 인용문을 예루살렘의 멸망에 대한 예언으로 결론짓지 않았을 것이라고 기록한다. 쟌에 따르면 문제되는 다니엘서 본문은 예루살렘 멸망과는 아무런 관계가 없고, 다만 하나님을 대적하는 세상의 한 통치자가 율법이 명하는 제사를 폐지하고 성전을 모독할 일을 가리키고 있기 때문이라는 것이다(참고. 단 11:30-39). 그의 주장은 다음과 같이 계속된다.

여기서 배경이 되는 곳은 예루살렘이다. 교회에 대한 최후의 핍박의 시발점이 될 악하고 반신국적인 상징이 거룩한 곳에서부터 나타나기 시작할 것이며, 그와 함께 거짓 메시아들의 출현이 잇달을 것이다. 인자가 임할 때는 지구상의 모든 곳에서 그분을 동시에 바라볼 수 있게 되겠지만, 그러나 또한 그분의 도래는 분명한 지역성을 띠어야 할 필요가 있게 될 것이다. 비록 이 지역성은 지리적 의미로 규정

---

107) *Der Evangelist Matthäus²*, 1933, pp. 702-707.

되지는 않지만, 최후의 심판은 번개와 같이 하나님과 교회에 대한 적대감이 마태복음 25장 15절에 언급된 것과 같은 그런 절정에 이른 곳에 임할 것이며, 그곳에도 심판주가 임하실 것이다.[108]

쟌은, 데살로니가후서 2장 8절에 대한 그의 해석에서 볼 수 있듯이 슈니빈트나 그 이외의 사람들과 같이 이 본문에서 적그리스도를 생각한다. 하지만 데살로니가후서 2장 8절의 내용이 마태복음의 다른 부분에 분명히 소개되어 있음을 발견하지 못했다.

쟌에 의하면, 같은 내용의 미래에 대한 설교인 누가복음 21장 20-24절은 전적으로 다른 방법으로 해석되어야 한다. 이 본문이 유대에 있는 사람들의 도망에 관한 기록에서 여러 면으로 마태와 마가가 사용한 동일한 용어를 사용하고 있기는 하지만, 그 예언의 내용은 너무 달라서, 쟌에 의하면 세부 항목을 놓고 서로 비교하면 오히려 혼란만 가중될 뿐이다. 왜냐하면 마태복음과 마가복음에서는 예수님이 예루살렘 멸망에 대해 말씀하지 않으시는 반면 누가복음에서는 그것에 대해 분명히 말씀하시기 때문이다.

"너희가 예루살렘이 군대들에게 에워싸이는 것을 보거든 그 멸망이 가까운 줄을 알라"(눅 21:20).

그러므로 누가복음 21장 23절의 재난은 예루살렘이 멸망하는 동안 유대 땅에서 발생할 사건에만 관계된다. 25-그 징조들을 열거하고 있는 대종말의 기간은 반드시 먼저 이루어져야 할 '이방인의 때'(24절)로 말미암아 예루살렘 멸망과 구분된다. "이방인의 때가 차기까지"란 구절은 예루살렘에 대한 심판 내용의 여백에 그냥 붙여진 수식어가 아니라 세계 역사의 종말이 반드시 거쳐 지나가야 할 과정을 분명히 지적해 주는 구절이다.[109]

이와 다른 설명이 라그랑즈에 의해 시도되었다. 라그랑즈에 의하면 마가복음과

---

[108] Th. Zahn, *Das Ev. d. Matth*. 4, 1922, pp. 333-36에서도 보게 된다. 그는 마가복음의 εστηκοτα가 남성형으로 쓰인 것을 다음과 같이 설명한다. '멸망의 가증한 것'은 단지 어떤 우상일 뿐만 아니라 하나님을 거역하는 한 우상으로서 사람들에게 자신을 경배하라고 요구할 어떤 사람(남성)이 저지를 신성 모독을 가리키기도 한다. 참고. 살후 2:3ff; p. 334.

마태복음의 '멸망의 가증한 것'은 예루살렘의 멸망에도 적용된다고 한다. 그러나 그는 마가와 마태가 기록하는 대환난이 예루살렘 멸망 이전에 있을 사건을 가리 킨다고 생각하지 않고 마가복음 13장 24절 이하와 마태복음 24장 29절 이하에 언 급된 그리스도의 재림에 앞서 발생할 대재난으로 생각한다.110)

하지만 그는 누가의 글에 대해서는 쟌과 같은 방식으로 설명한다. 여기서 화(禍) 와 환난(anangke, 21:23)은 예루살렘의 멸망을 가리키며, 종말론적 사건들은 오직 '이방인의 때'(25절)가 찬 **후에야** 비로소 시작되리라는 것이다.111)

우리의 입장에서 볼 때, 마가와 마태가 언급하는 '멸망의 가증한 것'이 뚜렷 하게(누가복음에서처럼) 예루살렘의 멸망을 가리키지 않는다는 주장을 부인할 길 이 없다. 엄밀히 말해서, 예수님은 거룩한 것이 더럽혀질 일에 대해서만 말씀 하실 뿐이다(이것이 마가복음의 **"서지 못할 곳에 선 것"**이라는 가려진 표현의 의미이다. 13:14).

더 나아가 '가증한 것'이라는 단어는 전적으로 신앙적 차원에 속한다. 구 약성경에서 이에 해당하는 단어는 어떤 우상 또는 우상화된 형상이나 대상을 가리킨다(참고. 왕상 11:5, 7; 왕하 23:13, 14; 사 66:3 그리고 여러 다른 부분). '멸망의'라는 수식어는 이 가증한 것에 의해 빚어질 결과를 가리키다. 즉, 그 가증한 것이 자기가 서 있는 곳을 더럽히고 황폐하게 한다는 의미이다.

'멸망의'라는 이 수식어 자체로는 꼭 성전을 산산이 부숴버린다는 의미를 지니지는 않으며, 도덕적 또는 종교적 의미를 띨 수 있다. 반면에 다니엘서의 예언을 읽을 때 그 내용을 진정으로 '관심을 기울여' 읽지 않게 되면 본문의 다니엘서 예언 인용 부분이 예루살렘의 멸망을 가리킨다는 식으로 생각하게 된다고 주장하는 쟌의 견해는 우리의 생각으로는 옳지 않다.

---

109) *Das Ev. d. Luk.* 3, 4, 1920. pp. 651-655. Greijdanus도 누가복음의 미래상을 같은 의미로 설명한다(*op. cit.*, II, pp. 996ff.).
110) *Evangilew selon S. Matthieu*5, 1941, pp. 462, 463, 466, 467; *Evangile selon S. Marc.* 6, 1942, pp. 340-43.
111) *Evangile selon S. Luc.* 5, 1941, pp. 527, 528.

이는 비록 다니엘 11장 31절(그리고 12:11)이 예루살렘의 멸망을 명확하게 말하고 있지는 않으나 거기서도 (이방인들의) 군대가 온 뒤 멸망케 하는 미운 물건이 나타나기 때문이다. 군대가 출현한 뒤 영적 타락이 조장되는 것이다.

이 멸망의 가증한 것에 관한 말씀은 유대에 있는 사람들에게 준, 산으로 도망하라는 경고와 함께 생각해야 한다. 이러한 지명(地名)과 도망하라는 경고는 예루살렘이라는 유대인들의 생활 중심지에서 어떤 특정한 성격의 적대 행위가 나타날 것이라는 설명과 매우 잘 부합된다.

이 구절을 놓고서 구체적 역사적 사건에 대해서는 부인하고 단지 적그리스도의 출현에 대해서만 생각하는 사람들로서는 이 사실을 제대로 설명할 수 없다. 더구나 '그 날에 아이 밴 사람들과 젖먹이는 사람들' 과 안식일, 그리고 겨울 등 세부 사항들은 우리의 생각으로는 적그리스도의 특징적 사건과는 다른 사건을 주로 가리키고 있다고 본다.112) 누가는 '멸망의 가증한 것' 이라는 표현 대신에 "예루살렘이 군대들에게 에워싸이는 것을 보거든" 이라고 좀더 구체적으로 기록한다.

쟌이 말한 대로 한편으로는 마가와 마태가, 그리고 다른 한편으로는 누가가 묘사하는 상세한 미래상(像)을 비교해 보면 누가가 어느 정도 독자성을 띠고 있는 까닭에 서로 혼동되는 것이 사실이다.113) 그러나 필자의 판단으로는 여기서 누가의 묘사가 마가와 마태의 그것과 매우 긴밀한 관계 하에 기록되고 있다는 사실을 무시하는 것은 너무 빗나간 해석이라고 본다. 두 본문을 비교해 보자.

우리의 견해로는 마가복음과 누가복음에서 "너희가……보거든" (when ye

---

112) Lohmeyer는 이러한 난점을 인식한다. 이에 대해 그는 "유대에 있는 사람들" 이란 구절이 분명치 않다("unklar")고 말하면서, 원문은 다만 "그때에 산으로 도망하라" 였을 것으로 추정한다. 그러나 우리의 견해로 볼 때 이런 해석은 본문을 임의로 변경시킨 것에 지나지 않는다. 게다가 Lohmeyer가 주장하는 바(op. cit., p. 276), 산으로 도망하면 적그리스도로부터 피할 수 있을 것이라는 생각은 이상한 것으로 남는다.
113) Das Ev. d. Luc., p. 652.

마가복음 13:14 이하 (마 24:15 이하)	누가복음 21:20 이하
그러므로 너희가 선지자 다니엘의 말한바 멸망의 가증한 것이 거룩한 곳에 **선 것을 보거든**(when you shall see) (읽는 자는 깨달을진저) 그때에 **유대에 있는 사람들은 산으로 도망할지어다**	너희가 예루살렘이 군대들에게 에워싸이는 **것을 보거든**(when you shall see) 그 멸망이 가까운 줄을 알라 **그때에 유대에 있는 사람들은 산으로 도망할지며**

shall see)이라는 서두가 문자상으로 일치하는 것과, 유대를 피하여 산으로 도망하라는 권고의 단어의 일치 등을 미루어 볼 때, 누가가 '멸망의 가증한 것'이라 부르는 것 이외의 다른 어떤 사건을 가리키고 있지 않음을 증명해 준다고 본다. 누가는 독자들을 위해 마가와 마태의 글을 해석해주고 싶었던 것이 분명하다. 다만 이렇게 도망가지 않을 수 없게 만든 사건들을 보는 시각이 공관복음 간에 차이가 있다는 전제를 가지고 본문을 대한다면 누가의 글을 마가와 마태의 글에서 떼어낼 수도 있을 것이다.

그러나 우리의 견해로는 적어도 첫 번째 경우에 관한 한 누가복음은 마가와 마태가 단순히 적그리스도의 활동에 대해서가 아닌 그 성읍과 성전에 가하는 적대 행위에 관해 말하고 있다는 견해를 강하게 뒷받침해 주는 요소를 담고 있다고 본다. 즉, 멸망의 가증한 것에 대한 이른바 '역사적' 해석은 여기서 배제될 수 없다.

그 외에도 본문이 오직 적그리스도의 활동만 뜻할 뿐이라는 견해는 다음과 같은 중대한 반론에 부딪치지 않을 수 없다. 엄밀히 말해서, 본문이 적그리스도를 의미했다면 '선 것'(εστηκοτα, standing)이란 분사 형태는 오직 적그리스도를 가리키는 남성형(즉, εστηκοτος)이어야 했을 것이다. 그렇다면 마태는 이 사실을 이해하지 못하고 글을 썼다는 말이 된다. 이 사실을 떠나서라도 '멸망의 가증한 것'이란 구절에는 두드러지는 한 사람을 암시해 주는 내용이 전혀 없다. 게다가 이 '환난'에 즉시 이어지는 내용은 거짓 그리스도들과 거짓 선지자들에 관한 것이다(복수형임을 유의하라! 막 13:22; 마 24:24).

이 사실로 미루어 볼 때 마가복음 13장 전체가 **적그리스도**라는 한 인물에 의해 결정된다는 견해는 배제된다. 여기서 사용된 분사의 용법이 그 견해를 뒷받침하기에 아무리 획기적인 것이라 할지라도, 마가복음 13장의 전체 내용은 분사의 남성형에 근거할 수 없다.

하지만 마태와 마가가 장차 임할 환난의 원인에 대해 말하는 방식은 누가가 분명한 어조와 직설적으로 예루살렘의 포위에 대해 말하는 것보다 비교적 덜 구체적이며, 성전 모독에 더 많이 관련되어 있는 것은 사실이다. 따라서 마가와 마태가 '멸망의 가증한 것'을 언급함으로써 예루살렘의 멸망을 예언했을 때 이 예언이 그 사건으로만 성취되었다고 말하는 것으로 만족할 수는 없다.

물론 장차 임할 가증한 사건의 모습에서 보게 되는 역사적이고도 지역적 특색(유대, 겨울, 안식일, 여인들 등)은 유대 땅에서 벌어지게 될 환난을 암시해 주는 것이 사실이다. 그리고 이 사실은 누가가 예루살렘의 포위를 언급하는 것을 뒷받침해 준다.

그렇지만 우리는 이 사건을 놓고 마가와 마태가 말하고 있는 것은 결코 예루살렘의 멸망으로 완전히 성취되지 않았음을 강하게 주장해야 한다. 왜냐하면 '멸망의 가증한 것'이란 기사가 A. D. 70년의 성전 파괴에 의해 철저히 이루어진 것으로 인정될 수 있는지의 여부는 얼마든지 의문의 대상이 될 수 있기 때문이다.

그 구절 자체는 오히려 하나님께 대한 적대감이 극에 달하여 구체적으로 발휘되는 더욱 교묘하고 의도적인 반(反)종교 행위를 시사해 주고 있다. 일반적으로 인정되듯이 A. D. 70년경 발생한 사건 속에서 신성 모독이나 우상 숭배 따위로 성전을 더럽혔던 것으로 보이는 구체적인 증거는 없다.

그렇기 때문에 '멸망의 가증한 것'에 관한 예언은 A. D. 40년 예루살렘 성전에 자신의 동상을 세우려 했던 로마 황제 갈리굴라의 의도에 적용되곤 했다.114) 그러나 이런 견해는 철저히 배격된다. 왜냐하면 그것은 이 예언을 예수님의 죽음 이후의 시대에 말로만 공언되었던 사건, 즉, 성전 자체에는 아무런 영향도 미치지 못했고 이 예언의 문맥 속에서도 아무런 단서도 갖고 있지 못한 사건을 가리키는 것으로 변형시키기 때문이다.

그렇다고 해서 70년경에 일어난 사건들이 성전 파괴에 관한 한 일반적인 방법으로 예언을 부분적으로 성취한 것임을 부인하는 것은 아니다. 그러나 적어도 우리가 아는 한도 내에서는 그 부분적인 성취라는 것이 성전을 모독하여 더럽혔기 때문에 이루어진 것은 아니다.

한층 더 놀라운 것은 마가복음과 마태복음에서 모두 이 가증한 것과 관련된 환난이 명백히 마지막 날들과 관련된다는 사실이다. 다음과 같은 하늘의 징조들에 관한 묘사는 분명히 묵시적 성격을 띠고 있다.

"그날 환난 후에 즉시 해가 어두워지며 달이 빛을 내지 아니하며 별들이 하늘에서 떨어지며 하늘의 권능들이 흔들리리라"(마 24:29).

라그랑즈는 '멸망의 가증한 것'에 관한 예언을 철저히 예루살렘의 멸망에 적용하고, 대환난을 인자의 도래에 적용함으로써 전자를 후자에서 분리해내려고 노력했던 것이 사실이다. 그러나 이런 노력은 실패로 간주되어야 한다. 대환난에 관한 선언은 경우에 따라서는 유대로부터 도망한 이들이 '멸망의 가증한 것'과 관련된 사건들 때문에 환난을 당하지 않을 수 없는 사실과 연관되기 때문이다("이는 그날들이 환난의 날이 되겠음이라 하나님의 창조하신 창초부터 지금까지 이런 환난이 없었고 후에도 없으리라" -막 13:18, 19).

우리의 견해로는 어떤 실제적인 근거 위에서도 마가복음 13장 19절과 마태복음 24장 21절이 본문이 새로운 내용을 말하기 시작하는 부분이라고 볼 수 없다.115)

---

114) Torrey는 그렇게 생각한다(참고. Lagrange. *Marc.*, p. LIIff, 340). Klostermann도 '마가복음의 기초가 된 더 오래된 예언'이 이 사건을 가리킨다고 생각한다(*Das Marcusev.*, p. 135).

이 모든 사실은 A. D. 70년의 예루살렘 성과 성전의 파괴를 '멸망의 가증한 것'에 관한 예언의 완전한 성취로 보기 어렵게 만든다. 사실상 그러한 예언 해석은 파루시아가 성취되었다는 해석의 견지에서 본 해석학적 결론일 뿐이다. 마태와 마가의 글은 이 해석에 대해 미약한 근거만 제공할 따름이다(위의 내용 참조). 그리고 누가를 놓고 보자면, 그는 예루살렘이 적대적인 군대에 의해 포위되고 공격받는 것(우리의 견해로는 그것은 오직 로마군에 의한 포위만을 가리킬 수 있을 뿐이다)은 마태와 마가의 예언의 의도이기도 하다는 증거를 제시하는 것이 사실이다.

그러나 그것만이 전부는 아니다. 마태와 마가가 같은 내용으로 기록하는 것을 누가는 다르게 기록하기 때문이다. 이를테면 누가는 '멸망의 가증한 것'을 언급하는 대신 예루살렘의 포위를 언급한다. 그리고 누가복음에는 환난이 마태복음과 마가복음에서처럼 종말론적인 색채를 띠고 있지 않다. 즉, 누가는 뜨립시스(θλιψις, 환난. 단 12장에 나오는 단어)에 대해서 말하지 않고 아낭케(αναγκη, 환난)에 대해 말한다. 그리고 누가복음의 이 환난에 내린 자세한 정의(定義)가 다니엘서에 사용된 단어로 표현되지 않는다. 누가는 그 환난을 예루살렘의 포위와 그 이후에 발생할 사건으로 한정짓는다.

"땅에 큰 환난과 이 백성에게 진노가 있겠음이라 그들이 칼날에 죽임을 당하며 모든 이방에 사로잡혀 가겠고 예루살렘은 이방인의 때가 차기까지 이방인들에게 밟히리라"(눅 21:23, 24).

여기서는 마태복음과 마가복음에서처럼 "그 날들을 감하지 아니 하셨더면"이라는 종말론적 행위가 언급되지 않는다. 또한 그 환난과 하늘의 세계적-종말론적 징조들 사이의 직접적인 시간상의 연관성이 나타나지 않는다.

---

115) Lagrange도 gar에서 이끌어 낸 논지의 중요성을 인식한다. 그래서 그는 '바로 이 점이 전체 기사 중 난해한 요소'라고 말한다. 그러나 이 본문은 언뜻 보면 한 주제를 연속해서 다루고 있는 듯 하나, 사실상 그것은 유기적인 연결이 아니라 개별적인 사건들을 단순히 접맥시켜 놓은 것이라고 생각한다(*Matthieu*, p. 462). 하지만 이러한 구분은 독단에 의하지 않고는 본문의 중요한 관건이 되는 gar란 단어의 원인적 의미를 제거할 수 없다.

그 둘 사이에는 '이방인의 때'가 놓여지는데, 이로써 누가는 마태와 마가처럼 그 환난과 인자의 파루시아를 같은 시대의 사건으로 포괄해서 보지 않게끔 해준다. 누가는 이렇게 예루살렘의 멸망에 대한 시각을 한정지으며, 예루살렘의 멸망과 인자의 도래 사이를 분명히 구분짓는다. 25절에 이르러서야 비로소 종말론적 시야를 열어준다. 25절부터는 더 이상 '그 땅'(23절, 개역 성경, '땅'은 팔레스타인을 가리키는 용어임-옮긴이)에 대해 언급하지 않고 세계 전체를 두고 이야기한다(26절).

마태복음과 마가복음에서는 이 모든 사항이 훨씬 더 분산되어 있다. 이 두 복음서는 예루살렘의 포위나 몰락에 대해서 분명히 말하지 않고, 최후 기간의 종말론적 사건들과 좀더 직접적으로 연관시킨다. 이런 현상을 설명할 수 있는 방법은 단 한 가지이다. 그것은 바로 마태복음과 마가복음에 나타나는 두 가지 동기가 서로 겹쳐 있다는 사실이다. 다시 말해서 성전 파괴와 유대인들의 민족적 환난 주제와 종말론적 관점 주제가 번갈아가며 나타나는 것이다. 이들의 두 주제는 오직 귀납적으로, 즉, 성취된 사실의 견지에서 구별될 수 있다.

이 주제들에 관한 누가의 명백한 구분도 위와 같은 방법으로(즉, 성취의 관점에서) 설명되어야 하는지의 여부는 결정되지 않은 채 그대로 남겨져야 한다. 누가는 어느 경우든 간에 한편으로는 관점을 집약하고, 다른 한편으로는 그것을 확대 설명한다.

마태복음과 마가복음에 과연 미래 관점 전체가 유대 땅에 한정되었는지의 문제가 제기될 수 있을 것이다. 여기에는 종말론적이고 구체적인 요소들(성전, 유대 땅)이 사실상 뗄 수 없는 밀접한 관계를 이루고 있다. 그러나 한편으로는 세계 보편적인 성격들도 있다. 하늘의 징조들은 더 이상 유대 지역의 영역 내에 한정된 것으로만 이해될 수 없다.

그리고 인자의 징조들[116]은 이렇게 묘사된다. "땅의 모든 족속들이 통곡하며", "저가 큰 나팔 소리와 함께 천사들을 보내리니 저희가 그 택하신 사람들을 하늘 이 끝에서 저 끝까지 사방에서 모으리라"(마 24:30 이하). 이와 같은 종말은 세계 보편적이다. 그러나 마태복음과 마가복음은 그것을 특수 지역적인 견지에서 묘사하고 바라본다. 종말의 극단에 관한 묘사에 이르러서야 그 특수 지역적인 것이 세계 보편적인 것으로 바뀐다.

우리의 견해로는 이처럼 이중적 시각의 형식은 공관복음 묵시록 전체의 문제에 해당된다고 이해된다. 대미래는 적어도 마태와 마가에 의해서 만큼은 유대와 예루살렘의 관점에서 묘사된다. 그러나 그 문맥은 이러한 제한 속에서는 도무지 이해할 수 없는 세계 보편적 사건임을 시사해 준다. 그렇기 때문에 예수님의 예언들을 가리켜 지역적인 색채와 제한성이 강하다고 말하는 것은 정당하지 못하다. 어떤 점에서 볼 때 이러한 성격은 부인할 수 없는 사실이다.

그러나 그 예언들이 주로 지적하고 있는 범위는 한 지역을 훨씬 넘어서는 광범위한 공간적·시간적 범위에 관계된다. 이 사실은 성취의 견지에서 뿐만 아니라 그 예언적 범위에 관계된다. 이 사실은 성취의 견지에서 뿐만 아니라 그 예언들 자체의 내용으로 볼 때도 그러하다. 그것이 바로 '멸망의 가증한 것'이 성전에만 국한될 수 없고 그 적그리스도의 행위(비록 그 인물에 대한 언급은 없지만)를 포함하는 훨씬 더 광범위한 의미를 지니는 이유이다. 그리고 그것이 바로 유대로부터 도망하는 것이 비록 본문에서는 유대인들로만 언급하고 있지만 근본적으로 종말론적인 환난이 이유이다.

물론 예수님의 예언에는 미래를 포괄적으로 명백히 보지 못하게 하는 특정한 장애 요인들이 담겨 있다고 말할 수도 있다. 그러나 그렇게 말할 때는 이런 형상이 전적으로 **예언의 성격과 일치한다**는 단서가 붙어야 한다. 왜냐하면 슐라터가 마땅히 인정해야 하는 내용에서 보듯, 선지자들은 신적 전지(全知)의 차원에서 예언하지 않으며 그들 마음대로 미래의 세부 사건들을 좌우하

---

116) 참고. 필자의 *Matth*., II, p. 154.

지도 않기 때문이다. 오히려 그들은 모든 국면들을 낱낱이 구분하지 않고 하나님의 도래의 확실성을 증언한다.

이것이 예언의 **포괄적인 성격**이라고 바르게 불려 왔다. 이 용어는 수세기의 간격을 두고 성취되는 다양한 미래 사건들(즉, 메시아의 구원과 한 특정 민족의 위기나 환난의 종말)이 미래에 대한 예언의 그림 안에서는 나란히 그려지거나, 또는 직접적인 선후 관계로 그려지는 빈번한 현상을 가리킨다. 여기서 미래를 조망하는 데 있어서 예언의 한계성을 보게 된다. 그래서 체계적인 시각이 결여되어 있는 경우가 빈번히 발견된다. 그러나 다른 한편으로 볼 때 예언의 이러한 성격은 하나님의 사역의 여러 국면들의 진정한 연관성과 통일성을 드러내 준다.117)

우리의 견해로는, 이런 생각이 마태복음과 마가복음에 소개되는 공관복음 묵시록의 성격에 가장 근접한 입장이다. 그것은 한편으로 예언 속에 그려진 미래 모습의 제한되고 희미한 성격을, 다른 한편으로는 문자의 의미를 초월하는 예언의 광의의 암시적인 의미(이것은 아마 복음서 저자들에게도 감추어진 듯하다)를 정당하게 평가한 것이다.

후에 예수님의 미래에 대한 설교의 성격을 정리하면서 다시 이 점을 살펴 보기로 하자(참고, 제51항).

---

117) 참고. J. Ridderbos, *Over de uitlegging der Heilige Schrift*, in. *Bijbels Handboek*, I, 1935, pp. 401ff. 그리고 그곳에 인용된 저서. J. van Dodewaard, *De gruwel der verwoesting* (Matth. 24:15; Mc. 13 :14) *Studia Catholica*, 1944, p. 130도 이 주장에 호소한다. 그리고 동일한 생각이 F. W. Grosheide, *Hermeneutik*, 1929, p. 205에 다뤄진 마태복음 24장 해석에 소개된다. 그로샤이데 역시 우리가 반박한 해석, 즉 한 구절 또는 한 표현은 예루살렘의 멸망을, 그리고 다른 구절은 그리스도의 재림을 가리킨다는 해석에 반대한다. "그러한 순서의 해석은 모든 면에서 예언의 통일성을 파괴하므로 허용될 수 없다고 본다. 그러나 본문에서 구약성경의 예언을 인용한 구절에 대해서는 경우에 따라 예언의 어떤 부분만을 설명해야 하는 바, 한 부분을 만물의 종말 전체를 가리키는 것으로 볼 수 있는 반면 다른 한 부분은 예루살렘의 멸망에 대한 것으로 볼 수 있다."

48. 이른바 시간을 제한하는 듯한 선언들

마지막으로, 예수님께서 대미래를 제자들과 그 당시 사람들이 죽지 않고 볼 수 있는 사건으로 말씀하셨다는 견해의 근거로 사용되는 선언들을 따로 떼어 논의할 필요가 있다. 그 선언들 중 두 구절은 상징적인 종말론적 문맥, 즉, 마가복음 13장 30절(그리고 병행절)과 마태복음 10장 23절에, 또다른 한 구절은 예수님께서 최초로 자신의 고난에 대해 가르치시는 내용과 관계되는 문맥, 즉, 마가복음 9장 1절(그리고 병행절)에 등장한다.

여기서는 공관복음의 묵시록의 그것과 관련된 선언에서 시작한다(막 13:30; 마 24:34; 눅 21:32). 세 복음서 모두 이 본문을 '무화과나무 비유' 다음에 기록한다. 예수님께서는 제자들에게 무화과나무의 가지들이 연해지고 잎이 돋아 오면 여름이 가까운 줄을 알 수 있는 것과 마찬가지로 '이 모든 일'(마태, 마가, 누가가 이 내용을 각기 다르게 표현한다. 마 24:34는 "이 모든 일"(panta tauta)로, 막 13:30는 "이런 일"(tauta)로, 눅 21:32는 "모든 일"(panta)로 표현함-옮긴이)이 일어나는 것을 보거든 "(인자가) 가까이 곧 문 앞에 이른 줄을 알라"고 하신다(누가는 "하나님 나라가 가까운 줄을 알라"고 기록한다).

여기서 "이 모든 일"과 "이런 일"이라는 표현은 세 복음서 저자가 모두 언급하는 인자의 파루시아와 하나님 나라가 영광 중에 임하기에 앞서 일어날 사건들을 가리키는 것이 분명하다(참고. 눅 21:28). 그러므로 이 사건들은 종말을 분별할 수 있게 해주는 징조들로서 다시 한 번 명확히 평가되고 지적된다.

이 단어들은 적어도 예수님의 말씀을 듣던 사람들이 예수님께서 말씀하시는 미래의 모든 사건들을 죽지 않고 보게 될 가능성을 전제하는 듯이 보인다. 그러나 우리로서는 그렇게 미리 판단할 수 없다. "너희가 이런 일이 일어나는 것을 보거든"(hotan idete)이란 구절은 그들이 실제로 그 사건들을 보게 된다는 증거로 인정될 수 없다. 그것은 가능성을 뜻하는 것이지 실체를 가리키는 것이 아니다.

그러나 세 복음서 모두에 기록된 "내가 진실로 너희에게 말하노니 이 세대가 지나가기 전에 이 일이 다 이루리라"(누가는 단지 "모든 일"이라고 함)는 선언의 경우는 어떠한가? 우리는 앞에서 이미 "세대"를 문자적 의미로 세대로, "이 모든 일"을 종말의 징조들과 인자의 도래로 설명하는 사람들의 견해에 대해 언급한 바 있다. 그들은 이런 설명으로써 예수님께서 미래를 잘못 전망하셨다는 결론을 이끌어 냈었다.118)

그러나 그 외에도 "이 세대"를 예수님 당대의 사람들이 아닌 다른 어떤 대상으로 이해하거나 "이 모든 일"이란 구절을 예수님이 예언하신 사건들 중 한 부분으로만 국한시키는(즉, 그 당시 세대가 실제로 목도한 사건에만 국한시키는) 해석들이 있다.

> 전자의 견해는 이미 제롬이 주창한 것으로서, 그는 "이 세대"를 인류, 또는 특별히 유대인들로 이해한다.119) 이것을 신자들의 세대라고 생각하는 사람들도 있다.120) 최근 해석학자들 중에서 슈니빈트 같은 이는, 예수님께서 "이 세대"라는 말로 가리키고자 하셨던 내상은 그 당내 사람들이 아니라 이스라엘 백싱이있다는 가능성을 받아들이고 싶어 한다.
>
> 그렇다면 예수님께서는 심판이 다른 민족들보다 이스라엘에 먼저 내리지 않을 것을 의미하시는 셈이 된다. 이 사실은 이스라엘에게 회개할 가능성이 남아 있을 것임을 함축한다. 이것이 후에 로마서 11장으로 발전되는 하나의 기대를 열어 주었다.121)

---

118) 참고. 제43항.
119) *"Genus hominum. aut specialiter Judaeorum"*, Klostermann의 *Das Markusev.*, p. 138 중에서.
120) Theophylact, 'των πιστων', Klostermann, *op. cit.*
121) *Markus*, p. 167. 마태의 문맥은 마가의 문맥보다 훨씬 더 이런 방향을 강조하고 있는 듯하다. Schniewind는 마 23:36, 10:23 그리고 그 이외의 구절들을 지적한다(*Matthäus*, p. 239).

두 번째 견해에 따르면 "이 세대"를 이렇게 확대 해석하는 것은 거부된다. 그리고 전적으로 그 말씀이 들려지던 당시에 살고 있던 사람들만을 의미한다고 주장한다.[122] 그러나 그렇게 되면 "(이) 모든 일"에 대한 해석에 제한이 가해진다.

그 예로 그레이다누스 같은 이는 이 "모든"이란 말이 물론 무제한적이지 않다고 말한다. 그것은 하나님의 섭리에 따라 세상 전체에 발생해야 하는 모든 일이나 세계사 전체를 가리키지 않는다. 오히려 그것은 예수님께서 여기서 언급하고 계신 그 세대 사람들을 놓고 가르치신 것이며, 따라서 그 당시 세대에만 해당되는 것으로서, 특별히 누가복음 21장 20-24절이 지적하고 예언하시는 그 당시 유대 사람들에게 임하여 그들을 멸망시키고 산산이 흩어버릴 모든 환난을 가리킨다.[123]

---

122) A. Plummer, *op. cit.*, p. 485, 그리고 Zahn, *Das Ev. d. Luc.*, p. 659. Greijdanus도 그들에 동조한다 (*op. cit.*, II, p. 1003).

123) *Op. cit.*, II, p. 1004. Plummer는 여기서(누가복음) 예루살렘의 멸망이 세계 종말의 상징으로 의도되었다고 생각한다(*op. cit.*, p. 485). Lagrange는 막 13:30의 tauta panta(이 모든 일)가 만물의 종말이 아닌 성전 파괴에 아무 무리 없이 적용될 수 있다고 생각한다. 그는 그 이유를 (막 13장의) 설교 전체 내용이 이 사건(성전 파괴) 안에 근거를 두고 있기 때문이라고 한다(참고. 4절. *op. cit.*, p. 384). 그는 또한 "이 세대"를 "그 당시"와는 다른 어떤 의미로 해석하려는 시도도 일종의 회피("*echappatoire*")라고 주장한다. Zahn 역시 "이 모든 일"을 예수님 당시 사람들이 목도할 종말을 선언하는 모든 징조들과 심판에 적용할 수 있다고 주장한다(*Das Ev. d. Luc.*, p. 659). 이 책에서 그는 panta를 "30절에서 종합하여 언급하는 사건들"로 설명한다. 그러나 그는 파루시아에 바로 앞서 일어날 모든 사건은 포함시키지 않고, 자신의 해석을 예루살렘의 멸망을 포함한 19절까지 기록된 사건들에 한정짓는다. Wohlenberg의 설명도 막 13:29, 30에 관한 한 동일하다(*op. cit.*, pp. 337, 338). 그러나 Calvin의 견해는 조금 다르다. Calvin은 그리스도께서 일반 지시어(이 모든 일)를 사용하신 사실을 인정하지만, 이 단어들이 특수한 사건을 가리킨다는 견해를 가지고 있는 것이 분명하다. 즉 그는 시간의 과정 속에서 심판과 박해로 나타날 모든 사건들이 이미 예수님 당시의 첫 세대에 의해 경험될 것이라고 생각한다. "*Sensus est igitur, Prophetiam hanc non esse de malis longinquis, quae multis post saeculis visura sit posteritas, sed quae Iam impendent, et quidem una simul congerie, ut prasens aetas nullius partis expers futura sit. Itaque Dominus omnes malorem specines in unam aetatem congerens, minime ab iisdem posteros eximit, sed tantum discipulos ad omnia constanter ferenda paratos esse iubet*"; ed. Tholuck, II, 1833, p. 280. 마지막으로, Lagrange의 견해는 Josef Schmid의 다음 저서에서도 소개된다. *Das Evagelium nach Markus* (in *Das Neue Testament*, hrsgeg. von Alfred Wikenhauser und Otto Kusz, 2, Band), 1938, p. 159.

이 견해를 놓고 볼 때 그레이다누스가 말한 '물론'이란 표현은 분명히 '만일 그렇지 않으면 (즉, '모든 일'이란 단어를 한정된 의미로 해석하지 않으면) 이 선언은 결코 성취되지 않았을 것이기 때문에'라는 의미를 담고 있다. 그렇다면 이 구절은 사건을 보고 기록한 예언이다.

필자가 판단하기에, 조금은 발전된 형태이긴 하지만 플루머, 쟌, 볼렌베르크, 라그랑즈와 같은 이들이 계승하는 이 두 번째 견해는 본문의 명확한 말씀을 올바로 해석한 것으로 보이지 않는다.

한편 "(이) 모든 일"이란 어구가 인자의 파루시아를 포함한 징조들 전체를 가리키는지의 여부에 대해서는 다소 의문이 있을 수 있다. 마태복음 24장 33절의 "이와 같이 너희도 이 모든 일을 보거든 그때가(개역성경, 인자가) **가까이 곧 문 앞에 이른 줄 알라**"란 표현은 "이 모든 일"이 그 징조들을 가리킨다는 견해에 부합되는 듯하다. 반면에 마태복음 24장 34절과 그 병행 본문인 마가복음 13장 30절 이하의 내용은 분명히 파루시아도 언급한다.

"그러나 그날과 그때는 아무도 모르나니."

그러므로 우리의 견해로는 "(이) 모든 일"이란 구-파루시아 개념 자체를 배제한 채 그 징조들에만 무리하게 한정짓는 것은 정당하지 않다고 본다. 여기서 예수님께서는 친히 언급하신 모든 사건들을 조망하고 계시다. 그러나 "이 일들"을 전적으로 인자가 오기에 앞서 일어날 사건들을 가리키는 말로 받아들인다고 하더라도, 그 사건들을 제한하되 그것을 예루살렘의 멸망이나 1세기에 발생한 환난과 박해로 분명해진 사건으로 못 박아 둘만한 근거를 본문에서 발견할 수 없다.

우리는 이미 마태복음과 마가복음에서 성전이 더럽혀진다는 것과 대종말론적 최후의 환난이 서로 뗄 수 없는 것임을 살펴본 바 있다. 그러므로 라그랑즈나 볼렌베르크와 같은 이들의 방식으로 마가복음 13장 30절을 설명하기 위해 마가복음 13장 4절로 거슬러 올라가는 것은 억지일 뿐이다. 그렇다면 그 본문에 겹쳐 표현된 사항을 구별해내야 할 필요성이 생기기 때문이다.

그리고 누가복음에서도 사정이 전혀 다르지 않다. 누가는 예루살렘의 멸망과 '이방인의 때' 이후 발생할 종말론적 징조들 사이를 분명히 구분짓는다(21:25). 그러나 우리의 생각으로는, 이 징조들을 31절과 32절 기사에 적용하기를 거부하는 것은 철저한 독단이다. 그 본문은 분명히 (이미 앞에서 언급한 모든 것을 가리키는) "**이 일들**"과 "**모든**"을 말하고 있다. 결과적으로 이 구절이 아무리 해석하기 어려운 난제들을 던져준다고 할지라도, 우리로서는 본문의 의미에 독단적인 한계를 설정함으로써 그 난제들을 제거하는 것을 용납할 수 없다.

그러나 여전히 남아 있는 문제는 "이 세대"가 무엇을 의미하는가이다. 슈니빈트가 가능성 있다고 주장하듯이, 이 말은 예수님이 재림하시기 전까지 유대 백성들이 꾸준히 존재할 것과 유대 민족을 향한 어떤 특정한 기대를 포함한다는 생각은 지나친 확대 해석으로 보인다. 우리는 본문에서 그러한 특정한 의미를 읽을 수 없다. 만일 그렇다고 하더라도, 어떤 경우든지 그 말은 매우 불명확하고 평범한 방식으로 표현되었다.

우리의 견해로는 오직 다음 두 가지 해석이 가능하다. 첫째, 여기서 예수님은 그 당시 사람들을 염두에 두고 말씀하고 계시며, 따라서 그 당시 살아 있던 세대는 예수님께서 미래에 관해 예언하신 **모든 것을 목도할 것**이라는 해석이다.

> 이 견해는 철저 종말론을 전적으로 배격하는 해석학자들[124]도 피할 수 없이 주장하는 것으로서, 그들 중에는 반드시 심리적으로 설명되어야 할 관점의 오류에 대해 말하는 저자들이 있다. 그들은 복음서 저자들과 함께 예수님의 선언이 성취의 순간으로서 자신의 죽음에 적용된다면 그것은 고도의 의미로 볼 때 오류가 아니

---

124) Cullmann, 43. 3항.

라는 식으로 절충한다.

그러나 우리의 입장에서 볼 때 이러한 설명은 본문의 의미나 복음서 저자들의 의도를 모두 반영하고 있지 않다. 다른 이들은 그것이 오류이긴 하지만 예수님의 설교에서 그리 중요한 것이 아니고, 단지 인자가 도래할 날은 아무도 모른다고 가르치는 다른 본문들과 충분히 조화를 이루기 어려울 뿐이라고 말한다.[125]

우리의 견해로는, "이 세대"란 말이 시간의 지적을 뜻하는 것이라면 그것은 예언의 포괄적 성격으로 설명하는 것이 당연하다고 본다. 그렇다면 "이 모든 일"은 세세한 시간을 구분함이 없이 예언의 영이 증언하고 그 예언대로 틀림없이 실현될 미래에 있을 하나님의 사역의 총합으로 이해해야 한다.[126]

이 문제에 대해서는 앞으로 마태복음 10장 23절과 마가복음 9장 1절(그리고 병행절)을 논의하게 될 때 다시 생각하도록 하자.

그러나 이 구절을 충분히 연구하고 면밀히 조사해 보면 본문은 다른 관점을 보인다. 여기서 대두되는 중요한 문제는, 과연 예수님께서 어느 특정한 **종말의 시기**를 언급하고 계신가, 아니면 앞에서 예언하신 일들의 **확실성**에 대해서만 말씀하고 계신가 하는 문제이다. 여기서 예수님이 이느 특정한 종말의 시기를 뜻하신다는 입장은 잠시 후에 소개되는 "그러나 그날과 그때는 아무도 모르나니"란 사실과 연결된다.

본문이 "그러나 그날과 그 정확한 시점은 아무도 모르나니"라는 말로 설명될 수도 있기 때문에 큄멜처럼 그러한 입장에는 모순이 있다고까지 말할 필요는 없겠으나, 그 성취를 이렇게 그 당시 세대로 한정한다면 이 선언의 강세는 상당히 저하되고 말 것이다. 더 나아가 "천지는 없어지겠으나 내 말은 없어지지 아니하리라"라는 삽입절은 성취의 시점에 대해 말하는 두 구절 사이에서 조화를 이루지 못할 것이다. 우리의 견해로 볼 때 이것이 바로 마가복음

---

125) Kümmel, 43, 3항.
126) 참고. 필자의 *Matth.*, II, pp. 158, 159.

13장 30절(그리고 병행절)이 어떠한 시간 제한과도 관계없는 성취의 확실성에 관한 선언이라는 관점을 뒷받침 해줄 근거가 수없이 많은 이유이다. 이 경우에 우리는 '이 세대' 란 단어에 시간적 의미를 부여해서는 안 되며, 성경 다른 부분에서도 소개되는 바 정반대의 의미, 즉, 예수님과 그분의 말씀을 싫어하는 특별한 성향과 마음 자세를 갖고 있는 사람들(예수님을 배척하는 성격을 지닌 보편적인 세상)로 이해해야 할 것이다.127)

그렇다면 이 구절의 의미는 분명해지며, "천지는 없어지겠으나"로 시작되는 다음 절도 이 구절과 매우 자연스럽게 일치된다. 예수님께서는 이제 불신과 악의를 가지고 자신을 떠나는 사람들과 자신의 말씀을 믿지 않는 사람들은 앞에서 언급하신 심판을 피할 수 없을 것이며 그것을 겪음으로써 그것이

---

127) 사전적인 자료를 종합해 볼 때, 바로 이것이 "이 세대"란 표현의 일반적인 의미임을 쉽게 증명할 수 있다. 비록 예수님께서 이 단어를 강조하여 말씀하신 "이 악한 세대"(마 12:45; 눅 11:29), 또는 "믿음이 없고 패역한 세대"(마 17:17; 눅 9:41), 또는 "이 음란하고 죄 많은 세대"(막 8:38), 또는 "믿음이 없는 세대여"(막 9:19)란 구절들은 제쳐두더라도, 예수님께서는 "이 세대"라는 용어로 언제나 어떤 특정하고도 비호의적인 심성을 가리켰으며, 그래서 genea(세대)의 시간적 의미는 배경으로 전락하든가 무시되는 예가 종종 있다(참고. 마 11:16, "이 세대를 무엇으로 비유할꼬"; 12:41; 눅 11:32, "심판 때에 니느웨 사람들이 일어나 이 세대 사람을 정죄하리니"; 막 8:12, "어찌하여 이 세대가 표적을 구하느냐 내가 진실로 너희에게 이르노니 이 세대에게 표적을 주지 아니하리라"; 눅 17:25, "그러나 그가 먼저 많은 고난을 받으며 이 세대에 버린바 되어야 할지니"). 물론 시간적 의미가 좀더 중요하게 보이는 듯한 구절들이 없는 것은 아니다(이를테면, 마 23:36, "이것이 다 이 세대에게 돌아가리라," 또는 "과연 이 세대가 담당하리라," 눅 11:51. 참고. 50절). 그러나 이 구절들에서도 중요한 것은 '반드시' 라는 의미이다. Büshel은 이렇게 말한다. "'세대' 란 말은 우선적으로는 시간적 의미를 지니고 있다. 그러나 제2차적으로는 언제나 비호의적인 심성을 내포한다." *TWB*, I, p. 661, γενεα 항목. 그는 위와 같이 말하면서도 제2차적인 의미가 때로는 제1차적 의미보다 더 앞선다고 덧붙이고 싶은 심정이었을 것이다(참고. 위에서 인용한 막 8:12). Büchsel은 다음과 같이 올바로 덧붙여 말한다. ""예수님의 말씀 중 γενεα(게네마)란 단어가 차지하는 역할 중 한 부분은 예수님의 의도가 포괄적인 성격을 띠고 있음을 보여주며, 그 단어는 각 개인들이 아닌 사람들 전체를 가리킨다. 그리고 죄로 물든 사람들의 사회에 대한 예수님의 평가를 보여준다." *op. cit.* 예수님께서 '세대' 란 단어를 그 당시라는 시간적 의미가 아닌 특별히 비호의적인 의미로 사용하셨다는 사실은 그분이 이 단어를 사용하신 것이 '세대' 또는 '이 세대'를 다람 파르템으로 표기하기도 하는 구약성경에 근거하고 있는 상황에서 볼 때 분명해진다. 참고. 시 12:8; 95:10; 신 32:5; (마 17:17). Gesenius-Buhl, *Hebr. und Aram. Handwörterbuch über das A. T.*, (דור)(도르, 세대) 항목.

심판인 줄 알게 될 것이라고 증언하신다.

여기서 '없어지다' 란 말은 '과거지사가 되어 그 의미를 상실하고 더 이상 고려할 필요도 없게 되다' 라는 뜻이다. "이 세대가 지나가기 전에" 란 말씀이 어떤 시간 제한과 상관없는 성취의 확실성인 증거는 그 다음 절에 원어상 '지나가다' 와 동일한 '없어지다' 란 단어가 두 번이나 사용된다는 사실에서 분명해진다.

따라서 이 구-예수님은 미래의 종말론적 사건들이 발생할 시간을 가리키기 위해 이 세대를 언급하신 것이 아니라 아직까지도 자신의 말씀을 배척하고 있는 모든 사람들이 그 종말적 사건을 피할 수 없이 겪게 될 것이라고 확언하시는 것이다. 즉, 그 단어들은 어떤 특정한 시기나 세대가 아닌 예수님을 배척하는 사람들의 성향을 가리킬 의도로 사용되었다. 결과적으로 이 구절은 어떤 시간 제한을 설정하려는 시도의 근거나 출발점이 될 수 없다. 그것을 시간 제한이 아닌 확실성으로 이해할 때 다음 절은 문맥에 잘 어울린다.

"천지는 없어지겠으나 내 말은 없어지지 아니하리라."

만일 마가복음 13장 30절의 선언을 그런 식으로 설명하도록 뒷받침 해줄만한 병행 본문을 제시하라고 한다면, 예수님에서 예루살렘을 향해 슬퍼하시면서 최종적으로 하신 말씀을 제시할 수 있다.

"내가 너희에게 이르노니 이제부터 너희는 '찬송하리로다 주의 이름으로 오시는 이여' 할 때까지 나를 보지 못하리라"(마 23:39; 참고. 눅 13:35).

또한 산헤드린 앞에서 하신 말씀도 그러하다.

"······내가 너희에게 이르노니 이후에 인자가 권능의 우편에 앉은 것과 하늘 구름을 타고 오는 것을 너희가 보리라"(마 26:64; 막 14:62. 누가복음에는 "너희가 보리라"라는 구절이 없음).

우리의 견해로는, 예수님 당시의 유대인들과 지도자들이 죽기 전에 인자의 파루시아를 볼 것이라는 내용을 제외한다면 이 말씀들은 그들에게 대한 심판의 선언으로 이해될 수 있다고 본다.

둘째, 예수님께서 장차 제자들이 당하게 될 핍박과 고난에 대해 선언하면서 마지막에 언급하신 말씀을 논의해야 할 것이다.

"내가 진실로 너희에게 이르노니 여기 섰는 사람 중에 죽기 전에 '하나님 나라가 권능으로 임하는 것'을 볼 사람들도 있느니라"(막 9:1).

여기서 "하나님 나라가 권능으로 임하는 것"이란 부분을 마태는 "인자가 그의 나라를 가지고"(en te basileiai autou.–개역성경에는 "그 왕권을 가지고"로 표시됨. 마 16:28)로, 누가는 간단히 "하나님 나라"(눅 9:27)로 표현한다.

이 말씀 전반부의 의미는 마가복음 13장 30절(그리고 병행절)과는 달리 중대한 견해 차이를 불러일으킬만한 것이 아니다. 그것은 예수님의 말씀을 듣는 한정된 수의 사람들이 이 말씀의 후반부에 언급된 사건들이 발생하기까지 죽지 않을 것이란 말씀이다. 여기서 예수님이 왜 여기 섰는 사람 "모두"라고 하지 않으시고 그 중 일부를 놓고 말씀하셨는지 질문이 제기될 만하다. 이것은 아마 후반부에 언급된 일들이 그들 중 대부분이 죽은 후에야 비로소 일어나게 될 것이기 때문이든지, 아니면 단지 몇몇 사람만 그 사건을 목도하도록 허용될 것이기 때문일 것이다.

그러므로 여기서 문제되는 것은 그 구절 후반부의 의미이다. 이 경우에 있어서도 "하나님 나라가 권능으로 임하는 것" 또는 "인자가 그의 나라(즉, 왕적 위엄)를 가지고 올 것"의 의미를 예수님의 당대에 살던 사람들이 실제로 목도한 몇몇 특정 사건들로 한정지으려는 해석학자들이 있다.

> 플루머와 같은 이는 이렇게 말한다. 누가복음 9장 27절 전반부는 하나님 나라를 보는 일이 당시 이 말씀을 듣던 모든 사람들이 경험하게 될 일과는 대조적으로 그 중 몇몇 사람의 특권임을 뜻하고 있다. 이것이 바로 이 말씀과 관련하여 당시 그 자리에서 말씀을 듣던 사람들 중 오직 소수만이 목격한 '산상(山上)에서의 변화'나 '예루살렘의 멸망'을 생각해야 하는 이유이다. 플루머에 따르면 그 자리에 있었던 사람들 중 아무도 파루시아를 목격할 수 없었기에 파루시아에 대한 **직접적**

인 언급은 본문에서 배제되어야 한다.¹²⁸⁾

최근 저자들 중에서도 그 후반부를 그 나라의 최종적 도래와 관련지어 설명하기를 꺼리는 이들이 있다. 그들은 본문의 정확한 의미에 관해 설명하는 바를 각각 달리한다. 그레이다누스는 누가복음 9장 27절에 예언된 사건이 "여기 섰는 사람 중에 죽기 전에 하나님 나라를 볼 사람들도 있느니라"란 말씀에서 보듯이, "수십 년 내에 분명하게 나타나게 될 사건이었다"고 말한다.

"그렇다면 이러한 하나님의 왕권의 도래는 주님의 부활을 가리키는 것이 될 수 없으며, 바로 그 해(年)에 실현되었던 성령 강림을 가리키는 것도 될 수 없다.……또한 지금도 실현되지 않고 있는 주님의 심판주로서의 재림을 가리키는 것일 수도 없다.……복음이 힘 있게 전파되어 나간 일도 될 수 없는데, 이는 비교적 수년 내에 이루어진 일이기 때문이다.……우리는 그것을 예루살렘의 멸망으로 생각해야 한다. 그 사건 안에서 하나님은 심판으로써 최후 심판의 집행자로서의 자신의 왕권을 드러내셨다."¹²⁹⁾

다른 이들은 예수님의 "하나님 나라가 왕권으로 임하는 것"이란 말씀으로 교회를 세우는 일을 수반한 복음 전파와 이적을 의미한다고 생각할 수 있는데,¹³⁰⁾ 사람에 따라서는 그것에 성령강림¹³¹⁾이나 부활¹³²⁾도 포함시킨다. 또 어떤 이들

---

128) *Op. cit.*, p. 250. Plummer는 일곱 가지 다른 해석들과 그것을 주장하는 사람들을 다음과 같이 언급한다: ① 산상에서의 변화(대부분의 교부들); ② 부활과 승천(Calvin, Beza 등); ③ 오순절과 그 이후의 징조들(Godet); ④ 기독교의 확장(Nösgen); ⑤ 복음의 내적 발전(Erasmus); ⑥ 예루살렘의 멸망(Wetstein, Alford 등); ⑦ 하나님 나라의 두 번째 도래(Weiss, Holtzmann 등), *op. cit.*, p. 249.
129) *Op. cit.*, Ⅰ. pp. 424, 425. H. D. A. Major도 이런 설명이 가능하다고 생각한다(*The Mission and Message of Jesus*, 1946, p. 113). Lagrange도 막 9:1에 대한 해석에서 그렇게 생각한다, *op. cit.*, p. 227.
130) Lagrange, *op. cit.*
131) 참고. Wohlenberg의 마가복음 9:1 해석, *op. cit.*, pp. 240, 241. Grosheide의 눅 9:27 해석, "예수님께서는 친히 나타내실 능력의 현시를 말씀하고 계시며, 그것은 오순절에 시작되었다." *op. cit.*, p. 207. N. B. Stonehouse도 그러하다. *The Witness of Matthew and Mark to Christ*, 1944, p. 240.

은 인자의 도래(εν τη βασιλεια αυτου, 그의 나라 안에서)나 하나님 나라가 왕권으로 임하는 것을 그리스도께서 자신의 교회에 임하시는 것으로 설명하기도 한다.133) 또 어떤 이들은 이런 여러 개념들을 종합해서 마가복음 9장 1절(그리고 병행절)을 오순절 예언이나 예루살렘 멸망, 이방인들의 회개에 관한 예언으로 해석한다.134)

우리의 입장에서 볼 때 위에서 언급한 여러 설명들은 한 복음서 저자의 의도를 다른 복음서 저자들의 의도와 다르게 해석하는 일이나, 본문의 이 부분에 대해 우리의 개인적 견해로 임의의 해석을 가하는 일을 얼마나 주의해야 할지를 여실히 보여준다. 로마이어에 따르면, 누가복음은 마태복음과 마가복음과 대조적으로 비(非)종말론적 개념으로 설명해야 한다고 한다. 쟌에 의하면 이 내용은 마태와 누가와 대조적으로 마가의 기록을 따라야 한다고 한다. 라그랑즈는 마태는 교회에 대해 말하고 있는데, 이것은 마가와 누가와는 현저히 다르다고 한다. 그로샤이데는 이 내용에

---

132) Calvin은 막 9:1(그리고 병행절)이 그리스도께서 하늘의 영광으로 임할 것이라는 뜻으로 이 해되어야 한다고 주장하면서, 그 일은 그분의 부활 시 시작되었고 그 이후에 성령을 주신 일과 제자들을 통해 나타내신 이적들로써 충분히 드러났다고 주장한다. Ed. Thouluck, II, 1833, p. 115.
133) M. J. Lagrange는 마 16:28 해석에서 그렇게 주장한다. 그리고 그 이유를 본문에서 인자의 임함이 en te basileiai autou(그의 나라에서)로 언급되기 때문이라고 한다. 그는 이렇게 기록한다. "인자의 나라는 가라지 비유에서 분명히 나타난 대로 아버지의 나라와는 대조적으로 바로 교회이다."(13:24), S. *marc.*, p. 227; 참고. S. *Matthieu*, p. 333. Lohmeyer는 눅 9:27에 대해서는 그런 해석이 가능하다고 생각한다. "누가는 시간적 난제를 인식한 듯하다. 그는 '영광으로 오리니' 란 구절을 삭제하였고, 그로써 하나님 나라를 하나님을 믿는 많은 신자들의 공동체로 이해할 수 있게 만들었다." *Markus*, p. 172. 마지막으로, Grosheide는 막 9:1의 바실레이아를 예수님께서 선포하신 바, 신자들이 속한 영적 나라를 가리키는 말로 규정한다. *De Verwachting der Toekomst van Jezus Christus*, 1907, p. 97. 물론 마 16:28에는 해석상 난제들이 있는 것이 사실이다. 그러나 이 분명치 않은 본문은 좀더 명확한 구절들에 비추어 설명되어야 한다, p. 98. 참고. 그의 *Matth.*, pp. 206, 207.
134) J. A. C. van Leeuwen, *op. cit.*, p. 154. Zahn의 견해는 매우 주목할 만하다. 그는 마 16:28과 눅 9:27을 파루시아를 가리키는 말로 받아들인다. 그리고 막 9:1에 대해서는 다른 견해도 가능하다고 생각한다. 그는 εληλυθυιαν εν δυναμει (권능으로 임하시는 것)라는 부가어가 하나님 나라의 도래에 대한 좀더 상세한 정의라고 한다. "마가는 도래할 신적 권능의 최종적인 실현을 진보라는 개념으로 쉽게 규정할 수 없는 그 권능의 점진적 발전의 양상으로 대치시켰다." *D. Ev. d. Luc.*, p. 381.

한해서는 분명히 마가와 누가가 옳고 마태는 그렇지 못하다고 평가한다.

우리의 생각으로는, 독단에 의하지 않고는 이 세 병행 본문 중 어느 하나의 해석에 있어서도 하나님 나라와 인자의 종말론적 도래를 삭제할 수 없다. 우리는 이 선언들을 파루시아 이전 기간의 인자와 하나님 나라 계시로 한정짓는 것을 이 세 본문의 무오(無謬)한 의미에 대한 용납할 수 없는 침해로 간주한다. 세 복음서 모두 이 선언을 기록하기 바로 전에 파루시아에 관한 언급이 등장한다. 이 선언을 파루시아와 떼어 생각할 수 없는 이유가 바로 여기 있다. 파루시아가 문맥 전면에 나타나 있다.

우리의 생각으로는, 특히 마태복음과 마가복음에 소개되는 그 구절의 의미는 이 사실을 입증해 준다. 마태는 "인자가 그 왕권을 가지고 오는 것"이라고 말한다. 공관복음서를 총괄해 보더라도 이 말이 구체적으로 파루시아 이전(그리고 파루시아와 별도로) 인자의 높이우심의 의미를 가리키는 곳은 아무 데도 없다. 그렇기 때문에 마태복음 16장 28-파루시아가 고려 대상에서 제외될 수 없다.

엔 테 바실레이아 아우투(εν τη βασιλεια αυτου, 그의 나라에서)란 구절이 교회를 가리킨다는 라그랑즈의 주장은 받아들여질 수 없다. 이는 먼저 '교회'와 '나라'는 공관복음서 그 어디에서도 같은 의미로 쓰이지 않기 때문이며,[135] 그 다음으로는 '그의 나라에서'가 여기서 공간적 의미로 해석될 수 없고 다만 모든 로마 가톨릭 영역 밖의 해석학자들이 인정하는 대로 '인자의 왕권'을 가리키기 때문이다. 동일한 논지가 이 문제를 다루고 있는 마가복음 9장 1절에도 적용된다. 우리의 견해로는 "하나님 나라가 권능으로 임하는 것"은 분명히 하나님 나라의 최종적인 도래와 떼어 놓을 수 없는 그 나라의 영광스런 도래를 가리킨다고 본다.

그리고 쟌이 말한 대로, 엔 뒤나미(εν δυναμι, 권능으로)란 단어가 하나님 나라

---

135) 참고. 제36항.

의 진행 과정 중 어떤 특정 국면을 가리킨다는 견해는 우리로서는 납득할 수 없다. 쟌의 견해에 따르면 하나님 나라는 예수님의 지상 사역과는 달리 그 궁극적 도래 이전의 미래에서만 나타날 것이라고 생각할 수밖에 없는데, 이것은 예수님께서 땅에 계실 동안 하나님의 권능을 나타내신 일들을 기록하는 성경 전체의 증거와 모순된다. 그러므로 우리는 이 엔 뒤나미(권능으로)를 종말에, 특별히 인자의 파루시아 때 나타날 권능과 떼어 놓을 수 없다.

그리고 누가복음을 보자면 그 본문을 단순히 "하나님 나라를 볼 사람들도 있느니라"라고 기록한다. 이 말씀만 따로 떼어놓고 보면 이 선언은 종말에 앞서 이루어질 하나님 나라의 도래를 가리키는 것 같기도 하다. 그러나 그 문맥은 분명히 종말론적 사건들을 내포하고 있다(참고. 눅 9:26).

그 외에도 '하나님 나라'라는 간단한 말은 파루시아에 앞서 나타날 하나님 나라보다 더 많은 의미를 의도하고 있음을 입증해 준다. 왜냐하면 예수님의 말씀을 들은 사람들로서는 이미 예수님의 오심과 사역에서 그 나라를 보았기 때문이다(참고. 눅 8:10; 10:23, 24). 그러므로 그들이 하나님 나라를 볼 것이라는 약속은 그 나라의 궁극적인 나타남과 분리할 수 없다.

우리의 생각으로는 이 세 복음서 모두에 해당하는 결론은 예수님께서 예언의 견지에서 말씀하신, 즉, 포괄적이고도 한결같은 의미로[136] 말씀하신 것 외에 다른 아무것도 없다. 이는 이 본문들을 해석하는 데 있어서 파루시아가 배

---

[136] 참고. 위의 제46항 결론 부분을 참조하라. Zahn도 궁극적으로는 이런 개념에 도달한다. *D. Evang. d. Matth.* 에서 그는 다음과 같이 기록한다(p. 665). "결과적으로, 예수님은 예언의 성격에 따라 그것의 최종적인 사건들, 즉 자신의 파루시아와 그것의 예비적인 시작에 관한 중점을 정리하는 방식으로 자신의 도래에 관한 이 말씀(마 10:23; 16:28)을 하셨다. 그렇기 때문에 나중에 제자들은 24:3에 기록된 그런 질문을 했던 것이다. 따라서 예수님께서 이 경우에는 착오를 범한 것이며 잘못 예언했다고 말하는 것은 미래상을 좀더 낱낱이 분명하게 구분짓는 예수님의 좀더 자세한 예언의 견지에서 볼 때 어리석은 일로 여겨진다. 그것은 마치 세례 요한이 선포한 천국의 임박한 도래가 그가 표현한 대로 즉시, 그리고 철저히 실현되지 않았기 때문에 그를 거짓 선지자로 부르는 것과 똑같이 어리석은 일이다." 물론 우리가 미래를 예언하시는 예수님의 통찰력을 제자들의 기대나 요한의 시각과 동일시할 수 없다는 것은 분명한 사실이며, Zahn도 그런 의미로 말하지 않는다.

제될 수 없다고 한다면 예수님의 예언은 오직 자신의 파루시아에 대한 관점만을 지닌다고도 말할 수 없기 때문이다.

예수님께서 말씀하시던 그때와 파루시아 사이에는 부활이라는 커다란 사건이 있다. 예수님께서는 이미 자신의 고난에 관한 최초의 말씀에서 부활을 분명한 어조로 말씀하셨는데, 그 가르침 안에 지금 논의되고 있는 선언에 대한 결론이 담겨 있다. 물론 적어도 제자들의 마음 속에는 부활과 파루시아의 관계가 여러 면에서 불투명했던 것이 사실이며(참고. 제44항), 그들에게 예수님의 고난과 죽음, 그리고 부활의 의미가 감추어져 있던 한에는 이 모든 사실을 더 이상 깨달을 수 없었던 것도 사실이다.

그러나 다른 한편으로는 예수님께서 자신의 부활과 파루시아 사이에 분명하고 사실적이며 시간적인 구분을 지으셨던 것도 엄정한 사실이다. 그것이 바로 예수님의 미래의 영광에 관한 여러 일반적인 말씀들(특히 마태복음에 언급된 대로)과 비교적 객관적으로 동일한 하나님 나라가 권능으로 임할 것이라는 말씀들(마가, 누가) 안에서 그분의 파루시아뿐만 아니라 부활도 제거할 수 없는 이유이다. 왜냐하면 예수님의 부활 사건에서도 "인자가 자신의 왕권을 가지고" 오시기 때문이다(참고. 마 28:18).

그리고 그것이 우리가 마태복음 16장 28절(그리고 병행절)에서 모든 것을 포괄하는 그리스도의 높아지심의 중요성(부활의 중요성)도 함께 생각해야만 하는 이유이다.137) 다만 마태복음 16장 28절과 같은 선언에는 이런 관점이 표출되어 있지 않다. 예수님의 고난과 죽으심의 의미가 가리워 있는 사람들로서는 성취라는 분명한 시각을 가지고 있다고 하더라도 그 사실을 이해할 수 없었

---

137) Greijdanus(참고. Plummer)가 주장하는 바, 예수님께서 이 말씀을 하신 시점은 부활과 너무 가까워 "여기 섰는 사람 중에 죽기 전에……볼 사람들도 있느니라"라는 말씀을 부활에 적용할 수 없다는 주장은 우리의 견해로 볼 때 타당치 않다. 특별히 이 말씀이 예수님의 곁에 섰던 대다수의 사람들이 이 선언이 실현될 때까지 죽게 될 것이라는 전제를 필요로 하지 않는다는 사실을 염두에 둔다면 그러하다. 이 말씀은 인자가 그의 왕권으로 임하는 것을 본다는 사실이 그것을 목도하게 될 사람들이 죽기 전에 나타날 그 큰 사건(즉, 부활)임을 가리킬 수도 있다.

다고 말할 수 있을 것이다. 그러나 이것은 부활하시기 전 예수님의 자기 계시의 전체 성격과 연관된다.[138]

마지막으로, 마태복음 10장 23절이 아직 논의해야 할 과제로 남아 있다. 이미 이 본문을 슈바이처나 베르너(Werner), 부리(Buri) 등의 철저 종말론 체계의 초석으로 삼을 수 없음을 살펴본 바 있다. 여기서 문제되는 것은 예수님의 미래 예언이라는 전체 안목 속에서 이 신비로운 선언을 어떻게 이해해야 하는가 하는 점이다.

"이스라엘의 모든 동리를 다 다니지 못하여서"(ou me talesete)란 말씀에 관해서는 앞에서 소개하였듯이 미래 전망의 착오라는 해석 이외에 여러 다른 견해들이 있다. 어떤 저자들은 여기서 가리키고 있는 것을 제자들의 선교 사명의 마침이라 생각한다. 이 선언이 예수님께서 제자들을 파송하시며 말씀하신 문맥 속에 포함되어 있다는 것이 그 이유이다(마 10장).

동시에 이 설교의 취지는 마태복음 10장 1절의 파송에 한정되지 않고 훨씬 먼 미래에까지 해당된다고 한다. 그래서 그로샤이데 같은 이는 "인자가 오리라"라는 말씀이 파루시아를 가리킨다고 말한다. 그러나 그로샤이데에 의하면 이 선언은 교회의 대표자들로서 제자들이 받은 항구적인 선교 명령과 관계된다고 한다.

이 사명은 그리스도의 재림 때까지 계속된다. 더 나아가 '이스라엘의 모든 동리'라는 표현은 문자적 의미보다는 더 광범위한 의미로 받아들여야 하며, 기독교와 접촉하되 하나님과 거리가 먼 사람들이 사는 여러 지역으로 뻗어 나가는 것으로 해석해야 한다.[139] 이것이 '이스라엘의 모든 동리'라는 말의 비유적, 또는 상징적 개념이다.

이와 비슷한 견해를 라그랑즈에게서도 발견할 수 있다. 비록 라그랑즈가 그 구절

---

138) 참고. 필자의 *Matth.*, II, 22, 23, 그리고 *Zelfopenbaring en Zelfverberging*, 1946, pp. 86, 87.
139) *De Verwachting der toekomst*, pp. 92, 93. 참고. 그의 주석, p. 127.

을 제자들이 선교가 아닌 환난 때문에 장차 도망하게 될 일로 생각하고, '인자가 오리라'는 말씀을 예루살렘의 멸망과 같은 대재난을 뜻하는 것으로 받아들이기를 좋아하지만, 이 구절이 파루시아를 가리킨다는 견해를 라그랑즈가 전적으로 부인하는 것은 아니다. 라그랑즈는 이 구절이 파루시아를 가리킨다면 '이스라엘의 모든 동리'는 아마 디아스포라(흩어진 유대인들)를 가리킬 것이라고 주장한다.[140)]

슈니빈트 역시 마태복음 10장 23절을 선교에 관한 말씀으로 생각한다. '이스라엘의 모든 동리'를 다 다니지 못하는 것을 가리켜 슈나빈트는 이스라엘 사람들을 향한 선교라고 이해하며, 그 선언 전체를 (그의 막 13:30과 병행절에 관한 해석과 일치하여) 인자가 영광 중에 나타날 때까지도 이스라엘에 대한 선교가 완료되지 않게 될 것을 가리킨다고 설명한다.

슈니빈트는, 비록 그들이 주님의 구원을 배척한다고 하더라도 하나님의 말씀은 종말에 이르기까지 계속해서 그들에게 전파될 것이라고 주장한다. 그는 이 견해를 로마서 11장과 마태복음 23장 29절에 대한 사적인 해석, 즉, 이스라엘이 파루시아 때 먼저 그들 자신이 배척한 그분을 알아보게 될 것이며 그 다음에 그리스도께로 돌아오게 될 것이라는 기대와 관련시킨다.[141)]

그러나 다른 이들은 마태복음 10장 23절이 그처럼 광범위한 종말론적 안목을 제시한다고는 생각하지 않는다. 우리는 이미 라그랑즈에 대해 언급했었다. 그는 "인자가 오리라"는 말씀을 읽을 때 하나님의 심판이 예루살렘의 멸망 사건 가운데 나타난 것으로 생각한다.

이와 관련하여 해석학자 한 사람을 더 언급하자면, 스톤하우스를 들 수 있다. 그는 만일 마태복음 10장 23절이 16장 28절과 유사하게 설명된다면 예수님께서 반드시 자신의 파루시아에 관해 착오를 범했다고 추정할 필요가 없다고 주장한다. 왜냐하면 "인자가 오리라"는 말씀을 읽을 때 '부활하신 주님께서 그분의 교회를 세우실 때 나타내신 초자연적인 사역'을 생각해야 하기 때문이라는 것이다.[142)]

---

140) *Op. cit.,* pp. 204, 205.
141) *Op. cit.,* pp. 127, 128.

"이스라엘의 모든 동리를 다 다니지 못하여서"라는 말씀이 제자들의 **선교**가 아닌 **도망**을 뜻한다는 데에는 의문의 여지가 없다. 이것은 "이 동리에서 너희를 핍박하거든 저 동리로 피하라"는 이 구절 도입부를 볼 때 분명하다. 물론 제자들 앞에 놓인 전(全) 미래는 그들의 사도직이라는 견지에서 보게 되는 것이 사실이지만, 21절과 그 이하의 내용에서는 모든 것이 핍박과 환난의 모습으로 일관된다.

따라서 우리의 견해로는 본문이 유대인들의 미래적 구원에 대한 암시를 한다거나 디아스포라나 비기독교 영역에 대한 선교를 가리킨다는 등의 의문이 있을 수 없다.

본문 후반부에 대해서 우리는 "인자가 오리라"는 말씀이 파루시아를 가리킨다고 이해하는 해석학자들에 동의한다. 이미 앞에서 마태복음 10장, 적어도 16절부터 시작되는 선교에 관한 말씀이 예수님께서 이 땅에 계실 동안 제자들을 최초로 파송하시며 베푸신 말씀보다 더 광범위한 관점을 담고 있다는 사실을 제시하기 위해 노력했었다.

마태복음 10장에서는 첫 번째 전도 여행 중 제자들의 경험에 대한 묘사가 그리스도께서 이 땅을 떠나신 후 그분의 제자들로서 맞게 될 미래의 운명에 관한 묘사로 옮겨간다. 점차적으로 그 설교는 공관복음의 묵시록이 예수님께서 예언하신 임박한 환난 중에 제자들이 겪게 될 대환난의 상황에 대해 말하는 성격을 암시한다.

마태복음 10장에 나타나는 몇 가지 선언들은 마가복음 13장과 누가복음 21장의 선언들과 문자상으로 동일하거나, 그 외에 다른 많은 구절들이 실제 내용상으로 그 선언들과 동일하다(마 10:17-21와 막 13:9-13과 눅 21:12-17과 비교). 심

---

142) N. B. Stonehouse, *The Witness of Matthew and Mark to Christ*, 1944, p. 240. Stonehouse는 자신의 견해를 뒷받침 하기 위해 본절에는 하늘 구름과 천사의 임재 등이 언급되어 있지 않은 사실에 호소한다. Calvin에게서도 유사한 견해를 발견하게 된다. 칼빈에 의하면, 그리스도께서는 여기서 그렇게 막중한 사명을 맡은 사도들에게 자신의 신적 권세로 그 나라를 보여줄 것을 약속하신다. Ed. Tholuck, I, 1883, p. 246.

지어 마태복음 24장에서도 10장에 언급된 말씀을 다시 발견하게 된다(10:17, 22을 24:9, 13 비교).

이런 사실들과 연관시켜 볼 때, 마태복음 10장 23절이 인자가 올 것에 대해 말할 때 그것을 파루시아가 아닌 다른 것으로 생각하는 것은 정당치 못한 듯하다. 여기서는 부활을 다가오는 어떤 것으로 바라보지 않고 오히려 제자들에게 경고된 환난에 앞서 일어날 사건으로 전제하고 있기 때문이다. 본문이 높이 되신 주님의 초자연적 권능과 도우심을(즉, 부활을) 가리키고 있다고 생각하는 것은 공관복음에서 말하는 '인자의 도래'에 대해 매우 어색한 설명만을 덧붙이는 셈이 될 것이다. 이 경우에서는 성취의 견지에서 본 '가능한' 어떤 특정 개념을 가지고 논하는 것은 용납될 수 없을 것이다. 오히려 그 말씀의 가장 원래적이고도 분명한 의미로 해석해야 한다. 그리고 그 작업이 이루어졌을 때 우리는 어떻게 파루시아에 대한 언급이 삭제될 수 있는지 그 이유를 알 수 없게 된다.143) 하지만 만일 그렇다면 제자들이 인자가 오시기 직전까지 이스라엘의 모든 동리를 도망다닌다는 말은 어떻게 이해해야 하는가?

우리의 견해로는, 마가복음과 마태복음에서 이 말씀은 앞에서 언급한 대로 특정 지역적인 주제와 종말론적인 수제가 겹쳐진 것으로 설명될 수 있다. 즉, 앞에서 유대에 있는 사람들이 산으로 도망해야 하는 일을 최종적인 재난, 전 세계적 재앙과 만물의 종말과 밀접히 연관지어 설명했듯이, 본문에서도 파루시아에 앞서 있을 시기에 신자들이 당할 핍박이 유대 지역의 범위 안에서 묘사되고 있다.

---

143) 참고. Grosheide의 결론적인 주장, *De Verwachting*, pp. 91ff.

49. 파루시아 비유들의 의미

지금까지는 공관복음의 묵시록과 그와 관련된 예수님의 설교에서 인자의 파루시아와 그에 앞서 일어날 사건들을 직접적으로 다루는 구절들을 살펴보았다. 그러나 복음서에는 그것과 아울러 예수님께서 사실상 '종말론'을 제자들의 삶에 적용시키는 수많은 선언들과 특히 비유들이 있다. 이 비유들은 부분적으로는 묵시록의 연속이며(특히, 마태복음), 부분적으로는 묵시록과 분리된 상태로 나타난다(특히, 누가복음).

우리가 다루는 주제로 볼 때 이 비유들도 직접적인 종말론적 선언들 못지 않게 중요하다. 이 비유들이 예수님의 미래 예언들을 구체적으로 제자들의 미래의 삶에 반영시키고 있기 때문이다.

그 중에서 누가복음 18장 1-8절 말씀에서 예수님께서 제자들에게 '항상 기도하고 낙망치 말아야 될 것'을 가르치시며 하신 불의한 재판관 비유를 먼저 살펴보자. 본문은 이 비유에 덧붙여 하나님께서 택하신 사람들의 원한을 **속히**(en tachei) 풀어주실 것이라고 말한다. 이 말씀이 가리키고 있는 바는 8절에 언급된 인자의 도래와 그로 말미암는 궁극적 해방임이 분명하다.[144] 이제 문제가 되는 것은 이 문맥에서 '속히'란 단어의 의미이다.

이 비유는 우리가 인간의 주관적인 시간 개념으로 종말을 측정할 수 없음을 보여준다. 이 비유 전체의 의도는 우리로 하여금 '항상'(pantote) 기도하되 도중에 지치거나 '낙망'(engkakein)해서는 안 된다는 점을 강조하는 데 있기 때문이다. 이 권고는 하나님 나라가 임하기를 바라는 우리의 기도가 즉시 응답되지 않고 매우 오랫동안 응답이 연기된다는 사실을 전제한다.

그리고 재판장을 거듭 찾아가야 하는 그 과부에 관한 비유 전체의 내용이 이 전제를 확인해 준다. 이는 그 재판장이 '얼마 동안'(epi chronon) 그 과부의

---

144) 참고. Greijdanus, *Lukas*, II, pp. 843, 849ff; Kümmel, *op. cit.*, p. 33.

원한을 풀어 주지 않을 것이기 때문이다. 본문에는 그 시간의 길이가 언급되지 않았으나 꽤 길었던 것으로 보인다(참고. 4절, "얼마 동안"과 "후에").145) 그리고 이 말씀은 비유적 묘사에 속하긴 하나 그 비교점은 기다리는 행위임을 분명히 구별해 낼 수 있다(참고. 7절, "밤낮 부르짖는"이란 말씀. 계 6:9 이하 참조).

이 모든 사항이 8절의 '속히'라는 단어를 설명하기에 앞서 반드시 고려해야 할 점이다. 이 비유와 그 적용에 있어서 두 가지가 서로 대조된다. 즉, 한편으로는 기도를 하다가 응답이 더딘 까닭에 계속 기도하는 데 어려움을 겪는 사람의 주관적인 입장이고, 다른 한편으로는 "하나님께서 그 밤낮 부르짖는 택하신 사람들의 원한을……속히……풀어 주시리라"는 사실을 강조하기 위해 예수님께서 수사학적 질문 형태로 하시는 선언이다. 이 둘 사이의 긴장이 한 문장 안에 나오는 "밤낮 부르짖는"과 "속히 그 원한을 풀어주시리라"는 구절에 함축되어 있다. 이 '속히'라는 말은 요한계시록 1장 1절과 22장 6절에 나오는 동일한 단어들과 비교할 수 있다. 거기서도 '결코 속히 될 일'이 긴 기간을 의미하는 것이 분명하지만, 하나님의 **신속한 행동**으로 언급된다. 이와 같은 방법으로 누가복음 18장 8절은 하나님께서 '택하신 사람들의 원한'을 갚아주시는 일을 **속히** 하신다고 설명해야 한다.

---

145) 이 사실은 7절에서도 분명히 언급되는 듯하다. Greijdanus는 이 구절을 다음과 같이 번역한다. "하나님께서 비록 그의 택한 사람들에게 오래 참으실지라도(kai makrothumei epi autois)……그들의 원한을 반드시 갚아주시지 않겠느냐?" *op. cit.*, II, 848ff. 다음과 같은 Rengstorf의 번역도 함께 참조하라. "심지어 그분이 그들에게 오래 참으실 때라 할지라도." *op. cit.*, p. 185(Schlatter와 일치함). 그러나 이 번역은 Rengstorf도 인정하는 대로 명확하지 않다. Klostermann, *op. cit.*, pp. 178, 179, 그리고 Plummer, *op. cit.*, p. 414도 함께 참조하라. 그렇지만 본문에는 하나님께서 즉시 행동하시지 않고 행동을 연기하신다는 사실에 대한 의문이 있다. 그리고 epi autois(그들에게)란 말씀은 원수들을 가리키는 것일 수 없고 택한 사람들을 가리키는 것이 분명하다. 그러나 그렇다면 makrothumei(참다)는 ou me(않겠느냐)에 종속될 수 없다. 만일 종속된다면 첫 번째 질문에는 '긍정'으로, 두 번째 질문에는 '부정'으로 대답해야 할 것이기 때문이다. 따라서 Greijdanus와 Rengstorf의 해석은 본문의 의미를 바르게 전달한 것으로 생각된다(참고. Plummer, *op. cit.*,). 그렇게 되면 이 본문은 하나님의 참으심을 강하게 지적하고 있는 셈이다. 그러나 본문의 불명확성을 고려해 볼 때 이 해석만을 지나치게 강조해서는 안 된다.

그러나 하나님의 **행동의 신속성**이 문제가 될 때 언제나 그러한 신속성이 하나님께서 자신의 경영을 성취하시는 데에 달려 있다는 사실을 기억해야만 할 것이다.146) 기도하는 사람이 하나님의 신속한 행동으로 위안을 얻기는 하더라도 그것이 곧 구속(救贖) 자체가 인간의 주관적 기준이나 계산되는 짧은 시간 내에 성취될 것을 말해 주는 것은 아니다.147) 본문에서는 그러한 인간의 주관적 시간 개념이 발견되지 않는다.

이 비유와 관련하여 우리에게 깨어 '주인' 또는 '신랑'의 오심을 바라보고 책임을 자각할 것을 권하는 말씀들과, 이와 유사한 성격의 다른 말씀들이 있다. 이를테면, 멀리 타국으로 가는 집주인(막 13:33-37), 깨어 있는 신실한 종(마 24:42-51; 눅 12:35-46), 열 처녀 비유(마 25:1-13) 등이다. 이 모든 비유들은 의문의 여지없이 인자의 파루시아를 가리킨다(참고. 마 24:42, 44; 눅 12:40; 막 13:35; 마 25:1).148)

여기서 예수님께서 제자들에게 낙망치 말고 기도하며 깨어 있어 충성을 다하라고 권고하는 말씀들이 과연 인자가 매우 오랜 기간 동안 자신의 도래를 연기할 것이라는 사실을 염두에 두고 하신 말씀인지에 대해 질문할 수 있다. 우리는 "주인이 더디 오리라"(chronizontos, 마 24:48; 눅 12:45)라는 악한 종의 말이나, 열 처녀 비유의 "신랑이 더디 오므로"(chronizei, 마 25:5)라는 말을 이런 의미로 설명할 수 있을 것이다.

---

146) 참고. Greijdanus, *op. cit.*, II, p. 850. "그분은 아직도 되어져야 할 일들이 많이 남아 있는 까닭에 연기하신다. 그러나 하나님께서는 친히 계획하신 일들 속에서 속히 행하신다."
147) 참고. Plummer, "아무리 기도 응답이 연기되는 듯하더라도" 그리고 Rengstorf, "그것이 바로 예수님께서 제자들에게 인내하라고 권고하시는 이유이다." *op. cit.*, p. 186.
148) 물론 Dodd는 복음서 저자들에 의해 전해내려 온 이 비유들이 예수님께서 죽으신 후의 상황에 맞게 개작되고 적용되었다고 생각한다. 원래 이 비유들은 예수님께서 땅에서 활동하시던 상황, 즉 예수님께서 오심으로써 시작되고 그분의 고난으로 절정에 달할 위기(crisis)를 가리켰다는 것이다. 그는 깨어 있을 것을 권고하는 비유들을 예수님께서 겟세마네에서 하신 경계("시험에 들지 않게 깨어 있어 기도하라")와 비교한다. *The Parables*, pp. 154-174. 그러나 이런 해석은 예수님께서 인자의 파루시아가 자신의 죽음과 부활과 함께 발생할 것으로 기대하셨다는 추측에 근거한 것이다.

그러나 이러한 태도와 언급들은 파루시아의 연기에 대한 불안을 표현한 초대 교회의 작품의 영향으로 추정되는 경우가 허다하다.149) 그러한 해석은 매우 독단적인 해석이다. 파루시아의 오랜 연기를 암시해 주는 모든 특징들이 비유들의 내용에 매우 자연스럽게 배어 있기 때문이다. 더구나 비유들 중 "주인이 더디 오리라"라는 구절을 가지고 그런 식으로 주장하는 사람들은 큰 착오를 범하는 셈이다.

이 구절이 알레고리로 설명되어야 한다면 그것은 예수님께서 말씀을 듣는 무리에게 그러한 연기를 준비케 하셨다는 사실을 의미할 수 없다. 다만 적어도 그 당시로서는 대미래에 관한 선언을 놓고 계산할 필요가 아직 없다는 어떠한 생각도 배제하셨음을 의미하게 될 것이다. 하지만 열 처녀 비유에 있어서는 사정이 다르다. 여기서는 **신랑이 더디 오는 사실**이 기사의 중요한 부분이다. 그렇지만 그 비유를 적용하실 때는 "그런즉, 깨어 있으라 너희는 그 날과 그 시(詩)를 알지 못하니라"고 하신다(마 25:13).

이 비유 전체는 (비록 우화적 모습 속에서 어떤 세부 사항이 그 의미와 상응하는 것으로 여겨져야 할지 말하기란 어렵기는 하지만) "비록 인자가 더디 오실지라도 우리는 언제나 깨어 있어야 한다"는 사실을 의미하는 듯하다. 좀더 나아가 여기에는 인자가 자신의 도래를 사람들이 생각했던 것보다 훨씬 더 길게 연기하실 때 교회를 공격해 올 위험이 지적되고 있다고 말할 수 있을 것이다.150) 이 모든 것은 교회가 그분이 오시는 때(순간)를 모른다는 것과 밀접히 연관된다.

이처럼 **때를 알 수 없다는 사실**이 제자들에게 깨어 있으라고 권고하는 말씀들 속에 거듭해서 전면에 나타나는 주제이다. 마가복음 13장 33-37절 말씀은 이 사실을 매우 자세히 다룬다(타국으로 떠난 집주인 비유). 35, 36절에 이렇게 언급되었다.

"그러므로 깨어 있으라 집주인이 언제 올는지 혹 저물 때일는지 밤일는지

---

149) 참고. Klostermann, *op. cit.*, p. 199.
150) 참고. 필자의 *Matth.*, II, p. 164.

닭 울 때일는지 새벽일는지 너희가 알지 못함이라 그가 홀연히 와서 너희의 자는 것을 보지 않도록 하라"(참고. 눅 12:30).

따라서 이 비유에서 예수님이 "마지막 날의 매우 임박함을 강조하기를 결코 꺼리지 않으셨다"[151]고 말할 수 없다. 또한 이 비유가 지적하고 있는 것이 "매우 임박한 종말"[152]이라고 말할 수도 없다. 실제로 예수님은 우리가 그분이 오실 순간을 알 수 없다는 사실 때문에, 즉, 그때가 우리가 기대하던 것보다 길 수도 있고 짧을 수도 있으며, 홀연히(exaiphnes) 임할 수도 있기 때문에 끊임없는 각성과 견고한 인내를 견지할 필요를 지적하고 계시다.

동일한 사상이 '밤중에 오는 도적' 이미지로 표현된다(마 24:43; 눅 12:39). 이 비유의 의도 역시 "임박하고 신속히 다가오는 종말론적 위기를 바라보고"[153] 깨어 있을 것을 권하는 것이라고 말할 수 없다. 그런 요소 자체가 이 비유 안에 담겨 있지 않다.

만일 도적이 올 것을 안다면 미리 예방하기란 그리 어렵지 않을 것이다. 그러나 (일반적으로) 우리는 그것을 알지 못한다. 도적의 기회는 우리가 그의 계획을 모르는 데에 있다. 그것이 바로 우리가 항상 도적이 올 것을 계산해야 하는 이유이다. 여기서 비유의 초점은 그가 반드시 올 것이라거나 또는 곧 올 것이라는 사실에 있는 것이 아니라 다만 그가 언제 올는지 아무도 모른다는 사실에 있다.[154]

인자가 언제 올는지 우리가 알 수 없다는 사실을 가장 강하게 선언해 주는 내용은 마태복음과 마가복음의 "그러나 그날과 그때는 아무도 모르나니 하늘의 천사들도 아들도 모르고 오직 아버지만 아시느니라"라는 말씀이다(마 24:36; 막 13:32). 인자 자신도 그 마지막 날을 모른다는 바로 그 사실[155]이 재림

---

151) Michaelis, *Der Herr verzieht nicht die Verheissung*, p. 5.
152) Kümmel, *op. cit.*, p. 29.
153) Jeremias, *Theol. Bl.*, 1941, p. 221.
154) "도적 이미지는 유대적 전승과 철저히 반대된다. 유대적 전승에서는 메시아의 날이 미리 계산될 수 있는 것으로 기대된다." Schniewind, *Matth.*, p. 240.

의 시점이 얼마나 비밀스런 사항인지를 보여준다.

본문이 그냥 "그날에 대해서는 아무도 모르나니"라고 했다면 우리는 본문에서 파루시아를 생각할 아무런 근거도 얻지 못했을 것이다. 이는 '그날' 이란 단어가 주님의 날, 심판의 날을 가리키기 때문이다(참고. 마 7:22).

하지만 여기서 문제가 되는 것은 '그때'라는 단어에서도 나타나듯이 그날의 **정확한 시점**이다. 어떤 저자들은 엄격히 말해서 이러한 기본 사상이 모든 종말론적 예언을 무용지물로 만든다고 주장하면서, 이 말씀이 앞부분에서 언급한 바 우리로 하여금 대사건들이 임박했음을 알게 해주는 '징조들' 과 모순된다고 생각한다.[156]

그러나 이미 앞에서 살펴본 대로 마가복음 13장 32절과 마태복음 24장 46절의 선언은 관련성을 지니고 있다고 할 수 있다. 공관복음이 주님의 미래에 대해 언급하고 있는 범위 내에서 볼 때 어느 누구도 이 미래가 시작될 시점을 알지 못한다. 그것은 "아버지께서 자기의 권한에" 두신 것으로서, 우리에게 알려지지 않았다(행 1:7).

지금까지 진행해온 연구를 종합해 볼 때 우리는 주님의 날과 인자의 파루시아의 **임박한 도래**를 언급한다고 자주 인용되는 말씀들에서 어떠한 시간 제한에 대한 결론도 이끌어낼 수 없었으며, 그 말씀들의 진정한 취지가 충성과 경성의 필요성을 촉구하려는 데 있었음을 알 수 있다.

여기서 강조해야 할 사항은 우리가 이 사건을 모른다는 사실이다. 우리는 다만 그날이 가까이 왔을 가능성을 염두에 두고 있어야 한다(참고. 마 24:37 이하). 그런 점에서 사람들이 장차 재난이 임박해도 깨닫지 못할 것이라는 사실은 노아 시대 사람들이 그랬듯이(ouk egnosan, "깨닫지 못하였으니") 그들의 어리석

---

155) 이것 역시 이 말씀의 신빙성을 뒷받침 해주는 하나의 중요한 논지이다. 참고. Kümmel, *op. cit.,* pp. 22, 23. 이 말씀에 대한 구 해석학들의 난제들에 대해서는 Klostermann의 *Markusev.* pp. 138, 139를 참조하라.

156) 참고. Lohmeyer, *Markus,* p. 283.

음을 입증해 주는 일이라고 하겠다. 이처럼 모든 사람들은 예기치 못할 파루시아의 도래를 생각하고 있어야 한다.

그러나 이것이 전부는 아니다. 엄밀히 말해서, 깨어 있으라는 선언들은 예수님께서 그 선언을 하시는 순간부터 그 나라가 어느 날이든 올 수 있으며 최후 심판이 임할 수 있음을 의미한다고 볼 수 있을 것이다. 그렇지만 이러한 결론은 예수님의 전체 설교 관점에 일치하지 않는다. 다른 본문들을 살펴볼 때 예수님은 이 날을 매우 임박한 미래로 기대하지 않으셨고, 따라서 깨어 있으라는 그분의 말씀은 이 본문들(막 13:31 이하, 그리고 병행 본문)과 연관지어 이해해야 한다.

그래서 누가복음에 소개되는 므나 비유(눅 19:11-27)는 마가복음 13장 31절 이하(앞에서 설명한 내용을 참조) 비유들과 매우 밀접한 관계를 지닌 내용들을 담고 있다(귀인이 먼 나라로 감, 그가 종들에게 명령함). 그러나 **시간**(때)에 대해서는 취급하는 태도가 각각 조금씩 다르다. 예수님께서 이 비유를 시작하시는 도입부에서 그 사실을 보게 된다.

"이는 자기가 예루살렘에 가까이 오셨고 저희는 하나님 나라가 당장에 나타날 줄로 생각함이러라(눅 19:11)." **157)**

제자들의 이러한 생각에 대하여 예수님께서는 "어떤 귀인이 왕위를 받아 가지고 오려고 먼 나라로 갈 때에"라고 말씀을 시작하신다. 예수님께서 이 말씀을 하신 의도는 분명히 그 나라가 당장 나타날 것으로 기대하던 사람들이 그에 앞서 있게 될 중간기를 생각지 못하고 있음을 지적해주시기 위함이

---

157) 여기서도 급진적 비평학은 이러한 관계의 역사성을 부인한다. 따라서 이러한 관계에 의해 비유에 부여된 의미의 원문성도 부인한다. 참고. Bultmann, *Gesch. d. syn. Trad²*, pp. 208, 360. "눅 19:11은 누가가 므나 비유에 대해 해석해 놓은 서론임이 분명하며, 따라서 누가 자신이 그 비유를 설명하는 상황을 가리킨다. 그러나 그것은 누가 자신의 인식의 산물이다." 그러나 이러한 주장을 뒷받침 해줄만한 증거는 없다. 물론 누가는 그 비유에 대한 특별한 해석을 가지고 본문을 기록하고 있는 것이 사실이다. 그러나 Bultmann은 자신이 임의로 설정한 전제들을 떠나서 이 해석이 누가가 묘사한 역사적 상황에 적용될 수 없음을 어떻게 입증할 수 있겠는가 라고 질문한다.

었다.

이 비유에서 중간기는 귀인이 떠난다는 사실과 그가 종들에게 사명을 부여한 사실로 나타난다. 즉, 그 귀인이 떠나있는 동안 종들은 그 재산을 관리해야 하는 것이다. 비유의 이러한 내용을 예수님의 승천과 땅에 남아있는 제자들의 사명 이외의 다른 어떤 것으로 설명하기란 불가능하다. 이 비유는 예수님께서 떠나신 후에도 세상은 그대로 존속된다는 사실을 전제로 그분이 다시 오실 때까지의 중간기 동안 신자들의 사명에 대해 특히 강조하고 있다.

이와 유사한 방법으로 달란트 비유는 '타국에 다니러 간 어떤 사람'에 관해 이야기한다(마 25:14-30). 본문은 '그 종들의 주인'이 '오랜 후에'(meta polun chronon, 마 25:19)야 비로소 돌아왔다고 말한다. 그런데 이 비유에서 예수님이 친히 세상을 떠나신 일을 주인이 타국에 다니러 간 일에 적용하고 계심이 분명하다고 전제할 때, "오랜 후에……돌아와"란 구절이 이 비유 전체의 의도에 아무 중요성도 띠지 않는다고 믿기는 어렵다. 이런 점에서 이 비유는 인자의 도래를 많은 사람[158]이 생각하는 것보다 훨씬 먼 장래의 일로 지적하고 있다.

이 비유는 아울러 제자들에게 맡겨진 사명을 특별히 강조한다. 이처럼 우리 주님의 오심에 대한 기대는 제자들의 삶을 침체시키거나 소극적으로 만들지 않고 오히려 하나님을 섬기는 일에 참되고 거룩한 행위를 불러일으킨다.[159]

---

158) 참고. Klostermann. 그에 의하면 이 경우에 우리는 오직 복음서 저자들의 견해를 접하고 있을 뿐이라고 한다. *op. cit.*, p. 203.
159) 참고. 필자의 *Matth.*, II, p. 172.

50. 성취와 완성

복음서 중 하나님 나라에 관한 예수님의 설교와 예언에서 미래 조망에 해당되는 자료들을 최종적으로 개괄하려면, 그 안에 담겨 있는 다양한 주제들, 내용의 단편적 성격들, 미래를 보는 시각의 차이점들에 부딪히게 된다. 따라서 이 모든 자료들을 하나의 의미 있는 전체로 종합하는 일이 얼마나 어려운지를 실감하게 된다.

복음서는 '마지막 일들'을 하나의 완벽하고도 체계적인 교리의 의미로 소개하지 않는다. 그보다는 신자들을 각성시키거나 위로할 목적으로, 또는 그들을 가르치고 교훈할 목적으로 미래 문제를 다룬다. 그러나 그 말씀을 듣는 사람들은 그 설교가 미래와 어떻게 연관되는지를 항상 면밀히 인식하고 있어야 한다. 그들 안에 장차 올 미래의 신자들에게도 이 미래에 관한 가르침이 전달된다(참고. 막 13:37).

이제 이러한 몇 가지 큰 전제들에 입각하여 지금까지 다뤄온 예수님의 미래 선언들을 다음과 같이 정리해 보자.

1) 제자들은 거짓 메시아의 소문에 현혹되지 않도록 스스로 주의하는 한편, 주님의 오심과 더불어 이미 드러났으며 그분의 가르침으로 명백해진 시대의 징조들에 관심을 기울여야 한다(시기를 분별함, 무화과나무의 교훈, "여기 있다 저기 있다"에 대한 경계).

2) 예수님께서 가르치신 징조들은 다음의 순서로 이어진다. 재난의 시작, 멸망의 가증한 것, 대환난, 우주적 재난, 인자의 파루시아(마 24장; 막 13장) 등.

3) '멸망의 가증한 것'은 유대 민족과 거룩한 곳에 대한 심판이며, 적개심을 품은 군대가 예루살렘을 포위할 사건으로 드러난다(눅 21장). 동시에 그것은 하나님을 대적하는 악한 세상 임금의 전성기를 뜻하기도 한다. 멸망의 가

중한 것이 나타난 이후에 벌어질 대환난과 그 결과 있게 될 세계적 재난이 그 사실을 지적한다.

4) 예수님의 말씀을 듣던 사람들 중에 어떤 이들은 죽기 전에 인자가 권능으로 오는 것을 목격할 것이다(막 9:1, 그리고 병행절). 그리고 예수님을 따르던 사람들과 원수들(한편으로는 구속으로, 다른 한편으로는 심판으로) 모두가 예수님께서 그들에게 하신 말씀이 참되다는 사실을 경험하게 될 것이다(막 13:30과 병행절; 마 10:23).

5) 예수님의 제자들은 하나님 나라의 도래를 기도하되 낙망치 말아야 한다. 하나님께서 친히 그 약속을 속히 이루어 주실 것이기 때문이다(불의한 재판장 비유).

6) 예수님의 제자들은 늘 깨어 있어 하나님 나라의 도래가 먼 장래의 일이라고 생각하지 말아야 한다. 그 나라가 언제 올는지 아무도 모르기 때문이다. 그 나라는 예기치 않은 순간에 갑자기 찾아올 것이다(깨어 있을 것을 가르치는 비유들, 밤중에 오는 도적 비유).

7) 예수님의 제자들은 미래를 기대하되 자기들에게 맡겨진 큰 사명을 잊어서는 안 된다. 그것은 예수님의 떠나심과 인자의 파루시아 사이의 중간기에 이행해야 할 사명이다. 그들은 그 사명을 이미 예수님께서 이 땅에 오심으로써 나타나고 베풀어진 구원의 터 위에서 바라봐야 한다(므나 비유, 달란트 비유).

이제 이 주제들을 서로 대조시켜 설명하는 것은 어려운 일이 아니다. 이 사실은 1)부터 3)과 6)을 비교할 때 가장 분명해진다. 깨어 있으라는 경고들은 그것만 따로 떼어놓고 보면 주께서 어느 때라도 오실 수 있다는 식으로 해석될 수 있다. 그러나 다른 한편으로 공관복음의 묵시록을 보면 주께서 오시기 전에 크고 세계 보편적인 사건들이 일어날 것이며, 제자들은 그때까지도 끊임없이 세상에서 에클레시아(그들이 대표하는)에 대한 큰 사명을 수행해야 한다는 사실이 분명해진다(참고. 7항).

한편 이 주제들을 서로 연관지어 해석하는 일이 어렵지만은 않다. 위의 모든 사항을 고려할 때 그것들은 하나님께서 성취 사역을 속히 이루고 계시다는 확실성을 중심으로 한 하나의 동심원에 속하는 각각의 부분들이다.

이 한 가지 중심적인 진리가 우리로 하여금 꾸준히 참고 깨어 있으며 충성을 다하게끔 권고한다. 이 일에는 신자들이 시대의 징조들을 주의 깊게 관찰하는 일도 포함된다. 하나님께서 미리 정하신 계획에 따라 완성을 이루어 가시기 때문이다. 하나님은 그 계획을 이미 그 백성들에게 계시하셨다. 다른 한편으로, 그 중심적 진리는 믿는 사람들이 이 세상에서 수행해야 할 큰 사명을 내포한다.

이처럼 모든 주제들은 상호간의 연관성 안에서 고려되어야 한다. 그 주제들은 인자가 반드시, 그리고 속히 오신다는 중심적 사실에 의해 결정되며, 또한 믿는 사람들의 삶을 도래하는 하나님 나라의 실체 안으로 인도한다.

마지막으로, 파루시아라는 모든 것을 포괄하는 완성점을 **부활**(제44항)과 그 날에 주어진 성취와 어떤 식으로 연결해야 하는가 하는 문제가 남아 있다.

첫째, 이 문제에 대해 우리는 다음과 같이 대답하려 한다. 복음서 전체의 한 부분으로 예수님의 종말론적 설교들을 우리에게 전해준 복음서 저자들은 부활의 관점에서 복음서를 썼다. 그들은 미래에 관한 예수님의 예언들이 정확히 부활의 관점에서 읽혀지기를 바랐다. 부활을 배제하고는 복음서를 읽을 수가 없다.

그러므로 복음서에서 예수님께서 이 땅을 떠나시며 하신 모든 설교들은 예수님의 부활로써 열려진 새로운 미래관을 잘못 표현하거나 무시한 것이 아니다. 오히려 그 설교들은 도래할 새 시대에 대한 최종적이고 결정적인 사실들까지도 제시해 준다. 이러한 미래 설교들은 같은 복음서에 나오는 부활에 관한 가르침과 연관지어 이해해야 한다.

예수님의 말씀이 하나의 특별한 문맥으로, 즉, 이 말씀들을 한 편의 글로 수집하고 배열한 복음서 저자들의 저작으로 우리에게 전해졌다는 사실을 충분히 고려해야 한다. 이것이 이 전승에 담긴 말씀들의 의미를 그런 식으로 구성된 복음서들의 전체성 안에서 이해하고 판단해야만 하는 이유이다.

둘째, 예수님께서 자신의 죽음과 부활을 앞두고 그 사건들을 말씀하신 제한되고 가려진 방법을 바로 파악하고 있어야 한다. 예수님의 파루시아 예언들 중 특히 부활을 전제로 한 새로운 미래관이 표출되어 있지 않은 부분을 설명하려고 할 때, 그 사실을 명심해야 한다.

셋째, 그러므로 파루시아에 관한 선언은 부활의 실체성에 근거할 때에야 비로소 정당히 평가될 수 있다. 그렇다면 예수님께서 부활 이전에 함축적이며 요약적인 방법으로 인자의 미래적 도래와 영광에 대해 하신 말씀들은 부활에서 임시적으로 성취되었음이 분명해질 것이다.

그와 아울러 그 당시에는 하나의 통합체로 묘사되던 미래가 이제는 몇 가지 면에서 성취되었다는 사실도 분명해질 것이다. 이것은 우리가 예수님의 부활과 인자의 파루시아 간의 간격을 현재적 관점(그 나라는 이미 예수님께 주어진 하늘과 땅의 모든 권세로써 도래했다)과 미래적 관점(장차 있을 인자의 도래) 모두를 가지고 생각해야 한다는 사실을 의미한다.

미래적 관점은 종말론적 설교들에 깊이 담겨 있는데, 예수님의 부활에 관한 설교를 중요시한다고 해서 그 종말론적 설교들을 삭제해서는 안 된다. 우리의 견해로는 이른바 시간을 한정하는 듯한 선언들을 오로지 예수님의 부활과 승천에 관련지어 설명할 때, 또는 그 선언들을 오순절이나 예루살렘의 멸망으로 국한시킬 때 이러한 위험은 항상 있다고 본다.

부활은 인자의 파루시아의 실체성을 '속히 이루어져야 할 것'으로부터 이미 이루어진 것으로 변경시키지 않았다. 예수님의 마지막 말씀들은 가장 중요한 대미래의 관점에서 이미 이루어진 모든 일과 아직 이루어져야 할 모든 일을 다루고 있기 때문이다.

이것은 복음 전파가 계속 되어진 사실에도 적용되며, 왕권을 받으러 타국으로 가면서 종들에게 자기 재산을 관리하라고 명하는 귀인에게도 적용된다.

이른바 종말이 가까이 왔다거나 시간을 한정하는 듯한 선언들 모두에서 그런 사항을 발견할 수 있다. 그 교회는 미래의 교회이다. 만국에 선교사를 파송하는 것은 완성을 향한 하나님의 사역 중 한 국면이다.

이 땅에서의 모든 은사와 능력, 복음 전파의 진행으로 인해 그 안에서 발생하는 모든 것들은(마 28:20) 주님이 오시기를 기다리는 깨어 있고 신실한 종들이라야 받을 수 있을 것이다.

이 모든 사실들은 **이미 그 성취가 시작되었다**는 사실과 다니엘 7장의 예언이 원칙적으로 예수 그리스도 안에서 **이루어졌다**는 사실에 기초한다. 우리의 견해로는, 이러한 성취의 현재성을 인식하는 것은 복음서를 이해하는 데 있어서 앞에서 언급한 기대의 시기인 중간기에 대한 인식 못지않게 중요하다.

이 땅에 계속해서 복음이 선포될 수 있는 것은 예수님께서 오셔서 성취해 놓으신 일이 있기 때문이다. 그분은 단순히 자신의 파루시아의 실질적 중요성을 선포하기 위해 오지 않으셨으며 종말 이전까지 세상에 남아 있는 사람들에게 전조(前兆)의 의미를 심어 주기 위해 오신 것도 아니다. 예수님의 선언들 가운데 비종말론적 성격을 띤 말씀들은 번번이 이러한 성취의 현재성을 다룬다.

그리고 이것은 매우 중요한 논점이다. 그러나 이것만이 유일한 논점은 아니며 단지 일차적인 논점이다. 또한 우리는 예수님의 부활에 관한 말씀에만 호소할 필요도 없다. 가장 중요한 논점은 예수님의 오심에 의해 시작된 구원의 날의 기독론적 성격이다.

그러므로 그분이 세상에 오신 때와 파루시아 사이의 기간은 우선적으로 종말을 기다리고 관찰하는 것 이상의 질적으로 다른 어떤 성격을 띤다. 이 기간은 믿는 사람들을 위해 부활로써 임시적으로 완성된 성취의 사실에 의해 결정되고 성격이 부여되는 시기이다.

우리는 예수님의 하나님 나라 설교와 자기 계시의 이러한 함축적인 성격을 정당하게 취급해야 한다. 임박성 기대가 복음의 가장 본질적 성격이라고 생각하는 사람은 누구든 간에 개개의 특정한 본문들뿐만 아니라 예수님의 설교의 근본적인 성격 전체와 부딪히게 될 것이다. 이 설교에서는 성취의 요소가 기대의 요소보다 더 현저하며 본질적이다. 그것이 바로 우리가 예수님의 설교에 나타난 미래적 관점의 범위에 관한 문제가 예수님의 설교 전체를 좌우하지 않고 다만 그 중 한 부분이라고 생각하게 되는 이유이다.

종말론적 설교도 예수님의 말씀과 사역 **전체**의 기독론적 성격에 의해 결정된다. 이것은 필요하다면 종말론적 양상을 제거하거나 관념적인 방식으로 해석 또는 승화시킬 수 있다는 말이 아니다. 예수님의 설교에는 미래와 현재가 분리할 수 없게 연결되어 있기 때문이다. 어느 하나는 다른 것을 필요로 하고 반드시 보충되어야 한다. 미래에 관한 예언이 오직 기독론적 현재의 관점에서 올바로 보여질 수 있듯이 현재적 특성은 미래의 필요성과 확실성을 내포한다.

"그리스도의 재림은 그분의 초림이 요구된다. 재림은 초림 안에 함축되어 있고 필연적으로 초림으로부터 나온다. 그리고 재림은 초림을 충분한 효과와 완성으로 이끈다. 그래서 구약성경 예언은 초림을 충분한 효과와 완성으로 이끈다. 구약성경의 예언은 초림과 재림을 한 모습으로 함축하고 있다."160)

그러나 '철저' 종말론의 방법에 따라 파루시아의 **임박성**이 기독론적 현재와 현재에 관한 선언들을 설명해준다고 말할 수 없다. 그보다는 구원의 '뚫고 들어옴', 즉, 구원의 현재적 성취의 성격이 처음부터 미래를 현재 안에서 확증되고 보증되는 하나의 실체로 포괄한다고 말해야 할 것이다.

따라서 미래의 임박성을 가지고 현재의 성취적 성격을 이해하려고 해서는 안 되며, 오히려 현재 하나님 나라의 실체의 관점에서 장차 임할 그 나라의 임박성을 이해해야 할 것이다. 파루시아의 임박성은 다만 어떤 특정한 의미에서만 그 파루시아의 절대 확실성의 또 다른 표현이라는 것이 정당한 말이다.

---

160) H. Bavinck, *Gereformeerde Dogmatiek*, IV4, 1930, p. 667.

이것이 바로 예수님의 종말론적 선언들을 좌우하는 것이 파루시아의 임박성일 뿐 아니라 파루시아의 확실성이기도 한 이유이다. 이것이 깨어 있을 것을 가르친 비유들의 의미이다. 인자가 도래할 시점은 아무도 모르는 불확실한 것이지만, 그가 오시리라는 것은 확실하다는 사실을 늘 염두에 두고 있어야 한다. 이 확실성이 제자들에게 기도와 믿음을 끝까지 견지하라는 권고의 기초이다. 하나님께서 그 밤낮 부르짖는 택하신 사람들의 원한을 반드시 풀어주실 것이기 때문이다. 그리고 하나님께서 그들의 기도를 들으신다는 확실성에서부터 그 일을 속히 이루시겠다는 약속이 나온다.

동일한 사실이 앞에서 다른 시대의 징조들에 대해서도 적용된다. 그 징조들 역시 종말의 임박함을 드러내는 것이 아닌, 하나님께서 일하고 계시다는 명백한 사실을 알리는 데 주목적이 있다. 바리새인들과 서기관들은 이런 의미로 예수님께 하늘의 징조를 요구했으며, 예수님도 바로 그와 동일한 의미로 무리들을 향해 '이 시대'를 분별하지 못하고 있음을 책망하셨다.

그들의 큰 잘못은 그 나라가 가까이 왔다는 내용의 말씀이 선포되었을 때 허다한 무리가 세례 요한과 예수께로 몰려들었던 반면에, 그들은 말씀을 듣기를 거절했다는 데 있었던 것이 아니다. 바리새인들과 서기관들의 결정적인 잘못은 그 나라의 징조들과 심지어 그 나라 자체도 예수님의 말씀과 사역 안에서 볼 수 있음을 인식하지 못했다는 사실에 있었다.

그리고 마가복음 13장(그리고 병행절)의 대종말론적 설교를 놓고 보더라도, 예수님은 '때'를 묻는 제자들에 대한 답변으로 동요하지 말고 깨어 있어야 할 필요성을 촉구하신다. 그들을 두렵게 할 사건들(전쟁과 난리 등)은 **반드시** 일어날 것이다. 그 사건들은 하나님의 경영 중 한 부분이며, 세계사가 그 최종적이며 결정적인 단계에 들어섰음을 증거해 준다. 그러나 그 사건들이 일어난다고 해서 곧 종말이 오는 것은 아니다. 그것은 다만 재난의 시작일 뿐이다.

멸망의 가증한 것과 함께 나타날 재난의 시작과 큰 징조들이 있기 전까지는 종말은 임박한 것이 아니라 '문 앞에' 와 있다. 무화과나무의 가지가 연하여지고 잎사귀를 내면 여름이 가까운 줄을 아는 것같이 그때가 되면 예수님께서 무화과나무에 비유하여 하신 말씀이 사실로 증명될 것이다. 즉, 종말이 임박하게 될 것이다.

그러므로 그 설교의 결론은 "종말이 임박했다"가 아니라 종말은 반드시 올 것이란 사실이다. 지금은 무엇이 일어나고 있는지 들으려 하지도 보려고 하지도 않는 사람들("이 세대")도 그때가 오면 그 일을 반드시 겪게 될 것이다. 천지는 없어지겠으나 예수님의 말씀은 없어지지 않을 것이기 때문이다.

그러나 그날과 그때는 아무도 모른다. 그리고 그 결론은 "주의하라 깨어 있으라 그때가 언제인지 알지 못함이니라"라는 말씀이다(막 13:28-37). 종말의 시점을 계산하는 것은 있을 수 없다. 또한 그 사건이 임박했다는 생각에 우리의 활동이 무력하게 되어서도 안 된다. 우리는 그것이 반드시 오리라는 확신 속에서 살면 되는 것이다.

우리의 결론은 이렇다. 예수님의 현재와 미래에 관한 선언들은 하나님께서 부지런히 그 언약을 이루고 계시며 완성을 실현하고 계시다는 확실성에 의해 모두 뒷받침되기 때문에 진지함으로 가득 차 있고 그러한 실제적인 긴장을 내보하고 있다. 이 모든 것은 하나님께서 구원을 베푸시고 높이 세우사 장차 권능으로 친히 자신의 나라를 세우실 인자의 자기 인식 속에 깊이 뿌리박혀 있다.161)

---

161) P. A. Verhoef는 동일한 의미로 구약성경의 예언적 '속히'에 관해 다음과 같이 기록한다. "반면에, 대미래가 일반적인 의미에서 가까이 왔다는 사실은 인정되어야 한다. 주관적인 관점으로 볼 때 완전한 신적 통치의 도래는 사람들이 기대했던 것보다는 더 오랫동안 연기되어 왔다.……그러나 이것이 전부는 아니다. '주의 날'의 도래는 하나의 계속적이며 내재적이고 역동적인 실체이다. 객관적으로 볼 때 그것은 현존하며 가까이 왔다. 그것은 현세에 되어지는 여러 모양의 심판과 증거들 안에서 현재하는 바, 주 하나님께서는 그런 일들을 통해서 각 시대의 사람들에게 임하신다. 그러나 그것은 최후의 '날'이 충분히 임하기에 앞서 그 날을 예시해주는 전조로서, 모든 현세적 심판이나 하나님의 구원의 증거라는 점에서도 주의 날은 가까이 왔다. 그러므로 선지자들은 이 날이 오고 있는 것을 바라보았고, 그래서 그들은 오늘날 많은 학자들의 합리적 이론들을 훨씬 뛰어넘는 말을 남겼던 것이다." *Die vraagstuk van die onvervulde voorsegginge*, 1950, pp. 312, 313.

51. 예언과 역사

마지막으로, 지금까지 논의해온 모든 사항을 종합해 보면 미래에 관한 다양한 모습들을 하나의 전체로 연관지어 바라볼 수 있는 안목이 생긴다.

예수님의 예언에서는 성취되려면 수백 년씩이나 떨어져 있는 것처럼 보이는 일들도 때로는 현재와 동일한 시간과 공간의 틀로 표현된다. 그렇다고 해서 예수님의 미래 기대 전체가 무시간적이라거나 어떠한 시간적 구조도 갖고 있지 않음을 의미하는 것은 아니다. 무엇이 먼저 일어나고 무엇이 나중에 일어날지에 관한 구분은 분명히 제시되었다(징조들에서, 복음이 먼저 전해져야 한다는 사실에서 등).

그러나 구체적인 시간을 제시하는 시간의 조망은 불가능하다. 세상의 대환난, 교회가 받은 최후의 박해, 멸망의 가증한 것, 우주적 재난, 마지막으로 인자의 파루시아 등이 이스라엘에 대한 심판, 유대에 있게 될 사건들, 유대 땅에서 제자들이 당할 박해 등과 연결되어 있다.

하지만 종말론적 관점들이 특수한 유대적 체계 내에 남아있다고 말할 수는 없다. 확실히 그것은 이러한 지역적인 틀을 초월한다. 땅 끝과 세상의 민족들, 땅에 거하는 사람들(눅 21:26)도 최후 심판에 관한 말씀에서 뿐만 아니라 구원의 예언에서도 거듭해서 나타난다.

땅에 사는 모든 사람들이 먼저 복음을 듣게 될 것이며, 선택된 사람들이 땅의 사방에서 함께 모여들 것이며, 그들이 동쪽과 서쪽에서 와서 하늘나라에서 아브라함과 이삭과 야곱과 함께 앉게 될 것이다. 그러나 이러한 사실의 측면에는 이스라엘의 성읍들과 유대 평야와 산들이 종말론적 장면을 무대로 표현된다.

이러한 복합적인 구조로 인해 공관복음 전체의 미래상(像)을 유대적 요소, 유대-기독교적 요소, 교회적 요소로 낱낱이 구별해낼 수 없다. 그런 주장을 하는 사람들은 예수님 자신으로부터 우리에게 전해내려 온 원래의 말씀도 그렇게 낱낱이 구분하지 않았을까? 또한 복음서의 미래에 관한 내용은, **역사의 과정으로부터 논증**하여 모든 종류의 선언에 문맥상 적합하지 않는 각각의 해석을 부여하는 양식 비평학의 방법으로도 분리될 수 없다.

후자의 방법은 전자의 방법에 비해 복음과 좀더 일치하는 전제들에 기초하고 있기는 하지만 우리는 그것 모두를 공관복음서에 나타나는 종말론적 미래상의 구체적 성격과 특별한 함축성에 대한 무시요 독단으로 간주한다.

미래에 관한 예언을 바로 평가할 수 있는 유일한 설명은 그것의 **예언적** 특성을 충분히 고려하는 것뿐이다. 사료(史料)를 표준삼아 해석을 가하려는 시도는 이 미래 예언 기록이 명료하지 않고 산발적일 뿐만 아니라 함께 속하지 않는 사건들과 장소들을 연결시키고 있다는 결론에 이르지 않을 수 없다. 이 상태에서 불가피하게 발생하는 것은 이른바 관점의 오류라는 추정이다. 또는 그러한 추정을 회피하기 위해서 여러 선언들에 원래 있지도 않은 의미를 부여해야만 한다. 그렇게 되면 확장된 내용이나 축소된 내용, 즉, **역사화(歷史化)한 수정** 내용에 의거하지 않을 수 없게 된다. 이 두 경우 모두 이들 수정된 내용만을 본문으로 받아들이도록 강요하는 것은 원문이 아닌 한 편으로 치우친 역사 해석이다.

우리는 그러한 역사화한 해석을 적용하는 대신 미래를 서술하는 예언 방법의 성격을 이해할 수 있는 안목을 얻도록 노력해야 할 것이다. 그리고 이것이 미래 사건들의 일정(日程)과는 다른 어떤 것인 사실을 잊어서는 안 된다. 예언은 인간이 신적 전지(全知)를 부분적으로 전가받는 데서 발생하는 것이 아니다. 예수님께서 아들 자신도 종말의 시기에 대해서는 신적 전지를 지니지 않는다고 분명히 말한다.

결과적으로 예언의 기능은 미래에 대한 세부 계획을 설정하는 데 있지 않고 장차 올 일들의 확실성을 긴급히 주장하는 데 있다. 바로 이것이 종말의 마지막 시점에 대한 뚜렷한 시각이 제시되지 않은 이유이다. 선지자는 장차 일어날 모든 종류의 사건을 바라보며, 그 가운데서 특히 하나님께서 오시는 사실을 바라본다.

그러나 그 사건에 해당하는 일시(日時)를 고정시킬 수 없으며, 하나님께서 오시는 과정에서 모든 국면들을 구별할 수 없다. 그에게는 그것이 하나의 커다란 실체이다.

각 사건들의 시기에 대한 이러한 시각의 한계는 그 선지자가 자신에게 친숙한 세계, 즉, 자기가 살고 있는 환경에서 빌려온 색채와 선(線)들로 미래를 그리는 사실과 연관된다.

물론 그 종말론적 그림에는 민족들과 세계의 거민들도 나타나는 것이 사실이다. 그러나 이것은 그 선지자가 완벽한 지리적인 지식을 부여받았다거나, 그가 대륙들의 특성과 다양성을 한 눈에 바라볼 안목을 지니게 되었다거나, 그가 이제 세계 지도를 그려낼 수 있게 되었다는 의미가 아니다.

그에게 미래의 시간이 궁극적으로 한 점에 수렴되듯이 세계의 공간도 정확히 구분된 범위가 아닌 하나의 통합체로 존재한다. 우리는 선지자들이 그들 개인의 경험이라는 물감으로, 그들 자신의 지역적 환경이라는 캔버스에 미래를 그려나가는 것을 본다. 이것이 구약성경의 선지자들에게서 가지각색의 방법으로 나타나는 특성이다.

우리의 견해로는 바로 이것이 예수님의 미래 묘사에 대한 설명이기도 하다. 예수님께서는 구약성경의 방식을 매우 긴밀하게 계승하시는데, 종말의 시간에 관한 조망이 없을 뿐만 아니라 종말의 사건들이 발생할 지리적 범위도 유대 지방 어느 장소나 이스라엘의 성읍들에 한정된다는 점에서 그러하다.

그런 이유에서 이 예언을 이스라엘이 기독교화 되지 않은 세계를 가리킨다는 등 **풍유적으로** 해석해서는 안 되며, 그 예언을 착오라고 말해서도 안 된다고 생각한다. 우리는 이 예언들 속에서 미래사에 대한 예언적 묘사의 독특성을 대

---

162) 참고. VerHoef, *op. cit.*, pp. 31ff, 307ff.

하고 있을 뿐이다. 따라서 이 예언들을 풍유적 표현이라고 하는 것이 옳다.162)

미래를 예견하는 이 예언적 방법이라는 개념은 역사 과정에 근거한 **신학적 해석**으로 규정되어서는 안 된다. 오히려 그것은 복음 자체의 명료한 자료들에 근거한다. 우리는 여러 차례에 걸쳐 예수님께서 부활하신 후에 하신 말씀들과 그분이 죽임을 당하셨을 때 발생한 종말론적 징조들에 관해 언급했었다. 이 말씀들과 징조들은 분명히 예수님께서 죽음을 앞두고 하나의 통일체로 선언하신 인자의 파루시아의 임시적 성취를 가리킨다.

그러나 우리는 복음서에서 다른 중심 내용, 즉, "천국이 가까웠느니라"(마 3:2)라는 예수님께서 사역 초기에 선언하신 말씀을 지적할 수 있다. 제자들은 이스라엘의 각 동리들로 보내심을 받을 때 이 말씀을 다시 반복하라는 명령을 받았다(마 10:7; 눅 10:9). 여기에 언급된 '천국의 임박성'을 주저 없이 무화과나무 비유와 같은(마 24:32, 33; 막 13:28, 29; 눅 21:29, 31) 천국의 궁극적이고 결정적인 도래에 적용하는 일은 가당치 않음이 분명하다. 왜냐하면 이러한 초기 선언과 **대종말**(eschaton) 사이에는 **이미 임한** 천국의 엄청난 실체 전체가 놓여 있기 때문이다.

그렇지만 천국이 가까이 왔다는 예수님의 초기 설교는 철저히 그 나라의 초기 도래에만 관계된다고 말할 수는 없다. 예수님께서는 하나님 나라를 **분리할 수 없는 것**으로 그리고 하나의 **통일체**로 말씀하신다. 그분 안에서 도래한 것은 만물의 **종말 자체**이다. 여기서 이미 천국의 임박성에 관한 설교가 지니는 포괄적 방법이라는 성격이 드러난다.

천국은 가까이 왔다. 그러나 임시적인 성취 사상이 배제되는 것은 아니다. 더 나아가 그러한 천국 도래 사상은 아직 실제로 실현되지 않은 하나님 나라에 대한 기대일 뿐이라는 의미도 아니다. 메시아로서 예수님의 자기 계시 전체는 엄밀히 말해서 일종의 성취에 대한 보증이다.

'최종적인'(또는 결정적인, definitive) 성격과 '임시적인' 성격을 구별하지 않는, 또는 적어도 표현하지 않는 천국의 임박성에 관한 선언은 성취의 빛으로 그

차이를 설명해야 하는 복합적 실체에 관한 시간적인 구별임이 입증되었다.

그렇게 미래에 대한 예언적 묘사를 어느 정도 올바로 파악했을 때, 그 예언이 하나의 그림 안에, 그리고 유대 땅이라는 지역적 틀 안에 미래의 내용으로 압축되는 것은 별로 낯설지 않을 것이다. 따라서 모든 종류의 수정을 가하고 한 편으로 치우친 역사적 비평을 공식화한다면 그 예언을 바로 파악하지 못하는 셈이다. 여기서 문제는 미래를 예견하는 예언 방법의 특수한 성격을 인식하느냐의 여부에 달려 있다.

결론적으로, 예수님과 그분의 말씀을 듣던 사람들이 지녔던 미래에 대한 주관적 기대들은 만물의 종말의 연기를 고려하지 않은 것이었다. 예수님 자신에 관한 한 그분의 오심과 사역 안에서 하나님의 약속이 성취된 것에 관해 앞에서 말해온 모든 것을 고려하는 것이 마땅할 것이다.

마지막으로, 우리는 모든 세계와 모든 시대를 포괄하는 하나님의 구속 사역과 심판의 드라마가 그리스도와 인자이신 자신 안에서 실현되고 있었다는 우리 주님의 이해할 수 없는 자기 의식의 사실을 명심해야 한다. 이러한 자각으로 그분은 그러한 권위와 확실성을 가지고 미래에 대해 말씀할 수 있으셨다.

그렇다면 예수님의 미래 예언이 내포하고 있는 뚜렷한 긴급성과 직접성은 우리 인간의 주관적 기준에 의해 판단해서는 안 된다. 그것은 단지 이러한 메시아로서의 권위 의식의 견지에서 판단될 수 있으며, 우리로서는 오직 존경과 경외로써 그 말씀을 해석해야 할 것이다. 천국의 임박성 문제는 복음 전체의 내용과 마찬가지로 근본적으로 하나의 **기독론적** 순서와 결정의 문제이다.